U0330910

高等学校建筑工程专业系列教材

建筑工程经济与企业管理

（第 二 版）

关柯　王宝仁　丛培经　主编

中国建筑工业出版社

图书在版编目（CIP）数据

建筑工程经济与企业管理/关柯等主编. -2 版. -北京：
中国建筑工业出版社，1997 重印
高等学校建筑工程专业系列教材
ISBN 978-7-112-03176-4

Ⅰ. 建… Ⅱ. 关… Ⅲ. ①建筑工程-工程经济-高等学校-
教材②建筑业-工业企业管理-高等学校-教材 Ⅳ. F407.9

中国版本图书馆 CIP 数据核字（97）第 08478 号

本教材是在高等学校试用教材《建筑工程经济与企业管理》1987 年 12 月第一版的基础上，经修改、补充和完善而成的。第二版保留了第一版中经过多年教学实践证明是适用的内容，剔除了过时、落后、不适用和不适应市场经济要求的内容，补充了改革后出现的适应市场经济要求的有关理论、法规、方法和成功经验。本书包括建筑工程经济和建筑企业管理两部分内容，并以前者服务于后者，主要为后者提供方法论基础和行业整体观念；后者培养学生具有建筑企业管理能力。建筑工程经济部分包括七章：建筑业、工程项目投资的经济效果评价、工程项目可行性研究、工程项目造价、技术经济分析方法、设计方案与施工方案的技术经济评价、建筑工业化；建筑企业管理部分包括七章：建筑企业管理概论、建筑市场与建筑企业经营方式、建筑企业计划管理、建筑企业质量管理、建筑企业成本管理、建筑企业生产要素管理、建筑施工企业财务管理与经济核算。

本书是建筑工程专业学习企业管理课程的教科学，也可作为非建筑管理工程专业的其他建筑类专业学习企业管理课程的教科书。本书还是自学建筑企业管理知识者和从事建筑企业管理的实际工作者的理想参考书箱。

高等学校建筑工程专业系列教材

建筑工程经济与企业管理

（第 二 版）

关柯　王宝仁　丛培经　主编

*

中国建筑工业出版社出版、发行（北京海淀三里河路 9 号）
各地新华书店、建筑书店经销
北京建筑工业印刷厂印刷

*

开本：787×1092 毫米　1/16　印张：27¼　字数：660 千字
1997 年 12 月第二版　2020 年 7 月第三十四次印刷
定价：**45.00** 元
ISBN 978-7-112-03176-4
（20776）

第 二 版 前 言

本书第一版于 1983 年脱稿油印，试用两年中效果较好，遂于 1985 年 11 月经"全国高等学校建筑施工与管理专业教材编委会"推荐，作为高等学校试用教材，于 1987 年 12 月正式出版，作为原"工业与民用建筑专业"学习建筑管理知识的教科书。至 1995 年，本书刊印累计达 8 万多册，是发行量较多的高等学校专业教科书，证明本书是适用的。目前需求量仍然较大。但是，本书毕竟是 10 多年前的作品，改革开放的大潮及高速发展的适应社会主义市场经济发展的各种经济管理思想、理论和方法的出现，使这本书的内容显得比较陈旧，不能完全满足新形势下的教学需要。为了不辜负广大读者的信赖，继续满足较大量的社会需求，听取许多同行的建议，我们原来的五位作者经多次研究和讨论，决定对本书第一版进行修改，推出第二版。经一年多的工作，推出的现在与读者见面的《建筑工程经济与企业管理》（第二版），与第一版相比，有以下特点：

第一，剔除了过时的内容，例如将原来有计划的商品经济体制下与现在实际不符的企业管理内容去掉了，将旧财会制度下的财务和成本管理内容及相关其他内容也去掉了，将改变了的政策所涉及的内容也去掉了，等等。

第二，增加了大量的新内容，如建筑业行业管理理论，新的建设程序，新的建设项目评价方法，新的造价管理方法和改革思想，现代企业制度，建筑市场理论和实践，新的计划管理、质量管理、成本管理、生产要素管理的思想和方法，新的财会制度，建筑工业化的新政策及其他相关新政策，等等。

第三，更注意了内容的应用性，如增加或补充了可行性研究案例、设计方案技术经济评价案例、施工方案技术经济评价案例、GB/T19000 贯标内容、许多财务管理例题，以及建设部推广的 10 项新技术等，无疑可增加学生的实践操作技能。

第四，结构上在基本保持原有框架的前提下，本着循序渐进、由浅入深，先理论方法、后实践应用，先宏观与行业、后微观与企业的学习与认识规律，进行了调整，更便于学生学习掌握。进一步作了文字加工，删繁就简、去粗取精，并改变了一些不够确切的提法。

显然，第二版在质量水平上比第一版提高了一个大的档次，更能满足现在和未来相当一段时间建筑工程专业学生学习现代管理知识的需要。

第二版的修改仍然由原来的五位作者承担，各自修改第一版中由自己编写的章节。除原第四章内容分散到现第四章、第十一章和第十三章外，其他各章均予保留。即绪论、第二章、第三章、第五章由南京涉外经济进修学院王宝仁教授改写；第一章、第十章和第十二章的第二、三、四节由哈尔滨建筑大学房乐德教授改写；第四章、第十四章由北京工业大学陈家祥教授改写；第六章、第十一章的第三节由北京建筑工程学院丛培经教授改写；第十三章由丛培经教授参考徐大图教授主编的《企业财务管理》改写；第七章、第八章、第九章，第十一章的第一、二节，第十二章的第一节由哈尔滨建筑大学关柯教授改写。全书由丛培经统稿；由关柯、王宝仁、丛培经（新增）任主编；由武汉工业大学黄仕诚教授主审。

  本书的编写得到有关方面和许多学者的支持，参阅了许多书籍和资料，在此谨表感谢。由于作者水平有限，错误与不妥之处仍然难免，希望读者给予批评指正。

第 一 版 前 言

本教材是根据 1981 年 10 月在重庆召开的"工业与民用建筑专业教学计划（本科）讨论会"增设"建筑经济与企业管理"必修课的要求和 1982 年 10 月在重庆讨论的教学大纲编写的。参加本教材编写的有哈尔滨建筑工程学院、南京建筑工程学院、北京建筑工程学院和北京工业大学四所院校。1983 年油印、1984～1985 年铅印供 30 余所院校使用，1985 年 11 月经建筑施工与管理专业教材编委会推荐，作为高等学校试用教材正式出版。

具体参加本教材编写的有南京建筑工程学院王宝仁同志（绪论及第二、三、六章）、哈尔滨建筑工程学院房乐德同志（第一、十二章和第十三章的第二、三、四节）、北京工业大学陈家祥同志（第四、五、十五章）、北京建筑工程学院丛培经同志（第七、十四章和第十二章的第三节）、哈尔滨建筑工程学院关柯同志（第八、九、十章，第十二章的一、二、四节和第十三章的第一节），全书由关柯、王宝仁同志主编，武汉工业学院黄仕诚同志主审。

本教材对于工业与民用建筑专业还是首次编写，而建筑经济管理又是一门发展中的新兴学科。为此，我们尽力按照"三个面向"（面向现代化、面向世界、面向未来）的要求，结合我国国情和经济体制改革的实际进行编写和反复修改。但是，由于我们的水平有限，不妥之处，希望予以指正。

编写过程中，参考了有关教材、论著和资料，并得到许多同志、特别是这一学科的教材编委会的编委们的支持和帮助，谨在此一并致谢。

编 者

1986 年 8 月

目　　录

绪　　论

　　建筑业是我国也是世界各国国民经济中的重要产业部门。马克思把生产生产资料的部门称为第一部类；生产消费资料的部门称为第二部类。建筑业为国民经济中其他产业部门提供生产设施，为他们进行再生产提供生产资料，所以，建筑业担负着国民经济中第一部类的职能；同时，又为城乡建设和人民生活服务，为人民提供住宅和其他物质、文化设施，因此还担负着第二部类的职能。由此可见，建筑业是为国民经济各部门提供物质技术基础的部门，是提供生产能力和长期耐用性消费资料的物质生产部门。

　　改革开放以来，特别是"八五"期间，随着经济和社会快速发展，我国建筑业的产业规模和产业素质都得到了很大发展，为国家重点建设、城市基础设施建设和城乡住宅建设做出了巨大贡献。据统计，"八五"时期全社会固定资产投资总额为61637亿元，其中由建筑业直接完成的建筑安装工程总额为39263亿元，占固定资产投资总额的63.7%。1995年末建筑业从业人数已达到3614万人，占全社会从业人数的5.2%。国有建筑业企业全员劳动生产率1995年达44916元（按总产值计算）。国有建筑业企业的社会贡献率为27.1%，高于工业企业22%的社会贡献率。我国的建筑业已是国民经济的支柱产业。

　　为了全面开创社会主义现代化建设的新局面，早在中国共产党第十二次代表大会时就提出，"必须加强经济科学和管理科学的研究和应用，不断提高国民经济的计划、管理水平和企业事业的管理水平"。由于建筑业在国民经济中担负着重要的职能及其支柱产业的地位，因此，在建筑活动中，加强经济科学和管理科学的研究和应用，更具有重大的经济意义和现实意义。

　　现代科学技术发展的一个重要特点，是学科分化和相互渗透的加快。这种分化和渗透，不仅发生在自然科学和社会科学各自的内部，而且发生在它们之间，与此相适应，就出现了许多边缘科学。由于科学技术的不断进步，人们改造自然的能力在不断提高，从事生产的技能在不断完善，对经济目的的追求也在不断增长。为了达到某一经济上的目的，需要采用什么样的技术，这就要把技术问题和经济问题结合起来研究，在技术与经济结合的许多方案中，选择投入少、产出多、经济效益最佳的方案。社会化大生产和工业化的发展，需要有先进的、科学的管理理论和方法相适应。于是工程经济、企业管理等边缘学科也就随着社会的发展和科学技术的进步而发展起来了。

　　1881年美国建立了第一个管理学院——宾州大学的沃顿学院，1907年、1914年哈佛大学、麻省理工学院相继建立了管理学院。随后，前苏联、日本及西欧一些国家也都在高等院校里设立了经济管理学科，从事经济管理理论的教育与研究。二次大战以后，尤其是50年代、60年代管理科学的迅速发展，将经济管理这些边缘学科推向了一个新的发展阶段，而且门类越来越多，分得越来越细。

　　我国在50年代末、60年代初开始创建了工程经济和企业管理等学科，1963年这些学科还列入了全国的科学发展规划。1976年以后，随着经济建设和科学技术的发展，技术经济和管理现代化日益被重视。1978 年 3 月全国科学大会制订的科学规划中，把"技术经济和管理现代化"列入规划。各高等院校也先后恢复、设立了经济管理学科和开设了经济管理课程。从 1984 年开始，一些高等学校建立了经济管理学院，不仅培养了一大批经济管理专业的本科生，还培养了相当数量的硕士、博士研究生。经济管理这些边缘学科，在我国迅速发展起来了。

建筑经济管理在我国是一门发展中的学科，它是自然科学和社会科学相互渗透和相互结合的一门边缘科学。总的说来，建筑经济管理的研究对象与研究范围包括以下几个方面，或者说包括以下几个主要分支学科：

建筑经济学——以建筑业的经济活动为对象，研究建筑业在国民经济中的地位与作用，研究建筑生产、分配、交换、消费的经济关系，以及建筑生产力与生产关系相互作用的运动规律。

建筑工程（技术）经济学——以建筑技术为对象，研究建筑技术的经济效果和评价方法，结合建筑产品的特点，从经济的角度对技术方案，技术措施和技术政策进行分析、评价、论证和择优。

建筑企业管理学——以建筑企业为对象，研究企业的生产管理和经营管理，以研究微观经济为主。

建筑施工组织学——以建筑施工项目为对象，研究建筑施工项目的投标、施工准备与施工的合理组织与计划的优化。

经济科学和管理科学是研究提高经济效益的科学。所以建筑经济管理这门学科，要研究生产活动中的经济问题和管理问题。这就是说，要研究如何按照客观的经济规律，通过科学的管理，以较少的人力、物力、财力的消耗，取得较大的经济效果；也就是要研究如何提高建筑企业乃至整个建筑业的经济效益。为了提高经济效益，必须研究建筑活动中的经济规律。因为经济规律是经济现象和经济过程的本质，是经济运动的内在的必然的因果联系，是指生产力和生产关系的相互关系。由于科学技术的发展，建筑业的生产力在不断发展中。所以，要求人们的生产关系也随之相应发展、变化，以适应生产力的发展、变化，促进建筑业的生产不断发展、前进，这也是我们研究建筑生产经济规律的根本目的。从这个意义上说，建筑经济管理的研究对象，包括了对建筑生产经济规律的研究和生产关系的研究，这和政治经济学中的部门经济学有一致的地方。为此，它含有社会科学的性质。

同时，建筑经济管理要研究建筑生产活动中的经济效果，要研究管理问题，要研究生产力的节约，要研究在建筑生产中如何提高经济效益，为此，就必须研究生产，就要涉及大量的生产技术，也就是离不开对生产力的研究。所以，建筑经济管理这门学科，也包含了建筑生产的科学技术，即自然科学的内容。

为了使技术的先进性与经济的合理性相结合，让技术更好地为提高经济效益服务，这就要求工程技术人员必须懂得经济科学和管理科学，才能为国民经济建设做出更多的贡献。科学技术的成就是通过管理工作才转化为有用产品的。工业发达国家把科学、技术、管理看作是现代文明社会的三个强大支柱。国外有一个比喻，说生产就象一部车子，科学技术和管理是推动车子前进的两个轮子。要使生产发展，必须同时提高科学技术和管理水平。为此，在现代社会化大生产中，工程技术人员必须懂得经济科学和管理科学的重要意义，已经越来越明显了。

随着我国社会主义市场经济体制的发展和逐步完善，社会要通过市场竞争、供求变化和价格波动来实现资源的优化配置。企业是市场主体之一，要参与市场竞争，要通过竞争来求生存和发展，掌握经济科学和管理科学，无论是对全社会资源的优化配置，以及对企业经济效益的提高，都越来越重要。

在建筑工程专业的教学计划中，建筑施工组织学已列入建筑施工课程之中，在建筑经济管理的教学中，不再具体涉及施工组织的内容。本课程的讲授对象，是建筑工程专业的学生，所以我们把重点放在建筑工程经济学和建筑企业管理学这两个分支学科上，定名为"建筑工程经济与企业管理"。随着科学技术的发展和计算机的普遍应用，现代经济科学和管理科学中的数量方法也日趋完善。本门课程以介绍基本理论和基本方法为主，以介绍微观经济为主，使建筑工程专业的工程技术人员能对建筑生产活动中可能提出的各种技术方案、计划安排、管理措施进行全面的技术经济评价，为科学的决策提供必要的分析，使生产技术通过科学的管理更好地为提高建筑产品生产的经济效益服务。

经济发展的需要是推动技术进步的动力，任何一项新技术的产生，都是由经济上的需要引起的，而技术的进步又是推动经济发展的重要条件和手段。因此，每一个从事应用科学的研究与实践的建筑工程技术人员必须懂得经济科学和管理科学，这是社会主义现代化建设的必然需要。所以，"建筑工程经济与企业管理"是建筑工程专业学生必须学习、掌握的一门必修课程。

由于"建筑工程经济与企业管理"在我国还是一门新兴的、正在发展中的学科，而且是一门综合性很强的边缘科学，它的发展有着广阔的前景。但是，它还有很多领域有待我们去研究、探讨，要形成适合我国社会主义市场经济的学科体系，还需要在实践中不断努力、不断完善，还有大量的工作在期待着我们去做。

第一章 建 筑 业

第一节 建筑业在国民经济中的地位和作用

一、建筑业的概念

建筑业是营造各类房屋、构筑物以及线路、管道和设备安装工程的物质生产部门。它由从事土木建筑工程活动的规划、勘察、设计、施工、管理、监督、咨询和建筑制品生产的单位和企业组成。目前，建筑业的业务范围，已经逐步发展到土地的开发及房屋的装修装饰、改造、维修与拆除等全部生产经营活动。

按照国际上一般行业划分的标准，建筑业的工作范围包括：各种生产和非生产房屋及构筑物的营造；新建或改建企业的设备安装工程；房屋拆除和修理作业；与建设工程对象有关的工程地质勘探及设计。

随着城市的快速发展，有些国家把房地产经营也包括在建筑业之内，有的则作为独立的行业。我国的房地产业被列为国民经济中的独立行业。住宅是建筑业的主要产品，在各国基本上是一致的。

新中国建立初期，我国建筑业是按照部门管理的原则，分自营和承包两个体系建立起来的，各工交部门归口管理的主要是专业队伍；通用厂房、公共建筑、职工住宅、文化福利设施和国防项目的建造，大部分集中在当时的建筑工程部。这两种体系在组织体制、经济政策和物资供应方式等方面有很大不同。

所以，在我国建筑业的横向范围，包括土木工程的规划、勘察、设计和施工等活动；其纵向范围，包括上至中央各部，下至地方县镇、村的建筑企业及其管理部门。

根据联合国规定，建筑业活动的组织划分为：（1）建筑承包企业；（2）非建筑部门所属的承包企业；（3）非建筑部门所属独立核算的自营建筑企业；（4）非建筑部门所属非独立的自营建筑企业；（5）个人进行的自营建筑。一般建筑业是指前三项。

按照国家颁发的《国民经济行业分类和代码》即 GB4754—84，建筑业由三个部分组成。第一部分是土木工程建筑业，包括从事铁路、公路、码头、机场等交通设施，电站、厂房等工业设施，剧院、体育馆、旅馆、住宅等公用和民用建筑的土建施工及修缮的建筑企业；第二部分是线路、管道和设备安装业，包括专门从事电力、通讯、石油、暖气、污水、给水等管道系统和各类机械设备安装企业；第三部分是勘察设计业，包括各专业的独立勘察设计单位。即从事各行业的工程勘察和工程设计的单位，如冶金、化工、机械、水利、城建、农林、铁路、交通等行业的设计院、分院和勘察公司等。

我国国民经济行业分类国家标准 1993 年修改意见中，将 GB4754—84 国家标准中的建筑业门类构成调整为第一部分为勘察设计业，其具体组成同 GB4754—84 中的第三部分勘察设计业。第二部分为建筑安装业，其具体组成是将 GB4754—84 中的第一部分土木工程建筑业和第二部分线路、管道和设备安装业，合并成为一体。第三部分是建筑工程管理、监督及咨询业。包括工程监理单位、工程总承包公司、工程质量监督单位以及工程咨询公司、爆破公司等单位。修改后的建筑业组成，比GB4754—84，在含盖面上应当说是更全面与更确切了。

1994年颁布的GB/T4754—94国民经济行业分类与代码中，将建筑业分在E门类（即第五门类）。由于近年来人民生活水平的提高，家居装饰需求巨大，其他建筑装修标准也在不断提高，使建筑装修迅速发展，因而修订行业分类标准时，将"建筑业"门类中的"土木工程建筑业"、"线路、管道和设备安装业"、"勘察设计业"调整为"土木工程建筑业"、"线路、管道和设备安装业"和"装修装饰业"三个大类，而将属于"三次产业"的"设计业"调整到N门类（即第十四门类）"科学研究和综合技术服务业"门类中，"勘察业"调整到F门类（即第6门类）"地质勘查业、水利管理业"门类中。土木工程建筑业中包括房屋建筑业，矿山建筑业、铁路、公路、隧道、桥梁建筑业，堤坝、电站、码头建筑业，其他土木工程建筑业。装修装饰业包括从事对建筑物的内、外装修和装饰的施工活动，车、船、飞机等装饰活动也包括在内。在建筑业中不包括各部门、各地区设立的行政上、经济上独立核算的筹建机构。各项建设工程的筹建机构，应随所筹建的建设工程的性质划分行业。例如化工工程的筹建机构，应列入化学工业有关行业。"设计业"虽然划分在N门类"勘察业"划分在F门类，但其行业管理仍归属于建筑行业管理部门监督、指导之下。

由于建筑业有自己独特的产品和生产特点，有作为独立的物质生产部门必须具备的基本条件（即具有区别于其他部门的技术经济特点；专门生产同类产品，即指产品的用途相同，或使用原材料相同，或者生产工艺过程性质相同；具有一定的生产规模、生产的技术基础以及固定数量的工人），为人民生活和经济发展提供必要条件，为社会创造新的财富，为国家财政增加积累，为社会提供大量就业机会，因而它与工业、农业、交通运输业和商业等并列成为五大物质生产部门，并把建筑业的生产计划纳入到国民经济计划体系中进行综合平衡。

建筑业的任务主要是进行工程建设。在固定资产投资中，建筑安装工作量占有很大比重，一般约占65％左右。基本建设和建筑业虽有联系，但并不是等同的概念，不能混淆为一。建筑业的工作是物质生产活动，而基本建设则是固定资产投资中的扩大再生产部分。建筑业的生产除了基本建设投资中的那部分建筑安装活动外，还包括技术改造和维修投资活动所需要的建筑生产活动。

二、建筑业在国民经济中的地位和作用

国内国外的实践证明，建筑业能为国民经济各部门的发展和改善人民居住与文化福利生活提供物质技术基础；能为社会创造新的财富，给国家提供国民收入和提供国家财政收入；它能够容纳大量就业人口；通过建筑物资消耗促进建筑材料、冶金、化工、机械、森林等工业部门和交通运输业的发展；开展国际工程承包等综合性输出活动，可为国家创汇；建筑业向高空和地下扩展技术的发展，可为人类扩展活动场所。

由此可见，建筑业在国民经济中具有不容忽视和举足轻重的地位和作用。那种把建筑业只看做是消费领域里的活动，不做为物质生产部门的观点显然是不正确的。建筑业是可以为国家增加积累的重要产业部门，许多国家把建筑业看作国民经济的重要支柱，不是没有道理的，在国民经济发展规划中必须把建筑业放在重要地位。

在国外，建筑业在国民经济发展中的地位相当重要。80年代初期美国把建筑业做为国民经济三大支柱之一，建筑业的产值占国民生产总值约为 8%～10%，超过了国民经济中的任何其他产业部门；日本把建筑业视为骨干产业，其产值约占国民生产总值的 1/5；欧洲及前苏联等国建筑业产值亦都占国民生产总值的相当大的比重，约为 10% 左右。

在国民经济快速发展时期建筑业的发展速度亦是相当快的。以日本为例，1976～1980 年间，建设投资平均每年增长 12.8%，1971～1975 年为 7.2%，1976～1980 年仍保持这一水平。建筑业在日本全部产业中，增长速度仅次于机械、化工和一般制造业，快于冶金和矿业，表明建筑业的发展总是处于各产业发展的平均增长速度以上的地位。美、日、前苏联三国建筑业发展速度见表 1-1。

美、日、前苏联建筑业发展速度 表 1-1

国　别	其他工业部门增长率（%）			建筑业增长率（%）			
	1950～1960	1960～1970	1978～1979	1950	1970	1978	1950 年以来逐年增长
美　国	3.8	4.8	4.2	100	190	230	3.0
日　本	16.5	13.5	8.3	100	1000	1400	9.9
前苏联	11.8	8.6	—	100	640	1030	8.7

建筑业是一个重要的物质生产部门，为发展国民经济和提高人民物质福利提供了物质基础。

1993 年我国房屋施工面积达到 18.23 亿 m^2，竣工面积为 12.2 亿 m^2，其中住宅完成竣工面积达 8 亿多 m^2。

建筑业是重工业及其它行业的重要市场。建筑业一方面以自己的建筑产品为国民经济各部门服务，另一方面建筑业在生产过程中，又要大量消耗其他国民经济部门的产品。建筑业的发展是以与建筑业有关的建材、冶金、化工、林业、仪表、机械制造、轻工业等部门的发展和提供的原材料与设备为前提的。建筑业的发展亦刺激着这些部门的发展。

建筑业还要占用大量运输工具，因此，建筑业的发展和交通运输业的发展也有着密切关系。

建筑业是劳动就业的重要部门。建筑业是劳动密集型的产业，它在国民经济中占有相当比例的劳动力。从资本主义国家的现状来看，建筑业就业人员占全部就业人口的比重一般为 6%～8%，有的更高。另外，和建筑业密切相关的建筑材料工业与建筑设备工业还可容纳相应的就业人员，据估计，美国每十个就业人员中，就有一个与建筑业有直接或间接的关系。因此，建筑业的发展为社会提供广泛的就业机会。

建筑业可以参加国际建筑市场的竞争，进行综合性的输出。随着世界科技发展的不平衡与经济交往的增加，国际间建筑承包活动亦在迅猛发展，许多国家都非常重视国际承包工程的市场竞争。因为这种承包活动，不但可以推动建筑业的发展，而且带动着资本、技术、劳务、设备和商品的输出，扩大政治、经济影响，并可赚取外汇。

目前，在一些资本主义国家中，建筑业还可以对国民经济的发展起一定的调节作用。因为建筑业能灵敏反映国民经济的繁荣与萧条。国民经济处于繁荣时期，由于对固定资产需求的增加，建筑业毫无疑问处于繁荣状态；当经济处于萧条时期，私人资本投资减少，自然要影响到建筑业的工程总量，但这时国家可以通过加大公用事业投资，使建筑业首先发展起来，刺激其他行业增长，以此来调节影响其他行业，既可以解决就业问题，又可以对经济结构进行调整，使不景气的经济得以复兴。

我国建筑业近年来发展很大。以1993年为例，建筑业生产总值，达2100多亿元，创造国民收入2000多亿元，从业人员已超过了3000多万人，为国家提供财政收入80多亿元，见表1-2至1-5。

国民生产总值构成　　　　　　　　单位：亿元　　表1-2

年　份	国民生产总值	国内生产总值	工　业	建筑业	运输业	商　业
1991	20236.3	20188.3	8087.1	1015.1	1227.0	1245.0
1992	24378.9	24362.9	10284.5	1415.0	1535.9	1449.3
1993	31342.3	3038.3	14140.0	2104.9	1901.0	1782.4

国　民　收　入　构　成　　　　　　　　　　　　　　表1-3

年　份	国民收入总额（亿元）	农业（亿元）	工业（亿元）	建筑业（亿元）	运输业（亿元）	商业（亿元）	构成（%）				
							农业	工业	建筑业	运输业	商业
1991	16557	5269	7703	1009	887	1689	31.82	46.52	6.09	5.36	10.20
1992	20223	5795	9885	1411	968	2164	29.20	49.41	7.43	4.82	9.14
1993	24882	6317	12862	2054	1113	2536	25.39	51.69	8.25	4.47	10.19

建筑业从业人员及职工人数　　　　　　　　表1-4

年　份	A（全国劳动力）（万人）		B（建筑业劳动力）（万人）		C=B/A（%）	
	从业人数	职工人数	从业人数	职工人数	从业人数	职工人数
1992	59432	14792	2660	995	4.5	6.7
1993	60220	14849	3050	1153	5.1	7.8

国家财政收入构成　　　　　　　　单位：亿元　　表1-5

年　份	国家财政总收入（A）	工　业	农　业	商　业	交通运输	建筑业（B）	其　他	B/A（%）
1991	3610.9	1488.90	133.67	849.33	157.18	49.22	932.58	1.36
1992	4153.1	1702.75	149.51	966.73	207.65	66.45	1029.96	1.60
1993	5088.2	1949.03	236.03	1338.90	157.52	80.77	1325.92	1.58

第二节　建筑业的技术经济特点

一、建筑产品的特点

建筑产品具有固定性、多样性、体积庞大的特点。

（1）建筑产品的固定性。由于建筑产品的基础都要和土地直接联系，以大地做为地基，因而建筑产品在建造中和建成后是不能移动的。建筑产品建在哪里就在哪里发挥作用。

（2）建筑产品的多样性。由于对建筑产品的功能要求是多种多样的，使得每个建筑产品都有其独特的形式和独特的结构，因而需要单独设计。即使功能要求相同、建筑类型相同，但由于地形、地质、水文、气象等自然条件不同及交通运输、材料供应等社会条件不同，在建造时往往亦需要对原设计图纸、施工组织与施工方法等做适当修改。由于建筑产品的这种多样性，因而可以说建筑产品具有个体性的特点。

（3）建筑产品体积庞大。建筑产品是房屋或构筑物，所消耗材料是大量的，因而产品价值高。要在房屋内部布置各种生产和生活需要的设备与用具，要在其中进行生产与生活，因而建筑产品要占据广阔的空间。

二、建筑生产的特点

建筑产品以上的固有特点，给建筑生产带来了以下技术经济特点：流动性、单件性和露天性。

（1）建筑产品的固定性和体积的庞大，决定了建筑施工生产的流动性。人、材料、机械设备都沿着水平和垂直方向围绕着建筑产品上下、左右、内外、前后地变换位置，许多不同的工种，在同一对象上进行作业，不可避免地产生了施工空间和时间的矛盾，因而，必须充分地利用施工空间来争取施工时间和充分地利用施工时间来争取施工空间，进行科学施工。同一工种工人在同一施工工地要在不同建筑位置上流动作业，整个建筑队伍在不同建筑地点，还要辗转流动，这必然要对工时和设备的利用产生影响。

（2）建筑产品多样性（或称个体性）和固定性，使建筑产品生产要个别地组织，单个地实施，故称建筑生产的单件性。建筑生产没有一个通用定型的施工方案，要因工程而异地个别地编制施工组织设计指导施工。

（3）建筑产品体积庞大，使建筑产品不具备在室内生产的条件，一般都要求露天作业，其生产受到风、雨、雪、温度等气候条件的影响，生产条件艰苦，难以做到全年均衡生产，同时亦影响到工人的劳动效率。

建筑产品类型多，建筑地点频繁变动，使得建筑生产没有固定的生产对象；由于建筑生产的流动性和每幢建筑产品性质与规模的不同，要求不同工种类型与人数，要求不同的技术装备构成，又使得建筑生产没有稳定的生产条件。建筑产品的生产是在先有用户的情况下进行的，故业主要参加生产管理，施工企业的工程任务是在建筑市场上通过投标竞争而获得的。

三、建筑业的特点

（1）建筑企业中以中、小型企业占绝大多数。由于建筑产品的多样性和建筑生产的单件性，难以大规模批量生产，所以多以专业化分工进行承包生产，这就使得建筑企业中、小型企业在数量上占绝大多数。但这并不意味着中、小型企业的总产值所占的百分比也大。事实正好相反，由于长期计划经济，使我国平均一个建筑企业的人数高于国际平均水平。

（2）建筑企业用工制度是以固定工、合同工和临时工相结合的用工制度，合同工与临时工所占比例比其他产业要高。这主要是由于建筑生产没有固定的生产对象和稳定的生产条件所决定的。建筑产品可分解为分部分项工程进行作业，生产技术要求与其他高新技术产业相比，要简单得多。

（3）建筑业的技术装备水平较低，大型机械设备多采用租赁形式，这是由于建筑业的生产是劳动密集型所致。

（4）生产经营方式采用多层次分包制。由于一项建筑工程是由多项专业工程所组成的综合体，有条件由各专业工程企业或班组分别承包而共同完成。实践证明，由各专业工程企业来分别承包，有利于提高各专业机械的生产效率和劳动者的劳动生产率，这也是建筑企业小型化的又一重要原因。在一般情况下，一项建筑工程由一个企业总包后，可按该企业的具体情况，将工程按单位工程或单项工程分包给其他各专业企业，各分包单位对总包负责。

（5）建筑企业必须建立预付款制度。这是由于建筑产品体积庞大，生产周期长，材料耗用多，需用建设资金多，必须有大量资金做保证，以使工程建设顺利进行。因此应给承包方支付预付款，形成建筑施工企业的流动资金。

（6）设计和施工分别发包。建筑工程一般是由设计单位和施工单位分别来承担设计和施工任务。它不同于一般工业的产品，其设计和制造是在一个企业中进行的。

第三节　基本建设和建设程序

一、基本建设的含义

基本建设是对一定的固定资产的建筑、设备添置和安装活动以及与此相联系的其他工作，是一种综合性的经济活动，是固定资产投资中新建与扩建的投资活动。

国民经济各部门，都有基本建设经济活动，它包括：建设项目的投资决策、建设布局、技术决策、环保、工艺流程的确定和设备选型、生产准备以及对工程建设项目的规划、勘察、设计和施工等活动。

无论哪个国家，固定资产都是国民财富的主要组成部分。衡量一个国家经济实力雄厚与否，社会生产力发展水平的高低，重要的一点，就是看它拥有的固定资产的数量多少与质量高低。固定资产的物质内容就是生产手段，是生产力诸要素之一。

基本建设是提高人民物质、文化生活水平和加强国防实力的重要手段。具体作用是：为国民经济各部门提供生产能力；影响和改变各产业部门内部、各部门之间的构成和比例关系；使全国生产力的配置更趋合理；用先进的技术改造国民经济；为社会提供住宅、文化设施、市政设施；为解决社会重大问题提供物质基础。

但是，应当指出，基本建设可以是扩大再生产，但它决不是扩大再生产的唯一源泉。因为，扩大再生产分为外延与内涵两个方面，如果在生产场所方面扩大了，就是在外延上扩大，如果在生产效率方面提高了，就是在内涵上扩大了。

内涵上扩大再生产的方法称为技术改造，也属于固定资产投资活动。技术改造是现有企业在现有生产力基础上，通过技术的改进，提高产品、工艺、装备水平及经营管理水平，达到企业本身和社会均获得技术进步和经济效益的目的。它涉及的范围可以是整个企业的，也可以是企业内某一局部的改进；它可以包括对企业物质条件上的改造，也可以包括经营管理系统的改进。所以，提高企业的经济效益与社会总的效益，必须不断努力提高固定资产投资效益，既重视外延扩大再生产，更重视内函扩大再生产，而不应当单纯追求基本建设投资的增加。

二、基本建设的分类

从全社会角度来看，基本建设是由一个个的建设项目组成的。建设项目是指在一个场地或几个场地上，按一个总体设计或初步设计进行的一个或多个有内在联系的单项工程所组成的、在建设中实行统一核算、统一管理的建设单位。还可以说，建设项目是需要一定量投资，经过决策和实施（设计、施工等）的一系列程序，在一定约束条件下，以形成固定资产为明确目标的一次性事业。按不同分类标准，建设项目分类如下：

（一）按建设项目建设过程的不同分类

（1）筹建项目，是指在计划年度内，只作准备还不能开工的项目。

（2）施工项目，是指在基本建设计划年度内进行建筑和安装活动的建设项目。

（3）投产项目，是指计划年度内可以全部竣工投产交付使用的项目。

（4）收尾项目，是指计划年度内已经验收投产或交付使用，设计内容也已经全部建成，但还遗留少量扫尾工程的项目。

（二）按建设项目的建设性质不同分类：

（1）新建项目，是建设新的企业或事业单位，或对原有企业进行重大扩建或迁建的建设项目（较原有固定资产增加三倍以上）。

（2）改建项目，是指原有企业为了提高生产效率，改进产品质量或改变产品方向，对原有固定资产进行改造的建设项目。有的企业为了平衡生产力增建一些附属车间或非生产性固定资产也属于改建性质。

（3）扩建项目，是指原有企业或事业单位，为了扩大原有主要产品的生产能力或效益，或增加新的产品生产能力，在原有固定资产的基础上，兴建一些主要车间或其他固定资产。

（4）恢复项目，是指固定资产因重大自然灾害或战争而遭受破坏，进行原来规模的重新建设项目。它虽然没有扩大再生产和增加新的生产能力，但亦算为基本建设。

（5）迁建项目，是指原有企业或事业单位，由于各种原因迁到另外的地方建设的项目，不论其建设规模是否维持原来规模都算迁建项目。

必须指出，建设项目的性质是按整个建设项目来划分的，一个建设项目在按总体设计全部建成之前，其性质一直不变。

（三）按建设项目在国民经济中的用途不同分类

（1）生产性建设项目，是指直接用于物质生产或满足物质生产需要的建设项目。包括工业、建筑、农林、水利、气象、运输、邮电、商业、物资供应、地质资源勘探等建设。

（2）非生产性建设项目又称消费性建设项目，一般是指用于满足人民物资文化生活需要的建设。包括有住宅、文教卫生、科学实验研究、公用事业以及其他建设项目等。

按用途分类，是按建设项目中的单项工程的直接用途来划分的。与单项工程无关的单纯购置，则按该项购置的直接用途来划分。

（四）按建设项目建设总规模和投资的多少不同分类

可分为大、中、小型项目。其划分的标准在各行业中是不一样的。大致是：生产单一产品的企业，按产品的设计能力来划分；生产多种产品的，按主要产品的设计能力来划分；难以按生产能力划分的，按其全部投资额来划分。

（五）按投资主体分类

（1）中央投资的建设项目。指全部或主要由国家财政性资金、国家直接安排的银行贷款资金和国家统借统还的外国政府或国际金融组织及其他资金投资的建设项目。

（2）各级地方政府（含省、地、市、县、乡）投资的建设项目。主要是以各级地方政府财政性资金及其他资金投资的建设项目。

（3）企业投资的建设项目。主要指企业（全民所有制企业、企业集团、集体所有制企业、乡镇企业等）用自有资金或对外筹措资金投资的建设项目。

（4）"三资"企业的建设项目。主要形式有中外合资企业、中外合作企业和外商独资企业投资的建设项目。

（5）各类投资主体联合投资的建设项目。包括：生产联合体，资源开发联合体，科研与生产联合体，产销联合体。

三、建设程序

（一）建筑程序的客观规律性

把投资转化为固定资产的经济活动的横向联系和纵向联系、内部联系和外部联系比较复杂，涉及面广，环节多，是一种多行业，多部门密切配合的综合性比较强的经济活动。因此，在建设过程中，包含着紧密相连、环环相扣、有其前后顺序和阶段的过程，不同阶段有着不同的内容，既不容许混淆，又不允许颠倒与跳越。因此，基本建设必须有组织有计划按顺序地进行活动，这个顺序就是建设程序。具体地讲，它是指每个建设项目从决策、设计、施工和竣工验收直到投产交付使用的全过程中，各个阶段、各个步骤、各个环节的先后顺序。

建设程序是人们进行建设活动中所必须遵守的工作制度，是经过大量实践工作所总结出来的工程建设过程的客观规律的反映。

建设程序反映了社会经济规律的制约关系。在国民经济体系中，各部门之间比例要保持平衡，建设计划与国民经济计划要协调一致，成为国民经济计划的有机组成部分。所以，我国建设程序中的主要阶段和环节，都与国民经济计划密切相连。譬如建设项目计划任务书，要根据国民经济发展的长期规划或五年计划来编制；批准的初步设计，要经过各方面的综合平衡后，才能列入年度建设计划。

建设程序反映了技术经济规律的要求。譬如就生产性建设项目而言，由于它要消耗大量的人力、物力、财力，如果决策稍有失误，必定造成重大损失。因此，在提出项目建议书后，对建设项目首先要进行可行性研究，从建设的必要性和可能性、技术的可行性与经济的合理性、投产后正常生产条件等方面做出全面地综合地论证。建设项目特点之一，是地点的固定性。无论那类建设项目，必须先进行勘察、选址，然后才能设计。建设项目的另一个特点，是项目的个体性。对于不同的项目，由于工艺、厂址、建筑材料、气候和地质条件的不同，每项工程都要进行专门的设计和采用不同的施工组织方案与施工方法。必须先设计后施工，要严格按着程序办事。

以上都说明了建设程序是客观规律性的反映。目前我国建设程序基本上是适用的。但是，人们对于事物的认识总是在不断的深化，由于对建设规律的认识逐渐深化，从而将不断完善建设程序的内容。譬如，对于项目的可行性研究问题，过去我们就注意得不足，或者说做得较粗。现在我们已在建设的程序中，规定了在项目确定之前，必须进行可行性研究。

（二）建设程序的内容

我国的建设程序，最初是1952年由政务院正式颁布的，基本上是原苏联管理模式和方法的翻版。40多年来，随着各项建设事业的不断发展，特别是近10多年来管理体制进行的一系列改革，建设程序也不断有所变化，逐步完善和走向科学化、法制化。现行的建设程序分为七个阶段，主要的工作内容是：

1. 项目建议书阶段

项目建议书是由投资者（目前一般是项目主管部门或企、事业单位）对准备建设的项目提出的大体轮廓性设想和建议。主要是为确定拟建项目是否有必要建设、是否具备建设的条件、是否需要再作进一步的研究论证工作提供依据。在改革开放以前，我国的基本建设程序没有规定这一阶段，项目决策阶段的工作比较简单，往往造成对项目分析论证不足就匆促上马，造成投资损失浪费，1981年，我国先在利用外资项目、引进技术项目的建设程序中增加了这一阶段的工作。1984年起，国家明确规定所有国内建设项目都要经过项目建议书这一阶段，并规定了这一阶段的具体工作内容。其主要内容包括：建设项目提出的必要性和依据；产品方案、拟建规模和建设地点的初步设想；资源情况、建设条件、协作关系等的初步分析；投资估算和资金筹措设想；经济效益和社会效益的估计。

2. 可行性研究阶段（包括可行性研究报告评估）

这一阶段的工作主要是对项目在技术上和经济上（包括微观效益和宏观效益）是否可行进行科学的分析和论证，是进行综合的、深入的项目技术、经济论证的阶段。对项目在技术上是否先进、适用、可靠，在经济上是否合理，在财务上是否盈利，作出多方案比较，提出评价意见，推荐最佳方案，作为进行建设项目立项决策的依据，也是项目办理资金筹措、签订合作协议、进行初步设计等工作的依据和基础。可行性研究阶段也是我国借鉴世界银行和西方国家的经验和惯例，从1982年起开展起来的。与这一阶段相联系的工作还有对可行性研究报告由工程咨询公司进行评估论证。

可行性研究报告需要经过审批。中央投资、中央和地方合资的大中型和限额以上项目的可行性研究报告要报送国家计委审批。总投资2亿元以上的项目，都要经过国家计委审核后报国务院审批。中央各部门所属小型和限额以下项目，由各部门审批。地方计委审批地方投资2亿元以下的项目。经审批的可行性研究报告是确定建设项目、编制设计文件的依据。

3. 设计阶段

由于勘察工作是为设计提供基础数据和资料的工作，这一阶段，也可称为勘察设计阶段，是项目建设的关键阶段，也是项目决策之后进入建设实施的重要基础。设计阶段的主要工作是编制设计文件，通常包括初步设计和施工图设计。一些技术复杂的项目还要增加技术设计。这些设计文件是国家安排建设计划和组织项目施工的主要依据。

我国现行规定，对于重大工程项目要进行三段设计：初步设计、技术设计和施工图设计。中小型项目可按两段进行：初步设计和施工图设计。有的工程技术较复杂时，可把初步设计的内容适当加深到扩大初步设计。

初步设计是指编制拟建工程的方案图、说明书和总概算。实质上是一项带有规划性质的"轮廓"设计。它要解决建设项目的技术可靠性和经济合理性问题。譬如对一个工业建设项目，其内容包括文字说明、图纸及总概算。具体内容如下：

确定建设指导思想；产品方案；总体规划；工艺流程；设备选型；主要建筑物、构筑物和公用辅助设施；"三废"治理；占地面积；主要设备材料清单和材料用量；劳动定员；主要技术经济指标；建设工期；总概算。

技术设计是协调编制拟建工程的各有关工种图纸、说明书和修正总概算，是初步设计的深化，使建设项目的设计工作更具体、更完善，对初步设计所采用的工艺流程和建筑结构中的重大问题做出进一步的确定，或校正设备选型与数量。技术设计应满足下列要求：

（1）各项工艺方案逐项落实，主要关键生产工艺设备可以根据提供的规格、型号、数量订货。

（2）对建筑安装和有关土建、公用工程提供必要的技术数据，从而可以编制施工组织总设计。

（3）修正总概算，并提出符合建设总进度的分年度所需资金的额数，可作为投资包干的依据。

（4）列举配套工程项目、内容、规模和要求配合建成的期限。

（5）为使建设项目能顺利建成投产，做好各项组织准备和技术准备而提供必要的数据。

施工图设计是根据批准的扩初设计或技术设计绘制建筑安装工程和非标准设备需要的图纸；完整地表现建筑物外型、内部空间的分割、结构体系、构造状况以及建筑群的组成和周围环境的配合，具有详细的构造与尺寸；还包括各种运输、通讯、管道系统、建筑设备的设计；在工艺方面，应具体确定各种设备的型号、规格及各种非标准设备的施工图。在施工图设计阶段应编制施工图预算。

各类建设项目的初步设计和总概算，都应按其规模大小和规定的审批程序，报相应主管部门审批；经批准后，即可列入年度基本建设计划，开始进行下阶段的设计。

4. 建设准备阶段

项目建设准备阶段的工作较多，涉及面较广，主要的工作内容包括：申请列入固定资产投资计划，通常所说要进入国家投资计划确定的规模"笼子"；开展各项施工准备工作（一般说，在可行性研究阶段已建立了项目筹建机构），如编制建设的实施计划、进行设计、施工单位的招标和设备、材料定货，开展征地、拆迁、"七通一平"工作，以及签订各类合同、协议。这一阶段的工作质量，对保证项目一旦开工就能顺利进行，具有决定性作用。这一阶段工作就绪，即可编制开工报告，申请正式开工。

现行规定，初步设计和总概算批准后，经过综合平衡才能列入基本建设年度计划，把当年投资分配到建设项目，落实设备和材料。

凡需多年建成的项目，要根据批准的总概算和总工期，考虑需要与可能，做到有计划、有节奏、连续地组织施工，要合理安排各年度基本建设计划，和当年分配的资金、设备、材料相一致。配套项目亦要同时安排，保证衔接，保证施工过程的连续性。

根据批准的设计文件和建设总进度，就可以对建设项目进行主要设备的申请订货，组织大型专用设备的安排和特殊材料的订货，并进行施工准备。

5. 施工阶段

项目施工阶段，对建筑安装企业来说，是产品的生产阶段，这一阶段是周期最长、占用和耗费财力、物力和人力最多的一个阶段，各项工作要依靠参与项目建设的各个单位通力协作、共同完成。

在开展全面施工的同时，要做好各项生产准备工作，保证工程一旦竣工，可以立即试车投产。生产准备工作的内容，包括有：

（1）招收和培训生产人员，组织生产人员参加设备的安装、调试和工程验收；

（2）组织生产管理机构，制定管理制度和规程；

（3）组织工具、器具、备品、备件等的制造和订货；

（4）签订原材料、协作产品、燃料、水、电、运输等协议。

6. 竣工验收阶段

是指为了检查竣工项目是否符合设计要求而进行的一项工作。这一阶段是项目建设实施全过程的最后一个阶段，是考核项目建设成果、检验设计和施工质量的重要环节，也是建设项目能否由建设阶段顺利转入生产或使用阶段的一个重要标志。

工业项目，要经负荷试运转和试生产考核；非工业项目，要符合设计要求，能正常使用；大型联合企业，可分期分批验收。

竣工验收的程序，一般可分为两个阶段进行：

（1）单项工程验收。一个单项工程完工后，可由建设单位组织验收。

（2）全部验收。整个项目全部工程建成，则必须根据国家有关规定，按工程的不同情况，由负责验收单位吸收建设、施工和设计单位，以及建设银行、环境保护和其他有关部门共同组成验收委员会（或小组）进行验收。

正式验收前，建设单位组织设计，施工单位进行初验，并系统地整理技术资料、图纸，正式验收时做为技术档案，移交给建设单位。建设单位要编制好工程竣工决算，报上级主管部门审查。

7. 后评价阶段

在改革开放前，我国的基本建设程序没有明确规定这一阶段。近几年随着建设重点要求转到讲求投资效益的轨道，国家开始对一些重大建设项目，在竣工验收若干年后，规定要进行后评价工作，因此可列为建设程序的一个阶段，主要是为了总结项目建设成功或失误的经验教训，供以后的项目决策借鉴；同时，也可为决策和建设中的各种失误找出原因，明确责任；还可对项目投入生产或使用后还存在的问题，提出解决办法，弥补项目决策和建设中的缺陷。

从上面可以看出，建设程序中的每一阶段都是以前一阶段的工作成果为依据，同时，又为后一阶段创造条件。后一阶段工作是以前一阶段工作为基础，前阶段工作的好坏，必定在后阶段工作中表现出来。建设程序中的前二项工作称为建设前期工作阶段或决策阶段，建设前期工作若有失误，建设后期工作必有问题。因此，从总体上看，我国现行的建设程序，也特别重视项目前期准备工作阶段，这对保证项目建设成功至关重要。随着科学技术日益进步和市场状况日趋复杂，这一阶段的工作还将加强。

四、建设程序的管理权限

按照我国现行的投资管理体制，建设程序的管理（主要体现在对各阶段工作形成的书面文件、报告的审批）权限，对不同的建设项目，其宽严程度、繁简程度都不尽相同，各有区别。但是有一个共同点，都要求每个项目慎重决策、精心设计、精心施工，努力提高投资效益。

建设程序的管理权限，确定的原则主要有以下几个方面。

（1）分级管理。中央一级的政府主管部门、省一级的政府主管部门具有批准项目立项的管理权限。对小型建设项目，一些省级政府规定地（市）、县一级政府部门也有权审批。目前，一些经批准的企业和企业集团，已具有项目的自主权。

（2）分段管理。建设程序各个阶段的管理权限，不是由一个部门集中掌握，而是由几个部门分段管理。一般来说，项目建议书和可行性研究报告，凡是大中型的建设项目，均由国家计划委员会审批；小型建设项目，按隶属关系，直属中央各部门的，由有关部门审批，直属地方一级的，由相应一级地方计划部门审批。而项目的初步设计文件、竣工验收报告、后评价报告等，相应的管理、审批权限，对各类项目，在各个地区的规定都不尽相同，主要集中在计划、建设和行业主管部门。现行建设程序特别规定了对特大型（2亿元以上）建设项目的决策、竣工验收，国家计委审核后，要报国务院批准。

（3）分项目管理。除了上述按大、中、小型项目划分的审批权限外，对全民所有制单位和非全民所有制单位（如城乡集体所有制、国内个体企业、"三资"企业），对一些特定的建设项目（如楼、堂、馆、所建设项目、国家产业政策限制建设的项目）以及对新建项目、现有企业扩建、改建项目、住宅建设项目等，国家在建设程序的繁简程度、管理权限的集中与分散、严与宽、审批内容等方面，都有不同的规定。

从我国投资管理体制改革的方向看，随着企业经营机制的转换和市场体系的完善，我国的建设程序管理权限划分办法还将进一步科学化、合理化。严格按照建设程序办事，将逐步成为投资者的自觉行为，而不是主要依靠政府的审批去约束。国家将主要依靠立法来规范投资者的行为，使我国的建设程序逐步走向法制化。

第四节　建筑业的行业管理

一、建筑业行业管理在国家经济管理中的地位和作用

行业管理是国家经济管理中的一个重要组成部分，在整个国民经济运行中起着承上启下的作用，使国民经济的各个方面更加有序、协调地发展。由于几十年计划经济的部门管理体制，形成了条块分割，建筑行业管理职能被肢解，政出多门，造成市场的混乱；行业发展没有规划，队伍发展不协调、不平衡，有的专业队伍发展过多，竞争过于剧烈，而有的专业队伍严重不足，无法招标竞争。在经济体制改革的探索和实践中，人们逐渐认识到行业管理的重要作用，使行业管理逐步成为政府的宏观管理和企业微观管理之间不可缺少的中间层。

行业管理要发挥承上启下的中间层作用，必须全面掌握全行业的实际情况和存在问题，从促进全行业发展和保护行业的合法权益的立场来制订政策和规划。由于长期计划经济管理体制下忽视了建筑业作为独立的产业部门的重要作用，在计划安排、价格管理、行业负担等方面都存在着许多实际困难，行业管理在解决这些问题方面，应当发挥重要的作用。建筑行业管理所处的地位，决定了它在加强宏观管理的同时，还必须加强对市场和建筑产品的监督和管理。

二、建筑业行业管理的主体、职能和管理层次

行业管理的主体是政府的行业主管部门，它是各层行业管理最权威的形式，行使政府职能，对全行业行为进行立法、指导、监督；研究产业经济，制订产业政策，规划发展战略，促进生产力发展。主要通过法律的、经济的、行政的手段进行管理。行业协会是政府实行行业管理的助手，通过发挥桥梁纽带作用，协助政府进行行业管理。其主要任务是调查收集行业发展存在的问题和情况，企业的愿望和要求，及时向政府反映，作为政府制订法规和政策的依据，保护行业的合法权益；贯彻传达方针政策，加强对企业的引导，实现政府的管理意图；制订行规，规范企业行为，协调企业间的关系，调解处理企业的争议和纠纷；收集发布行业动态及市场信息，组织经验交流；开展培训工作，促进企业人员素质的提高和新技术、先进管理方法的采用。

由于我国地域辽阔，建筑行业的管理分为三个层次。国务院早已明确，建设部对建筑业实行全行业归口管理。作为中央一级的行业管理，主要侧重于宏观控制。通过调查建筑市场与产品的状况，研究制订与国民经济总目标相一致的行业战略目标和规划；制订相应的方针、政策、法规来保证这些目标和规划的实现，指导、协调、平衡全行业的发展。省一级的建筑行业管理部门是建委或建设厅，他们的职能主要是在国家总体安排下规划本地区的行业发展；在贯彻执行国家的行业发展方针、政策、法规的同时，结合本地区的实际情况，制订切合当地的实施办法，制订区域性的政策法规。大、中城市一级的行业管理是最实际、最具体的管理。由被授予行业管理职能的建筑业管理局负责管理。他们的职能主要是计划安排本市、本地区的行业发展；通过检查、监督，保证国家的方针政策、经济法规的落实，为企业提供一个公平竞争的良好环境；组织协调行业内外的关系，为企业的生产经营提供良好条件；加强对工程质量的检查监督和管理，保证生产出良好的建筑产品；组织培训和交流，提高建筑企业的素质。

分布在各个层次的各种咨询服务的中介机构，也承担了一部分行业管理的工作，例如律师、会计师、审计师事务所等公证机构；计量、检测、鉴定检验等生产服务机构；情报、咨询、报刊等信息服务机构；福利、保险等社会保障公益机构。他们受政府部门和当事人的委托，从事合同的审查、鉴证，纠纷的调解、仲裁，审查各种证书、文件的合法性、真实性和无遗漏性等工作，在行业管理中发挥了很大的作用。由于他们具有丰富的专业知识和手段，又可以承担相应的经济和信誉责任，有利于提高这些工作的效率，也有利于政府职能的转变。

三、建筑业行业管理的对象

行业管理的对象应是建筑产品和市场，这是管理体制改革的方向，是建立社会主义市场经济体制的必要前提，也是行业管理区别于部门管理的主要特点。部门管理的特点是直接管理企业，束缚了企业的自主经营意识，扼杀了企业自我发展的愿望，严重抑制了企业作为国民经济发展细胞的生机与活力。行业管理则主要是通过健全市场机制，保证市场秩序，提供良好服务，来培育发展一个完善的市场，为建筑业的发展提供必要的条件。通过加强资质管理，推行监理制度，制订完善标准规范和质量认证制度，严格竣工验收等工作，在市场机制作用下，为社会提供更多质量优良、造价合理的建筑产品，保证经济的高速发展。

四、建筑业行业管理的目标、内容和方式

行业管理的主要目标，是迅速提高建筑企业的技术和管理水平，全面增强整个建筑业的素质，达到国际先进水平；迅速发展建筑业的生产力，使建筑业净产值、建筑业为国家提供的财政收入、建筑业容纳的就业人员在国民收入、国家财政收入、就业人员总量中，都能够达到一个与国民经济支柱产业相应的比重；在高效优质为国家提供经济建设需要的工业设施和满足人民生活水平提高的民用建筑方面，在扩大对外承包、为国家增加外汇收入和带动设备制造、建筑材料的出口方面发挥重要的作用；使建筑业真正成为国民经济的支柱产业。

行业管理的内容随着经济的发展不断丰富和完善。早期的行业管理主要是对内协调同业之间的矛盾，对外维护同业的共同利益。行业管理的层次也逐步由小行业、地区行业发展到国家范围的行业管理。现代行业管理内容主要包括四个方面：一是根据国家经济发展需要和要求，制订行业发展规划和行业政策，制订、颁发法律法规，保证这些规划目标和政策意图的实现。在党的十二届三中全会作出进行城市经济体制改革的决定之后，建设部根据建筑行业的具体情况，制订了《建筑业改革大纲》和《发展建筑业纲要》，为建筑业的改革和发展，提出了具体的目标、规划和要求，及时指导了这项工作的开展。并相继制订了《建筑企业资质管理条例》、《建设工程招标投标暂行规定》、《建筑安装工程承包合同条例》、《建筑工程勘察设计合同条例》等法律法规，保证了各项改革措施的落实。二是对建筑市场和建筑产品实行有效的政府监督，规范市场行为，强化企业生存与发展意识，维护市场正常秩序，保护企业合法权益，创造良好的外部条件。这些工作主要通过城市的建筑队伍管理站、工程质量监督站、工程造价管理站和招标投标办公室等行业管理机构来具体实施。三是对行业内部和各综合管理部门及其他行业管理部门的组织和协调，促进行业的发展。建筑行业的发展涉及计划、工商、司法、劳动、金融等许多综合管理部门，加强与他们之间的协调与配合，调整部门和行业之间的关系，解决行业发展中存在的问题，保护行业的利益，保证行业规划目标的实现，是行业管理的职能和责任。四是加强对行业发展的指导与服务，推动行业的发展与进步。行业管理不直接作用于企业，但通过信息引导，对先进经验的宣传和新技术的推广，促进行业内部的交流。通过对全行业管理干部和职工培训的组织和规划，提高全行业的人员素质。

第二章 工程项目投资的经济效果评价

第一节 工程项目投资经济效果的基本概念

一、经济效果的概念

人们在社会实践中从事每种活动都有一定的目的，都是为了取得一定的效果。由于从事活动的性质不同，取得的效果也不同。效果大致可以分为两大类：一类是属于生产活动领域所产生的效果（如生产建设效果），这类效果都是为了完成一定的生产任务，创造一定的使用价值和财富，它有一个特点，就是其效果可以用经济数字（如产量、产值等）来表示；另一类属于非生产活动领域所产生的效果，这类效果一般很难直接用经济数字来表示。但是，不论从事什么实践活动及其产生的效果属于哪一种，都必须消耗劳动，都和经济有联系。因此，经济效果就是对人们为达到一定目的而进行的实践活动所作的关于劳动消耗量的节约或浪费的评价。

人们为达到一定目的而进行的实践活动都有一个效果问题和一个经济效果问题。它们之间的关系是：

经济效果＝效果和劳动消耗量的比较

用数学式表示，即为：

$$E(经济效果) = \frac{X(效果)}{L(劳动消耗量)} \tag{2-1}$$

劳动消耗量包括活劳动和物化劳动。物化劳动的消耗实际上就是其他生产部门的劳动者的活劳动消耗所取得的成果。如果对投资方案的经济效果只从它本身所消耗的活劳动数量来考察的话，那是很不够的。从整个社会来说，应该同时考察投资方案所消耗的物化劳动的数量。

从整个社会来考察生产领域的经济效果，最起码的标准是：

$$E = \frac{X}{L} > 1 \tag{2-2}$$

这就是说在生产活动中所创造的价值，必须大于所投入的劳动价值。如果社会经济效果 E 越大，则社会生产力发展速度就越快。

按照效果性质的不同，经济效果也可分为两大类：生产活动领域的经济效果和非生产活动领域的经济效果。

经济效果还可以按生产和非生产领域中的不同部门分类，比如农业经济效果、冶金工业经济效果、建筑业经济效果、化学工业经济效果、邮电业经济效果、教育经济效果等等。

经济效果按评价的立足点不同，可分为全国、地区、部门、企业、车间等等各种不同的经济效果。

二、工程项目投资经济效果的概念

用货币量表示的固定资产再生产过程中所消耗的劳动，就是工程项目建设投资。工程项目投资经济效果就是投入工程项目建设的人力、物力和财力，经过工程项目建设活动所得到的效果，它反映工程项目建设领域的劳动消耗和由此获得的固定资产之间的关系。

工程项目投资经济效果，直接体现在由工程项目建设创造出来的生产性和非生产性固定资产上。经济效果有两重含义：一是表现在使用价值的成果上；二是表现在价值的成果上。工程项目建设创造出来的固定资产作为社会生产的物质产品，是价值和使用价值的统一体。所以，工程项目投资经济效果，最终必然体现在社会生产的发展速度和人民物质文化水平的提高程度上，也即对整个国民经济发展的促进作用上。

工程项目投资经济效果应该是指工程项目投资与形成的固定资产和生产能力或社会效益（即使用价值）的比较。工程项目投资不是单纯为了形成固定资产和生产能力；它的经济效果不仅反映在工程项目建设过程中，而且反映在投产后的生产过程中。所以，应把这两个方面的效果结合起来对工程项目投资的经济效果进行评价。

三、经济效益的概念

所谓经济效益，就是指实现了的经济效果，即有用的效果。也就是说，所产生的效果，是被社会所承认和需要的，而且，为产生这一效果，所消耗的劳动也是节约的。

讲求经济效益，就是要以尽量少的活劳动消耗和物化劳动消耗，生产出更多符合社会需要的产品。在社会主义市场经济中，就是生产出更多为市场或用户所接受的产品。

作为工程项目投资来说，经济效益就是指投资建设的项目，是发展国民经济和改善人民生活所需要的，也是符合市场需求的，所付出的投资是节约的。

我们在这里所讨论的经济效果，就是指有用的经济效果，在客观上能实现的经济效果，而不是盲目建设或不问是否符合社会需要、在市场上是否有销路、仅以产值或投资额通过想当然的计算而得出的"经济效果"。

四、工程项目投资经济效果包含的因素

（1）个别工程项目的投资经济效果和整个国民经济的投资经济效果，即包括微观经济效果和宏观经济效果。

（2）工程项目投资经济效果要统一考虑建设过程中和投产使用后两方面的效果，尤其是后者。所以，工程项目投资经济效果包括近期效果与远期效果两个方面。

（3）工程项目投资经济效果不是某一个方面可能完全反映的，即它不仅反映在工程造价上，还反映在工程质量、建设速度上，因此，它是一个综合的、全面的经济效果。

工程项目投资的经济效果，既包含可以计量的因素，也包含不可计量的因素。对整个社会来说，工程项目投资的经济效果所包含的各种因素，不是完全可以直接地用实物或货币来表示的，有的因素很难用数字来计量其经济效果。所以，评价工程项目投资经济效果时，不仅要考虑可以计量的经济效果，还要考虑那些不能直接计量的经济效果。

五、工程项目投资经济效果的评价原则

工程项目投资的经济效果，体现着社会主义的生产关系，反映社会主义市场经济规律的要求。为此，投资经济效果的评价原则必须是：

1. 符合社会主义市场经济基本经济规律和国民经济有计划按比例发展规律的要求

社会主义市场经济就是要求通过竞争，用在高度技术基础上使社会生产不断完善的办法，在市场的调节下，来最大限度地满足整个社会经常增长的物质和文化的需要。社会主义社会进行工程项目建设的目的就是以最少的工程项目投资来增加最多的市场需要的固定资产和社会产品，以最大限度地满足社会和人民的需要。国民经济有计划按比例发展规律，要求一切经济活动和整个国民经济的发展必须符合市场的需求和服从国家的宏观调控，并保持一定的比例关系。

2. 宏观经济效果与微观经济效果相结合

整个国民经济的工程项目投资经济效果和个别建设单位的工程项目投资经济效果，是宏观和微观、全局和局部的关系，两者在根本上是一致的。因为个别建设单位的工程项目投资经济效果的提高，是实现国民经济工程项目投资经济效果的基础。同时，也只有符合整个国民经济的工程项目投资经济效果的要求，个别建设单位的工程项目投资效果的提高才有更积极的意义。

但是，有时两者也可能发生矛盾。一般说来，当宏观经济效果与微观经济效果发生矛盾的时候，个别建设单位的工程项目投资经济效果应当服从整个国民经济的工程项目投资经济效果。如果不顾全局、不考虑宏观经济效果，盲目的搞"地区自给"，一个地区、一个部门都要建立"大而全"、"小而全"的工业体系、造成盲目的重复建设，使已有的、生产效率高的老厂或大厂生产能力得不到充分发挥，另一方面又在建设很多效率低、工艺落后的新厂或小厂；或者是资源条件优越的地区不能充分发挥已有建设项目的作用，而资源条件不好的地区为取得同样的产品又在投资搞工程项目建设。这样的重复项目不但不能增加国民收入，反而会减少国民收入，浪费社会资源。

3. 近期的经济效果与长远的经济效果的结合

工程项目建设按其完成的期限来说，大体上可分两类：一类是短期内（例如一、二年内）建成和投入生产或使用；另一类是需较长时间（例如几年或十几年）才能完成和投入生产或使用。社会生产的目的是为了满足社会及其成员的需要。国民经济发展的目前利益和长远利益应该是一致的。为适应社会发展和人民生活的需要，客观上要求工程项目投资不但要用于那些与当前经济生活直接有关，规模较小，建设时间短，资金周转快，能迅速产生投资经济效果的工程项目建设；而且还要进行那些建设时间较长，投资较多，规模较大，虽然不能迅速发挥投资的经济效果，但对完成现代化建设，建立现代化物质技术基础十分重要的，而且从长远来看其经济效益是显著的工程项目建设。

所以，评价工程项目投资的经济效果，把近期的经济效果与长远的经济效果这两方面正确地结合起来，是社会主义现代化建设的客观要求。

4. 使用价值和价值效果的结合

必须从符合社会的需要出发，增加符合社会需要的为市场所接受的产品，才能有经济效果。否则，产品不是社会所需要的，在市场上卖不出去，那么生产得越多，浪费就越大。同时，工程项目建设要耗费一定的人力、物力、财力，在它竣工、投入生产后所提供的产品，则正是这些被耗费掉的人力、物力、财力的凝聚。因此，应当通过价值的计算，即计算投资、产量、产值、净产值、利润，来比较出效果的大小。评价工程项目投资经济效果，必须将使用价值和价值效果相结合。

5. 正确处理政治效果与经济效果的关系

评价工程项目投资经济效果时,也要注意政治效果。正确处理政治与经济的关系问题。事实上,投资效果不但反映在经济方面,而且对政治、国防、文化等方面都产生直接或间接的影响。经济不仅是政治的出发点,也是它的归宿。所以,政治效果和经济效果在根本上应该是统一的。

第二节　工程项目投资的经济要素

对工程项目投资经济效果的评价,包括的因素是多方面的。投资经济效果受着投资额、流动资产、产品成本、固定资产折旧、销售收入、税金、利息和利润等经济要素的影响。因此,要评价投资经济效果,必须对各经济要素进行认真分析。

一、投资

投资是指用于工程项目建设的全部费用的总和。

(一)投资的类别

1. 按投资供应渠道划分

(1)工程项目投资拨款。工程项目投资拨款,即国家的预算拨款。我国的工程项目投资,过去大部分是通过工程项目建设拨款进行分配的。现在投资拨款仍是一种主要的投资渠道。

(2)对外筹借资金。即企业从境内金融机构和资金市场借入,需要偿还的用于固定资产投资的资金,包括商业银行贷款和经批准发行的企业债券。

(3)自有资金。自有资金即企业有权支配使用、按规定可用于固定资产投资、不需偿还的资金

(4)引进外资。在经济上、技术上有利于我国经济建设的情况下,利用国外资金,不仅可以补充工程项目建设投资的不足,还可以促进新兴工业的发展。外资来源主要有:国际金融组织贷款、国外政府官方贷款、出口信贷、自由外汇贷款、合资经营、合作经营和外商独资经营。

2. 按投资回收方式划分

(1)无偿投资。投资建成的项目本身没有回收(或偿还)投资的能力。例如国防建设的投资、行政建设的投资、文化教育建设的投资,都是不可能直接从建设项目本身回收(或偿还)的,所以是无偿投资。

(2)有偿投资

1)单利计息投资。由商业银行以贷款方式供应,按照规定的单利利率计算利息的投资。

2)复利计息投资。这类投资的特点是根据国际惯例,按照复利利率计算贷款的利息。我国向国外贷款用于建设的投资,都是按复利计息的。

(二)投资额的确定

1. 估算方法

(1)单位投资估算法。根据已建成的规模相近的同类项目单位产品投资额,按照拟建工程项目的计划生产能力,估算出项目投资额。此法简便,能很快得出粗略的估算值,但

误差较大。因为项目建设的时间、地点等条件不同，以及价格变动等因素，投资会有较大的差别。必要时可将估算出来的投资额，再用校正系数进行调整。校正系数根据地区和市场价格不同而引起的材料、设备价差和工程费用的差异确定。

（2）生产能力指数估算法。当拟建工程项目的规模或生产装置与已建成的同类工程项目不同时，在参照已建项目投资额对拟建项目投资进行估算时，可用能力指数法。其计算公式如下：

$$C_A = C_B \left(\frac{V_A}{V_B} \right)^m \tag{2-3}$$

式中　C_A——拟建项目投资额；

　　　C_B——已建项目投资额；

　　　V_A——拟建项目的生产能力；

　　　V_B——已建项目的生产能力；

　　　m——项目能力指数。

项目能力指数 m 是一个经验常数，m 值的大小随项目性质和地区条件的不同而变化。

一般说来，如拟建项目的规模扩大，主要是靠提高设备规模来实现时，可取 $m=0.6\sim0.7$；若主要靠增加相同规格设备的数量来实现时，可取 $m=0.8\sim1.0$；一般在 0.6 左右。

（3）比率估算法。根据已建成的同类工程项目统计资料，计算出项目总投资中各种投资费用的比例关系，利用这种比率来推算拟建工程项目的投资总额。如根据统计资料，某类工程项目的主要设备投资额占项目投资总额的 60%。当计算出拟建项目主要设备的购置、安装费用后，即可参照这一比率，估算出项目的投资总额。其计算公式为：

$$C = \frac{1}{K} \sum_{i=1}^{n} Q_i P_i \tag{2-4}$$

式中　C——拟建项目的固定资产投资；

　　　K——主要设备投资占拟建项目投资的百分比；

　　　n——拟建项目的设备种类；

　　　Q_i——第 i 种设备的数量；

　　　P_i——第 i 种设备的到厂单价。

例如，已知同类型工厂的主要设备投资占基建总投资的 40%，设备总量 7000t，每吨平均单价为 5000 元，则全厂基建投资为：

$$C = \frac{7000 \times 5000}{40\%} = 8750(万元)$$

2. 概算和预算方法

根据初步设计（或扩大初步设计）图纸、概算定额或概算指标和费用定额等资料，编出设计总概算，从而确定拟建项目的总投资额。总概算是拟建项目总投资额的最高限额。

根据施工图设计、现行的预算定额、费用和价格等资料，编制出拟建工程项目的总预算。它比总概算更为具体、详细，是最后确定投资额的依据。

二、流动资金

流动资金是生产性工程项目建成后，为投入生产经营，用于购买原材料、燃料、支付职工工资等需用的资金，是维持生产顺利进行的前提条件。

拟建工程项目所需流动资金的数额，一般根据已建成的同类工程项目的资料，进行估算而得。

国外，生产性工程项目的流动资金，一般按其固定资产总值的 10%～20%，或项目预计销售收入的 25%进行估算。

三、产品成本

1. 产品成本的构成

产品成本是指拟建的生产性工程项目投产后花费在产品生产和销售上面的各项费用之总和。我国工业产品，其成本构成如图 2-1 所示。

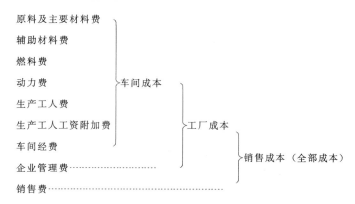

图 2-1　产品成本构成图

在实际工作中，为了核算的方便，可按各项费用摊入成本的方式不同，分为直接费用（可直接摊入产品成本的，如：材料费、生产工人工资等）和间接费用（不能直接摊入产品成本的，如：车间经费、企业管理费等）；也可按费用随产量变化的关系不同，分为可变费用和固定费用。

2. 产品成本的估算

拟建工程项目产品成本的估算，主要是根据已有的同类项目产品的成本进行。

可以参照相应定额，先估算出拟建项目产品成本中占比重较大的费用（如原料、燃料费），然后按照已有的同类产品的成本构成比例，估算出产品的全部成本。可参照已有的同类产品的成本，根据拟建项目的技术、装备情况和价格变化情况，用一些调整系数来对已掌握的产品成本数据进行修正，而得出拟建项目的产品成本估算值。还可以根据市场价格进行预测，进行调整后，反算出成本。

四、折旧

折旧是以货币形式表现的固定资产在使用过程中，由于有形和无形的损耗而逐渐减少的价值。固定资产的折旧是产品成本的一个组成部分，随着产品的销售而得到补偿。

在对拟建工程项目评价时，考虑折旧就是为了合理地计算成本，从而正确地估算利润和投资回收期。折旧的估算有直线折旧法、余额递减折旧法、双倍递减余额折旧法等。

五、销售收入和税金

销售收入是指拟建工程项目投产后预计的年销售量与出厂价格的乘积。

税金是国家根据税法，按预先规定的税种和缴纳数额标准，对纳税人的经济收入强制无偿地征收的金额。税收是国家取得财政收入的一种手段，纳税是纳税人对社会所作的贡献。

生产性或盈利性拟建工程项目投产后要依法纳税。所以，评价项目投资的经济效果，必须对应纳税金进行正确的测算。

六、利息和利润

生产性或盈利性工程项目的投资要计算利息。评价项目的投资回收期，要考虑利息的因素。

生产性或盈利性拟建项目投产后的利润是销售收入扣除成本和税金后的纯收入。正确地测算利润是评价项目投资经济效果的重要因素之一。

第三节　工程项目投资的时间价值计算

一、投资时间价值的概念

当比较投资方案的经济效果时，存在利息计算问题。计算利息就是考虑时间因素对投资效果的影响。

1. 货币的时间价值

由于货币通过投资在一定时期内能获得一定利息，每一元钱在将来和现在相比，其价值就不一样。正是由于利息和时间的这种关系，得出了"货币的时间价值"这一概念。货币的时间价值意味着相等的货币量，在不同的时点，就获得不同的值。

2. 利率、利息周期

每单位时间增加的利息与原金额（本金）之比，称为利率，其公式如下：

$$利率 = \frac{每单位时间增加的利息}{原金额（本金）} \times 100\% \tag{2-5}$$

用以表示利率的时间单位，称为利息周期。利息周期通常为一年，也有以半年或一个季度、一个月为周期的。

3. 现金流量图

在评价不同投资方案的经济效果时，常利用"现金流量图"把各个方案的现金收支情况表示出来，以便于计算。所谓"现金流量图"，就是将现金流量绘入一时间座标中。绘图时先画一条横线作横座标，上面记有计息的时间单位（年或月）；某期的现金收入（现金的增加），以垂直向上箭头表示；某期的现金支付（现金的减少），以垂直向下箭头表示，箭头的长、短与收、支的大小成比例。图 2-2 所示为贷款人的现金流量图。对借款人来说，由于立足点不同，绘成的现金流量图和图 2-2 大小相等，方向相反。

二、单利利息的计算方法

单利利息的计算方法是仅用本金来计算利息，不计算利息的利息，即利息不再生利。利息与本利和的计算公式如下：

$$I = P \cdot i \cdot n \tag{2-6}$$

$$F = P(1 + in) \tag{2-7}$$

式中 I——利息；

i——利率；

n——利息周期数；

P——本金（投资的现值）；

F——本利和（投资的未来值）。

【例1】 如某工程项目建设贷款1 000万元，合同规定四年后偿还，年利率为3％，单利计息，问四年后应还贷款的本利和共多少？

【解】 $F = (1 + in) = 1000$ 万元 $\times (1 + 0.03 \times 4) = 1120$ 万元

三、复利利息的计算方法

复利利息的计算方法就是除了要计算本金的利息之外，还要计算利息的利息，即利息还要生利。

现仍以例1为例，如果按复利计息，则四年后应偿还的本利和，如表2-1所列，其现金流量图（贷款人的）见图2-2。

表 2-1

利息周期（年）	年初欠款（A）	年末利息（B）	年末欠款总额（$A + B$）	年末偿还
1	1000 万元	$1000 \times 0.03 = 30$ 万元	$1000 + 30 = 1030$ 万元	0
2	1030 万元	$1030 \times 0.03 = 30.9$ 万元	$1030 + 30.9 = 1060.9$ 万元	0
3	1060.9 万元	$1060.9 \times 0.03 = 31.83$ 万元	$1060.9 + 31.83 = 1092.73$ 万元	0
4	1092.73 万元	$1092.73 \times 0.03 = 32.78$ 万元	$1092.73 + 32.78 = 1125.51$ 万元	1125.51 万元

工程项目投资贷款时，有的是一次贷款，一次偿还；有的是一次贷款，分期等额偿还；有的是分期等额贷款，一次偿还等等。现对其复利利息的计算方法，分别介绍如下：

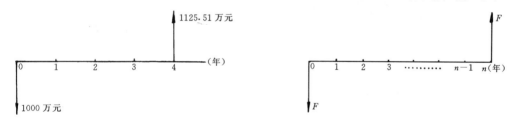

图 2-2 现金流量图（贷款人的）   图 2-3 一次支付现金流量图

（一）一次支付复利公式

如果有一笔资金 P，以年利率 i 进行投资，按复利计息，到第 n 年年末其本利和应为多少？

其现金流量图如图2-3所示。

n 年年本的本利和为

$$F = P(1 + i)^n \tag{2-8}$$

为了计算方便，我们可以按照不同的利率 i 和利息周期 n 计算出 $(1 + i)^n$ 的值，列成一个系数表。这个系数称作"一次支付复利系数"，查普通复利表即可得出，通常用 $(F/P{i,n})$ 表示。

这样，公式可写成：

$$F = P^{(F/Pi,n)}$$

【例 2】 如在第一年年初以年利率 5％投资 1000 万元，按复利计息，到第四年年末的本利和是多少？

【解】 $F = 1000(^{F/P5,4}_{1.216}) = 1216$ 万元

（二）一次支付现值公式

从以上的复利计算可以看出，如年利率为 5％，四年后的资金 1216 万元，仅相当于现在的 1000 万元。这种把将来一定时间所得收益（或应支付费用）换算成现在时刻的价值（即现值），就叫"折现"或"贴现"。

由 $F = P(1 + i)^n$

可得

$$P = F\left[\frac{1}{(1 + i)^n}\right] \tag{2-9}$$

式中 $\frac{1}{(1 + i)^n}$ 称作"一次支付现值系数"，并用 $(^{P/Fi,n})$ 表示，利用这个系数查普通复利表可以求出未来金额 F 的现值 P。

【例 3】 为了在四年后得到 1216 万元，按复利计息，年利率为 5％，现在必须投资多少？

【解】

$$P = 1216(^{P/F5,4}_{0.8227}) = 1000 \text{ 万元}$$

（三）等额支付系列复利公式

如某工程项目建设，在 n 年内，每年年末由银行获得贷款金额为 A，年利率为 i，到 n 年末按复利计息，共需偿还本利和 F 为多少？

其现金流量图（贷款人的）如图 2-4 所示。

由现金流量图可以看出：

$$F = A(1) + A(1 + i) + A(1 + i)^2 + \cdots\cdots + A(1 + i)^{n-1}$$

根据等比数列前 n 项的和的公式，得出：

$$F = A\left[\frac{(1 + i)^n - 1}{i}\right] \tag{2-10}$$

式中 A——n 次等额支付系列中的一次支付，在各个利息周期末实现；

$\frac{(1 + i)^n - 1}{i}$——这个系数称作"等额支付系列复利系数"，通常用 $(^{F/Ai,n})$ 表示。

【例 4】 若连续五年每年年末投资 1000 元，年利率 6％，按复利计息，到第五年年末可得到的本利和是多少？

【解】 $F = 1000(^{P/F6,5}_{5.637}) = 5637$ 元

（四）等额支付偿债基金公式

这一公式用来计算为了在若干（n）年后，得到一笔未来资金 F，从现在起每年年末必须存储若干资金。

从等额支付系列复利公式可得：

$$A = F\left[\frac{i}{(1+i)^n - 1}\right] \qquad (2\text{-}11)$$

系数 $\left[\dfrac{i}{(1+i)^n - 1}\right]$ 称作"等额支付偿债基金系数"，通常用 $(A/F{\scriptstyle i,n})$ 表示。

【**例 5**】 如果要在五年后得到资金 5637 元（未来值），按年利率 6%，复利计息，从现在起每年年末，必须存储多少？

【**解**】 $\qquad A = 5637 (\overset{(A/F6,5)}{\scriptstyle 0.1774}) = 1000$ 元

（五）等额支付系列资金回收公式

若以年利率 i，按复利计息，投入一笔资金 P，希望在今后 n 年内，把本利和以在每年末提取等额 A 的方式回收，其 A 值应为多少？

其现金流量图见图 2-5。

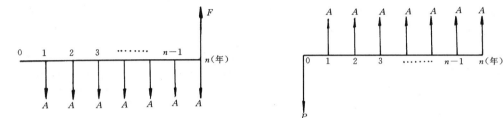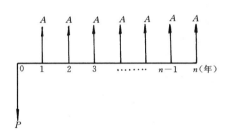

图 2-4 等额支付系列现金流量图　　　图 2-5 等额支付系列资金回收现金流量图
（借款人的）　　　　　　　　　　　　（贷款人的）

先用现值 P 计算出未来值 F

$$F = P(1+i)^n$$

已知等额支付系列偿债基金公式为：

$$A = F\left[\frac{i}{(1+i)^n - 1}\right]$$

将已计算出的未来值 F 代入上式

$\therefore \qquad A = P(1+i)^n\left[\dfrac{i}{(1+i)^n - 1}\right] = P\left[\dfrac{i(1+i)^n}{(1+i)^n - 1}\right] \qquad (2\text{-}12)$

系数 $\left[\dfrac{i(1+i)^n}{(1+i)^n - 1}\right]$ 称作"等额支付系列资金回收系数"又称"资金回收系数"，通常用 $(A/P{\scriptstyle i,n})$ 表示。

【**例 6**】 如现在以年利率 5%，按复利计息，投资 1000 元，分 8 年以等额收回，每年年末可收回多少？

【**解**】 $\qquad A = 1000 (\overset{(A/P5,8)}{\scriptstyle 0.1547}) = 154.70$ 元

（六）等额支付系列现值公式

已知等额支付系列资金回收公式为：

$$A = P\left[\frac{i(1+i)^n}{(1+i)^n - 1}\right]$$

现已知等额支付系列中的 A，求现值 P。

$$\therefore \qquad P = A\left[\frac{(1+i)^n - 1}{i(1+i)^n}\right] \tag{2-13}$$

系数 $\left[\frac{(1+i)^n - 1}{i(1+i)^n}\right]$ 称作“等额支付系列现值系数”，通常用 $(^{P/Ai,n})$ 表示。

【例 7】 今后 8 年，每年年末可以支付 154.70 元，按年利率 5%，复利计息，其现值是多少？

【解】

$$P = A\left(\begin{smallmatrix}P/A5,8\\6.463\end{smallmatrix}\right) = 154.70 \times 6.463 = 1000\ \text{元}$$

（七）均匀梯度支付系列复利公式

当投资随着时间的增长，每年（或某单位时间）以等额递增（减）的方式进行时，便形成一个均匀梯度支付系列。若第一年年末的支付是 A_1，第二年年末的支付是 $A_1 + G$，第三年年末的支付是 $A_1 + 2G$，……，第 n 年年末的支付是 $A_1 + (n-1)G$。其现金流量图，如图 2-6 所示。

对于这样一个均匀梯度支付系列的复利计算，比较简便的方法，是把它看作由两个系列组成，如图 2-7 所示。一个是等额支付系列，其每年年末的等额支付为 A_1；另一个是由 0、G、$2G_1$………、$(n-1)G$ 组成的梯度支付系列，即从第二年年末起，每年递增（减）一个 G，G 称为梯度量。

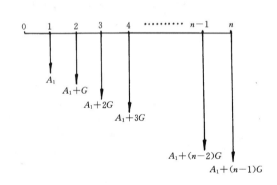

图 2-6 均匀梯度支付系列现金流量图

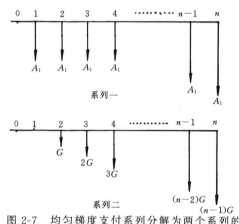

图 2-7 均匀梯度支付系列分解为两个系列的现金流量图

由图 2-7 可见，第一个系列即等额支付系列，A 为已知。如果能将第二个系列即梯度支付系列，也转换成每年年末等额支付为 A_2 的等额支付系列，则两个系列都是等额支付系列了。

设 $A = A_1 + A_2$，为两个系列每年年末的等额支付之和。这样，得出 A 后，均匀梯度支付系列的复利计算就可应用等额支付系列复利公式求出。

图 2-8 (n-1) 个等额支付系列现金流量图

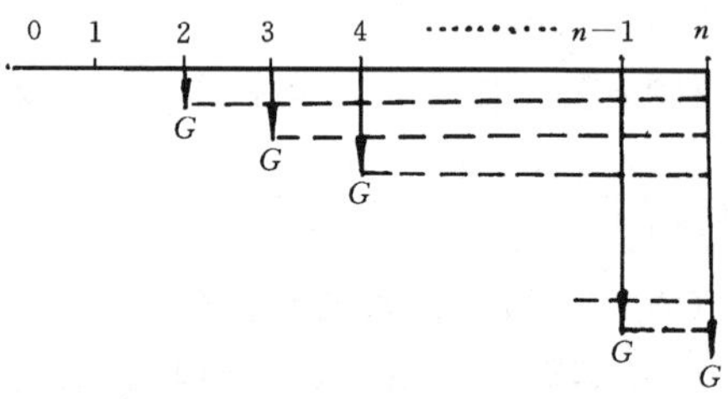

为了将梯度支付系列转换为等额支付系列，首先将图 2-7 中的系列二，分解成 $(n-1)$ 个年末支付为 G 的等额支付系列，如图 2-8 所示。

由等额支付系列复利公式，求出各个系列的未来值，将其汇总后就得出系列二的未来值（本利和）F_2。

$$F_2 = G\left[\frac{(1+i)^{n-1}-1}{i}\right] + G\left[\frac{(1+i)^{n-2}-1}{i}\right]$$

$$+ \cdots\cdots + G\left[\frac{(1+i)^2-1}{i}\right] + G\left[\frac{(1+i)^1-1}{i}\right]$$

$$= \frac{G}{i}\left[(1+i)^{n-1} + (1+i)^{n-2} + \cdots\cdots + (1+i)^2\right.$$

$$\left. + (1+i) - (n-1)\cdot 1\right]$$

$$= \frac{G}{i}\left[(1+i)^{n-1} + (1+i)^{n-2} + \cdots\cdots\right.$$

$$\left. + (1+i)^2 + (1+i) + 1\right] - \frac{nG}{i}$$

上式中方括弧内各项之和，正是 n 年的等额支付系列复利系数。所以

$$F_2 = \frac{G}{i}\left[\frac{(1+i)^n-1}{i}\right] - \frac{nG}{i}$$

求出 F_2 后，由等额支付偿债基金公式即可求出 A_2，即

$$A_2 = F_2\left[\frac{i}{(1+i)^n-1}\right]$$

将 F_2 值代入，得

$$A_2 = \frac{G}{i}\left[\frac{(1+i)^n-1}{i}\right]\left[\frac{i}{(1+i)^n-1}\right] - \frac{nG}{i}\left[\frac{i}{(1+i)^n-1}\right]$$

$$= \frac{G}{i} - \frac{nG}{(1+i)^n-1} = G\left[\frac{1}{i} - \frac{n}{(1+i)^n-1}\right] \qquad (2\text{-}14)$$

系数 $\left[\dfrac{1}{i} - \dfrac{n}{(1+i)^n-1}\right]$ 称作"均匀梯度支付系列复利系数"，通常用 $\left(^{A/Gi\cdot n}\right)$ 表示。

A_2 求出后，将 A_1 和 A_2 相加即可得出 A 值。然后由等额支付系列复利公式，即可求出均匀梯度支付系列的复利本利和 F。

【例 8】 如某工程项目建设在八年内，第一年年末货款 1000 万元，自第二年年末开始，每年末递增贷款 100 万元，按复利计息，年利率为 10%，问到第八年年末共需偿还本利和多少？

【解】

$$A = A_1 + A_2 = 1000 + 100\left(^{A/G10,8}_{3.0045}\right) = 1000 + 300.45 = 1300.45 \text{ 万元}$$

已知 A，求 F

$$F = 1300.45\left(^{F/A10,8}_{11.4359}\right) = 14871.82 \text{ 万元}$$

以上介绍的各种复利系数，均可在普通复利表中查出。表2-2系复利利率为5%时的普通复利表。

期数 n	一次支付		等额支付系列				均匀梯度支付系列
	复利系数	现值系数	复利系数	偿债基金系数	资金回收系数	现值系数	复利系数
	已知 P 求 F	已知 F 求 P	已知 A 求 F	已知 F 求 A	已知 P 求 A	已知 A 求 P	已知 G 求 A
	$F/P\ i,n$	$P/F\ i,n$	$F/A\ i,n$	$A/F\ i,n$	$A/P\ i,n$	$P/A\ i,n$	$A/G\ i,n$
1	1.050	0.9524	1.000	1.00000	1.05000	0.952	0.0000
2	1.103	0.9070	2.050	0.48780	0.53780	1.859	0.4878
3	1.158	0.8638	3.153	0.31721	0.36721	2.723	0.9675
4	1.216	0.8227	4.310	0.23201	0.28201	3.546	1.4391
5	1.276	0.7835	5.526	0.18097	0.23097	4.329	1.9025
6	1.340	0.7462	6.802	0.14702	0.19702	5.076	2.3579
7	1.407	0.7107	8.142	0.12282	0.17282	5.786	2.8052
8	1.477	0.6768	9.549	0.10472	0.15472	6.463	3.2445
9	1.551	0.6446	11.027	0.09069	0.14069	7.108	3.6758
10	1.629	0.6139	12.578	0.07950	0.12950	7.722	4.0991
11	1.710	0.5847	14.207	0.07039	0.12039	8.306	4.5144
12	1.796	0.5568	15.917	0.06283	0.11283	8.863	4.9219
13	1.886	0.5303	17.713	0.05646	0.10646	9.394	5.3215
14	1.980	0.5051	19.599	0.05102	0.10102	9.899	5.7133
15	2.079	0.4810	21.579	0.04634	0.09634	10.380	6.0973
16	2.183	0.4581	23.657	0.04227	0.09227	10.838	6.4736
17	2.292	0.4363	25.840	0.03870	0.08870	11.274	6.8423
18	2.407	0.4155	28.132	0.03555	0.08555	11.690	7.2034
19	2.527	0.3957	30.539	0.03275	0.08275	12.085	7.6569
20	2.653	0.3769	33.066	0.03024	0.08024	12.462	7.9030

四、名义利率与实际利率

以上的复利利息计算中，都把利息周期作为一年。当利息周期不满一年时，就有了名义利率与实际利率之区分。

名义利率为利息周期利率乘以每年的利息周期数，如利息周期利率为每月1%，则可以每年名义利率12%表示（即每月1%×每年12月）。由此可见，计算名义利率时，忽略了利息的时间价值，正如计算单利时一样，仅用本金来计算利息，不计入在先前利息周期中所累加的利息（即利息不再生利）。

实际利率是以利息周期利率来计算年利率，也就是考虑了利息的时间价值（即利息再生利息）。

为了说明名义利率和实际利率的不同，现以两种利率来计算1000元钱一年后的未来值。

如某项存款按复利计息，利息周期为半年，年利率8%，以名义利率每年8%计算，1000

元存款一年后的未来值是：

$$F = P(1 + i)^n = 1000(1 + 0.08)^1 = 1080 \, 元$$

因为利息周期为半年，即利息半年复利一次，其一年后的未来值将包括第一个利息周期中所得利息的利息。年利率8%半年复利一次，表示存款每年可得4%利息两次（也即每6个月一次）。

很明显，在上式计算中忽略了第一个利息周期中所得的利息。考虑到半年复利一次，则1000元存款一年后的未来值实际上是：

$$F = 1000(1 + 0.04)^2 = 1000(1.04)^2 = 1000(1.0816)$$

$$= 1081.60 \, 元$$

其中4%为实际半年利率，由8%÷2＝4%计算出，因为每一年中有两个利息周期。所以实际年利率是8.16%，而不是8%。

由名义利率求实际利率的计算公式为：

$$(1 + i) = \left(1 + \frac{r}{t}\right)^t$$

$$i = \left(1 + \frac{r}{t}\right)^t - 1 \tag{2-15}$$

式中　i——实际利率；

　　　r——名义利率；

　　　t——复利周期数。

当利息周期为一年时，名义利率就等于实际利率。

第四节　工程项目投资经济效果的评价

一、多指标评价法

工程项目投资问题比较复杂，牵涉面广，影响因素多，经济效果的反映也是多方面的。所以就很难用一个指标来全面反映其经济效果，而必须由一系列经济指标或一整套指标体系来反映。这个指标体系应能全面地反映工程项目投资的经济效果情况，体现评价工程项目投资经济效果的基本原则要求。

（一）宏观经济效果的评价指标体系

从宏观上，也就是从国民经济的整体上来评价工程项目投资经济效果的指标主要有五个：

1. 建设周期

建设周期，是指全国或一个部门、一个地区已经开工的工程项目，其全部建成平均所用的时间。其计算公式为：

$$建设周期 = \frac{本期在建项目总个数}{本期建成投产项目个数} \tag{2-16}$$

本指标不仅包括计算期内建成投产的本期项目，也包括未建成投产的在建工程。因此未完工程越多，建设周期越长。

这一公式的倒数，即"建设项目投产率"。

由于工程项目有大有小，小项目工期短、投产快。所以只按项目计算有一定的片面性，或者反映的数字不确切。因此，建设周期还可以价值形态来进行计算，比按项目个数进行计算更有综合性。

其计算公式为：

$$建设周期 = \frac{在建项目计划投资总额}{全年实际完成投资总额} \tag{2-17}$$

建设周期是全面地综合反映建设速度的重要指标。

要缩短建设周期，就要合理控制计划投资总额和充分发挥年度投资的效果，加快建设进度。如果不顾年度的人力、物力、财力等实际情况，任意扩大计划投资总额，分散投资，那就必然会拉长建设周期。

2. 固定资产交付使用率

一定时期内的新增固定资产价值与投资完成额之比，称"固定资产交付使用率"。

工程项目建设新增固定资产是已建成投产或交付使用的建设项目和单项工程的价值。它是以货币形式表示的工程项目投资最终成果的一个综合指标。全国或一个地区，一个部门在一定时期内的这一指标越高，则投资效果越好。因为从整个国民经济而言，不仅要看每年完成的投资额的大小，更要看因此而增加的固定资产的多少。固定资产交付使用率是反映工程项目投资活动在建设阶段所取得的效果的重要指标之一。

$$固定资产交付使用率 = \frac{新增固定资产价值}{工程项目投资完成额} \times 100\% \tag{2-18}$$

这个指标就整个国民经济或一个部门来说，一般情况下，也不可能达到100%，因为工程项目建设要正常的发展，必须有一定数量的在建工程作为周转条件，不可能每个工程项目都在计算时期内同时投资，同时完工。此外，工程项目投资也不可能百分之百地形成固定资产，因为投资中的有些费用，如施工队伍的调遣费、基建管理费、生产人员培训费等等，并不形成固定资产。

3. 未完工程投资占用率

与固定资产交付使用率有密切关系的是未完工程投资占用率。未完工程就是尚未建成投产或未交付使用的在建工程。未完工程过多，占用本期投资的比例过高，就会严重影响投资效果的充分发挥。其计算公式为：

$$未完工程投资占用率 = \frac{年末未完工程累计投资}{本年实际完成投资} \times 100\% \tag{2-19}$$

一般来说，固定资产交付使用率越高，未完工程投资占用率越低，投资效果越好。

4. 大中型建设项目投产率

大中型建设项目投产率是指计划期全部投产的大中型建设项目个数与计划期施工的大中型项目个数的比率。计算公式为：

$$大中型建设项目投产率 = \frac{计划期全部投产的大中型项目个数}{计划期施工的大中型项目个数} \times 100\% \tag{2-20}$$

5. 项目投资新增国民收入率

项目投资新增国民收入率是指项目在正常生产年度所创造的国民收入（净产值）总额与项目固定资产投资总额（不包括建设期贷款利息）加流动资金投资额的比率。其计算公式为：

$$项目投资新增国民收入率 = \frac{项目正常生产年度国民收入总额}{固定资产投资额 + 流动资金投资额} \times 100\% \quad (2-21)$$

当工程项目的投资新增国民收入率大于或等于国家在一定时期规定的基准投资国民收入率时，项目是可取的。

6. 项目投资税利率

项目投资税利率是反映工程项目达到设计生产能力以后，一个正常生产年度的税金与利润之和与固定资产投资额（不包括建设期贷款利息）加流动资金投资额的比率。其计算公式为：

$$项目投资税利率 = \frac{年税金 + 年利润}{固定资产投资额 + 流动资金投资额} \times 100\% \quad (2-22)$$

当工程项目投资税利率大于或等于规定的基准投资税利率时，项目是可取的。

（二）微观经济效果评价指标体系

评价工程项目投资微观经济效果的指标主要有六个：

1. 建设工期

建设工期是指工程项目的建设时间，即工程项目的永久性工程开始施工到全部建成投产为止所耗用的时间。它是衡量投资经济效果的一个重要指标。

缩短建设工期，提前建成投产或交付使用，既能减少投资的占用，又能使所建的工程项目早日发挥其经济效益或社会效益。

评价建设工期长短的主要依据是工期定额和有关的历史资料。

2. 单位生产能力投资

这是一个综合反映工程项目投资节约效果的指标。单位生产能力投资即为建设每一单位生产能力所耗的工程项目投资。其计算公式为：

$$单位生产能力投资 = \frac{工程项目投资额}{新增生产能力} \quad (2-23)$$

这一公式的倒数，即为单位投资新增生产能力。

3. 投资回收期

投资回收期是指工程项目建成投产后，从实现的利润（包括税金）中收回投资的年限。它是综合反映建设过程和投产后生产过程两个方面经济效果的静态指标。其计算公式为：

$$工程项目投资回收期 = \frac{项目建设投资总额}{项目投产后年利润总额（包括税金）} \quad (2-24)$$

投资回收期的倒数是投资利税率。

4. 借款偿还期

这是指在国家财政规定及项目具体财务条件下，项目投产后可以用作还款的利润、折旧费及其他收益偿还固定资产投资借款本息所需要的时间。其计算公式为：

$$I_\mathrm{d} = \sum_{t=1}^{P_\mathrm{d}} (R_\mathrm{p} + D' + R_0 - R_\mathrm{r})_t \tag{2-25}$$

式中　I_d——项目全部投资本金、利息之和；

　　　P_d——从建设开始年（$t=1$）计算的借款偿还期，单位为年；

　　　R_p——年利润总额；

　　　D'——年可用作偿还借款的折旧；

　　　R_0——年可用作偿还借款的其他效益；

　　　R_r——还款期间的年企业留利。

5. 财务内部收益率

这是指项目在计算期内各年财务净现金流量现值累计为零时的折现率。它是反映项目盈利能力的动态指标。如项目的财务内部收益率大于或等于行业基准收益率（期望收益率）时，项目是可取的。其计算公式为：

$$\sum_{t=1}^{n} (CI - CO)_t (1 + FIRR)^{-t} = 0 \tag{2-26}$$

式中　　CI——现金流入量；

　　　　CO——现金流出量；

　　　$(CI-CO)_t$——第 t 年的净现金流量；

　　　　FIRR——财务内部收益率；

　　　　n——计算期。

6. 单位产品的预计成本

这一指标是指工程项目建成投产后，单位实物产品的预计成本。如对钢铁企业而言，就是每吨钢的成本。它是从投产后的经济效果来评价投资效果的指标。因为评价一个工程项目的投资经济效果的好坏，不仅要看建设过程中建设成本的高低，还要看建成投产后生产成本的高低。

二、多指标综合评价法

当应用多指标评价法对若干个投资方案进行经济效果评价和方案择优时，如果某一方案的所有指标都优于其他方案，当然这一方案就是最优方案。但是，这种情况在实际工作中极为少见。常常是各方案中，都有一部分指标较优，一部分指标较差。这样，就给方案择优带来了不少困难。

多指标综合评价法，是用单一的指标作为综合评价投资方案经济效果的标准，为投资方案在总体上作出评价提供依据。同时，也解决了多指标评价法在实际应用中出现的一些具体困难问题。

常用的多指标综合评价法，有以下几种：

（一）总折算费用法

总折算费用就是用货币表示的方案消耗的社会劳动总量。这一评价方法，根据方案消耗的社会劳动总量，以价值指标最小的方案为最优的投资方案。

1. 总折算费用的计算

$$Z = C + \Sigma E_i O_i \pm G \qquad\qquad (2\text{-}27)$$

式中　Z——投资方案的单位总折算费用；

　　　C——投资方案单位产品的成本；

　　　Q_i——与投资方案有关的折算到使用年限的单位产品建设投资（或称一次性投资，包括相关部门的建设投资）；

　　　E_i——相关部门或企业单位产品建设投资效果系数；

　　　G——由于改变施工工期和交付使用期限，给投资方案带来收益或亏损的单位产品摊销额。

2. 单位产品建设投资效果系数 E 的计算

部门或企业的单位产品建设投资效果系数，是以该部门或企业年度的利润与建设投资总额的比来确定，其计算公式为：

$$E = \frac{R}{W} \qquad\qquad (2\text{-}28)$$

式中　R——部门或企业的年度利润；

　　　W——部门或企业所占用的建设投资总额（包括固定资产和流动资金）。

3. 由于改变工期带来的损益 G 的计算

由于缩短工期，加速了资金周转，并使项目提前投产（或使用），每单位产品所获得的收益 G 的计算公式为：

$$G = G_1 + G_2 \qquad\qquad (2\text{-}29)$$

式中　G_1——项目建成以后，由于提前投产（或使用）而获得的收益；

　　　G_2——建设期间由于加速资金（包括固定资金和流动资金）周转而获得的收益。

上式中 G_1 是建设部门（甲方）所获得的收益；G_2 是承建单位（乙方）所获得的收益，其中包括间接费的节约所带来的收益等。

G_1、G_2 的计算公式分别如下：

$$G_1 = E_1 C(T_1 - T_2) \qquad\qquad (2\text{-}30)$$

式中　E_1——建设部门（甲方）的基建投资效果系数；

　　　C——提前交付使用的固定资产价值；

　　　T_1——基准方案的工期；

　　　T_2——被比方案的工期。

$$G_2 = E_2(K_1 T_1 - K_2 T_2) \qquad\qquad (2\text{-}31)$$

式中　E_2——承建单位（乙方）的基建投资效果系数；

　　　K_1——基准方案的固定资金与流动资金的年平均数；

　　　K_2——被比方案的固定资金与流动资金的年平均数。

由于工期缩短而获得的收益使总折算费用减少，反之，如工期拖长，总折算费用就要增加。因此，总折算费用这一价值指标，基本上反映了全部可以用价值体现的经济因素。

使用这一方法时，被比方案的主要指标，包括单位产品成本、工期、单位产品建设投资、材料耗用量、劳动力耗用量等项目，全部在总折算费用（Z）中以货币来表示，它是对投资方案评价的主要依据。而且，评比方案的建筑功能、建筑标准、定额预算依据等，都必须与基准方案在相同的条件下，才能进行评比。

（二）指数评价法

应用指数评价法评价工程项目投资方案经济效果时，将全部技术经济指标根据需要分成主要指标和辅助指标两类。

主要指标一般是：（1）单位产品造价；（2）工期；（3）建设投资；（4）主要可比材料耗用量；（5）劳动力耗用量。

每项主要指标都按照被比方案和基准方案的指标或定额指标的实际数据，列出若干等级，按级定出相应的指数。

辅助指标一般是：（1）技术水平（本地区或本企业水平，本省或全国水平）；（2）其他可比材料的耗用量或单位产品成本（如每立方米墙体成本）；（3）单位产品自重；（4）产品的经常费，如年折旧费（产品成本/服务年限）与维修费等，（5）工业废料的利用；（6）产品的功能（如建筑物评比中热工、隔音等功能）；（7）其他。

每项辅助指标中，根据不同水平和程度分成若干等级，分别列出相应的指数。

各指标指数的基数是通过统计和部门的技术政策，运用多目标决策的理论来确定，并应通过大量的试算。

应用这一方法评价时，具体做法如下：

（1）主要指标的基数应比辅助指标的基数有较大程度的提高，并且每个指数应按照程度的差异分成若干等级；

（2）主要指标中的单位产品造价是最重要的指标，应占综合指数中较大的比重；

（3）当几种方案进行评比时，只能将有可比性的指标进行比较。例如住宅方案中的砖混结构与大板结构两种方案进行评比时，其砖和水泥的耗用量就没有可比性，应该用单位墙体造价来比较，或用单位墙体的耗煤量来比较。

（4）当某些方案利用工业废料时，对未能利用工业废料的方案，则该项指标为零。

（5）各项指数的和即为该方案的综合指数，综合指数最高的方案为最优方案。其计算公式为：

$$\Pi = \sum_{i=1}^{n} W_i a_i \tag{2-32}$$

式中　Π——综合指数；

　　W_i——各级指标的数值；

　　a_i——相应指标的等级指数。

（6）评价程序：先按主要指标进行判断，如果主要指标所得的综合指数能决定方案的优劣，就不必再对辅助指标进行评比。只有当不同方案的主要指标的综合指数相同或接近时，再比较辅助指标，以作出最后评价。

第三章　工程项目的可行性研究

第一节　可行性研究的目的和作用

一、可行性研究的含义和目的

可行性研究是对投资建议、工程项目建设、科研课题等方案的确定，所进行的系统的、科学的、综合性的研究、分析、论证的一种工作方法。

可行性研究的目的，是对提出的投资建议、工程项目建设方案或研究课题建议的所有方面，进行尽可能详细地调查研究和作出鉴定，并对下一阶段是否终止或继续进行研究提出必要的论证。或者说它的目的是对新建或改建工程项目的主要问题，从技术、经济两个方面进行全面、系统的研究分析，并对投产后的经济效果进行预测，以判断它是"行"还是"不行"。需要说明的是可行性并非最优而是可行，只有在可行的基础上才能进一步求出最优方案。

经济发达国家早已开始在规划中以"投资前研究"、"预先研究"、"建设意见书"、"技术经济分析"等方法进行各种预测分析，这就是现在称之为"可行性研究"的工作。联合国工业发展组织（UNIDO）于1978年出版了《工业可行性研究手册》，主张在发展中国家大力推行这一方法。

要使工程项目建设达到预期的经济效果，做好工程项目建设的前期工作是极其重要的。所谓前期工作，实际上就是调查研究分析工作，它是根据确凿的资料，对有关问题进行详尽分析，如产品是否适销对路，是否符合发展方向，建设的各种条件是否具备，技术上、工艺上是否先进、适用，投资和回收期的正确估计，利润的计算等等，使许多重大技术与经济原则和基础资料都得到切实解决和落实，最后提出可行还是不可行的结论。前期工作实质上是搞工程项目建设必需进行的一项科学研究工作，这就是可行性研究。它为正确地作出投资决策提供重要依据。所以，工程项目建设必须首先做好可行性研究。1981年3月3日国务院在"关于加强基本建设体制管理、控制基本建设规模的若干规定"中明确规定：所有新建、扩建大中型项目以及利用外资进行基本建设的项目都必须有可行性研究报告。

在我国社会主义市场经济体制下，可行性研究不但应按各个工程项目进行，要考虑市场的需求，还应从整个国民经济角度出发，对工程项目建设规模、发展速度、投资安排、投资结构等通盘考虑，进行技术、经济效果分析和论证，以求得最优的工程项目投资方案。这就是说，不但要重视微观的可行性研究，更要重视宏观的可行性研究。

二、可行性研究的特点

（一）先行性

可行性研究是在工程项目建设前期所做的工作，正因为它是在项目确定之前所进行的研究、分析、论证工作，而不是项目确定之后再来分析、论证，此时项目建设尚未实施，所以，为可行性研究提供了足够的时间，使之得以深入地、全面地进行研究、分析。

（二）不定性

可行性研究的结果，包含可行或者不可行两种可能，这就使可行性研究工作得以客观地进行。不论其结果为可行或不可行，都是有意义的。可行，为项目的确定提供了科学的依据；不可行，则避免了投资的浪费和不必要的损失。

（三）预测性

可行性研究是对尚未实施的投资方案或工程项目建设所进行的研究，由于是对未来事物作出的分析、论证，必然会有一定的误差。为此，对可行性研究结果的精确程度，要予以客观地对待。同时，对可行性研究必须慎重从事，尽可能地将各种因素考虑周到，以避免产生较大误差。

（四）决策性

可行性研究是为决策提供科学的依据。因此，必须严肃认真、实事求是。事实上，可行性研究过程本身就是一个决策过程。

三、可行性研究的主要作用

（1）可作为工程项目投资决策的依据。

（2）可作为筹集建设资金的依据。

（3）可作为工程项目建设有关部门或单位之间签订协议、合同的依据。

（4）可作为下阶段设计的依据。

（5）可作为以下工程建设工作的依据：

1）建设阶段基础资料的依据，包括工程地质、水文、气象、勘察资料等等；

2）科研、试验、设备选择的依据；

3）企业组织管理，机构设置，职工培训等工作安排的依据。

（6）重大项目可行性研究文件可作为编制国民经济计划的依据。

第二节　工程项目可行性研究的主要内容

工程项目建设的全过程，一般可分为三个阶段：投资前阶段，即工程项目建设的前期，包括编制项目建议书；进行可行性研究和资金筹措活动；投资阶段，即建设时期，主要进行工程设计、签订合同、组织施工安装、职工培训和试生产；生产阶段，即项目建成后企业的生产时期，其任务近期主要是生产技术的应用、设备的运转和成本的核算；长期的任务是从企业整个生命期来考察产品的销售收入、生成成本、税收、利润、投资的偿还等，努力取得最好的经济效果和社会效益。

可行性研究属于投资前阶段的工作，其主要内容根据可行性研究的几个工作阶段，而逐步由浅入深。现分别介绍如下：

一、投资机会研究

投资机会研究的主要任务是对投资项目或投资方向提出建议，并对各种设想的项目和投资机会作出鉴定，以确定有没有必要做进一步的详细研究。其工作相当粗略，主要依靠笼统的估计，而不是依靠详细的分析；投资费用的估算数据，一般从可比较的现有项目中得出。其投资估算误差程度在 $\pm30\%$，研究费用一般占投资的 $0.2\%\sim0.8\%$

投资机会研究可分一般投资机会研究和具体项目的投资机会研究。一般投资机会研究有三种：地区研究、部门研究、以利用资源为基础的研究，以期指明具体的投资建设项目或方向。具体项目投资机会研究是在一般投资机会研究的基础上，将设想的建设项目转变为概略的投资建议，以期使投资者可据以决策。

投资机会研究的主要内容是：地区情况、经济政策、资源条件、劳动力状况、社会条件、地理环境、国内外市场情况，以及工程项目建成后对社会的影响等。

二、初步可行性研究

当工程项目的规划设想经过投资机会研究的分析、鉴定，认为有生命力值得进一步研究时，才进入初步可行性研究阶段。它是投资机会研究和可行性研究的一个中间阶段，其主要任务是：进一步判断投资机会是否有前途，时机是否成熟；决定是否需要进行详细可行性研究；确定课题中哪些关键性问题需要进行辅助的专题研究，如市场调查、技术考察、中间试验等。

初步可行性研究与详细可行性研究内容大致相同，只是工作的深度和获得资料的精确程度不同。

初步可行性研究投资估算误差程度一般为±20%，其研究费用一般占投资的 0.25%～1.00%。

三、可行性研究

可行性研究又称详细可行性研究或技术经济可行性研究，是投资前期研究和评价的最后阶段。它必须对一个工程项目的投资决策提供技术上、经济上和管理上的依据。其投资估算误差为±10%，研究费用小型项目约占投资的 1.0%～3.0%，大型项目为 0.2%～1.0%。

一般工程项目可行性研究的主要内容包括以下几个方面：

(1) 总论：项目提出的背景；投资的必要性和经济意义；可行性研究工作的依据和范围。

(2) 需求预测和拟建规模：国内、外需求情况的预测；国内现有生产能力的估计；销售预测、价格分析、产品竞争能力、进入国际市场的前景；拟建项目的规模、产品方案和发展方向的技术经济比较和分析。

(3) 资源、原材料、燃料及公用设施情况：资源的储量、品位、成分以及开采、利用条件、原料、燃料的种类、数量、来源和供应可能；所需公用设施的数量和供应条件。

(4) 建厂条件和厂址方案：建厂的地理位置、气象、水文、地质、地形条件和社会经济状况；交通、运输及水、电、气的现状和发展趋势；厂址方案比较与选择意见。

(5) 设计方案：项目的构成范围（包括的单项工程）、主要技术工艺和设备选型方案的比较，引进技术、设备的来源国别；全厂布置方案的初步选择和土建工程量估算；厂内外交通运输方式的比较和初步选择。

(6) 环境保护：环境现状；预测项目对环境的影响，环境保护和三废治理的初步方案。

(7) 企业组织、劳动定员和人员培训的估算数。

(8) 投资估算和资金筹措：主体工程和协作配套工程所需的投资；生产流动资金的估算；资金来源、筹措方式及贷款的偿还方式。

（9）实施进度的建议。

（10）社会效益、经济效益、环境效益的评价。

四、可行性研究报告及其评估

（一）可行性研究报告的内容

大中型建设项目的可行性研究报告包括以下内容：

（1）根据经济预测、市场预测确定的建设规模和产品方案；

（2）资源、原材料、燃料、动力、供水、运输条件；

（3）建厂条件和厂址方案；

（4）技术工艺、主要设备选型和相应的技术经济指标；

（5）主要单项工程、公用辅助设施、配套工程；

（6）环境保护、城市规划、防震、防洪等要求和采取的相应措施方案；

（7）企业组织、劳动定员和管理制度；

（8）建设进度和工期；

（9）投资估算和资金筹措；

（10）经济效益和社会效益。

（二）可行性研究报告的评估

可行性研究报告按规定上报审批。国家计委在审批大中型和限额以上项目的可行性研究报告的过程中，要委托有资格的工程咨询公司进行评估。评估的目的是，通过论证、分析对可行性研究报告进行评价，提出项目是否可行、是否是最好的选择方案，为最后作出投资决策提供咨询意见。评估报告的内容如下：

（1）项目概况。包括：项目基本情况；综合评估结论。

（2）评估意见。包括对可行性研究报告各项内容的评估意见及综合结论意见。

（3）问题和建议。包括：存在或遗留的重大问题；潜在的风险所在；建议；解决问题的途径和方法；建议国家有关部门采取的应急措施和方法；对下一步工作的建议。

第三节　工程项目的评估方法

一、现金流量的计算

在可行性研究中，对工程项目进行评估的目的，是要计算和论证该项目投产后能否取得最佳的经济效益。为此，首先要计算工程项目的现金流量。

一个工程项目在某一时间内支出的费用称为现金流出。取得的收入称为现金流入。现金流出和现金流入统称为现金流量，现金流量一般是按年计算。

在工程项目建设期间，如果都用自有资金来投资，则全部投资都是现金流出，没有现金流入；如果利用一部分贷款来投资，则贷款是现金流入。贷款以后要还本付息，到偿还贷款时就是现金流出。

工程项目建成投产后，所取得的收益包括产品销售收入、回收固定资产余值、回收流动资金等。主要的现金流出是经营成本、支付利息和税金、固定资产投资、流动资金等。如果在项目投产后还有建设投资或流动资金需要增加，那这也是现金流出。

现金流入和现金流出的差额，就是净现金流量。

销售收入
－ 经营成本
－ 与销售收入有关的纳税
－ 折旧费
_____
　　企业利润
－ 与所得利润有关的纳税
－ 贷款利息
＋ 折旧费
_____
　　企业现金收入
－ 当年需要增加的流动资金
－ 当年发生的建设投资费用
_____
　　净现金流量

计算出工程项目的现金流量后，便可进一步进行项目的经济分析或评估。

二、静态分析方法

经济分析，按照对货币的时间因素考虑与否，可分为动态分析与静态分析。

若不考虑货币的时间因素，称为"静态分析"。静态分析的指标和计算方法比较简单易行，在对若干个方案进行粗略评价时，或对于短期投资项目作经济分析时比较适用。

静态分析的指标和计算方法，主要有以下几种：

（一）单位产品投资额

单位产品投资额指标即投资经济效果中的单位生产能力投资指标。这一指标主要反映投资节约效果这个方面，适用于对同类企业进行一些大致的比较。其计算方法可参见第二章第四节。

（二）投资回收期

投资回收期系指工程项目建设投资总额的回收时间。投资回收期（P_t）可以从投产开始年算起，也可以从建设开始年算起，为避免误解，应注明起算时间。其计算方法可以通过现金流量表计算的净现金流量累计到与总投资相抵，或者说达到收支（现金流入和现金流出）平衡所需的时间。其表达式为：

$$\sum_{t=0}^{P_t} (CI - CO)_t = 0 \qquad (3-1)$$

式中　CI、CO——现金流入量和现金流出量；

　　　　P_t——投资回收期。

（三）投资效果系数

投资效果系数，是工程项目建成后，每年获得的利润与工程项目投资总额之比。即投资回收期的倒数。这一指标可用于对拟建项目作初步估计，以判断是否可作进一步研究。

（四）追加投资回收期

投资回收期和投资效果系数两个指标，所反映的是工程项目总投资与项目建成后正常生产状况下所获得的利润之间的关系。但利润的取得不仅是总投资的结果，还取决于每年所花费经营费用（成本）的大小。所以在可行性研究中，对不同技术方案进行评价时，不仅要分析方案的投资额，还要分析项目建成后，该方案的生产成本的高低。追加投资回收期指标，就是用于对不同方案进行评价择优的。

追加投资指的是不同技术方案所需投资的差额。追加投资回收期，是指一个工程项目建设方案，用其方案与另一对比方案的成本相比较而出现的成本的节约额来回收追加投资的期限。其计算公式为：

$$T = \frac{K_1 - K_2}{C_2 - C_1} = \frac{\Delta K}{\Delta C} \tag{3-2}$$

式中　　T——追加投资回收期；

　K_1、K_2——不同方案的投资额，其中 $K_1 > K_2$；

　C_1、C_2——不同方案的年生产成本，其中 $C_2 > C_1$；

　　ΔK——追加的投资；

　　ΔC——节约的年生产成本额。

（五）追加投资效果系数

追加投资回收期的倒数是追加投资效果系数。追加投资回收期越短（即 T 越小），则投资的经济效果越佳。

$$E_t = \frac{1}{T} \tag{3-3}$$

式中　　E_t——追加投资效果系数；

　　T——追加投资回收期。

【例1】　某项工程建设有两个设计方案，第一方案采用比较先进的技术设备，投资额为 4000 万元，年成本为 629 万元；第二方案投资额为 3000 万元，年成本为 900 万元。两个方案的年销售收入均为 1200 万元。试计算比较其投资回收期及投资效果系数。

第一方案

投资回收期：

$$N_1 = \frac{4000}{571} = 7 \text{ 年}$$

投资效果系数：

$$E_1 = \frac{1}{7} = 0.14$$

第二方案

投资回收期：

$$N_2 = \frac{3000}{300} = 10 \text{ 年}$$

投资效果系数：

$$E_2 = \frac{1}{10} = 0.10$$

因第一方案的投资额大于第二方案，再比较其追加投资回收期与追加投资效果系数。

追加投资回收期：

$$T = \frac{4000 - 3000}{900 - 629} = 3.69 \text{ 年}$$

追加投资效果系数：

$$E_t = \frac{1}{3.69} = 0.27$$

由以上计算结果表明，第一方案投资虽比第二方案的为多，但由于采用比较先进的技术设备，成本低、利润高。所以，投资回收期短，较优于第二方案。第一方案较第二方案多花的 1000 万元投资，在 3 年 8 个月的时间内即可收回，追加投资回收期也较短。从长远来看，第一方案更是明显地优于第二方案。

如果再有第三方案、第四方案一起比较，其投资额与生产成本都不相同，则在满足基准投资回收期要求的基础上，其追加投资回收期最短的方案为最优。

（六）简单投资收益率

简单投资收益率是反映项目获利能力的静态评价指标，是指在正常生产年份的净收益与初期总投资之比。

简单投资收益率分为全部投资收益率和自有资金收益率两种。全部投资收益率是假定全部资金均为企业自有资金的情况下计算的收益率；自有资金收益率是指扣除贷款资金后的那部分资金（即不计利息的自有资金）的收益率。其计算公式为：

$$\text{全部投资收益率}(R): R = \frac{F + Y + D}{I} \tag{3-4}$$

$$\text{自有资金收益率}(R_e): R_e = \frac{F + D}{Q} \tag{3-5}$$

式中　F——正常年销售利润；

　　　Y——正常年贷款利息；

　　　D——折旧费；

　　　I——全部投资；

　　　Q——自有资金。

三、动态分析方法

经济分析时考虑货币的时间因素，称为动态分析。可行性研究的评估中常用的动态分析方法及其指标，主要有以下几种：

（一）动态投资回收期

动态投资回收期是按现值法计算的投资回收期（P_t）。其表达式为：

$$\sum_{t=0}^{P_t} (CI - CO)_t \alpha_t = 0 \tag{3-6}$$

式中　α_t——第 t 年的折现系数。

（二）借款偿还期

借款偿还期（P_b）是反映项目偿还借款能力的重要指标，是指按照国家财政和项目的具体财务条件，不作为还款的收益额偿还借款所需要的时间。其表达式为：

$$I_b = \sum_{t=0}^{P_b} R_t \qquad (3\text{-}7)$$

式中　I_b——借款本金和利息之和；

　　　P_b——借款偿还期；

　　　R_t——第 t 年可用于还款的资金，包括利润、折旧费、摊销费及其他还款资金。

涉及到多种借款时，根据借款的条件和项目的实际财务能力，可分别偿还或同时按一定比例偿还，主要项目借款偿还期满足了各贷款机构的条件，即说明该项目是有清偿能力的。

（三）净现值

一个项目的净现值（Net Present Value）的含义是：将项目的全部存在期内，每一年发生的现金流出和现金流入的差额，按固定的预先确定的利率贴现而得的价值。这个差额被贴现到假设项目开始进行的时间点上，将项目存在期内各年的净现值相加，求得总的净现值。其计算公式为：

$$\text{NPV} = \sum_{t=0}^{n} \frac{C_t}{(1+i_c)^i} \qquad (3\text{-}8)$$

式中　NPV——净现值；

　　　C_t——t 年的现金流量；

　　　n——工程项目的寿命（项目的全部存在期）；

　　　i_c——为设定的贴现率。

上式也可写成：

$$\text{NPV} = \sum_{t=0}^{n} (\text{CI} - \text{CO})_t \alpha_t \qquad (3\text{-}9)$$

式中　　$(\text{CI} - \text{CO})_t = C_t$

　　　$\alpha_t = (1+i_c)^{-t}$，第 t 年的折现系数。

上式中的 i 为固定的预先确定的利率，也称贴现率。在国外，贴现率应该等于资本市场中长期贷款的实际利率，也即同样数额的投资在别处可能得到的收益。这应该是一个最低的收益率，也叫做"最低有吸引力的收益率"。如果低于此数，投资者就会感到他的投资没有得到补偿。

同时，由上式可以看出：

净现值 ＝ 逐年销售收入现值的总和 － 逐年开支现值的总和　　　　（3-10）

当净现值为 0 时，说明销售收入恰好达到预先确定的利率；当净现值为正数时，说明销售收入已超过预先确定的利率。所以，净现值为 0 或正数时，方案才是可行的。如净现值为负数。则说明投资没有达到预先确定的利率，方案不可行。

如果要在几个可供选择的方案中挑选一个，则应选净现值最大的方案。但是，净现值仅仅是一个方案的净资金正流量或净利润的一个标志，尚没有反映出投资大小的影响作用。如两个方案的净现值相同，而投资额不同时，当然以投资额较少的方案为佳。所以，还应计算其净现值比（NPVR），即净现值（NPV）与投资现值（PVI）之比。

【例 2】 某工程项目有两个方案，方案 A 与方案 B 开支费与销售收入如表 3-1 所列（开支取负值，销售收入取正值），复利利率（i）为 10%，项目的全部存在期为 5 年，试用净现值法计算比较那个方案可行。由表 3-1 计算结果表明，方案 B 的净现值大于方案 A 的净现值。按净现值法分析，应取净现值大的方案 B。

净 现 值 比 较 表 3-1

年份	方案 A					方案 B				
	开支（万元）		销售收入（万元）	净现金流量（万元）	折现系数	净现值	开支（万元）		销售收入（万元）	净现金流量（万元）	折现系数	净现值
	投资费	成本费					投资费	成本费				
1	−2000（指年末投资）下同			−2000	0.909	−1818	−1000（指年末投资）下同			−1000	0.909	−909
2	−2000			−2000	0.826	−1652	−1000			−1000	0.826	−826
3		−300（指年末成本）下同	1500（指年末销售收入）下同	1200	0.751	901.2		−600（指年末成本）下同	1500（指年末销售收入）下同	900	0.751	675.9
4		−300	1500	1200	0.683	819.6		−600	1500	900	0.83	614.7
5		−300	1500	1200	0.621	745.2		−600	1500	900	0.621	558.9
6		−300	1500	1200	0.564	676.8		−600	1500	900	0.564	507.6
7		−300	1500	1200	0.513	615.6		−600	1500	900	0.513	461.7
合计						288.4						1083.8

（四）净现值比率

净现值比率（NPVR）或净现值指数（NPVI）是项目净现值与投资现值之比，也称单位投资现值的净现值。其表达式为：

$$NPVR = \frac{NPV}{PVI} \tag{3-11}$$

实际上，净现值比率是净现值的一个补充指标。当选择方案时，在各个方案总投资额不相同的情况下，最好用净现值比率来衡量。当用净现值比率作为比选方案或项目的补充判据时，应选择净现值比率高的方案或项目。当评价一个项目时，则只有在项目净现值比率大于或等于零的情况下，项目才是可取的。

（五）内部收益率

内部收益率（IRR）是反映项目获利能力的一个常用的动态基本评价指标。内部收益率本身就是一个贴现率，它是指项目在建设和生产服务年限内，各年的净现金流量现值累计等于零时的贴现率，它是反映项目所占资金的盈利率，是考察项目盈利能力的主要动态评价指标。其表达式为：

$$\sum_{t=0}^{n}(CI-CO)_t(1+IRR)^{-t}=0 \qquad (3\text{-}12)$$

式中　IRR——内部收益率；

其余符号同前。

实际上就是用净现值的概念，求拟建项目在项目的全部存在期内，净现值等于零时的贴现率。这个贴现率就是项目的内部收益率，也即这项投资实际能达到的盈利率。

一个工程项目现金流量的净现值，是随着所选用的贴现率的大小而变化，贴现率越大，则净现值越小。现举例说明如下：

【例 3】　某工程项目的开支费与销售收入如表 3-2 所列（开支取负值，销售收入取正值），项目的全部存在期为 5 年。

贴 现 率 计 算 表　　　　　　　　　　表 3-2

年份	开支（万元）		销售收入（万元）	净现金流量（万元）	贴现率为 10％时		贴现率为 12％时	
	投 资 费	成 本 费			折现系数	净 现 值	折现系数	净 现 值
1	−1100（指年末投资）			−1100	0.9091	−1000.01	0.8929	−982.19
2		−500（指年末成本）下同	800（指年末销售收入）下同	300	0.8264	247.92	0.7972	239.16
3		−500	800	300	0.7513	225.39	0.7118	213.54
4		−500	800	300	0.6830	204.90	0.6355	190.65
5		−500	800	300	0.6209	186.27	0.5674	170.22
6		−500	800	300	0.5645	169.35	0.5066	151.98
合计						33.82		−16.64

设贴现率为 10％时，其净现值为 33.82 万元。净现值是正数，说明该项目的实际盈利率已超过预先确定的 10％的贴现率。

当设贴现率为 12％时，其净现值为−16.64 万元。净现值是负数，说明该项目的实际盈利率没有达到预先确定的 12％的贴现率。

所以该项目的实际盈利率必定是大于 10％，而小于 12％。如果所选定的贴现率恰好使净现值等于零，那么这一贴现率就是该项目的实际盈利率。

在实际计算时，常常要试用几种贴现率，直到找出净现值为零时的贴现率。若算出的净现值为正数，则再取一个较高的贴现率，此时如算出的净现值为负数，那么该项目的实际盈利率，必定在这两个贴现率之间。

当试算出的正、负净现值均接近于零时，将正、负净值标志于以贴现率为横轴，净现值为纵轴的座标体系上，连正、负净现值的两点的直接与横轴相交的那一点（净现值为 O 的点）所表示的贴现率，即等于该项目的实际盈利率（内部收益率），如图 3-1 所示。

所以，当试算出的正、负净现值均接近于零时，可用以下公式计算内部收益率。

$$i_r = i_1 + \frac{PV(i_2 - i_1)}{PV + NV} \qquad (3-13)$$

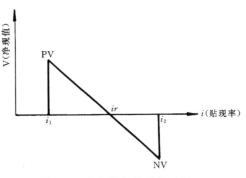

图 3-1　求内部收益率的图解

式中　i_r——内部收益率（IRR）；

　　　i_1——净现值为正数时的贴现率；

　　　i_2——净现值为负数时的贴现率；

　　　PV——贴现率为 i_1 时的净现值；

　　　NV——贴现率为 i_2 时的净现值。

将表 3-2 中的数据用上式计算，例 3 的内部收益率为 11.36%。

表 3-3

序号	费用项目	方案 A		方案 B	
		总费用现值	年费用	总费用现值	年费用
1	征地费	10000	618.80	10000	618.80
2	工程总造价	50000	3094	65000	4022.20
3	部分设施和建筑装修二十年后要更新一次，将二十年的这一费用，以贴现率 6% 折算为现值	6000×0.3118=1870.80	115.77	4000×0.3118=1247.20	77.18
4	四十年后部分设施和建筑装修要第二次更新，将四十年后的这一费用，以贴现率 6% 折算为现值	6000×0.0972=583.20	36.09	4000×0.0972=388.80	24.06
5	其他设施三十年后更新，将三十年后的这一费用，以贴现率 6% 折算为现值	8000×0.1741=1392.80	86.19	5000×0.1741=870.50	53.87
6	年运转费	1500×16.161=24241.50	1500	1200×16.161=19393.20	1200.05
7	费用合计	88088.30	5450.85	96899.70	5996.16

求出的内部收益率（IRR）应与基准收益率（i_c）比较，当 IRR $\geqslant i_c$ 时，项目是可取的。

（六）"全寿命"费用分析法

工程项目的建筑工程"全寿命"费用是指该项目的建筑物（包括内部设施）在规划、设计、施工及使用期内发生的全部费用，它包括一次性投资和经常性费用，其计算公式为：

$$L = N + P \qquad (3-14)$$

式中　L——建筑工程全寿命费用；

　　　N——该项目的建筑物的一次性投资，包括征地、勘察、设计、施工、筹建等费用，也包括借贷利息等筹资费用；

　　　P——经常性费用，包括该项目建筑物使用期（寿命期）内的操作管理费用，设施的修理、更换、改造费用、功能使用费用及残值。

"全寿命"费用分析法，就是将各项费用都按规定的复利利率折算为现值，用"净现值法"计算出建筑物的全寿命费用的净现值。在方案比较中，选择净现值最小者为最优方案。

所以"贴现率"在这一分析方法中，是决定方案优劣的关键因素。

【例4】 某工程项目建设，其建筑工程有以下两个技术方案，试用全寿命分析法进行经济分析，选择最优方案。

方案A：工程总造价为50000（货币单位，以下同）；征地费用10000；年运转费1500；部分设施及建筑装修每20年更新一次，需6000；其他设施30年更新一次，需8000。

方案B：工程总造价为65000；征地费用10000；年运转费为1200；部分设施及建筑装修20年更新一次，需4000；其他设施30年更新一次，需5000。

以上两个技术方案的建筑物寿命期均为60年，贴现率为6%，其经济分析见表3-3。

计算结果表明，方案A的全寿命费用较低，应为较优方案。

［附录］

可行性研究案例（摘要）——某中外合资机械厂财务评价

一、项目概况

某机械厂位于沿海城市，现计划在已有的技术基础上，与外商合资，引进国外先进技术和关键设备，改进产品的技术水平，生产世界上先进的机型，产品可替代进口。

合资企业与原机械厂位于同一地点，原材料及国内配套件可由原厂供给，水、电、汽等也由老厂供应，按国内市场价格收费。合资企业的市场预测、原材料、外购件、生产工艺、公用工程、组织管理和进度计划等研究工作已经完成，在此基础上，根据《建设项目经济评价方法与参数》的有关规定进行财务评价。

二、基本数据

（一）产品方案及生产规模

经研究确定产品M，设计生产能力每年100台。工艺由外商保证，产品可用外商已注册的商标出售。

（二）建设进度

项目计划建设期为二年，第一年以设计和土建工程为主；第二年设备安装和调试。

项目在第三年初开始生产，投产第一年达到设计能力的40%，第二年60%，第三年达到100%设计能力。

中外双方合营期为15年。

（三）记帐货币和汇率

本项目采用人民币为记帐货币。汇率按目前市场的汇率为1美元＝8.4人民币。

（四）国产化率的进度

本项目实施中，国产化率不断提高，成本费用逐渐降低。计划国产化率在投产第一年达到15%，第二年达到35%，第三年达到60%，第四年以后达到70%。

（五）建设投资构成及分年使用计划

本项目除主要生产车间外，公用工程、服务工程等均可依托老厂，由合资企业以外购的形式向老厂支付费用，计入合资企业的生产成本和费用中。

该项目的建设投资合计为11484.03万元，其中外汇432.95万美元。

按照预计的建设进度，第一年投资占总投资的45％，第二年55％。

建设投资估算见表3-4。

建 设 投 资 估 算 表　　　　　　表 3-4

序号	项目名称	建筑工程			设备购置			安装工程		
		人民币	外币	小计	人民币	外币	小计	人民币	外币	小计
1	固定资产投资	1321.00		1321.00	4765.40	293.59	7231.53	303.05		303.05
2	无形资产									
3	开办费									
4	预备费用									
4.1	基本预备费									
4.2	涨价预备费									
5	合计（1＋2＋3＋4）	1321.00		1321.00	4765.40	2931.53	7231.53	303.05		303.05

序号	项目名称	其他费用			总　　计		
		人民币	外币	小计	人民币	外币	小计
1	固定资产投资				6389.45	293.59	8855.58
2	无形资产	19.32	100.00	859.32	19.32	100.00	859.32
3	开办费	173.43		173.43	173.43		173.43
4	预备费用	1265.09	39.36	1595.70	1265.09	39.36	1595.70
4.1	基本预备费	658.22	39.36	988.83	658.22	39.36	988.83
4.2	涨价预备费	606.87		606.87	606.87		606.87
5	合计（1＋2＋3＋4）	1457.84	139.36	2628.45	7847.29	432.95	11484.03

单位：人民币　万元
外币　万美元

（六）流动资金构成及分年使用计划

本项目流动资金采用详细估算法进行估算，正常年流动资金需用额为1822.27万元，其中外汇100.25万美元。流动资金估算表（略）。

（七）总投资和资金筹措

项目总投资由建设投资、流动资金和建设期利息三部分组成，共13659.09万元，其中外汇542.72万美元。经合资双方协商，建设投资的50％，流动资金的30％，作为合资企业的注册资本（其中中方占55％，外方占45％）。建设投资和流动资金的不足部分，由合资企业向中国境内的银行借款，已取得贷款意向书，人民币借款年利率为14.58％，外汇借款为8％，流动资金借款为10.98％。

投资使用计划与资金筹措见表3-5。

投资使用计划与资金筹措表

表3-5

序号	项目	合计			建设期（年份）						投产期（年份）		
					1			2			3		
		人民币	外币	小计	人民币	外币	小计	人民币	外币	小计	人民币	外币	小计
1	投资总额	9100.23	542.72	13659.09	3531.28	194.83	5167.82	4588.79	247.65	6669.00	468.22	78.10	1124.29
1.1	建设投资	7847.29	432.95	11484.03	3531.28	194.83	5167.82	4316.01	238.12	6316.22			
1.2	建设期利息	272.78	9.52	352.79				272.78	9.52	352.79			
1.3	流动资金	980.17	100.25	1822.27							468.22	78.10	1124.29
2	资金筹措	9100.23	542.72	13659.09	3531.28	194.83	5167.82	4588.79	247.65	6669.00	468.22	78.10	1124.29
2.1	自有资金	4385.40	230.57	6322.15	3531.28	194.83	5167.82	574.20		574.20	140.47	23.43	337.29
	其中：建设投资	4105.48	194.83	5742.02	3531.28	194.83	5167.82	574.20		574.20			
	流动资金	279.92	35.74	580.14							140.47	23.43	337.29
2.1.1	中方投资	3312.06	19.66	3477.18	3158.11		3158.11				77.26	12.89	185.51
	其中：建设投资	3158.11	0.00	3158.11	3158.11		3158.11						
	流动资金	153.95	19.66	319.07							77.26	12.89	185.51
2.1.2	外方投资	1073.33	210.91	2844.97	373.17	194.83	2009.71	574.20		574.20	63.21	10.54	151.78
	其中：建设投资	947.37	194.83	2583.91	373.17	194.83	2009.71	574.20		574.20			
	流动资金	125.96	16.08	261.06							63.21	10.54	151.78
2.2	借款	4714.84	312.15	7336.94				4014.58	247.65	6094.80	327.75	54.67	787.00
2.2.1	建设投资借款	3741.81	238.12	5742.02				3741.81	238.12	5742.02			
2.2.2	建设投资利息借款	272.78	9.52	352.79				272.78	9.52	352.79			
2.2.3	流动资金借款	700.25	64.51	1242.13							327.75	54.67	787.00
2.2.4	短期借款												
2.3	其他												

续表

序号	项目	生产期（年份）								
		4			5			6		
		人民币	外币	小计	人民币	外币	小计	人民币	外币	小计
1	投资总额	210.70	38.20	531.59	254.14	2.83	277.91	47.11	−18.88	−111.52
1.1	建设投资									
1.2	建设期利息									
1.3	流动资金	210.70	38.20	531.59	254.14	2.83	277.91	47.11	−18.88	−111.52
2	资金筹措	210.70	38.20	531.59	254.14	2.83	277.91	47.11	−18.88	−111.52
2.1	自有资金	63.21	11.46	159.48	76.24	0.85	83.37			
	其中：建设投资	63.21	11.46	159.48	76.24	0.85	83.37			
2.1.1	中方投资	34.77	6.30	87.71	41.93	0.47	45.86			
	其中：建设投资	34.77	6.30	87.71	41.93	0.47	45.86			
2.1.2	外方投资	28.44	5.16	71.76	34.31	0.38	37.52			
	其中：建设投资	28.44	5.16	71.76	34.31	0.38	37.52			
2.2	借款	147.49	26.74	372.11	177.90	1.98	194.54	47.11	−18.88	−111.52
2.2.1	建设投资借款									
2.2.2	建设投资利息借款									
2.2.3	流动资金借款	147.49	26.74	372.11	177.90	1.98	194.54	47.11	−18.88	−111.52
2.2.4	短期借款									
2.3	其他									

单位：人民币 万元
外币 万美元

51

（八）销售收入

本项目的产品全部在境内销售。销售价格为 200 万元/台。正常年的销售收入为 20000 万元。

产品增值税税率为 17%，城乡维护建设税为销售收入的 0.6%，教育费附加为产品增值税额的 3%。

销售收入和销售税金及附加估算见表 3-6。

销售收入和销售税金及附加估算表（万元）　　　表 3-6

序号	项目	单位		销售量		生产负荷 40%			生产负荷 60%		
						第三年			第四年		
		外销（美元）	内销	外销（台）	内销（台）	人民币	外币	小计	人民币	外币	小计
1	产品销售收入		20000.00		100.00	8000.00		8000.00	12000.00		12000.00
2	销售税金及附加					549.64		549.64	763.56		763.56
2.1	产品增值税（17%）					487.03		487.03	671.42		671.42
2.2	城乡维护建设税（0.6%）					48.00		48.00	72.00		72.00
2.3	教育费附加（3%）					14.61		14.61	20.14		20.14

序号	项目	单位		销售量		生产负荷 40%			生产负荷 60%		
						第五年			第六～十五年		
		外销（美元）	内销	外销（台）	内销（台）	人民币	外币	小计	人民币	外币	小计
1	产品销售收入		20000.00		100.00	20000.00		20000.00	20000.00		20000.00
2	销售税金及附加					1788.36		1788.36	1872.56		1872.56
2.1	产品增值税（17%）					1619.76		1619.76	1701.51		1701.51
2.2	城乡维护建设税（0.6%）					120.00		120.00	120.00		120.00
2.3	教育费附加（3%）					48.59		48.59	51.05		51.05

单位：人民币　　万　元
　　　　外　币　　万美元

（九）人员及工资

本项目定员为 343 人，其中含三名外籍管理和技术人员。中方职工平均工资（含劳保、福利、津贴等）为 12000 元/人·年；外籍人员工资为 30000 美元/人·年。工资总额为 483.60 万元（含 9 万美元）。

（十）产品成本和费用

本项目产品的生产成本随国产化率的变化而变化，随着国产化率的提高，进口外购件的减少，产品生产成本呈逐年递减的趋势。

本项目折旧的计算采用分类折旧进行计算，无形资产和开办费的摊销为简化计算，均按 10 年进行摊销。

总成本费用估算表（略），固定资产折旧估算表（略），无形及递延资产摊销估算表（略）。

（十一）税金和利润

本项目应纳税种有：所得税和地方所得税，合计为应纳税所得税的33％，投产后，从开始获利年度起前两年免征，此后三年减半征收。

产品销售需缴纳增值税，税率为17％。

城市房地产税和车船使用牌照税列入管理费用。

所得税和利润分配估算表（略）。

三、财务分析

（一）财务盈利能力分析

中外合资项目需要编制全部投资、自有资金、中、外方投资四种现金流量表。全部投资现金流量表，见表3-7，其余现金流量表（略）。

全部投资现金流量表是考察项目全部投资的盈利能力，本项目分别计算了所得税前和所得税后的财务内部收益率、财务净现值、投资回收期等指标。所得税后的财务内部收益率（IRR）为33.20％，说明本项目有很强的盈利能力。

自有资金现金流量表是从合资企业的角度对项目进行分析，考察项目在拟采用的筹资和还本付息条件下的盈利能力，自有资金的财务内部收益率（IRR）为37.92％，表明本项目的自有资金具有很好的可盈利性。

中、外方投资现金流量表，分别考察中、外投资者投资的盈利能力。中方投资的内部收益率（IRR）为33.02％，外方投资的内部收益率（IRR）为34.09％，双方都是可以接受的。

（二）清偿能力分析

本项目投资借款的偿还期，人民币借款为3.5年，外汇借款4年。其中外汇借款是在投产后分三年等额还本；人民币按当年偿还外汇后的最大还款能力进行偿还。还款的资金来源为当年提取的折旧费、摊销费，不足时可用未分配利润垫付。通过借款还本付息的计算，可以看出本项目有非常强的还款能力。借款还本付息计算表，见表3-8。

通过资金来源与运用表（略）可以看出本项目资金的使用与来源是匹配的。通过资产负债表（见表3-9），可以计算项目的资产负债率、流动比率、速动比率。以达产年第五年为例，资产负债率为17.28％、流动比率为164.08％、速动比率为79.19％，三项指标均有利于银行考虑贷款。

（三）不确定性分析

1. 敏感性分析

本项目分别做了投资变化±5％、±10％；经营成本变化±5％、±10％；销售价格变化±5％、±10％对全部投资盈利能力的影响分析，敏感性分析表，见表3-10，敏感性分析图，见图3-2。结果表明，本项目具有很强的抗风险能力。

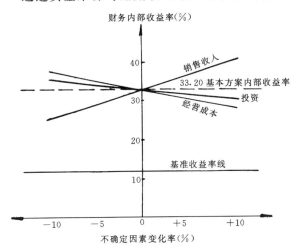

图 3-2 敏感性分析图

53

现金流量表（全部投资）

表 3-7

序号	项目	合计	建设期（年份）		投产期（年份）		生产期（年份）		
			1	2	3	4	5	6	7
	生产负荷（%）				40	60	100	100	100
1	现金流入	242801.71			8000.00	12000.00	20000.00	20000.00	20000.00
1.1	产品销售收入	240000.00			8000.00	12000.00	20000.00	20000.00	20000.00
1.2	回收固定资产余值	979.44							
1.3	回收流动资金	1822.27							
2	现金流出	177846.46	5167.82	6316.22	7399.91	9805.50	12314.12	12567.57	12679.09
2.1	建设投资	11484.03	5167.82	6316.22					
2.2	流动资金	1822.27			1124.29	531.59	277.91	-111.52	
2.3	经营成本	117588.56			5725.99	8464.89	9916.13	9348.16	9348.16
2.4	销售税金	21827.14			549.64	763.56	1788.36	1872.56	1872.56
2.5	所得税	21903.85						1136.40	1136.40
2.6	职工奖励及福利基金	3220.61				45.46	331.72	321.98	321.98
3	净现金流量（1-2）	64955.25	-5167.82	-6316.22	600.09	2194.50	7685.88	7432.43	7320.91
4	累计净现金流量		-5167.82	-11484.03	-10883.95	-8689.45	-1003.56	6428.86	13749.77
5	所得税前净现金流量	86859.09	-5167.82	-6316.22	600.09	2194.50	7685.88	8568.82	8457.31
6	所得税前累计净现金流量		-5167.82	-11484.03	-10883.95	-8689.45	-1003.56	7565.26	16022.57

单位：万元

序号	项目	合计	8	9	10	11	12	13	14	15
	生产负荷（%）		100	100	100	100	100	100	100	100
1	现金流入	242801.71	20000.00	20000.00	20000.00	20000.00	20000.00	20000.00	20000.00	22801.71
1.1	产品销售收入	240000.00	20000.00	20000.00	20000.00	20000.00	20000.00	20000.00	20000.00	20000.00
1.2	回收固定资产余值	979.44								979.44
1.3	回收流动资金	1822.27								1822.27
2	现金流出	177846.46	12679.09	13974.58	13974.58	13974.58	13974.58	14339.60	14339.60	14339.60
2.1	建设投资	11484.03								
2.2	流动资金	1822.27								
2.3	经营成本	117588.56	9348.16	9348.16	9348.16	9348.16	9348.16	9348.16	9348.16	9348.16
2.4	销售税金	21827.14	1872.56	1872.56	1872.56	1872.56	1872.56	1872.56	1872.56	1872.56
2.5	所得税	21903.85	1136.40	2500.08	2500.08	2500.08	2500.08	2831.45	2831.45	2831.45
2.6	职工奖励及福利基金	3220.61	321.98	253.80	253.80	253.80	253.80	287.44	287.44	287.44
3	净现金流量（1-2）	64955.25	7320.91	6025.42	6025.42	6025.42	6025.42	5660.40	5660.40	8462.11
4	累计净现金流量		21070.68	27096.09	33121.51	39146.92	45172.34	50832.74	56493.14	64955.25
5	所得税前净现金流量	86859.09	8457.31	8525.49	8525.49	8525.49	8525.49	8491.85	8491.85	11293.66
6	所得税前累计净现金流量		24479.87	33005.36	41530.85	50056.34	58581.83	67073.69	75565.54	86859.09

计算指标：

	所得税后	所得税前
财务内部收益率：	33.20%	36.64%
财务净现值（$i_c=12\%$）：	17960.50 万元	24321.75 万元
投资回收期：	5.14 年	5.12 年

借款还本付息计算表

表3-8

序号	项目	利率 人民币(%)	利率 外币(%)	建设期 (年份) 1 人民币	外币	小计	(年份) 2 人民币	外币	小计	投产期 (年份) 3 人民币	外币	小计	(年份) 4 人民币	外币	小计	生产期 (年份) 5 人民币	外币	小计
1	长期投资借款	14.58	8.00															
1.1	年初借款本息累计									4014.58	247.65	6094.80	3821.77	165.10	5208.58	2675.44	82.55	3368.85
1.1.1	本金							238.12	5742.02	3741.81	238.12	5742.02	3821.77	165.10	5208.58	2675.44	82.55	3368.85
1.1.2	建设期利息						272.78	9.52	352.79	272.78	9.52	352.79						
1.2	本年借款						374.81	238.12										
1.3	本年应计利息						272.78	9.52		585.33	19.81	751.74	557.21	13.21	668.16	390.08	6.60	445.55
1.4	本年还本									192.81	82.55	886.22	1146.33	82.55	1839.74	2675.44	82.55	3368.85
2	流动资金借款																	
2.1	年初借款本息累计																	
2.2	本年借款																	
2.3	本年应计利息																	
2.4	本年还本																	
3.	偿还借款本金的资金来源																	
3.1	未分配利润									3796.33	−473.46	−180.69	6369.31	−666.25	772.82	11304.34	−671.42	5639.25
3.2	可用于还款的折旧									690.35	32.53	963.64	690.35	32.53	963.64	690.35	32.53	963.64
3.3	可用于摊销的摊销费									19.28	10.00	103.28	19.28	10.00	103.28	19.28	10.00	103.28
3.4	其他短期借款																	
	合计									4505.95	−430.92	886.22	7078.93	−623.71	1839.74	12013.96	−631.88	6706.17
	余额									4313.14	−513.47	0.00	5932.60	−706.26	0.00	9338.53	−714.43	3337.32

人民币借款偿还期（从借款开始年算起）　3.50 年
外汇借款偿还期（从借款开始年算起）　4.00 年

单位：人民币　万元
　　　外币　　万美元

56

表 3-9

资 产 负 债 表

序号	项目	建设期（年份）		投产期（年份）		生产期（年份）										
		1	2	3	4	5	6	7	8	9	10	11	12	13	14	15
1	资产	5167.82	11836.82	12278.89	12061.06	12053.10	12538.21	13182.17	13826.13	14333.72	14841.31	15348.90	15856.49	16431.36	17006.23	17581.10
1.1	流动资产总额			1508.98	2358.06	3412.02	4969.05	6679.92	8390.79	9965.30	11539.80	13114.31	14688.81	15326.43	15964.05	16601.67
1.1.1	应收帐款			477.17	705.41	826.34	779.01	779.01	779.01	779.01	779.01	779.01	779.01	779.01	779.01	779.01
1.1.2	存货			968.35	1496.60	1767.85	1656.33	1656.33	1656.33	1656.33	1656.33	1656.33	1656.33	1656.33	1656.33	1656.33
1.1.3	现金			63.47	65.13	68.47	68.47	68.47	68.47	68.47	68.47	68.47	68.47	68.47	68.47	68.47
1.1.4	累计盈余资金				90.92	754.36	2465.23	4176.11	5886.98	7461.49	9035.99	10610.50	12185.00	12822.62	13460.24	14097.85
1.2	在建工程	5167.82	11836.82													
1.3	固定资产净值			9840.43	8876.79	7913.15	6949.51	5985.87	5022.23	4058.60	3094.96	2131.32	1167.68	1104.93	1042.18	979.44
1.4	无形及递延资产净值			979.48	826.20	722.93	619.65	516.38	413.10	309.83	206.55	103.28				
2	负债及所有者权益	5167.82	11836.82	12278.89	12061.06	12053.10	12538.21	13182.17	13826.13	14333.72	14841.31	15348.90	15856.49	16431.36	17006.23	17581.10
2.1	流动负债总额			1171.70	1770.38	2082.52	1923.67	1923.67	1923.67	1923.67	1923.67	1923.67	1923.67	1923.67	1923.67	1923.67
2.1.1	应付帐款			384.69	611.27	728.87	681.54	681.54	681.54	681.54	681.54	681.54	681.54	681.54	681.54	681.54
2.1.2	流动资金借款			787.00	1159.11	1353.65	1242.13	1242.13	1242.13	1242.13	1242.13	1242.13	1242.13	1242.13	1242.13	1242.13
2.1.3	其他短期借款															
2.2	建设投资借款		6094.80	5208.58	3368.85											
	负债小计（2.1+2.2）		6094.80	6380.28	5139.23	2082.52	1923.67	1923.67	1923.67	1923.67	1923.67	1923.67	1923.67	1923.67	1923.67	1923.67
2.3	投资人权益	5167.82	5742.02	5898.61	6921.83	9970.58	10614.53	11258.49	11902.45	12410.04	12917.63	13425.22	13932.82	14507.69	15082.56	15657.43
2.3.1	中方投资	3158.11	3158.11	3343.62	3431.33	3477.18	3477.18	3477.18	3477.18	3477.18	3477.18	3477.18	3477.18	3477.18	3477.18	3477.18
2.3.2	外方投资	2009.71	2583.91	2735.69	2807.45	2844.97	2844.97	2844.97	2844.97	2844.97	2844.97	2844.97	2844.97	2844.97	2844.97	2844.97
2.3.3	储备基金				45.46	377.18	699.16	1021.14	1343.12	1596.91	1850.71	2104.51	2358.30	2645.74	2933.17	3220.61
2.3.4	企业发展基金				45.46	377.18	699.16	1021.14	1343.12	1596.91	1850.71	2104.51	2358.30	2645.74	2933.17	3220.61
2.3.5	累计未分配利润			−180.69	592.13	2894.06	2894.06	2894.06	2894.06	2894.06	2894.06	2894.06	2894.06	2894.06	2894.06	2894.06
	计算指标：															
	1. 资产负债率（%）	0.00	51.49	51.96	42.61	17.28	15.34	14.59	13.91	13.42	12.96	12.53	12.13	11.71	11.31	10.94
	2. 流动比率（%）			128.79	133.20	164.08	258.31	347.25	436.19	518.03	599.88	681.73	763.58	796.73	829.87	863.02
	3. 速动比率（%）			46.14	48.66	79.19	172.21	261.15	350.08	431.93	513.78	595.63	677.48	710.62	743.77	776.92

单位：万元

2. 盈亏平衡分析

正常年（以第六年为例）盈亏平衡点（BEP）为：

$$BEP = \frac{固定成本}{销售收入 - 可变成本 - 销售税金} \times 100\%$$

$$= \frac{2372.97}{20000 - 8178.49 - 1872.56} \times 100\% = 23.85\%$$

敏 感 性 分 析 表　　　　　　　　表 3-10

序号	项　　目	基本方案	投资变化				经营成本	
			+5%	+10%	-5%	-10%	+5%	+10%
一	内部收益率%	33.20%	32.01%	30.89%	34.48%	35.86%	30.88%	28.49%
二	净现值（$i=12\%$）（万元）	17961	17478	16996	18443	18925	15708	13455
三	投资回收期（年）	5.14	5.21	5.29	5.06	4.98	5.32	5.53

序号	项　　目	基本方案	经营成本		销售收入			
			-5%	-10%	+5%	+10%	-5%	-10%
一	内部收益率%	33.20%	35.47%	37.68%	37.30%	41.16%	24.80%	24.00%
二	净现值（$i=12\%$）（万元）	17961	20213	22466	22400	26840	13521	9081
三	投资回收期（年）	5.14	4.98	4.84	4.89	4.69	5.47	5.92

表明本项目在正常生产年只要达到设计能力的 23.85%，即年产量 24 台就可以保本。盈亏平衡示意图，见图 3-3。

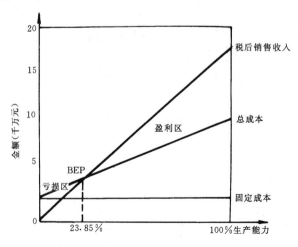

图 3-3　盈亏平衡图

58

（四）财务评价的结论

从以上对本项目的盈利能力、清偿能力以及抗风险能力的分析，可以得出本项目财务评价的结论：本项目具有较强的盈利能力和清偿能力，并具有很好的抗风险能力，因此，本项目在财务上是可行的。

第四章　工程项目的造价

第一节　工程项目造价的基本概念

工程项目造价，既可指某项建设工程项目的总造价；又可指组成该建设项目的单项工程项目的综合造价；还可指该单项工程中单位工程项目的建筑安装工程造价。因此，工程项目造价是层次不同工程项目的造价的统称。

工程项目造价，也就是工程项目的价格。研究工程项目的价格，主要是研究它的价格构成（亦称价格形成）。也就是研究工程项目价格的组成要素及其组成情况。这对于正确合理地确定工程项目的价格，掌握其成本结构和利润水平，进一步研究降低工程项目建设与施工成本、提高经济效益的途径都是必不可少的。

一、商品的价值与价格

在我国社会主义市场经济条件下，工程项目与其他工业产品一样都是商品。它既有使用价值，也有价值。因为它们既可用来满足人们生产或生活的某种需要而具备一定的有用性，又可用来与其他商品（主要是货币）相互交换而具有一定的交换价值。决定商品交换价值的基本因素就是价值。

价值是由劳动创造的。它是凝结在商品中的劳动。商品的价值在交换时以货币的形式表现出来就是商品的价格。

价值的大小由商品生产中的消耗的劳动量决定。生产中的劳动消耗，包括生产资料的消耗（即原材料、机械、工具、设备、动力等物化劳动消耗）和活劳动消耗两大部分。劳动者的活劳动利用机具对原材料进行加工，改变其形态、位置或性能而成为新的产品。这一方面把所消耗的生产资料的价值转移到产品中去（这部分价值，即过去劳动所创造的价值，也称转移价值，通常以 C 表示）；另一方面又创造了新的价值。新价值中，一部分是劳动者为自己劳动所创造的，以劳动报酬的形式付给劳动者本人（这部分新价值以 V 表示），另一部分是劳动者为社会劳动所创造的，表现为盈利。其中一部分以税金的形式缴给国家，剩余部分就是利润。为社会劳动所创造的价值以 M 表示。

这样，商品的价值（以 W 表示）的理论构成可用下式表达：

$$W = C + V + M \tag{4-1}$$

式中　C——商品中物化劳动的价值，即过去劳动的转移价值；

V——劳动者为自己劳动所创造的价值；

M——劳动者为社会劳动所创造的价值。

必须说明，商品的价值由生产中消耗的劳动量决定，绝不意味着价值是由个别生产者的劳动量来决定。而是由商品生产中消耗的社会必要劳动量或平均必要劳动量来决定。商品按社会必要劳动量决定的价值量来进行等价交换，商品的价格是其价值的货币表现，价格水平与其价值量大体相当，这就是商品经济的客观规律——价值规律的要求。

商品价值中的主要部分，包括物化劳动的价值 C 和必要劳动的价值 V，都是生产中的支出，它们构成商品的成本，即

$$生产成本 = C + V \tag{4-2}$$

既然商品价格是其价值的货币表现，则

$$商品价格 = 成本 + 盈利 \tag{4-3}$$

在实际生活中，价格的形成还受供求关系的影响。商品供不应求时，消费者抬价求购，价格就向上浮动而高于其价值；反之，商品供过于求时，生产者削价竞售，价格就向下浮动而低于其价值。价格对价值的这种背离，使生产者根据供求关系与价格的变化来调节生产，保持生产与需求的平衡，维持社会生产各部门之间的正常比例关系。这样，价值规律不仅在市场运行中自发地、滞后地起调节作用，使商品的价格不致长期背离其价值，而是围绕其价值上下波动。不仅如此，政府还可以藉助价格、利率等经济杠杆，通过政策自觉地利用价值规律来发挥其调节生产与流通的积极作用。

将式 4-3 移项可得下式：

$$盈利 = 商品价格 - 成本 \tag{4-4}$$

式 4-4 说明，当商品价格一定时，盈利的多少取决于成本高低。当具体生产者的成本等于社会必要劳动量时，他将获得该商品的社会平均利润。当成本低于社会必要劳动量时，他获得的利润将高于社会平均利润。反之，若成本高于社会平均劳动量，利润将要降低甚至发生亏损。生产者在经济利益驱动下，必然要加强经济核算，改善经营管理，提高生产技术水平，提高经济效益。这种现象，说明价值规律和价格等经济范畴还具有促使经营管理不断完善的推动力。

二、工程项目造价的构成及计算特点

（一）工程项目造价体系

工程项目从筹建到建成交付使用，是按建设程序逐步进行的。它是一个由概念到具体实现的过程。一般经历项目建议书、可行性研究、分阶段设计、建设准备、建筑安装工程施工和竣工交付使用等阶段。在不同的建设阶段，为了适应工程造价控制和管理的需要，要动态地进行分阶段计价。

在编制项目建议书，进行可行性研究阶段，都需要选定适当的估算方法估算不同精确度的建设工程项目造价。通常可根据类似工程造价资料、投资估算指标、主要设备投资系数或同类工程设备与土建比例系数等方法估算。其中可行性研究的投资额估算，是工程项目投资效益评价和投资决策的重要依据。并在经过评估确认和上级审批后，成为建设工程项目造价的最高限额，作为以后各建设阶段造价控制的依据。

在初步设计或扩初设计阶段，由设计单位编制建设工程项目的总概算，在技术设计阶段编制修正总概算。总概算中包括了建设项目从筹建到竣工验收全过程的全部建设费用，是该项目的预计总造价。总概算经批准后，是编制固定资产投资计划、签订建设项目总承包合同、进行资金筹措、实行投资包干等的依据。也是控制建设拨款额、施工图预算造价及考核设计技术经济效果的依据。

设计单位提供单位工程施工图的同时，要按图计算分部分项工程量，套用相应定额和地区单价算出工程项目直接费，再计取地区统一规定的各项费用，加上计划利润和税金，编制出施工图预算来确定建筑安装工程的预算造价。施工图预算经审定后，可作为招标工程制定标底的基础或实行投资包干的依据。

在单项工程开工前进行建筑安装工程招标和材料、设备采购招标。这时承包单位要考虑工程要求和施工条件、原材料价格和工资变化可能及其他风险因素，再根据竞争需要和盈利意图提出接近发包方标底的报价，在中标后由双方通过谈判达成协议确定承包合同造价。在合同实施过程中或合同任务完成后，因设计变更、材料及设备价格变动引起的实际造价变化，要按合同约定的范围和方法对合同价作必要的增减调整，从而确定工程项目的结算造价。

工程项目通过竣工验收，由承包单位移交给发包单位后，建设单位的筹建部门还要编制竣工决算，反映建设项目的实际造价和交付使用的固定资产及流动资产的详情。作为向使用部门办理财产交接手续和使用部门登记新增财产帐的依据。

总之，工程项目的造价，是随着建设程序逐阶段进展而动态地计算的。归纳起来，就是指由投资估算、设计概算和施工图预算等分别算出的粗细不同的预计造价、工程承包合同价，在预定造价基础上计入实际发生的增减帐调整金额所形成的结算造价，以及由建设部门编制的竣工决算确定的工程项目实际造价，从概略一步步趋向确切地形成了一个完整的工程项目造价体系。这个体系由前后衔接的计价环节所组成，各环节之间，前者粗后者细，前者控制后者，后者是前者的具体化。

（二）工程项目造价的构成

按前述商品价值与价格的构成，工程项目造价的基本理论构成也应包括三个部分，即构成该工程项目的物质消耗支出 C、建造该项目全过程中支付的劳动报酬 V 和参与该项目各单位的盈利 M（利润和税金）等。

1. 构成工程项目的物质消耗支出

包括该工程项目建筑材料、构件、配件费用；工程上安装的设备、配备的工具、器具等的购置费用；还有施工机械等工程用固定资产的折旧、维修、运输装拆等费用。除此之外，由于工程项目的固定性特点，其造价中当然还应包括一般工业产品所不包含的建设用地价格及拆迁、补偿、场地平整等费用。

2. 建造全过程中的劳动报酬

包括勘察、设计、咨询、监理等技术服务及中介机构人员的工资、奖金；建筑安装工程施工人员的工资、奖金以及建设单位管理人员的工资、奖金等费用。

3. 有关单位的盈利

相应地应包括勘察、设计、咨询、监理等单位的盈利；建筑安装企业的盈利和建设单位的盈利等。

在实际计价时，要按国家统一的工程项目造价构成规定计算各项费用，再逐项汇总而得相应的工程项目造价。

我国现行建设工程项目造价构成及各项费用计算方法如表 4-1 所示：

近年来，随着改革的深化，政府对建设的行政管理执法职能与经济管理职能逐渐分离，建设单位的建设行为摆脱了政府的直接干预。于是兴起了一批新兴的为建设工程及其管理服务的社会中介机构，如咨询、监理、会计、审计、律师等，作为政府、市场与建设单位之间的桥梁，起服务、沟通、协调、监督、评价等政府行政管理所不能起的作用。它们为建设提供服务的费用，在现行价值构成中尚未得到反映，有待研究后补充。

建设工程项目造价构成及费用计算方法　　　　　　　　　　　　　表 4-1

费　用　项　目		计　算　方　法
建筑安装工程费用（一）	直接工程费	Σ（实物工程量×概、预算定额单价）＋其他直接费＋现场经费
	间接费	［直接工程费×取费定额］或［直接工程费中人工费×取费定额］
	计划利润	（直接工程费＋间接费）×（计划利润率）或［直接工程费中人工费×计划利润率］
	税金	（直接工程费＋间接费＋利润）×税率
设备工器具费用（二）	设备购置费（包括备品备件）	设备原价×（1＋设备运杂费率）（运杂费包括设备成套公司的成套服务费）
	工器具及生产家具购置费	设备购置费×费率（或按规定金额计算）
工程建设其他费用（三）	土地征用费	按有关规定计算
	土地补偿费和安置补助费	按有关规定计算
	建设单位管理费	［（一）＋（二）］×费率或按规定金额计算
	研究试验费	按批准的计划编制
	生产职工培训费	按有关定额计算
	办公和生活用家具购置费	按有关定额计算
	联合试运转费	［（一）＋（二）］×费率或按规定金额计算
	勘察设计费	按有关规定计算
	引进技术和设备进口项目的其他费用	按有关规定计算
	供电贴费	按有关规定计算
	施工机构迁移费	按有关规定计算
	矿山巷道维修费	按有关规定计算
（四）	预备费	［（一）＋（二）＋（三）］×费率
	其中价差预备费	按规定计算
（五）	固定资产投资方向调节税	Σ建设项目总费用（不包括贷款利率）×规定的税率

上述建设项目总造价，相当于构成投资完成额的建设支出额。但我国预算内投资所安排的建设总支出，即建设总成本，除总造价开支以外，还另有"应核销的其他支出"项目。它并不构成投资完成额而是国家财政对工程项目造价的额外补贴。其内容是由于计划、设计、建设单位或其上级主管原因以及自然灾害等原因造成的设备器材亏欠、毁坏及折价损失等开支。形成了建设成本大于建设项目造价的不合理现象，不利于建设单位对建设项目造价所负的经济责任制的贯彻，有待于改进。

（三）工程项目造价计算的特点

工程项目具有与一般工业产品不同的技术经济特点，其造价计算也相应地具备以下特点：

1. 单件性计价

工程项目是为特定用户的特定使用需要，在特定地点建造的一次性产品。因此它的建筑、结构、装修、设备及用料各不相同，且为适应所在地域社会、经济、水文、地质、气象特点和环境协调要求，各项目的设计、施工方法千差万别，就不能像工业产品一样成批地定价，而只能个别地按国家统一规定的一整套程序来逐个计价。

2. 组合性计价

任何工程项目都是由若干组成部分组合而成的庞大综合体。因此计价时首先要将它进行从大到小的层层分解，计算基本部分的造价，然后再从小到大层层组合，汇总得到整个工程项目的造价。工程项目可作如下分解：

（1）建设项目。它是指按一个总体设计进行施工的一个或几个单项工程的总和。这些单项工程组成一个经济上行政上统一的建设单位，如一座工厂或一所医院等。

（2）单项工程（亦称工程项目）。它是建设项目的组成部分。一个建设项目可以包括若干个单项工程，也可以只有一个单项工程。单项工程是指具有独立设计文件，建成后可以独立发挥效能或能进行生产的工程。如工厂中的一个车间或医院中的门诊楼、病房楼等。

（3）单位工程。它是单项工程的组成部分，一般是指具有单独设计，但不能单独发挥效能或不能单独进行生产而又可以独立组织施工的工程，如一个车间的建筑安装工程可以分解为若干个单位工程，其中建筑工程包括的单位工程可有：

1）一般土建工程。包括房屋和构筑物的各种结构和装修工程。

2）卫生工程。如给排水工程、采暖通风工程等。

3）工业管理工程。包括蒸汽、压缩空气、煤气、输油管道等工程。

4）电气照明工程。有室内外照明设备安装及线路敷设工程、变电配电设备安装工程等。

安装工程指的是生产设备的安装工程。由于设备安装工程和设备本身有着密切联系，往往把它们结合起来，统称为设备及安装工程。设备及安装工程一般包括机械设备及安装工程、电气设备及安装工程等单位工程。

（4）分部工程。是单位工程的进一步分解。一般是按单位工程的各个部位或各个工种划分的。如基础、墙体、屋面等部位的分部工程或土方、钢筋混凝土、装饰等工种的分部工程等。

（5）分项工程。是分部工程的进一步分解。它是能用较简单的施工过程施工并可用适当计量单位计算，便于进行计价的工程的基本构造要素。如基础分部工程可进一步分解为基础开挖、基础垫层、砌基础、防潮层及回填土等分项工程。

工程项目的分解方法，包括分部分项工程的划分方法，由国家或授权政府机构统一规定。以作为国家对工程项目造价管理的一个必要环节。统一的工程量计算规则，还要逐步向国际惯例靠拢，做到与国际工程计价接轨。

在工程分解基础上组合计价的方法就是：要确定建设项目总概算造价时，先计算各单位工程的概算价，再汇总为各单项工程的综合概算价，最后再加上建设其他费用汇总而得。要确定一个单位工程施工图预算价时，要先逐个分部分项工程按统一的工程量计算规则计算工程量，再套用相应的定额计算工料消耗量，套用地区统一单价计算分项工程直接费，汇总成分部工程、单位工程直接费后，再按地区统一的取费项目和标准取费率加计各项费用而得。香港地区工程项目计价，也要按国际通用的统一工程量计算规则计算分项工程量，再乘以分项工程单价。不过所不同的是，单价中除包括工、料、机械等直接费外，还含临时工程、开业费、管理费及利润。不但如此，与内地单价由地区政府统一规定不同，单价的金额由承包商自行决定，这就充分体现了市场经济的竞争机制。总而言之，工程项目的计价，都是对其先进行分解，后对组成部分计价并汇总。

三、工程项目造价管理及其改革

解放后几十年里，我国国民经济一直按前苏联的计划经济体制模式运行。工程造价也一直沿用高度集中的产品经济相适应的基本建设概预算定额制度。当时的理论认为，社会主义社会里生产资料不是商品，占绝大比例的国家投资拨款建设的工程项目也不是商品。因而长期实行低造价政策，建筑安装工程长期计取的微利甚至一度被取消而使工程项目造价长期与价值背离。这一方面使工程项目的建设脱离供求关系，造成争项目、抢上马、盲目建设、重复建设禁而不止和概算超估算、预算超概算、决算超预算的顽症；另一方面低价和造价构成不体现竞争机制，不利于建筑市场形成活而不乱的规范化秩序，更不利于建筑行业的健康发展。这就是造价管理改革的必要性。

随着我国国民经济体制改革的深入，建设管理体制也突破了旧的集中、僵化的模式。发生了投资渠道由国家拨款为主向国家拨款、国家拨款改贷款、银行贷款、各类自有资金和利用外资多元化；投资主体由国家投资为主向中央、地方、国有企业、集体企业及个人多元化转化；投资决策由集中决策向决策权分散自主与审批权下放转变；设计施工项目由任务分配向通过招投标竞争承揽工程转变；工程物资由国家统一分配供应逐步向扩大由市场采购的比重转变。

所有这些变化，更造成对旧的概预算定额管理制度改革的可能性和迫切性。其核心问题就是工程项目造价改革。为此，首先要承认工程项目产品是商品，以价值为基础对建设工程项目和施工工程项目计价，使其价格构成及价格水平反映其价值，与其他工、农业产品有合理的比价和相当的盈利水平，改变建筑业长期存在的微利状态。这不仅促使建设单位的投资行为受价值规律的调节而能自我约束，改变投资饥渴的失控状态；更重要的是，建筑业（包括勘察、设计、施工、咨询等其他中介机构）具备了正确进行经济核算、提高经济效益的合理外部条件，从而能在商品经济的竞争环境中求生存、求发展，创造建筑市场逐步规范化，建筑企业逐步增强活力的先决条件。

为此，工程项目造价要从适应产品经济体制的计划价格转变为适应社会主义市场经济体制的市场价格。这可能是一个逐步的，比较长期的改变过程。

在经济体制改革前，工程项目造价一直是适应产品经济的成本型价格。只计取 2.5% 的法定利润，且在 1958 年取消，成为只有成本的价格。在计价时，项目的划分、工程量计算、工料消耗定额、分部分项工程单价和各项费用的项目与取费率完全由国家统一规定。造价构成中 V、C、M 混淆不清，存在许多不合理之处。

改革开始后，工程项目造价向无税低利过渡。1980 年恢复了 2.5% 的法定利润。造价由直接费、间接费、独立费（含冬季雨季施工增加费、施工队伍远征费、夜间施工费、不可预见费、劳保基金等），此外，还有临时设施、施工机构转移、副食补贴和技术装备费四项专用基金。1985 年又取消独立费，保留技术装备费，然而仍是成本型价格。

自 1987 年开始，建设主管部门对工程项目造价作了进一步改革。取消技术装备费，用提高了的、允许承包企业在投标竞争中浮动的指导性计划利润取代原来固定不变的法定利润。同时加征营业税。这就初步解决了造价构成中的扭曲和混乱，走上规范化轨道，适应了工程项目行政性分配任务转变到通过市场招投标承缆任务的需要。

1993 年，建设部和建设银行根据新颁布的《企业财务通则》和《企业会计准则》所规定的新财务制度，参照国际惯例，制定了《关于调整建筑安装工程费用项目组成的若干规定》。明确了建安工程项目造价构成如表 4-2 所示。

建筑安装工程项目造价构成及费用计算方法 表 4-2

费 用 项 目		计 算 方 法
直接工程费（一）	1. 直接费	Σ（实物工程量×定额单价）
	(1) 人工费	
	(2) 材料费	
	(3) 机械使用费	
	2. 其他直接费	（直接费×取费定额）或（直接费中人工费×取费定额）
	3. 现场经费	（直接费×取费率）或（直接费中人工费×取费率）
	(1) 临时设施费	
	(2) 现场管理费	
间接费（二）	1. 企业管理费用	［直接工程费×取费率］或（直接费中人工费×取费率）
	2. 财务费用	
	3. 其他代收代付费用	
	(1) 定额编制管理费	
	(2) 定额测定费	
	(3) 上级管理费	
计划利润（三）		［（一）＋（二）］×计划利润率或（直接费中人工费×计划利润率） 注：计划利润率是按投资来源或工程类别不同而定的
税金（四）	营业税 城市建设维护费 教育费附加	［（一）＋（二）＋（三）］×税率

表 4-2 中直接工程费和直接费是两个完全不同的概念。直接费与其他直接费一起，相当于施工工程项目的直接成本，它是指施工过程中直接耗费的构成工程实体或有助于工程形成的各项支出。其中直接费含人工费、材料费（包括原材料和构配件费，以及周转材料或大型工具摊销或租赁费）、机械使用费，按分项实物工程量和相应的定额单价直接计算并汇总而得。其他直接费含施工中的材料二次搬运费、生产工具使用费、检验试验费、工程定位复测费、工程点交费、场地清理费等等，不能按实物工程量直接计算，所以按直接费乘以相应定额或直接费中定额人工费乘以相应定额计算。而直接工程费则相当于施工工程项目的制造成本。是指承包单位以该施工项目为成本核算对象在工程施工中所发生的全部生产费用的总和。除包括上述直接费和其他直接费外，还包括项目经理部或相当一级现场管理机构为了组织和管理该项工程施工所发生的现场经费（含现场管理费和临时设施费两项）。但直接工程费中不包括不构成施工项目制造成本的其他非生产性支出（如企业管理费

等）。这些支出是作为间接费计取而成为工程项目造价的组成部分。

新的造价构成进一步理顺了各项费用的关系。但分项工程单价仍根据全国统一的工、料、机械台班定额消耗量和地区统一的价格计算，称为基价。不过为适应市场价格变化，在统一基价的基础上，还要加计各类材料（如高价材料、地方材料等）的市场价差、人工费调增额和机械费调整额。所以，工程项目造价基本上仍是统一的。仍不能体现承包企业在市场环境中对造价的自主决策。

为改变这种状况，从传统的概预算定额取费计价制度向最终放开工程项目价格过渡，建立在国家宏观调控前提下以市场形成造价的机制，以"量价分离、动态调整、差别利润率"为主的造价改革从 1995 年开始起动。

所谓量价分离，主要是先把相对稳定的量（指按图纸计算的工程量和按定额确定的分项工程工、料、机械台班消耗量）与影响因素复杂、变动较快较大的价（指工、料、机械台班预算价格和分项工程单价等）分开区别对待。具体地从三方面着手：一是国家对工程项目划分和工程量计算规则继续作统一规定（即基础定额），法令性的定额仍继续使用，待条件成熟后再逐步向企业根据自身消耗水平制定企业定额过渡，称为控制量；二是由地方行业主管部门制定既有利于宏观调控，又能促进行业发展的间接费、现场经费等指导性费率，定期发布工、料、机械台班的市场中准价格、各月度或季度价格指数、各类工程项目的指导性综合单价和造价指数等，称为指导价，三是改变按企业级别和隶属关系取费的不合理作法，按工程项目的不同投资来源或工程类别，实行在计划利润基础上的差别利润率，并允许企业自主浮动计取计划利润，既使承担技术要求高、规模大、风险大的高难度工程的大中型承包企业能得到合理的报酬，又能促进健康的竞争，称为竞争费。

所谓动态调整，是指对工、料、机械台班预算价格的变动，除在预算价与合同价计价时先按定额单价计算直接费并以它为基础计取各项费用，还要加计市场价与定额价之间的暂估材料价差和工资补贴等。此外，还根据工程完工的时间，按地方造价管理部门每季度公布的调价系数在竣工结算时动态地作造价调整。

以上所述新的一轮造价改革，仍然是在单价组合法统一计价基础上的局部调整，但却是一个积极的过渡。

第二节 工程项目造价计算的基础

要合理确定和有效控制工程项目造价，需要有正确的计算基础。它主要包括各种定额，取费标准，工、种、机械、设备的价格，价格指数，各类工程项目的造价资料和造价指数。定额不但是合理计价的基础，也是正确确定施工消耗的依据。

一、定额的概念及其分类

1. 定额的概念

定额是指在正常的施工条件下，完成一定计量单位的合格产品所必须消耗的劳动力、材料、机械设备和资金等的数量标准。所谓正常的施工条件，是指在生产过程中，按生产工艺和施工验收规范操作，施工条件完善，劳动组织合理，机械运转正常，材料储备合理。

我国几十年建设过程中所使用的各种定额，到目前为止，都是在计划经济体制下，为适应工程项目计划价格的制订和工程施工计划管理的需要，由国家主管部门或它授权的机构，根据当时的技术水平和条件，按规定的程序编制、审批后颁布执行的。它不仅是具有法令性的数量指标，还对正常生产条件和质量要求作出规定。定额的法令性，要求各单位在执行时不得任意修改。当定额项目不全或与施工条件不符而必须由企业临时补充时，必须由主管机关审批，以维护定额的严肃性。但是，随着生产技术的发展，施工的实际水平突破了原有定额水平，就需要根据新的情况制订新的定额。

随着国民经济体制向社会主义市场经济过渡，定额也将由统一的法令性定额逐渐向统一的指导性定额与企业自订定额过渡。

2. 定额的分类

在设计和施工的不同阶段，造价和资源计算的粗细程度是不同的。为此，建筑工程定额按其用途和粗细程度可分为在施工期间计算劳动量用的施工定额，在施工图设计阶段编制施工图预算用的预算定额和初步设计或扩初设计阶段编制概算用的概算指标与概算定额等。此外，还有材料储备定额、工期定额、流动资金周转率等等经济定额。在每个阶段所使用的定额中，又包括各种生产要素的消耗定额，如劳动定额、机械台班定额及材料消耗定额等。各种建筑工程定额的分类情况见图 4-1。

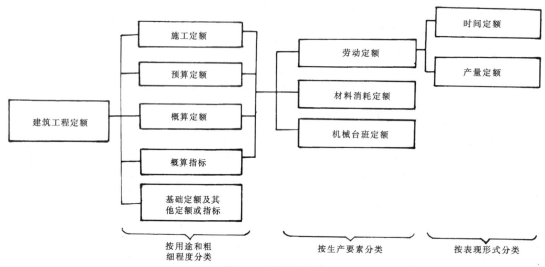

图 4-1　定额的分类

按专业及费用性质分类，除建筑工程定额外，还有安装工程定额、市政工程定额、水利工程定额、铁路工程定额、工程间接费用定额、其他费用定额等。

按主编单位及执行范围分类，可分为全国统一定额、专业主管部门定额、地区统一定额和企业定额等。

为落实"控制量、指导价"的改革，建设部于 1995 年底发布了全国统一建筑工程基础定额（GJD—101—95），作为各部门、各地区编制各自概、预算定额的基础依据。

二、常用的几种建筑工程定额

1. 施工定额

施工定额是施工企业用于内部施工管理的定额。它是以施工过程为对象制定的，用来计算各施工过程或分项工程的人工、机械台班和材料需要量。其主要作用是：编制施工组织设计、施工作业计划及各项资源需用量与供应计划，作为计划管理的基础；编制施工预算，进行施工预算与施工图预算的两算对比，作为企业内部经济核算，项目经理进行工程承包、加强成本管理的依据；签发队组施工任务书与限额领料单、签订队组承包合同，作为考核工效、评定奖罚的依据。正确地编制与执行施工定额，对调动项目经理部及施工班组的积极性，提高管理水平，加强经济核算，提高劳动生产率，降低材料、机械消耗，降低成本，提高经济效益，都有重大作用。

北京市1993年建筑工程施工预算定额就是一种地区统一的施工定额。它按工种分章，除各工种的施工定额表外，还有编施工预算所需的其他直接费一章。定额总说明中，说明了本定额的编制依据，适用范围、作用用途、表示方法及有关使用的规定，包括远距与高度、冬季施工影响的规定，还有建筑面积计算规则。每章除对本工种的施工预算和劳动定额使用作了具体规定外，还有本工种的工程量计算规则。每节还规定了本节各施工过程应包括的工作内容。了解这些说明和规定是正确使用定额手册的前提。

以表4-3所示为例，表中分别列出施工预算和劳动定额两种定额。前者含预算工、料、机械用量及预算价值（预算单价），后者含各工序及其综合的定额。

劳动定额和机械台班定额可用以下两种形式表示。

（1）时间定额。就是某种专业、某种技术等级的工人班组或个人，在合理的劳动组织与合理使用材料的条件下完成单位合格产品所必需的工作时间，包括准备与结束时间、基本生产时间、辅助生产时间、不可避免的中断时间及工人必须的休息时间。时间定额以工日为单位，每一工日按8小时计算。其计算方法如下：

$$单位产品时间定额（工日）＝\frac{1}{每工产量} \tag{4-5}$$

或

$$单位产品时间定额（工日）＝\frac{小班成员工日数的总和}{台班产量} \tag{4-6}$$

（2）产量定额。产量定额就是在合理的劳动组织与合理使用材料的条件下，某种专业、某种技术等级的工人班组或个人在单位工日中所应完成的合格产品数量。其计算方法如下：

$$每工产量＝\frac{1}{单位产品时间定额（工日）} \tag{4-7}$$

或

$$台班产量＝\frac{小组成员工日数的总和}{单位产品时间定额（工日）} \tag{4-8}$$

所谓单位产品，是指每一适当计量单位的假定建筑产品，如1m³或10m³砖砌体、1或100m³土方、1m²抹灰、1根或1块预制构件等。

时间定额与产量定额是互成倒数的。手工完成的工作，时间定额与产量定额的乘积为1；以机械为主完成的工作，往往需配备一个小组，时间定额与产量定额的乘积就等于该小组全部成员的工日数总和。

如表4-3中第7-35项劲性钢骨架柱模板的劳动定额，包括安装和拆除两个工序为综合定额表示方法为：

$$\frac{0.898}{1.114}$$

表4-3

现浇钢筋混凝土柱、梁、板模板

定额编号	项目	单位	预算价值（元）	施工预算其中 人工费（元）	材料费（元）	机械费（元）	预算用工（工日）	模板（m³）1174	圆钉（kg）2.91	钢模板租赁费（元）	钢模卡具租赁费（元）	钢支撑租赁费（元）	钢模运输费（元）	综合	安装（工日）	拆除（工日）
7-30	矩形柱（周长在）1.2m以内	m²	13.90	5.56	8.34		0.402	0.0016	0.007	2.51	1.44	1.93	0.49	0.360/2.778	0.238	0.122
7-31	1.8m以内	m²	13.33	4.99	8.34		0.361	0.0016	0.007	2.51	1.44	1.93	0.49	0.321/3.115	0.212	0.109
7-32	1.8m以外	m²	12.95	4.60	8.35		0.333	0.0016	0.007	2.51	1.44	1.93	0.49	0.295/3.390	0.194	0.101
7-33	圆形柱（周长在）0.5m以内	m²	25.65	8.25	17.38		0.597	0.0147	0.020					0.545/1.835	0.360	0.185
7-34	0.5m以外	m²	24.41	7.03	17.38		0.509	0.0147	0.020					0.462/2.165	0.305	0.157
7-35	劲性钢骨架柱	m²	23.65	13.06	10.59		0.945	0.0001	0.001	4.02	2.33	3.22	0.76	0.898/1.114	0.593	0.305
7-36	构造柱	m²	11.96	5.54	6.42		0.401	0.0016	0.005	2.51	1.44		0.49	0.359/2.786	0.237	0.122

横线上为时间定额，表示每平方米模板支、拆共需 0.898 工日；横线下为产量定额，表示每工日应完成 $1.114m^2$ 模板的支、拆。显然，$0.898 \times 1.114 = 1$，即时间定额与产量定额互成倒数。

时间定额可用单项定额或综合定额表示，综合定额是完成同一产品各工序的单项定额的综合，即：

$$综合（时间）定额 = \Sigma 单项（时间）定额 \qquad (4\text{-}9)$$

如表 4-3 中同一项，有

$$0.898 = 0.593 + 0.305 \quad （工日）$$

显然，综合产量定额，是综合时间定额的倒数，即：

$$综合产量定额 = \frac{1}{综合时间定额} \qquad (4\text{-}10)$$

表 4-3 同一项有：

$$综合产量定额 = \frac{1}{0.593 + 0.305}(m^2)$$

施工预算定额部分，包括预算用工、主要材料与机械预算用量及预算价值几项内容。其中预算用工包括了劳动定额中未包括而又不可避免的零星用工，其数量按劳动定额用工乘以人工幅度差而得。视不同工作的需要，人工幅度差一般在 $10\% \sim 11.5\%$ 范围内。预算用材料包括了定额中未列出的次要材料使用量和必要的操作损耗。预算价值由人工费、材料费和机械费组成。计算人工费的工资单价只供施工预算用而不能作为施工队组的计件工资单价。材料预算价格和机械台班费用均按地方统一的价格表和有关规定确定。

2. 预算定额

预算定额是编制施工图预算，确定工程项目预算造价的依据；在招投标工作中，是编制标底和投标报价的依据；在工程施工和竣工以后，作为工程拨款和竣工结算的依据；也可以用来确定各分项工程劳动力、材料、构配件和机械需要量，作为编制施工组织设计、进行人力物资准备，编制施工企业施工计划，进行经济核算和经济活动分析的依据；它还是编制地区单位估价表、编制概算定额和概算指标的基础。预算定额在工程建设各阶段，对设计方案的合理选择，正确确定工程造价，实行计划管理、监督工程拨款和促进建筑安装企业加强经济核算都有重要作用。

各地区现行预算定额的组成和基本内容一般包括：总说明、建筑面积计算规则和按分部工程划分的各章正文。每章又包括分部工程说明，规定该分部工程中各分项工程项目的工程量计算方法等，并分节成为各分项工程的定额表。每一定额表前都有工作内容说明，定额表又划分为若干项目及子目，现以北京市 1984 年《建筑安装工程预算定额》土建工程分册第五章砖石工程中砌砖部分为例，如表 4-4。

使用时，先要熟悉本章前的分部工程说明，其中工程量计算方法规定了各部位长、宽、高的确定方法和孔洞、突出物在计算时的处理办法；说明中其他有关规定，也是套用时必须注意考虑的。

定额表规定的工作内容，说明任务范围，从表 4-4 中看到，砌砖工程包括了调制和运输砂浆、运砖和砌砖…等技工和普工的多种工作，在定额中注明了这些工作的全部工料消耗。然而在施工定额中，上述项目是分别注明的。可见，预算定额比施工定额划分的项目综合性大得多，但仍是比较繁琐。

定额是按分项工程的不同规格和不同材料逐项编号的。在编制施工图预算或单位估价表时，套用的定额必须注明编号，以备检查审定之用。

定额中注明了工料消耗量。使用时应注意工料的单位。除了主要工料单独规定消耗量外，用量不多的其他材料和中小型机械消耗均以元为单位合并表示。

定额表中周转使用的材料或工具如模板、脚手架用材等的消耗量是指其使用一次的摊销量，而不是使用时需要投入的一次使用量。摊销量要考虑一次使用量、周转次数、每次的损耗率、多次使用后可能的回收量和回收折价率等因素。

定额表中的砂浆强度假定为 M2.5，若工程所用砂浆强度不同，则可以按照附录中的砂浆、混凝土配合比表换算。在定额表中砂浆的用量是加括弧的，表示是可替换的值（见表4-4）。在混凝土工程和其他材料价格随设计标准不同而变动很大的工程里，也用这种办法。或者用空白括弧表示材料单价，并将预算价格也加括弧，表示这是未包含这种材料价值的不完全预算价格。实际使用时应注意增补或替换。

预 算 定 额 表(示 例)　　　　　　表 4-4

5-1 砌 砖

工作内容：1. 砌砖包括：调运砂浆、运砌砖、安放木砖、铁件、安放 60kg 混凝土预制构件，基础包括了清理基槽等。

　　　　　2. 勾缝包括：调运砂浆、清扫墙面、刻瞎缝、堵脚手眼、缺角修补等

单位：10m³

定 额 编 号			5-1	5-2	5-3	5-4	5-5	5-6
项　　目	单位	单价	砖			圆弧形砖 墙	1/2 砖墙	1/4 砖墙
			基础	外墙	内墙			
预算价值	元		475.01	520.12	515.08	527.54	555.11	636.07
其　中　人工费	元		29.58	39.45	36.13	42.30	54.45	106.43
材料费	元		445.43	449.20	449.20	449.20	456.04	485.02
机械费	元			31.47	29.75	36.04	44.62	44.62
人　工　基本工	工日		9.72	12.30	11.15	13.03	17.15	36.05
其他工	工日		2.11	3.48	3.3	3.89	4.63	6.52
合　计	工日		11.83	15.78	14.45	16.92	21.78	42.57
工资等级	级		3.4	3.4	3.4	3.4	3.4	3.4
材　料　机 砖	千块	73.14	5.07	5.10	5.10	5.10	5.35	6.02
M2.5 砂浆	m³	28.61	(2.60)	(2.60)	(2.60)	(2.60)	(2.20)	(1.50)
其他材料费	元		0.22	1.80	1.80	1.80	1.80	1.80
机　械　2～6t 塔吊	台班	57.21		0.55	0.52	0.63	0.78	0.78

示例表 4-4 中的工料单价和分项工程预算价格都是按北京地区工资标准和材料价格确

定的。在不同地区，分项工程单价必须根据本地区的工资标准和材料价格另行编制"单位估价表"来确定。

3. 概算定额

概算定额是国家或授权机关制定的。用来计算一定计量单位的建筑工程扩大结构构件、分部工程或扩大分项工程所需人工、材料与机械需要量、作为设计部门编制初步设计概算和技术设计修正概算的依据，也是确定建设工程项目投资额，编制建设计划、和估计材料需要量、控制建设拨款和施工图预算、考核扩大初步设计或初步设计合理性的依据。在北京地区，直接用来编制施工图概算，作为招投标和工程结算的依据。

概算定额的项目是在预算定额的基础上，以建筑结构的形象部位为主、将有关其他部分综合而成的。如概算定额中砖基础结构一项，就是以基础体积作为计量单位，综合了相应数量的挖土、回填、防潮层和余土外运等内容。比按预算定额计算工料消耗和分项工程价格大大简化。因此，概算定额又称为扩大结构定额或综合预算定额。

概算定额都有目录、总说明、建筑面积计算规则。按分部工程编的每一章内还有分部工程说明和本分部工程的工程量计算规则。手册中还包括砂浆、混凝土配合比表、材料造价表、机械台班造价表和三材指标等附录，供实际与定额有局部差别时换算用。

概算定额表中，每节的表头都列出各项目的工作内容，每项目均给出人工、材料和机械台班消耗量指标，按地区预算价格计算出的人工费、材料费和机械费以及将它们加总而得的概算单价（基价）。表 4-5 是北京市 1989 年建筑安装工程概算定额表示例。

4. 概算指标

概算指标比概算定额综合性更强。它用整座构筑物、每百平方米建筑面积或每千立方米建筑体积为单位规定人工、材料、机械设备消耗量及造价，主要用在初步设计阶段，当工程设计尚不具体，因而不可能计算分部分项工程量的情况下编制初步设计概算。是建设单位申请投资、编制基建计划和申请主要材料的依据，也是设计单位进行设计方案比较、分析投资经济效果的重要标准。

概算指标的表达方式有两种。一种是以建筑物或构筑物为对象的概算指标；另一种是按结构类型列出每万元投资所需的工料消耗量指标。

以上所述的几种定额，是分别在工程建设的不同阶段使用的。它们在项目划分的粗细上有所不同，表现形式上也有一定差异。但现行各种定额之间还存在着密切的联系。如现行预算定额是依据现行施工定额加以综合扩大编制的；现行概算定额（或概算指标）又是根据预算定额和通用设计编制的预算综合扩大而成。尽管随着定额的综合扩大，增加了原来未能包括而又必需的某些用工和材料损耗。它们实质上都以施工定额为基础。然而从理论上来说这么做是不恰当的。主要问题在于，施工阶段使用的定额应当促进施工单位的经济核算和技术进步，定额水平理应考虑到施工中较成熟的先进经验和先进工人的生产率而取"平均先进"水平。但用来确定工程造价使用的定额则不同。根据马克思主义价格形成理论和价值规律，价格应以社会必要劳动消耗水平或部门平均消耗水平为标准，而不应以"平均先进"水平为标准。

5. 建筑工程基础定额

全国统一建筑工程基础定额（GJD—101—9）是和全国统一建筑工程预算工程量计算规则（GJD$_{GZ}$—101—95）同时由建设部编制，1995 年 12 月发布施行的。目的是为落实"控制量"改革的需要，规范工程计量和资源消耗。基础定额是完成规定计量单位分项工程计价的人工、材料和机械台班消耗量的标准。是统一全国建筑工程量计算规则、项目划分和计算单位的依据；编制建筑工程地区单位估价表确定工程造价，编制基础概算定额及投资估算指标的依据；也可作为制定招标工程标底、制定企业定额和投标报价的基础。

概算定额表(示例)   表 4-5

砖石及混凝土基础

工程内容：砖石、混凝土基础及基础梁包括：挖土及工作面放坡增量、运土、回填土；砖基础还包括防潮层、加固筋；砌块设备基础还包括预埋螺栓孔；框架式设备基础还包括垫层预埋铁件、抹面和脚手架等。

定额编号	项 目			单 位	概算单价(元)	其中：(元)			人工(工日)	主要工程量			
						人工费	材料费	机械费		现浇混凝土(m³)	土方(m³)	砖砌体(m³)	预制混凝土(m³)
1-60	框排架结构基础	钢筋混凝土柱基础	独立杯型	C15	m³	287.60	25.93	132.10		4.51	1.015	11.90		
1-61				C20	m³	296.69	25.93	141.19		4.51	1.015	11.90		
1-62				C15	m³	295.18	25.70	139.91		4.47	0.954	11.90		
1-63				C20	m³	303.71	25.70	148.44		4.47	0.954	11.90		
1-64	其他结构基础	带形基础	砖基础	不带圈梁	m³	110.33	17.25	90.10		3		2.5	0.99	
1-65				带圈梁	m³	124.95	19.90	102.07		3.46	0.132	2.5	0.86	
1-66			毛石基础	不带圈梁	m³	72.56	18.52	51.06		3.22		2.5		
1-67				带圈梁	m³	99.66	22.08	74.60		3.84	0.132	2.5		

主 要 材 料												定额编号
型钢(kg)	钢筋(kg)	钢模板(kg)	模板材(m³)	板方材(m³)	水泥(kg)	砖(块)	石子(kg)	砂子(kg)	毛石(kg)	石灰(kg)	电焊条(kg)	
	25.60	2.81	0.02		250		1322	837				1-60
	25.60	2.81	0.02		308		1298	785				1-61
	29.79	2.69	0.031		250		1242	787				1-62
	39.79	2.69	0.031		308		1220	738				1-63
	0.82				56	500		451				1-64
	16.73	1.16	0.002		45	434		381			0.01	1-65
					78			694	1789	30		1-66
	15.90	1.16	0.002		74			682	1789	30	0.01	1-67

消耗标准的确定是按正常施工条件，考虑了全国多数企业的机械装备水平、合理施工工期、施工工艺、劳动组织，反映了社会平均消耗水平。

三、定额的制定

由于定额是按一定时期建筑技术水平和条件制定的，所以随着建筑技术水平的提高，实际施工效率较普遍地突破了原有定额，这就需要制定符合新的施工水平的定额；为了适应国民经济各部门现代化的要求，将会出现许多前所未有的新工程，也需要及时补充新的定额项目。在国家对定额实行集中领导、分级管理的情况下，由中央有关部门定期制定全国统一的通用性定额；各专业部门、各地区使用的定额也要在中央统一规划下，分别由相应主管部门做好制订和修订工作。而某些使用次数不多的临时性补充定额，则由建筑企业制订后报经主管机关审批。因此，定额本身既具有相对的稳定性，而其制定工作又具有一定的经常性。

1. 劳动定额的制定

为了达到用定额来调动劳动者改进操作，革新技术，提高劳动生产率的积极性的目的，劳动定额的制定必须遵循技术先进、经济合理的原则，必须是平均先进的水平。

这就是说，劳动定额的技术组织条件要反映国家有关部门对材料规格、质量标准和施工方法方面的现行规定，反映当前多数企业已经推行或能够推行的成熟的新技术、新材料、新结构和先进经验；定额的水平应能在现有正常施工条件下，使少数先进工人经过努力可以超过，大多数工人经过努力可以达到，不少后进工人经过努力可以接近。这个先进合理或平均先进的原则，既不过低而达不到促进生产的目的，又不过高而挫伤工人的积极性，这个原则在制定劳动定额的整个过程中都应遵循。

(1) 施工过程的作业研究。建筑施工的任一施工过程都必须经过一系列先后衔接而相互补充的工序才能完成，每一工序又需经过若干操作和动作才能实现。这些工序、操作、动作的组成是否合理？安排是否恰当？时间消耗是否有效？都直接影响着施工过程的劳动消耗量。因此，要制定一项先进合理的劳动消耗标准，应该首先对施工过程进行观察和研究。从施工过程的工序组成、动作安排和时间消耗等几个方面进行分析。

1) 施工过程的工序分析和动作分析。工序是组成施工过程的各个加工程序。它是组织上不可分，所用工具不变和劳动对象不变的一系列操作过程的总和。一旦工人、工具或劳动对象三者中有一项有了改变，就意味着由一个工序转入了另一工序。

如钢筋制作过程可以分为冷拉、切断、成型等工序。钢筋工在对钢筋进行加工的过程中，用冷拉设备完成了冷拉过程，当剪断机开始工作时，工具有了改变，冷拉工序就转入了切断工序。

工序按劳动过程可划分为"操作"。"操作"是为完成工序或工序中某一部分所进行的若干连续动作的总合。如钢筋成型工序可以分解为在弯筋机上安放钢筋、对位、开机弯筋、弯好停机、取出已弯好的钢筋等操作。

组成"操作"的是一系列连续的"动作"。如在弯筋机上安放钢筋这一操作是由转身、走到原料堆放处、拿起钢筋、转身、走向弯筋机、将钢筋放在弯筋机上等动作组成的。

把施工过程进行逐步划分是为了深入研究其组成部分在组成结构和顺序安排上的必要性和合理性，研究操作动作是否有效省力，以便找出能提高作业效果的合适方案。但现在在制定劳动定额时，一般只研究到工序为止。

2) 工作时间分析。在建筑施工中，有手工施工过程、机手并用的施工过程和机械施工过程之分。

以手工施工过程为例，全部工作时间可以分为如图 4-2 所示的性质不同的时间消耗。

制定定额时，通过对施工过程各工序、操作和动作所耗的时间测定，可以确定施工过

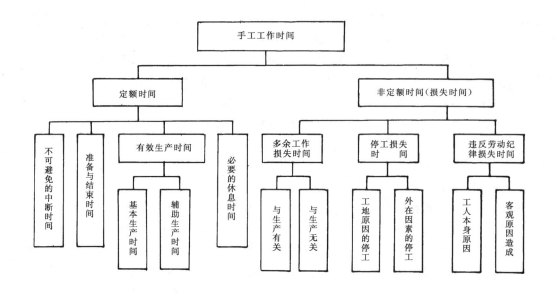

图 4-2　手工工作时间分析

程的有效生产时间。它们占全部定额时间消耗的绝大部分。再加上其他必需时间，就可定出施工过程或工序的定额时间。经过一定换算即可制定出时间定额。必须强调：时间定额内不能包括各种损失时间。作业研究在西方称为工作研究，是科学管理理论最早产生的一个重要分支。它在泰勒的时间研究、加尔布雷斯的动作研究和生产过程分析基础上发展起来，已形成了一套严密的作业过程分析技术。二次大战以来，又增添了新的内容，包括研究人在连续劳动中疲劳产生和防止、研究环境的温湿度、照明、色彩、音响对劳动效率的影响，以及机械工具设计与人的生理特点和能力的关系等内容，统称为工程心理学和人体（人机）工程学。严格地说，定额的制定中考虑这些科学成就将会更加合理。

（2）劳动定额制定的方法。劳动定额是在总结工人施工经验的基础上，按照当前施工条件和平均先进的技术组织水平，通过一定方法制定的，通常有三种：

1）经验估工法。是指参照已有的类似定额资料，由老工人、技术员、定额员和有关领导三方面代表通过座谈、讨论，进行分析比较和工时增减来制定定额的方法。这种方法虽然省时简便，但在极大程度上受到参加估工人员的经验、政策水平与思想水平的影响，因此准确程度较差。

2）统计分析法。这是根据已有的工效统计资料和原始记录进行整理加工，再结合当前施工条件和技术组织水平通过分析对比或将原有定额资料进行类推扩展制定定额的方法。这种方法比经验估工法有较多的统计资料为依据，主观因素较少，但仍然受到原始资料准确性的影响。

3）技术测定法。这就是按照平均先进的技术组织水平和施工条件，组织体力和劳动熟练程度比平均水平稍高的工人进行典型施工过程施工，用测时法测定各工序的工作时间，用工作日写时法观测有效生产时间之外的其他必要时间，然后对测定资料进行分析、整理而计算出定额的方法。这种方法有充分的科学依据、准确程度较高。但大量观测需动用大规模的人力，工作复杂费时。在建筑工程中应用不如大批量的工厂生产中应用方便。

在实际工作中,往往视具体情况将三种方法相互结合。在 50 年代作过大量测时统计的基础上,近年来多采用前两种方法修定定额。

2. 机械台班使用定额和材料消耗定额的制定

机械的定额时间由机械的有效工作时间、不可避免的无效工作时间和工艺中断时间三部分组成。除此以外,建筑施工中,机械工时中还包括多余工作、可避免的无效工作和窝工时间,这些时间消耗不应计算在定额时间之内。

制定机械台班使用定额时,也需要先按合理的技术组织条件安排好工作地点,选择好机械和工人,然后在正常情况下对机械纯工作时间进行测定,并根据测定时间内的生产量计算出机械的正常生产率。再按工作日写时法测出机械一个工作班内所必需的开始、结束和工艺中断时间,计算出机械时间利用系数。机械正常生产率与机械时间利用系数的乘积就是机械的台班产量定额。机械的时间定额也同样是产量定额的倒数。

材料消耗定额是指在合理使用材料的条件下,生产单位合格产品所必须消耗的一定规格的建筑材料或构、配件的数量。它包括材料的净需用量和必要而合理的运输损耗量和工艺损耗量。

材料消耗定额制定的方法有以下四种:

(1)试验法。是在实验室内用试验方法测定某些材料消耗量来制定定额的方法,它限于沥青、油漆、混凝土及砂浆等材料。

(2)计算法。是利用图纸及其他技术资料通过公式计算出材料消耗量来制定定额的方法。它适于容易用面积或体积计算的块状或片状材料,如砖、钢材、玻璃、油毡、木材和预制构件之类。

(3)统计法。是利用典型施工工程的完成数量及材料使用的原始记录通过统计分析计算出材料消耗量来制定定额的方法。这种方法简便易行,但受具体工程和统计资料准确性的影响。

(4)测定法。是对选定对象的材料消耗进行测定与观察,再通过整理计算出材料消耗定额的方法。这种方法有较客观的科学依据,但工作量较大,测定结果受测定对象和测定方法影响。

在实际制定材料消耗定额时,往往采用多种方法相互验证补充。

3. 预算定额、概算定额与概算指标制定简述

编制预算定额应依据下列资料:

(1)现行全国统一工程量计算规则。

(2)现行全国通用的设计规范、施工及验收技术规范、质量评定标准和安全规程。这些文件用来确定完成各分部分项工程所应包括的工程内容、施工方法和产品合格标准。

(3)现行的全国统一劳动定额、材料消耗定额和机械台班使用定额(基础定额)。

(4)通用的标准图集和定型设计图纸,有代表性的设计图纸或图集。这些图纸和图集以及上述定额资料是确定预算定额工料消耗量的基本依据。

(5)新技术、新结构、新材料的先进经验资料;可靠的科学实验、测定、统计分析资料。

(6)国家过去颁发的预算定额,各省、市、自治区现行预算定额编制时用的基础资料和质量较好的补充单位估价表。

(7)现行人工工资标准、材料预算价格和机械台班预算价格。

预算定额的工料机械消耗指标，应根据编制预算定额的原则和依据，采用理论与实际相结合，图纸计算与现场测算相结合，定额编制人员与现场施工人员相结合的方法来拟定，使定额既符合国家政策的要求，又能总结广大职工的实践经验，体现建筑工业化的方向，反映正常条件下施工企业的技术、组织水平而且便于贯彻执行。为此，预算定额的编制工作应在调查研究基础上先编出定额草案，再通过新旧定额水平对比和现场试用测算，在广泛听取基层单位意见的基础上进行修改定稿与审批。

预算定额的人工消耗指标包括完成该分项工程所需的基本工、超运距用工和辅助用工、以及在劳动定额中未包括而又不可避免的零星用工，如因工种间工序搭接、专业工程间交叉配合、机械和水电线路的移动、配合质量检查的停歇工时等。上述用工量，应根据有关图纸测算的分工序工程量及统一劳动定额计算。劳动定额中未包括的零星用工，按计算出的工日数增加一定比例的人工幅度差。国家现行人工幅度差规定为 10%，但这与前面所说的预算定额的平均水平和施工定额的平均先进水平之间的幅度差是原则上完全不同的两个概念。

在计算工日消耗量的同时，还应该根据统一劳动定额规定的劳动小组成员数量和技工、普工等级，用建筑安装工人"工资等级系数表"加权平均方法计算出预算定额用工的平均工资等级。

预算定额的材料消耗指标包括材料的净用量和损耗量、周转性材料则应按多次使用，分次摊销的方法计算一次使用量和摊销量。前者是指工程施工时一次必须投入量指标，可供建设单位或施工单位申请备料和编制施工作业计划之用；后者是分摊到分项工程上的消耗量指标，作为计算分项工程成本的依据。

概算定额和概算指标是编制设计概算的依据，为了提高设计概算的质量，使它能适应工程建设设计、计划、统计和控制投资的要求，必须正确地确定概算定额和概算指标的水平。它应能反映正常条件下大多数企业的设计、施工水平，与建筑工程预算定额的水平基本上一致，并与预算定额保持一定的幅度差（如控制在 5% 以内），以便使设计概算能够控制住施工图预算。

这样，编制概算定额和概算指标时，除了依据上述编制预算定额的资料外，还要以现行的施工管理费定额、其他费用标准和有关工程的施工图预、决算资料为基础。根据图纸计算出综合工程量，按预算定额的工料消耗量指标计算出综合的工料消耗指标，在考虑幅度差后计算出综合价格。定额指标初步计算确定后，要与类似工程的预、决算资料进行比较，并作必要的调整后，才能送交上级权力机关审批。

4. 工料预算价格与单位估价表

建筑安装产品造价的主要部分——直接费是由人工费、材料费和机械使用费三种费用组成的。为了确定这三种费用，在定额中规定了单位产品所需的人工、材料与机械的消耗数量。此外还要确定工程所在的地区的预算工资标准、材料预算价格和机械台班使用费。

根据预算定额（或概算指标）的工料消耗量和地区工料预算价格计算确定本地区每一分部分项工程（或综合分项工程）的单位预算价值，称为预算单价（或综合单价）。按照定额手册的章节、顺序及表格形式编制预算单价，其计算表称为单位估价表。将单位估价表或单价汇编成册后称为单位估价汇总表。

5. 工料预算价格的确定

（1）建筑安装工程预算工资标准的确定。建筑安装工程预算工资标准（人工单价）是直接从事建筑安装工程施工的生产工人开支的各项费用，内容包括：

1）基本工资。指发放给生产工人的基本工资。基本工资由岗位工资和技能工资组成。

2）工资性补贴。指按规定标准发放的物价补贴，煤、燃气补贴，交通费补贴，住房补贴，流动施工津贴，地区津贴等。

3）生产工人辅助工资。它是指生产工人年有效施工天数以外非作业天数的工资。包括职工学习、培训期间的工资，调动工作、探亲、休假期间的工资，因气候影响的停工工资，女工哺乳期间的工资，病假在六个月以内的工资及产、婚、丧假期间的工资。

4）职工福利费。指按规定标准计发的劳动保护用品的购置费及修理费，徒工服装补贴费，防暑降温费，在有碍身体健康环境中施工的保健费用等。

以上各项均按国家规定的年工作天计算。生产工人日工资单价按下式计算：

$$生产工人年工资总额 = \left(平均岗位技能月工资 + 辅助工资 + 工资性补贴 + 职工福利工资 + 劳动保护费 \right) \times 12 个月$$

$$(4-11)$$

$$生产工人平均日工资单价 = \frac{生产工人年工资总额}{国家规定年工作天数} (元 / 工日)$$

$$(4-12)$$

（2）材料预算价格的确定。材料（包括构件、成品及半成品）预算价格是指材料由来源地运到工地仓库或施工现场材料存放地点的全部费用。由材料原价、材料供销部门手续费、包装费、运输费和材料采购及保管费五种费用因素组成。材料费在一般土建工程中约占整个工程预算造价 60%～70%。

材料预算价格可按地区或按单项工程来编制。前者是供一个地区内所有工程使用；后者则专为某项重点建设工程编制。

1）材料原价。凡是由材料生产单位供应的，以主管部门规定或批准的出厂价格为原价；由商业部门供应的，以当地商业部门的现行批发牌价为原价；进口物资以国家批准的进口材料调拨价格作为原价；若无批准的调拨价时，按国营同类产品现行出厂价计算；若无国内同类产品时，按外贸部门订货合同所订价格作原价；由施工单位所属内部核算单位生产供应的构件、成品、半成品，按现行预算定额的规定执行。

在确定材料原价时，同一种材料因来源不同而有几种原价时，应按不同来源的数量比例计算加权平均综合原价。

2）供销部门手续费。某些不直接由生产单位供应而需由物资供销部门供应的材料，如交电、五金、化工产品等，要按原价的一定比率收取附加手续费。费率由各地区有关部门规定。供销部门手续费的计算公式是：

供销部门手续费 = 材料原价 × 供销部门手续费率

3）包装费。包装费是指为便于运输及保护材料而进行包装所需的费用。材料出厂时已经包装好的，如袋装水泥、玻璃、油漆等，其包装费已计入材料原价，就不另计包装费而需扣除包装品的回收价格。由建筑企业自备包装品者，包装品的费用应按使用次数摊销。

4）运输费。是指材料由采购或交货地点开始运到工地仓库为止全部运输过程中所支出的运输、装卸、保险及合理的运输损耗费用总和。当某种材料来源不同时，应采用加权平均法计算统一的地区材料运输费。材料运输费通常分外埠运输费和市内运输费两段计算。外埠运输费包括材料由来源地（交货地）起，运至本市仓库的全部费用；市内运输费包括材料从中心仓库或提货地运至工地仓库的出库费、装卸费和运费。

5）材料采购及保管费。这是指建筑企业的材料供应部门组织材料的采购、供应和保管等工作中所需的费用。由于材料种类繁多，不易按每种规格计算。目前一般按国家统一的采购及保管费综合费率，以材料原价和上述其他几种费用之和为基数相乘的积来确定。采购及保管费率为 2.5%，其中采购费率为 1%，保管费率为 1.5%。由建设单位供应的材料，建筑企业只取保管费。

综合以上所述，材料预算价格的供应价和预算价计算公式为：

$$材料供应价格 = （原价 + 供销部门手续费 + 包装费 + 外埠运输费） - 包装回收值 \quad (4\text{-}13)$$

$$材料预算价格 = （供应价 + 市内运费） \times （1 + 采购及保管费率） - 包装回收值 \quad (4\text{-}14)$$

近年来，材料的出厂价格多次调整，材料预算价格也须相应地调整。各地区已根据调价情况编制了本地区材料预算价格调整表。编制工程预算时仍按调价前的价格计算分项工程单价和直接费，然后以调价前后的价差乘以定额规定的材料用量，据以调整工程预算造价。但不调整原规定的其他直接费、施工管理费等各项费用。

（3）机械台班使用费。一台建筑机械工作一个班（一般按 8 小时计）叫作一个台班，它是机械使用量的计量单位。机械台班使用费就是一个台班中为使机械正常运转所支出和分摊的各种费用之和，也称为台班预算价格。

施工机械使用费按费用因素的性质分为第一类费用和第二类费用。第一类费用包括折旧费、大修理、经常修理费、替换设备、工具及附具费、润滑及擦试材料费、装拆及辅助设备费、管理费等因素。这类费用主要取决于机械年工作制度，不因机械开动情况、施工条件和地点的差异而变化，是一种比较固定的经常的费用，所以一般也称为不变费用。这类费用直接以货币形式列入施工机械台班使用费定额中。确定台班预算价格时，这一部分应直接采用定额中的货币量指标。第二类费用包括机上人员工资、燃料动力费、牌照税及养路费。这一类费用一般只在机械运转时才发生，所以是取决于机械工作班内工作制度的费用，也称可变费用。在台班定额中分别规定实物量，计算时应考虑当地工资标准和动力材料等的预算价格。

第一类费用中各项费用的计算从略。

第二类费用的计算方法：

1）人工费。根据定额所需操作人员人数、工资等级及本地区人工工资标准计算。

2）动力燃料费。首先根据机械发动机额定马力数、台班工作小时数、每马力耗油量和能力、时间、油耗系数及油料损耗系数计算台班油耗量，再按本地区油料预算价格计算。

3）养路费及车船使用税

$$台班养路费 = \frac{核定吨位 \times 年工作月数 \times （每吨月养路费 + 每吨月车船税）}{年工作台班}$$

$$(4\text{-}15)$$

在各地区的概、预算定额手册中，都列有机械台班造价表，可供使用。但工程项目概、预算的机械使用费，除了按机械台班消耗量和台班预算价格的乘积计算基本使用费外，还应加上大型机械的进出场费。但计算的方法，各地有所不同。如北京地区是作为其他直接费的一项来计算的。

6. 单位估价表和单位估价汇总表

各地区统一编制的适用于本地各工程的单位估价表、单位估价汇总表、综合单价（或概算单价）表及其汇总表，是编制单位工程施工图预算或单位工程概算的依据，单位估价表还可用来作为设计方案经济比较的基础资料，作为竣工决算以及建设和施工计划、统计中计算货币工作量的依据。

单位估价表可以一个分项工程编一张表，也可以几个分项工程编一张。几项一张的表如表 4-6 所示。

单位估价汇总表的格式如表 4-7。

地区单位估价表未包括的项目，可由建筑企业补充编制，由上级批准并报领导部门备案。

单 位 估 价 表（示例） 表 4-6

砌 砖（外墙）

工作内容：（略） 单位：10m³

定　额　编　号			185		186	
项　　　目	单　位	单　价（元）	一砖半		一　砖	
			数　量	合　价	数　量	合　价
合　　计	元			428.24		429.95
其中 人工费（3.2级）	工日	1.87	12.77	23.88	12.25	24.78
材料费	元			376.32		375.73
机械费	元			28.04		29.44
水泥砂浆 M2.5	m³	18.85	2.32	48.73	2.19	41.28
附加砂浆	m³	26.42	0.10	2.64	0.10	2.64
红　砖	千块	61.74	5.33	329.07	5.36	330.93
水	m³	0.13	1	0.13	1	0.13
木模中板	m³	131.82	0.005	0.66	0.005	0.66
铁　钉	kg	1.50	0.06	0.09	0.06	0.09
机械费	元			28.04		29.44

单 位 估 价 汇 总 表（示例） 表 4-7

序　号	定额编号	项　　目	单　位	单价（元）	其　中　包　括		
					工　资（元）	材料费（元）	机械费（元）
176	185	外墙一砖半（M2.5 水泥砂浆）	10m³	428.24	23.88	376.32	28.04
177	186	外墙一砖半（M2.5 水泥砂浆）	10m³	429.95	24.78	375.73	29.44

四、价格信息

编制工程项目预、概算，进行工程竣工结算和决算，都需要按照当时的市场行情以实际的市场价格和价格指数为依据。主要的有三类。

（一）工、料、设备与机械台班市场价格

各地区所编制的预、概算定额手册，除了规定分项工程或综合分项工程的工、料、机械台班消耗量外，为便于编制预、概算使用，还将相应的地区预算单价一并列入，作为统一基价套用。但工、料、机械价格受供求关系等市场因素影响而经常变动，定额手册及其基价却不可能及时反映出来。因此现阶段的量价分离就是在概、预算中先按统一基价计算直接费及有关费用，再加上市场价超出基价的价差。这样，各种工、料、机械台班及待安装的设备市场行情资料就是必不可少的基础资料了。

市场价格由各地区建设造价管理部门定期（逐季度）编成建筑安装工程价格信息发布。一般包括主要建材、主要建筑设备的市场平均价或中准价及浮动范围、各工种人工预算单价、主要施工机械台班预算价格、大型工具日租价等。

（二）材料价格指数

材料价格指数是表明某种或某些种材料不同时期价格的相对变化指标。用各时期价格与某一对比期价格为基础计算的上升或下降百分比表示。可以有单项材料的价格指数，也有工程项目中多种材料按其统计用量加权平均计算的综合性材料价格指数。在工程项目造价概、预算和工程结算中所用的，按照承包合同对结算方式的规定不同，两种价格指数都可能用到。其中后者是由地区造价管理部门以选定的多种建筑材料，按定额用量加权平均计算出来的本期综合价与定额综合基价相对比的价格指数。每季度公布一次，称为材料调价系数。

（三）造价指数

价格的变动使不同时期工程项目的造价不可比。这对于工程项目造价水平考核及投资经济效果比较分析都很不利。所以需要根据各类工程建设的特点编制造价指数，为投资决策提供正确的信息。

工程造价指数编制前，要分别按建筑安装工程、设备与工器具购置和建设项目其他费用几类编制分类指数，然后再综合计算出工程造价指数。

第三节　建设项目造价的设计概算

设计概算所确定的建设项目造价，包括该建设项目从筹建到建成所花费的全部费用。设计概算应由主体设计单位根据初步设计或扩大初步设计图纸编制，若有几个设计单位共同设计时，各自编制所承担工程的部分，由主体设计单位汇总。设计概算是设计文件的重要组成部分。

一、设计概算的作用

（1）用以控制工程建设投资。设计概算经国家批准后，它所确定的工程概算造价就成为控制投资的最高限额。建设计划安排、银行拨款和竣工决算都不得突破。

（2）作编制工程建设计划的依据。概算经国家批准后才能将建设项目列入年度工程建设计划。被列入计划的工程项目的投资需要量也应以概算为依据。此外，工程建设物资供

应计划、劳动计划和建筑安装施工计划等也须以概算作为计算的基础。

（3）作设计方案选择的依据。概（预）算所确定的一系列指标，都是对不同设计方案进行技术经济比较的重要依据，是提高设计经济效果的重要手段之一。

（4）作实行建设项目投资包干或建设项目总承包的依据，无论是建设单位与上级主管部门签订大包干合同，还是建设单位与总承包单位签订总承包合同，都要以总概算确定的总造价为依据。

（5）作考核建设成本和投资效果的依据。

二、设计概算文件的组成及编制程序

设计概算的文件组成及其编制程序如图4-3所示。

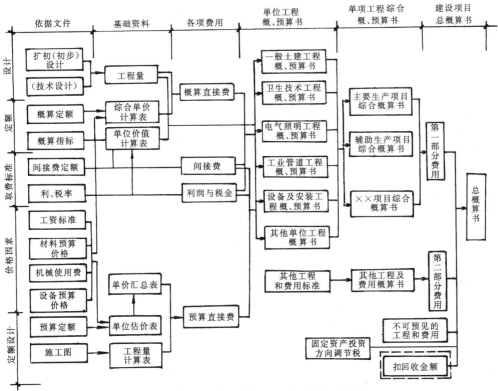

图 4-3　设计概算文件组成及编制程序

图中从右至左第三列可以看到，建设预算文件是由若干"单位工程概（预）算书"综合成"单项工程综合概算书"，再由若干个"单项工程综合预算书"与"其他工程和费用概算书"汇总成"总概算书"的，总概算文件中还要包括三材（钢材、木材、水泥）用量估算表，补充单位估价表和编制说明。总概算包括了建成一项建设项目所需要的全部投资。它们分属于两个部分，以工业建设项目总概算书为例简介如下：

（一）总概算第一部分费用。

指构成建设项目固定资产的费用，包括以下项目：

（1）主要生产和辅助生产项目的综合概算书。主要生产项目是指主要生产车间如机械厂的铸工、锻工、金工、装配等车间；辅助生产项目有工具、机修、模型车间及中央试验室等。

（2）公用设施项目的综合概算书。包括变配电所、锅炉房、煤气站等公用工程；铁路、公路、车库、仓库等运输仓储工程；各种动力管道、输电线路、给排水管道等管线和构筑物工程；还有铁路专用线、水源、电源等厂外工程。

（3）生活、福利、文化、教育服务性工程项目综合概算书。包括住宅、宿舍等居住区生活福利设施及办公楼、食堂、浴室、围墙、医务室等全厂服务性工程等。

（二）总概算的第二部分费用——其他工程和费用，包括以下项目：

（1）土地征用费。指按照国家规定应支付的土地占用、青苗补偿费和被征用土地上的旧有工程拆除、移建或赔偿费、水井、树木等的补偿费，以及坟墓迁移、动迁户的安置补助和土地征用、管理等费用。

（2）建设单位管理费。指建设单位为进行建设项目的筹建、建设、联合试运转和验收总结等管理工作所需的费用。

（3）研究试验费。指为建设项目提供设计基础资料而进行必要研究试验所需的费用，以及有关的技术引进费等。

（4）生产职工培训费。指新增生产能力所需技术人员、工人和管理人员自行培训或委托培训所需的费用等。

（5）办公和生活家具购置费。指为保证建设项目初期正常生产、使用和管理所必须购置的办公和生产用家具、用具的费用。

（6）联合试运转费。指新增生产能力竣工验收前按照设计标准进行负荷或无负荷联合试运转所需的费用由试运转收入抵偿后的不足部分。

（7）勘察设计费。指委托或自行进行勘察、设计及可行性研究所支付的费用。

（8）供电贴费。指按规定建设项目应交付的供电工程贴费和施工临时用电贴费。

（9）施工机构迁移费。指由于工程需要经有关部门决定成建制地将施工机构（一个公司或其所属工程处、工区）迁移所发生的一次性搬迁费用。

（10）矿山井巷维修费。指各种巷道建成后至移交生产前由施工企业代管期间所发生的维修费。

（11）引进技术和进口设备项目的其他费用。指应聘的外国工程技术人员的生活和接待费、派出人员到国外培训、进行设计联络和设备材料检验所需的差旅、生活费等以及国外设计、技术资料、专利费等等。

此外，以银行贷款作建设资金时，支付贷款的利息也列入总概算第二部分费用。

（三）不可预见的工程和费用，即工程预备费。

指初步设计和概算中难以预料的工程和费用。包括技术设计和施工图设计阶段所增加或修改，但未超过原限额范围的工程和费用；设备、材料价格和工资单价的少量价差、自然灾害损失及其预防费用等。

（四）固定资产投资方向调节税

固定资产投资方向调节税是国家为引导投资方向进行宏观调控而设置的税种，按产业政策和项目的经济规模实行差别税率。计税依据为项目的实际。完成投资额。

（五）回收金额

指拆除旧有房屋、构筑物和暂设工程所剩余的残值、试车产品收入和建设施工中得到的付产品收入等。这些收入要从总概算价值中扣除。

综合概（预）算书由构成此单项工程的各单位工程的概（预）算书及其他工程和费用概算书组成，一般包括：

（1）建筑工程。包括一般土建工程（房屋及构筑物、铁路、公路及附属构筑物、围墙等）、卫生技术工程（室内外给排水、采暖通风、煤气及卫生工程中的设备及构筑物等），工业管道工程（蒸汽、氧气、压缩空气、生产用给排水管道、输油及其他管道等），特殊构筑物工程（工业管道用的地沟、支架、各种工业炉 各种桥、涵等）、电气照明工程（室内、外照明设备线路及变配电设备等）。

（2）设备及安装工程。包括机械设备及安装工程（工艺、起重运输、动力及其他设备）、电气设备及安装工程（传动、吊车、变电、整流电气设备、电话、广播、通讯及信号等弱电设备、计量及自动控制设备等）。

上述两类中的每一单位工程，都要单独编制单位工程概（预）算书，以便汇总成为整个单项工程的综合概（预）算书。此外必须说明，在单项工程的综合预算书中还包括其他工程和费用概算书，用来确定该车间的工具、器具、家具购置费及其他费用。但在编制初步设计总概算时，综合概算书中不综合其他工程和费用，而列入总概算第二部分费用中。总概算书的编制程序，是由图4-3从左到右的方向逐步进行的。

首先编制单位工程概算，确定某一单项工程中土建、给排水、采暖、通风、消防、照明及庭院工程以及工业项目的机械设备安装、电气设备安装等单位工程的费用。

将上述各单位工程概算书汇总，加上设备购置、工具、器具、家具购置费，编制成单项工程综合概算书，其表格形式如表4-8所示。

综合概算表（格式） 表 4-8

建设单位名称＿＿＿＿＿＿＿＿＿＿＿＿＿＿＿＿＿＿＿＿＿＿＿＿＿＿＿＿＿＿＿＿＿＿＿

综合概算价值＿＿＿＿＿＿＿＿＿＿＿＿＿＿＿＿＿ 建设单位＿＿＿＿＿＿＿＿＿＿＿＿＿

批准机关或批准人＿＿＿＿＿＿＿＿＿＿＿＿＿＿＿＿＿＿＿＿＿＿＿＿＿＿＿＿＿＿＿＿＿

其中回收金额＿＿＿＿＿＿＿＿＿＿＿＿＿＿＿＿＿ 单项工程名称＿＿＿＿＿＿＿＿＿＿＿

　　　　　按＿＿＿＿＿＿＿＿＿＿＿＿＿＿＿＿＿＿＿＿＿＿＿编制

序号	概算表编号	工程或费用名称	概算价值（万元）						占总概算价值（％）	技术经济指标			备注
			建筑工程费	设备购置费	安装工程费	工器具及生产家具购置费	工程建设其他工程和费用	总值		单位	数量	单位造价	
1	2	3	4	5	6	7	8	9	10	11	12	13	14

对于工程建设其他工程和费用，如土地征用、拆迁安置、勘察设计等，要分别编制概算表。表格形式如表4-9所示。

将单项工程综合概算书和建设工程其他工程和费用概算书汇总，编制建设项目总概算书。总概书所用表格，形式与综合概算书相同。只是表头将综合概算价值改为总概算价值，取消单项工程名称一栏即可。

工程建设其他工程和费用概算表　　　　　　　　　　　表 4-9

序　号	工程建设其他工程和费用名称	计算说明及计算公式	金　额（万元）

总概算各费用项目的具体划分及其计算程序与方法，由国家计委和建设银行联合颁发的文件统一规定，见本章表 4-1 "建设工程项目造价构成及费用计算方法表"。

各项费用计算所依据的定额和取费标准（费率）是由各省、自治区、直辖市和国务院各主管部门颁发的。

编制总概算书，应参照可行性研究报告及其估算。设计院的技术经济人员应提出合理分配投资和方案选择的建议，与各专业设计人员相互配合，使设计过程成为提高设计技术经济效果的过程。

三、设计概算的审批与执行

国家计划内拨款投资的建设项目初步设计或扩初设计概算必须随设计文件一起报有审批权限的主管单位审批。经审批的总概算造价即成为该建设项目总投资的最高限额。按照建设项目经济责任制的规定，他要对其实现负责，领导建设单位做好合理使用投资和造价控制等管理工作。包括控制施工图设计，使施工图预算造价总额不超概算；按照概算书中的主要材料表和设备清单组织甲方供应的材料申请、订货，控制材料、设备供应合同金额；按照总概算书中其它工程和费用概算书安排征地、拆迁、三通一平……等项工作，保证合理开支；控制各系统工程和单项工程的招标、合同及施工中的拨款与结算工作在相应的概算额度以内等。

为做好这些工作，还应根据工期定额编制建设总进度计划和年度投资计划，以便监测和控制单项工程投资和逐年逐季度的累计投资，及时发现超支危险。凡投资累计额超过总概算而项目尚未完成，必须由原设计单位和建设单位共同提出需要追加投资的理由，经原初步设计批准机关审批后报请项目等级相应级别的计委批准。开户银行也要对年度投资计划和总概算的执行进行监督。未经批准追加总概算，拒绝支付超支部分。

第四节　施工图预算与施工预算

单项工程由构成它的各建筑、安装单位工程所组成，因此编制单项工程预算书时，要先编出各建筑、安装单位工程预算书，然后将设备购置费用一并计入汇总即得。

一、施工图预算的作用和编制依据

1. 确定单项工程及其中各单位工程的预算造价。

国家拨款的工程的施工图预算经建设银行审定后，作为银行拨款的依据，不得突破。只有提出充分理由通过原设计概算审批单位批准后，才能追加。

2. 实行工程招标投标的依据

建设单位依据施工图预算编制招标标底，承包单位参照施工图预算进行投标报价，双方据之签定工程承发包合同，办理工程款拨付和竣工结算的依据。

3. 编制施工计划和组织施工的基础

施工单位参照它编制施工生产计划和物资供应计划、统计建筑安装工程已完和未完的工程量和工作量。

4. 施工单位进行成本管理和经济核算的依据

施工单位在两算（施工图预算和施工预算）对比基础上编制单位工程成本计划和降低成本计划、考核成本计划完成情况、开展以施工项目为对象的内部经济核算。

编制单项工程和单位工程预算书的依据是：经批准的施工图和有关标准图、经批准的设计概算所确定的单项工程投资限额、现行预算定额及地区单位估价表、施工管理费等各种费用的指导性取费标准、计划利润率和税率、规定工程施工方法及物料堆放、运输问题、与定额项目选用密切有关的施工组织设计，还有有关工、料、机械台班预算价格调价方面的现行规定及信息资料。

单位工程预算书的编制步骤大体是：首先收集有关依据文件和基础资料，再熟悉施工图纸和现场情况，根据图纸和定额规定的项目划分及计算规则计算工程量，逐项套用定额或单位估价表中的单价，计算并累加出直接费，按各项取费标准计算其他费用，汇总即得单位工程造价。此外还要进行工料分析，以便计算材料价差，并在投标中提出三材用量指标。

二、一般建筑工程预（概）算书的编制

（一）收集原始资料、熟悉定额、图纸与现场情况。

编制施工图预算之前，必须收集并熟悉各种依据资料。首先是熟悉预算定额、地区单位估价表和单价汇总表。同时，还要熟悉本地区的各种取费标准和利税规定。此外，还应熟悉有关材料调价和工人日工资补贴等计算规定及数据。

充分熟悉施工图纸和有关说明书是正确编制预算的关键。只有熟悉了工程构造与材料作法，才能列出分项工程并正确地套用定额；只有理清了各种设计尺寸、标高，才能算出准确无误的工程量。除此之外，熟悉图纸过程中还要注意发现设计中的错误和不合理之处，及时提出以便纠正。特别要注意建筑与结构之间、设备与土建之间和各种设备之间是否存在矛盾；注意设计中有特殊功能要求及与定额不符或定额缺项之处，都要及时记录以便进行必要的调整、换算，或编制补充定额及补充单位估价表后送审。

研究施工组织设计、了解现场情况，特别是现场地质及水文情况，以便掌握影响预算编制的施工因素。如土方工程是机械还是人工施工？边坡支护方法和降、排水措施、余土或缺土的处理方法及运距、脚手架类型、预制构件制作方式和运距、吊装机械的型式等等，这些对于工程项目的划分、定额套用、单价的修正等都是必不可少的。

（二）计算工程量

工程量就是分项工程的实物量，根据图纸和定额规定的计量单位计算出来。如墙体的体积、楼地面的面积、踢脚线的长度、钢结构的重量、某些预制构件的件数等。它是编制预算的基础。

工程量计算应做到准确、及时，便于核对并能适应多种用途的需要。要做到准确，就必须使尺寸的取定有确切依据，项目和部位没有重复和遗漏，计算方法严格遵守规定的工程量计算规则，数字计算准确无误；要及时，就要使计算工作次序得当，首先算出各项目共同的尺寸与数据，简化计算过程，避免重复劳动；使计算表格化，排列规格化，以便检查核对；为了使工程量还能用于工料分析、安排施工进度、编制工料计划，宜根据需要分层计算、分房间计算以致分施工段计算。

计算工程量的合理程序和顺序是防止重复或漏算的关键，也是简化计算过程所必需。各单位所积累的经验中，多数根据工程情况和个人的习惯而异。一般是先统计预制和浇制钢筋混凝土构件并算出混凝土和钢筋数量，再统计门窗，按部位（如按内墙上的、外墙、隔墙上的）分别统计，分类型（如带纱扇或不带、有亮子或没有、钢与木等分开）算出面积并分别列表汇总，以便计算内外墙身、抹灰、喷浆等分项工程面积时加以利用。其他工程通常从下往上按施工顺序计算，如按土方、垫层、基础、砖墙、脚手、地面、楼面、屋面、内外抹灰、油漆粉刷等顺序逐层计算，或按预算定额的次序计算。在一层平面内，也有几种常用的计算顺序，如在图纸上按先横后直、先上后下、先左后右的顺序，按顺时针的顺序或按构配件编号的顺序等，均能有效地防止重复或漏算。沈阳建工局的预算人员提出了按统筹法原理计算工程量的方法，主要是合理安排分项工程的计算次序，以"三线"、"一面"作基数，使基数及前面计算的结果能为其后的计算所利用。"三线"指的是外墙中心线、内墙净长线和外墙外边线；"一面"指的是建筑物底层面积。这些基数都可多次利用。如用外墙中线乘基槽断面可得到挖土工程量，乘基墙宽度可得防潮层面积，再乘基墙折算高度可得基墙体积等。又如建筑底层面积减防潮层面积得首层抹地面面积，再乘相应厚度可得地面垫层、房心填土的体积等。这样把多数项目与"三线"、"一面"联系起来而形成四个系统，能收到准确、简便、及时的效果。

在预算定额手册总说明内有"建筑面积计算规则"，每章前的分章说明内也有针对每一分部工程或工种工程的"工程量计算规则"或"工程量计算方法"。其中规定了长度、宽度和高度取值的方法、工程实体中凸出部分和凹空部分的计算规定和增减或不增减范围、某些项目的技术条件及工程技术条件与定额不相符的调整系数、某些简化计算的系数等。由于定额指标的编制是以这些计算规则为基础的，因此编制预算时必须按规定的规则计算工程量。现举数例说明：

1. 人工土石方工程

挖填方的高度以室外设计地坪标高为准，但实际高度比地坪标高平均超过±30cm时按实际标高计算；挖地槽外墙按几何中心线长度、内墙按地槽净长线，如有砖垛或附墙烟囱等突出部分应并入地槽工程量内计算；人工挖土方、挖地槽（坑）的放坡或支挡土板问题，有的地区规定深度在1.2m内不放坡，超过1.2m时按图示量乘以系数作为工作面及放坡增量，如挖土方系数为1.35，挖地槽（沟）为1.15，挖柱基为1.64等；场地平整按面积计算，有的地区规定以建筑外形为准乘1.4系数，有的则规定每边加宽2m计等。

2. 砖石工程部分

墙身与基础墙之间，有的地区以防潮层为分界线，也有按±0.00标高为准的；基础大放脚、丁字接岔的重叠部分及沟道穿墙洞已综合在定额内，不扣除工程量，但暖气沟挑檐砖也不增加；墙身应扣除门窗洞口（按门窗外围面积计）、过人洞及嵌入墙内的钢筋混凝土柱、风道、烟囱、雨罩梁、圈梁和0.025m³以上过梁的体积，但不扣除板头、梁头、垫块、木砖及凹进墙内的管槽、开关箱、消防箱、暖气槽及0.3m²以内的孔洞，而凸出墙外的线角、压顶等也不另增加；对墙身的计算厚度、基础大放脚折算成基础墙厚的折算高度都列表作了具体规定；墙身计算高度的取值方法，附墙烟囱、风道、水池、蹲台、台阶等小型砌体的具体算法等，也都作了具体的规定。

3. 钢筋混凝土工程

预算定额综合了模板、钢筋和混凝土各工序所需的工、料、机械需要量，也包括材料的操作损耗。因此，除特殊情况外，模板与钢筋工程不必另行计算。工程量计算规则中具体规定了各种构件的尺寸取定方法，计算时应先熟悉有关规定，并严格遵守。

计算工程量时，必须熟悉并遵守每一工种的工程量计算规则，且最好按统一的表格进行计算。

工程量计算完后要进行复核，查出错、漏后及时改正。

（三）编制单位工程预算表

通常按以下步骤进行：

1. 工程量汇总并填表

如表 4-10 所列。

2. 确定分项工程单价

分项工程单价的确定有三种情况：当分项工程的名称、规格、计量单位、工作内容和技术条件与定额或地区单价表相符时，可以直接查出定额（或单位估价表）的编号及其单价；当分项工程有些条件不相符时，可在定额规定的范围内进行换算；定额和地区单价表中没有的项目，则应编制补充定额和补充单位估价表。

3. 计算直接工程费

直接工程费包括直接费、其他直接费和现场经费几个部分。

首先计算工程的直接费。

直接费用每一分项工程的工程量（第 5 栏）和单价（第 6 栏）相乘即得这一分项工程的直接费，填在预算表第 7 栏内（见表 4-10 建筑工程预算表示例）。

将每一分部工程中各项直接费相加，得出分部工程直接费小计。各分部工程直接费相加得整个单位工程的直接费。

其次计算其他直接费。

其他直接费计算方法，各地区都有适用于本地区的统一规定。归纳起来有下列三种：

（1）按其他直接费费率计算。

$$其他直接费 = （人工费 + 材料费 + 施工机械使用费）\times 其他直接费率$$

（2）按其他直接费定额计算。如北京市 1992 年的定额中规定了中小型机械、二次搬运、工程水电…等的其他直接费定额，建筑工程一般分别逐项按每 $10m^2$ 建筑面积为单位计算，构筑物工程一般分别逐项按图示尺寸以每 $10m^3$ 为单位计算等。

（3）将其他直接费直接计入预算定额分项中计算，而不另行计算，以免重复。

再其次计算现场经费。

现场经费包括临时设施费和现场管理费两项。均应按当地建设主管部门所规定的计算方法计算。其中临时设施费一般与其他直接费计算方法相同，现场管理费通常以直接费为基数按规定费率计取。这样就有：

$$直接工程费 = \Sigma（分项工程量 \times 预算定额单价） + 其他直接费 + 现场经费 \qquad （4\text{-}16）$$

按当前造价形成，为适应各种资源价格变动的情况，在直接工程费中还要遵照当地建设造价管理部门的规定，对定额工资、材料和机械台班预算价格中未能反映的价格变动算出价差，将它们作为直接费的调增额补计入直接工程费中。但要注意，材料调价有几种类型。有的可以在直接费调增后，与直接费一起作为以后计取其他费用的计算基数，而有的则只能列入工程造价而不能参与以后其他费用的计取。必须按规定计算程序加以区分。

北京地区将单项工程施工图预算改称为概算。其确定造价、作为招、投标及拨款依据等作用仍然不变。主要不同是将分项工程作适当合并，把密切相关的分项工程组合成为综合分项工程编制概算定额。这样就有以下算式：

$$直接工程费 = \Sigma(综合分项工程量 \times 概算定额单价) + 其他直接费(含现场经费)$$

$$(4-17)$$

从式 4-17 可以看出，北京市的直接工程费构成与国家规定是一致的。不过是把临时设施费和现场管理费当作其他直接费的补充部分纳入其他直接费中而已。

直接费的计算表格形式如表 4-10 建筑工程预（概）算表（示例）所示。北京市按施工图编制施工图概算，与其他地区的施工图预算除项目粗细不同之外，实质是一样的，所用表格形式也相同。

建筑工程预（概）算表（示例）　　　　　　　　　　　表 4-10

建筑单位：××塑料制品厂

第 4-1 号预算表

工程项目名称：注塑车间土建工程　　　　　　　　　　预算价值：6787526.87 元

建筑面积：5628m²　　　　　　　　　　　　　　　　　技术经济指标：1206.3 元/m²

建筑体积：18347m³　　　　　　　　　　　　　　　　　　　　　　369.95 元/m³

顺序号	定额或单位估价表编号	工程或费用名称	计量单位	数　量	预算价值（元）		其中人工（元）	
					单价	合价	单价	合价
1	2	3	4	5	6	7	8	9
		一、土方及基础工程						
	37-99	挖掘机挖土自卸车运土	100m³	84.19	617.79	52011.74	85.92	7233.60
	53-145a	C20 素混凝土垫层	10m³	8.93	1205.68	10766.72	117.59	1050.09
		……						
		小计				805224.3		141272.1
		二、砖石工程						
	139-16E	砌块墙	10m³	53.52	1083.73	58001.23	82.06	4392.04
		……						
		小计				870015.4		7613.56
		……						
		八、楼地面工程						
	645-1	素土夯实	10m³	31.56	126.63	3996.44	96.37	3041.47
	645-2	3：7 灰土垫层	10m³	14.63	236.58	3461.17	70.93	1037.73
	650-17A	C10 混凝土地坪	10m³	9.75	1044.67	10185.53	99.45	969.64
		小计				42526.78		18521.31
		……						
		直接费				3936126.32		785637.27

审核：×××　　　　　　　　　　　制表：×××

4．计算间接费

间接费指企业经营管理层对其施工管理部门在经营中所发生的各项管理费用、财务费用和各种代收代付的上缴费用。上缴费用指企业应上缴地区造价管理部门的定额编制管理费、定额测定费等等。间接费（有的地区称为企业经营费）按下式计算：

$$间接费＝直接工程费 \times 以工程直接费为基数的间接费率 \tag{4-18}$$

或

$$间接费＝人工费 \times 以人工费为基数的间接费率 \tag{4-19}$$

式 4-18 是用于建筑工程的，式 4-19 是用于安装工程的。

5．计算利润和税金

$$计划利润＝（直接工程费 ＋ 间接费）\times 相应工程类别的利润率 \tag{4-20}$$

或

$$计划利润＝人工费 \times 相应类别工程的利润率 \tag{4-21}$$

有的地区建筑工程计划利润简单地以直接工程费为基数计算，这时利润率经过换算，其利润额与式 4-20 的计算结果是相同的。

税金指按国家规定计入建筑安装工程造价内的营业税，城市建设维护费和教育费附加，亦简称两税一费。计算式如下：

$$税金＝（直接工程费 ＋ 间接费 ＋ 计划利润）\times 税率 \tag{4-22}$$

为便于计算，也可改变为以直接工程费为基数的计算式：

$$税金＝直接工程费 \times 相应类别工程的换算费率 \tag{4-23}$$

6．计算工程造价和技术经济指标

$$工程造价＝直接工程费 ＋ 间接费 ＋ 计划利润 ＋ 税金 \tag{4-24}$$

有的地区，还在工程造价的基础上收取建筑行业劳保统筹基金和建材发展补充基金，简称"两金"。"两金"均上缴地区相应管理部门，但均不列入统计工作量。

技术经济指标主要是建筑物单位面积和单位体积造价。必要时也要列出三材用量或单方用量。

7．编写预（概）算编制说明

说明表格中不能表达而在预算使用与审核时必须明确的内容，通常包括：

（1）编制依据。采用图纸的名称和编号；采用的预算定额和单位估价表；其他直接费；间接费和法定利润率计算依据；施工组织设计名称和编制单位。

（2）预算中是否考虑图纸会审和设计变更。

（3）钢筋、铁件是按定额列入还是按图纸计算？图纸与定额的量差是否已经调整。

（4）疑难项目、遗留项目或暂估项目的处理说明。

（5）特殊项目的补充单价编制依据及说明。

（6）其他说明。

8．单位工程工科分析

在有必要时根据分项工程量和定额中的人工、机械和材料需要量逐项分类计算并列表汇总成工料分析表。

三、安装工程预算书的编制

其编制的依据、方法及步骤与一般土建工程预算书类似，主要特点是：安装工程往往按被安装的设备或材料分项；由于设备品种规格繁杂，且新工艺、新材料、新技术不断涌现，现有定额或单位估价表缺项的情况不少，往往需修正或补充定额或单价。由于安装工程间接费和其他费用以工资为计算基数，所以要采用能反映工资的预算表格式，如表 4-11 所列。

安装工程预算表(示例)

表 4-11

顺序号	定额或价格表名称	设备及安装工程名称	计量单位及数量	重　量（t）		价　　　　　值（元）					
				单位重量	总重	单　价			总　价		
						设备	安装工程		设备	安装工程	
							共　计	其中工资		共　计	其中工资
1	2	3	4	5	6	7	8	9	10	11	12

四、施工预算

施工预算是施工单位在工程施工前，以单位工程为对象按施工预算定额在施工图预算所控制的范围内编制的。主要为了确定一个单位工程中各楼层各施工段上每一分部分项工程人工、材料、机械台班需要量和直接费。它与建设预算的基本差别在于：建设预算是确定工程造价的文件，是建设单位与施工单位之间确定合同关系的依据之一；而施工预算则是施工单位的成本计划文件，只作为施工企业内部加强管理的手段。

（一）施工预算的作用

（1）编制作业计划的依据。利用施工预算的分层分段工程量，劳力与构配件需要量来安排施工作业计划及形象进度。

（2）进行劳动力、机具和材料管理的依据。根据施工预算安排各工种人数、机具计划及进退场时间，以及进行备料、组织运输和材料进场。

（3）签发施工任务单或签订内部承包合同和限额领料单、考核工效、开展班组经济核算的依据。但计算工资和奖金时，工资单价可以另行规定。

（4）施工企业内部经济核算进行"两算"对比的依据。

（5）施工项目经理承包的依据。

（6）统计完成实物工程量、货币工作量的依据。

（二）施工预算的编制依据

（1）会审过的施工图、说明书及施工图预算。

（2）经过批准的施工组织设计或施工方案。

（3）地区统一的施工预算定额（无此定额的地区可用企业自编定额或全国统一劳动定额）。

（4）地区统一制定的间接费及其他费用定额、标准及规定。

（三）施工预算的内容及其编制

施工预算一般由说明和表格两部分组成，表明一个单位工程内各分部分项工程的工程量、人工、材料和机械四项指标。有时还计算工程的直接费。为进行"两算对比"还要计算间接费，利润和税金。

说明书中应叙述工程性质、范围及地点；图纸会审及现场勘察情况；工期及主要技术措施；降低成本措施以及尚存在问题等。

表格形式各地不尽相同，最基本的是施工预算工料分析表，工、料汇总表和按分部工程的两算对比表。

通常，施工预算由项目经理部的预算员、定额员、材料员和成本员分工负责编制。或由预算员兼作定额员、材料员的工作。一般编制步骤如下：

（1）熟悉现场情况和有关基础资料。编制时项目划分、定额选项和工料分析都要以实际施工方法为准。

（2）列项目、计算工程量。列项目时，要按施工预算定额的顺序，适应签发施工任务单和限额领料单的需要，分层、分段、分部位地排列，同时为便于"两算"对比，也要兼顾施工图预算的顺序。

工程量计算时，要按所列项目分层、段、部位及施工预算定额所规定的工程量计算规则进行。

（3）套用施工定额。按划分的项目逐项选用相应的施工预算定额，将工、料、机械台班消耗定额数量填入工料分析表中，同时填入施工预算定额规定的单位价值，以便计算直接费。

（4）工料分析。如表 4-12，将工程量与工料机械定额消耗量相乘，算出各工程项目的用工用料数量和机械台班数量。然后同类项目工料合并成为一个分部、分层、分段的工料分析表。每一分部工程都有小计，全部工程有合计。并汇总各分部工程和全部工程每种工料的用量。同时，还专门列出钢筋表、钢筋混凝土构件加工表、门窗加工表、五金明细表、现场用材料汇总表等。

工 料 分 析 表　　　　　　　　　　　表 4-12

工程名称：＿＿＿＿＿＿　　　＿＿＿年＿＿月＿＿日　　　共＿＿＿＿页第＿＿＿＿页

顺序号	定额编号	分项工程名称	单位	数量	瓦工 工日		木工 工日		…		人工合计 工日		红砖 千块		水泥 400号 kg		钢筋 φ10内 t		φ10外 t		…	
					定额	合计	定额	合计	定额	合计	定额	合计	定额	合计	定额	合计	定额	合计	定额	合计	定额	合计
		一、土方工程																				
		人工挖基槽									✓											
		挖槽超深加工									✓											
		…																				
		小计									✓											
		二、砖石工程																				
		…																				

（5）两算对比表。将人工、材料、机械的数量与相应的人工工资标准和地区价格相乘，并按分部工程汇总为人工、材料和机械三项费用，再将其相加汇总得单位工程直接费。在此基础上计算其他直接费、间接费、利润和税金。

将施工预算的计算结果，按分部工程人工、材料、机械台班消耗量、费用、单位工程直接费和单位工程价值，列成与施工图预算一一对应的"两算"对比表，进行对比，算出差额，明确节约或超支的所在，和所采取的施工方法及技术组织措施对降低成本的有效程度，以便分析节超原因，研究改进对策，达到预计的降低成本目标。

（6）编制施工预算编写说明，然后与表格部分合订成册。

第五节　工程价款的结算与决算

通过概、预算和施工承包合同所定的工程项目造价，只是预计的或预定的造价，还不是确定的最终造价。在合同成立后，发包方向承包方付款时，只能以它们暂作参考依据。付款的确切数额还要通过结算以实际造价为准而定。此外，工程竣工后，建设单位也要按照决算所确定的实际造价来对建设活动的效果作出总结。所以，结算和决算是最终确定工程项目实际造价的重要环节。

一、工程价款的结算

施工企业为保证建筑安装工程顺利进行，需要一定量的流动资金用作材料、构配件储备和未完工程占用。随着工程的进展，未完工程愈来愈多，未完工程作为在产品所消耗的活劳动和物化劳动也愈来愈多。如何向施工企业提供所需的流动资金和如何使在产品中沉淀着的劳动消耗得到补偿，要以适当的结算方式和相适应的流动资金提供办法来解决。

（一）施工流动资金提供办法

一般来说，施工企业流动资金的提供有三种办法：

（1）由建设银行以贷款方式提供流动资金全额信贷；

（2）由财政部门按核定的定额拨给施工企业使用的统一流动资金（亦称大流动资金）；

（3）由建设单位提供预付备料款。三种办法各有优缺点，又各与一定的结算方式密切相联系。改革以后，第二种办法逐渐淘汰。

（二）工程价款的结算方式

我国现行工程价款结算方式有以下几种：

1. 按月结算

将分项工程作为"假定产品"，即业主不能使用但承认它是已经完成的中间产品，同意按照完成多少工程给多少钱的原则付给工程价款（亦称工程进度款）实行月初申请，月中预支，月末结算，竣工结清的办法。这种办法与建设单位在开工前提供预付备料款相配合。其优点是施工企业不仅有了必要的流动资金，每月能得到所完成假定产品的价款，能够及时补偿施工中的劳动消耗并实现相应的利润。但在工程后期，收尾与配套工程专业多、矛盾大、难度高、投入多而产值不大，施工企业花力量赶进度的所得，不如转入其他单纯而产值大的新开项目。这就造成许多工程项目收尾拖拉，无法配套交付使用，投资效益迟迟不能发挥的局面，必须从结算方式本身加以改变。

2. 竣工后一次结算

对于能够当年开工，当年竣工的工程，或工程造价低的工程，实行每月适当预支，办理竣工手续后一次结算，有助于促进在建工程早日竣工投产，加快投资效益的发挥。

3. 按形象进度分阶段结算

对于当年不能竣工的单项工程，可以按形象进度划分为工程开工后、基础完工后、结构完工后、设备安装或装修完工后、竣工验收后几个阶段。各按一定的比例进行结算。阶段的划分和结算比例，由各地区建设主管部门规定，或由承、发包双方根据工程具体情况酌情商定。但竣工验收前各阶段工程款结算额,累计不宜超过该工程合同造价的90%,至多不超过95%,否则不利于促进加快交工速度。

4. 银行全额信贷定期计息结算

施工企业在得到竣工结算工程款以前,所需的资金全部由银行贷款取得。贷款的利息,按合同规定的工期计算,由建设单位支付给施工单位。这样,工期提前而少付的利息,就成为施工单位的收入;反之,工期拖延而多付的利息,由施工单位自行承担。这就使工程价款结算成为加快建设进度,促使工程早日交工动用的经济杠杆。

5. 承发包双方商定,经审查认可的其他结算方式

我国当前大量采用的是预付备料款及按月结算方式。正在试行其他几种方式,在条件具备后将逐步向全额信贷定期计息的结算方式过渡。

(三) 现行常用工程价款结算办法

1. 预付备料款

工程开工前,发包单位向承包单位预付备料款数额,由工程承包合同根据工程主要材料占产值的比重、工期长短、承包方式(包工包料还是部分包料或不包料)等情况经承、发包双方议定。一般应按当年计划完成建筑安装工作量计算。建筑工程(包括水、暖、电等房屋设备安装工程)按年工作量的25%～30%,外购预制构件、多层钢结构等主要材料占产值比重大的工程还可提高到40%。安装工程按年安装工作量的10%(若材料用量较多的可以提高到15%)。此外,工期短的工程预付款要高些,包料比重大的要高些,包工不包料的则可不预付备料款。

到工程中后期,随着所需材料储备量逐渐减少,预付备料款作为一种预支性款项,要以抵冲工程进度款的方式,陆续从每月应付给施工企业的工程价款中扣回。

当未施工工程所需材料费与预付备料款相等时,开始扣预付备料款,即:

未施工工程工作量(R) × 材料费占工作量的比重(N) = 预付备料款数额(M)

设工程承包合同价款总额为 P,预付备料款的起扣点为 (T)(即开始扣预付备料款时各月已完工作量累计所达到的金额)。上式可简写为:

$$R \times N = M \tag{4-25}$$

由于 $R = P - T$,经代换上式变为:

$$(P - T) \times N = M \tag{4-26}$$

移项后有:

$$T = P - \frac{M}{N} \tag{4-27}$$

2. 工程价款的中间结算

一般作法是,月初(或月中)由承包企业按当月计划向发包单位提出预支工程款帐单,同意后由经办银行支付上半个月的工程款。月末,再提出本月实际完成工程月报表和工程款结算帐单,经发包单位或委托的工程监理进行质量、数量和价款审核,对确认的款额通知经办银行办理当月结算,扣除本月预支款后支付结算的余额。

当工程款拨付累计达到预付备料款时,开始在当月结算额中按比例扣还预付备料款,然后支付其余额。当工程款拨付累计达到合同造价的95%时,拨付即行停业。预留的5%工程尾款,在工程竣工办完竣工结算后或保修期完成后拨付。

3. 工程价款的竣工结算

承包合同所规定的工程内容全部完工，办完竣工验收手续后，办理工程价款的竣工结算。结算时若因工程内容、设计作法及合同议定的其他原因导致工程价款发生变化、应对合同价款作相应的调整。竣工结算的计算式为：

$$\begin{matrix}竣工结算\\工程价款\end{matrix} = \begin{matrix}预（概）算\\或合同价\end{matrix} \pm \begin{matrix}施工过程中合同（或预算）\\价款的调整额\end{matrix} - \begin{matrix}预付及结算\\的工程价款\end{matrix} \qquad (4\text{-}28)$$

4. 工程价款结算举例

某工程承包合同价 700 万元，主要材料和构配件金额占工作量的 62.5%，每月实际完成工作量见表 4-13 第 1 行所列。计算每月结算工程款。

工程价款结算例（单位：万元） 表 4-13

行次	价款种类	1 月	2 月	3 月	4 月（竣工）	合计	加预付备料款总计
1	月完成工作量	120	200	200	180	700	
2	累计完成工作量	120	320	520	700	700	
3	月结算款	120	200	137.5	67.5	525	700
4	累计结算款	120	320	457.5	525	525	700

【解】

（1）预付备料款＝700×25%＝175（万元）

（2）预付备料款起扣点

$$T = P - \frac{M}{N} = 700 - \frac{175}{62.5\%} = 420（万元）$$

（3）1 月完成工作量 120（万元），全部结算 120（万元），累计结算 120（万元）。

（4）2 月完成工作量 200（万元），若全部结算，累计结算 320（万元）。未达到起扣点，可以全部结算。

（5）3 月完成工作量 200（万元），若全部结算，将累计结算 520（万元），已超过预付款起扣点。因此未超过前的部分全部结算，计为：

$$T - 前一个月累计结算额 = 420 - 320 = 100（万元）$$

其余部分按比例扣预付备料款后，结算额为：

$$(200 - 100) \times (1 - 62.5\%) = 37.5（万元）$$

本月应结算价款共计

$$100 + 37.5 = 137.5（万元）$$

累计结算 457.5（万元）

（6）4 月（竣工）完成工作量 180（万元），应结算：

$$180 \times (1 - 62.5\%) = 67.5（万元）$$

到竣工结算，累计结算工程款 525（万元），加上预付备料款，共结算 700（万元），达到合同价款数额。若有施工中的价款调整额，应经审查后照核实数拨付。

二、工程竣工决算

建设项目或单项工程办理竣工验收手续后，为了核定新增固定资产价值，考核建设成本，分析投资效果，贯彻建设项目经理经济责任制并为今后类似工程建设积累资料，要由建设单位编制竣工决算。

竣工决算由建设单位财务及有关部门，以竣工结算、前期其他工程和费用、联合试运转费、开办费及回收金额等资料为基础编制。它全面反映了该项目从筹建到竣工投产过程中各项资金的使用情况和设计概（预）算执行的结果，是向投资人报告建设成果和财务状况的总结性文件，是竣工验收报告的重要组成部分。

竣工决算一般包括以下内容：

（一）竣工工程概况表

用来反映设计概算和实际完成的主要指标对比情况，见表 4-14。

大中型建设项目竣工工程概况表　　　　　　表 4-14

建设项目或单项工程名称						建设成本	项　目		概算	实际
							一、交付使用财产			
建设地址			占地面积	设计	实际		1. 建安工程投资			
							2. 设备、工具、器具投资			
新增生产能力	能力（或效益）名称	单位	设计		实际		3. 其他投资			
							二、转出投资			
							三、应核销投资			
							四、应核销其他支出			
建设时间	计划从　年　月开工至　年　月竣工						合　计			
	实际从　年　月开工至　年　月竣工					主要材料消耗	名　称	单位	概算	实际
初步设计和概算批准机关、日期、文号							钢　材	t		
							木　材	m³		
完成主要工程量	名称	单位	设计		实际		水　泥	t		
	建筑面积	m²				主要技术经济指标	名　称	单位	设计	实际
	设备	t/台					单位面积造价			
							单位生产能力投资			
							单位产品成本			
							投资回收年限			

（二）竣工财务决算表

用来反映建设资金的来源与运用情况。见表 4-15。

大中型建设项目竣工财务决算表

表 4-15

建设项目名称：　　　　　　　　　　　　　　　　　　　　　　　　年　月　日

资金来源	金额	资金占用	金额
一、基建预算拨款		一、交付使用财产合计	
其中：国家预算拨款		1. 固定资产	
二、进口设备转帐拨款		2. 流动资产	
三、基建其他拨款合计		二、应核销投资支出	
其中：地方财政自有资金		1.……2.……3.……	
部门单位自有资金		三、应核销其他支出	
四、基建投资借款		1.……2.……3.……	
五、应付款		四、在建工程	
六、固定资金		五、器材	
七、欠交折旧基金		1. 设备	
八、专用基金		2. 材料	
		六、银行存款及现金	
		七、预付及应收款	
		八、固定资产原值	
		减：折旧	
		固定资产净值	
		九、专用基金资产	
总　　计		总　　计	

（三）交付使用财产明细表

用来反映建成交付使用的固定资产和流动资产的详细内容。作为财产由建设部门向使用部门交接和考核建设成本的具体依据。同时也是使用单位建立财产明细表，登记新增财产价值的依据。见表 4-16。

大中型建设项目交付使用财产总表

表 4-16

建设项目名称：　　　　　　　　　　　　　　　　　　　　　　　　单位：元

交付使用财产名称	建筑结构或设备型号	单位	数量	总计	固定资产				流动资产	备注
					合计	建筑安装工程	设备	其他费用		
甲	乙	丙	丁	1=2+6	2=3+4+5	3	4	5	6	7

移交单位：　　　　　　　　　　　　　　　接收单位：

盖　章：　　　　　　　　　　　　　　　　盖　章：

　　　　　　年　月　日　　　　　　　　　　　　　　年　月　日

（四）建设项目交付使用后投资效益表

见表 4-17。

建设项目建成交付使用后投资效益表　　　　　　　　　　　表 4-17

主管部门：

建设单位：　　　　　　　　　　19　　年度　　　　　　　　　　单位：元

单项工程或设备名称	开始建设年月		建成交付年月		投　资　效　益				
	计划	实际	计划	实际	建设规模	新增生产能力或效益	新增利润	新增税金	新增创汇能力

（五）文字说明

说明工程概况、设计概算和建设项目计划的执行情况，各项技术经济指标完成情况，资金使用情况，建设工期、成本及投资效果分析，主要经验，存在问题及其处理意见等。

国家投资建设项目，应在办理竣工验收手续后一个月内，将竣工决算上报主管部门。其中财务成本部分要经建设银行开户行审查签证。

第六节　应用计算机编制建筑工程概预算

建筑工程概预算编制工作，大部分是简单的四则运算、数据多、处理量大。传统的手算容易出错、效率低、赶不上工程需要。

为了使概预算编制准确、及时，用计算机来代替手算是有效的。我国已有许多地区和单位研制了大量建筑工程概预算编制的计算机程序，并在不同程度上推广使用。实践表明，有以下优点：

（1）速度快、效率高，使预算人员摆脱了繁琐的手算工作，改变了赶不上工程需要的被动局面。

（2）口径一致、计算准确。地区统一电算程序，使计算公式、定额套用和有关规定口径一致。只要数据和输入正确，结果就无误。

（3）计算项目完整、数据齐全。电算还便于同时提供更多的数据，如工料分析、单位面积工料、金额指标、万元指标，甚至按分层分段提供工料分析资料等。

（4）不受经验限制，有利于培训新的预算人员。

限于篇幅，这里只对计算机编概预算的原理和应用方法做简单介绍。

一、计算机编制概预算的程序系统

我国应用计算机编制概预算的早期，基本上是用计算机模拟手工编制的方法和步骤，用汇编语言或算法语言编写计算程序。随着计算机技术的进步和微型计算机大量普及，概预算程序都用高级语言（如 BASIC、FORTRAN 等）或数据库语言（如 DBASE、FOXBASE等）编写。以模块式结构组成程序系统，用菜单来提示操作过程。使缺乏计算机操作经验的土建预算人员能按照程序系统使用说明和屏幕提示很快地上机操作。

一个完整的概（预）算编制计算机应用程序系统通常由以下几部分组成：

（一）库文件

包括定额库文件和地区取费标准库文件。它们将现行概（预）算定额和地区取费标准分别建库存贮备用。由于定额中人工、材料、机械台班等的消耗量比较稳定，而它们的预算价格却随时变动，因此通常将其分开，分别建立定额量库文件和工料机械预算价格库文件。同时在这两个文件数据基础上计算分项工程或综合分项工程单价，建立单价库文件。这样作，当定额量或预算价格之一或两者同时变化，定额库的修改都能便捷一些。当然，单价库文件也要相应地修改。

（二）程序系统

通常包括计算程序系统和数据维护系统两个部分。前者根据概（预）算编制过程的方法和规则，进行数据输入，工程量计算，套用定额、单价，计算直接费和工程造价，计算技术经济指标，进行工料分析并将结果按规定格式打印输出。后者则进行文件管理和定额数据维护。使用户能借助其他备份中间生成文件和方便地对定额数据进行修改、删除和增补，使库文件能随时得到更新。

土建工程概（预）算程序系统的构成，如图 4-4 所示。

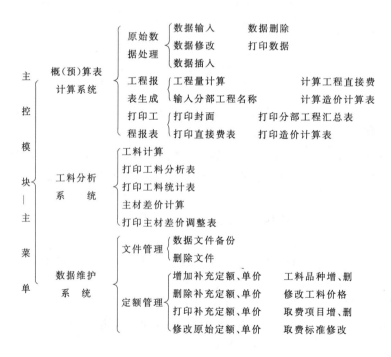

图 4-4　土建工程概（预）算程序系统结构图

二、用计算机编制概预算的一般步骤

将库文件和程序系统从软磁盘转存到计算机硬磁盘内，即可按下述步骤进行工程预算的编制：

（一）填写数据

输入数据前要先按程序规定的表格形式填写数据，以备输入计算机。如有的程序要分别填写工程初始数据表（或工程特征数据表）、建筑面积表、工程量计算表和补充定额表等几种。

工程特征按表格填写工程代号、层数、结构类型、建筑类型、工程是否在远郊、土方场外运输费等内容。

工程量计算表的填写方法与程序规定有关。如有的程序用通用计算表的方式，包括计算体积的四数通用表（含长、宽、高或厚及件数四个数）、计算面积的三数通用表、计算长度或件数的二数通用表。有的还设计有专用计算表，如砖基础、挖土及垫层、杯形基础、矩形柱 工形柱等专用表。表 4-18 为挖土及垫层计算专用表格式。

挖土及垫层工程量计算表　　　　　　　　　表 4-18

定额编号	表　号	部　位	长　度 (L)	宽　度 (b)	深（厚）度 h (d)	件　数 n

表中定额编号按定额手册中的规定编号填写，一般为分部工程序号和分项工程序号两个数组成。表号即工程量计算公式的编号。计算挖土量时，要考虑挖土深度，有的定额规定深度超过 1.2m 时要分别情况乘放坡系数 1.35（或 1.15，1.64），计算式为：

当 $h \leqslant 1.2$ 时　　$V = L \times b \times h \times n$

当 $h > 1.2$ 时　　$V = L \times b \times h \times n \times 1.35$（或 $1.15, 1.64$）

所以，相应的计算子程序中要有 h 与 1.2m 相比较的条件转向语句。

上述工程量计算表需要从图纸摘取大量数据，并不能使概预算人员从繁琐的简单劳动中解放出来。而有的程序系统则向工程量的自动计算前进了一步。它只要求输入建筑物的轴线信息（包括 X、Y 方向主轴线、副轴线和附加轴线）、墙体信息、门窗信息、楼层信息和层高信息等，经过计算机数据处理，就可以自动在屏幕上显示出平面图形，经检查修改确认，就能按照已输入的分部分项项目和规定的工程量计算规则算出分项工程量。如北京市编制的土建工程概算系统软件就具有这种功能。只不过它是适应北京地区的定额，将相关的分项工程合并成综合分项工程，从而减少了项目，简化了计算内容。

当实际工程应用新结构、新材料、新工艺而原有定额不敷应用时，需要在编概预算前编制补充定额和补充单位估价表。这当然要填写补充定额表，输入补充定额的人工、材料、机械消耗内容、单位和数量，计算人工费、材料费、机械费和定额单价。补充定额存入一个单独的补充定额库，可以按照需要一次性使用，也可以追加到原有定额库中备用。

（二）上机运算

上机运算的操作步骤要根据程序系统的结构和程序设计手法的不同，按照操作手册的规定执行。

但无论程序结构和操作步骤如何不同，上机运算前，都要先将各种数据按规定格式输入计算机。首先输入的应当是工程初始数据。计算机接受工程初始数据中的工程项目代号后，就自动建立以工程项目代号为名称的子目录，以便将随后输入的各种数据、计算得到的中间结果和最终结果，用不同的文件名和扩展名分门别类地建立一个个用户文件，存放在该子目录下，供计算过程中相互调用。当工程量计算表、补充定额表都输入完毕，各种数据都存入本工程项目代号下的用户文件以后，即可开始上机运算。

上机时首先要进入主控模块，在主控模块提供的主菜单提示下，选择相应的数字指令进入所需的子系统，去完成计算工程量、套定额、计算直接工程费、计算间接费及其他取费，并算出单位工程造价及技术经济指标、进行工料分析、提出工料汇总指标等等运算功能。每一次计算完成，将中间结果存贮后，可以退出子系统回到主菜单，也可转到其他子系统继续其他运算，也可以指令将计算结果显示在屏幕上或打印输出，以便校核、修改、确认无误后再贮存。

（三）输出结果

概预算计算和工料分析子系统中都有报表打印模块，用户可根据操作提示按菜单选择所需打印功能，打印出概预算封面、各种计算表格、工料分析与统计报表等成果。打印输出的报表格式，通常要与本地区的习惯相一致。

第五章 技术经济方法

第一节 盈亏分析方法

一、技术经济方法概述

(一) 技术和经济的概念

技术是包括劳动技能、方法、劳动工具和劳动对象在内的一个完整的概念。它是生产实践的产物,随着人类生产实践和认识的不断发展,技术水平也在不断提高。技术是生产力要素之一,是推动生产力发展和社会进步的物质手段的总和。

经济的含义有多种,指经济制度,国民经济,物质资料的生产、交换、分配和消费等活动,收支与节约等。本章所指经济的概念,主要涉及节约。

(二) 技术和经济的关系

经济是技术进步的目的和动力,技术则是经济发展的手段和方法。技术与经济的关系是一种辩证的关系,它们相互之间既有着统一,又有着矛盾。人们为了达到一定的目的和满足一定的需要,都必须采用一定的技术,而任何技术的社会实践都必须消耗人力、物力和财力,这就是技术和经济之间互相依赖和互相统一的关系。但是,技术和经济之间也常常有着互相矛盾和互相限制的一面。例如某种技术就本身来说是比较先进的,但在当时和当地的经济条件(包括资源、物质和人力等条件)下,由于它的经济效果不及另一种技术的经济效果好,因而,这种技术就不能在生产实践中被广泛使用。但是随着事物的发展以及条件的改变,这种相互矛盾的关系也会随着改变。原来不经济的技术可以转化为经济,原来经济的技术可以转化为不经济。

技术和经济的关系中,经济占据支配地位。任何一种技术,在推广应用时,都不能不考虑经济效果问题。脱离了经济效果这一标准,也就无法对技术进行客观的评价。因此,为了保证技术能很好服务于生产和经济生活,就必须研究在当时当地的具体条件下采用哪一种技术,才能收到较好的经济效果。

我们要寻求技术和经济相结合的合理关系,选择经济上合理的最佳方案,就要有效地应用技术经济方法。

(三) 技术经济方法的概念

技术经济方法是可用以解决技术和经济相结合问题的各类方法的总称。它可用于技术方案的经济分析,也可用于各项管理之中,成为管理方法。技术经济方法用于技术经济分析的主要有两类:一类是"方案比较法",亦称"对比分析法",即通过一组能从各方面说明方案的技术经济效果的指标体系,对实现同一目标的几个不同方案进行计算、分析、比较和评价,然后选出最优方案。另一类是"数学分析法",亦称"函数分析法",即建立表达各种技术经济指标之间函数关系的数学公式,经过运算或图解分析得出结论。本章主要从技术经济分析角度介绍"数学分析法",包括盈亏分析方法,预测方法,决策方法,价值工程方法。

二、盈亏分析方法

盈亏分析是技术经济分析中用以分析技术方案的生产规模与盈亏关系的一种方法，它对成本、收入、产量（或销售量）之间的关系提供了直观的描述，也称量、本、利分析。

（一）产品的成本构成

对新建或扩建技术方案的产品进行成本、收入、产量分析时，常常将方案的产品成本构成，根据其与产品产量的关系，分为固定费用与可变费用两类，即固定成本与可变成本。

在产品成本中，有的成本并不随产量的变动而变动，如固定资产折旧、企业管理人员工资、办公费等等，称为固定费用。其实，这类费用只有当产量在一定范围内变动时，它才是不变的。当产量变化超过一定范围时，它就会有所增减，因此，它是一种相对固定的费用。

产品成本中，有的成本随产量的变动而变动，如原材料费、生产工人的计件工资、废品损失、产品包装运输费等等，称为可变费用。可变费用一般说来是随产量增加而成比例地增加的费用，同时也包括不成比例增加的半可变费用部分。所以盈亏分析的模型就有线性与非线性的区别。

由以上两类费用的分析可见，企业在装备条件已定的生产过程中，其产品成本的高低，主要取决于产量的大小。在一定条件下，产量越大，成本越低；产量越小，固定费用在单位产品上分摊的就越多，从而导致单位产品成本增加。

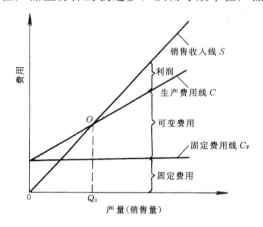

图 5-1　盈亏平衡图

（二）产品的销售收入

企业的产品销售收入，是企业产品销售量与单位产品市场价格的乘积。当市场价格稳定的情况下，企业的销售收入随产量的增加而成比例地增加，它是线性的变化。如果企业产品产量超过市场的销售能力，为提高产品的销售量，企业有可能采取降低产品价格，以增加竞争能力的办法。这时，企业销售收入的增加和产量的增加，就会形成非比例性的变化，那就是非线性的变化了。

（三）线性盈亏分析模型

进行盈亏分析，就是求出盈亏平衡点（Break Even Point），即产量达到什么水平时，企业正好不亏不盈，平衡点也就是企业亏损盈利的分界点，即保本点。

线性盈亏分析模型是用来描述可变费用和销售收入随产量增加而成比例地增加这种线性变化的。

图 5-1 是线性盈亏平衡图。直角坐标的横轴表示企业产品产量（或销售量），纵轴表示费用。三条直线分别为不随产量变化的固定费用线 C_F、随产量变化的可变费用线 C_V 和销售收入线 S。由于可变费用线 C_V 是以固定费用值为起点，所以这条直线又可称为生产费用（生产成本）或称为混合成本线 C，线上的任一点都表示在某一产量时，其固定费用与可变费用之和，即企业的生产成本。

由图可见，生产费用（即混合成本）线 C 与销售收入线 S 相交于 O 点。交点 O 将直线 C 与直线 S 所夹的范围分为两个区，在 O 点左边生产费用线高于销售收入线，为亏损区；O 点右边销售收入线高于生产费用线，为盈利区，O 点为盈亏分界点，即盈亏平衡点。O 点所对应的产量 O_0，就是企业利润为零时的产量，即保本点产量。企业的产量大于此值时，即可盈利；产量小于此值时，就要亏损。

盈亏分析除了用图来形象地表示外，还可用数学方程式来描述。

设 S 表示企业的销售收入；

$\quad\quad\quad$ Q 表示企业的产量、销售量（以年或月为计算单位）；

$\quad\quad\quad$ P 表示单位产品的销售价（即单价）；

$\quad\quad\quad$ E 表示企业的利润；

$\quad\quad\quad$ C 表示企业的生产费用（生产成本）；

$\quad\quad\quad$ C_F 表示固定费用（以年或月为计算单位）；

$\quad\quad\quad$ C_V 表示可变费用；

$\quad\quad\quad$ C_Y 表示单位产品的固定费用 $\left(C_Y=\dfrac{C_F}{Q}\right)$；

$\quad\quad\quad$ C_X 表示单位产品的可变费用 $\left(C_X=\dfrac{C_V}{Q}\right)$。

则 $\quad\quad\quad\quad\quad$ $S=PQ$

$\quad\quad\quad\quad\quad\quad\quad$ $C=C_F+C_V$

$$E=S-C=PQ-(C_F+C_XQ)=(P-C_X)Q-C_F \tag{5-1}$$

当企业盈亏平衡时，利润为零，即 $E=0$，所以盈亏平衡点的产量为：

$$Q_0=\frac{C_F}{P-C_X} \tag{5-2}$$

用文字表达即：

$$盈亏平衡点产量 = \frac{固定费用}{单价 - 单位产品可变费用} \tag{5-3}$$

在进行盈亏分析时，有时往往以销售收入（S）来代替产量（Q）。因此盈亏平衡的销售收入，即保本点的销售收入（S_0），就是将上述公式两边各乘上单价（P），其计算公式为：

$$S_0=\frac{C_F}{1-\dfrac{C_X}{P}} \tag{5-4}$$

用文字表达即：

$$盈亏平衡点销售收入 = \frac{固定成本}{1-\dfrac{单位产品可变费用}{单价}} \tag{5-5}$$

【例 1】 某技术方案其生产的产品，据有关资料计算，年固定费用为 2000 万元，生产单位产品的可变费用为 50 元，单位产品销售价为 90 元，求此工程项目最小的年产量为多少才不致亏损。

【解】

$$Q_0=\frac{C_F}{P-C_X}=\frac{20000000}{90-50}=500000（件）$$

此拟建项目生产的产品，其年产量要在 50 万件以上才不致亏损。

根据盈亏分析，还可以计算企业为获得某一预定的利润时，其必须达到的产量是多少。

由公式
$$E = (P - C_X) Q - C_F$$

可得
$$Q = \frac{E + C_F}{P - C_X} \tag{5-6}$$

如要求获得的利润 E 为已知，由上式即可计算出为达到这一利润额所必须的产量。

（四）临界收益与经营安全率

1. 临界收益

"临界收益"又称"边际收益"或"边际利润"，它是产品的销售收入减去可变费用的余额，也就是可以用来补偿固定费用的金额。如果这部分金额等于固定费用即保本，大于或小于固定费用即为盈利或亏损。

临界收益在盈亏分析中，是个重要的概念，它是衡量经济效果的依据，也是选择最优方案的标准。其计算公式为：

$$M = S - C_V \tag{5-7}$$

式中　M——临界收益。

因为
$$S = C_F + C_V + E$$

所以，上式也可写为：

$$M = C_F + C_V + E - C_V = C_F + E \tag{5-8}$$

用文字表达即：

$$\text{临界收益} = \text{销售收入} - \text{可变费用} = \text{固定费用} + \text{利润} \tag{5-9}$$

单位产品的临界收益

$$M_X = \frac{M}{Q} = P - C_X \tag{5-10}$$

2. 临界收益率

将临界收益（M）与销售收入（S）相比，即为临界收益率（m），其计算公式为：

$$m = \frac{M}{S} \tag{5-11}$$

运用单位产品临界收益和临界收益率，就可求得盈亏平衡点的产量（或销售量）和盈亏平衡点的销售收入。

由上式　$m = \dfrac{M}{S}$　可得出　$m = 1 - \dfrac{C_X}{P}$

$$\therefore \qquad S_0 = \frac{C_F}{1 - \dfrac{C_X}{P}} = \frac{C_F}{m} \tag{5-12}$$

$$Q_0 = \frac{C_F}{\dfrac{M}{Q}} = \frac{C_F}{M_X} \tag{5-13}$$

在例 1 中，单位产品的临界收益（M_X）为：

$$M_X = 90 - 50 = 40 \text{ 元}$$

临界收益率（m）为：

$$m = \frac{40}{90} = 44.44\%$$

盈亏平衡点年产量（Q_0）为：

$$Q_0 = \frac{20000000}{40} = 500000（件）$$

3. 经营安全率

经营安全率是可获利润的销售收入与全部销售收入之比，其计算公式为：

$$经营安全率 = \frac{S - S_0}{S} \tag{5-14}$$

经营安全率是反映企业经营状况的一个重要指标。经营安全率越大，表明企业经营状况越好，其方案越安全可靠。一般说来经营安全率在30％以上为佳，若低于20％则表明方案不太可靠。

如例1，若拟建项目根据市场调查确定的年产量为72.5万件，其经营安全率为：

$$经营安全率 = \frac{S - S_0}{S} = \frac{6525\ 万元 - 4500\ 万元}{6525\ 万元} = 31.03\%$$

说明该项目是可靠的，其经营状况也是较好的。

第二节　预　测　方　法

一、预测的作用和特点

（一）预测的含义

预测，就是对未来作出预计和推测，是根据过去和现在来预计未来，根据已知来推测未知。科学的预测，是做出正确决策的基础和前提。

（二）预测的作用

通过对方案在实施过程中可能遇到的各种情况进行科学的预测，从而对方案的可行性、合理性、经济性进行分析、评价、择优提供依据。尤其在市场经济中，为回避风险，增加方案的可靠性，预测更有着重要的作用。

在技术政策制订过程中，通过对生产发展情况及其对科学技术的要求等情况的预测，可作为制订适合我国国情、适合本地区本部门具体情况的技术政策的依据。

（三）预测的特点

由于测预是通过对过去和现在情况的大量调查统计，经过定性、定量的分析、计算，而作出对未来的预计和推测。为此，它具有以下几个特点：

1. 预测的科学性

因为预测是根据大量的调查和统计资料，通过合乎逻辑的程序和方法，而得出对未来的估计，它反映了事物发展中诸因素之间的相互联系和相互制约的关系，是根据客观事物发展的规律而得出的。所以，预测具有科学性。

2. 预测的近似性

因为预测是在事物实际变化发生之前所作出的估计，而事物的发展变化都不会是简单的重复，还会受到新的变化的影响，有一些变化是很难事先完全估计到的。为此，预测的结果必然会有一定的偏差。所以，预测具有近似性。

3. 预测的局限性

因为预测时分析的各种情况，其未来的发展变化将会受到许多因素的制约和影响，这些因素有其必然性，也有着偶然性。由于各种预测方法本身难以全面反映各种因素的变化，而有一定的局限性，以及预测者对客观事物的认识上也有不可避免的局限性。所以，预测的结果具有一定的局限性。

二、预测的分类和步骤

（一）按预测的时间分

预测按其时间的长短，可分为短期预测、中期预测和长期预测，详见第九章第二节。

（二）按预测的方法分

1．定性预测

定性预测是根据调查所获得的信息和有关资料，依靠预测人员的经验、知识和能力，运用逻辑思维和推理判断，来对未来进行预测。由于它不是通过数学演算获得的预测值，就有可能不太精确，而且因参与预测的人员有限，也难免有一定的局限性。但是，定性预测能充分发挥人的主观作用，能更好地考虑各方面的综合因素，并且简便易行。

2．定量预测

定量预测是根据比较系统的资料和有关信息，通过一定的数学模型的计算，而得出对未来的预测值。因为它是经过比较严密的计算，所以比较精确，能避免预测时的主观随意性。但是它运用的数学模型都是根据一定的假设条件，通过推导而建立的，和实际情况并不一定完全相符。尤其是当主客观因素变化较大时，就难以灵活地反映新的变化情况。

3．综合预测

综合预测就是综合运用定性预测和定量预测的方法来进行预测。定性预测或定量预测的方法，本身都有一定的局限性。如定性预测能较好地发挥预测人员的主观能动性，对外界情况发生的变化反映敏捷，但预测值往往不太精确。而定量预测方法虽然计算比较严密，计算出来的预测值也比较精确，但是它是根据一定的数学模型计算而来的，这一固定的计算模式就难以反映当前主客观情况的变化，有时就会和实际情况发生较大差异，尤其是主客观情况出现一些随机性变化时，定量预测更是包容不了这些变化的因素。因此，在实际工作中为提高预测的准确性，避免较大误差的发生，往往采用综合预测的方法。一般的做法是先选用定量预测方法进行预测，甚至可选用几种定量预测的方法同时进行预测。然后对定量预测得到的一个或几个预测值，用定性预测方法加以检验、判断、修正，最后提出一个比较符合实际情况、比较准确的预测结果。

（三）预测的程序

预测一般是按图 5-2 的程序进行的。

图 5-2　预测程序

三、定性预测方法

（一）经济寿命周期分析法

经济寿命周期分析法是对产品进行市场预测时常用的一种方法，它把产品销售的经济寿命周期分为四个阶段，通过对各阶段的分析，来预测不同时期产品的销售量，为确定合理的生产能力和生产计划提供依据。其四个阶段的划分如下：

1. 试销阶段

这一阶段由于产品刚进入市场，顾客对它还不太了解，因此销售量增长得不快，而且销售增长率也不稳定；

2. 旺销阶段

这一阶段随着产品被顾客了解和接受，销售量迅速增长；

3. 饱和阶段

这一阶段因产品销路已打开，销售量基本上趋于稳定状态；

4. 衰落阶段

产品开始滞销，并逐渐被淘汰。

根据以上的分析，通过市场调查和过去积累的经验，可以大致估计出四个阶段的时间，以产品的经济寿命周期曲线，如图5-3所示，来预测产品各阶段的销售量。

（二）专家预测法

专家预测法就是依靠专家的知识及经验进行预测。为此，要先向专家提出问题，提供信息，由专家经过分析综合，对问题作出判断，然后再把专家的意见加以归纳整理，形成预测结果。

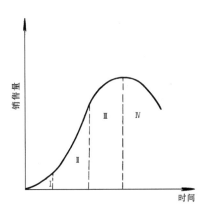

图 5-3　产品经济寿命曲线

专家预测的方式，一般有以下几种：

1. 会议法

会议法的方式简便易行，其优点是占有信息量大，考虑的因素比较全面，参加会议的专家可以互相启发。但这种方式的缺点是参加会议的人数总是有限的，因此代表性不是很充分；会上容易受权威人士或大多数人意见的影响，而忽视少数人的正确意见。

2. 专家意见归纳法

就某一问题对专家进行个别访问或以函询方式征集意见进行预测时，当若干位专家提出的预测值，并不是完全一致时，可用加权平均方法来综合归纳专家们的意见。

例如对某技术改造方案可能会使原来的产量有多大幅度增长这一问题进行预测，将有关资料分发给十位专家，请他们根据自己的经验来分析、判断，提出产量增长百分数的预测值。

假定专家预测的结果，有2名提出增长9%，3名提出增长8%，1名提出增长7%，2名提出增长6%，2名提出增长5%。这些预测数字的加权平均值，即：

$$\frac{9\% \times 2 + 8\% \times 3 + 7\% \times 1 + 6\% \times 2 + 5\% \times 2}{10} = 7.1\%$$

所以，产量增长百分数的预测值为7.1%。

3. 记分法

例如依靠专家对各种住宅建筑设计方案进行择优预测时，可用记分法从中选择较好的方案，以平均得分值最大的为最优方案。

平均得分值：

$$M_j = \frac{\sum\limits_{i=1}^{n} x_{ij}}{m_j} \tag{5-15}$$

式中　M_j——方案 j 的平均得分值；

　　　m_j——对方案 j 作出预测的专家人数；

　　　x_{ij}——专家 i 给方案 j 打分值。

4. 德尔菲法（Delphi）

这是美国兰德公司提出的一种专家预测法。这一方法的特点是既要发挥专家们的集体智慧，又避免专家会议的缺点，采取背靠背地发表意见，以便把心理因素的影响降低到最低限度，然后将各个专家的不同意见进行分析处理，并反复征询意见，最后形成比较客观的预测结果。

其具体做法是：

（1）提出征询的问题，制定征询意见表，分发（或函寄）给各位专家填写；

（2）收集征询意见表，对各种意见进行统计、整理；

（3）把各种意见统计、整理结果分发给各位专家（不透露提出各种意见人的姓名），再次征询意见，请各位专家重新填写征询意见表；

（4）第二次收集征询意见表，再进行统计、整理，然后再将统计、整理结果分发给各位专家，请他们再一次填写征询意见表，如此反复多次；

（5）经过多轮的反复征询意见，并让每位专家都能知道各种不同的意见，从而来重新考虑自己的意见。

在这过程中，因为是背靠背地发表意见，而且又不知道其他意见人的姓名，利于消除心理因素的影响，最后能整理形成比较客观的、综合了各方面意见的预测结果。

四、定量预测方法

（一）时间序列法

所谓时间序列法，就是对某一现象，根据过去出现的、按时间顺序排列起来的统计数据，所反映出来的变化趋势，来预测该现象未来状态的一种定量方法。它属于历史资料引伸性预测，简单易行，通常用于短期预测。常用的有以下几种方法：

1. 移动平均数法

移动平均数法就是利用过去实际发生的数据，求其平均值，在时间上往后移动，作为对下一周期的预测，适用于作短期计划预测。

（1）计算方法。移动平均数法的公式为：

$$Y_i = \frac{\sum\limits_{i=t-n}^{i-1} Y_i}{n} \tag{5-16}$$

式中　Y_i——t 期的预测值；

$\sum\limits_{i=t-n}^{i-1}$——预测期以前 n 期中各期实际发生数值的总和；

　　　n——统计数据的期数（年或月）。

（2）权数设置。在上述公式中，认为所有统计数据的权数都是相同的，即它们对预测值的确定都具有同样的重要程度。实际上统计数据中近期的数据能更多地反映当前变化的趋势，这就是说愈临近预测期的统计数据应该在计算中所占的比重愈大。因此，不同时期的统计数据应设置不同的权数，这样预测的结果才能比较精确。

将上式中每个统计数据都乘上一个权数（α_i），其计算公式如下：

$$Y_t = \frac{\sum_{i=t-n}^{i-1} \alpha_i Y_i}{n} \qquad (5\text{-}17)$$

式中的 α_i 为各期统计数据的权数，并满足

$$\sum_{i=t-n}^{i-1} \alpha_i = 1$$

使用这种方法时，各统计数据的权数，一般根据经验来确定。在确定权数时，虽然近期数据的权数应较大，但近期数据的权数愈大，其风险也愈大，愈容易受偶然因素的影响。应根据具体情况和统计数据变化的总体趋势酌情确定。

（3）n 值选定。在实际工作中，关于 n 值的选定，即采用几个月的数据，要根据具体情况而定。如选用的 n 值较大，即采用统计资料的时间较长，则修匀程度较好，但不易反映近期的变化情况，灵敏度差。如选用 n 值较小，则反映新情况较快，但不易体现较长时间的变化趋势，计算出的预测值受近期情况影响较大。所以 n 值要根据具体情况和预测者的经验来选定，带有相当的主观随意性，一般情况下，取 $n \geqslant 6$。

（4）修正系数。当某些预测对象，受外部因素变化的影响较大时，为了使预测结果更能适应变化了的外部因素，可用修正系数 I_r 来修正预测值，以提高预测的精确度。

对于有规律性变化的一些外部因素，可根据所预测期以前 m 年内，同期的实际发生值与预测值之比的平均值，来确定修正系数 I_r 的值。

2. 指数平滑法

此法既重视近期的数据，并参考历史统计数据的变化趋势，而且只使用一个权数 α（平滑系数）来调整有关数据的重要程度。所以，计算比较简便，它具有移动平均数法和加权移动平均数法两者的优点。

其计算公式为：

$$Y_t = \alpha D_{t-1} + (1 - \alpha)F_{t-1} \qquad (5\text{-}18)$$

式中　Y_t——t 期的预测值；

　　D_{t-1}——t 期上一期的实际值；

　　F_{t-1}——t 期上一期的预测值；

　　α——平滑系数（$0 \leqslant \alpha \leqslant 1$）。

由上式可见，α 值越大，本期的预测值越接近于上一期的实际值；α 值越小，则愈接近于上一期的预测值。所以 α 值必须根据具体情况的分析和实际经验选定。

（二）回归分析法

在生产领域和经济管理中，常常看到有些变量与变量之间存在着一定的相关关系。有些变量之间是线性关系，有些则是非线性关系；有些变量是引起另一些变量变化的原因，另一些变量则是这些变量变化的后果，这就是两者存在着某些因果关系。

回归分析是一种从事物变化的因果关系出发的预测方法，也是一种处理变量与变量之

间关系的数学方法，所以精确度较高。如果研究两个变量之间的相关关系，即一个因变量的值是如何随着一个自变量的值的变化而变化，就称之为一元回归分析。如果研究三个或三个以上变量之间的相关关系，就称之为多元回归分析。在经济预测中大量遇到的是一元回归分析的问题。如国民收入与基本建设投资、职工工资与零售商品销售额等。

1. 一元线性回归分析

一元线性回归分析法具有一个自变量，分析的过程是通过 n 个散布点，找出一条最能代表这些点的直线，称为最"优"直线，这条直线本身具有下列方程式：

$$Y_F = a + bX$$

现以假设的某地区 1963～1990 年国民收入与工业项目建设投资，这两个具有相关关系的变量的统计数据为例（表 5-1），来说明一元线性回归方程式的建立。

根据表 5-1 的数据作散布点图，如图 5-4 所示。

某地国民收入与工业项目建设投资统计表（单位：亿元）　表 **5-1**

序　号	年　　份	X_i （国民收入）	Y_i （工业项目建设投资）	$X_i Y_i$	X_i^2
1	1963	13	1.5	19.5	169
2	1965	24	2.1	50.4	576
3	1969	35	2.9	101.5	1,225
4	1973	42	3.0	126.0	1,764
5	1975	54	3.8	205.2	2,916
6	1978	58	4.4	255.2	3,364
7	1980	65	4.5	292.5	4,225
8	1983	71	4.8	340.8	5,041
9	1985	76	5.3	402.8	5,776
10	1988	82	5.8	475.6	6,724
11	1990	88	6.3	554.4	7,744
Σ		608	44.4	2,823.9	39,524

图 5-4 中表示两个变量之间相关关系的直线的回归方程式为：

$$Y_F = a + bX$$

式中　X——国民收入，为自变量；

　　　　Y_F——工业项目建设投资，为因变量。

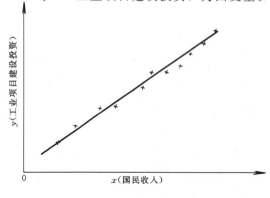

图 5-4　散布点图

图中各散布点的座标是：

$$Y_i = a + bX_i + \varepsilon_i \qquad i = 1、2、\cdots\cdots、n$$

$\varepsilon_i = Y_i - Y_F$ 是实际的散布点与直线方程式中的 X_i 在纵座标上的误差。

为了让 $X_F = a + bX$ 这条直线通过各散布点，而又最能正确代表各散布点的长期趋势，应使误差的总和最小。

根据最小二乘法原理，应把误差平方后再相加达到最小，那么 $Y_F = a + bX$ 才是最"优"的直线。

为此，对散布点图上实际的 n 个点 $(X_i、Y_i)$ $i=1、2、\cdots\cdots、n$，使其平方和 $\Sigma\varepsilon^2$ 达到最小。

设

$$\Sigma\varepsilon_i^2 = \sum_{i=1}^{n}(Y_i - Y_F)^2$$

$$= \sum_{i=1}^{n}(Y_i - a - bX_i)^2$$

根据多元函数求极值的原理，$\Sigma\varepsilon^2$ 对 $a、b$ 分别求偏导数，并令等于零，得到方程组，从而解得 $a、b$ 的值能使 $\Sigma\varepsilon^2$ 达到最小值。

$$\frac{\partial(\Sigma\varepsilon^2)}{\partial a} = -2\Sigma(Y_i - a - bX_i) = 0$$

$$\frac{\partial(\Sigma\varepsilon^2)}{\partial b} = -2\Sigma X_i(Y_i - a - bX_i) = 0$$

整理为

$$\Sigma Y_i - na - b\Sigma X_i = 0$$

$$\Sigma X_i Y_i - a\Sigma X_i - b\Sigma X_i^2 = 0$$

因为实际 n 个点的 X_i 的平均值 $\overline{X} = \frac{1}{n}\Sigma X_i$，实际 n 个点的 Y_i 的平均值 $\overline{Y} = \frac{1}{n}\Sigma Y_i$

代入以上方程组得：

$$a = \overline{Y} - b\overline{X} \tag{5-19}$$

$$b = \frac{\Sigma X_i Y_i - n\overline{X}\,\overline{Y}}{\Sigma X_i^2 - n(\overline{X})^2} \tag{5-20}$$

据此求出的回归系数 b 和常数项 a，直线即能正确代表各散布点的长期变化趋势。这样，给出一个自变量 x 的值，就可由回归方程式求出因变量 Y 的值。

【例 2】 设以表 5-1 的统计数据为例，用回归分析法预测当该地区国民收入为 100 亿元时的工业项目建设投资额。

【解】 为简便起见，某些数据的计算可利用表格进行，见表 5-1。

$$\overline{X} = \frac{1}{n}\Sigma X_i = \frac{608}{11} = 55.27（亿元）$$

$$\overline{Y} = \frac{1}{n}\Sigma Y_i = \frac{44.4}{11} = 4.04（亿元）$$

根据回归方程式：

$$Y_F = a + bX$$

$$b = \frac{\Sigma X_i Y_i - n\overline{XY}}{\Sigma X_i^2 - n\overline{X}^2} = \frac{2823.9 - 11 \times 55.27 \times 4.04}{39524 - 11 \times 3,054.8} = 0.062（亿元）$$

$$a = \overline{Y} - b\overline{X} = 4.04 - 0.062 \times 55.27 = 0.61（亿元）$$

已知　$x=100$（亿元）

将 a、b、x 值代入回归方程式，得

$$Y_F = 0.61 + 0.062 \times 100 = 6.81(亿元)$$

当该地区国民收入为 100 亿元时，预测工业项目建设投资额将为 6.81 亿元。

2. 时间序列的简化算法

用一元线性回归分析法进行预测时，当自变量 x 为时间序列时（年或月），则上述回归方程式的计算方法可以简化。

当时间序列 X_i 的数目（即统计资料的年数或月数）为奇数时，将中间的数定为 0（即作为原点），故 0 以前的时间序列数均为负值，0 以后的为正值，这样，便使 $\Sigma X_i = 0$。

譬如，选取 9 个时间序列数（$n=9$，奇数），用标尺表示如下：

$$X:\quad -4\ \ -3\ \ -2\ \ -1\ \ 0\ \ 1\ \ 2\ \ 3\ \ 4$$

时间序列：1　2　3　4　5　6　7　8　9

$\because$ 　　　　　　　　　　$\Sigma X_i = 0$　　$\overline{X} = 0$

代入回归方程式

$$a = \overline{Y} - b\overline{X}$$

$$b = \frac{\Sigma X_i Y_i - n\overline{XY}}{\Sigma X_i^2 - n\overline{X}^2}$$

所以，在 X_i 为时间序列时

$$a = \overline{Y} \tag{5-21}$$

$$b = \frac{\Sigma X_i Y_i}{\Sigma X_i^2} \tag{5-22}$$

当时间序列 X_i 的数目为偶数时，将中间两数分别定为 -1 和 +1，然后各数间隔为 2，即可使 $\Sigma X_i = 0$。

譬如，选取 10 个时间序列数（$n=10$，偶数），用标尺表示如下：

$$X_i:\quad -9\ \ -7\ \ -5\ \ -3\ \ -1\ \ 1\ \ 3\ \ 5\ \ 7\ \ 9$$

时间序列：1　2　3　4　5　6　7　8　9　10

按以上方法处理后，便使 $\Sigma X_i = 0$，计算即可简化。

3. 对数变换式

当方程出现曲线时，如图 5-5 所示，用直线模型则无法解决，可用按指数规律增长的模型求预测值。其数学模型如下：

$$Y_F = AB^X$$

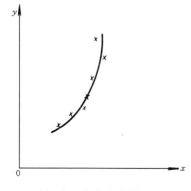

图 5-5　指数曲线模型

为了应用最小二乘法，将上式进行对数变换 $\log Y_F = \log A + X\log B$，设 $V = \log Y$，$a = \log A$，$b = \log B$，则 $V_F = a + bX$

这样，就仍可按一元线性回归分析的方法去解方程式。

当自变量 x 为时间序列时，根据线性回归方程式的简化计算

$$\therefore \qquad a = \overline{V} \qquad b = \frac{\Sigma X_i V_i}{\Sigma X_i^2}$$

求出 a 和 b 后，则可根据自变量 x，由 $V_F = a + bx$ 公式求出 V_F。

再由原来所设 $V = \log Y$，即可求出因变量 Y 值。

第三节　决　策　方　法

一、决策的基本概念

（一）决策的含义

所谓决策，就是为了实现某一目标，根据客观的可能性和科学的预测以及掌握的信息，通过正确的分析、判断，对行动方案的选择所作出的决定。

简单说来，决策就是从许多为达到同一目标而可互换的行动方案中，选出最优方案。

决策是技术经济分析中一个关键的组成部分，无论是技术方案的择优或技术政策的制订，都要涉及一系列的决策问题。正确的决策产生正确的行动，得到好的结果和较高的经济效益。错误的决策就会产生错误的行动，并将造成严重的浪费与损失。

（二）决策问题的构成

根据上述决策的含义，构成一个决策问题，必须具备一定的条件，这样，才能运用科学的决策方法。现通过一个决策的事例，来具体分析说明决策问题的构成。

【例3】　假设有一项高空作业的施工任务，计划下月初开始施工，要求 10 天内完成。某工程队领导需要决定是否接受这项任务。如下月上旬 10 天内，6 级以上大风天气不超过 3 天，工程队就能如期完成任务，可收入 20000 元；如大风天气超过 3 天，工程队就不能如期完成任务，要亏损 3200 元。根据气象统计资料，下月上旬 6 级以上大风不超过 3 天的概率为 0.3，超过 3 天的概率为 0.7。若不接受这项任务，工程队因窝工及设备闲置也将亏损 2000 元。面对这种情况，为了使工程队多收入、少亏损应如何作出决策？

在这个例子中，大风天气超过了 3 天或不超过 3 天，事先不能肯定，叫做自然状态。工程队领导可能采取的行动有两种，即接受任务或不接受任务，叫做行动方案。对应不同的自然状态，如采取的行动得当，就会得到收益，采取的行动不得当，就会遭到损失。在决策问题中，每个方案在各种自然状态下的收益或损失是可以定量地表示出来的。上例中相应的损益值如表 5-2 所列。

各自然状态概率及相应的损益情况表（单位：元）　　　　表 5-2

自　然　状　态	概　　　率	行　动　方　案	
		承　包　任　务	不　承　包　任　务
大风不超过 3 天	0.3	20000	−2000
大风超过 3 天	0.7	−3200	−2000

由此可见，构成一个决策问题通常须具备下列五个条件：

（1）存在着决策者企图达到的一个明确的目标。

（2）存在着两个以上可以选择的行动方案。

（3）存在着决策者无法加以控制的两个以上的自然状态。

（4）不同行动方案的收益或损失可以定量地表示。

（5）决策者对各自然状态的发生，有的是可以肯定的；有的既不能肯定是否发生，也无法预计其发生的概率；有的虽不能肯定其是否发生，但可能发生的概率大致可以估计出来。

根据对各种自然状态的认识和掌握的程度不同，决策问题通常分为三种情况：确定型、非确定型和风险型。

（三）决策的步骤

（1）确定目标。决策前首先应确定所要达到的目标；

（2）搜集信息。充分搜集有关的信息资料；

（3）进行预测。对决策问题未来可能发生的情况，进行科学的预测；

（4）制定方案。为了实现目标，根据预测得来的数据和情况，制订各种可行的行动方案；

（5）方案评价。对制订出的各种行动方案，按照所要达到的目标要求和评价标准，进行分析评价；

（6）最后决策。通过对各种行动方案的分析评价，选择最优方案，作出决策。

二、决策问题的类型

（一）确定型决策

确定型决策是指自然状态的发生为已知的情况下进行的决策。

【例 4】 假如某工程建设可以向三家银行贷款，其利率各不相同，分别如表 5-3 所列。为使贷款利息最低，应选择哪一方案？

表 5-3

方案 Ⅰ	方案 Ⅱ	方案 Ⅲ
7.0%	6.5%	7.5%

【解】 在此例中，自然状态是已知的。如果其他条件相同，通过比较很容易判断第二方案利率最低，是最优方案。

确定型决策问题在实际工作中未必都象上例那么简单，如果可供选择的方案数量很多，虽然自然状态的发生状况为已知时，要在其中选出最优方案也是很不容易。譬如因某种需要，要从一个城市到另外 10 个城市巡回活动一次，这样，可以选择的路线就有 $10 \times 9 \times 8 \cdots\cdots \times 3 \times 2 \times 1 = 3628800$ 条。怎样从中选择最短路线这个确定型决策问题，就必须运用线性规划的数学方法才能解决。

（二）非确定型决策

非确定型决策是指决策者对自然状态是否发生，事先不能肯定（即可能发生，也可能不发生）。而且对各自然状态可能发生的概率也无法加以预测。常用的决策方法有以下三种：

1. 最大最小收益值法，又称小中取大法

它的主要特点是对各个方案的选择持谨慎态度。具体方法是：首先找出各个方案的最小收益值，它可能是个负值，然后再从这些最小收益值中，选择一个收益值为最大的方案（如果是负值的话就等于选择一个损失最少的方案）作为最优方案，所以叫做小中取大法。

【例5】 假设某企业准备生产一种市场上从未出现过的新产品。由于缺乏资料，对这种产品的市场需求量，只能大致估计为较高、一般、较低、很低四种情况，而对每种情况出现的概率无法预测。为生产这种产品，企业考虑了三种方案，如表5-4所列，计划生产五年，根据计算，各个方案在五年内的损益值均如表5-4所列。

新产品生产方案及其损益值表（单位：万元）　　　　　　表5-4

自然状态 （需求量）	行　动　方　案		
	第一方案（改建生产线）	第二方案（新建生产线）	第三方案（部分零件采购）
需求量较高	60	80※	40
需求量一般	40※	35	25
需求量较低	−15	−30	9※
需求量很低	−35	−70	−5※

【解】 从三个方案中找出各个方案的最小收益值，即：−35、−70、−5。然后从这三个最小收益值中选一最大值，就是−5。因此，应认为最优方案是第三个方案。

2. 最大最大收益值法，又称大中取大法

它与最大最小收益值法不同，它的主要特点是对各行动方案的决策选择采取进取的原则。其选择过程是先从每一方案中选择一个最大的收益值，然后再从这些最大的收益值中选择一个最大值，这个最大的最大值所属的方案，就认为是最优方案。

如例5，先由表5-4选出各个方案的最大收益值，即60、80、40。然后，从这三个最大值中再选出其中的最大值，就是80。因此，确定以第二方案作为最优方案。

3. 最小最大后悔值法

当事先难以肯定是否发生的某一种自然状态在实际中出现时，必然是在这种自然状态状况下，哪个方案的收益值最大即为最优方案。如果决策者没有选择这个方案为最优方案，而是在决策时选择了其他方案，事后就会感到后悔。最小最大后悔值法，就是以决策时避免将来后悔为原则来进行方案的择优。每一自然状态下，其最大收益值与采取其他方案的收益值之差，叫作后悔值。这一方法的具体做法，是先将在各种自然状态下的最大收益值减去其他方案的收益值，得出各个方案在各种自然状态下的后悔值，然后找出每个方案的最大后悔值，再从这些最大后悔值中选择一个最小值，即可能出现的后悔值是最小的，这个最小的最大后悔值所属方案就认为是最优方案。

如例5，采用最小最大后悔值法，首先找出对应于各种状态的最大收益值，用※号标出，见表5-4。然后，把每种自然状态下的最大收益值去减其他方案的收益值，求出后悔值，见表5-5，并找出每个方案的最大后悔值，列在表的最后一行。

由表5-5可见，每个方案的最大后悔值分别为：30、65、40。其中最小的是30，因此，应认为第一方案是最优方案。

以上所述的三种决策方法，是分别以不同的标准作为评价最优方案的依据。经验证明，对于同一问题，不同的评价标准会导致不同的最优方案。如例5中，若以最大最小收益值作为评价标准，则第三方案最优；若以最大最大收益值作为评价标准，则第二方案最优；若以最小最大后悔值作为评价标准，则第一方案最优。对于解决非确定型决策问题，理论上尚不能证明哪一种评价标准是最合理的。因此，在实际工作中究竟采用哪种评价标准，还带有相当的主观随意性。

各方案在各种自然状态下的后悔值表

表 5-5

自然状态 （需求量）	行 动 方 案		
	第一方案（改建生产线）	第二方案（新建生产线）	第三方案（部分零件采购）
需求量较高	20	0	40
需求量一般	0	5	15
需求量较低	24	39	0
需求量很低	30	65	0
最大后悔值	30	65	40

（三）风险型决策

风险型决策，也称随机型决策，是指对自然状态是否发生不能肯定，但知道各自然状态可能发生的概率的情况下的决策。而自然状态发生的概率为：

$$1 \geqslant P(Y_j) \geqslant 0$$
$$\sum_{j=1}^{n} P(Y_j) = 1$$

式中 Y_j——自然状态；

$P(Y_j)$——Y_j 发生的概率；

n——自然状态数目。

由于这种决策问题引入了概率的概念，也是属于非确定的类型，而且这种决策具有一定的风险性。如例 3 所述接受还是不接受施工任务的问题，就是一个风险型决策的问题，因为不论选择哪种方案，都要担一定的风险。

风险情况下的决策标准主要有三个：期望值标准、合理性标准和最大可能性标准。

1. 期望值标准

用期望值标准来进行决策，就是以损益表为基础，计算出每个方案的期望值，选择收益期望值最大或损失期望值最小的方案作为最优方案。

【例 6】 某施工队下个季度要进行混凝土浇注施工，每天完成 1m³ 可收入 20 元。计划从中心搅拌站购进商品混凝土，合同规定，如按预计计划供应的混凝土，施工队少要 1m³，则须赔偿中心搅拌站 10 元损失。已知去年同期施工队浇注混凝土的日完成量数字，而今年下个季度日完成量数字尚不能确切预计。问怎样与中心搅拌站签订商品混凝土日需量的合同，才能使施工队收入最大。

【解】 首先，根据去年同期 90 天的日完成工程量资料，进行统计分析，确定相应的概率，如表 5-6 所列。

然后，根据每天可能完成的浇注量，计算不同的混凝土日需量方案的收益，见表 5-7 所列。

不同方案收益值的计算，系根据商品混凝土的日供应量，及施工队可能完成的日浇注量求出。如方案一，计划混凝土日供应量为 $100m^3$，如日完成浇注量也为 $100m^3$，则施工队每天收益为 $20 \times 100 = 2000$ 元。再如方案二，计划混凝土日供应量为 $110m^3$，而日完成的浇注量若为 $100m^3$，则施工队每天的收益为 $20 \times 100 - 10 \times 10 = 1900$ 元。又如方案三，计划混凝土日供应量为 $120m^3$，而施工队可以完成的日浇注量却为 $130m^3$，因供应量只有 $120m^3$，所以收益仍为 $20 \times 120 = 2400$ 元。

各 自 然 状 态 概 率 计 算 表　　　　　　表 5-6

日完成工程量 (m^3)	日完成工程量的天数	概　　率　　值	日完成工程量 (m^3)	日完成工程量的天数	概　　率　　值
100	18	18/90＝0.2	120	27	27/90＝0.3
110	36	36/90＝0.4	130	9	9/90＝0.1

最后，计算收益期望值。每个方案的收益期望值，是将每个方案在各不同自然状态下的收益值乘以各自然状态发生的概率然后求和。即：方案一的收益期望值为：$2000 \times 0.2 + 2000 \times 0.4 + 2000 \times 0.3 + 2000 \times 0.1 = 2000$ 元；方案二，日供应量为 $110m^3$ 混凝土的收益期望值为：$1900 \times 0.2 + 2200 \times 0.4 + 2200 \times 0.3 + 2200 \times 0.1 = 2140$ 元。同理可计算出方案三和方案四的收益期望值，如表 5-7 所列。

期 望 值 标 准 计 算 表　　　　　　表 5-7

自然状态　　概率　　计划方案	日完成浇注混凝土工程量状态				期望收益值
	$100m^3$	$110m^3$	$120m^3$	$130m^3$	
	0.2	0.4	0.3	0.1	
一、$100m^3$	2000	2000	2000	2000	2000
二、$110m^3$	1900	2200	2200	2200	2140
三、$120m^3$	1800	2100	2400	2400	2160
四、$130m^3$	1700	2000	2300	2600	2090

将四个方案的收益期望值进行比较，以方案三的收益期望值最大，应作为最优方案。

上述的收益期望值，是指今后可能得到的数值，它并不代表必然能够实现的数值。但是，从统计学的角度来看，期望值高的方案，肯定优于期望值低的方案。

2. 合理性标准

这一方法是在可参考的资料不足的情况下，难以确切估计自然状态出现的概率，于是，假设各自然状态发生的概率相等，即 n 个自然状态下，设各个的概率均为 $1/n$，按此来计算各方案的期望值。

如例 6，若施工队去年同期浇注混凝土的日完成量统计资料已不全，只知道有 $100m^3$、$110m^3$、$120m^3$、$130m^3$ 四种自然状态情况（即 $n=4$）。现假设各个自然状态的概率为 $1/n = 0.25$，按合理性标准计算的收益期望值如表 5-8 所列。

由表 5-8 可见，应用此法计算的结果，仍是方案三为最优方案，收益期望值为 2175 元。

3. 最大可能性标准

此法是选择自然状态中可能发生的概率最大的一个，然后找出在这种状态下收益值最大的方案作为最优方案。

仍以例 6 为例，应用最大可能性标准时，就不必计算各个方案的收益期望值，从表 5-7 看出，以日完成 110m³ 的概率（0.4）最大，而在这种状态下，又以混凝土日需量为 110m³ 计划方案的收益值（2200 元）最大，因此方案二为最优方案。

当自然状态中某一种状态发生的可能性比其他状态发生的可能性大得多时，采用这一方法比较简便。

合 理 性 标 准 计 算 表   表 5-8

自然状态 概率 计划方案	日完成浇注混凝土工程量状态				收益期望值
	100m³	110m³	120m³	130m³	
	0.25	0.25	0.25	0.25	
100m³	2000	2000	2000	2000	2000
110m³	1900	2200	2200	2200	2125
120m³	1800	2100	2400	2400	2175
130m³	1700	2000	2300	2600	2150

三、决策树方法

在风险型决策中，前面介绍的几种决策方法，是以损益表为基础进行计算分析的。这样的表称为决策表，在单级决策时是比较简便有效的。但是，对比较复杂的决策问题，就有困难了，需要运用决策树方法。决策树方法不仅可以解决单级决策问题，而且可以解决决策表难以适应的多级决策问题，是风险型决策问题中常用的基本方法。

（一）决策树的画法

决策树如图 5-6 所示，它所伸出的线条象大树的枝干，整个图形象棵树。决策树方法是把各种可供选择的方案和可能出现的自然状态、可能性的大小以及产生的后果简明地绘制在一张图上，便于研究分析。图 5-6 上的方块叫决策点。由决策点画出若干线条，每条线代表一个方案，叫做方案分枝。方案分枝的末端画个圆圈，叫做方案节点。从方案节点引出的线条代表不同的自然状态，叫概率枝。在概率枝的末端画个△，叫做结果点，在结果点后面写上在不同自然状态下的收益值或损失值。

建预制厂方案损益情况表（单位：万元）   表 5-9

自 然 状 态	概 率	建大预制厂	建小预制厂
需要量较高	0.7	200/年	80/年
需要量较低	0.3	—40/年	60/年

（二）决策树的运用

运用决策树方法进行决策的过程，是从右向左逐步后退进行分析。根据结果点的损益值和概率枝的概率，计算出期望值的大小。然后，按照期望值标准，根据各个方案的期望值，来选择最优方案。现通过以下例子来说明决策树方法的运用。

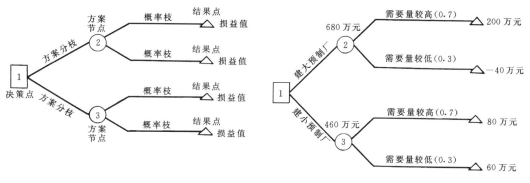

图 5-6　决策树　　　　　　　　图 5-7　建预制厂方案决策树（一）

【例 7】　为了适应城乡建设的需要，某建筑企业提出扩大预制构件生产的两个方案。一个方案是建设大预制厂，另一个方案是建设小预制厂，两者的使用期都是 10 年。建设大预制厂需要投资 600 万元，建设小预制厂需要投资 280 万元，两个方案的每年损益情况及自然状态的概率见表 5-9，试用决策树方法选择最优方案。

画出决策树，见图 5-7。

计算各点的期望值：

点② 　$0.7 \times 200 \times 10 + 0.3 \times (-40) \times 10 - 600$（投资）$= 680$（万元）

点③ 　$0.7 \times 80 \times 10 + 0.3 \times 60 \times 10 - 280$（投资）$= 460$（万元）

由以上计算可以看出，最优方案是建设大预制厂。

【例 8】　假设对例 7 中的问题分前 3 年和后 7 年两期考虑。根据对城乡建设发展的预测，前 3 年预制构件需要量较高的概率为 0.7，如果前 3 年需要量较高，则后 7 年需要量较高的概率为 0.9。如果前 3 年需要量较低，则后 7 年的需要量肯定较低，即概率为 1.0。在这种情况下，建大预制厂和建小预制厂两个方案哪个较好？

画出决策树图，见图 5-8。

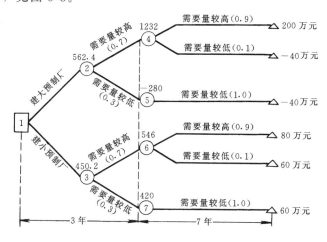

图 5-8　建预制厂方案决策树（二）

计算各点的期望值：

点④　0.9×200×7+0.1×（−40）×7=1232（万元）

点⑤　1.0×（−40）×7=−280（万元）

点②　0.7×200×3+0.7×1232+0.3×（−40）×3+0.3×（−280）−600（投资）=562.4（万元）

建大预制厂方案的期望值为562.4（万元）。

点⑥　0.9×80×7+0.1×60×7=546（万元）

点⑦　1.0×60×7=420（万元）

点③　0.7×80×3+0.7×546+0.3×60×3+0.3×420−280（投资）=450.2（万元）

建小预制厂方案的期望值为450.2万元

由此可见，建大预制厂的方案是最优方案。

在实际工作中，预测产品的销售状况通常按照产品数量的一定范围划分为若干个量级，建厂方案也按产量的分级而提出多种。如果10年要划分为若干期而分别预测其各种销售状况的概率，这样问题就要复杂得多，所画出的决策树图也比较复杂。但正是在这种复杂的情况下，决策树方法的优点更能充分显示出来。

（三）多级决策问题

多级决策，就是说某个决策问题，不是一次性地从若干方案中选出最优方案，而是要先对与某一方案的形成有关连的几个方案作出择优决策，然后再进行若干方案的最终决策。多级决策的决策点多于一个。

运用决策树方法解多级决策问题，也是首先画出决策树图，然后由右向左一步步地计算期望值，比较期望值的大小，依次进行择优，最终选出最优方案。现举例说明如下：

【例9】　如果在例8的基础上，再增加一个考虑方案，这个方案是先建设小预制厂，若前3年对预制构件的需要量较高（其概率与例8同），3年后将小预制厂扩建。根据计算，扩建需要投资400万元，可使用7年，每年的损益值与建大预制厂相同。这个第三方案与前两个方案-比较，哪个较好？

【解】　画出决策树图，见图5-9。

计算各点的期望值：

点②　计算同例8，即建大预制厂方案的期望值为562.4（万元）

点⑧　0.9×200×7+0.1×（−40）×7−400（投资）=832（万元）

点⑨　0.9×80×7+0.1×60×7=546（万元）

通过点⑧与点⑨的计算，可以看出扩建的方案期望值大。决策点 6 应选择扩建的方案，舍弃不扩建方案。所以，决策点 6 的期望值即为832万元。

点⑦　1.0×60×7=420（万元）

点③　0.7×80×3+0.7×832+0.3×60×3+0.3×420−280（投资）=650.4（万元）

点③与点②比较，点③的期望值较大。因此，最优方案应是先建小预制厂，如需要量

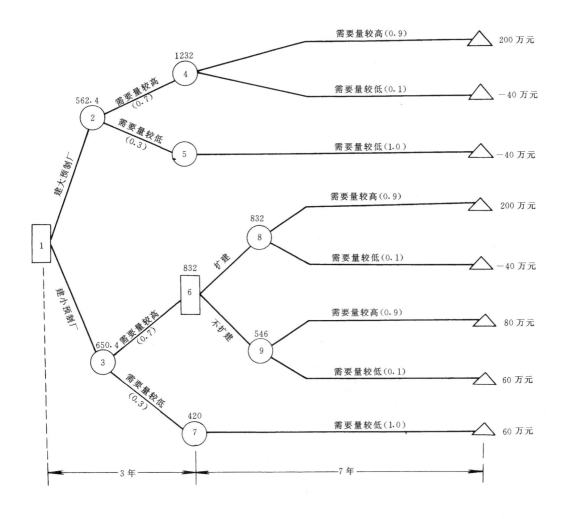

图 5-9　建预制厂方案决策树（三）

较高，则 3 年后扩建。

四、灵敏度分析

风险型决策中，估计的自然状态的概率和方案的损益值不一定和未来的实际状况完全相符，他们本身就是一种不确定性因素。因此，有必要事先对自然状态的概率和方案的损益值数据，进行一定的变换，反复计算期望值，以分析这种变换对最优方案选择的影响程度，从而验证决策的正确性。这就是灵敏度分析。经过灵敏度分析，如果对数据作合理变换后，计算出的期望值对方案决策并无明显影响，说明选择的最优方案比较稳定；如数据稍有变换，即影响最优方案的选择，说明方案决策的可靠性差，必须进一步搜集资料，重新分析情况，以尽量减少预计数据的不确定性，使决策建立在比较可靠的基础上。

【例 10】　如仍以例 7 提供的数据为例，对这一决策问题进行灵敏度分析。

由例 7 的计算已知：当预测预制构件需要量较高的概率为 0.7，需要量较低的概率为 0.3 时，建大预制厂的方案为最优方案。

如果对数据作合理变换，即预制构件需要量较高的概率由 0.7 变为 0.65，需要量较低的概率由 0.3 变为 0.35 时，建大预制厂方案是否还是最优方案？

重新计算各点期望值：

点② 0.65×200×10＋0.35×（－40）×10－600＝560（万元）

点③ 0.65×80×10＋0.35×60×10－280＝450（万元）

根据期望值计算，建大预制厂方案仍是最优方案，说明需要量较高的概率由0.7变为0.65，需要量较低的概率由0.3变为0.35时，对最优方案的选择没有产生显著的影响。

继续变换数据，如需要量较高的概率再由0.65变为0.55，需要量较低的概率则由0.35变为0.45时，对最优方案的选择又会产生什么影响？

再重新计算期望值：

点② 0.55×200×10＋0.45×（－40）×10－600＝320（万元）

点③ 0.55×80×10＋0.45×60×10－280＝430（万元）

根据期望值计算，这时建小预制厂方案为最优方案。由此说明当需求量较高的概率如由0.65再变为0.55时，就会对最优方案的选择产生显著的影响。

为了计算出需要量较高的概率，究竟变化到什么数值时，即会对最优方案的选择产生显著的影响，可以利用求转折概率的方法，来计算这一数值。

设 P 代表需要量较高的概率，$(1－P)$ 代表需要量较低的概率，计算两个方案的期望值，并使之相等，可得：

$$P \times 200 \times 10 + (1 - P) \times (-40) \times 10 - 600$$
$$= P \times 80 \times 10 + (1 - P) \times 60 \times 10 - 280$$

整理上式，得：$2200P = 1320$

$$\therefore \quad P = 0.6$$

0.6就叫做转折概率，当预制构件需要量较高的概率 $P > 0.6$ 时，建大预制厂是最优方案；$P < 0.6$ 时，建小预制厂是最优方案。

在实际工作中，往往需要把概率值、损益值等在可能发生的误差范围内，作几次不同的变动，并反复计算，然后比较所得到的期望值，看是否相差很大，是否会显著影响最优方案的选择。通过灵敏度的分析，能够进一步提高方案决策的可靠性。

五、效用理论

（一）效用的概念

期望值标准，是风险型决策问题中主要的决策标准。但是，在实际工作中，有时并不是完全按照期望值的大小来作出决策。

例如，有一个价值为500万元的工厂，发生火灾的可能性为0.001，这个工厂由于发生火灾而遭受损失的期望值是0.001×500万元＝5000元。假定这个工厂向保险公司保险，保险公司每年收取保险费6000元。则这个公司由于保火险遭受的损失期望值是6000元。尽管由于保险而不发生火灾遭受的损失期望值较大，工厂还是保了火险，因为不保火险方案的风险太大。

决策是由决策人做出的，决策人本身的主观因素不能不对决策的过程发生影响。如果完全按照期望值作为决策的标准，那么就会把决策过程变成机械地计算期望值的过程，而把决策人的作用完全排除在外，这当然是不合理的，也是不现实的。

什么是效用？效用可以理解为成功的可能性、方案的可靠性、收益的把握性或风险的程度。效用的值最大是1，最小是0，以最大收益期望值的效用为1，以最小收益期望值的效用为 0。效用值越大,表示成功的可能性、方案的可靠性、收益的把握性越大、而风险越小;效用值越小,表示成功的可能性、方案的可靠性、收益的把握性越小,而风险越大。

如上所述,对同一期望值,在不同的人的主观上具有不同的价值含义。为此,应用了效用这个概念。用它来衡量人们对同一期望值在各自主观上的价值,这就是效用值。

为了解决投资收益的可靠性问题和考虑到决策者对待风险的态度不同,就在期望值标准的基础上,产生了一种新的决策理论——效用理论。

(二)效用曲线

每个人其效用值与损益期望值都有着一定的对应关系。在直角坐标系内,用横坐标 X 表示损益期望值,纵坐标 Y 表示效用值,把表示效用值与损益期望值具体对应关系的各点连接起来,便形成了效用曲线。由于不同的人对风险的态度不同,所以其效用曲线也不相同。

图 5-10 中三条曲线是代表三种不同类型决策者的效用曲线。直线 B 表示各效用点与损益期望值的对应关系是正比关系,这条直线可用以下公式表示:

$$X = Y(X_{\max}) + (1 - Y)X_{\min}$$

直线 B 表明决策者是根据损益期望值作决策的,是一种按常规办事的中间型的决策人。

曲线 A 与直线 B 相比,其效用点所对应的损益期望值小于直线 B 相同效用点所对应的损益期望值。这说明决策者对"益"反应迟缓,对"失"反应敏感,注意力放在"失"上,所以决策时不求大利,但求避免风险,是一种稳妥保守的人。

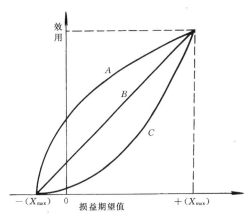

图 5-10 效用曲线类型

曲线 C 与曲线 A 相反,其各效用点对应的损益期望值大于直线 B 相同效用点所对应的损益期望值。决策者对"失"反应迟缓,对"益"反应敏感,所以决策时为求大利不怕冒险,是一种敢于大胆冒险的人。

(三)效用曲线的建立和应用

效用曲线主要是采用心理试验法,通过反复的多次询问,从而找出效用值与损益期望值的对应关系(即直角坐标上的各点)来建立的。现举例说明效用曲线的建立。

【例 11】 假设某决策者有两种可供选择的方案,试问应选择哪个方案?

方案一:有 50% 的机会可收益 200 元,50% 的机会将亏损 100 元;

方案二:有 100% 的机会收益 25 元。

此例中 200 元是决策者最希望得到的,所以确定 200 元的效用值是 1;而决策者最不希望亏损 100 元,故确定 -100 元的效用值为 0(图 5-11)。

对本例两个方案选择的提问,如决策者第一次回答,认为选择方案二比较稳妥。这表明对决策者来说,25 元的效用值大于方案一的效用值。

假若将方案二的收益 25 元降为 10 元,再问决策者如何选择?决策者的第二次回答,仍认为选择方案二比选择方案一稳妥。也即收益为 10 元的效用值还是大于方案一的效用值。

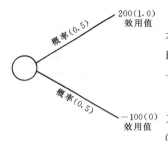

图 5-11

第三次提问,假若将方案二的收益 25 元不是降为 10 元,而是降为 −10 元(即亏损 10 元),再问决策者如何选择?决策者的第三次回答,认为不愿 100% 地亏损 10 元,而愿意选择方案一。这表明 −10 元的效用值小于方案一的效用值。

经过这样多次提问后,决策者认为当方案二由收益 25 元降为 0 元时,选择方案一或方案二都可以。这表明对决策者来说,0 元的效用值与方案一的效用值是相同的(见图 5-11)。即:$0.5 \times 1 + 0.5 \times 0 = 0.5$

所以,损益期望值 0 元就对应于效用值 0.5,这样就在直角坐标系上得出一个点。

然后,以 0.5 的概率可收益 200 元,0.5 的概率可收益 0 元作为方案(图 5-12),再进行反复的提问。假如经过多次提问后,决策者认为 100% 的收益 80 元的效用值与这个方案的效用值相等。

即:$0.5 \times 1.0 + 0.5 \times 0.5 = 0.75$

这样,损益期望值 80 元就对应于效用值 0.75,在直角坐标系上又得出一个点。

图 5-12   图 5-13

再求损益期望值 0 元与 −100 元之间的点,则可以以 0.5 的概率可收益 0 元,0.5 的概率将亏损 100 元作为方案(图 5-13),再次提问。假如经过多次提问后,决策者认为 100% 的亏损 60 元的效用值等于这个方案的效用值。即:$0.5 \times 0.5 + 0.5 \times 0 = 0.25$
这样,又得出一个点。

继续采用这种提问的方法,就可以在直角坐标系上得出许多的点,把它们连接起来,就成为效用曲线,如图 5-14 所示。

关于效用曲线的应用,可通过下例说明。

【例 12】 假设在相同条件下有两个建厂方案。第一方案是建大工厂,产品销售情况有两种可能性,销售好的概率为 0.7,收益 700 万元;销售差的概率

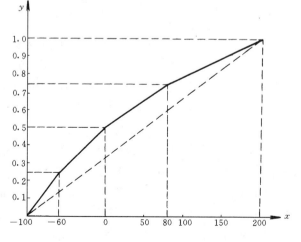

图 5-14 效用曲线

为 0.3，亏损 500 万元。第二方案是建小工厂，销售情况也有两种可能性，销售好的概率为 0.7，收益 260 万元，销售差的概率为 0.3，收益 160 万元。如表 5-10 所列。

建厂方案的效用值（单位：万元）   表 5-10

方　　案	销 售 情 况	概　　　　　率	损　　　　益	效　用　值
建大工厂	销售好 销售差	0.7 0.3	700 −500	1 0
建小工厂	销售好 销售差	0.7 0.3	260 160	0.87 0.81

由表 5-10 可知，这一决策问题中，最大收益值为 700 万元，最大亏损值为 −500 万元。以损益期望值 700 万元的效用值为 1，以损益期望值 −500 万元的效用值为 0。然后按照建立效用曲线的方法，向决策者提出一系列的问题，得出其损益期望值与效用值的各对应点，画出效用曲线，如图 5-15 所示。

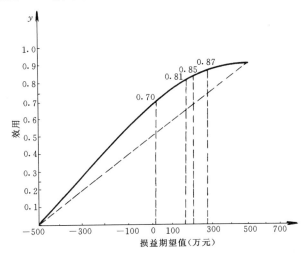

图 5-15　稳妥型效用曲线

效用曲线画出后，就可通过求两个方案的效用期望值，来选择最优方案。

第一方案（建大工厂）的效用期望值是：

$0.7 \times 1 + 0.3 \times 0 = 0.7$　由效用曲线上找出其对应的收益期望值为 40 万元。

第二方案（建小工厂）的效用期望值是：

$0.7 \times 0.87 + 0.3 \times 0.81 = 0.85$　由效用曲线上找出其对应的收益期望值为 210 万元。

因此，决策者决定选择建小工厂的方案。这个例子说明决策者比较谨慎稳妥，不愿意冒风险。

通过大量的调查研究，一般可以认为，多数决策者是属于稳妥型的。

第四节　价值工程方法

一、价值工程的基本概念

（一）价值工程的原理

1. 价值工程的定义

价值工程（VaLue Engineering）是通过各相关领域的协作，对所研究对象的功能与费用进行系统分析，不断创新，旨在提高所研究对象价值的思想方法和管理技术。

所谓功能（Function），就是对象能够满足某种需求的一种属性。

所谓价值（Value），就是对象所具有的功能与获得该功能的全部费用之比。

2. 价值工程的目的

价值工程的目的是以对象的最低寿命周期成本可靠地实现使用者所需功能，以获取最佳的综合效益。

所谓寿命周期成本（Life Cycle Cost），就是从对象的研究、形成到退出使用所需的全部费用。

3. 价值工程的对象

凡为获取功能而发生费用的事物，均可作为价值工程的对象，如产品、工艺、工程、服务或它们的组成部分等。

4. 价值工程的主要特点

（1）以使用者的功能需求为出发点；

（2）对所研究对象进行功能分析，并系统研究功能与成本之间的关系；

（3）致力于提高价值的创造性活动；

（4）应有组织有计划地按一定的工作程序进行。

（二）价值工程的应用

1. 价值工程的基本公式

价值工程是一种新兴的技术经济分析的思想方法和管理技术，旨在提高产品与服务（即对象）的价值，在建筑工程设计和施工中有着广泛的应用领域。根据价值工程的定义，可写出以下基本公式：

$$V = \frac{F}{C} \tag{5-23}$$

式中　V——价值；

　　　F——功能；

　　　C——寿命周期成本。

从以上公式可以看出，提高产品的价值可以有五条途径，如表 5-11 所列。

提 高 产 品 价 值 的 途 径　　　　　　表 5-11

途　　　径	F	C	特　　　征
1	↑	→	功能提高，成本不变
2	→	↓	功能不变，成本降低
3	↑	↗	功能提高，成本略提高
4	↑	↓	功能提高，成本降低
5	↘	↓	功能略降低，成本大降低

简单说来，价值工程是以最低的寿命周期成本，可靠地实现必要的功能，着重于产品或作业的功能分析的有组织的活动。

因此，首先要明确使用者（用户）所需求的功能，并予以充分实现。同时，剔除不必要的功能，以减少非必要生产费用，从而降低寿命周期成本，达到提高价值的目的。

2. 功能的确定

功能，根据其定义，具体说来就是效用、功能和作用。根据价值工程创建人麦尔斯（J. D. Miles）的意见，对于"这是干什么用的？"或"这是干什么所必需的？"这类问题的答案就是功能。

按照价值工程的观点，用户需要的不是物，而是功能。譬如，建筑物中的间壁墙，事实上用户需要的不是间壁墙这个物体，而是"分隔室内空间"这个功能。"分隔室内空间"就是设置间壁墙的目的和用途，也就是"间隔墙是干什么用的？"这个问题的答案。由此可见，企业所生产的实际上是功能，这种功能是以一定物理形态表现出来的产品所包含的本质的东西，企业出售的也是功能。为此，企业所生产的、用户所使用的产品，都具有某种特定的具体功能。

在产品使用上直接必需的功能，称为使用功能，即对象所具有的与技术经济用途直接有关的功能。产品具有的以美观为代表的功能，称为美学功能，即与使用者的精神感觉。主观意识有关的功能。比如建筑物的外墙饰面，它同时具有使用功能和美学功能这两种不同性质的功能。

在价值工程中所说的必要的功能就是用户所要求并承认的功能，它是为满足使用者的需求而必须具备的功能。当然，这里面包括使用功能和美学功能。美学功能是品味功能的一种。

用这种观点来认真分析一下各种建筑产品就可以发现：产品中往往存在着用户所不要求的功能和与用户要求无关的功能，即多余的功能，我们将这些功能统称为不必要功能。因此，产品如果具有不必要功能的话，当然就会产生不必要的成本。另一方面，产品中有时还缺少用户所要求的必要功能。

所以，价值工程就是要搞清楚建筑产品的必要功能和不必要功能，并计算出完成这些功能所需要的成本。通过这种分析，如果能搞清哪些是不必要功能，就可以对产品进行重新设计，把承担不必要功能的构配件取消，因而可以取消不必要的费用。此外，通过改进设计还可以弥补功能的不足，以满足用户所要求的必要功能。

3. 寿命周期成本的分析

在价值工程中所说的成本的概念，系指产品的寿命周期成本。所谓寿命周期，即社会或用户产生了某种需要，企业为满足这种需要，着手开发、设计和制造产品或提供劳务，并交到用户手中，用户使用后满足了自己的需要，一直到最后报废、处理，我们把这整个时期称为寿命周期。

用户为了获得产品，需要付出相当于产品价格的费用，用户为了使用产品，也要付出费用，如维修费用、能源消耗、人工费用、管理费用直到报废处理等。如果把为了取得产品而支付的费用称为生产费用，把为了使用而支付的费用称为使用费用，那么，寿命周期成本就是生产费用与使用费用之和（图 5-16），可用下式表示：

$$C = C_1 + C_2$$

式中　C——寿命周期成本；

　　C_1——生产费用；

　　C_2——使用费用。

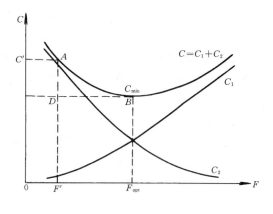

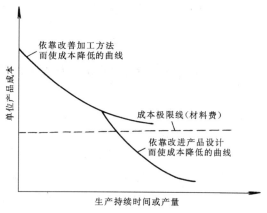

图 5-16　寿命周期费用　　　　　　　　图 5-17　产品生产成本变化曲线

由图 5-16 可以看出，要提高建筑产品功能，就要增加生产费用，但提高了功能，使用费用就会降低。这样生产费用和使用费用之和必然存在一个最小值，这个最小值（即 B 点）表示了最适宜的功能水平和费用水平，此时的寿命周期成本是最低的。

价值工程的目的，就在于寻求最佳的方案，以使寿命周期成本达到最低。如果 A 点表示价值分析前的寿命周期成本，则 AD 表示价值分析后寿命周期成本可降低的幅度，F_{opt} 表示对应最低寿命周期成本的最佳功能水平，则 $F' \sim F_{opt}$ 表示功能可提高的幅度。

降低寿命周期成本的途径很多，如减少间接费用；改善加工方法，使之合理化；采购方法的合理化；改进产品的设计和创造新工艺等等。

加工方法的改善，是在不改变产品功能的情况下，提高产品的生产效率。这是降低产品生产费用的重要途径之一，也是价值分析中不可忽视的重要方面。但是，仅仅依靠改善加工方法来降低生产费用是有限度的，当产品生产费用降到一定程度（例如趋近于材料费）时，要再继续降低往往是不可能的，如图 5-17 上面一条曲线。因此，这时应从另一个方面，即改变产品结构，改进产品设计来进一步降低产品成本，如图 5-17 下面一条曲线。

这就是按照价值分析的方法，从产品所要实现的必要的功能出发，来对产品的结构和设计进行改进，以求大幅度地降低成本。

（三）价值工程的产生和发展

价值工程于 1947 年起源于美国，当时美国通用电气公司负责采购的副经理埃利查（Harry Erlicher），根据他自己的经验，发现即使使用廉价的代用品，产品所具有的功能和以前也没有什么不同。而这种代用品当时完全是迫于物资短缺的情况下偶然采用的。于是他想到，如果有组织地进行这种物资代用的话，就可以大幅度地降低成本，也就是有效地利用资源。为了有组织地进行这一工作，埃利查责成当时公司里的采购科长麦尔斯（L. D. Miles）来负责这项工作。麦尔斯以该公司的产品为研究对象，分析产品的功能，研究用最少的资源而能充分地实现其功能的方法。研究的结果，麦尔斯对产品的设计提出了改进方案，在产品所具有的功能不降低的情况下，大幅度地降低了成本。于是他把研究过程中所采用的方法整理出来，也就是把廉价制造优质品的方法加以系统化，命名为价值分析。价值分析的本质，不是以产品为中心，而是以功能为中心。麦尔斯对功能进行科学的研究，创立了功能分析、功能定义和功能评价的方法，使功能成为可以衡量的东西，使功能的概念定量化了。

1947 年，价值分析在《美国机械师》杂志上公开发表。1954 年美国国防部舰船局决定加以采用，并称之为价值工程。价值工程与价值分析的区别，就在于前者从新产品开始设计时，就考虑如何提高产品的价值；而后者是在产品设计完成以后，对现有产品进行改进，以提高其价值。所以两者的基本原理和概念都是一样，只是应用范围不同。此后，美国政府许多部门先后制订了推行价值分析的计划，培训技术人员，制订鼓励性政策，价值分析在美国得到了普遍推广应用。1970 年美国科学院、联邦建筑委员会、建筑研究咨询委员会联合召开会议，研究在建筑业中应用价值工程。以后又在欧洲、日本等国家普遍推行。现在已被公认为是一种相当成熟的提高功能降低成本的有效方法。

我国从 1978 年前后开始介绍价值工程，在一些工业部门中首先开始采用价值工程，并取得了很好的效果。建筑业也已在建筑设计和建筑施工中研究与应用价值工程。1987 年国家标准局发布了中华人民共和国国家标准 GB8223-87《价值工程基本术语和一般工作程序》，大大推动了和规范化了价值工程在我国的应用。

二、价值工程的程序和原则

（一）价值工程的一般工作程序

价值工程的一般工作程序分为 4 个阶段、12 个步骤，具体如下：

1. 准备阶段

（1）对象选择；

（2）组成价值工程工作小组；

（3）制订工作计划；

2. 分析阶段

（4）收集整理信息资料；

（5）功能系统分析；

（6）功能评价；

3. 创新阶段

（7）方案创新；

（8）方案评价；

（9）提案编写；

4. 实施阶段

（10）审批；

（11）实施与检查；

（12）成果鉴定。

（二）价值工程的原则

价值工程的创始人麦尔斯对进行价值工程归纳总结了有指导意义的十三条原则，具体如下：

（1）避免一般化、概念化，要作具体分析；

（2）收集一切有用的费用数据；

（3）使用最佳信息源的信息；

（4）打破现有框框，不断创新和提高；

（5）发挥真正的独创性；

（6）找出障碍，克服障碍；

（7）有效地发挥各个领域的专家的作用，扩大专业知识；

（8）对重要的公差换算成费用进行评价；

（9）尽量利用专业化工厂生产的产品；

（10）有效地利用专业化工厂的熟练技术；

（11）尽量采用专业化工厂的生产工艺；

（12）尽量采用可利用的标准；

（13）以"我是否这样花自己的钱？"作为判断标准。

三、选择价值工程的对象

（一）选择分析对象的一般原则

选择分析对象，就是确定进行价值工程的产品或作业，并明确目标、限制条件和分析范围，这是关系到价值工程能否收效的第一步。价值工程的目的是提高价值。因此，选择分析对象肯定要选择价值低的产品或作业。大量的实践经验指出，分析对象的选择，可以侧重于以下几个方面：

（1）选择量大面广的建筑产品和构配件。因为产品的数量大，只要在每项产品中稍为降低一些成本，积累的总数就很可观。

（2）选择成本高的建筑产品和构配件，因为它们的改进潜力大，对产品的价值影响大。

（3）选择结构复杂的建筑产品和构配件，因为这些有着简化结构的可能性。

（4）选择体积与重量大的建筑产品和构配件，它们是节约原材料和改进生产作业方法的重点。

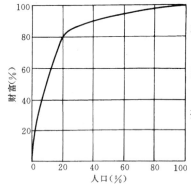

图 5-18　帕莱脱分配曲线

（5）选择关键构配件。各种建筑产品都有关键构配件，将它们改进后，可使产品的功能得到明显提高。

（6）选择维修费高、耗能量大或使用期的总费用较大的建筑产品和构配件。

（7）选择畅销产品。分析它受到市场欢迎的原因，保持优势和提高竞争能力。

（二）选择分析对象的定量方法

1. ABC 分析法

ABC 分析法，也叫做帕莱脱分配律法。意大利经济学家帕莱脱（Pareto）研究资本主义社会的财富分配，发现 80％的财富集中在 20％人手中，绘出了分配曲线，如图 5-18。

价值分析对象的选择，对一个企业来说也可参照此法绘出成本分配曲线。以横坐标表示产品数量百分比，以纵坐标表示总成本百分比。在产品总数量中占 20％左右，而在成本总额中占 80％左右的那部分产品即可确定为分析对象。

对每个建筑产品来说，其成本也不是均匀地分配在每个分项工程上的。根据统计，有大约占全部分项工程数目 10％～20％的一些主要分项工程，其成本要占建筑产品总成本的

$60\%\sim80\%$（称作 A 类分项工程）；还有 $60\%\sim80\%$ 的分项工程的成本仅占总成本的 $10\%\sim20\%$（称作 C 类）；其余一些分项工程其数目与成本所占的百分率都较低（称作 B 类），如图 5-19 所示。ABC 分析法，就是将各分项工程按其成本大小顺序排列，选出前面 $10\%\sim20\%$ 的 A 类分项工程作为重点进行价值分析的对象；B 类分项工程可根据情况作为一般分析对象；C 类分项工程因数目很多，而所占成本比重又很小，如进行价值分析，不但工作量甚大，而且降低成本额也很有限，所以不作为选择的对象。

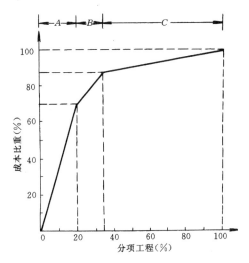

图 5-19 ABC 分类图

2. 价值系数法（01 评分法）

通过 ABC 分析法，找出占成本比重大的那些分项工程（或构配件）后，可用价值系数法对这些分项工程的功能重要程度，逐一进行对比，从而选择功能重要的，应首先进行价值分析的对象。

此外，有些建筑产品的分项工程（或构配件），其功能重要程度相差较大，不宜仅从成本的高低来选择分析对象，也可应用价值系数法进行选择。其具体做法是：

（1）求评价系数，先将分项工程排列起来，一对一地进行重要性比较，如表 6-11 所列。重要的得 1 分，不重要的得 0 分。每一分项工程与其它分项工程比过一轮，得出各自的重要性得分累计，各分项工程得分累计之和为总分，每一分项工程得分累计与总分之比，即为该分项工程的评价系数。

$$评价系数 = \frac{分项工程得分累计}{总分}$$

（2）求出每一分项工程的成本与各分项工程成本之总和的比，即成本系数。

$$成本系数 = \frac{分项工程成本}{各分项工程成本之总和}$$

（3）以成本系数去除评价系数，即得出每个分项工程的价值系数。

$$价值系数 = \frac{评价系数}{成本系数}$$

计算出各分项工程的价值系数后，以其中价值系数最低的作为首先进行价值分析的对象。

【例 13】 某项分部工程由 8 个分项工程组成，在价值分析中应选择哪些分项工程作为分析对象？

第一步，先求出各分项工程的评价系数，见表 5-12。

表 5-12

分项工程	一对一比较结果							得分累计	评价系数
A	1	1	0	1	1	1	1	6	0.214
B	0	1	0	1	1	1	1	5	0.179
C	0	0	0	1	1	1	0	3	0.107

分项工程	一对一比较结果							得分累计	评价系数
D	1	1	1	1	1	1	1	7	0.250
E	0	0	0	0	0	1	0	1	0.036
F	0	0	0	0	1	1	0	2	0.071
G	0	0	0	0	0	0	0	0	0
H	0	0	1	0	1	1	1	4	0.143
总　　　计								28	1

第二步，求出各分项工程的成本系数。

第三步，求出各分项工程的价值系数，见表5-13。

表 15-13

分　项　工　程	成　本（元）	成　本　系　数	评　价　系　数	价　值　系　数
A	1818	0.252	0.214	0.849
B	3000	0.416	0.179	0.430
C	285	0.040	0.107	2.675
D	284	0.039	0.250	6.410
E	612	0.085	0.036	0.424
F	407	0.056	0.017	1.268
G	82	0.011	0	0
H	720	0.100	0.143	1.430
合　　　计	7208	1.000	1.000	—

由以上计算可以看出，B、E两个分项工程的价值系数最低，特别是分项工程B成本占总成本的41.6%，而它的评价系数仅0.179，显然应作为价值分析的主要对象。分项工程D的评价系数为0.25，但成本系数仅为0.039，意味着成本分配额过低，可以考虑适当提高，以便和分项工程的重要性相符。分项工程G的评价系数为零，说明和其他分项工程比较，它的重要性最差。但并不等于这个分项工程没有用，至于可否取消这一分项工程，或它的功能可否由其它分项工程来承担，则应通过功能分析来进行具体的研究和处理。

通过上例的计算可以看出，价值系数存在着三种情况：

(1) 价值系数小于1，即评价系数小于成本系数，说明该分项工程不太重要，而成本偏高，应作为价值分析的对象。

(2) 价值系数大于1，即评价系数大于成本系数，说明该分项工程比较重要，而成本偏低，是否需要提高成本，应视具体情况而定，因为有时也可能有过剩的功能。

(3) 价值系数趋近于1，说明该分项工程的重要性与其成本相适应，是比较合理的。

3. 最合适区域法

这一方法是日本田中教授提出的，所以又叫做田中法。其基本思想是，在选择价值工程对象时，$V=1$ 是理想情况，即无须进行价值分析的分项工程或构配件是比较少见的。如果把 $V<1$ 或 $V>1$ 的分项工程或构配件都作为分析的对象，则价值工程的工作量势必大大增加，而且也难以抓住重点。为了使价值工程工作比较集中、有效，应该围绕 $V=1$ 的上下一定范围内，确定一个区域，作为"最合适区域"。凡价值系数的值在这个区域内，都认为是比较满意的。这样，就可以根据所确定的"最合适区域"来选择价值系数的值在这个区域以外的分项工程或构配件，作为分析的对象。

此外，根据价值系数来作为选择分析对象的标准，常常遇到有些分项工程或构配件虽然价值系数相同，但各自的成本系数与功能评价系数却不相同。同样作为分析对象，进行价值分析后，其实际效果也不相同。所以，在选择分析对象时，不应把价值系数相同的分项工程或构配件同等看待。应该区别成本系数和功能系数绝对值的大小，分别加以控制。对成本系数和功能评价系数值大的分项工程或构配件要从严控制，不允许其价值系数的值偏离 1 过大，否则即应作为分析的对象。而对成本系数和功能评价系数值小的分项工程或构配件，则可放宽控制，虽然其价值系数偏离 1 较大，也可不作为分析的对象。据此确定一个"最合适区域"，使价值工程对象的选择，比较趋向合理化。

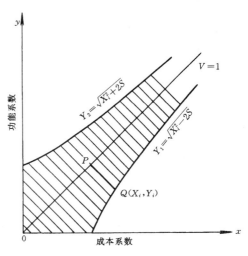

图 5-20　最合适区域图

如果以成本系数为横座标，以功能评价系数为纵座标，绘制价值系数座标图，图中与 X 轴或 Y 轴成 45°夹角的直线，即为价值系数 $V=1$ 的标准线。围绕 $V=1$ 确定一个最合适区域，如图 6-19 所示。凡价值系数对 1 的偏离不超过此区域的，都可不作为分析的对象。只有价值系数对 1 的偏离较大，超过这一区域的才选择为分析的对象。

最合适区域，即图 5-20 中的阴影部分，其边界两条曲线的确定方法是：曲线上任意一点 $Q(X_i, Y_i)$ 至标准线 $V=1$ 的垂线 QP 与 OP 的乘积是一个常数，如图 5-20 所示。即

$$PQ \times OP = r \times l = s$$

这个区域可以用下列公式表示：

$$差异(r) = \frac{1}{\sqrt{2}} |X_i - Y_i|$$

$$矢量(l) = \frac{1}{\sqrt{2}} |X_i + Y_i|$$

$$常数(s) = r \times l = \frac{1}{2} |X_i^2 + Y_i^2|$$

两条曲线的方程式为：

$$Y_1 = \sqrt{X_i^2 - 2S} \; ; \quad Y_2 = \sqrt{X_i^2 + 2S}$$

s 是给定的常数，若给定的 s 较大，则两条曲线距离标准线的差异就大，阴影部分的面积也较大，价值分析的对象就会选择得少一些。反之，若给定的 s 较小，则曲线就逼近标准线，分析的对象就会选择得多一些。s 的值根据分析对象选择的需要给定。

四、功能的分析、整理和评价

选择出进行价值分析的对象后，即开始进行功能分析、功能整理和功能评价。

（一）功能分析

价值分析的核心是功能分析。因为任何建筑产品都具备相应的功能，而这些功能的具备是建筑产品存在的价值。不同的功能要花费不同的成本去实现，功能分析的目的就是要用最少的成本去实现所要求的功能。

1. 功能定义

进行功能分析时，首先是给功能下定义，这是为了限定功能概念的内容，明确功能概念所包含的本质，以与其他功能概念相区别。"功能定义"时，既要对建筑产品总的功能下定义，又要对每个构配件的功能下定义，因为只有把建筑产品分解为更细小的单元才容易发现问题。

对建筑产品功能下明确的定义，往往是与对建筑产品或构配件的作用的认识密切相关，认识得越深刻，理解得越全面，对建筑产品或构配件功能的描述就越简明扼要。在实践中常用一个动词加一个名词的简单语句给功能下定义。例如：分隔空间、传递荷载、承受荷载、隔声、隔热等等。

2. 功能分类

根据功能的重要程度功能可分为基本功能和辅助功能。

基本功能是与对象的主要目的直接有关的功能，是对象存在的主要理由。辅助功能是为更好实现基本功能服务的功能。

所以，基本功能是建筑产品或构配件达到使用目的不可缺少的功能，也是建筑产品或构配件得以存在的条件。例如承重外墙的基本功能是承受荷载；室内间壁墙的基本功能是分隔空间。基本功能可以从三个方面来确定：它的作用是不是不可缺少的？它的作用是不是主要的？如果它的作用变了，产品的结构和构配件是否会全部改变？

辅助功能是对实现基本功能起辅助作用的功能，或者说为了更有效地实现基本功能而添加的功能。例如室内间壁墙的基本功能是分隔空间，而隔声、隔热等则是间壁墙的辅助功能。辅助功能也可以从三个方面来确定：它对基本功能是不是起辅助作用？它与基本功能比较是不是次要的？它是不是实现基本功能的手段？

划分基本功能和辅助功能的目的，主要是对建筑产品的作用效果有一个明确的概念。将建筑产品的基本功能确切地表达出来，以免产生剩余功能而耗费不必要的成本。

如前所述，功能还可按满足要求的性质分为使用功能和美学功能。使用功能是通过产品的基本功能和辅助功能来实现的。

3. 功能分析的方法

功能分析的基本方法是，针对分析的对象，提出合乎逻辑的逐步深入的一连串问题。通过对这些问题的解答，最后得出功能最佳成本最低的方案，也就是"价值"最高的结果。所提的问题可以归纳为五个：

（1）功能分析的对象是什么？

（2）它是干什么用的（功能是什么）？是否可以取消？功能是否有过剩或不足的情况？

（3）它的成本是多少？

（4）有无其他方法实现同样的功能？

（5）新方案的成本是多少？其功能成本是否为实现功能的最低费用？

这些问题的求解过程，就是功能分析的实施过程。

（二）功能整理

所谓功能整理，就是将定义了的功能加以系统化，明确它们之间的相互关系，以正确体现用户所要求的功能。建筑产品愈复杂，功能数量就愈多，功能之间的关系也愈加复杂。要从大量定义了的功能中把握住必要功能，是进行价值工程的重要要求。为了达到这个目的，必须进行功能整理。在功能整理过程中，要找出哪些是建筑产品的基本功能。哪些是建筑产品的辅助功能，哪些是必要功能，哪些是不必要功能，以便在实现功能过程中选择更合理的方案。

功能整理，目前已有一套比较成熟的方法，称为"功能分析系统技术"，其工作步骤如下：

（1）明确基本功能和辅助功能，以及建筑产品的最基本功能。

（2）明确功能之间的关系。

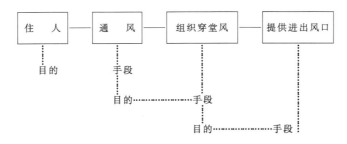

图 5-21　功能的相互关系

建筑产品中各功能都是在互相配合、互相联系中为实现建筑产品的整体功能而发挥作用的，每个功能都有自己的目的。因此，要明确各功能之间是并列关系还是上下关系。

譬如住宅建筑的整体功能，也就是它的最基本功能是住人。为了实现住人这一最基本功能，住宅建筑必须具备保证安全、遮避风雨、御寒防暑、采光、通风、隔潮、隔声等功能。这些功能都是并列关系，都是实现最基本功能的手段。

但是实现上述并列的每一个功能，还要有一系列相互联系的功能来发挥作用。以其中的通风这一功能为例，怎样才能实现通风的目的，这就必须使室内能有穿堂风。那么，组织穿堂风就是实现通风这一目的的手段，它们之间是上下关系，即上位功能和下位功能的关系。上位功能是目的，下位功能是手段。但是上下关系又是相对而言的。譬如组织穿堂风，对实现通风这一目的说来它是手段。然而为了组织穿堂风，必须提供进、出风口（设置门窗）。这时，提供进、出风口是手段（下位功能），而

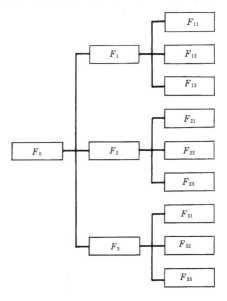

图 5-22　功能系统图的一般形式

组织穿堂风就是目的（上位功能）。所以，某个特定功能从它的上位功能来看，它是手段；从它的下位功能来看，它又是目的，如图5-21所示。

（3）绘制功能系统图。功能系统图是表示对象功能得以实现的功能逻辑关系的图。

根据功能系统图的定义，将功能按照对象功能得以实现的功能逻辑关系排列起来。并列关系就并排排列；上下关系（即目的——手段关系），按照上位功能在左，下位功能在右，最基本功能（最上位功能）在最左边的顺序排列，即可绘出功能系统图。

功能系统图的一般形式，如图5-22所示。图中F_0是整个产品的最基本功能，也就是最上位功能，F_1、F_2、F_3是几个并列功能，也是F_0的下位功能；F_{11}、F_{12}、F_{13}是实现F_1的手段，也是F_1的下位功能；F_{12}……、F_{31}……分别是F_2、F_3的下位功能。

通过功能系统图的绘制，能够清楚地看出每一个功能在全部功能中的作用和地位，使各功能之间的相互关系系统化了，便于分析研究，便于发现不必要功能，从而找出提高建筑产品价值的途径。

现以建筑物的平屋顶为例，说明其功能系统图的绘制，图5-23为建筑物的平屋顶功能系统图的主要部分。

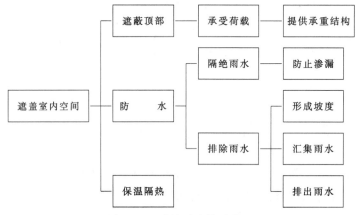

图 5-23　平屋顶功能系统图

（三）功能评价

功能评价，包括通过功能评价改进原有对象；或通过功能评价创造新对象。

改进原有对象，其工作内容包括：用某种数量形式表述原有对象各功能的大小；求出原有对象的各功能目前成本；依据对功能大小与功能目前成本之间关系的研究，确定应当在哪些功能区域改进原有对象，并确定功能目标成本。

创造新对象，则应确定功能的功能目标成本，作为创新、设计的评价依据。

1. 评价标准

在功能评价中应用的评价标准就是价值公式：$V=F/C$。此式中的C，是指在功能定义中已经下了定义的功能所需的成本，即功能目前成本。求这个成本就叫做功能成本分析。公式中的F，是功能评价值。实现功能的必需费用，也即功能目标成本。为了应用价值公式来评定功能的价值，使功能能够与目前成本进行比较，因此功能也必须用货币来表示。每项建筑产品（或构配件），都具有能够满足用户需要的某种功能。为了实现这种功能，必须消耗劳动（包括物化劳动和活劳动），劳动的消耗量是可以用货币来表示的。实现不同的功能，其所消耗的劳动量也不同。这种用货币表示的实现功能所必需消耗的劳动量，亦即功能的货币表现，称作功能评价值（即目标成本）。

所以，当确定功能目前成本 C 和功能评价值 F 后，即可计算出功能的价值 V。

当 $V=1$ 时，表示实现功能所必需花费的费用与其目前成本相适应，可以认为是比较理想的状况；

当 $V<1$ 时，表示功能与目前成本相比，目前成本高，应该降低目前成本，使 V 趋近于1；

当 $V>1$ 时，表示用较少的目前成本实现了规定的功能，或者是功能过剩。

根据评价标准计算出构配件和建筑产品功能价值的大小，找出价值低的领域，来加以改善。

2. 功能成本分析

功能成本分析不是以"物"为对象，而是以要求的功能为基准来计算其成本。建筑产品中有些构配件往往不只担负一个功能，有的担负着两个甚至更多的功能。一个好的建筑设计会使很多构配件具有多数功能，以减少建筑产品中构配件的数量。此外，还有某一功能的实现，需要几个构配件来共同发挥作用。所以，建筑产品构配件按其功能计算成本，就要把每个构配件的成本估算分配到它所服务的功能领域。然后，再把每个功能领域分配到的成本合计起来，就求出每个功能的成本 C_1、C_2、C_3、C_4……。这就是为实现这些功能实际所需的成本，即功能的"目前成本"。

表 5-14 为产品功能成本分析表。在产品组成栏内填写全部构配件名称及各构配件的成本。在功能领域栏内，填上各功能领域的上位功能（即功能系统图中独立的上位功能，如 F_1、F_2、F_3……）。如果一个构配件只同一个功能领域有关系，就可以把构配件的成本全部记入这个功能领域上。如果一个构配件具有两个以上功能，即在两个以上功能领域上起作用，这时只能一方面根据功能的概念，一方面根据成本的具体数字，和该构配件在各个功能领域的贡献大小，估算一个大概的比例来分配构配件成本。最后，把每个功能领域分配到的成本合计起来，即其功能成本。

3. 功能评价值（即目标成本）的确定

功 能 成 本 分 析　　　　　　　　　　　　　　　表 5-14

建筑产品的部分组成			功　能　领　域				
序　号	构配件名称	构配件成本（元）	F_1	F_2	F_3	F_4	F_5
1	A	100			100		
2	B	450	250		100		100
3	C	150		50	50	50	
4	D	300	50	150		100	
合　　计		C	C_1	C_2	C_3	C_4	C_5
			300	200	250	150	100

功能评价值的确定，依据的是功能系统图上所表示出来的功能，而不是建筑产品的实体。功能评价值是为实现某一功能需要消耗劳动量多少的货币表现，它不是现有建筑产品

按功能进行的摊派，而是一个目标值，所以称为功能"目标成本"。

确定功能评价值的方法一般有以下几种：

（1）方案法。这种方法就是根据可能掌握的情报资料，设想出尽可能多的实现各个功能领域的功能的方案，并进行比较，从中选出费用最低者作为功能评价值。

（2）实际价值标准法。如果某建筑产品完全达到了用户要求的功能，而且成本低廉，那就可以说，这项建筑产品是用户满意的、价值高的产品。如果找到象 $V=1$ 那样费用最低的产品，并且以它实现功能所花费的费用作为目标成本。这就是实际价值标准法。

因此，应该广泛收集实现同一功能的各类建筑产品，并对它们的费用进行比较，以 $V=F/C=1$ 这种状况下得到的 F 值作为功能评价值的标准。

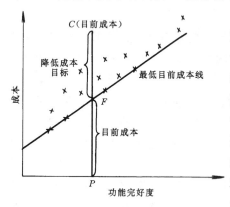

图 5-24　最低目前成本线图

在收集信息时，应注意建筑产品的功能条件，如建筑面积、质量、施工方便程度、可靠性、安全性、维修简便程度、重量、外观等指标。然后根据调查的资料，定出它们的现状成本，填入座标图中，求出它们的最低成本线。图 5-24 是表示现有各种功能相同或相似建筑产品的功能完好度与目前成本关系的座标图。连接图中各种功能完好度的最低目前成本点成一直线，则这条直线反映了在实际生产中不同功能水平建筑产品的最低成本，因而可以把这条直线上的各点作为对应功能的评价值。

图中 C 点表示原建筑产品的目前成本，P 代表原建筑产品的功能完好度，则 F 点即表示完成该水平功能的最低必需成本（目标成本），即功能评价值。

（3）根据功能重要程度确定功能评价值。这种方法是在确定了整个建筑产品的目标成本后，根据建筑产品实现的各种功能各自的重要程度，按比例相应地分摊其功能成本，以此制订建筑产品实现的各种功能的目标成本（功能评价值）。确定各功能的重要程度一般采用 DARE 法和前面介绍过的 01 评分法（价值系数法）。DARE 法（Decision Alternative Ratio Evaluation System）是由克里（A. J. Klee）提出的一种决定方案比率的评价方法。这一方法比用 01 评分法简便，而且评定的各功能重要程度也比较具体。应用 DARE 法，首先根据功能系统图，划分功能领域，见图 5-25。然后，评价各功能领域的功能重要程度，见表 5-15。

其具体做法是：

第一步，在功能领域栏，按照从上到下的顺序，判断其重要程度。采取两两对比的方法，例如 F_{A1} 其重要性为 F_{A2} 的 1.5 倍，将

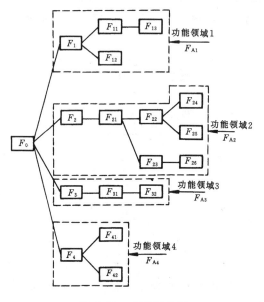

图 5-25　功能领域图

此数值填入两两比较重要程度栏；F_{A2} 的重要性为 F_{A3} 的 2 倍；F_{A3} 的重要性为 F_{A4} 的 3 倍。

第二步，评价其整体的相对重要程度，以从下到上的顺序，把 F_{A4} 的数值假定为 1.0 填入整体的相对重要程度栏；由上一栏已知 F_{A3} 是 F_{A4} 的 3 倍，所以 F_{A3} 整体的相对重要程度为 3.0（$F_{A4} \times F_{A3} = 1.0 \times 3 = 3.0$）；$F_{A2}$ 是 F_{A3} 的 2 倍，故整体的相对重要程度为 6.0（$F_{A3} \times F_{A2} = 3.0 \times 2 = 6.0$）；$F_{A1}$ 是 F_{A2} 的 1.5 倍，故整体的相对重要程度为 9.0（$F_{A2} \times F_{A1} = 6.0 \times 1.5 = 9.0$）。

功　能　重　要　程　度　评　价　　　　　　　　　　表 5-15

功 能 领 域	功能重要程度评价（用 DARE 法）			按功能重要程度来分配成本（万元）
	两两比较重要程度	整体的相对重要程度	重要程度的比重（%）	
F_{A1}	1.5	9.0	47	14.1
F_{A2}	2.0	6.0	32	9.6
F_{A3}	3.0	3.0	16	4.8
F_{A4}		1.0	5	1.5
合　　计		19.0	100	30.0

第三步，把整体的相对重要程度，从 F_{A1} 到 F_{A4} 加起来，得出合计数值；将这个合计数值去除各个整体的相对重要程度，得出重要程度比重。

第四步，将根据调查资料而确定的建筑产品总的功能评价值为 30.0 万元（即目标成本为 30.0 万元）填入最后一栏的合计项内，以各个功能领域的重要程度的比重去乘目标成本，即得出各功能领域按功能重要程度来分配的成本数值。也即确定了各功能领域的功能评价值。

如果需要评价某一功能领域中的下位功能的重要程度，可在其功能领域内，用同样的方法进行。

（4）根据基本功能和辅助功能确定评价值。基本功能是为实现用户要求直接有关的功能，只要用户要求不变，基本功能就不变。辅助功能是为更好实现基本功能在建筑产品设计上附加的功能，当设计方案改变时，辅助功能就会发生相应的变化。所以建筑产品价值改善的可能性大部分取决于辅助功能。因此，在进行功能评价时，对必要的辅助功能价值必须加以考虑。这时，功能评价的基本公式可改变为：

$$V = \frac{F_b + F_s}{C} \tag{5-24}$$

式中　F_b——基本功能评价值；

　　　F_s——必要的辅助功能评价值。

为了计算 F_b，须通过大量的经验资料得出必要的辅助功能与基本功能的比例 $R_b = F_s / F_b$。然后只要计算出基本功能费用，就能得出功能评价值 F。其公式如下：

$$F = F_b + F_s$$
$$F = F_b(1 + R_b)$$

基本功能和辅助功能与成本的关系还可以用图形象地表示出来，见图 5-26。

图 5-26　基本功能和辅助功能与成本的关系

由图 5-26 可以明显地看出，如果通过功能分析，将辅助功能中不必要的辅助功能部分（即 F_u）取消，即可降低现状成本，并可以此作为目标成本。

五、改进方案的制订和评价

（一）改进方案的制订

在建筑产品功能分析的基础上，为了提高建筑产品的价值，需要制订改进方案，也就是回答"有无其它方法实现相同功能"的问题。改进方案的制订方法有如下几种：

1. BS 法

BS 法（Brain Storm）是通过会议形式，针对一个问题，自由奔放地提出解决问题的方法。BS 法是 1941 年美国 BBDO 广告公司奥斯本（A. F. Osborn）最先采用的，这样的会议上具有四条原则：不批判别人的意见；欢迎自由奔放思考；提出的方案愈多愈好；要求在别人的方案基础上进行改进或与之结合。其目的是为了提出更多的设想，以及使与会者彼此的意见和想法互相影响，产生连锁反应。会议参加者应是各方面专业人员，人数以十人左右为宜。

2. 哥顿法

这是美国人哥顿（William J. J. Gordon）提出来的一种方法，也是邀请各方面专业人员在会议上提方案，它的特点是：

（1）参加会议的人并不知道要解决的是什么样的具体问题，只有引导与会者思考的会议主持人知道。

（2）把问题抽象化后，向与会者提出来，而原来的具体问题却不告诉参加会议的人员。

（3）要求与会者对抽象的问题自由地提出解决方案。到适当时候才把原来的具体问题提出来。

哥顿法的优点是先把问题抽象化，就不受现有事物的约束，尤其在开发新产品的时候，能有独创性地提出新的方案。

3. 列举法

列举法是对两个不同的问题，先分别求出几个解决方案，然后把这些方案分别组合和归纳，得出新的方案。当迫切需要把不同的功能方案综合起来时，这种方法是比较有效的。其具体步骤，如图 5-27 所示。

（1）对不同的问题（A 和 B），分别自由奔放地提出解决方案①、②、③……。$\boxed{1}$、$\boxed{2}$、$\boxed{3}$……。

（2）通过强制联系，找出两种方案彼此的联系。例如，考虑 A 的①同 B 的 $\boxed{1}$ 能不能结合，如果不能，则考虑同 ②、③……能不能结合，这样一个个试下去。最后得出一个比较满意的新的综合方案。

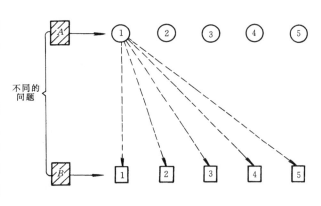

图 5-27　列举法示意图

（二）方案评价

对提出的改进方案的评价，一般包括技术评价，经济评价和社会评价。技术评价主要是围绕功能所进行的评价，评价方案能否实现所需功能及其实现程度；经济评价是围绕经济效果所进行的评价，主要以方案的经济性为重点；社会评价主要是分析方案对社会所产生的有利因素或不利因素。通过这三个方面的评价，最后对方案作出综合评价。

综合评价常用的定量方法有以下几种：

1. 评分法

这是方案评价中比较简单实用的定量方法。

（1）加法评分法。这种方法是对各个改进方案的评价项目分别打分，然后将每个方案的各项得分相加，按总分的多少来评价不同方案的优劣。

（2）连乘评分法。连乘评分法是将每个方案的各项得分连乘，按乘积的大小来评价不同方案的优劣。

2. 价值系数评价法

对改进方案的评价方法，价值系数评价法比较适用于功能复杂的建筑产品。应用这种方法对不同方案进行评价时，其具体做法是：

第一步，将建筑产品的功能排列起来，用五分制对每一个功能的重要程度进行评分，求出各功能评分 f。

第二步，把供选择的方案也排列起来，用五分制（或十分制）分别评定各个方案对每一功能的满足程度，充分满足的给高分，依次递减，此项评分称为满足系数 S。

第三步，将各功能评分与满足系数相乘，其乘积之和即为各个方案的功能总分，功能总分越高表明方案对功能要求的满足程度越高。

第四步，根据各方案的功能总分求出每个方案的功能系数 F_i；根据各方案的成本求出每个方案的成本系数 C_i；由 $V_i = F_i/C_i$ 公式求出各方案的价值系数 V_i。

第五步，按各方案的价值系数大小，来评价方案的优劣，以价值系数最大者为最优方案。

例如：假设某建筑产品具有五种功能（A、B、C、D、E），现提出六个供选择的方案（一、二、三、四、五、六），已知各方案的成本分别为 85 万元、79 万元、83 万元、80 万元、78 万元、77 万元，试用价值系数评价法来对各方案进行评价。

应用价值系数评价法，可用表 5-16 进行计算。

根据计算，方案五的价值系数最高，应为最优方案。

3. DARE 法在方案评价中的应用

前面介绍的 DARE 法，还可用来对改进方案进行评价。

评价方案价值系数计算表　　　　　　　　　表 5-16

功能领域	A	B	C	D	E	方案功能 总　分 Σf_s	方案功能 系　数 F_i	方案成本 （万元）	方案成本 系　数 C_i	方案价值 系　数 V_i
功能评分（f）	5	3	4	1	2					
方　　案			满足系数（s）							
一	5	4	5	2	3	65	0.174	85	0.176	0.989
二	5	4	4	2	2	59	0.158	79	0.164	0.964
三	4	5	5	3	1	60	0.161	83	0.172	0.936
四	5	3	5	4	2	62	0.166	80	0.166	1.000
五	5	4	4	3	4	64	0.172	78	0.162	1.062
六	5	3	4	5	4	63	0.169	77	0.160	1.056
合　计						373	1.000	482	1.000	

【例 14】　为了更好地实现某建筑产品所必需具备的 A、B、C、D、E 五项功能，提出了三个改进方案，试用 DARE 法对各方案进行评价择优。

①　首先评价各功能的重要程度，见表 5-17。

②　分析各方案对各功能的满足程度，见表 5-18。

③　对各方案进行评价，以总分最高者为优，由表 5-19 可知方案三为最优方案。

各功能重要程度评价　　　　　　　　　表 5-17

①评价功能	②两两比较重要程度	③整体的相对重要程度	④重要程度系数（W_i）
A	2.0 ⋯⋯⋯⋯⋯ 4.50		0.33
B	0.5 ⋯⋯⋯⋯⋯ 2.25		0.16
C	3.0 ⋯⋯⋯⋯⋯ 4.50		0.33
D	1.5 ⋯⋯⋯⋯⋯ 1.50		0.11
E	1.00		0.07
合　　　计	—	13.75	1.00

各方案对各功能满足程度　　　　　　　　　表 5-18

①评价功能	②备选方案	③两两比较满足程度	④整体的相对满足程度	⑤满足程度系数 （S_i）
A	方　案　一	2.5	1.25	0.46
	方　案　二	0.50	0.50	0.18
	方　案　三	—	1.00	0.36
	合　　　计	—	2.75	1.00

144

①评价功能	②备选方案	③两两比较满足程度	④整体的相对满足程度	⑤满足程度系数 (S_i)
B	方　案　一	0.50	0.50	0.20
	方　案　二	1.00	1.00	0.40
	方　案　三	—	1.00	0.40
	合　　计	—	2.50	1.00
C	方　案　一	0.25	0.20	0.10
	方　案　二	0.80	0.80	0.40
	方　案　三	—	1.00	0.50
	合　　计	—	2.00	1.00
D	方　案　一	4.00	2.40	0.60
	方　案　二	0.60	0.60	0.15
	方　案　三	—	1.00	0.25
	合　　计	—	4.00	1.00
E	方　案　一	2.00	1.40	0.45
	方　案　二	0.70	0.70	0.23
	方　案　三	—	1.00	0.32
	合　　计	—	3.10	1.00

各　方　案　评　价　表　　　　表 5-19

评价功能	重要程度系数 (W_i)	方　案　一		方　案　二		方　案　三	
		S_i	$W_i \cdot S_i$	S_i	$W_i \cdot S_i$	S_i	$W_i \cdot S_i$
A	0.33	0.46	0.15	0.18	0.06	0.36	0.12
B	0.16	0.20	0.03	0.40	0.06	0.40	0.06
C	0.33	0.10	0.03	0.40	0.13	0.50	0.17
D	0.11	0.60	0.07	0.15	0.02	0.25	0.03
E	0.07	0.45	0.03	0.23	0.02	0.32	0.02
合　计 (A_i)		$A_i=0.31$		$A_i=0.29$		$A_i=0.40$	

第六章　设计方案与施工方案的技术经济评价

第一节　设计方案与施工方案技术经济评价概述

按照建设程序，在工程项目确定以后，即开始进行工程的设计和施工。"设计"就是对工程的实施在技术上和经济上进行全面安排，形成综合的技术经济文件和实施蓝图。"施工"是将设计意图和设计成果付诸实现的生产活动。设计和施工对建筑工程项目的技术经济效果有着重大的影响。因此，对设计方案与施工方案进行正确的技术经济评价，就显得非常重要，既是我们学习的重点，又是设计与施工的一种指导思想。

一、技术经济评价的目的和要求

对设计方案和施工方案进行技术经济评价，其目的是论证各方案在技术上是否可行，在功能上是否满足需要，在经济上是否合理；选择技术经济效果最佳的方案，为改进建筑设计与施工、提高经济效益提供依据；为寻求增产节约的途径提供信息；为实现工程项目的经济效果，作出进一步的评价、择优。

因此要求在进行设计方案与施工方案的技术经济评价时，要以国家的建设方针为总标准；按照工程项目经济效果评价原则，既要进行全面的、综合的评价，又要认真进行具体评价；既要进行定性评价，又要进行定量评价；既要运用有关的评价指标体系，又要突出主要指标。

二、技术经济评价的特点和步骤

工程项目根据其使用要求的不同，呈现着不同的重要程度。大中型工程项目与国民经济的发展有着密切关系，有的有很大政治意义。小型工程项目也涉及地方的生产发展和人民生活。工程项目耗资巨大，类型繁多，建设期长，人力、物力投入量大。因此，通过技术经济评价择优有着很大的政治经济意义。

再者，工程项目结构复杂和品种多样，给技术经济评价带来很大难度，而且大多数工程评价方法至今还没有形成标准的程序和规则。

此外，工程项目涉及的范围很广，技术经济分析涉及的相关因素非常多，指标体系的建立和得出恰如其分的评价结论难度也很大。

在这种情况下，设计方案与施工方案技术经济评价的步骤显得尤其重要，因为它能为分析者提供较好的思路，以便在不同的阶段，运用恰当的方法。其步骤如图 6-1 所示。

图 6-1　技术经济评价的步骤

三、技术经济评价的方法概述

工程项目技术经济评价的方法很多。有许多方法在投资的经济效果分析中已经作了介绍和讨论。下面只对多指标比较及单指标综合分析法加以说明。

（一）关于多指标比较

这是目前采用比较多的一种方法。它的基本点是使用一个适用的指标体系，将各方案的指标列出，然后进行计算，根据指标的高低判断其优劣。使用这种方法要解决方案之间的可比性。两个项目或两种方案进行可比的必要条件是：建筑标准和使用功能基本相同，建筑层数或层高相同和相近，建筑结构的防震设防等级相同，采用统一的定额或价格水平，工程质量均为合格或优良。如果不完全符合对比条件，要进行调整，使其满足对比条件后再进行对比，并在综合评价时予以说明。

为使不同方案具有可比性，对指标进行调整有以下二种方法。

1. 调整局部方案法

是在不改变方案的前提下，对工程设计作局部适应性调整以消除差异，便于对比。例如，对层数不同的建筑设计方案的对比，可采取增加或减去层差的办法，使层数相同，并考虑相关影响因素（如对基础的影响因素等），然后进行对比。局部标准不同，可以采用替换的方法，使之满足可比条件。

2. 修正系数法

就是在分析各对应关系影响因素的基础上制订修正系数，用以修正方案的指标值，从而使方案之间建立可比条件。这种方法对于处理对指标水平影响的因素较多时较为有利。

多指标对比法的优点是指标全面、明确。但对比难度较大，尤其难在许多定性指标的对比上，难以确切作出结论。

（二）关于单指标评价

在进行多指标比较时，往往会发生三种情况：

第一，有可能是各方案其他指标都相同，只要比较一个指标就能决定方案的优劣，或选择方案只需要突出一个指标就可以了。这是比较简单的情况。

第二，在各方案中，某一方案的所有指标都是最优的，那么这个方案也就是最优的。但是这种情况并不多见。

第三，某一方案有些指标较优，另一些指标较差；而另一种方案可能是另外一种情况，有些指标较差，另一些指标又较优，这就使得技术经济分析工作变得复杂了。

因此，单指标综合评价显示了它的相对优越性。这就是简单明确、容易得出结论。将多因素形成单指标一般有三种途径。

1. 按价值进行综合

由于价值规律的存在，在技术经济评价中，价值指标是重要的。价值指标基本上反映了全部可以用价值体现的经济因素，它可以解决不同因素在实物形态上难于综合的问题。但是它抽掉了建筑产品的物质形态和特性，反映的仅仅是物化在其中的抽象劳动，容易忽视不可替代的使用价值形态的因素。它无法反映质量、功能等由不同的具体劳动消耗所创造的有用效果差异。这就不能在评价中综合考虑有用效果和劳动消耗两方面的情况，经济效果的反映也就难以准确，有时会出现优劣颠倒的现象。例如削减某些功能可以使价值指标变得优越；而为增加功能往往需要付出一些物化劳动或活劳动，价值指标则会相应提高。变成对它评价的不利因素。因此，用价值指标进行综合评价时，必须在产品功能一致的条件下，方能有可比性。

现举例说明如下:

【例】 某钢筋混凝土构件厂年生产能力为 10 万 m³,每立方米的实际成本为 1300 元。现需将生产能力增加到 20 万 m³,考虑了两个设计方案(表 6-1),假设投资效果系数均为 0.1,第一方案工期为 2 年,第二方案工期为 3 年,试进行技术经济评价。

各 方 案 有 关 数 据 表　　　　　　　表 6-1

方　案	类　别	生产能力	产品成本 (元/m³)	建设投资 (万元)	工　期
第一方案	新　建	原厂不动 10 万 m³	1300	—	—
		新建厂 10 万 m³	1450	15000	2
第二方案	改　建	原厂 20 万 m³	1200	10000	3

各方案的年生产成本为:

第一方案:$10 \times 1300 + 10 \times 1450 = 27500$(万元);

第二方案:$20 \times 1200 = 24000$(万元);

年度折算费用见表 6-2。

各方案费用分析表(单位:万元)　　　　　表 6-2

方　案	年生产成本 B	投资 K	$I \times K$	$B + IK$
一	27500	15000	1500	29000
二	24000	10000	1000	25000

由于第二方案拖期而损失的费用为:

$$P_t = 0.1 \times 15000(3 - 2) = 1500(万元)$$

故方案总费用

$$Z_1 = B_1 + K_1 I \pm P_t = 27500 + 1500 \times 0.1 \pm 0 = 29000(万元);$$

$$Z_2 = B_2 + K_2 I \pm P_t = 24000 + 10000 \times 0.1 + 1500 = 26500(万元)$$

所以尽管第二方案工期较长,但与第一方案比较,仍有 2500 万元的经济效益。故以第二方案为最优。

2. 评分综合

对各项分析指标可以根据其重要程度给出权重值,在评价时对各方案评定分数,用下式综合计算各方案的总分值,总分最大者为优。

$$C_R = \sum_{i=1}^{n} C_i \omega_i \tag{6-1}$$

式中　C_R——总分值;

C_i——指标的分值(分)($i = 1、2、3、……n$);

ω_i——指标权重值。

这一方法在评价时强调了使用价值指标体系的作用,比"价值指标综合法"来得全面,一定程度上克服了忽视使用价值在比较中的地位问题。它的困难在于权重值的确定和评分的尺度掌握。权重值可以采取统计、集体讨论和上级规定等多种方法确定。

【解】 有四个设计方案，按上述原理，设置平面、适用、经济、其他四项指标，分别给以权重值（权重值总和为1），然后评定各指标的得分值（设每项指标最高总分为10分），具体见表6-3所列，试选择最优方案。

综合评分表 表6-3

分值方案	指标 权重值 c_i ω_i	适用	平面	经济	其他	综合评分
	0.4	0.2	0.3	0.1	总分值 C_R
A		9	8	9	7	8.6*
B		8	7	7	9	7.6
C		7	8	9	8	7.9
D		6	9	8	9	7.5

按上式计算结果见表6-3，最优方案为 A 方案。

3. 求价值系数标准差

运用价值分析中的价值系数来综合反映功能与成本两种相关因素的量的关系，以对方案作出评价。其计算公式为：

$$价值系数 = \frac{功能系数}{成本系数} \tag{6-2}$$

式中
$$功能系数 = \frac{单项指标功能得分}{某方案总分数} \tag{6-3}$$

$$成本系数 = \frac{单项指标成本}{某方案总成本} \tag{6-4}$$

假如某方案各项指标形成一条理想曲线（$\overline{X}$），这条曲线取值为1。但实际上不可能出现理想的情况，然而可以通过求标准差来判断其对理想曲线偏离程度的大小，以标准差最小的方案为最优方案。

$$\sigma_i = \sqrt{\frac{\sum_{i=1}^{n}(x_i - \overline{X})^2}{n-1}} = \min \tag{6-5}$$

式中 σ_i——某方案的标准差；

x_i——某项指标的价值系数；

$\overline{X}$——理想值，取1；

n——某方案的价值系数个数。

这种方法既考虑了功能，又考虑了成本。较为理想。然而计算量大，功能系数较难确定（可用01评分法求单项指标分数）。进行设计方案技术经济分析时，此法很适用。

第二节 设计方案技术经济评价

一、提高设计方案技术经济效果的主要途径

设计的优劣直接影响建设费用的大小和建设时间的长短，影响建筑施工的目标和投入的人力、物力的多少，决定项目建成以后长期的使用价值和经济效果。

据统计，技术经济合理的设计，可以降低工程造价 5%～10%，甚至可达 10%～20%。因此，在进行技术经济分析之前，有必要对提高设计方案的技术经济效果的主要途径进行探讨。对设计方案的技术经济分析是在方案形成以后进行的，而在方案设计时则必须正确运用提高方案技术经济效果的一些思想和方法。设计时应当把提高技术经济效果作为主要的努力方向，避免可能造成的浪费。

首先，凡能进行定量分析的设计内容，均要通过计算，用数据说话。功能要求和设计标准要统一，安排要适度。其次，在设计时应充分考虑施工的可能性和经济性，要和技术水平及管理水平相适应；也应当使投入使用后的经常费和维修保养费尽量节省。第三，要特别注意选用建筑材料或设备的经济性，尽量不用那些采购困难、运费昂贵、制造不便、刚刚试制、施工复杂或依赖进口的材料和设备，建设上的需要应和材料设备价格的高低、加工的难易、使用的效果、维护的要求、耐久性能等相关因素协调起来。第四，要尽量搞标准化和系列化的设计，这对提高效率，节约资金、材料和人力，对推广科技成果，对保证工程质量以及促进建筑工业化等均有重要意义。

不同的建筑体系，其提高设计方案的技术经济效果的途径是各不相同的，下面我们分别对居住建筑和工业建筑进行阐述。

（一）提高居住建筑设计方案技术经济效果的途径

居住建筑为人们提供居住条件。首先必须满足每个人口组成不同的家庭居住需要。使用要方便，环境要安静，卫生条件要好，建筑地点要遵照城市规划的要求，设计标准要符合国家规定。要节约用地，因地制宜，就地取材，符合标准化、系列化的要求，便于施工。提高居住建筑设计方案技术经济效果的具体途径是：

1. 平面布置合理，房屋的长度和宽度得当

在层数和层高一定的条件下，房屋的长度和宽度决定单位建筑面积的外墙面积。如果建筑物每层的建筑面积不变，建筑物的宽度大而长度短时，则每平方米建筑面积的外墙周长就小。一般用外墙周长系数衡量外墙周长的大小。

$$外墙周长系数 = \frac{建筑物外墙周长(m)}{建筑面积(m^2)} \qquad (6-6)$$

外墙周长系数小，造价就低，能源损耗就少。为使外墙周长系数适度并考虑不设伸缩缝的最大长度限制（90m），房屋的长度以 3～5 个单元（60～80m）较为经济合理。

2. 单元的组成、户型和居住面积要适宜

户型即每户的室数。户室比是按照不同的居室户的户数与总户数的百分比。户室比应根据一般家庭人口的组成情况、职业情况等来决定，同时要考虑国家的经济情况。居住面积一般用平面系数来确定。

$$平面系数 = \frac{居住面积(m^2)}{建筑面积(m^2)} \times 100\% \qquad (6-7)$$

一般说来，平面系数要达到 50% 以上。辅助面积用辅助面积系数来确定。

$$辅助面积系数 = \frac{辅助面积(m^2)}{居住面积(m^2)} \times 100\% \qquad (6-8)$$

辅助面积系数以 25% 左右为宜。结构面积越小，设计方案越经济，因为有效面积会因此而增加。结构面积大小用结构面积系数衡量。

$$结构面积系数 = \frac{结构面积(m^2)}{建筑面积(m^2)} \times 100\% \qquad (6-9)$$

不同体系、地区的居住建筑，结构面积系数不同，如北京市砖混结构约为 19%，外砖内模体系为 16%，装配式大板为 14%，框架轻板为 11%。

3. 合理确定层数与层高

房屋的高度对建筑造价和经常费用有很大影响。高度降低，可以缩小楼与楼之间的日照与安全间距，节约用地。高度又决定于层高与层数。降低层高，可以减少墙身和粉刷工程量，从而降低造价和节省采暖费用。层高降低 10cm，造价可降低 1% 左右，墙体材料可节约 10%。目前我国的居住建筑层高多为 2.7~2.9m。

房屋的层数增加，能提高居住密度，减少每户的工程管道长度，节约用地。房屋内部和外部的设施，供水、排水管道、电力照明和交通道路等费用在一定范围内都随着住宅层数的增加而降低。但是，层数超过 7 层，要增加垂直运输设施，需要较多的交通面积，需要补充设备（垃圾道、供水设备、供电设备等），还要增加结构强度抵御风荷载及地震荷载。应发展多层还是发展高层，是一个复杂的技术经济问题，需要根据各地具体情况经过充分地研究和论证方能做出结论。

4. 合理选择结构方案

目前住宅建筑的结构体系主要有混合结构、装配式大板、大模板结构、框架轻板、砌块、滑模等几种。它们各有利弊，应该结合地区和部门的实际的情况，因地制宜，不断改进，方能逐渐提高其技术经济效果。

基础、外墙、内墙、楼板、屋面等部位的构件设计和选用，亦应进行技术经济分析，以选择最佳方案。要尽量加速墙体改革的步伐，以砌块或壁板代砖，采用复合墙板、节能墙体等。必须降低预制构件的重量以便于运输和装配。要解决装饰工程的机械化、干作业问题。

楼板造价占总造价的 9%~13%，其重量占整个房屋重量的 22% 左右，是影响工程经济效果的主要环节，要求重量轻、强度大、面积大，楼板尽量在工厂预制。双向预应力大楼板有着较好的技术经济效果。

隔墙费占房屋造价的 12% 左右，对技术经济效果也有较大影响，要求轻质、隔音、隔热、装修容易。各种预制隔墙板及壁纸的应用具有重要的经济价值。

（二）提高工业建筑设计方案技术经济效果的主要途径

1. 合理选择建设方式

工业建筑的建设方式有新建、扩建和改建之分，如何选择要通过充分的技术经济分析。

正如中央领导同志在讲话中曾指出的那样"中国这么大，光靠建设少数现代化的新厂是实现不了现代化的。""老厂必须进行技术改造。它们是汪洋大海。如果汪洋大海的面貌不改变，老厂总是处在落后状态，整个技术经济指标就无法达到先进的水平"。

2. 选好建设场地

不言而喻，建设场地选择是否正确，对于建设投资、施工条件、工期以及企业将来的经营管理都有很大影响。选择建设厂地要经过勘探测量、计算和分析。

3. 合理地布置总平面

总平面设计的经济性关系到土地的利用、建筑物的位置、场内交通道路布局及工程管网的长度。好的总平面设计可以大大节约用地面积、缩短交通路线、减少建筑安装工程量、节省建设投资、加快建设速度，保证企业更好地组织生产、降低生产经营费用。总平面设计应注意以下几点：

（1）建筑物、构筑物的布置必须符合先进的工艺生产流程的要求；

（2）厂区总平面应进行分区规划，将性能相同或生产关系密切的车间和设备组合为一个生产区，各区的相互位置和距离应符合规范要求；

（3）总平面布置要满足节约用地的要求；

（4）总平面布置要适应厂内外运输的要求；

（5）总平面布置应适应厂区的气候、地形、水文、地质等自然条件；满足卫生、防火、安全、消防的有关要求和规定；

（6）不仅要平面布置上合理，同时要正确选定地面设计标高，以减少挖填土数量。

4. 在不降低生产车间生产能力的条件下，尽量减少车间的面积和体积，从而减少工程量，提高单位面积的产量。措施是：合理布置设备，减少单位设备的占地面积；道路宽度要适当；有些运输设备可以布置在空中，有些设备可以露天布置等等。

5. 正确地选择高度、跨度和柱距

对于跨度和高度都较大并拥有重型生产设备的车间，以采用单层厂房为经济合理。对于工艺过程比较紧凑的或需要组织垂直工艺过程的、或设备的重量和产品的重量都较小的、或需要保持恒温恒湿的各种轻型车间，应尽量采用多层厂房。

多层厂房可以缩短交通线长度，减少外部传热面积，减少电能和热能的损失，减少基础及屋面的工程量，减少公共福利设施费用，大大地减少占地面积。

据统计厂房的高度每增加 1m，单位面积造价要增加 1.3%，采暖费增加 3%，材料用量也要增加。因此，确定厂房的高度对建筑造价有很大影响。对于单层工业厂房，高度主要是根据车间内部的运输方式决定。

不同跨度和柱距的装配式钢筋混凝土厂房，当柱距不变时，跨度越大，单位面积的平均造价越小。多跨厂房，当跨度不变时，中跨数愈多愈经济。当柱距增大时，柱子的工程量大大减少，但屋面板的费用却要相应增加。由于屋面板费用在总价中所占的比重大，因此在采用钢筋混凝土屋面板时，柱距以 6m 较为经济。如果采用预应力钢筋混凝土屋面板及先进结构型式，扩大柱距尺寸显然是经济合理的。适当地扩大柱距尺寸，能促使设备更合理地布置而节省车间面积。

6. 采用先进的结构型式和轻质、高强的建筑材料，大力减轻建筑物的自重。

表 6-4 是建筑工程的各种造价比重，可供设计工作者在设计时作为提高设计方案技术

经济效果时参考。

建筑工程的一般概念性经济指标

表 6-4

序号	项目	所占造价的比例						
1	一般民用建筑和一般工业厂房土建与安装造价比重	土建工程造价（不包括工艺设备投资）占总造价68%～78%				水、电、暖、风造价占总造价32%～22%		
		土建	84%～87%	土建	81%～85%	土建	78%～80%	
		上下水	9%～11%	采暖	5%～6%	采暖	5%～6%	
		电照	4%～5%	上下水	6%～8%	通风	5%～7%	
				电照	4%～5%	上下水	4%～7%	
						电照	4%～5%	
						煤气	2%～3%	
2	高级宾馆、饭店和公寓	土建与安装比例	土建 50%～60%	结构与装饰比例	结构 45%～50%	安装部分比例	水暖 14%～18%	空调 40%～45%	电气 25%～30%
			安装 40%～50%		装饰 50%～55%		电梯 6%～8%	消防 5%～7%	煤气 0.6%～1%
3	土建工程造价四项费用比重	人工工资占：12%～14% 材料费占：50%～60% 机械费占：4%～8% 间接费占：22%～28%						
4	分部工程造价所占的比例	砖 木 结 构				钢筋混凝土混合结构		
		基础部分占：8%～12%				5%～10%		
		墙体部分占：15%～25%				10%～18%		
		柱梁部分占：2%～6%				10%～20%		
		地面部分占：8%～10%				4%～7%		
		门窗部分占：6%～10%				5%～11%		
		屋盖部分占：30%～35%				30%～40%		
		其他部分占：4%～6%				3%～5%		
5	建筑物不同高度（层高）对造价的影响	单层	单层多跨建筑物其高度增加1m，造价增加1.5%～3%					
		多层建筑物	层高（m）	2.8	3.0	3.2	3.4	3.6	3.8
			造价（%）	99	100	103	107	110	113
6	建筑物不同层数对造价的影响	层数	1	2	2	4	5	6
		造价（%）	100	90	84	80	82	85
7	建筑外形对造价的影响	外形	长方形	L形	H形	Y形	U形	圆形
		造价（%）	100	103～108	102～105	103～107	105～109	107～113

序号	项 目		所 占 造 价 的 比 例						
8	不同走廊形式对造价影响	走廊形式 造价（%）	内 廊 100	内外廊 101	梯 间 106	外 廊 107	半内廊 110		
9	不同进深对造价的影响	进深（m） 造价（%）	4.4 101	4.8 100	5.2 99	5.6 98	6.0 97		
10	不同开间对造价的影响	开间（m） 造价（%）	2.8 107	3.0 104	3.2 102	3.4 100	3.6 99	3.8 97	4.0 96
11	不同户平均居住面积对造价影响	面积（m²） 造价（%）	24 104	27 102	31 100	44 98	50 97	55 95	57 94
12	单元组合不同对造价的影响	单元 造价（%）	2 100	3 96.8	4 95.2	5 94	6 93.4	7 92.8	
13	不同结构层高每增减10cm对造价影响	结构类别 造价（%）	混合 1.61	砖木 1.07	混凝土 1.06				
14	不同墙身材料对造价影响	墙身材料 造价（%）	砖 1.00	硅酸块 0.994	三孔砖 0.970	混凝土 1.2～1.4			
15	不同跨度对造价影响	跨度（m） 造价（%）	9 125	12 115	18 100	24 88	30 82	36 79	
16	不同跨数对造价影响	跨 数 造价（%）	2 100	3 98	4 97	5 90.5			
17	不同高度对造价影响	高度（m） 造价（%）	3.6 100	4.2 108.3	4.8 116.6	5.4 124.9	6.0 133.3		
18	不同柱距对造价影响	柱距（m） 造价（%）	6 100	12 108～113					
19	不同跨度对柱的造价影响	跨度（m） 造价（%）	12 100	15 80	18 72	24 56	30 52		

二、住宅建筑设计方案的技术经济评价

（一）住宅建筑设计方案技术经济评价的指标体系

技术经济分析指标的设置，要完整而扼要地展示住宅功能的最本质特征，反映出各功能指标内在的联系，从而确切地反映出住宅方案满足居住需要所能达到的程度，完整而又准确地反映为取得使用价值所必须投入的社会必要劳动消耗量。因此，应设置两个方面的指标内容：其一是功能效果指标，即满足居住需要的程度（功能）指标体系；其二是创造使用价值的社会劳动消耗指标。《住宅建筑技术经济评价标准》（JGJ47—88）规定设置的"住宅建筑设计方案评价指标体系表"（表 6-5)和"住宅建筑工程评价指标体系表"（表 6-6)。

序　号	指标类型	一级指标	二　级　指　标
1	建 筑 功 能 效 果	平面空间布局	平面空间综合效果
2			平均每套卧室、起居室数
3			平均每套良好朝向卧室、起居室面积
4			家具布置
5			储藏设施
6		平面指标	平均每套建筑面积
7			使用面积系数
8			平均每套面宽
9		厨卫	厨房布置
10			卫生间布置
11		物理性能	采光
12			通风
13			保温（隔热）
14			隔声
15		安全性	安全措施
16			结构安全
17		建筑艺术	立面效果
18			室内效果
19	社会劳动消耗		造价

序　号	指标类型	一级指标	二　级　指　标
1	建 筑 功 能 效 果	平面空间布局	平面空间综合效果
2			平均每套卧室、起居室数
3			平均每套良好朝向卧室、起居室面积
4			家具布置
5			储藏设施
6			楼梯走道
7			阳台设置
8			公用设施
9		平面指标	平均每套建筑面积
10			使用面积系数
11			平均每套面宽

序　号	指标类型	一级指标	二级指标
12	建筑功能效果	厨卫	厨房布置
13			卫生间布置
14		物理性能	采光
15			通风
16			保温（隔热）
17			隔声
18		安全性	安全措施
19			结构安全
20		建筑艺术	立面效果
21			室内效果
22	社会劳动消耗	主要指标	造价
23			工期
24			房屋经常使用费
25			使用能耗
26		辅助指标	钢材
27			木材
28			水泥
29			劳动量耗用

表 6-5 和表 6-6 中的一级指标反映了构成住宅的基本因素，不因地域条件和生活习惯不同而变化。一级指标也称控制指标。由于我国幅员广大，地域辽阔，各地风俗习惯不同，故通过二级指标（也称表述指标）加以反映。一级指标是根据技术经济效果各因素的不同性质和重要程度概括产生的。二级指标根据一级指标的内容和特性展开，并直接反映住宅建筑技术经济各方面的具体基本特征。

（二）评价指标的计算

1. 定量指标的计算

定量指标是指能够通过数值的大小具体反映优劣状况的指标。

（1）平均每套卧室、起居室数以多者为优。

（2）平均每套良好朝向的卧室、起居室面积以多者为优。良好朝向是指南向和东南向，东向为次好朝向，计算时乘 0.6 降低系数。

（3）平均每套建筑面积，符合或接近国家或地方规定的面积标准者为优。

（4）使用面积系数以大者为优。

（5）平均每户面宽以小者为优。该指标系指住宅底层两山墙外皮间的长度被首层或标准层套数除。在一般情况下，适用于条式住宅。

（6）对严寒和寒冷地区计算保温，温暖地区计算保温与隔热，炎热地区计算隔热。应按《民用建筑热工设计规程》及《民用建筑设计节能标准》的规定计算，并评价优劣。若用评分法，按当地一般做法解决保温、隔热问题者，给予2分；采取措施改进功能效果者，相应增加分值；未达到一般做法者，相应减少分值。

（7）分户墙与楼板的空气声隔声量以大者为优，应符合《民用建筑隔声设计规范》的规定。

（8）造价指标系指住宅建筑的土建及设备的全部造价，不包括基础工程造价；方案设计评价以设计概算为准；住宅工程评价以设计预算为准。设计概算及预算均应符合国家或地方规定的深度要求。平均每套价格系指一栋或一个标准单元的造价平均值。

（9）工期系指单位工程从开工到竣工的全部日历天数，不包括基础工程的工期。住宅工程评价，可用计划工期，也可用扣除不正常停歇天数的实际工期。

（10）房屋经常使用费包括管理、维修、税金、资金利息、保险、能耗等，以小者为优。计算公式根据各地统一规定。

（11）使用能耗系指使用过程中的采暖、电气、给排水、空调等能耗的总和。煤耗以发热量为4.1868kJ/kg的标准煤计算；每度电折合0.42kg标准煤。

（12）劳动量耗用系指住宅建造过程中直接耗用的全部劳动量。包括现场用工和预制厂用工，按预算定额计算。

2. 定性指标的计算

定性指标是不能直接通过计算数值定量反映事物好坏的指标。

（1）家具布置以起居室、卧室的平面尺度适宜、门窗位置（采暖地区尚需考虑散热器位置）适当，墙面完整，利于灵活布置家具的程度评定分值，以高分者为优。

（2）厨房以平面尺度适宜，固定设备布置合理，空间利用及通风排烟良好评定分值，以高分者优。

（3）卫生间、厕所根据所采用设备的数量、布置合理程度，以及采光、排气等评定分值，以高分者为优。

（4）储藏设施系指储藏间、壁橱、吊柜、搁板等，以空间利用合理，使用方便者为优。

（5）楼梯、走道以安全疏散，栏杆设置、休息平台以方便搬运家具等，作为衡量优劣的标准。户内走道应按联系方便、线路短捷、搬运家具方便等评分。

（6）阳台设置以面积合理、位置恰当、安全美观等评分。

（7）公用设施系指垃圾道、电话管线、公用电视天线、信报箱等，应以设置的合理程度评分。

（8）平面空间综合效果系指平面布置紧凑，空间分配合理，功能分区明确，交通联系方便，私密性好等方面，以此评定分值。

（9）通风以起居、卧室的自然通风顺畅程度评定分值。

（10）结构安全以满足设计规范和抗震要求，主体结构的稳定性程度评定分值。

（11）安全措施系指疏散、防火、防盗、防坠落等措施，应以适宜程度评定分值。

（12）室内效果以室内空间比例适度，色调协调，简洁明快，观感舒适等评分。

（13）立面效果以体型、比例、立面、色调的谐调程度评定分值。

（14）上述指标，凡因创新而更好满足使用功能要求的，均应计入创新一项，给予 4 分。

（三）评价方法

1. 评价步骤

采用评分指数法评价住宅的技术经济效果，按下列步骤进行：

（1）提出评价项目（被评价的住宅设计方案或住宅建筑工程）。

（2）确定对比标准，该标准指为了评价项目进行优选而设置的比较依据。用新的住宅建筑方案（工程）优化旧方案（工程）时，旧方案（工程）为对比标准；若为多方案（工程）比较，从中优选，则全部方案（工程）均互为对比标准。

（3）描述评价项目和对比标准的工程概况和建筑特征。

（4）审查建立可比条件。

（5）计算技术经济指标的基础数据（包括计算值及分值）。

（6）计算技术经济指标的转换值。

（7）计算技术经济指标的指数值。

（8）计算技术经济指标的加权指数。

（9）计算住宅建筑技术经济效果的综合指数。

（10）综合评价与结论意见。

2. 定量标准

定量标准是定性指标进行定量计算的依据。定性指标根据住宅建筑的技术特征，按标准"JGJ47—88"中的附录二"住宅建筑评价指标体系定量表"的规定评分。

定量评分的分值定为"0"、"1"、"2"、"3"、"4"共 5 档，差值均为 1 分。其中"0"分为淘汰标准，有一项指标出现"0"分，方案即被淘汰，不再参加评比。"1"分为基本标准线，表示指标达到最低合格标准。"2"、"3"分表示使用功能递增的分值。"4"分为创新标准，表示指标所反映的内容有独到之处的效果。

3. 相对权重

相对权重是为体现一级和二级各项评价指标在总体评价中的重要程度而设置的，计算权重按下式进行：

$$\omega_i = \omega_i' \cdot \omega_i'' \qquad\qquad (6\text{-}10)$$

式中　ω_i——第 i 项评价指标的计算权重；

　　　ω_i'——第 i 项指标的一级权重；

　　　ω_i''——第 i 项指标的二级权重。

一级权重适宜于各地区；二级权重各地区可根据具体情况酌情增减。权重值规定见表 6-7 和表 6-8。

4. 技术经济效果综合评价

（1）技术经济效果综合评价，首先是对评价指标的评分值或计算值进行指数化运算。

（2）技术经济效果评价指标体系的综合，应按建筑功能和社会劳动消耗两类指标分别进行。

序号	指标类型	一级指标	二级指标	权重值							
				二级权重（ω_i''）			一级权重（ω_i'）	计算权重（ω_i）			
				I	II、III	IV		I	II、III	IV	
1	建筑功能效果	平面空间布局	平面空间综合效果	27			0.35	9			
2			平均每套卧室、起居室数	27				9			
3			平均每套良好朝向卧室、起居室面积	22				8			
4			家俱布置	14				5			
5			储藏设施	10				4			
6		平面指标	平均每套建筑面积	42			0.20	8			
7			使用面积系数	36				7			
8			平均每套面宽	22				5			
9		厨卫	厨房布置	56			0.15	8			
10			卫生间布置	44				7			
11		物理性能	采光	32	31	29	0.10	3	3	3	
12			通风	25	28	31		2	3	3	
13			保温（隔热）	25	23	22		3	2	2	
14			隔声	18	18	18		2	2	2	
15		安全性	安全措施	40			0.10	4			
16			结构安全	60				6			
17		建筑艺术	立面效果	64			0.10	6			
18			室内效果	36				4			
19	社会劳动消耗	造价		100			1.00	100			

注：1. 指标权重值根据地区不同有所区别。

表中标有 I 者为 I 类地区，即严寒地区。

标有 II 者为 II 类地区，即寒冷地区。

标有 III 者为 III 类地区，即温暖地区。

标有 IV 者为 IV 类地区，即炎热地区。

2. I 区热工指标计算保温；II 区、III 区计算隔热和保温；IV 区计算隔热。

<table>
<tr><td colspan="4" align="center">住宅建筑工程评价指标权重值表</td><td colspan="7" align="right">表 6-8</td></tr>
</table>

序号	指标类型	一级指标	二级指标	二级权重（ω''_i） I	二级权重 II、III	二级权重 IV	一级权重（ω'_i）	计算权重（ω_i） I	计算权重 II、III	计算权重 IV
1	建筑功能效果	平面空间布局	平面空间综合效果	21			0.35	8		
2			平均每套卧室、起居室数	21				7		
3			平均每套良好朝向卧室、起居室面积	17				6		
4			家具布置	11				4		
5			储藏设施	8				3		
6			楼梯走道	7				2		
7			阳台设置	8				3		
8			公用设施	7				2		
9		平面指标	平均每套建筑面积	42			0.20	8		
10			使用面积系数	36				7		
11			平均每套面宽	22				5		
12		厨卫	厨房布置	56			0.15	8		
13			卫生间布置	44				7		
14		物理性能	采光	32	31	29	0.10	3	3	3
15			通风	25	28	31		2	3	3
16			保温（隔热）	25	23	22		3	2	2
17			隔声	18	18	18		2	2	2
18		安全性	安全措施	40			0.10	4		
19			结构安全	60				6		
20		建筑艺术	立面效果	64			0.10	6		
21			室内效果	36				4		
22	社会劳动消耗	主要指标	造价	52			0.70	36		
23			工期	20				14		
24			房屋经常使用费	18				13		
25			使用能耗	10				7		
26		辅助指标	钢材	32			0.30	10		
27			木材	24				7		
28			水泥	27				8		
29			劳动量耗用	17				5		

（3）住宅功能指标的评价，均应以大者为优，若不同方案同一评价项目所形成的数列，

以小者为优时，经转置后进行指数化运算，形成以大者为优的指数数列。

（4）社会劳动消耗指标的评价，均应以小者为优，若不同方案同一评价项目所形成的数列，以大者为优时，转置后进行指数化运算，形成以小者为优的指数数列。

（5）转置运算采用大小值求补法。以数列中大数与小数相加之和。减去所求数，即得到转置后的新数列。

【例】 有四个住宅建筑方案，其每平方米建筑面积的钢材耗用量指标分别为15kg，16kg，18kg，19.5kg，采用大小值求补的方法就得，

$$19.5 + 15 - 15 = 19.5$$
$$19.5 + 15 - 16 = 18.5$$
$$19.5 + 15 - 18 = 16.5$$
$$19.5 + 15 - 19.5 = 15$$

这样就获得了一个转置后的新数列：19.5kg，18.5kg，16.5kg，15kg。

（6）计算评价指标的指数，应按以下两种情况分别处理。

1）建筑功能指标体系评价指数数列，以数列中之最大数除以数列中各数，得到一组不大于1的指数值。

2）社会劳动消耗指标体系评价指数数列，以数列中之最小数除以数列中各数，得到一组不小于1的指数值。

（7）各项技术经济指标的指数值，称评价指数。评价指数乘以相应的权重值，为各项评价指数的加权指数。

（8）各评价方案的建筑功能指标体系和社会劳动消耗指标体系的加权指数的总和，分别为该评价指标体系的综合指数。用公式表示如下：

$$\lambda_f = \sum_{i=1}^{n} \lambda_{fi} \cdot \omega_{fi}; \tag{6-11}$$

$$\lambda_l = \sum_{i=1}^{n} \lambda_{li} \cdot \omega_{li}; \tag{6-12}$$

式中 λ_f——建筑功能指标体系的综合指数；

λ_l——社会劳动消耗指标体系的综合指数；

λ_{fi}——建筑功能指标体系中第 i 项评价指标的评价指数（$i=1$，2，3，……n）；

ω_{fi}——建筑功能指标体系中第 i 项评价指标的权重值（$i=1$，2，3……n）；

λ_{Li}——社会劳动消耗指标体系中第 i 项评价指标的评价指数（$i=1$，2，3……n）；

ω_{Li}——社会劳动消耗指标体系中第 i 项评价指标的权重值（$i=1$，2，3……n）；

n——评价指标数。

（9）住宅建筑技术经济效果综合评价，最终表现为建筑指标体系的综合指数与社会劳动消耗指标体系的综合指数的比值。比值相对大的方案为较优方案。

$$\varepsilon = \frac{\lambda_f}{\lambda_L} \rightarrow \max \tag{6-13}$$

式中 ε——住宅建筑技术经济综合效果；

λ_f——建筑功能指标体系的综合指数；

λ_L——社会劳动消耗指标体系的综合指数。

（10）通过综合评价，提出方案或工程的选用意见，以供决策。

（四）住宅建筑设计方案评价实例

若有5个多层住宅设计方案（在"住宅建筑方案评价表"（表6-9）中分别以Ⅰ、Ⅱ、Ⅲ、Ⅳ、Ⅴ表示），须对它们进行评价选优。应按以下步骤进行：

1. 将本标准提出的一级指标及一级指标权重分别填入"住宅建筑方案评价表"（以下简称评价表）中的第2栏和第5栏；

2. 根据当地地区自然条件、技术水平和生活习惯选定二级指标及相应的权重，并分别填入评价表中的第3栏和第4栏；

3. 用第4栏数字乘第5栏数字求出每项指标的计算权重，分别填入第6栏；

4. 逐个分析二级指标，明确哪些指标求其最大值，哪些求其最小值；

5. 结合平、立面图进行分析、计算，对于"平均每套卧室、起居室数""……"等6项定量指标，求出它们的计算值；其余各项定性指标，经过专家评议，给出相应分值并将计算值和分值分别填入评价表中的第8至第12栏内；

6. 在本实例中，有两项功能评价指标的值越小越好，即"平均每套建筑面积"和"平均每套面宽"。为了综合功能指标，必须首先通过大小值求补的方法对其进行转置，将转置后数字填在这两项指标的第13至第17栏内；

7. 求出指数数列。对于功能指标，以每个指标各方案数列中的最大数为分母，分别除该指标中的各数，如实例中的"平面空间综合效果"指标，最大分值为3，则以3为分母，去除其它各方案该指标的分值。对于社会劳动消耗指标，以各方案数列中的最小数为分母去除各数，在本实例中，第Ⅲ方案的造价最低，为96.02元/m²，因此，应以它为分母除各数。求出的指数分别填入第18至第22栏内。

8. 加权计算。用第18栏至第22栏的指数值乘以该指标相应的权重值（列于第6栏），求出加权指数，填在第23至第27栏内。例如，"家具布置"指标，第Ⅱ方案的指数值为0.33，乘以该指标的权重5，得加权指数1.65填于该指标第Ⅱ方案的第24栏内；

9. 分别求出方案Ⅰ到方案Ⅴ全部建筑功能指标的加权指数总和，得到各方案建筑功能部分的综合指数，列于表中第28至第32栏内；

10. 各方案的技术经济效果（ε），分别为各方案建筑功能综合指数与社会劳动消耗综合指数的比值。即：

方案Ⅰ：$\varepsilon = \dfrac{88.82}{108} = 0.82$；

方案Ⅱ：$\varepsilon = \dfrac{82.17}{107} = 0.77$；

方案Ⅲ：$\varepsilon = \dfrac{76.69}{100} = 0.77$；

方案Ⅳ：$\varepsilon = \dfrac{69.61}{108} = 0.65$；

方案Ⅴ：$\varepsilon = \dfrac{71.77}{124} = 0.58$；

计算结果表明，方案Ⅰ的综合技术经济效果最优，方案Ⅱ、Ⅲ次之，方案Ⅳ最差。

表 6-9

住宅建筑方案评价表

指标类型	一级指标	二级指标	ω″	ω′	ωⱼ	判别标准	计算值或评分值 I	II	III	IV	V	转换值 I	II	III	IV	V
1	2	3	4	5	6	7	8	9	10	11	12	13	14	15	16	17
建筑功能效果 (λ₁)	平面空间布局	平面空间综合效果	27	0.35	9	高分优	3	2	2	1	1					
		平均每套卧室、起居室数	27		9	大者优	2	2	2	2	2					
		平均每套良好朝向卧室、起居室面积	22		8	大者优	18.73	20.7	20.6	22.4	19.6					
		家具布置	14		5	高分优	3	1	2	1	2					
		储藏设施	10		4	高分优	1	2	1	1	3					
	平面指标	平均每套建筑面积	42	0.20	8	小者优	0.15	0.12	0.99	0.36	0.49	0.96	0.99	0.12	0.75	0.62
		使用面积系数 K	36		7	大者优	0.59	0.57	0.58	0.56	0.57					
		平均每套面宽	22		5	小者优	5.82	5.82	6.12	6.72	5.82	6.72	6.72	6.42	5.82	6.72
	厨卫	厨房布置	56	0.15	8	高分优	2	2	3	2	1					
		卫生间布置	44		7	高分优	2	3	2	2	2					
	物理性能	采光	31	0.10	3	高分优	3	2	3	2	2					
		通风	28		3	高分优	3	2	2	1	2					
		保温（隔热）	23		2	高分优	2	2	2	2	2					
		隔声	18		2	大者优	2	2	2	2	2					
	安全性	安全措施	40	0.10	4	高分优	3	3	3	3	2					
		结构安全	60		6	高分优	2	3	2	1	2					
建筑艺术		立面效果	64	0.10	6	高分优	3	2	3	2	2					
		室内效果	36		4	高分优	3	2	1	2	2					
社会劳动消耗 (λ₂)		造价	100	1.00	100	小者优	103.2	102.9	96.02	103.8	120.8					

163

指标类型	一级指标	二级指标	指数数列 I (18)	II (19)	III (20)	IV (21)	V (22)	加权指数 I (23)	II (24)	III (25)	IV (26)	V (27)	综合指数 I (28)	II (29)	III (30)	IV (31)	V (32)
1	2	3	18	19	20	21	22	23	24	25	26	27	28	29	30	31	32
建筑功能效果(λ)	平面空间布局	平面空间综合效果	1.00	0.67	0.67	0.33	0.33	9.00	6.03	6.03	2.97	2.97					
		平均每套卧室、起居室数	1	1	1	1	1	9.00	9.00	9.00	9.00	9.00					
		平均每套良好朝向卧室、起居室面积	0.84	0.92	0.92	1	0.87	6.72	7.36	7.36	8.00	6.96					
		家具布置	1.00	0.33	0.67	0.33	0.67	5	1.65	3.55	1.65	3.35					
		储藏设施	0.33	0.67	0.33	0.33	1.00	1.32	2.68	1.32	1.32	4					
	平面指标	平均每套建筑面积	0.97	1.00	0.12	0.76	0.63	7.76	8.00	0.97	6.08	5.01					
		使用面积系数 K	1.00	0.96	0.98	0.94	0.96	7.00	6.72	6.86	6.58	6.72					
		平均每套面宽	1.00	1.00	0.96	0.87	1.00	5.00	5.00	4.78	4.33	5.00					
	厨卫	厨房布置	0.67	0.67	1.00	0.67	0.33	5.33	5.33	8.00	5.33	2.67					
		卫生间布置	0.67	1.00	0.67	0.67	0.67	4.67	7.00	4.67	4.67	4.67					
	物理性能	采光	1.00	0.67	1.00	0.67	0.67	3	2.01	3	2.01	2.01					
		通风	1.00	0.67	0.67	0.33	0.67	3	2.01	2.01	0.99	2.01					
		保温（隔热）	1.00	1.00	1.00	1.00	1.00	2.00	2.00	2.00	2.00	2.00					
		隔声	1.00	1.00	1.00	1.00	1.00	2.00	2.00	2.00	2.00	2.00					
	安全性	安全措施	1.00	0.67	1.00	1.00	0.67	4.00	2.68	4.00	4.00	2.68					
		结构安全	0.67	1.00	0.67	0.33	0.67	6.00	6.00	4.02	1.98	4.02					
	建筑艺术	立面效果	1.00	0.67	1.00	0.67	0.67	4.02	6.00	6.00	4.00	4.02					
		室内效果	1.00	0.67	0.33	0.67	0.67	6.00	6.00	4.00	4.00	2.68					
		造价	1.08	1.07	1	1.08	1.24	108	107	100	108	124	108	107	100	108	124
社会劳动消耗(λ)								0.82	0.77	0.77	0.65	0.58	88.82	82.17	76.69	69.61	71.77
		技术经济效果 序						优					I	II	III	IV	V

三、工业建筑设计方案的技术经济评价

（一）工业建筑设计方案技术经济评价指标体系

工业建筑设计方案技术经济评价指标体系参考表 6-10 及表 6-11。

工业建筑工程项目建设阶段的技术经济评价指标　　　　表 6-10

类别	指　标	说　明
工程指标	1. 工程造价	按设计概算或设计预算计算方法及项目划分标准确定
	2. 建设工期	分"建设项目"、"单项工程"及"单位工程"按计划确定
	3. 主要建筑物及构筑物的主要实物工程量	包括土石方、钢筋混凝土、吊装、砌筑、防水、管道、电缆等，按预算确定
	4. 建筑面积	分总面积、单项工程面积及单位工程面积或分生产性建筑面积、服务性建筑面积及生活居住面积按预算确定
	5. 建设阶段主要材料、能源消耗指标	包括木材、钢材、水泥、砖、白灰、砂、石、能耗等项，可按工程项目计算，也可分工程计算，按预算确定
	6. 建设阶段劳动力耗用指标	可计算总指标和分项指标，也可分工种计算，按预算确定
用地指标	7. 厂区用地指标	可分别计算：建筑物占地、构筑物占地、露天堆场和作业场占地、道路占地、管线占地、绿化占地、单位产量占地、建筑系数、厂区利用系数等
	8. 住宅区用地指标	包括居住区用地总面积、居住用地面积、公共建筑用地面积、道路用地面积、绿化用地面积、其他用地面积

工业建筑工程项目使用阶段技术经济评价指标　　　　表 6-11

序号		指　标	说　明
1	产量	总产值	元/年
2		总产量	产品数量/年
3	劳动生产率	全员劳动生产率	用价值指标表示： 　年产值（元）/全厂人数（人） 用实物量指标表示： 　总产量（t、m³ 等）/全厂人数（人）
4		生产工人劳动生产率	年产值（元）/生产工人人数（人）
5	设备	设备数量	可分主要生产设备和辅助生产设备
6		全厂设备总容量	千瓦
7	消耗	材料消耗	可分主要原材料消耗量及单位产品主要材料消耗量
8		用水消耗	可分生产用水和生活用水（t/年）
9		用电消耗	包括生产用电和照明用电（kW·h/年）
10		用汽消耗	t/年

序 号	指 标		说　　明
11	收	单位产品成本	
12	支	每年实现利润	
13	全年货物运输量		分运入量和运出量（t/年）
14	房屋和构筑物的使用年限		

注：上述指标计算方法均应按国家规定。

（二）工业建筑设计方案技术经济评价方法及实例

1．使用多指标对比评价法应注意的问题

（1）可比性。如果是设计方案同已经建成的同类工业项目进行对比，这时选用的对比标准应是：已建成项目所生产的产品种类与设计方案相同，产量基本相等。如果产量不同，应予换算调整以使其可比。

（2）指标选用。当进行设计方案全面评价时，应突出建设阶段的指标，而以使用阶段的指标作参考。当对设计方案作局部评价时（分析某分部工程或某分项工程），可参照民用建筑技术经济评价指标体系，或选用有针对性的指标。

（3）结论。进行技术经济对比分析以后，一般应得出以下结论：多方案中哪个最好；哪个方案可以采用；设计方案在国内或国际上的先进性如何；设计方案可以产生的经济效益等等。

2．分项工程的技术经济评价举例

欲设计悬挂吊车轨道的钢筋混凝土梁，表 6-12 的三个方案都是可行的。假如材料、人工费为：A 种混凝土为 35 元/m³，B 种混凝土为 37 元/m³，C 种混凝土为 39 元/m³，梁侧支模板为 0.60 元/m³，梁底支模板为 0.80 元/m³，绑扎钢筋为 15 元/t，问哪一种方案最经济？

表 6-12

钢筋混凝土梁的设计方案	断面尺寸 （mm）	钢　筋 （kg/m³）	混凝土种类
一	300×600	96	A
二	375×600	72	B
三	300×450	112	C

分析如下：

如果考虑每种梁按 10m 长计算，结果列于表 6-13。

表 6-13

项　目	单　位	第一方案	第二方案	第三方案
混凝土体积	m³	1.8	2.25	1.25
钢筋重量	kg	172.8	162.0	151.2
梁侧模板	m²	12	12	9
梁底模板	m²	3	3.75	3
混凝土费用	元	63	83.25	52.65
钢筋费用	元	2.6	2.4	2.3
模板费用	元	9.6	10.2	7.8
合计费用	元	75.2	95.85	62.75

从合计费用中可以判断第三方案最经济。

3. 分部工程技术经济评价举例

设计某建筑物的屋面，根据荷载计算，选择椽子的方案有两个（表 6-14）试分析其优劣。

表 6-14

方　案	断面（cm²）	长度（cm）	中距（cm）	根　数	屋面板能力
一	5×20	500	40	180	支承 60cm 跨荷重
二	5×25	500	60	120	支承 60cm 跨荷重

计算如下：

第一方案：在椽子中距为 40cm 的情况下，屋面板浪费 $\frac{60-40}{60}=33.3\%$，椽子木材需要量为：

$$\frac{180 \times 5 \times 10 \times 500}{1000000} = 9(\text{m}^3)$$

第二方案：由于椽子的断面加大，椽子的承载能力提高

$$\frac{b_2 d_2^2}{6} : \frac{b_1 d_1^2}{6} = \frac{5 \times 25^2}{6} : \frac{5 \times 20^2}{6} = 1.56(\text{倍})$$

故中距应该加大到

$$40 \times 1.56 = 62.4(\text{cm})$$

但实际上设计为 60cm，故椽子浪费大：

$$\frac{62.4 - 60}{60} = 4\%$$

但是屋面板可以支承的中距一致，故并无浪费，此时木材需要量为

$$\frac{120 \times 5 \times 25 \times 500}{1000000} = 7.5(\text{m}^3)$$

由以上的计算和分析可以得出这样的结论：第二方案虽然椽子的承载能力浪费了 4%，但是

木材仍比第一方案节约 2.5m³，故其经济效果较好，应选用。

4．工程项目的技术经济分析举例

修建某轻型车间，面积为 500m² 到 1000m²，可以采用三种设计方案，其费用见表 6-15，规定利率为 10%。求对应于一定面积的最优方案。

表 6-15

方　案	每平方米造价 (元)	年维修费 (元)	年使用费 (元)	使用年限 (年)	残　　　值 (为造价的%)
A	110	6000	3000	20	—
B	150	4200	2800	20	3.0
C	190	2000	1000	20	1.0

此例可以用盈亏平衡分析法求解

车间的年度总费用为面积 S 的函数。当使用 20 年利率为 10% 时，其资金回收系数为 0.1175。故 A、B、C 三方案的年度总费用为：

$$C_A = 110 \times S \times 0.1175 + 6000 + 3000 = 12.93 \times S + 9000 \qquad (1)$$

$$C_B = (150 \times S - 150 \times S \times 0.03) \times 0.1175 + 150 \times S \times 0.03$$
$$\times 0.10 + 4200 + 2800 = 17.55 \times S + 7000 \qquad (2)$$

$$C_C = (190 \times S - 190 \times S \times 0.01) \times 0.1175 + 190 \times S$$
$$\times 0.01 \times 0.10 + 2000 + 1000 = 22.29 \times S + 3000 \qquad (3)$$

（1）式和（2）式求解得　$S = 432.90$（m²）
此时　$C = 14597.40$（元）

（1）式和（3）式求解得　$S = 641.03$（m²）
此时　$C = 17288.56$（元）

（2）式和（3）式求解得　$S = 843.88$（m²）
此时　$C = 21810.09$（元）

以 S 为横坐标，C 为纵坐标，可绘成图 6-2 的坐标图。由图可见当 $S \geqslant 641.03$m² 时，方案 A 最优；当 $S \leqslant 641.03$m² 时，方案 C 最优。

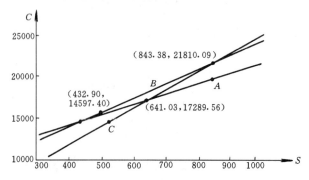

图 6-2　车间设计方案盈亏平衡分析图

第三节　施工方案的技术经济评价

一、施工方案技术经济评价的作用与步骤

（一）施工方案技术经济评价的作用

"施工方案"在这里指的是施工组织设计。施工组织设计应分两阶段编制。在投标前编制的施工组织设计，是为了指导编写投标书与签订工程合同，称作"标前设计"；在开工前编制的施工组织设计是为了指导施工准备和施工的，称作"标后设计"。施工方案的技术经济评价的目的是为了进行施工方案的决策或几个方案中进行优选。现在施工方案正在趋向"标准化"，因此它的技术经济评价将同居住建筑一样，可按标准进行。下面所介绍的还不是标准化的内容。施工方案的评价无论是对于施工企业、项目经理部、工程建设监理组织和咨询组织，都是必不可少的，都是非常重要的。

（二）施工方案技术经济评价的步骤

施工方案的技术经济评价步骤在遵循图 6-1 的步骤的前提下，可按图 6-3 的框图实施。

该框图把施工方案的技术经济评价分为四个步骤：第一是"施工技术和组织方式评价（相当于传统所说"施工方案"）；第二是施工进度计划技术经济评价；第三是施工平面图评价；第四是综合技术经济评价，根据该评价结果进行决策。

二、施工方案技术经济评价指标体系

1. 选择"施工技术和组织方式"阶段的评价

在"施工技术和组织方式"文件中，解决的主要问题是确定施工高峰时所能投入的劳动力，确定总控制工期，选择大型施工机械，确定保证质量、安全、节约、季节施工、采用新技术的技术组织措施，安排主要施工项目的施工顺序和方法，设计质量保证体系。因此设置施工程序（或顺序）、高峰人数、大型机械选择、采用技术组织措施效果、施工方法选择、施工段划分等指标。

2. 编制"施工进度计划"阶段的评价

这个阶段产生施工进度计划可行方案，在此基础上进行选择或优化，确定总工期、与此相应的劳动力不均衡系数及工程成本，因此其技术经济评价指标应是总工期、工期节约量、工程成本、劳动力不均衡系数、劳动量分布系数。总工期是网络计划的计算工期。工期节约量的计算是：

工期节约量 ＝ 合同工期 － 计算工期

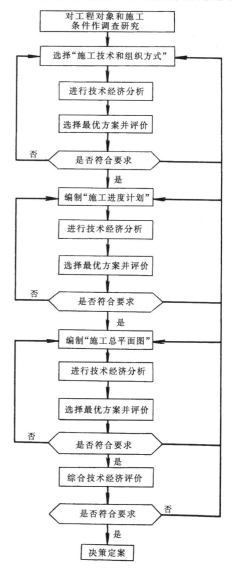

图 6-3　施工方案技术经济分析
工作方式框图

或 $\qquad$ **工期节约量＝定额工期 － 计算工期**

3. 综合评价

将上述三个阶段评价结果给以权重值求得综合评价值。权重值分配可由各地区分别作出规定，表 6-16 是示例性指标值，仅供参考。

"施工方案"技术经济评价权重值规定（建议） $\qquad$ 表 6-16

序号	阶段	指标	权 重（f_i）		指标计算（x_i）			
			阶段	单 项	方 式	优	良	差
1	施工技术和组织方式	施工程序（或顺序）	0.4（ω_1）	$f_1＝0.15$	定性评分	10	7	4
2		高峰人数		$f_2＝0.10$	少为优	10	7	4
3		大型机械选择		$f_3＝0.20$	定量评分	10	7	4
4		采用"措施"效果		$f_4＝0.25$	定量评分	10	7	4
5		施工方法选择		$f_5＝0.15$	定量评分	10	7	4
6		施工段划分		$f_6＝0.15$	定量评分	10	7	4
7	施工进度计划	总工期	0.4（ω_2）	$f_7＝0.30$	短为优	10	7	4
8		工期节约量		$f_8＝0.20$	多为优	10	7	4
9		工程成本		$f_9＝0.20$	少为优	10	7	4
10		劳动力不均衡系数		$f_{10}＝0.15$	少为优	10	7	4
11		劳动量分布系数		$f_{11}＝0.15$	少为优	10	7	4
12	施工平面图	场内占地利用系数	0.2（ω_3）	$f_{12}＝0.30$	多为优	10	7	1
13		临时设施投资率		$f_{13}＝0.30$	少为优	10	7	4
14		现场布置综合效果		$f_{14}＝0.40$	定性评分	10	7	4
15	综合评价	施工技术和组织方式	ω_1	0.40	$\lambda_1＝\omega_1\sum\limits_{i=1}^{6}f_ix_i$			
		施工进度计划	ω_2	0.40	$\lambda_1＝\omega_2\sum\limits_{i=1}^{11}f_ix_i$			
		施工平面图	ω_3	0.20	$\lambda_1＝\omega_3\sum\limits_{i=1}^{14}f_ix_i$			
		综合			$\lambda＝\lambda_1＋\lambda_2＋\lambda_3$（综合评分 7.5 分以上的方案可行）			

【例 】 某施工方案评价结果见表6-17，请进行评价计算，并作出结论：此方案是否可行？

施工方案评价数据　　　　　　　　　　　　　表 6-17

序号	阶段	指　标	权　重		指标计算（x_i）		
			阶段	单　项	优	良	差
1	施工技术和组织方式	施工程序（或顺序）	0.4 (ω_1)	$f_1=0.15$	10		
2		高峰人数		$f_2=0.10$		7	
3		大型机械选择		$f_3=0.20$		7	
4		采用"措施"效果		$f_4=0.25$	10		
5		施工方法选择		$f_5=0.15$		7	
6		施工段划分		$f_6=0.15$	10		
7	施工进度计划	总工期	0.4 (ω_2)	$f_7=0.30$		7	
8		工期节约量		$f_8=0.20$		7	
9		工程成本		$f_9=0.20$		7	
10		劳动力不均衡系数		$f_{10}=0.15$	10		
11		劳动量分布系数		$f_{11}=0.15$	10		
12	施工平面图	场内占地利用系数	0.2 (ω_3)	$f_{12}=0.30$	10		
13		临时设施投资率		$f_{13}=0.40$		7	
14		现场布置综合效果		$f_{14}=0.20$		7	
15	综合评价	施工技术和组织方式	ω_1	0.40	$\lambda_1=0.4\times8.65$ $=3.46$		
		施工进度计划	ω_2	0.40	$\lambda_2=0.4\times7.90$ $=3.16$		
		施工平面图	ω_3	0.20	$\lambda_3=0.2\times7.20$ $=1.40$		
		综合计算	$\lambda=\lambda_1+\lambda_2+\lambda_3=3.46+3.16+1.4=8.02$ 8.02＞7.5 此方案可行				

工程成本是相应工期下的成本（根据网络计划进行计算）。劳动力不均衡系数与劳动量分布系数计算公式如下：

$$劳动力不均衡系数 = \frac{最大工人人数（人）}{平均工人人数（人）} \qquad (6-14)$$

$$劳动量分布系数 = \frac{超过平均部分的劳动量（工日）}{劳动量总消耗数量（工日）} \times 100\% \qquad (6-15)$$

4.“施工总平面图”评价阶段

施工总平面图阶段主要任务是把施工现场布置好，既节约占地和投资，又能保证使用时节约和安全效果好，故其评价指标应是：场内占地利用系数，临时设施投资率和现场布置综合效果。其中：

$$场内占地利用系数 = \frac{各种施工设施及临时设施占地面积（m^2）}{围墙内总面积 - 永久性建筑占地面积（m^2）} \times 100\% \quad (6-16)$$

$$临时设施投资率 = \frac{临时设施及施工设施总造价（万元）}{正式建筑总造价（万元）} \times 100\% \qquad (6-17)$$

三、施工方案单项评价

（一）施工方法选择评价

【例】 某工程的钢筋混凝土框架中竖向钢筋的连接，可以采用电渣压力焊、帮条焊及人工绑扎三种方案。若每层共有 1200 个接头，试分析其技术经济效果，并作出比较。

表 6-18 是对三个方案中所使用的钢材、焊接材料、人工、电量消耗四项指标的数量及经济效果的计算结果。可以看出，电渣压力焊与帮条焊比较，各项指标都有节约，综合节约效果为 6465.6 元，平均每个接头节约 5.388 元；而电渣压力焊与人工绑扎比，虽然增加了电焊材料和电力费用，但由于钢材和人工都有节约，总经济效果仍较好，每个接头节约 2.935 元。所以，电渣压力焊是最好的方案，可以选用。

焊接方案技术经济效果比较表　　　　　　　　　　表 6-18

项　目	每 个 接 头						节 约 倍 数		每层节约（元）	
	电渣压力焊		帮 条 焊		绑 扎		(2)÷(1)	(3)÷(1)	电渣压力焊与帮条焊比	电渣压力焊与绑扎比
	用量	金额（元）	用量	金额（元）	用量	金额（元）				
	1		2		3		4		5	
钢材	0.189kg	0.095	4.04kg	2.02	7.1kg	3.55	21.26	37.56	2310	4146
电焊材料（焊药、焊条、铅丝）	0.5kg	0.4	1.09kg	1.64	0.022kg	0.023	4.09	−17.4	1488	−4524
人工	0.14 工日	0.28	0.2 工日	0.40	0.025 工日	0.05	16	2	450	30
电量消耗	2.1 kW·h	0.168	25.2 kW·h	2.016	—	—	12	—	2217.6	−201.6
合　计	—	0.943	—	6.076	—	3.623	—	—	6465.6	3522

（二）施工进度计划评价

【例】 某工程建筑面积 9000m²，设计预算造价 85.6 万元。现有两种施工方案，一种是用常规办法安排施工，一种是用统筹法组织施工并进行了优化，各项指标列于表 6-19。

表 6-19

(1)		单 位 (2)	第一方案（常规） (3)	第二方案（网络） (4)	比 较 (5)=(4)-(3)
总工期		天	178	155	—23
分部工程工期	基 础	天	46	43	—3
	结 构	天	54	46	—8
	装 修	天	78	66	—12
大型吊装机械单方台班		台班/m²	0.014	0.012	—0.002
建安日产值		元/工日	48	61	+13
单方用工	综 合	工日/m²	3.5	2.9	—0.3
	基 础	工日/m²	0.7	0.6	—0.1
	结 构	工日/m²	1.2	1.0	—0.2
	装 修	工日/m²	1.5	1.3	—0.2
劳动力不均衡系数		—	2.1	1.6	—0.5
劳动量分布系数		—	0.84	0.52	—0.32

从表中各项指标的直接对比中可以发现，用统筹法安排施工，各项指标均优于用常规法安排施工，故应当选用第二方案（网络）。

（三）施工平面图评价

【例】 某高层宿舍施工平面图布置了三种方案（表 6-20），试通过计算评价进行优选。

施工总平面图技术经济效果比较表　　　　　表 6-20

序 号	指 标 名 称	单 位	一	二	三	权 数
1	场内占地面积	m²	26000	23000	24000	0.15
2	场外占地面积	m²	3000	4000	8000	0.12
3	场内占地利用系数	—	40	50	55	0.18
4	临时设施总费用	万元	225	212	200	0.20
5	利用原有设施节约	万元	54	58	72	0.18
6	临时水管长度	m	300	250	270	0.09
7	临时电线长度	m	415	460	486	0.08

评价如下：

首先，将表 6-20 中的数值用大小值求补的方法进行大者为优的转换，结果见表 6-21。

对经过转置后的指标数列用其中的大数相除，对未转置的指标数列用小数相除，于是得到新的分析指标数列，见表 6-22 中的分子。

表 16-22 中分子上的数与相应行的权数相乘，得表 6-22 中分母的数。各列分母上的数相加，即得综合指数。比较各方案的综合指数，以大者为优。故应选用第三方案。

在施工总平面图的技术经济分析中，除了上述指标外，还应考虑现场搬运费以及现场人工往返消耗的费用，以总费用消耗最低者为最优方案。

指标转置计算表 表 6-21

指标序号	转置指标			权 数 （%）
	一	二	三	
1	23000	26000	25000	15
2	8000	7000	3000	12
3	40	50	55	18
4	200	213	225	20
5	54	58	72	18
6	270	345	300	9
7	486	441	415	8

分析指标数列表 表 6-22

指标序号	分析指标数列			权 数
	一	二	三	
1	$\frac{0.88}{0.13}$	$\frac{1.00}{0.15}$	$\frac{0.96}{0.14}$	0.15
2	$\frac{1}{0.12}$	$\frac{0.88}{0.11}$	$\frac{0.38}{0.05}$	0.12
3	$\frac{1.00}{0.18}$	$\frac{1.25}{0.23}$	$\frac{1.38}{0.25}$	0.18
4	$\frac{0.89}{0.18}$	$\frac{0.95}{0.19}$	$\frac{1.00}{0.20}$	0.20
5	$\frac{1.00}{0.18}$	$\frac{1.07}{0.19}$	$\frac{1.33}{0.24}$	0.18
6	$\frac{0.78}{0.07}$	$\frac{1.00}{0.09}$	$\frac{0.87}{0.08}$	0.09
7	$\frac{1.00}{0.08}$	$\frac{0.91}{0.07}$	$\frac{0.85}{0.07}$	0.08
综合指数	0.94	1.03	1.08	1.00

第七章　建筑企业管理概论

第一节　建　筑　企　业

我们为什么要研究建筑企业管理呢？这是因为建筑企业在生产经营和社会活动中，必须按照客观规律办事，让技术的、经济的、社会的规律发挥作用。这些规律主要有社会主义市场经济规律、价值规律、投入产出规律、按劳分配规律等。建筑企业管理的作用正是使企业按照客观规律办事，完成所承担的任务。

一、企业和建筑企业的概念

企业是从事生产、营销或服务活动的经济组织，是为满足社会需要并获取盈利而进行独立生产、独立经营、独立核算，具有法人资格的基本经济单位，是国民经济体系中的一个实体，是社会的基层单位。

建筑企业又称建筑施工企业，是从事建筑产品（或商品，下同）生产经营活动的企业。建筑产品包括土木建筑工程的建筑物和构筑物，如住宅、厂房、教学楼、办公楼、医院、商场、宾馆、文化设施、道路、桥梁、大坝、管线等。建筑企业和一般工业企业一样，都是把资源投入到产品的生产经营过程而形成产品。生产经营具有阶段性和连续性，组织上具有专业化和协作化的特点。因而一般工业企业产品的生产经营规律，同样适用于建筑产品的生产经营。但是建筑产品具有固定性、多样性和庞大性，建筑生产具有流动性、单件性和露天性，建筑企业管理可变因素多，其业务、环境、人员、协作关系经常变化。因此，建筑企业管理比一般工业企业管理更为复杂。

二、建筑企业的责、权、利

企业的责权利，首先是由企业的所有制的性质决定的。私人企业，生产资料归私人所有，他有绝对的支配权和完全的经营决策权，企业只是执行国家的政策、法令和纳税。公有制企业，生产资料归全民或集体所有，因此，只能在国家赋予的责权利范围内，在国家的政策、法令指导下，独立从事生产经营活动。

企业的责权利，还决定于国家对企业的经济管理体制。在过去，政企职责长期不分，条（部门）块（地方）分割，企业吃国家的"大锅饭"。经济体制改革后，所有权和经营权两权分开，赋予公有制企业经营自主权，使之真正成为独立的商品生产者和经营者。

（一）企业的责任

在责权利三者关系中，应是以责定权，以责定利。企业应有的责任如下。

1. 完成指令性计划，履行依法订立的合同。

2. 保障固定资产的正常维修、改进和更新，确保企业财产的保值、增值。

3. 遵守国家关于财务、劳动工资和物价管理等方面的规定，接受财政、审计、劳动工资和物价等部门的监督。

4. 保证工程（产品）质量和服务质量，对用户和消费者负责。

5. 努力提高劳动生产率，节约资源、能源和原材料，降低成本。

6. 加强保卫工作，维护生产经营秩序，保护公共财产。

7. 贯彻安全生产制度，改善劳动条件，做好劳动保护和环境保护，做到安全生产和文明生产。

8. 加强思想政治教育、法制教育、国防教育、科学文化教育和技术业务培训，提高职工队伍素质。

9. 支持和奖励职工进行科学研究、发明创造，开展技术革新、合理化建议和社会主义劳动竞赛活动。

（二）企业的权限

按照责权统一，有责有权的原则，建筑企业承担责任的相应权力应是14条自主权。

1. 生产经营决策权

在批准的资质等级范围内，自主做出经营决策和选择经营方式，可以跨行业、跨地区、跨部门从事生产经营，可以进行房地产开发和经营。

2. 建筑产品、劳务承包的定价权

在国家主管部门颁布的规则指导下，自主进行投标报价，并在双方签订的合同中确定承包价格。

3. 产品销售权

如开发的商品房、生产的多种经营产品，有权自主销售。

4. 承包工程所需物资采购权

按合同规定自行选择供货单位、供货形式和供货办法，并有权拒绝建设单位和设计单位指定供货单位。

5. 对外经营权

经有关部门批准，可以直接在境外承包工程，提供劳务，出口建筑材料和设备，进口自用建筑材料和设备。

6. 投资决策权

依照国家有关规定，有权以自有资金、实物、土地使用权、工业产权和非专利技术等向国内的企事业投资、持有股份。经批准也可向境外投资开办企业。

7. 自主支配和统筹使用资金权

有权拒绝任何无偿调拨企业自有资金或强令以折旧费、大修费补充上交。

8. 资产处置权

根据需要，对一般固定资产自主决定出租、抵押或有偿转让。大型施工机械或重要建筑物的抵押、转让，须经批准。处置固定资产须按规定进行资产评估。

9. 联营、兼并权

有权与勘察设计、科研教学、物资供应等单位或其他企业、事业单位（含境外的）联营或联合承包，还可按自愿、有偿的原则，兼并其他企业，上报备案。

10. 劳动用工权

有权决定用工形式，实行合同管理或全员劳动合同制。可签订有固定期的、无固定期的或以特定任务为期限的合同。

11. 人事管理权

按公开、平等、竞争、择优的原则，对技术、管理人员实行聘用制和考核制。企业中层行政管理人员和工程项目经理，由经理（厂长）任免。副经理级（副厂长级）行政管理人员，由经理（厂长）按规定提请任免或授权任免。

12. 工资、奖金分配权

在规定的工资总额内自主使用、自主分配工资和资金。按表现对职工进行奖惩、晋级、开除。

13. 内部机构设置和人员编制决定权。

按精简效能的原则设定机构和编制，有权拒绝任何对口设置、规定编制的要求。

14. 拒绝摊派权

除法定外，有权拒绝任何对企业的人力、物力、财力摊派。如有摊派，可向审计或有关部门控告、检举、揭发，并要求作出处理。

（三）企业的利益

责利统一，有责有利。以完成责任的优劣确定利益的多少。给企业以应有的经济利益，是社会主义按劳分配、物质利益原则和经济规律的客观要求。其利益的体现是：

1. 税后留利归企业自行支配，多创多留。

2. 分配中多劳多得，激励职工的积极性。

3. 对生产经营效果好的企业，在投资、贷款以及自筹资金中采取扶植政策，使之在扩大生产中多创利益。

4. 多创利，福利多，如建住宅与文化设施。

5. 多创利，智力投资多，按企业需要与职工的贡献，在企业内外，以至国外，对职工进行培训。

6. 对优秀企业，予以奖励、晋升等级。

三、建筑企业素质

企业素质是企业的领导力、组织力、管理力、技术力和人力、物力、财力等组成的内在因素的集合力和外在的表现能力，是企业生存和发展的能力。它随时间而变化，是个动态的企业质量的概念。

（一）提高企业素质的意义和作用

改革开放以来，我国建筑企业有了很大发展，企业的能力和效益，都有所提高。但其整体素质，无论从发展需要看，还是与国际上的建筑企业对比，都比较低。因此，提高企业素质是当务之急，是根本改变企业面貌的长期战略任务。提高建筑企业素质主要是满足如下需要。

1. 四个现代化建设的需要

在建筑企业职工中，农村建筑工人比例很大，他们文化水平低，技术等级不高；技术人员和管理人员的业务能力急待提高；国有与集体企业1994年末技术装备每人只有2900元。以上情况产生的综合结果是经济效益低。而国外经济发达国家，是成熟的专家集团领导企业，技术工人是中等专业学校毕业生，技术密集型企业的技术专家占50%以上，其效益比我们高得多。只有改变我国建筑企业的这个现状，才能满足四个现代化的需要。

2. 企业生存和发展的需要

我国实行市场经济后，企业置身于竞争环境，要求企业开拓创新，自我发展，增加职工物质文化利益，增加企业实力，因此必须提高企业素质。

3. 提高企业社会效益和经济效益的需要

要求企业改善管理，提高效益，以有利于国计民生，有利于企业和职工。

（二）企业素质的内容

企业素质的内容包括两个方面：

1. 内在因素的集合力

（1）各级领导班子素质。企业领导班子的素质最为重要，因为领导班子是企业重大决策的核心，是企业业绩好坏的关键。要求领导成员的个人具备四化（革命化、年青化、知识化、专业化）条件，具有开拓魄力、洞察力、决策力、组织力和毅力；要求领导集体素质结构合理，才能、专业、知识和年龄搭配适当，具有集合力，有效合作，应是"1＋1＝2"，而不是"1＋（－1）＝0"。

（2）职工队伍素质。即工人、技术人员和管理人员的素质，它是企业素质的基础。职工队伍素质指的是职工的思想政治、文化、技术和业务水平，解决技术和管理问题的能力。职工队伍素质对企业的效率与效益产生直接作用。

（3）技术素质。技术素质是企业生产经营的物质基础。技术素质指的是技术骨干的素质、施工工艺水平和技术装备水平。技术素质是推动技术进步的能力，是构成生产力和实现企业的产品战略的能力。

（4）管理素质。管理素质是现代企业的必要条件，是提高效益的推动力，也是创造力和生产力。它是指管理思想、理论、组织、方法和手段的水平，是信息、预测、标准、定额、计量和检测等基础工作质量，是理财、经营和开拓的能力，是现代管理技术的应用能力。

2. 外在表现力

（1）生存能力。包括：竞争能力，即企业的信誉，市场占有率；应变能力，当任务、施工条件等环境变化时的适应能力；盈利能力，即在造价内降低各种费用的能力。

（2）发展能力。包括：技术开发能力，即对产品、技术、机具、工艺、材料和管理的创新水平和能力；扩大再生产能力，即获得投资、扩大生产承包规模的能力。

（三）提高企业素质的途径

应采取外因和内因相结合，利用外因，关键是内因的提高企业素质的战略途径。

（1）利用外因。即利用经济体制改革的动力，进行企业生产经营的改革，使企业在竞争环境中具有活力，具有竞争取胜的能力。

（2）关键是内因。为企业经营目标的实现，要建设强有力的领导班子，采取多种形式的全员培训，在加强各项基础工作的实践中培养和锻炼队伍，在推进企业生产、技术进步中使企业的组织、人员、设备、资金和技术优化组合。

第二节　管理理论的发展

一、西方管理理论的发展

西方管理理论的发展基本上分为三个阶段：

（一）第一阶段——科学管理阶段

19 世纪末到 20 世纪初形成的"古典管理理论"亦称为"科学管理"理论。其代表人物为美国的泰勒（1856～1915）。这位车工出身，历经领班、车间主任，而提升为总工程师的泰勒，西方称他为"科学管理之父"，于 1911 年发表了《科学管理的原理》一书。这是一本以生产组织管理作为研究对象的书，主要是研究工时的科学利用，制定合理的、标准的操作方法，制定工时定额和级差计件工资制。级差计件工资制是指达到定额者按高工资率计算，达不到的按低工资率计算。他注重效率，例如：一个钢铁厂，原先工人用的铁锹都是采用一种规格，经他改革每锹的重量虽然均为 21 磅，但制造了用于轻、重物料不同的几十种规格的铁锹，从而既提高了效率，又使工人工资提高了 59%，成本降低了 54%。科学管理推广后，20 年中使美国的劳动生产率提高了 2～3 倍。随之出现了福特制，它不仅注意各种作业的效率，而且注意提高整个企业的效益；实行标准化，即产品和零配件的标准化；实行专业化，即生产组织上、机具上的专业化；工艺采取了传送带和流水作业。而泰勒、福特制以前，是单纯地依靠计件工资去刺激工人的生产极积性，缺乏有科学依据的管理方法和手段，故那时候的管理称之为放任的管理，也可以说成是没有管理的管理。

（二）第二阶段——行为科学阶段

本世纪 20 年代开始发展的"行为科学"的理论，早期的代表人物为梅奥（1880～1949）。他认为：只有从人的行为本质中激发而出的力，才能提高效率，因此须对工人在生产中的行为以及行为产生的原因进行分析研究，从而调节人们之间的关系，搞好生产。这一论点提出来以后，其他学者和理论家相继地在如下的四个方面进行了研究：

1. 人的（物质、心理）需要、动机和激励

人的物质需要，如要住房、穿衣、吃饭；人的心理需要，如精神的、美的需要。"需要层次论"者认为人的需要包括生活、安全、友爱、尊敬及成就五个层次。另外还有激励因素论、层次强化理论、期望机率模型等行为科学理论。

2. 关于企业管理的"人性"问题

有 X 理论和 Y 理论：X 理论主张人是不喜欢工作的，要使工作得好，必须严格督促；Y 理论则认为如能提供适宜的环境，人是爱工作的，不必施行强制手段。70 年代出现 Z 理论，主张坦诚、开放和沟通，建立 Z 型民主组织。

3. 非正式组织及人的关系

认为领导者是调动积极性的关键，而物质条件只不过是手段。"团体力的理论"和"敏感性的训练论"等，就是这方面的理论。

4. 领导方式

典型理论是双因素理论。这种理论认为，领导应注意影响人的积极性的两种因素：一种因素是生活和工作因素，包括工资、生活条件、工作保障、同事关系和工作条件；另一种因素是更高层次的因素，如前途、提拔、成就等，它类似于需要层次论。

（三）第三阶段——现代管理理论阶段

现代管理理论是第二次世界大战以后发展起来的，基本上是"科学管理"理论、"行为科学"理论、加上现代科学技术成就（如数理方法、计算机手段）而综合起来的理论。如英国巴纳豆（1886～1961）等人认为，社会、管理和技术，都是一个系统，故称为系统学派。社会化大生产的发展，使企业规模增大，协作关系增多，技术复杂性增加，产品升级换代周期缩短（平均 5～10 年），企业的关连因素增多（如市场、资源、运输、公害以及世

界各地的政治经济情况等），所以要讲系统。还有当代的企业短期和长期的经营战略理论，企业形象（CI）理论，决策支持系统，人工智能理论，都在企业管理中被应用。

80年代初，美国哈佛管理学院迈克尔·波特教授发表《竞争战略》一书，提出了"企业的低成本"、"产品个性化"和"占领有限市场"三种策略，该三种策略被誉为"企业圣经"。最近，美国麻省理工斯隆管理学院组织学习中心的彼得，圣吉博士，著有《第五项修练》一书，其主题是"学习型组织的艺术与实务"，它描述在这个变化越来越迅速的年代，每个组织和个人都必须经由新的学习而不断超越自我。该书出版不久，便以革命性的创新价值获得了1996年世界企业学会的最高荣誉开拓者奖，被誉为"朝向21世纪的管理圣经"，作者被称为"新一代的管理大师"。

当代企业需要用现代管理理论发展企业管理，跟上时代发展的步伐。

二、我国建筑企业管理的发展

解放前，我国是个半殖民地、半封建的国家，经济非常落后，官僚资产阶级和民族资产阶级，虽然也办了些企业，但不大讲究科学管理，只是有点资本主义的办厂经验。

从新中国成立到1976年，企业管理"经过两起两落"的过程这个阶段我国的企业管理与西方的第一阶段和第二阶段的部分内容相似。

第一个过程是"三年恢复"时期和"一五"时期，主要开展了民主改革和生产改革，破除了剥削制，建立工厂（公司）管理委员会和职工代表会议制，发动群众提合理化建议和劳动竞赛，改革了企业管理机构和管理制度，建立生产责任制。"一五"时期，在兴建"156"项重点工程的同时，全面、系统地学习和引进原苏联的建筑企业管理制度和方法。建立计划指标体系，使用计划方法和统计方法；建立各种施工规范、规程，按施工组织设计组织生产活动，实行财务成本管理和经济核算制，进行质量、安全大检查等，这些管理许多至今仍然有效，它是为现代管理奠定基础的过程，是上升过程。

第二个过程是"二五"期间（1958～1962），由于"大跃进"不顾客观规律，使社会生产遭到了很大损失，由于"破除陈规旧律"等"左"的做法，使建立的科学管理制度和方法遭到了批判和否定，实行"瞎指挥"。这个过程是经济管理的"下落"过程。但也创造了"两参一改三结合"等有益经验。

第三个过程是"三年调整时期"（1963～1965），是在总结"一五"和"二五"期间的经验教训基础上，贯彻调整、充实、整顿、提高的"八字方针"。制定了"工业七十条"、"建安企业管理一百条"，开展"工业学大庆"活动。把解放思想和尊重客观科学规律相结合，把政治挂帅和物质鼓励相结合，讲究政治、经济和技术的辩证统一，恢复了"一五"期间建立起来的有效的企业管理制度和方法，并有一定的发展。这是符合当时我国国情的，适应生产力发展的需要，又是一次上升过程。

第四个过程是"文革"期间（1966～1976），"左"倾达到了顶峰，极力否定企业管理，说管理是"管、卡、压"，鼓吹建立无领导、无管理、无规章制度的"三无工厂"。致使那些有效的企业管理的章法几乎全遭破坏，生产无人负责，国家经济面临崩溃局面，建工系统大批企业连年亏损，从企业管理来看，这是一次大下降的过程。

党的十一届三中全会以来，我国经济形势逐渐好转，企业管理中过去行之有效的制度和方法得到了恢复。国家把"一个中心，两个基本点"做为国策，大力提倡。"一个中心"是以经济建设为中心，"两个基本点"是坚持"四项基本原则"和实行"改革开放"，进行了整顿，建立了经济责任制，实行利改税、经营承包、转换经营机制、建立现代企业制度等新举措。这样，我国便逐渐步入了西方管理理论发展与实践的第三个阶段。网络计划技术、全面质量管理（TQC）、预测方法、决策方法、价值工程等科学管理方法及计算机应用，已经有了良好的效果。

尽管如此，我国的管理技术水平与发达国家相比，其差距仍然很大。当前，企业管理处于不平衡状态。有些企业迈进了第三阶段，有些企业仍处于第一阶段。甚至于处于无管理状态。我国企业管理落后，究其原因有：特殊历史条件的影响，就是解放前在根据地、解放区实行的供给制，小生产经营方式带来的闭关自守，小而全形成的"大锅饭"、"铁饭碗"；长期封建专制社会的影响，就是集权和割据，唯上唯权是从，缺乏民主和法制，不尊重科学经济规律；又曾一度全盘照搬原苏联经验，"一边倒"，"一刀切"，统得过死；尤其严重的是多年来的"左"的思想影响下，不承认企业管理具有二重性，只算政治帐，不算经济帐，只强调精神万能，否定物质鼓励。近年来，改革面临了深层次的矛盾，如政企难分、权钱交易、以包代管等，使管理滑坡，国有企业经济效益下降。

目前企业管理面临的任务，首先是要把过去和现在行之有效、预测将来仍然有效的管理方法，加以迅速的恢复，并予以改善和提高；其次是积极引进对我国也将有效的新的管理科学方法，结合国情，做到"以我为主"，取众家之长，逐步地加以运用；对国有企业要"抓大放小"，创造并建立具有中国特色的现代建筑企业制度；要建立使法人利益和个人利益相结合的风险机制；努力实现经济体制上由计划经济向市场经济转变，经济增长方式由粗放型向集约型转变。

三、现代化管理体系的特征

现代化管理体系有以下一些特征：

1. 产销一体化

产销一体化要求不能只注重降低产品成本，也应重视满足社会上和市场上的大量需求。对建筑企业来说，同样有个广开销路的问题；就是说要有较高的承包额，使生产能力与社会需求相适应，形成产与销的一体化。

2. 组织管理系统化

现代化生产活动，在多数情况下，需要许多部门、行业和企业间密切协作，因而须打破地区、部门、行业、企业之间的行政界限，通过经济纽带，如经济合同与横向联合等，组成一个有机联系的系统，这一系统中的每一个组成部分，都受一个总目标和国家计划的约束，协调动作，相互支持。

3. 管理方法定量化

对大量的管理问题，不仅要有定性的方法，还必须有定量方法，让信息和数据"说话"。要广泛应用数理方法，进行定量分析，寻求优化方案。

4. 管理手段的计算机化

要用计算机对管理中的问题作定量分析，储存信息，进行数据系统分类，加工处理，迅速地完成大量复杂的运算。

5. 重视人的智力开发

现代生产中效率的提高，主要不是靠体力劳动的加强，而是靠运用现代科学技术、现代科学管理的知识和技能，靠职工的主动性和创造性，因而须十分重视人的智力开发。

西方的管理各阶段的主要特征如表7-1所。

有人提出,现代化管理就是把管理工作信息化、系统化和最优化。信息化包括及时掌握有关最新的情报,并广泛应用计算机;系统化是指诸如一个公司、一个组织、一个工程项目或某一事物,均由若干相关因素所组成,这些因素合理地组成为一个系统;最优化是通过最新科技成就和数理方法的应用,也包括行为科学中合理部分的应用,达到目标最优。也就是说,管理现代化是以现代科学技术为基础,运用现代科学管理的思想、理论、方法和手段,研究和处理管理中的各种问题,使管理工作符合规律并臻于完善,取得最佳的社会效益和经济效益。也可以把现代化管理视为用以下公式表达的管理模式:

现代化管理＝有益的传统管理＋有用的行为科学理论＋现代管理技术和计算机

西方管理的主要特征 表 7-1

管理的区别	管理目的	管理方法	管理手段	相当阶段
放任的管理	低人工成本	计件工资		一阶段前
传统的科学管理	低生产成本	工时定额标准化	计数计时表 传送带	一、二阶段
现代化管理	最低生产成本 最高市场需要 产品完善的功能	信息化 智力开发 优化	数理方法	二、三阶段

四、现代管理科学的主要分科

(一)运筹学 (OR)

运筹学是运用数学方法,提出对人、财、物的最优运用方案。它普遍应用于企业的计划管理、库存管理、资源分配、排队、工程计划、设备更新等。

(二)系统工程学 (SE)

系统工程学是组织管理技术。所谓系统,就是把某个事物或某项工程或某个组织,看作是由若干要素有机结合的总体,具有为一个共同目标协同动作的功能。在自然界有自然系统;在社会上有人为形成的人工系统。前者无明确目标,后者必然有明确目标。系统工程是有特定目标的活动,需建立人工系统以实现目标。因此,SE是以整个系统为出发点,运用数理方法,对系统的要素进行分析评价和综合,设计并组建系统,达到系统的优化,实现目标。其工作程序如下:

(1) 分析系统的要求、问题和环境,确定必须实现的目标、约束和评价标准。

(2) 设计出实现目标的各种方案,评价其优劣,优选一个方案。

(3) 对系统予以实践。

(4) 在实践中进行检查,对存在问题予以处理,最终实现目标。

SE被广泛用于工程建设项目管理、企业管理、生产组织和行政管理等方面。

(三)全面质量管理 (TQC)

全面质量管理(即TQC)中"全面"的含意是指产品生产中的生产全过程、全部组织和全体人员。TQC是现代质量管理方法。

（四）价值工程（VE）或价值分析（VA）

价值工程既是重要的技术经济方法，又是有用的管理方法，可用来组织有效的降低成本和提高质量活动。

（五）工业工程（IE）

工业工程是以泰勒所创立的科学管理理论为起点，为实行生产管理和提高效率而发展起来的。美国IE协会对工业工程的定义是："对人、机、材和能源构成的综合系统所进行的设计、改进和建造活动，表明并预测该系统的结果。为了进行评价，还运用工程学的分析、设计原理和方法，以及运用数学、自然科学和社会科学的专门学识经验"。它是企业生产要素管理的全部。今天，它已细分为劳务管理、设备管理、材料管理、能源管理、资金管理和作业研究。

（六）人体工程（HE）

它是从人的生理和心理的角度出发，一方面研究人与机械设备间的关系，如操作者与生产对象间距离远近、高低，仪表操作柄的位置；另一方面研究人与劳动环境间的关系，如工作地点的温度、湿度、光线照明、颜色、声音等；还测定并分析这些因素对效率、质量和疲劳的影响，从而研究改进机械设备和劳动环境，提高工作效率，防止事故发生，改善产品质量和减少工作中的疲劳。

（七）行为科学（BS）

如前所述，它是运用心理学的方法来研究人的行为和动机，人对外界刺激（精神与物质）的反应等。它能妥善解决人事关系，减少冲突。有的管理者认为：调动人的积极性是现代行为科学的主要支柱。

（八）管理信息系统（MIS）与决策支持系统（DIS）

信息在现代已构成为重要资源，在管理中愈来愈显得重要。管理信息系统是由人和计算机等进行管理的信息收集、传递、贮存、加工、维护和使用的系统。它是一门综合性的边缘科学，由系统的观点、数学的方法和计算机三个要素构成。它能实际运行、预测未来、辅助决策，进而已发展成为决策支持系统和智能决策支持系统，使决策快捷而科学。

第三节　建筑企业管理的基本概念

一、企业管理及其性质

（一）管理的含义

管理一词是管辖、处理的意思。凡是许多人在一起共同劳动，都必须要有管理。"一个单独的提琴手是自己指挥自己，一个乐队就需要一个乐队指挥"（马克思语）。进行工程建设从承担工程任务开始到交工为止的整个过程中所进行的计划决策、组织指挥和控制协调工作，就是管理。管理是学问，是一类科学。

（二）企业管理的范畴

企业管理是按照生产资料所有者的利益和意志对企业及其活动所进行的管理。企业管理保证企业生产、经营活动的正常顺利进行，获得最佳的社会效益和经济效果，其范畴包括生产管理和经营管理；它也是企业管理理论和管理业务的结合。

企业管理＝生产管理＋经营管理

＝管理理论＋管理业务

（三）生产与经营的概念

生产是一定社会生产关系联系起来的人们（劳动力），使用机具（劳动手段），去改变材料（劳动对象），在一定期限内创造出人们所需要的一定数量的、物美、价廉的产品（商品或物质资料）的过程。

经营是社会生产发展到一定程度，随着社会分工、商品经济和市场的发展而产生的。企业的经营是与市场、流通、商品经济相联系的概念。企业为了生存和发展，必须研究经营战略和经营方法。如研究市场以做出迅速反映，研究销售策略和方法而取得信誉等。进行经营的范畴主要是涉及企业外部的经济活动，它是以保证提高经济效益为目的的筹划、决策和周旋。

经营与管理是有区别的不同概念，经营侧重于经济效果，是企业领导层的职能，确定经营方向和目标。而管理侧重于生产（工作）效率，是企业中层各职能部门的职能。

（四）企业管理的二重属性

任何社会的企业及其管理，都具有二重属性：一是由生产力、社会化大生产所决定的自然属性；二是由生产关系、社会制度所决定的社会属性。

企业的二重性中的自然属性，是社会主义国家和资本主义国家共有的属性，因此对发达资本主义国家的先进企业发展生产力和解决社会化大生产方面的经验，就应加以汲取或借鉴。

企业的二重性中的社会属性，不同社会制度的国家有本质上的不同。我国的企业，以生产资料公有制为主体，是社会主义市场经济的主体，它为满足广大人民物质和文化的需要而从事商品生产、经营或服务工作。它代表公众利益。资本主义国家的企业，是以私有制为基础，代表资本家或资本集团的私人利益，剥削工人的剩余价值。因此，对于反映资本主义生产关系、社会制度方面的东西，应持批判态度，而不能盲目引进。应重视维护与完善社会主义生产关系，探索发挥社会主义制度的优越性。

企业管理具有生产关系所决定的社会属性，如管理工作中的思想政治工作、领导作风、民主管理等；企业又有生产力所决定的自然属性，如按客观规律组织生产、运用先进的科学技术方法和手段进行管理等。它涉及社会科学和自然科学两大领域，在企业管理中必须注意这个特点。管理是一种权力，也是一门科学。如果只热衷于管理的权力，而不研究管理的科学，那是很危险的。只有建立在科学基础上的权力，才能发挥作用。而违背科学的权力，只能带来灾难。

（五）管理的重要性

由于现代科学技术的飞速发展，使建设规模愈来愈大，专业分工愈来愈细，综合性也随之愈来愈强。一项大型工程的施工，需要投入几十个工种，完成几百个工序，使用上千种材料及多种机具，要求我们不能只用旧的组织管理经验办事，必须用科学的管理思想和方法。日本只用 23 年走完了欧美国家 50 年走过的路，其总的劳动生产率在 1965～1970 年间平均增长 14.2%，其重要原因就是在发展科学技术的同时，重视了不断地改善管理，引进了美国企业管理中的科学技术。前西德早在 50 年代末就提出了"经济科学化"。有的科学家认为："管理是科学中的科学"，又认为科学、技术和管理是现代文明的三大支柱。管理对我们建设事业的发展至关重要。

二、企业管理的任务

企业管理的基本任务是：完善生产关系和组织发展生产力，使生产高效、低耗、优质；研究与解决生产、技术和经济工作的矛盾，实现技术进步和提高经济效益；使企业更好地为社会提供适用产品，为国家创造财富，为人民提高物质文化生活服务，把企业办成两个文明的现代化企业。具体任务有以下几项：

（1）根据客观规律（包括经济与技术活动规律）的要求和社会主义建设的需要，确定建筑企业的管理观念、发展方向和战略目标。

（2）根据企业管理的生产经营和社会生产力发展的要求，改革和完善企业管理制度。

（3）在国家政策和宏观调控下，正确处理国家、企业和职工三者之间的关系，以及与消费者（用户）、资金提供者和地区社会间的关系。

（4）运用科学的管理理论、方法和手段，加强计划、生产、技术、物资、劳动、财务等业务管理，并结合经济工作做好思想政治工作，提高管理的科学水平。

（5）分析研究生产经营活动诸因素，协调它们之间的关系，创造条件，全面完成国家计划，满足社会需要，努力提高企业的经济效益。

三、企业管理的职能

职能是指某一组织或机构的应有作用或功能。企业管理的职能，是为了实现企业及其管理任务，在生产经营活动过程中体现的。

企业管理职能多少说法不一。有三职能论，即计划（Plan）、实施（Do）、检查（See）；后来，又有四职能的提法，即把检查分解为二，成为计划、实施、控制和处理，如质量管理的"PDCA"便是；又有六职能论，即把计划分解为决策与计划，实施分解为组织与指挥六项职能。后来还把激励和教育也做为企业管理的职能，从而形成了我国企业管理的四个方面八项基本职能论，兹分述如下。

（一）计划与决策

计划是企业从事生产经营活动的行动纲领；是企业管理的起点和评价标准；是对全过程和人、财、物全面的综合平衡的依据。

决策是为了达到企业预定目标，从拟定的若干个可行方案中，选择一个最好方案的过程；是针对企业的发展方向、战略目标和重大问题而说的；决策得好坏，对生产经营效果影响甚大。

（二）组织与指挥

组织是实现企业计划或目标的一种行为，是根据计划把生产力各要素（人、机、材）和生产经营各环节（供、产、销）合理地结合，使机构、人员和岗位协调，达到高效率。

指挥是通过组织机构形成有力的权力系统，为了实现目标，协调各部门和人员，使之进行一致而有效的活动，使生产连续、均衡、有秩序。

（三）控制与协调

控制是对计划执行的检查、考核，发现并解决问题；控制的对象是生产经营活动全过程和各项管理业务；控制的标准是国家的政策、法规、计划和定额；据此而建立的统计信息分析。

协调是针对控制中所出现的与决策或计划偏离所做的处理；协调各部门、各环节之间的关系，解决协作中的问题；发现潜力，使之发挥作用。

（四）教育与激励

教育是提高企业素质的战略措施，是多层次（领导层、中层、基层和一般职工）、多种形式（企业内外）的培训，是提高全体人员的能力，使之能多做贡献的手段。

激励是指精神鼓励与物质鼓励；激励的对象是企业全体人员；按实际贡献大小，给以相应的精神或物质鼓励。

上述的各项职能，在过程中有一定依存关系，又互相渗透，成为不可分割的相互联系的统一体，故不宜片面强调或忽视任何一种职能。

四、生产经营管理

（一）生产经营管理的构成及其关系

建筑企业的活动，主要是生产经营活动，而其大量活动是在生产领域中进行的。为了满足社会的需要，要求产出产品（商品）的成果达到时间上快、数量上多、质量上精度高和功能好、经济上成本低和资金省，也就是要达到"高效、优质、低耗"三个生产目标。

为了进行生产活动，必须投入人、材料、机械、资金和方法五个生产要素。

生产活动必然与社会流通领域相连系，这就是经营。对社会和建筑市场的调查、分析对任务和资源的供求预测、业务决策、承揽工程项目、销售和售后服务等，都是经营活动。

这样，从市场、预测、决策和承包，到投入 5 个生产要素，再到产出 3 个目标，以至销售（交工）和售后服务，就构成了产品（商品）的生产、经营、流通，再到生产、经营、流通的反复循环过程。每个循环中对各个环节（市场、预测、要素，目标等）必须进行相应的管理，这些管理就构成为整个企业管理。这些管理的相互关系，如图 7-1 所示。它们之间具有程序关系，又有相互影响、相互依存的关系。

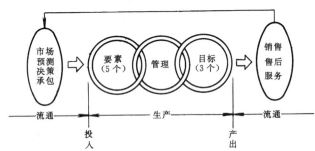

图 7-1　企业管理构成及其关系

生产目标的管理包括计划管理、质量管理和成本管理，它们是为达到生产目标的最基本且必要的三大管理，也是企业管理的三大支柱，又称之为一次性管理。

目标管理中的进度、质量和成本并非孤立存在，它们之间的相互关系如图 7-2 所示。通常，进度与成本的关系是 X 曲线，进度快数量多，单位成本就低；但是突击赶工成本反而增高。成本与质量的关系是 Y 曲线，质量若好，成本就高；质量低劣，造成返工，成本也高。进度与质量的关系是 Z 曲线，进度快突击赶工则质量下降；进度太慢也会造成质量下降。三个曲线的最低点，即最佳点，就是工程合同所规定的三个目标。在一个建筑产品上，同时要它最多、最快、最好、最省，事实上不可能。它们之间又是辩证统一的关系，应作综合考虑。一般情况下，应以满足工程质量和工期两个条件，着眼于怎样才能经济地做出工程的计划和控制而进行管理。特殊情况下，若对工期有特殊要求时，应以保证工期为目标，并应付赶工费作为补偿。而当优质时，应实施优质优价。

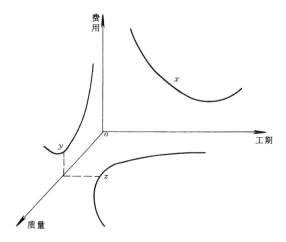

图 7-2　工期、成本、质量关系图

生产要素管理有劳务管理、材料管理、机具管理、资金管理和技术管理等，也称为二次性管理。

作为经营活动，即在流通领域里的活动，则有企业的市场、预测、决策、承包、销售等项工作或管理。

（二）单纯生产型企业管理

生产型企业管理是我国经济体制改革以前长期沿用的一种管理模式，其主要特点是：政企不分，企业受政府主管部门的直接指挥和管理，不是独立的商品生产者；施工企业与建设单位之间处于从属地位，不是买方和卖方的平等关系；产品生产由国家计划指派，统购包销；管理以内部生产管理为中心；管理目的是单纯追求生产效率，降低消耗；资源（人、机、材和资金）由国家统一调拨，盈亏全归国家。

这样便切断了企业与流通领域的联系，企业单纯生产，不管经营，企业只是着眼内部，"唯上"是从，成为无主动性、无活力、僵化的低效的封闭系统，如图 7-3 所示。

（三）生产经营型企业管理

随着社会主义市场的逐步建立，我国形成了另外一种建筑企业管理模式，即生产经营型模式。这种模式的特点是：政企分开，企业受政府的宏观控制，成为独立的商品生产者和经营者；企业与建设单位之间实行经济合同制，形成买方卖方间等价交换的平等关系；企业具有本章第二节所述的十四种权力。

这样的企业必须树立经营思想，开展经营业务，与流通领域建立横向联系，置身于竞争环境之中，进行对外承包，自主进行用人、购料、筹资等决策，面向社会和用户，扩展产品的类型、功能和服务，使企业成为充满生机和活力、兴旺发达的、能进行高效管理的开放系统。其模式如图 7-4

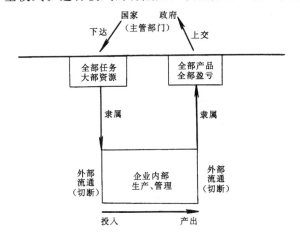

图 7-3　单纯生产型（封闭式）的企业管理示意图

所示。

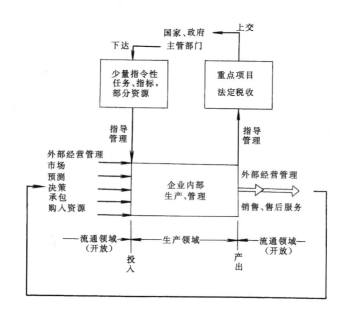

图 7-4 生产经营型（开放式）的企业管理示意图

（四）实现企业转型的历史使命

要使单纯生产型企业转变为生产经营型企业，应解决好如下各点。

1. 建立正确的生产经营管理的价值观

就是要达到社会效益、经济效益和企业信誉的统一，当这三方面发生矛盾时，必须把社会效益和企业信誉放在首位。企业的社会效益是企业对社会进步和发展给予的积极影响，对克服环境的消极影响所承担的责任；企业的经济效益，是企业要尽量使投入少、产出多，更好地对国家、本企业和职工承担起经济责任；企业信誉是用户和社会对企业的工期、质量、价格的评价。

2. 自觉运用价值规律

在社会主义市场中，企业必须与流通和消费相联系，价值规律必然产生作用，企业的生产经营活动必须实行等价交换。这就要求企业变成为生产经营型企业。

3. 搞活企业

历史经验证明，转型是搞活企业、提高经济效益的必由之路。必须在思想认识上，组织机构设置上，管理工作上进行改革，开拓市场、投标承包、技术开发、智力开发、体制建设、建立现代企业制度、搞集约化经营管理，才能真正把企业搞活。

第四节　建筑企业组织管理

一、企业组织管理的概念

1. 企业组织的定义

企业的组织是根据企业管理的要求，为实现企业目标而组建的机构。

2. 企业组织管理的含义

企业的组织管理是为了实现企业的目标，明确规定各工作部门、人员的职责、权限和利益，使企业中的各部门和全体人员能够协同尽力地工作，建立规章制度，对各工作部门和人员进行考核。

3. 企业组织管理的内容

企业组织管理包括三项内容：一是建理科学的组织系统（机构）、职权和制度；二是使设计好的组织系统能够正常地、信息流畅地运行；三是根据内外环境和条件的变化，分析组织的适应性和效率性，作出必要的调整或改革。

4. 组织管理的作用

组织管理的作用表现在五个方面：一是平衡，也就是协调，平衡有利于加强实施与控制。二是促进企业的成长和开展多种经营。三是促进技术发展，既提高企业的效率，又加强部门的专业工作。四是进行有效的组织工作，合理地划分专业，提高职工的积极性。五是明确工作领域，使工作不断改善，职工的积极性受到鼓舞。

5. 各级管理者

各级管理者指的是公司经理、科（部、室）长、项目经理及基层的技术、管理人员。基层的技术管理人员不只是承担技术工作，而且负责对作业人员进行管理。各级管理者要体现"四化"（革命化、知识化、专业化、年轻化）的要求。

管理人员的职位不同，所承担的管理业务和专业技术业务的内容和范围也不同，一般是越往上层管理业务越多，越往下层专业技术业务越多，如图7-5所示。

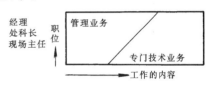

图7-5 管理人员的工作

二、企业组织原理

企业组织的构成形态，多呈金字塔形，领导层的人数少，中层的人数较多，基层的人数最多，见图7-6。管理层次、管理跨度、部门划分和管理职责，是构成组织机构的四个要素。四要素间相互联系与制约。在建立组织机构的时候必须正确处理四者之间的关系。

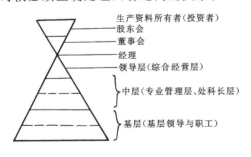

图7-6 管理层次图

1. 管理层次

管理层次多，上下信息传递就慢，指令经常走样，会增加协调的困难，所需人员和设施要增多，多耗精力、时间与经费，所以是一种浪费。因此，层次以少为好。建筑企业的层次一般是三层：公司、分公司、作业层。公司是经营层，分公司是管理层，作业层由项目经理部管理，队伍由非自有职工（承包队）组成。

2. 管理跨度

管理跨度是指人员编组的数量原则，即一个领导者直接领导的下属人员的数量。一名领导者直接领导的人员数量应有一个限度，以免增加大量的接触关系导致顾此失彼；当然，跨度太小，难以发挥下属的积极性。对企业的上层，跨度以6～7人为宜，基层以12人为宜，中层领导以10人为宜。领导能力大，管理跨度可大些，领导能力小，管理跨度可适当小些。管理跨度与层次，有相互制约的关系，在企业总人数不变的情况下，跨度大，层次就少，跨度小，层次就多。这就要求进行认真的设计。

3. 部门的划分

企业中层以下横向部门的划分，既是例行性工作综合分类的表现，又是专业分工精细的表现。划分部门是社会进步、社会分工和提高效率的要求。部门划分也要适当，部门过多，控制与协调就困难，且会人浮于事；部门太少，分工不清，也会降低管理效率。常见的部门划分方法有两种：一种是按职能划分，如建立经营、计划、生产、技术、财务、材料、总务、劳资、人事等部门；另一种是按产品划分，建立基础、打桩、吊装、装饰等专业部门。两种中以前一种为主。

4. 部门的管理职责

管理组织有纵的关系和横的关系。纵的关系是上下级关系，指挥关系，要求指挥灵活，信息反馈及时准确；横的关系是平行关系、协作关系，要求协调一致，密切合作。纵横关系处理好，就会形成坚强的集体，高度地发挥集体力的作用。为此，各部门就要有职有责，尽职尽责，按责任制办事。职责的确定，必须目标明确，有利于提高效率，便于考核。确定部门的管理职责，应遵循以下三条原则：

（1）专业化原则，即部门应是专业化的，这样有利于提高管理效率与质量。

（2）权利委托原则，即要使部门的职责与权利相适应，授予一定的权利，使每一个部门有相应的工作，有相应的自主权，有相应的管理成果要求。

（3）直线领导原则，即一个部门应只接受一名领导，不形成多头领导。

三、建筑企业的组织机构

（一）建筑企业的类型与构成

1. 类型

建设部1995年10月颁布的《建筑业企业资质管理规定》规定，建筑业企业按承包工程的能力分为工程总承包企业、施工承包企业和专项分包企业三类。其中，工程总承包企业的资质等级分为一、二级，施工承包企业的资质等级分为一、二、三、四级。工业与民用建筑工程施工企业资质等级划分标准见表7-2。

工业与民用建筑工程施工企业资质等级　　　　　　　　　　表7-2

资质等级	资本金（万元以上）	有职称人员数量	中高级职称人员不少于	项目经理不少于
一	3000	350	高50	一级10名以上
二	1500	150	高20	二级10名以上
三	300	40	中5	三级8人
四	100	15	中1	四级3人

经济发达国家，建筑企业按其拥有的职工人数或资金来划分，大体上分大、中、小三种类型。参见表7-3。

大型企业虽是少数，但其资金多，技术力量强，机械化与工业化水平也高。大型企业的劳动生产率为中型企业的 3 倍，为小型企业的 5 倍。例如日本的十大公司中的竹中工务店，1984 年拥有资本金额为 500 亿日元。而日本的中小型企业个数占绝对大多数，达 99%以上。从发展趋势看，那些具有较高科学技术水平的大型企业，有设计部、施工企业和科研所，甚至包括对新项目的规划和开发，成为综合性企业，称之为知识密集型；中型企业多是按专业原则组织起来的专业化型；小型企业则是地区固定型的。

美、日建筑企业类型   表 7-3

类　　　型	美　　国		日　　本			
	所占比率 （%）	职工数 （人）	所占比率 （%）	职工数 （人）	资金 （亿日元）	职工年产值 （万日元）
大	0.3	大于 250	0.1	大于 200	大于 10	最高 4500 平均 3200
中	0.9 8.4	101～250 20～100	0.5 5.4	100～199 30～99	1～10 0.1～1	平均 1350
小	90.4	小于 19	94.0	小于 29	小于 0.1	平均 800

2. 构成

建筑企业由专业化公司和综合化公司构成。综合化公司往往是总承包者；专业化公司往往是分包者。

（1）专业化公司。形成这类公司是科学技术进步及社会生产分工细化的结果。由于产品单一，便于机械生产，便于在稳定的、先进工艺上生产，能够提高操作熟练程度，能合理地利用人、机、材，便于管理，故占企业总数比例较大。1978 年的统计资料表明，专业化企业占整个企业的比重是：美国 72.6%，日本 71%，原苏联 63.5%。我国 1994 年建设部系统为 20.2%。

（2）综合化公司。综合化公司与专业化公司同等重要。综合化公司负责总承包。工程项目的工作由项目经理组织完成。项目经理应具备以下条件：

1）具有计划、协调能力，能对全部承包任务进行计划、协调和监督。对自己直接承担的施工任务可承担总包责任，检查计划的执行。

2）有能力组织施工。

3）有能力对人员、资金、材料、设备、时间、质量、成本等进行控制，从而获得利润。

4）履行劳保、安全、现场管理等法规条款。

欧美诸国的总承包者的主要工作是对分包者进行管理，自己只有很少的施工力量，承担总承包量 1/5 的任务。故它只有少数工人作为骨干力量。但专业分包商却有高度熟练的技工，进行"轻装承包"。日本原来是"重装承包"，约 1/2 的任务通过本企业的职工，用自己的装备和技术完成大部分任务。目前，日本已完成了管理层与作业层分离，形成了总分包制。日本的机电安装业者和建材生产供应者均受总承包者的控制；有的还能有效地利用业主的资金，为业主选址、设计和施工。

我们提倡组建联合体，或组建企业集团，这种组织能把在建筑生产中有密切联系的企业组成集团公司，完成从规划、科研、设计、施工、竣工验收，直到使用等全过程的任务。

我们还提倡发展横向经济联合，使供、产、销直接联系起来。它们可以是实体，也可以是松散的。英国的建筑企业集团是经济实体，是股份总公司，下设若干分公司（子公司），如设计公司，土木工程公司（还细分为路面、沥青加工、机械、房屋建造、工业化房屋制造等公司），土方施工及研究公司，混凝土制品公司，木制品公司，机械租赁公司，制砖公司，骨料生产公司，海外开发公司等。

（二）建筑企业的组织形式和部门设置

1. 组织形式

组织形式是部门、层次、跨度、职责的组合方式。随着生产的发展，组织形式也在发展。

（1）直线制。这种形式出现于早期，企业规模小，进行简单生产。

（2）职能制。生产进一步发展，企业规模扩大，在企业中设立了专业管理部门，组织形式成为职能制。职能部门有权下达命令，故虽然强化了管理，但却形成了多头领导，职责难以划清。

（3）直线职能制。这种组织形式是上述两种形式的发展，如图7-7所示。企业中实行上下级的直线领导关系。职能部门专司管理，对同级领导负责，没有指挥权，对下只有业务指导权。这种形式在我国普遍应用了很长时期。

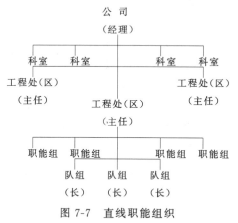

图 7-7　直线职能组织

（4）事业部制。事业部制组织适用于大型企业。由于承包规模逐渐扩大，地域分布广，需要分权，以便决策及时，管理直接，便产生了对事业部制组织的需要。其模式见图7-8。它是对直线职能制的发展。最早采用事业部制组织的是一次大战后美国的赞内勒汽车工厂。二次大战后日本的松下电器公司也采用这种组织形式。目前欧美各国广泛采用，且被引用到建筑企业。事业部组织对内是职能部门，对外是具有法人资格的、有决策权和进行独立核算的实体。工业企业一般按产品类别建立事业部。建筑企业可按地区建立事业部。

（5）矩阵制组织。矩阵制组织又称项目管理制组织，如图7-9所示。各项目设项目经理，他所领导的项目经理部负责从产品研究开发直到生产、销售为止的全部工作，如果是在施工项目上，则负责从投标开始到用后服务结束的全部工作。各职能部门为项目经理部服务，并派出职能人员。职能人员隶属于原职能部门，但接受项目经理与部门负责人的双重领导。项目完成后仍回原部门。这种组织的优点是具有弹性，组织灵活，节约人才。但要求管理人员一专多能，管理水平高，对项目经理要求也高，能把从各部门来的人组织在一起形成强大的合力。

在欧美各国和日本的大型建筑企业里，特别是在智力密集型的企业里，早已有效地利用了这种组织形式。我国在改革开放以后，建筑业也引进了这种组织形式，实行管理层与作业层

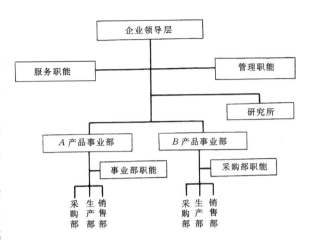

图 7-8　产品别事业部制组织

分离，由总公司或分公司派出项目经理，组建项目管理班子进行项目管理，在企业里形成矩阵制组织形式。国家建设行政主管部门于 1995 年修订了《建筑施工企业项目经理资质管理办法"，明确规定，项目经理是企业法定代表人在工程项目上的代表人，受委托进行质量、成本、进度、安全、合同等全面管理，并对项目经理的资质、注册、考核和动态管理作出了详细规定。

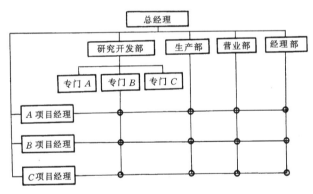

图 7-9　矩阵组织

（6）多维制。即组织机构的建立不但考虑了产品、职能两个因素，而且还考虑了地区、时间等多个变化因素，形成多维制的组织结构，更能适应大型企业经营上的需要。

2．建筑企业的部门设置

我国的建筑公司设立三类部门：一类是营业部门（经营部门），其职能是满足用户要求；二类是生产（工程）部门，其职能是生产产品（商品）；三类是服务部门，其职能是满足企业职工的需要，辅助前述两类部门实现职能。改革后我国大型企业普遍加强了经营职能，建立了长远计划、经营战略、预测决策、研究开发、劳务公司、计算中心等部门。企业的规模不同、经营内容不同，其职能部门设置是不相同的。图 7-10 是我国大型公司的机构设置一般模式；图 7-11 是日本大型公司的机构设置示意。

项目组织中的项目经理在组建项目组织时，要处理好两个方面：一是每个职能组

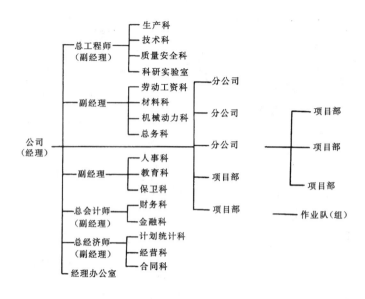

图 7-10　我国大型企业组织机构

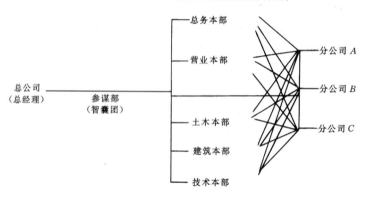

图 7-11　日本大型建筑企业组织机构

（员）的工作内容、职责权限和工作方法与规则三个基本要素；二是考虑工程的特殊性、时间要求及环境条件，尽可能组建精干的组织，有利于信息畅通并传递快捷，故尽量组建直线职能制组织。中等项目的组织形式见图 7-12。

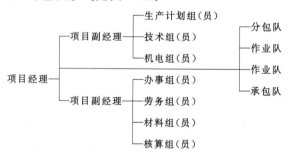

图 7-12　中等项目管理组织

四、建筑企业的领导体制

企业领导体制的实质，主要是解决企业领导层中党、政、群工作职权的划分问题。企业中党的组织、行政组织和职工代表大会，是左右企业全局的三大组织系统。三者的地位摆正了，关系理顺了，责权划分得合理，就可以使上下左右齐心协力实现企业的各项目标。这是办好企业组织领导上的保证，意义非常重大。

（一）厂长（经理）负责制

这是我国把重点转移到经济建设上来以后，进入了新的建设阶段而提出来的。1984年六届人大二次全会的"政府工作报告"中提出，在国营企业中逐步实行厂长（经理）负责制，企业生产指挥、经营管理由国家委托厂长（经理）全权负责。1984年10月20日，中共中央"关于经济体制改革的决定"中也明确指出，在企业中实行厂长（经理）负责制。

从党委领导下的厂长负责制到厂长负责制，是企业组织领导体制的重大改革。厂长负责制用一句话来概括，就是由厂长而不是任何其他人或组织来行使企业生产指挥和经营管理的领导权力，其中最重要的是决策权。厂长（经理）负责制的必要性有四点：

1. 现代化大生产的需要

因为现代企业的生产经营活动，分工细密，生产高度连续，技术要求严格，协作关系复杂。要求企业的指挥中心必须成为一个高度统一的、强有力的、决策及时的、高效率的生产指挥和经营管理系统。

2. 党政明确分工的需要

在实行党委领导下的厂长负责制时，存在的一个主要问题，就是企业党委和行政领导之间分工不明确，也很难明确。实行厂长负责制解决了这个问题，明确规定企业的生产指挥和经营管理由厂长全权负责，企业党委不再直接干予生产经营，不再包揽行政管理事务，厂长真正成为名实相符的统一指挥生产经营活动的行政首脑。

3. 解决厂长的权、责分离的需要

在实行党委领导下的厂长负责制情况下，厂长的责权不一致，权小责任大。生产经营的重大事情，由党委集体讨论做出决策，而由厂长去组织实施。倘若出了错误，制度上要求厂长全面负责。这是责权分离的不合理状况。实行厂长负责制，能把经营决策权和行政指挥权统一起来，能把责权统一起来。

4. 企业作为相对独立的经济实体的需要

党委自身是政治组织，不是行政组织和经济组织，它不能成为对企业生产经营发号施令的权力机构。因此，党委领导下的厂长负责制不能满足和适应企业独立经营所产生的客观要求。

（二）党对企业的领导

党对企业的领导，是由党的性质、任务、纲领、历史地位和党在人民中的影响所决定的。加强党对企业的领导，是企业坚持"四项基本原则"和贯彻执行党的路线、方针、政策的政治、组织保证。

实行厂长负责制，是党所制定的一项重要方针。因此，贯彻这项方针，正是坚持党的领导的表现，它不会削弱党的领导。恰恰相反，它为改善和加强企业党的领导创造了有利条件。按1984年党的十二届三中全会的决定，企业党组织的领导是：积极支持厂长（经理）行使统一指挥生产经营管理活动的职权；保证和监督党和国家各项方针政策的贯彻执行；党的思想建设和组织建设；对工会、共青团组织的领导；做好职工思想政治工作。

（三）职工代表大会制

我国长期来，在企业中坚持执行民主管理制度。在党的十二届三中会全的《决定》中指出："在实行厂长负责制的同时，必须健全职工代表大会制，……以体现工人阶级的主人翁地位。这是社会主义企业的性质所决定的，绝不容许有任何的忽视和削弱"。

企业职工代表大会制是在企业党委领导下，职工参加企业决策和管理，监督企业行政并进行自我教育的制度。实行这一制度能把自上而下的行政领导和自下而上的群众监督更好地结合起来，是企业民主管理的基本形式。

办好企业，一靠科学、二靠民主。二者结合，才能充分发挥社会主义经济制度的优越性。唯有民主管理才能调动企业全体职工的积极性和主动性。因此，民主管理是管好、办好企业的重要制度。同时，又是由企业性质和职工的主人翁地位决定的，需要职工行使权力和尽到责任，因此，有权有责参加企业管理。

第五节 现代企业制度

1993 年 11 月，党的十四届三中全会通过的《关于建立社会主义市场经济若干问题的决定》（下称《决定》）指出："以公有制为主体的现代企业制度是社会主义市场经济体制的基础"。这是当代我国企业的改革和发展方向。

一、现代企业制度的概念和基本特征

现代企业制度是适应市场经济要求，产权清晰、权责明确、政企分开、管理科学的制度。其基本特征有五个。

1. 产权清晰。即企业中的国有资产所有权属于国家，企业拥有包括国家在内的出资者投资形成的全部法人财产权，成为享有民事权利，承担民事责任的法人实体。

2. 企业以其全部法人财产，依法自主经营，自负盈亏，照章纳税，对出资者承担保值增值的责任。

3. 出资者按投入企业的资本额享有所有者的权益，即资产受益、重大决策和选择管理者等权利，企业破产时，出资者只以投入企业的资本额对企业债务负有限责任。

4. 政企分开。企业按照市场需求组织生产经营，以提高劳动生产率和经济效益为目的。政府不直接干预企业的生产经营活动。企业在市场竞争中优胜劣态，长期亏损、资不抵债的应依法破产。

5. 管理科学。建立科学的领导体制和组织管理制度，调节所有者、经营者和职工之间的关系，形成激励和约束相结合的经营机制。

二、建立现代企业制度的必要性

国有大中型企业是国民经济的支柱，建立并推行现代企业制度，对于提高经营管理水平和竞争能力，更好地发挥主导作用，带动其他形式企业的发展，具有重要意义。建立现代企业制度的必要性有如下几条。

1. 建立新经济体制基本框架的需要

建立新经济体制基本框架，一是要建立与市场经济相适应的现代企业制度，形成以公有制为主体，多种经济成份共同发展的、充满生机和活力的微观基础；二是建立全国统一的市场体系，实现城乡市场紧密结合，国内市场与国际市场相互衔接，促进资源的优化配置。企业既是资金、劳务、物资、技术等市场的供方，又是这些市场的需方。有了现代企业制度，就有了企业自己支配和运作的法人财产权，将能直接影响各种要素市场的发育和成长。三是建立以间接调控手段为主的宏观调控体系，如在金融上直接调控的对象是利率、税率、汇率和货币发行量，而作用的对象是企业，从而转换政府职能，企业自我约束，保证经济建设健康运行。四是建立以按劳分配为主体，效率优先，兼顾公平的收入分配制度，形成市场经济运行的动力机制，调动劳动者的积极性，创造更多的社会财富。五是建立多层次的同我国国情相适应的社会保障制度，如建立职工养老、失业、医疗和工伤保险制度，既能促进经济建设发展和社会稳定，又能为现代企业制度的实施创造外部环境。

2. 市场经济体制与现代企业制度之间有必然的联系

《决定》中指出："由于社会需求十分复杂而且经常处于变动之中，企业条件千差万别，企业之间的经济联系错综复杂，任何国家机构都不可能了解和迅速适应这些情况，市场在资源配置上起着基础性作用。"企业作为市场竞争的主体，在实现资源配置过程中发挥着资源配置载体的作用，对价格信号能积极反应，而迅速地调节自己的生产经营活动，调整自己的人力、物力和财力资源，投向获得最大经济利益的地方，这是实现资源优化配置的关键。

当然，资源配置过程完全是企业个体行为，也易于产生盲目性或过度竞争，招致资源浪费，因而要强调市场须在国家宏观调控下发挥作用。

这样就形成如下流程：建立现代企业制度→确立法人财产权→受自身利益驱动，企业对价格信号作出积极反应→企业成为资源配置的载体→实现市场对资源配置的基础性作用→建立起社会主义市场经济体制。这便证明了市场经济体制与建立现代企业制度间的必然联系。

3. 建立现代企业制度是改革的方向

回顾改革历程，我们是在传统的高度集中的计划经济体制下，企业完全没有经营自主权的基础上进行改革的，经过了利润留成和盈亏包干、扩大企业经营自主权、实行两步利改税、实行两权分离的企业承包经营责任制、以法律形式赋予企业相应的经营权利和转换经营机制等一系列改革。但是始终是基本上沿着放权让利的道路向前推进。这种循序渐近的改革，使我们取得了巨大的成就和发展，是举世公认的。但是，我们也应看到，国有企业与乡镇企业、私营企业、"三资"企业相比较，存在相当严重的问题。一是效益低、亏损严重；二是发展慢，国有经济比重逐年下降；三是负担重，即债务、税赋和冗员负担重；四是骨干老企业长期得不到更新改造。据 1995 年末统计，国有企业约有 40％亏损，亏损额度逐年增大，资产负债率高达 80％～90％，有些已经资不抵债。这说明国有企业问题，不仅仅是某些企业领导人的素质及某个部门或地区的政策问题，而是企业制度有了问题。

因此，建立现代企业制度是非常迫切的。正如《决定》所指出的，"继续深化企业改革，必须解决深层次矛盾，着力进行企业制度的创新，""这是发展现代化大生产和市场经济的必然要求，是我国国有企业改革的方向"。

三、现代企业制度的基本内容

（一）现代企业法人制度

企业法人是以公司（《公司法》里的"公司"）股东出资额（或所持股份）为限，以其全部资产对公司的债务承担责任。因此，完善企业法人制度，关键是确定法人财产权，实行出资者的所有权与法人财产权的分离。国家作为出资者享有财产所有权；企业作为独立的商品生产者享有法人财产权。出资者所有权表现为出资者拥有股权，依法享有的资产受益、产权处置等权利；法人财产权表现为公司企业法人依法享有法人财产的占有、使用、收益和处分权，以独立的财产对自己的经营活动负责。

这样，对国家的好处是：①投资风险减小，获利机会增大；②可以用少量资本控制较多的社会资产；③有利于盘活国有资本，保值增值。对企业的好处是：①切断了政企职责不分的绳索；②要求企业增强对财产的自我约束力，使自负盈亏责任落到实处；③能自觉按照市场供求关系，通过科学管理谋求效益最大化，实现企业自我发展。

（二）现代企业组织形式

企业组织形式在国际上通常分为三类：私（个）人企业、合伙制企业、公司制企业。前两者属于自然人企业，出资者承担无限责任；后者属于法人企业，出资者承担有限责任。

1. 私（个）人企业

又称个体企业，诞生于市场经济早期，迄今几百年仍普遍存在。个人自己出资，自己经营，收入归自己，风险自己担。它的有利之处是，所有权与经营权归于一身，经营灵活，决策迅速，开业和关闭手续简单。不利之处是：存续时间短，经营规模小，财力有限。适合于零售商业、零星维修等。

2. 合伙制企业

是由两个以上的个人或个人企业，通过签订合伙协议，实行联合经营的组织。经营所得由合伙人分享，经营亏损由合伙人共同承担。

它的优点是：①筹集的资金量可大大增加，能从事较大规模的生产经营活动；②对企业债务负有无限连带责任，要求经营者增强责任心，提高企业信誉。

它的缺点是：①合伙的资产有限，难以达到社会化大生产要求；②合伙人对一项经营决策都会关心，有时会造成决策时效延误；③一旦合伙人中有一位退出，会影响企业的继续存在；④由于承担无限连带责任，增大了投资者的风险。适合于资产规模较小，管理不复杂的建筑作业队或分包队，以及营业资金量较小，而工作业务涉及资金量较多、信誉重要的企业，如会计师事务所，律师事务所等。

3. 公司制企业

是法人企业，有别于自然人企业，特别表现在有限责任制度上。是由两个以上股东出资形成的、能独立对自己经营的财产享有民事权利、承担民事责任的经济组织。

它具有以下一些特点。

（1）公司企业以适应社会（业主）的需求，并以营利为目的。

（2）公司企业实现了股东所有权与法人财产权的分离，即不再由所有者亲自经营自己的财产，而是委托给专门的经营者即公司法人为其经营。这是一个重大的历史进步。

（3）公司法人财产具有整体性、稳定性和连续性。这是由于公司的财产不可分割，股东一旦投资到公司，就不可抽回，只能转让。

（4）公司企业实行有限责任制度。一是对股东而言，以其出资额为限对公司的债务承担有限责任；二是对公司法人而言，以其公司全部财产为限对公司的债务承担责任。

具有代表性的公司企业是有限公司，它有两种组织形式，即有限责任公司和股份有限公司（参见1993年12月颁布的公司法），各自具有不同的特点。

1）有限责任公司的特点：①股东数量较少，由2～50个股东共同出资设立。②注册资金较少，易于组建，其最低额是：以生产经营为主和以商品批发为主的公司是 50 万元；以商业零售为主的公司是 30 万元；科技开发、咨询、服务性公司是 10 万元。③不发行股票，权益证明可在股东内部转让。④公司是在内部向股东报告工作，接受其监督。

2）股份有限公司的特点：①股东数量较多，有 5 人以上为发起人，定向或公开向社会募集股金。②注册资金较高，低限为 1000 万元。③公开向社会发行股票，股票可依法转让或交易。④透明度高，公司定期向社会公开财务报告。

需要说明，股份有限公司并非都是上市公司。我国《公司法》规定，凡上市公司的股金总额不得少于 5000 万元且开业三年以上，连续盈利。从国际上看公司中股份有限公司是少数，上市公司更少。例如德国 1992 年有限责任公司有 45 万个，而股份有限公司只有 2500 个，上市公司仅是 200 个。

（三）现代企业治理结构

现代企业制度以公司制为代表，公司制含有"集体"、"公有"的含意。治理结构含有统治管理机构的意思，也可理解为公司的组织管理制度。

1. 公司治理结构的特征

公司治理结构的特征是，所有者、经营者、生产者之间，通过公司的权力机构、决策和管理机构、监督机构，形成各自独立、责权分明、相互制约的关系，建立起约束机制和激励机制，既可保障所有者权益，又赋予经营者充分的经营自主权，同时能够调动生产者（职工）的积极性。

2. 公司治理结构的体现

（1）股东会。是公司的最高权力机构，由出资人或其代表的股东组成。其职权如下：①人事权。选举董事、监事并决定其报酬；②重大决策权，如批准公司章程、预（决）算、经营方针、投资计划等；③受益分配权，如批准利润分配和亏损弥补方案；④股东财产处置权，如对增减注册资本、公司的合并、分立、解散或破产清算等作出决议。

（2）董事会。是公司的经营决策机构，对股东大会负责，并执行股东会决议。有限责任公司的董事会由 3～13 人组成，股份有限公司的董事会由 5～19 人组成。凡由两个以上的国有企业（或投资主体）设立的有限责任公司，其董事会成员中应有公司职工的代表。其主要职权是：①任免公司总经理、副总经理和财务负责人，并决定其报酬；②决定公司的经营计划和投资方案；③制定公司财务预（决）算、利润分配、亏损弥补、增减资本和发行债券等方案；④决定公司内部管理机构的设置和基本管理制度。

（3）总经理。负责公司的日常经营管理，主持公司的生产经营管理工作。由董事会聘任或解聘；既可以从外部聘任，也可以由董事兼任，对董事会负责。他的责任是：①组织实施董事会的决议；②提名聘任或解聘公司副总经理和财务负责人，直接聘任或解聘其他负责管理人员；③组织实施公司年度经营计划和投资方案；④拟定公司内部机构设置方案和管理制度及规章等。

（4）监事会。是公司的监督机构。成员一般不少于 3 人，由股东代表和一定比例的职工代表组成。其主要职责是：①检查公司财务；②对公司董事、经理违反法律、法规和公司章程的行为进行监督，以防滥用职权；③发现其有损公司利益时，有权要求纠正，必要时提议召开临时股东会，采取办法予以纠正。为保证监督的独立性，公司的董事、经理和财务负责人一律不得兼任监事。

上述的治理结构，是一个科学的体系。从产权关系上看，股东会对董事会是委任代理关系；董事会对总经理是授权经营关系；监事会代表股东会对财产受托人即董事和总经理实行监督。这是一种纵向的财产负责关系。从横向的职权关系上看，他们各有不同的职权范围，而且具体明确。行使职权的时间也有不同，股东大会一年一次、董事会每几个月一次、总经理每周或随时召开会议。这种纵横关系，构成了整个公司内部的约束机制和利益机制。

四、如何建立现代企业制度

（一）必须树立新的观念

首先，必须用生产力标准作为决定各项政策措施取舍的根本标准，进一步解放思想，更新观念。物质是第一性的，精神是第二性的。现代企业制度既然能够发展生产力，我们就要结合我国国情，探索并建立这种制度。

其次，建立"吸收世界文明，共享人类精神财富"的观念。现代企业制度虽然是在资本主义经济中出现和发展的，但它并非资本主义所独有，而是市场经济和社会化大生产发展所产生的结果，是人类的智慧文明成果，是可以在社会主义社会中运用的。

再者，还要树立以下新的观念：改变"国有企业必须直接隶属于政府部门"的观念；树立企业拥有法人财产权，承担有限责任的观念；允许国有企业吸收非国有企业资金入股，或由国家控股的新观念；树立优胜劣汰，在市场竞争中依法兼并或破产的新观念；树立"抓大放小"，在保证公有资产占优势的前提下，探索公有制企业的有效发展形式；改变按所有制性质划分企业，而按企业财产组织形式和承担的法律责任把企业划分为独资、合伙和公司企业。

（二）创造条件逐步推进

我国在1996年前开展国有企业实行公司制的试点。到本世纪末，在全国范围，逐步建立起现代企业制度。

1. 贯彻国家颁布的《转机条例》，认真落实十四项经营自主权，为企业有效地进入市场创造条件。

2. 加强国有资产管理，进行清产核资。禁止将国有资产低价折股、低价出售或无偿划给职工。通过清产核资，进行资产评估，理清企业资产来源，科学界定企业产权，核实企业法人财产占用量。这是建立现代企业制度的一项基础工作。

3. 减轻企业不合理负担。改革开放以来，国有企业承担着高税赋、超量劳动就业任务，赡养大量离退休人员。对此，应积极解脱企业的不合理负担，使之成为参与平等竞争的现代企业。

（三）做好国有企业的公司制试点

1994年国务院决定选择百家国有大中型企业进行现代企业制度试点。国家建设部选择了36家建筑企业进行试点。

1. 试点的原则

（1）有效地实现出资者所有权与企业法人财产权相分离；

（2）继承与创新相结合，立足国情与借鉴国外相结合；

（3）以《公司法》为依据；

（4）积极推进相关的配套改革；

（5）调动企业和广大职工的积极性。

2．试点的目的。

（1）寻求公有制与市场经济相结合的有效途径；

（2）为理顺产权关系积累经验；

（3）规范公司治理结构取代现行企业领导制，以相互介入处理好新老"三会"关系。

（4）促进政府职能转变。

3．选择相应的公司制形式

《公司法》确定了三种形式。

（1）少数特定行业，如军工产品、国家储备企业等可改组为国有独资公司；

（2）绝大多数企业应改组为多个股东持股的有限责任公司，包括法人间参股、外资入股、职工持股，支柱产业和基础产业中的骨干企业，国家要控股；

（3）具备法定条件的，直接改组为股份有限公司，但须严格审批。

4．国有资产经营

应政企分开，采取国家授权国有资产经营公司或具备条件的企业集团公司进行经营的方式，但要对这种经营进行有效的监督，例如各级职代会的介入，以防止资产流失和滥用权力。

5．改革企业管理制度，强化企业管理

改革企业管理制度包括公司章程的制订，劳动、人事、工资、财务、会计制度的改革。管理决定生产力要素的组合水平和产出水平，故要大力加强，搞现代化、集约化管理。

（四）积极推进配套改革

1．调整企业资产负债结构

由客观原因造成的资产损失，可按有关规定冲销冲减。国家的投资贷款转为国家资金，企业债务转为股权等。

2．尽快建立社会保险制度

试点企业必须参加职工养老、医疗、失业和工伤保险，由社会保险组织统一经办和向职工支付。

3．减轻企业办社会负担

企业自办的学校、医院、餐厅、招待所、社区服务等，应从企业分离，由政府或社区服务机构承接，或改为独立核算的企业法人，自负盈亏。

第八章 建筑市场与建筑企业经营方式

第一节 建筑市场概述

一、我国建筑市场的概况

(一)建筑市场的概念

建筑市场有广义的与狭义的之分。狭义的建筑市场是指建筑产品需求者与生产经营者的交易关系和交易活动。它由发包方(买方)、承包方(卖方)和为建设服务的中介服务方构成的市场主体和由不同形态建筑产品构成的市场客体。广义的建筑市场除狭义的建筑市场外,还包括生产要素市场、社会保障体系、建筑法律法规、监督管理体系、市场运行机制等。故建筑市场是工程建设生产、经营和交易关系的总和。

(二)我国建筑市场概况

我国建筑市场的概念是从 1984 年才提出来的。在此前很长时间,在理论上不承认建筑产品是商品,在实践上实行计划经济,由国家统一计划、指挥,建设、设计、施工单位分工合作以完成国家工程建设任务。建筑市场的建立,引进了市场竞争机制,推动了建筑生产力水平的提高,取得了积极成效,保证了工程质量、降低了造价、缩短了建设工期;设计、施工技术水平有了很大提高,高层、超高层建筑技术趋向成熟;一批工业、民用项目接近或达到国际先进水平。

但是,建筑市场秩序相当混乱。业主没有进入市场,多不执行报建制度,盲目压价,承包者竞相降价、带资承包,使招投标流于形式,操作不规范,拖欠工程款日趋严重,吃回扣风盛行,资质不实,无证施工、借证施工、越级施工、倒把转包颇为严重。建设部及地方建委正在对建筑市场进行整顿。

(三)我国建筑市场的特点

1. 社会性

建筑产品的位置、施工和使用影响到城市的规划、环境、人身安全。政府作为公众利益的代表,必须加强对建筑产品的规划、设计、施工、交易、竣工验收管理。

2. 生产与交易的统一性

从工程建设的咨询、设计、施工发包与承包,到工程竣工、交付使用和保修,发包方与承包方进行的各种交易(包括生产),都是在建筑市场中进行的,都自始至终共同参与,故建筑市场生产和交易具有统一性。

3. 交易物的单件性

建筑产品都是各不相同的,都需单独设计、单独施工,逐件承包,逐件组织生产,单件进行交易。

4. 交易价格形式的多样性

建筑产品价格根据工程不同,可以采用单价形式、总价形式、成本加酬金等形式。既可按合同约定进行调整，也可按合同约定不调整。可以预付一定数量工程款后，按工程进度拨款，竣工后一次结算。每一件产品的价格都必须考虑环境变化、政策变化、价格风险和难以预料的情况，事先确定调整的方法方式，或按一定的风险系数确定不变价格。

5. 交易时间的长期性

一般建筑产品的生产周期需要几个月到几十个月，在这样长的时间里，政府的政策、市场中的材料、设备、人工的价格必然发生变化，同时，还有地质、气候等环境方面的变化影响，因此，工程承包合同必须考虑这些问题，作出进行调整的规定。

6. 交易的阶段性

建筑产品在不同的阶段具有不同的形态。在实施前，它可以是咨询机构提出的可行性研究报告或其它的咨询文件；在勘察设计阶段，可以是勘察报告或设计方案及图纸；在施工阶段，可以是一幢建筑物、一个工业群体；可以是代理机构编制的标底或预决算报告；甚至可以是无形的，如咨询监理单位提供的智力劳动。各个阶段的严格管理，是生产合格产品的保证。

7. 建筑产品的整体性和分部分项工程的相对独立性

建筑产品是一个整体，无论是一个住宅小区、一个配套齐全的工厂，或一座功能完备的大楼都是一个不可分割的整体，要从整体上考虑布局，设计及施工都要有一个高素质的总承包单位进行总体协调。各专业施工队伍分别承担土建、安装、装饰的分包施工与交工。所以建筑产品交易是整体的。但在施工中需要逐个分部分项工程进行验收，评定质量，分期结算，所以交易中分部分项工程有相对独立性。

8. 交易活动的不可逆转性

建筑市场交易一旦达成协议，设计、施工等承包单位就必须按照双方约定进行设计和施工，一旦竣工，则不可能退换、不能再加工。所以对工程质量有着严格的要求。设计、施工和建材必须符合国家的规范、标准和规定，特别是隐蔽工程，必须严格检查合格后，方可进入下一道工序施工。

9. 建筑市场与房地产市场的交融性

建筑市场与房地产市场密不可分。工程建设是房地产开发的一个重要环节，而房地产市场又承担着部分建筑产品的流通职能。建筑企业经营房地产有利于建筑企业增加利益，增强企业活力和实力。房地产业也因建筑企业的介入，减少了经营环节，降低了经营成本，有助于房地产业发展。所以二者具有交融性。

二、建筑市场的构成

（一）建筑市场体系

建筑市场体系（即广义的建筑市场）的构成，如图 8-1 所示。

（1）建筑产品市场，即狭义的建筑市场；

（2）建筑生产要素市场，包括：劳动力市场、建筑材料市场、机械租赁市场、资金市场和科技市场。生产要素市场对建筑产品市场产生重大影响。

（3）法律法规体系。它是保证建筑市场健康有秩运行的前提，它包括法律体系（如企业法、劳动法、反不正当竞争法）、行政法规体系（如建筑市场管理条例、工程质量管理条例、建筑工程招标管理条例等）、技术法规体系（如设计、施工方面的规范规程、验收标准等）和行业规范体系（如招投标指南、行业规则）等。

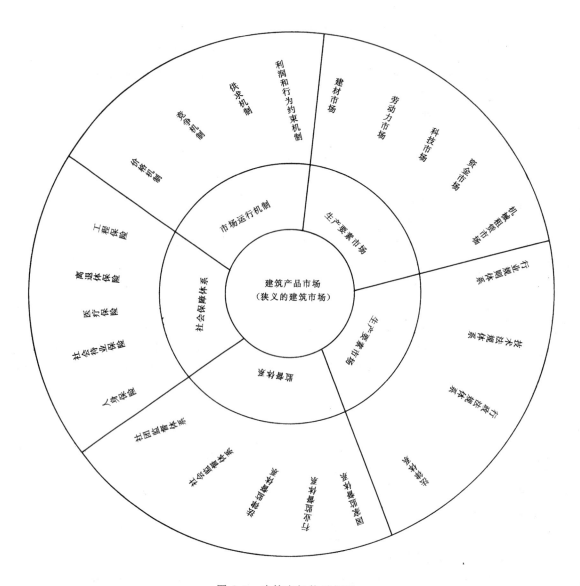

图 8-1 建筑市场体系框图

（4）社会保障体系。它是建筑企业深化内部改革、增强活力的基础，它包括人身保险、待业保险、医疗卫生保险费、离退休养老保险和工程保险等。

（5）监督体系。它是实现建筑市场健康有序运行的必要措施，通过对违法行为的查处达到净化建筑市场的目的。监督体系中包括国家监督体系（劳动部门、技术监督部门的监督）、行业监督体系（各级建设行政部门的监督）、法律监督（司法部门的监督）、社会监督体系（主要是群众监督）、群团监督体系（工会、妇联组织监督）和社团监督体系（学会、协会等）。

（6）建筑市场运行机制。建筑市场的运行机制是否有效、健全，关系到市场作用的发挥，关系到行业秩序，行业发展和政府对市场调控目标的能否实现。一个发育良好的市场体系必须有良好有效的运行机制作保证。运行机制主要包括价格机制、竞争机制、行为约束机制和利益约束机制和供求机制。

（二）建筑市场主体

1. 业主方

即发包方，是既有进行工程建设的需求，又具有工程建设相应的资金和准建证件，在建筑市场中发包工程建设设计、施工任务，并最终得到建筑产品所有权的政府、企事业、个人。

改革开放以来，国家对业主的各方面责任都作出了明确要求。1992年国家计委颁发了《关于建设项目业主责任制的暂行规定》，使业主的责、权、利统一起来。建设部相继颁发了《建筑市场管理规定》和《建设单位基建管理机构资格审查办法》。1994年国家计委颁发《关于实行建设项目法人责任制的暂行规定》。以上规定均对发包方作出了规范化要求。

2. 承包方

是指有一定生产经营能力、技术条件、机械装备、流动资金，具有承包工程建设任务的营业资格，在建筑市场中能够按照业主方的要求，提供业主所需要的建筑产品，并最终得到相应的工程价款的建筑企业，合格的设计单位及建筑材料和制品生产单位。

我国自1984年开始建立建筑市场，将原来单纯用行政手段分配施工任务的方式改为招标承包或自行承揽任务，使建筑企业建立了市场观念和竞争意识，促进了企业素质的提高。新崛起的农村建筑队等非国有企业，已成为我国建筑业的重要组成部分，其灵活的经营机制为国有企业的改革提供了启示。

3. 中介服务组织

新兴的中介服务组织是具有相应的专业服务能力，在建筑市场中受发包方、承包或政府管理机构委托，对工程建设进行估价、预算、咨询、代理、建设监理等高智能服务，并取得服务费用的咨询服务机构和其他建设专业中介服务组织。主要有：

（1）建筑业协会及其专业分会（委员会）、建设监理协会等，在政府和企业之间发挥桥梁纽带作用，协助政府进行管理。

（2）公证机构。包括：会计师事务所，审计师事务所，律师事务所，资产及资信评估机构，仲裁机构，公证机构等。

（3）咨询、监理公司。受业主委托，按合约对建设项目进行建设前期工作以至施工中质量、进度和费用的监督管理。

（4）鉴证机构。包括质量监督、计量、检测、鉴定机构等。

（5）各种保险、金融服务组织。

（三）建筑市场客体

建筑市场的客体既包括有形产品，也包括无形产品。前者是各类建筑物及构筑物，后者指各种服务。它们既凝聚着承包方的劳动成果，又是业主方以投入资金取得的使用价值。

三、国际承包市场

1995年，我国有23家建筑企业（见表8-1）跻身225家大企业行列，但就企业数量讲，虽占10.2%，而收入只占225家国外总收入992亿美元的3.2%。就每家对外收入额均值而言，中国公司只有1.3亿美元，比排在我国前的8国为少，也少于排在我国之后的韩国、瑞典、巴西、希腊、土耳其、西班牙、塞浦路斯、澳大利亚、比利时、爱尔兰、丹麦、芬兰等12国。表8-2是前10家承包大国名次。

表 8-1

1995 年 225 家国际大承包公司中的中国公司

名　次	公　司　名　称	所　在　地	国外收入额（百万美元）
42	中国建筑工程总公司	北京	466.5
58	中国港湾工程公司	北京	409.6
69	中国石油建设工程公司	北京	317.4
96	中国土木工程公司	北京	166.4
101	中国冶金建筑（集团）公司	北京	150.0
109	中国公路桥梁建设总公司	北京	125.9
120	东方电力总公司	成都	109.2
123	北京长城建筑公司	北京	103.6
125	中国上海对外技术合作公司	上海	102.0
131	中国辽宁国际经济技术合作公司	沈阳	85.3
132	中国武夷公司	福建	83.6
133	中国福建国际技术经济合作公司	福建	80.2
137	中国广西国际技术经济合作公司	广西	78.2
141	中国四川国际技术经济合作公司	成都	76.5
143	中国海外工程总公司	北京	74.3
151	中国水利电力对外公司	北京	66.7
159	中国江苏国际经济技术合作公司	南京	59.4
161	中国化工建设总公司	北京	57.6
165	中国有色金属对外经济合作公司	北京	50.2
174	中国沈阳国际经济技术合作公司	沈阳	41.0
181	中国石化工程公司	北京	35.4
186	中国成达化学工程公司	成都	32.0
215	延边对外经济技术合作公司	延吉	12.8
合计			2986.8

1995 年 225 家国际承包公司所属国前 10 名排名

表 8-2

单位：亿美元

国别	日本	美国	法国	英国	德国	意大利	荷兰	中国	韩国	瑞典
公司数	26	53	9	12	16	21	5	23	10	2
国外收入	188	150	116	114	101	75	33	29.9	29.5	1.6
占 225 家％	20.4	16.3	12.6	12.4	10.9	8.2	3.6	3.2	3.2	1.7

四、生产要素市场

（一）劳动力市场

劳动力市场是生产要素市场中起决定性作用的市场，是劳动力开发、配置、利用、流动及所有者、使用者经济利益的实现机制。劳动力市场发育程度、运转状况既直接影响生产状况、制约社会经济发展，也直接制约、影响社会的稳定和进步。一般说建筑行业是劳动密集行业。建筑劳务市场容纳了大批农村转移出来的劳动力，在建筑行业的劳动者中占据了60%的比重，形成了建筑业不可缺少的力量。

目前我国建筑劳动力市场的发育程度相对迟缓、"滞后"，市场机制不够健全，配套改革不够，建筑劳动力价格没有完全放开；建筑队伍膨胀，供大于求。劳务市场的发育"滞后"主要表现在临时工、合同工大都是未经专业培训的民工，技术素质及安全防护意识都很差，建筑业发生的人身伤亡事故绝大多数是农工。目前，隶属于劳动部门的劳动力市场，只收费，没有去开发劳动力资源。工程技术人员、大中专毕业生以及国有企业其他人力资源的开发管理还没有纳入市场范畴，社会保障体系还没有建立起来，这是影响劳动力市场发育的关键因素。

基于我国国情，建筑劳动力市场的目标模式是：形成劳动力可以自由流动、工资主要由劳动效率和劳动力市场供求决定，市场机制对建筑劳动力资源配置起基础作用的市场格局；逐步建立有组织、全方位开放的、统一完善的建筑劳动力市场体系。当前，要着重推行建设部提出的"行业劳务基地化，企业劳务二元化"（企业内部劳务与社会劳务相结合）的改革思路，调整建筑业的劳动力结构。

（二）建筑材料市场

建筑材料市场是直接为建筑产品市场服务的很重要的生产要素市场，它的运行质量直接关系到建筑市场的发育。建筑产品的质量很大程度上决定于建筑材料的质量。在建筑产品中价值量最大的部分就是材料，达到60%~70%。

目前建筑材料市场存在的主要问题是：材料采购吃"回扣"，既助长了经济犯罪，又加大了工程成本；理应施工单位负责采购的建筑材料，业主也要控制购买权；材料及配件质量低劣。据1994年国家工程质量检测中心组织的抽查表明，有的地区建筑材料竟有50%的不合格。

因此，建筑材料市场要强化履约经营；禁止发包控制材料采购权，如果必须由发包方采购的，要经承包方认可。建材供销合同要形成通用的规范文本；政府质量监督部门的职能要向前延伸，定期抽查检测建材产品，质量好的可在一定时期内免检，并向社会推荐，不合格的要予以曝光，禁止使用；监理工程师要对工程使用的所有材料核验，签发认可单；定期公布材料价格，为企业提供实用信息，为承发包双方工程结算提供服务。

（三）机械租赁市场

机械设备租赁市场也是建筑市场的一个重要组成部分，它的发育程度是社会化大生产及专业化协作程度的重要标志。机械设备的社会化、商品化，对提高生产效率，提高机械设备利用率，降低生产成本都起着很大作用。

近几年，机械设备租赁市场在我国的大中城市已初步形成。据测算，建筑市场中机械设备租赁的份额已占40%，且不含企业内部租赁。在土石方工程、公路工程中，机械设备租赁的份额已达到70%~80%。

机械设备租赁市场的价格机制已经形成，完全由市场供求规律来调节，充分反映着供求关系。这一市场培育目标应是进一步提高社会化商品化程度，提高其科技含量，适度引进国外先进的设备，尤其是专用机械设备，提高生产效率和装备水平，加快信息网建设。在机械设备租赁市场中，租赁商要有一个合理的规模结构，即少量的大型综合性租赁商和大量的小型专业化的租赁商相结合的合作的组织结构。

（四）科技市场

科技水平是一个国家或一个产业生产力水平的主要标志，建筑业尽管目前仍未摆脱秦砖汉瓦时代，但现代科技水平在建筑产品生产中的巨大威力已是世所公认。科技在促进生产力发展中起着至关重要的作用。建筑业技术进步对建筑业生产发展的贡献已超过资本和劳动力投入的贡献，表现出集约型经营的趋势。

为提高我国建筑业发展的科技含量，推进技术进步，要采取一系列优惠政策，尽快使科研单位、大专院校和国外先进的设计施工技术及管理方法与设计和施工生产结合起来，迅速转化为生产力。鼓励科研单位和大专院校与企业建立联合体。设计、施工单位采用国家推广或从国外引进技术成果的，政府部门要给予科技补贴，企业应从企业留利中拿出一部分作奖励基金；在工程造价中单列一项科技费用用于鼓励采用新技术。

（五）资金市场

资金是企业生存和发展的命脉，特别是在我国建筑行业利润水平比较低，长期以来没有较大积累的情况下，建立完善资金市场，对建筑业的发展和建筑市场的发育具有极为重要的意义。

目前资金市场存在的问题是：企业盈利能力下降，亏损面扩大，亏损额上升。1994年建设部系统国有建筑企业，年亏损额为 4.5 亿元，远远高于 1993 年的 1.9 亿元。企业偿债能力太差，1994 年资产负债率为 87%，远远高于 50% 的一般要求水平。企业被拖欠工程款不断增加，1994 年年末总额为 198 亿元，占全部流动资产的 15.9%，比 1993 年提高了 2.5个百分点。资金状况的困境主要是由建筑市场的混乱所造成的，使建筑企业在投标（压价）→中标（垫资）→结算（拖欠）…→再投标（再压价）→再中标（再垫资）→再结算（再拖欠）……的恶性循环中艰难挣扎。

为此，要压缩投资规模，拿出一部分钱清还拖欠，作到不还旧帐不批新项目，开工前要有审计，资金筹措不到 80% 的不准开工，采取经济的法律诉讼的手段清欠，建立企业内部银行，企业间进行融资等，逐步解决企业办社会的问题。

五、完善市场运行机制

（一）价格机制

价格机制是指资源在价值规律的作用下价格在客观上具有的传导信息、配置资源、促进技术进步、降低社会必要劳动量的功能作用。价格机制的功能，就是使价格真实反映市场供求情况，真实显示企业的实际消耗和工作效率，使实力强、素质高、经营好的企业具有竞争性，使它们能够更快地发展，实现资源的优化配置，促使企业自觉降低消耗，挖掘潜力，提高效率，提高全社会的生产力水平。

市场价格机制包括三个方面的内容：价格形成机制、价格运行机制和价格调控机制。它要求价格以市场形成为主，由企业根据市场情况自主确定；在价格运行上，使绝大多数产品价格能够在公平竞争的市场环境中，随市场供求而波动，从而形成不断趋于合理的价格结构；在价格调控上，建立起完备有效的政府价格宏观调控与间接调控手段，规范工程造价秩序，稳定建筑市场造价总水平。

1. 完善价格形成机制

要以能够反映出市场经济下工程造价的真实性为基点，以是否适应竞争以及是否有利于提高工程质量和施工企业向现代化发展为前提，使工程造价计算方法尽量与国际惯例接轨。

按照我国现行的建筑工程管理体制和建筑业改革发展方向，工程造价的形成机制应是：国家统一量，企业自己定价，国家和地方政府制定工程税费。

国家统一量是由国家工程造价管理部门制定出全国统一的工程量计算规则。消耗定额（人工、材料、机械）要由行业协会编制，供招投标参考。建筑企业要有自己的消耗定额，并据此和公布的各类价格指数，编制投标书，最终实现建筑产品价格由市场确定。

2. 加强价格运行机制

创造公平的招投标竞争环境，按时公布有关价格信息（材料、人工、机械），制定必须的法规，是维持正常建筑市场价格秩序的基本保证，也是从根本上制止工程建设中腐败行为发生的需要。立法工作应从我国国情出发，引进国外经验，建立起一套职责分工明确，具有可操作性的价格管理法规。

3. 建立宏观价格调控体系

建筑市场中的价格机制要求宏观调控，调控的主要途径是以经济利益引导，有效地利用经济手段。因此，要解决建筑行业利润水平过低的问题，逐步达到全社会平均利润水平。改变所有制不同，利润率亦不同的费率制度。管理费率应以工程施工难易程度及对施工企业技术管理水平要求而划分，工程类别越高，工程越难施工，越是要求有先进的施工管理手段和先进的施工机械设备，越应提高管理费费率，这是高技术高收益的产业政策的体现，也可促进企业进行技术改造和培养人才。

（二）竞争机制

社会主义市场经济必须存在竞争，有竞争才能有动力、有压力，才能优胜劣汰，推动生产力水平的提高和社会的全面进步。建筑市场的开放，增强了建筑市场的竞争，对降低工程造价，缩短工期，提高工程质量和服务质量，都有积极的促进作用。但目前的建筑市场还不是公平竞争，混乱现象大量存在。为此要按以下要求办理。

1. 领导者的权力不能进入市场

市场经济就其本质上看就是法制经济，它要求一切都要依法办事。如果领导者的权力进入市场插手工程承发包，势必破坏法制，扰乱市场秩序，导致不公平竞争，也容易诱发腐败。

2. 国有企业要与其他非国有企业实行平等竞争

目前的国有企业办社会问题严重，影响了竞争力。

3. 业主要进入市场

业主必须执行"报建制"和"招投标制"，参予市场竞争。如果业主没有能力，要委托监理。

（三）行为约束机制

建筑市场中的行为约束机制是在完善配套的法律法规体系中形成的，没有调整市场中各种利益关系的法律、法规作保证，市场中的行为就没有约束，市场秩序就要混乱。市场行为约束机制是市场发育成熟的重要体现。行为约束机制作用越大，说明建筑市场秩序越好，交易行为越规范。

（1）业主作为产品的购买者，在选择购买的产品及选择生产产品的承包商过程中，要遵循有关法规，要报建，要招标，要委托咨询监理。

（2）承包商的行为也要受到法律法规约束。投标过程中不得哄抬标价；不得将承揽的工程"倒手"转包渔利，施工不得偷工减料，粗制滥造。

（3）咨询监理人员必须依据国家有关规程、规范、必须依据工程合同进行工作，否则就要承担经济责任，或被取缔执业资格。

（四）利益约束机制

在计划经济时期，建设单位、设计单位、施工单位共同完成国家下达的建设任务，各方的利益不明显，无法界定各自单独的利益。建设资金节余缴国家，超支国家补，缺乏利益机制。

建筑市场开放后，凡国家投资的项目，也都实行了项目法人责任制，与自己的经济利益相联系。施工企业则全部进入了市场，自己找任务，企业的生存与发展已经同经济利益紧密相连。在建筑市场活动中，业主要求以最低价格购买工期短、质量高的建筑产品，而承包商则希望以较高的标价较少的投入承揽到任务。承发包双方都在追求自己的最大经济效益，这种相对对立关系，有利于提高生产力水平，促进社会发展。

我国目前建筑市场混乱的原因之一，就是建筑市场中利益机制还没有真正起作用。业主没有成为合格的市场主体。因此，要把业主推向市场，对政府投资项目的招标活动，要严格监督，堵住利益流失的漏洞，确保各方的合法利益。

六、建筑市场管理

（一）建筑市场管理的必要性

1. 建筑市场管理是克服其自身缺陷的必要

建筑市场既有优化资源配置、促进经济发展、提高经济效益的积极一面，又有投机性、盲目性、过渡追求自身利益、弄虚作假等消极的一面。因此要用法制的手段进行管理。

2. 与国际承包市场接轨必须加强建筑市场管理

在国际建筑市场上，对承包商的资质进行严格的管理，对承包商的行为既要严格管理，又要依法监督。我们中国的建筑市场是国际建筑市场的一部分，必须严格管理，使市场的主体和客体都规范化，创造良好的承包环境。

3. 加强对建筑市场的管理可以防止国有资产流失

加强建筑市场管理，可约束项目法人，使之加强投资管理，遏制投资管理中的不法行为，堵住国有资产流失的漏洞。

4. 加强建筑市场管理，有利于保护市场各主体单位的合法权益

市场交易要求公平合理、等价有偿、协商一致、平等互利，故有利于保护交易双方的利益。加强市场管理可及时查处不法行为，杜绝损害交易者利益的现象发生。

（二）建筑市场管理的目标

1. 建立统一、开放、现代化的大市场

统一的建筑市场，就是统一管理，加强各部门的协调配合；开放的建筑市场就是打破

各种保护落后、阻碍经济发展的割据和封锁，实现市场在资源优化配置方面的基础作用。现代化就是加强政府对市场的宏观调控，不靠市场自发调节。

2. 建立供需两旺、繁荣的建筑市场

供需两旺即适度规模的建筑施工任务及适量的建筑队伍，合理的工程造价机制，承包商和业主的利益均得到保护。市场繁荣即交易范围不断扩大，交易规模不断增长，市场运转正常，各种市场机制均能发挥作用。

3. 生产要素市场配套

与建筑产品市场配套的材料市场、劳动力市场、机械租赁市场、资金市场、技术服务市场均发育正常、运转正规，起到资源优化配置作用，有力支持建筑产品市场的运行和发展。

4. 建筑市场的社会保障机制健全

通过建立健全的养老、医疗、公伤、待业等社会保险体系，使建筑企业都能平等地参与竞争。

5. 建立法制健全、管理完善、监督严格、秩序良好的建筑市场。

这些都是建筑市场的软件，它对建筑市场各硬件正常发挥作用至关重要。

（三）加强建筑市场管理的主要措施

1. 强化对市场主体的资质管理

坚持实施对建筑业企业、对项目法人、对勘察设计单位、对建设监理单位等的资质管理规定，强调进行资质注册登记、按资质等级进行设计、施工、监理、发包等交易活动，严格奖罚，打击违法交易活动。

2. 建立严格的工程报建制度

建立严格的报建制度是对项目业主的规范化要求与约束，是建筑市场管理的龙头，它将业主真正推向市场，接受建筑市场规则的监督与约束。报建程序及审查内容见图 8-2 所示。

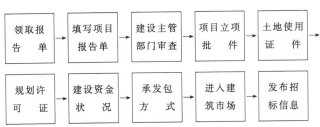

图 8-2　建设项目报建程序及审查内容

第二节　建筑企业经营方式

一、经营方式及其发展

建筑企业的经营方式，是指建筑企业向用户、业主（建设单位）或服务对象提供产品或服务的方式；是使企业的生产劳动变为社会的生产劳动的方式；也是组织建筑生产活动所采取的管理方式。

经营方式作为经济活动的方式，必然伴随着生产的发展、科学技术的进步，而不断演变、不断丰富起来。

我国是世界四大文明古国之一，自古以来就有许多闻名于中外的土木建筑工程的营造，诸如宫室、坛庙、苑囿、官署、府第等。到了 12 世纪初，即北宋后期，由主管工程的将作监少监李诫编修了《营造法式》，成为人类工程建筑中的一份珍贵遗产。当时的经营方式是由官府主持征工征料，自行建造；民间的房屋也是自己营建。这种自营方式仍然对现在有着很大影响。

到了 16 世纪初，即明朝中叶，由于社会的发展，出现了营造商，进行工程承包，这要比经济发达的西方国家约早一个世纪。从 1840 年鸦片战以来，我国屡遭帝国主义的侵略，连年战祸，建筑业也日趋凋敝，营造厂商不振，但是承发包方式仍然存在。

建国以来，工程建设的经营方式历经多次变化。建国初期多数工程实行承发包制，少数工程实行自营；"一五"时期，中央各部多是自己组织营造，使自营方式扩大；"大跃进"以后取消了承发包制，采取"指挥部"方式、仍属自营方式，造成建筑企业吃大锅饭，效果很差。

十一届三中全会以来，大力恢复了承发包方式，特别是经济体制改革以来，推行发包（招标）、承包（投标）制度，使经营方式向市场化发展。

在国外，最典型的是英国，承发包制已经历了五个阶段。

第一阶段：由业主直接组织雇用工匠进行建筑营造。

第二阶段：营造师出现，他作为业主的代理人管理工匠，并担任设计工作。

第三阶段：建筑师出现，建筑师承担设计，营造师管理工医，并组织施工。

上述三个阶段是按业主自营方式进行工程建设活动的。

第四阶段：承包企业出现。形成了业主（即发包者）、顾问（即建筑师、工程师，负责规划调查、设计和施工监督）与承包者（即施工者）三者相互独立又相互协作的经营方式。设计者除担当施工监督外，往往还承当业主与施工者之间纠纷的调解人。承发包方式出现后，自营方式在国外就几乎不存在了。因为自营方式需要兼管一支较大的施工技术队伍及大量的建筑机械，这与雇用拥有丰富经验和专门技术的承包企业完成建设任务相比，有很多弊端。

第五阶段：进入 19 世纪后，出现了总承包企业。到了 20 世纪，它已具备了较完整的体系。逐渐形成了以承发包为主要特征的承包企业的多种经营方式。

近年来，又有了设计-施工一体化和成套供应的经营方式，改变了传统经营方式。最新的经营管理方式——工程管理方式（Construction Management）简称 CM 方式，在前述的用户、设计和施工三者之外，又出现了第四者即工程管理者参加到工程建设中来。他作为用户委托的代理人，用其熟练的管理技术，进行全面的系统管理，以最短的工期，最小的费用去完成建设任务。工程管理者的职能是：负责规划；进行设计咨询；估算工程费；检查和验收；协调劳资关系；调整合同；管理成本和建设全过程。他可以是一个公司、几个人或者一个人，代表业主履行全部建设任务。CM 方式改变了过去那种需要设计图纸全部完成以后才能进行投标的连续建设生产方式，而是采用在工程的一部分设计完成以后分别发包的阶段发包方式。如图 8-3 所示，以前的方式是计划、设计、施工三个阶段像接力棒一样连续进行，这样工期长而且要受到经济变动的直接影响。CM 方式可以缩短从工程计划开始到竣工移交的时间，节约建设投资。建设单位可以提前使用该建筑物，从而提前获得经济效益。

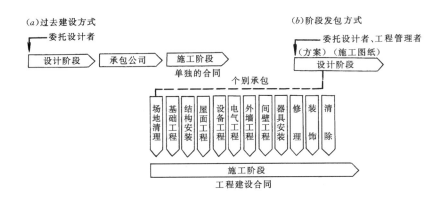

图 8-3 过去建设方式和阶段发包方式

最近，在国际上开始盛行的 BOT（Build-Operate-Transfer）方式，即建设—经营—转让，是吸收外资和私人资本，进行政府工程基础设施建设的重要方式。通常是由政府授权的项目公司负责筹集资金并建设，政府给予一定期限的特许权，建成后进行经营，以所得回收投资、赚取利润。到达期限后再无偿转让给政府。

从历史发展看，经营方式先是业主自营，把计划、设计和施工集中于一身的原始状态；后来有了设计与施工的分工，有了总包与分包的出现；再发展到现代的设计与施工一体化和具有高度能力的工程管理者的出现。即经历了由原始的"合"到后来有了分工的"分"，发展到现代的"合"。这不是简单的由合而分，又由分而合。原始的"合"是在社会生产力水平较低，社会生产的专业化和协作程度较低情况下的合，而现代的"合"则是科学技术进步和社会生产高度发展的结果。这个"合"中包含了高度的科学技术和科学管理。在"合"的系统中又有了更细的分工。因此，现代建筑业在处理分与合的矛盾中，创造了各种形式的经营方式。

二、经营方式的分类

（一）总包-分包经营方式

这种方式已经历了一个多世纪，形成了比较完整的责任分担体系，如图 8-4 所示。

这个体系中业主和建筑师在经营关系中属于甲方，总包以下的施工企业属于乙方。二者通过工程合同结成承发包关系。

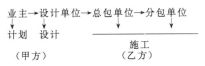

图 8-4 总包-分包经营方式

总包-分包经营方式最突出的优点是：

（1）由于专业化分工的发展，促进了施工专门技术的发展和施工组织管理技术的发展。

（2）责任分担体系比较合理，建筑企业由于受到合同的严格控制，在确保工程施工期限、降低造价和提高质量上形成一种外部压力，同时又由于当事人双方利益得到合同的保证，使承包人的主动性和积极性得到充分发挥。

但是，采用总分包经营方式，由于分工愈来愈细，环节愈来愈多，每个环节都有未知因素，因而导致总包单位控制上的难度增加。

（二）设计—施工承包经营方式

这种经营方式取消了传统经营中的施工总包环节，即由设计-施工一体化经营企业承担总包角色。企业不必等到设计文件成套齐备，就可以分项施工。这种方式可以减少中间的合同变更，提前开工，加快工程进度，并简化了用户的管理工作。

（三）计划-设计-施工联合经营方式

这种经营方式又称开发式经营、一揽子承包、交钥匙方式。名称各不相同，方式上也各有差别。但大体上都是指建设单位授权或发包给一个建设企业（如开发公司），由它进行计划、设计直到施工、竣工。建设单位只须等待"交钥匙"之后开启使用。这种方式在民用建筑上得到广泛应用。其优点是承建单位可以腾出时间，最大限度地考虑建设后的运营及其利益，同时减少计划、设计、施工之间的矛盾。

（四）联合经营方式

联合经营方式是两家以上的企业联合向建设单位投标（包括与设计、供应、销售、房地产的联合），按各自投入的资金或人力的份额分享利润并承担风险。或作任务上的划分，各自负责，承担风险。由于几家联合，资金雄厚，技术及管理上取长补短，能够各自发挥自己的优势。同时在投标中由于几家同时作价，在标价和投标策略上得到交融，因此，提高了竞争能力。联合经营在海外应用相当普遍，因为和当地企业联合经营有利于对当地国情民俗的了解和适应。

三、承发包方式

承发包方式有以下分类：

（1）全部承包，即施工单位承包全部工程，包括建筑材料供应、内外装修和设备安装

（2）部分承包，即承包一部分。

（3）劳务承包，只包工程建筑劳务，不包材料和设备。

目前采用全部承包方式较多，也是发展方向，而采用包工不包料方式较少。

第三节　工程招标投标

一、工程招标投标的基本概念

招标投标是在国家法律的保护和监督下，法人之间的经济活动，是双方自愿参与的交易行为。建筑工程招标是建设单位（招标人）以标底为尺度，择优选择施工、设计单位的发包方式；投标是建筑企业以投报标价的形式争取获得工程任务的方式。

（一）招标投标的作用。

（1）促使建设单位重视并作好建设前期工作，包括征地、设计、资源准备和资金的筹集落实等。

（2）有利于节省建设资金，提高经济效益，同时由于明确了双方的经济责任和法律责任，杜绝了敞口花钱，防止了建设单位的前期"钓鱼"，后期一再追加投资的弊端。

（3）增强了设计单位的经济责任，有利于设计人员认真对待技术和经济的结合问题。设计者在确定项目、选择厂址、规模、标准上，要受经济合同的限制；施工单位要求设计者及时提供全套、真实、准确、可行的设计文件；并承担经济责任和法律责任。因此设计单

位在进行设计时，必须考虑经济问题。

（4）促使施工企业励精图治，改善生产经营管理，在竞争中求生存和发展，在重视经济效益的同时，也重视社会效益和企业信誉，提高工程质量、缩短工期、降低成本和提高劳动生产率。

（5）招标投标体现了建筑产品是商品的实质，必须进行市场交易，因而也促进了建筑市场的发展。

（二）招标投标的政府职能

招标投标工作，涉及到社会各个领域，直接关系到国民经济，影响社会效益和经济效益。因此，它必须纳入国家的管理与监督之下，政府不仅要管理与监督建设单位的招标，也要管理与监督建筑企业的投标；也就是说政府要"一手托两家"，正确合理地协调"两家"的关系，并维护国家利益，规范市场经济。政府的职能是：

（1）制定与完善招标投标条例。

（2）管理和监督招标投标市场。要按建设项目的规模和重要性进行分级分工分权的管理与监督。对招标单位要审查其建设前期准备工作，如资金、征地、设计、资源的落实等，看是否具备了招标条件。对投标单位则审查它是否按资质等级进行投标承包。要监督招标与投标双方依法交易，保护双方的合法利益。还要在工程进行中对建筑原材料、构配件、半成品和建筑最终产品（商品）的质量进行监督。对不法设计，不法材料商，承包中的行贿受贿，泄露机密，不法压价，哄抬标价，投机取巧，偷工减料，不顾工程质量等等行为，严格执法，予以制裁。

（三）招标投标单位的条件

招标、投标单位，都应具备一定的条件。招标单位应具备的条件是：有经过审批机关批准的设计文件和概算或预算，并已列入建设计划；建设用地已经征用；建设资金、设备、主要建筑材料和协作配套条件，均已分别落实，能保证施工正常进行；工程标底、招标文件已经审定；履行报建制度并有当地建设主管部门发的建筑许可证。

投标单位应具备的条件是：必须具有建设主管部门批准注册的营业执照；承建工程的企业资格必须符合招标工程的要求；国外施工企业必须持有与我国有业务往来的银行或信托担保的证明文件。

二、工程招标投标方式和方法

（一）招标投标方式

目前，国内外建筑业采用的招标投标方式是多种多样的。概括起来可分三大类：一类是公开的招标方式，第二类是邀请投标方式，第三类是协商议标方式。现分述如下：

1. 公开招标方式

凡符合该项工程资格者（即政府审定的资格），均可参加投标。也称无限竞争性招标。由招标单位利用报纸、电视、广播等媒体发布招标广告招标。

在国外，这种方式多用于政府工程或国际上招标的工程，私人投资工程一般不采用。这是因为以标价为主，容易忽略其他因素，而且投标的时间长、费用大。

在这种方式中，由于决标方式不同又分为几种：

（1）死标。即谁的标价最低谁中标。

（2）半活标。是按投标报价，从低到高排队，最前为"头标"，最后为"末标"。预选前几名，其余淘汰，然后综合分析各种因素，确定中标企业。

（3）活标。虽是公开招标，但不公开开标，由招标单位在投标企业中，选择2～3家比较理想的企业进行协商，意见比较一致者，即为中标企业。

上述方式中，目前多采用第（2）种方式。

公开招标，若干年来，也有人认为它有相反的作用，特别是采用死标方式，被选中者表面上看是质量相同而价格较低，但由于建筑企业利润余地小，实质上是把质量和工期置于次要地位，往往使发包者和承包者关系不协调，或处于对立状态。如果承包范围不包括设计，则造成设计与施工分离，在一定程度上会影响工程建设的标准和质量。对此，许多国家主张不选择标价最低的投标者，而选择造价靠近综合平均数的为最佳的投标者。在国际招标时，经常明文规定不以最低标为中标，以免公开招标中把标价放在第一位。

2. 邀请投标方式

系指由招标单位有选择地直接通知有承担该项工程能力的承包单位至少三家以上参加投标。一般是选择在社会上有一定信誉的经常承担类似工程项目、在技术装备、施工能力、工程质量和经营管理方面均能适应该项工程建设的施工单位。由于投标者之间往往不知道有谁参加了这项投标，可以避免他们之间互相串通、抬高标价。与公开招标相比，这种方式的竞争性差些，故称有限制的竞争，但可节约招标费用和时间。

3. 协商议标方式

又称谈判方式。是选择两家以上的承包企业进行谈判，从中选择一家。它基本上不具备竞争性。只适用于不宜进行公开招标和邀请招标的工程。

采用何种形式及内容进行招标，要根据招标工程的不同，招标工程的客观环境，并考虑到方便评标等因素，在招标书上明确规定。

（二）招标投标方法

1. 一次招标

一次招标是指一项工程设计图纸、工程概算、建设用地、施工执照等均已具备，中标后即可签订正式合同。目前，国内外多采用此法。由于一次确定了整个工程承发包的内容，便于管理。但由于须事先做好所有招标准备工作，故招标时间较长，且不适用于大型工程的招标。

2. 多次招标

多次招标是对于较大型工程采取按工程分项目或施工阶段进行招标，如按土方和场地平整、基础工程、主体结构工程、装修工程、安装工程等分阶段招标。建设单位为了争取时间提前开工、早见效益，往往是边设计、边施工；或边施工、边营业。这种情况往往给后期竣工结算带来扯皮现象。

3. 两次报价招标

这种方法是首先公开招标报价，经过开标评价后，再选择其中报价较低或满意的三、四家再进行第二次报价。这是当招标单位对新的项目没有经验时，将第一次招标作为摸底，真正要依靠第二次的详细报价选标。此法在国际招标中常用，也有实效。

三、工程招标投标程序

（一）招标程序

（1）由业主组建一个符合规定条件的招标班子。

（2）申请批准招标。由招标单位持投标申请书，附准备工作情况和相应的证件，向政府主管部门申请招标。

（3）制定招标文件。主要由文字和设计图两部分组成。内容应是：综合说明书（包括工程名称、工程内容、发包范围、技术要求，可供使用的场地、水、电、道路等情况）；全套设计图纸、设计说明书；工程量清单；对工程的特殊要求及对投标企业的相应要求；合同主要条款（包括开、竣工日期、工程款支付方式，工程质量监督验收规定，双方承担的义务、责任；材料与设备供应方式和主要材料价格；组织现场勘察和进行招标文件交底的时间、地点；招标起止日期；招标须知；开标日期、时间和地点，等等。

（4）确定标底，报送审批。标底是由招标单位按承发包的工程项目施工图估算出来的全部造价，按法定要求报送审批。它是评标的重要依据，在开标前严格保密，不得泄露。

（5）发布招标广告或发出招标通知书，其主要内容应包括：招标单位名称，工程项目名称、地点、联系人及其地址、电话，工程的主要内容及承包方式；工期和质量要求；采用的招标方式；投标企业的报名日期，招标文件的发送方式等。

（6）投标单位申请投标。

（7）对投标企业进行资格审查。审查的内容一般包括以下几项：

企业名称、地址、负责人姓名和营业执照号码；企业的资质等级；企业简况，包括企业成立时间、现有固定资产和流动资金数额、近期施工的主要工程情况、技术装备情况、技术管理人员和技术工人的数量和技术等级等。

（8）投标企业购买或领取招标文件。

（9）招标单位组织投标企业勘察工程现场，解答招标文件中的疑点。

（10）投标企业密封报送投标书，即标函，其内容根据招标文件的要求而定，一般包括：标价；施工周期、竣工日期和工程进度安排；主要施工技术组织措施等。

（11）建立评标组织，制定评标与定标办法。

（12）开标。招标单位在规定的时间、地点，在有招标、投标单位和建设主管部门参加下，当众启封标函，宣布各单位的标价等主要内容。

（13）审查标书，确定中标单位，发出中标通知书。这是一个评标与决标过程，是招标工作最关键的阶段。在评标时，要认真地对投标单位所报送的标函资料，进行全面审查，对能力、信誉、标价、施工方案、工期和质量等条件综合评价分析，选择中标单位。

（14）招标单位与中标企业签订承发包合同。

（二）投标程序

（1）根据招标通告或招标单位的邀请，依据本企业的经营目标及技术经济条件，报名参加投标。

（2）向招标单位提交投标申请书，包括企业的承包工程资格证明文件和资料，介绍有关情况。

（3）接受投标资格审查。

（4）向招标单位领取或购买招标文件及有关资料。

（5）组织企业内部或有关协作单位，研究制定承包方案和标价。

（6）参加招标单位召开的招标会议，踏勘现场，弄清施工现场条件和其他有关条件。

（7）拟订、落实承包方案和标价。

(8) 填写标书，并按规定的时间密封报送招标单位。

(9) 参加开标。

(10) 中标单位负责草拟承包合同，并与招标单位谈判，签订工程承包合同。

四、工程投标准备工作

投标是一门科学，也是一种艺术技巧。建筑企业的经理、总经济师和总工程师应直接主持投标工作，并由企业的经营部门负责经常性工作。企业应有熟悉经济、管理、技术和法律的专家，当参与国际投标时还应有懂得国际金融、贸易及外语的专家，组成投标组织。建筑企业平时就应收集和分析各方面的招标投标信息，做好投标准备工作，分析主客观情况，择机会进行投标。

（一）投标信息

信息也是一种资源，在投标竞争中更能体现出它的价值。没有全面、正确、可靠的信息，很难作出正确的决策，导致在投标竞争中失败。为此，就要通过各种渠道搜集有关信息，以免失去机会或投标失误。其信息渠道包括：各级固定资产投资（基本建设与技术改造）综合管理部门；建设单位及其主管部门；建设（或有关）银行；各地有关的勘察设计单位；各类咨询机构；行业协会；工程承包公司；综合开发公司；有关刊物；招标广告；招投标管理部门；市场管理部门等。

企业须在经营（或计划）部门中设专职人员，经常掌握有关项目的分布与动态，制成招标项目情况一览表（表 8-3），并随时间的推移、情况的变化，予以补充或修改。这对选择投标项目是十分重要的。

招标项目一览表
表 8-3

序　号	项目名称	地　点	工　程　情　况			招标时间	主要项目内容、特点及建设期	备　注
			建设性质	投资规模	资金来源			

另外，投标企业还必须掌握与项目有关的环境与条件的各种信息，主要有：

（1）建筑市场。包括国内、外的建筑市场。竞争的激烈程度如何，应在工程项目的招标公告发出之前就有预测。

（2）项目的社会环境。主要是国家的政治经济形势，与该项目有关的政策、法令、法规、税收制度、银行贷款利率和保险，以及当地的风俗习惯、常发疾病等的历史、现状和发展。

（3）项目的自然环境。该地的气象、水文、地质等及对工程项目的进展和费用的影响。

（4）项目的经济环境。包括当地的劳动力的数量、质量、专业，分包力量，社会劳动服务；原材料、构配件供应条件，特别是地方大宗材料的产地分布，它们的产量、质量、价格，交通运输等对工程成本的影响；机械租赁、维修能力；水电供应以及当地物价、工资和生活水平等对工程的影响。

（5）竞争环境。有哪些竞争者，分析他们的实力和优势，在当地的信誉。了解竞争对手的报价情况和动态，以便与自己相权衡，分析取胜的可能性和必须采取的决策。

（6）本企业对该项目的承担能力。能够投入的人力、物力、财力，自身的组织领导、技术、管理、职工的素质。当现有承担能力不足时的相应对策。

（7）有关报价的参考资料。如当地近期的同类型工程的报价资料，本企业的类似工程的实际成本资料。

（8）建设单位的信誉。项目是否经过论证，费用的支付能力，他所承担的资源供应能力等，以防止中途停工造成损失。

对上述的各种信息，要认真进行调查、掌握、筛选、分析，还要进行综合分析，然后才能作出选择的决策。

（二）投标前的准备工作

（1）选择投标的对象。建筑企业，必须在分析招标信息的基础上，再确定对哪些工程项目进行投标。总的来说，要选择适合企业技术能力、管理能力和装备条件，并且材料供应有保证、能有盈利的工程项目。在国外，譬如美国有些地区受当地工会的强烈控制，而且当地企业的排外性又很强。象这样地区的工程外地的建筑企业就不能轻易投标。否则，即使中标，由于种种客观原因，也会以失败告终，这种工程不宜投标。有些时候，当工程项目不多时，竞争非常激烈，为了争夺工程任务，各承包企业都在压低报价。在这种情况下，即使以最低标得标，盈利的可能性也很小，甚至要亏损。往往是中标也很难，白白浪费了人力、物力和时间。故要放弃这种投标机会。还有些时候，即使招标工程不多，竞争激烈，还是会有适合本企业承包，而且又能盈利的工程。这就要冷静地分析各项工程的具体情况，慎重选择投标对象，积极投标。当工程项目比较多时，企业往往是到处投标。尤其是规模较大的企业，总想多得标，多承包任务。这样势必造成投标工作量大大增加，容易造成考虑不周，承包了一些盈利甚微的工程，而失去盈利较多的工程。因此，当招标工程多时，要找出适合本企业条件，盈利较多的工程，集中精力有选择地投标。

（2）研究招标文件、调查现场情况。建筑企业在投标前必须详细了解招标单位的要求，认真研究招标文件及其附件、图纸等，并要踏勘、研究施工现场，了解地形、地质、交通运输条件、现场三通一平情况、可利用的临时设施情况。这些情况，对工程承包后施工能否顺利进行有直接关系。

（3）分析建设单位情况，取得对方的合作。对建设单位，尤其是其工程负责人的能力、态度和对发包工程所采取的方针，进行尽量全面的了解。如果工程负责人是一位有能力、通情达理的人，就容易合作。反之，如果该工程负责人惯于刁难客户，这样就难免会引起很多矛盾，尤其是在合同文件中有一些含糊的语句时，若彼此理解不同，矛盾也就会更多。工期要求较紧的工程，与业主合作更显得重要。

（4）分析竞争者的情况，决定自己的投标策略。要尽量了解对该项工程进行投标的企业是谁，各企业的人力、物力状况以及所处的环境，然后确定自己投标的策略，如报价的高低，能向招标单位提供的协作条件，在竞争中准备以什么方法取胜等等。

五、工程评标标准和决标

评标工作，一般由招标单位组织有关专家进行。但对重要工程项目，应有建设部门、招标单位主管部门和建设银行派员参加。要对各投标企业提出的投标文件进行全面审查、分析、比较，择优决标。其中重要的是评标的标准和决标。

（一）评标标准

标底是评标的价格标准。一般由招标单位自己或由他委托的设计工程师或咨询估价师提出。标底一般反映社会价格，即按统一规定的概预算定额制定。对于各个投标报价和投标条件的评定标准有如下几种：

（1）以最低投标价为准。虽然也有采用，但若为了得标，盲目压低报价，结果不是承包者亏损，就是造成无法完成工程而中途停工或拖延工期。故这种方法不妥。

（2）以标底为基数，在上下浮动（例如3‰～5‰）范围内选择合理的投标者。造价过高就会损害招标者的利益，而造价过低也会损害投标者的利益。这种有限制的浮动价格，应视为合理的价格。

（3）造价、质量、工期、信誉、节约综合标准。就是对这几项指标规定出不同的权重，制定适当的评分标准，计算得分，然后以最高得分者作为中标者。我国提倡采用这种标准。

（4）比价选标。一般取两个最低标的平均数为标准，把超过这一平均数20%的投标者排除，将剩下的作为候选者，一一进行费用分析，考虑工期和质量，从中选出两家，分别邀来询问、讨论，弄清各项疑点，然后确定一家。

（二）定标

（1）定标权。评标的目的是定标。其权力机构，在我国应是招标单位。在公证人的监督下，由招标单位确定中标者；在国外是在该国政府的法令下，由招标单位确定中标者。

（2）定标方式。一般应公开开标，当众启封标函，宣布每个报价，当场定标。而对规模较复杂的工程，可另定定标日期，经评标后定标。

第四节　工程投标的定量分析方法

一、确定企业投标的标准

承包企业在决定是否投标时，一定要考虑自己的经营目标（长、中、短期）和力量。一般应分析如下的一些因素，按权重予以综合，然后与一般标准相比较，作出决断。

（一）衡量投标的标准因素

（1）利润。规模大、利润高的项目，企业投标的积极性应大。

（2）市场。欲开拓市场，打开局面而获得信誉和为取得后续工程，投标的积极大。

（3）发挥劳动力效率。有利于提高劳动效率的项目要争。

（4）提高设备利用率。如工程所需设备企业拥有，且有利于提高设备利用率，就应积极争取

（5）技术要求和困难程度。企业具有适用的技术，施工困难少，企业就要争取该项目。

（6）类似工程的经验。即对该项工程熟悉，胜任程度高，要积极争取。

（7）竞争中的地位。即该项工程的竞争激烈程度，对手的数量、强弱，以此度量取胜的把握。

（8）其他。建设、设计单位的条件，环境条件等是否有利。

（二）标准的计算方法

（1）根据具体情况，分别确定以上8条标准的重要程度（即权数）。

（2）逐项分析各条标准将能实现的情况。可以划分为三种情况：即好、一般、差。然而好、一般、差是三个定性的概念。为了能进行定量分析，还要给定性概念一个定量的数

值。例如好就得 10 分，一般为 5 分，差是 0 分。

【例 1】 某企业对一项工程决定是否投标时，按以上 8 条标准进行定量分析，其计算方法如表 8-4 所列。

确定投标与否的评价表 表 8-4

标 准 的 因 素	权 数	能实现的水平			得 分
		好（10分）	一般（5分）	差（0分）	
1. 利润	0.20	10			2
2. 市场	0.20	10			2
3. 发挥劳动力效率	0.10	10			1
4. 提高设备利用率	0.10	10			1
5. 技术要求、困难度	0.10		5		0.5
6. 类似工程经验	0.15		5		0.75
7. 竞争中地位	0.10		5		0.5
8. 其它	0.05			0	0
合　　　计					7.75
投标标准低限					7

（3）综合分析。总分得到 10 分是少见的，一般认为总分在 70% 以上即可决定投标。上例的总分为 7.75 分，应参加投标。

二、选择工程项目

当同时有几个工程项目可供投标时，由于企业的力量有限，应优化选择，所用的数量分析方法有线性规划法、决策树法等。

（一）线性规划法

线性规划是一种应用较广的优化方法。为了说明线性规划方法在投标竞争中的应用，举例如下。

【例 2】 某承包企业在同一时期内有八项工程可供选择投标。其中有五项住宅工程，三项工业车间。由于这些工程要求同时施工，而企业又没有能力同时承担，这就需要根据自身的能力，权衡两类工程的盈利水平，作出正确的投标方案。现将有关数据整理如表 8-5 所列。

可供选择投标工程有关数据 表 8-5

工程类型	预期利润（元）	砌筑量（m³）	混凝土量（m³）	抹灰量（m²）
住宅每项	50000	4200	280	25000
工业车间每项	80000	1800	880	480
企业尚有能力		13800	3680	108000

根据上述资料，承包企业应向哪些工程投标，才能在充分发挥自身能力的前提下，取得最大利润呢？

如果设 x_1、x_2 分别为承包企业打算投标的住宅工程和工业车间的数目，则上面的问题可以表示成如下的线性规划模型：

目标函数： $\quad\quad\quad\quad \max z = 50000x_1 + 80000x_2$

约束条件： $\quad\quad\quad\quad 4200x_1 + 1800x_2 \leqslant 13800$

$$280x_1 + 880x_2 \leqslant 3680$$

$$25000x_1 + 480x_2 \leqslant 108000$$

$$x_1 = 0,1,2,3,4,5$$

$$x_2 = 0,1,2,3$$

这个数学模型属于线性规划中的整数规划。由于该例题比较简单、变量少，可用较直观的图解法求解，而对较复杂的问题可用单纯形法，并借助计算机求解。

通过求解得到最优解为 $x_1 = 2$，$x_2 = 3$，这时 z 最大，即 $z = 340000$。因此，承包企业应选两项住宅工程和三项工业车间投标为最优方案，其预期利润最大，为 340000 元。

（二）决策树法

决策树法是选择投标工程的有效方法。

【例3】 某承包企业由于人力及装备能力所限，只能在 A、B 两项工程中选择一项投标，或者是都不参加投标。如果参加某项工程投标。又有投高标还是投低标的选择。

这样，该企业面临的行动方案的选择将有如下情况的出现。

（1）可供选择的方案有五，即：投 A 工程高标（A 高）；投 A 工程低标（A 低）；投 B 工程高标（B 高）；投 B 工程低标（B 低）；不参加投标。

（2）中标与失标的概率估计。

根据过去的经验与统计资料，若投高标，中标的概率为 0.3，失标的概率为 0.7；若投低标，中标的概率为 0.5，失标概率为 0.5。若投标不中，又损失费用 1000 元。

（3）各方案可能出现的损益值和概率的估计，如表 8-6 所列。

各方案的损益值和概率估计 表 8-6

方　　案	承包后的效果	可能出现的损益值（万元）	概　　率
A 高	好	50	0.3
	一　般	10	0.5
	差	-30	0.2
A 低	好	40	0.2
	一　般	5	0.6
	差	-40	0.2
B 高	好	70	0.3
	一　般	20	0.5
	差	-30	0.2
B 低	好	60	0.3
	一　般	10	0.6
	差	-10	0.1
不投标		0	1

（4）画出决策树图，计算各方案的期望值，如图 8-5 所示。

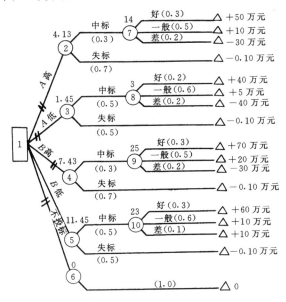

图 8-5 选择工程项目投标的决策树图

（5）选择最优方案

各方案的期望值分别为：

A 高＝4.13 万元（＝（0.3×50＋0.5×10−0.2×30）×0.3−0.7×0.1）

A 低＝1.45 万元（＝（0.2×40＋0.6×5−0.2×40）×0.5−0.5×0.1）

B 高＝7.43 万元（＝（0.3×70＋0.5×20−0.2×30）×0.3−0.7×0.1）

B 低＝11.45 万元（＝（0.3×60＋0.6×10＋0.1×10）×0.5−0.5×0.1）

不投标＝0

按照期望值以投 B 工程低标方案为最优方案。

使用决策树方法选择投标工程项目时，关键是对每种可能出现的情况的分析及损益值的估计要有一定的精确性，才能保证决策的正确。

三、投标报价的定量分析法

（一）预期利润法

为了便于理解，我们假设承包者对于工程的估价是准确的，并认为和实际造价相等。因此，对这项工程进行投标时，承包企业可能中标取得他所希望的利润。也可能未中标，其利润等于零。因此，在实际分析中，有必要区别两种类型的利润，即直接利润和预期利润。

投标者的直接利润可理解为工程的投标价格与实际成本之间的差额，用公式表示为：

$$I_{p} = X - A$$

式中　I_{p}——投标者在该项工程中的直接利润；

　　　X——投标者的投标价格；

　　　A——工程的实际成本。

投标者的预期利润是在各种投标方案中标概率的基础上估算的期望利润。可用下式求

223

得：

$$E_p = P \cdot (X - A) = P \cdot I_p$$

式中　E_p——投标者的预期利润；

　　　P——中标的概率。

【例 4 】　投标者决定参加某一项工程的投标，他拟定了三个不同的标价。设工程的实际造价为 800000 元。各方案的标价、中标概率、直接利润和由此推算的预期利润列于表 8-7 中，请作投标方案选择决策。

投标方案的预期利润　　　　　　　　　表 8-7

方案序号	标　价 （元）	得标概率	直接利润 （元）	期望利润 （元）
1	1000000	0.1	200000	20000
2	900000	0.6	100000	60000
3	850000	0.8	50000	40000

表 8-7 中各方案得标的概率，是投标者自己估计的。方案 1 有较高的直接利润，但获胜的概率较小，因此，该方案的期望利润反而最少。方案 2 不具有最高的直接利润，却具有最高的期望利润。投标企业对大量工程投标时，期望利润就成为判别是否投标的手段，虽然它不能反映企业从某工程上获得的实际利润（如采用方案 2，得到的利润或者是零，或者是 10 万元，而期望利润为 6 万元），但由于它考虑了投标是否获胜的因素，更具有现实意义，故均以期望利润作为投标决策的依据。因此，在本例中以采用方案 2 为宜。

运用期望利润的方法，结合以往投标竞争的信息，承包企业就可以制定一个恰当的投标报价。

（二）具体对手法

具体对手法是当已知竞争对手是谁和对手的数量时而采用的投标竞争方法。

1. 只有一个对手的情况

如果已知只有一个确定的对手，并在过去投标时曾和他打过多次交道，而且掌握了他的投标记录，对他的投标估价都有记载。有了这些信息，把历次投标中的标价和自己的估价相对照，就可以找出各种标价比例情况发生的频数和概率，如表 8-7 中所列。

表中各种标价比例情况发生的概率是用频数除以总频数得到的，如比例为 0.1 的概率是：$10/97 \approx 0.10$（概率取小数点后两位）。

在算出各种标价比例的概率之后，就可以求得自己的各种标价比竞争对手低的概率。例如对手采用 1.20 时，自己可采用较低的 1.15。以此类推。为了竞争获胜，竞争对手采用的每一个比例数，自己都可有一个较低的比例数与之对应，并通过对每个对应比例数得标概率的计算，推测出战胜对手的可能性。

求一个比例能成为最低标（即得胜标）的概率，只需将对手的所有高于此比例的概率相加即得。见表 8-8。

例如，自己企业将标价与估价之比定为 1.35，得标的概率就是 0.11。它是甲按 1.5 比例投标的概率 0.03，和按 1.4 比例投标的概率 0.08 之和。

一个对手下的标价比情况　表 8-7		
对手的标价/ 自己的估价	频　数	概　率
0.8	1	0.01
0.9	3	0.03
1.0	10	0.10
1.1	18	0.19
1.2	29	0.30
1.3	25	0.26
1.4	8	0.08
1.5	3	0.03
合　　计	97	1.00

自己企业标价低于对手的概率

表 8-8

自己企业标价/自己 企业的估价	自己企业标价低于 对手的概率
0.75	1.00
0.85	0.99
0.95	0.96
1.05	0.86
1.15	0.67
1.25	0.37
1.35	0.11
1.45	0.03
1.55	0.00

本企业可以利用这种获胜概率的方法，确定对对手的竞争投标策略。并可以用投标获胜的概率和投标中的直接利润相乘，得到期望利润（直接利润是投标价格减去实际成本）。假设本企业的估价等于实际成本为 A，则投标工程的直接利润为投标价格减去 $1.0A$。例如，$1.35A$ 的投标价，直接利润就是 $1.35A$ 减 $1.0A$ 即 $0.35A$。各种标价的期望利润可用其直接利润乘以获胜的概率得到。在 $1.35A$ 的投标中获胜概率为 0.11。期望利润就是 0.11 乘以 $0.35A$ 即 $0.0385A$。各种投标方案的期望利润计算见表 8-9。

投标价的优选　　表 8-9	
自己企业的投标价	利　　润
$0.75A$	$1.00 \times (-0.25A) = -0.25A$
$0.85A$	$0.99 \times (-0.15A) = -0.15A$
$0.95A$	$0.96 \times (-0.05A) = -0.05A$
$1.05A$	$0.86 \times (+0.05A) = +0.04A$
$1.15A$	$0.67 \times (+0.15A) = +0.10A$
$1.25A$	$0.37 \times (+0.25A) = +0.09A$
$1.35A$	$0.11 \times (+0.35A) = +0.04A$
$1.45A$	$0.03 \times (+0.45A) = +0.01A$
$1.55A$	$0.00 \times (+0.55A) = +0.00A$

从表中计算的期望利润中可以看出：用 $1.15A$ 的投标方案为最优方案，可以得到最大的期望利润 $0.10A$。

2. 有几个对手竞争的情况

当承包企业在投标时要与几个已知的对手竞争，并掌握了这些对手过去的投标信息，那么他可用上述方法分别求出自己的报价低于每个对手报价的概率 $P_1 \cdot P_2 \cdots P_4 \cdots P_n$，由于每个对手的投标报价是互不相关的独立事件，根据概率论可知，它们同时发生的概率，即投标企业的标价低于几个对手报价的概率 P 等于他们各自概率的乘积，即：

$$P = P_1 \cdot P_2 \cdots P_i \cdots P_n = \prod_{i=1}^{n} P_i$$

已知 P，则可按类似只有一个对手的情况，根据期望利润做出投标报价决策。

（三）平均对手法

1. 竞争者数目已知，但不知是哪些对手

在这种情况下，由于没有准确的资料，故不能直接利用上述方法。这时投标企业可以假设这些竞争对手有一个代表，称为"平均对手"例如利用所收集到的某一有代表性的企业的资料（也许并不确知这个企业是否参加这次投标），这样，投标企业就可按前述方法求出能够取胜平均对手的投标概率 P_0。如果有 n 个竞争对手，则报价低于 n 个对手的概率 P 可用公式表示为：

$$P = (P_0)^n$$

【例 5】 已知自己企业在一项工程的投标中有 5 个不确定的对手。通过调查研究，确定的报价低于平均对手的概率 P_0 及报价低于 n 个对手（$n=2$、3、4、5）的概率 P，如表 8-10 所列。

已知 $(P_0)^5$，则可求出 $n=5$ 时各种投标方案的预期利润，从而确定出最佳投标报价。如表 8-11 计算出当对手 $n=1\sim5$ 时的报价与期望利润。由表 8-12 可知，最佳投标报价值与期望利润随竞争对手数量的增加而下降。

报价低于对手的概率　　　　　　　　　　　　　　　　　表 8-10

投标报价	$P = (P_0)^n$				
	$n=1$	$n=2$	$n=3$	$n=4$	$n=5$
0.75A	1.00	1.00	1.00	1.00	1.00
0.85A	0.99	0.980	0.970	0.961	0.951
0.95A	0.96	0.922	0.885	0.849	0.815
1.05A	0.86	0.740	0.636	0.547	0.470
1.15A	0.62	0.384	0.238	0.148	0.092
1.25A	0.45	0.203	0.096	0.041	0.018
1.35A	0.25	0.063	0.016	0.004	0.001
1.45A	0.08	0.006	0.001	0.000	0.000
1.55A	0.00	0.000	0.000	0.000	0.000

与 $n=1$，2，3，4 或 5 个对手竞争的投标预期利润　　　　表 8-11

投标报价 X	直接利润 $X-A$	期望利润 $E_p = P \cdot (X-A)$				
		$n=1$	$n=2$	$n=3$	$n=4$	$n=5$
0.75A	−0.25A	−0.25A	−0.25A	−0.25A	−0.25A	−0.25A
0.85A	−0.15A	−0.149A	−0.147A	−0.146A	−0.144A	−0.143A
0.95A	−0.05A	−0.048A	−0.046A	−0.044A	−0.042A	−0.041A
1.05A	+0.05A	+0.043A	+0.037A	+0.032A	+0.027A	+0.024A
1.15A	+0.15A	+0.093A	+0.058A	+0.036A	+0.022A	+0.014A
1.25A	+0.25A	+0.113A	+0.051A	+0.023A	+0.010A	+0.005A
1.35A	+0.35A	+0.088A	+0.022A	+0.005A	+0.001A	0.000A
1.45A	+0.45A	+0.036A	+0.003A	0.000A	0.000A	0.000A
1.55A	+0.55A	0.000A	0.000A	0.000A	0.000A	0.000A

2. 参加投标竞争对手的数目和对手是
谁都不能确定的情况

这时必须估计最多可能有几个对手，设
为 n，还必须利用过去投标情报推论有多少
竞争对手的概率。如承包企业根据经验及所
掌握的情况，可以估计出 i 个竞争对手的概
率为 f_i（$i=0$、1、2、$\cdots n$），则在某一报价与
估价比 X/A 的比值下的中标概率，可用下式
估算：

不同对手的最佳投标报价　表 8-12

竞争对手数目	最佳投标报价	期望利润
1	$1.25A$	$+0.113A$
2	$1.15A$	$+0.058A$
3	$1.15A$	$+0.036A$
4	$1.05A$	$+0.027A$
5	$1.05A$	$+0.024A$

$$P = f_0 + f_1 P_0 + f_2 P_0^2 + \cdots + f_n P_0^n$$

式中 P_0 意义同前，且　　　　　　　　$\sum_{i=0}^{n} f_i = 1$。

确定了 P 之后，利用前面的方法就可确定出最佳投标报价。

（四）转折概率法

如果投标时，报价方案和中标状态很多，计算起来就很繁杂。为此，转折概率法能够
简便、直接地求得最佳报价方案。

投标时，如 P 为中标概率，则 $1-P$ 就表示为失标概率。中标时企业就会增加一个单位
利润（如 $0.1C$，C 为估计成本），称为边际利润，用 BL 表示；如果失标就会增加一个单位
损失，称为边际损失，用 BS 表示。表 8-13 和表 8-14 是表明中标和失标都各增加或损失
$0.1C$ 的利润概率。因为每提高或降低一个单位报价（$0.1C$），就会影响到中标或失标，所
以在投标时是否要提高一个单位报价，就取决于期望边际利润是否大于期望边际损失。而
在相等时求出的概率就称为转折概率，即：

$$P(BL) = (1 - P)(BS)$$

$$P(BL + BS) = BS$$

$$\therefore P = \frac{BS}{BL + BS}$$

这时的 P 值，是鉴别单位报价是否要增加到报价中去的最小概率。根据表 8-14，BL$=$
$0.1C$、BS$=0.1C$ 得：

$$P = \frac{BS}{BL + BS} = \frac{0.1C}{0.1C + 0.1C} = \frac{1}{2} = 0.5$$

0.5 即为盈亏的转折概率，是概率的累积值。表 8-13 累积概率是各种报价状态下的历史资
料的中标概率。例如，报价 $1.10C$ 时的累积概率为 0.65，它等于报价 $1.10C$、$1.20C$ 和 $1.30C$
概率的总和，因为报价 $1.10C$ 时能中标，那么，凡是对高于 $1.10C$ 的报价来说，$1.10C$ 报
价定能取胜。

表 8-14 给出了不同累积概率下的期望边际利润 P（BL）、期望边际损失（$1-P$）
（BS）的结果，从中得知：当累积概率 $\Sigma P=0.7$ 时，P（BL）为 $0.07C$，大于（$1-P$）BS
的值 $0.03C$；当累积概率 $\Sigma P=0.5$ 时，二者相等；当累积概率 $\Sigma P=0.3$ 时，P（BL）为 $0.03C$，
小于（$1-P$）BS 的值 $0.07C$。

报 价 状 态	历史资料的中标概率 (P)	累 积 概 率 (ΣP)
0.90C	0.10	1.00
1.00C	0.25	0.90
1.10C	0.30	0.65
1.20C	0.25	0.35
1.30C	0.10	0.10

转 折 概 率 表 8-14

累 积 概 率 (ΣP)	期望边际利润 P (BL)	期望边际损失 (1−P) (BS)	
0.7	$0.7 \times 0.1C = 0.07C$	$(1-0.7) \times 0.1C = 0.03C$	$P(BL) > (1-P)BS$
0.5	$0.5 \times 0.1C = 0.05C$	$(1-0.5) \times 0.1C = 0.05C$	$P(BL) = (1-P)BS$
0.3	$0.3 \times 0.1C = 0.03C$	$(1-0.3) \times 0.1C = 0.07C$	$P(BL) < (1-P)BS$

可见 0.5 为转折概率，累积概率大于此值时会增加 P (BL)，累积概率小于此值时会增加 $(1-P)$ (BS)。而累积概率的增大，伴随而来的是报价要降低，利润会减少，反之就会失标。因此，最佳报价是转折概率时的报价。在表 8-13 中由于没有 0.5 的累积概率，只能取稍大于 0.5 的累积概率 0.65 为转折概率，以 1.10C 作为最佳报价。这一方法与支付矩阵法计算的结果一致。

以上对投标策略中的定量分析做了概括介绍，有些方法的前提是所有竞争者采取的投标策略与过去相同。事实上，这个前提经常受到当时承包市场情况等因素的影响，不能总是如此的。因此，承包者在应用这些方法时，还必须运用他的主观判断，制定正确的投标策略。投标决策不是一个纯数学问题，必须定性分析和定量分析相结合才能奏效。

第五节 工 程 合 同

一、工程合同的基本概念

（一）概念

1. 合同

合同是当事人之间以确立、变更、终止民事权利义务关系为目的协商一致的法律行为。它的法律特征有四：首先它是一种法律行为；其次它是一种双方或多方的法律行为；第三，它是当事人意思一致的表示；第四，它是一种以双方或多方当事人的确立、变更、终止民事权利义务关系为目的的法律行为。

2. 经济合同

经济合同是平等的民事主体的法人、其他经济组织、个体工商户、农村承包经营户之间为实现一定的经济目的，明确相互权利义务关系而订立的合同。

3. 工程合同

工程合同是经济合同的一个大类，是以实现工程建设为目的而签订的合同。它包括：建设工程勘察设计合同，施工准备合同，施工合同，工程物资供应合同，工程成品半成品加工订货合同，劳务合同等。

4．施工合同

施工合同亦称建筑安装工程承包合同，是发包方和承包方为完成工程施工任务、明确双方的权利、义务关系而签订的协议。

（二）施工合同的作用

（1）施工合同是实现工程建设项目的重要手段，是企业编制经营计划的重要依据。履行施工合同的过程，就是实现经营计划、进行工程项目管理的过程。

（2）施工合同是企业推行经济责任制的法律保证，有利于签约人从自身的利益出发，主动关心各自承担的责任和行使具有的权限。

（3）施工合同可以确保生产经营各环节紧密衔接，是科学地实现分工与协作的纽带。

（4）在市场中，合同是进行交易的必要手段，它对于维护市场秩序，依法治理市场，保护交易双方权益，具有非常重要的作用。

（三）签订施工合同的原则

（1）必须以合法为原则。凡是违反国家法律、法令、政策、计划的合同，均为无效合同。

（2）必须遵循国家以经济建设为中心和发展市场经济的总政策。

（3）必须遵循平等互利的原则，签约者必须在法律上、经济上处于平等的地位。

（4）必须遵循协商一致的原则。签约者必须实事求是地、充分地进行协商，直到双方都对合同的权利和义务都表示一致意愿时，合同才能成立。

（5）应遵循等价有偿的原则。要使签约者之间经济关系合理，提前工期与质量要给予奖励（提前有偿，优质优价）；延误工期、质量低劣要受到处罚。

（6）严格履行法律程序。合同要经授权机关鉴证、公证，办理必要手续后才能确认有效。合同鉴证是行政监督；合同公证是法律监督。代理人越权签订的合同是无效的。

二、工程施工合同示范文本

（一）工程建设合同体系

图 8-6 是我国目前使用的工程建设合同文本，其中施工合同示范文本是 1991 年国家工商行政管理局和建设部共同颁布的，代号"GF—91—0201"。

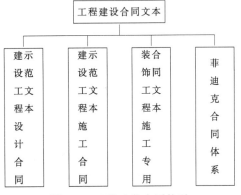

图 8-6　工程建设合同体系

（二）建设工程施工合同示范文本

1．示范文本的作用

建设工程施工合同示范文本（以下简称"示范文本"），是为了完善经济合同制度，规范合同各方当事人的行为，维护正常的经济秩序，实现经济合同的规范化而颁发的。它有助于签订合同的当事人了解、掌握有关法律和法规，使合同签订规范化，避免缺款少项和当事人意思表示不真实、不确切，防止出现不公平和违法条款。它有助于合同管理机关加强监督检查，有利于合同仲裁机关和人民法院及时解决合同纠纷，保护当事人的合法权益，保护国家和社会公共利益。由于示范文本具有规范性、可靠性、完备性、适用性的特点，故而能够起到上述作用。

2. 制订示范文本的依据

示范文本是依据民法通则、经济合同法、建筑安装工程承包合同条例、经济合同仲裁条例、民事诉讼法等有关建设工程施工合同的法律和法规制定的。在制定时参考了 FIDIC 编制的《土木工程施工合同条件》和有关建设的法律、法规、规范、条例。

3. 示范文本的基本内容

示范文本是由"建设工程施工合同条件"（以下简称"合同条件"）和"建设工程施工合同协议条款"（以下简称"协议条款"）两部分组成的，各包括 41 条。

"合同条件"的内容 41 条 142 款划分成 10 部分：

（1）词语涵义及合同文件（4 条）；（2）双方一般责任（4 条）；（3）施工组织设计和工期（5 条）；（4）质量与验收（5 条）；（5）合同价款与支付（4 条）；（6）材料设备供应（2 条）；（7）设计变更（2 条）；（8）竣工与结算（3 条）；（9）争议、违约和索赔（3 条）；（10）其他（9 条）。

"协议条款"内的各条款都是空白的，需要由甲、乙方协商后，将一致意见写入相应条款内。"合同条件"中共有 43 处需要在"协议条款"内约定内容。

4. 示范文本的适用范围

示范文本基本适用于各类公用建筑、民用住宅、工业厂房、交通设施及线路管道的施工和设备安装。公有制企业工程招标，必须使用示范文本。私有资金建设工程建议招标并使用示范文本。

5. 示范文本中合同文件的组成及解释顺序

示范文本中规定，合同文件的组成及解释顺序如图 8-7 所示。

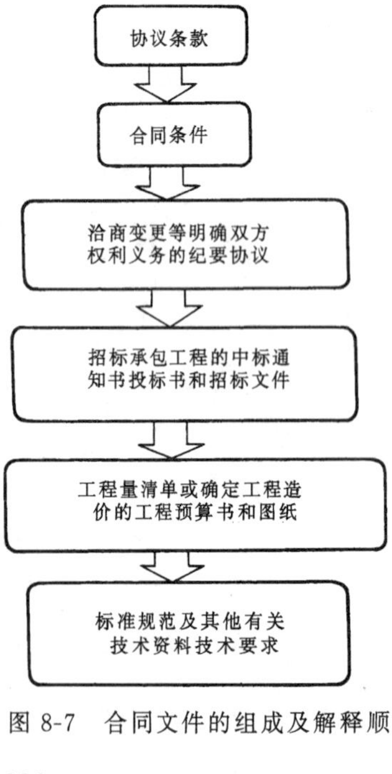

三、FIDIC《土木工程施工合同条件》

（一）FIDIC 简介

FIDIC 是国际咨询工程师联合会的法文缩写词。它是公认的国际工程承包管理的权威机构，是世界银行及其附属组织及地区性银行推荐的权威性咨询机构。FIDIC 于 1913 年成立，现拥有 56 个成员国。它下属有 2 个地区成员协会——FIDIC 亚洲及太平洋地区成员协会（ASPAC）；FIDIC 非洲成员协会集团（CAMA）。下设许多专业委员会。FIDIC 专业委员会编制了许多规范性文件，不仅 FIDIC 成员国采用，世界银行、亚洲开发银行、非洲开发银行也常采用。我们经

图 8-7 合同文件的组成及解释顺序

协议条款
↓
合同条件
↓
洽商变更等明确双方权利义务的纪要协议
↓
招标承包工程的中标通知书投标书和招标文件
↓
工程量清单或确定工程造价的工程预算书和图纸
↓
标准规范及其他有关技术资料技术要求

常采用的既有FIDIC《土木工程施工合同条件》（红皮书），也有FIDIC《电气和机械工程合同条件》（黄皮书），还有FIDIC《业主/咨询工程师标准服务协议书》（白皮书）等。我们这里只讲"红皮书"。

FIDIC于1957年和欧洲建筑工程国际联合会（FICE）在英国土木工程师学会（ICE）所制定的合同条件的基础上编制的，并由美国承包商总协会（AGCA）、泛美建筑业联合会（FIIC）和美洲及太平洋承包商协会国际联合会（IFAWPCA）核准、推荐，供土木工程国际性承包使用的合同条款。1963年和1977年该文本分别发行第二版和第三版。1987年9月在瑞士洛桑举行的FIDIC年会上通过并发行了第四版。1988年发行第四版订正本，即当前国际承包市场上普遍采用的FIDIC红皮书。FIDC合同体系见图8-8。

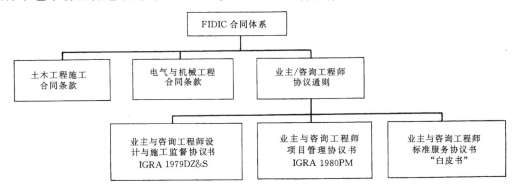

图 8-8　FIDIC 合同体系构成

（二）FIDIC《土木工程施工合同条件》简介

FIDIC"红皮书"共分两大部分：第一部分为通用条件；第二部分为专用条件。通用条件对各类型土木工程（如房屋建筑、公路、桥梁、水利、港口、铁路、各类工厂的土建工程等）均适用，条款中详细规定了在执行合同过程中，遇到诸如开工、停工、延误、变更、风险、索赔、支付、争议、违约等各类问题时，工程师处理问题的职责和权限，也对业主和承包商的权利和义务作了明确的规定。因而，业主、工程师、承包商都必须熟悉和理解这些合同条件，在合同实施过程中自觉地、正确地运用这些合同条件。不论在国内承担涉外工程，或去国外承担工程担任咨询、监理工作，都需要十分熟悉合同条件。当业主和咨询工程师编制某个工程的招标文件时，针对该项目将有关合同通用条件具体化或修改某些条款、或补充新的条款，所有这些均应写入第二部分。凡第二部分与第一部分不一致处，均以第二部分为准。

四、工程合同管理

（一）合同管理的意义

合同管理是指在建设工程施工中，签约双方的合同管理者代表双方对合同的签订、履行、变更、解除、终止等，进行监督检查，对产生的合同纠纷进行解决和处理，保证合同全面履行。

在市场条件下，参加交易的各方按市场法则订立合同，以达到其经济目的。只要合同符合法规、手续完备，就受到法律保护，双签约双方均有约束力，一旦发生纠纷，便根据合同予以解决。签约双方却为保护自己的合法权益而加强合同管理。

（二）合同管理的原则

（1）要约与承诺。合同的要约，要有明确的表述，不得含糊其辞。只有承包商提出的投标标书才是要约，招标文件不是要约。承诺必须是无条件的，不可以保留，不可以含糊其辞。由发包方发出的中标通知书就是承诺。在订立合同的谈判中对招标投标过程中自己已经正式表示的意愿不得修改。

（2）尊重约因。"约因"就是双方必须尊重的签订合同的原因。约因十分重要。仲裁人乃至法厅往往从分析约因入手处理合同纠纷。

（3）明定条款与暗定条款。明定条款是经双方明确同意订立的合同条款，是构成合同基本关系的主要条款。明定条款就是合同条款。明定条款必须包括价格、工期、标的物的数量和质量。但合同订得再具体，仍会有在合同执行过程中导致纠纷的问题，无法全部用明定条款事先说清，这就是暗定条款。签约双方必须在签订时同时承担暗定条款的义务。

（4）整体解释。即应将合同文件作为一个整体理解。由于工程建设的文件很多，难免各文件中产生不一致、甚至相反的内容。合同管理对此应坚持整体解释的原则，认真研究文件中的矛盾，提出澄清共同造成的技术性错误的要求。例如文字错误双方可认定纠正。但是单方面造成的错误，如价格报得太低，便难以纠正。

（5）合同的履行必须全面，不得片面或遗漏。

（三）合同的签订

"决标"或达成承包协议后，应向承包者发出书面的建筑工程中标或承包通知书。应立即做好签订合同的准备工作，在规定的时限内签订合同。签订合同必须按示范文本的合同条件和协议条款，认真协商并取得一致意见，确切地形成文字，办理必要的手续。

（四）合同管理者

一般情况下，合同的签订者就是合同的管理者。但由于工程建设专业性很强，很大一部分业主需要帮助，一般由建筑师或工程师或咨询工程师承担合同管理的职能。承包商也有自己的合同管理人员。设置合同管理者有利于合同签订和履行。由建筑师/工程师作为合同管理者的优点是：可以减少或避免承包商对设计文件产生误解或误释，有利于设计者及时纠正设计和施工中的错误，减少业主的损失。咨询工程师作为合同管理者，能更好地处理工程中不断产生的业主与承包商之间的矛盾，避免重技术而轻管理及忽视成本的倾向发生。

（五）合同管理的主要内容

1. 建筑师/工程师/咨询工程师代表业主进行的合同管理

（1）在施工前，协助业主制定招标文件，选择承包商，帮助业主评标，与承包商谈判，协助业主签订合同

（2）在施工阶段，解释合同，为承包商提供技术支持，观察施工活动与合同的一致性，向业主报告所有重要和相关的信息，开具工程变更任务单，证实对承包商的付款，解决纠纷，加强交流，与业主商讨有关工程事宜。

2. 承包商的合同管理

（1）投标阶段：分析招标文件，制订标价；中标后与业主商签合同；办理履约保证和各种保险手续。

（2）施工阶段：在取得工程预付款前，办理预付款保证；保管招投标文件、图纸及与

业主（建筑师/工程师/咨询工程师）的往来文件；经常核对施工中的内容与原标书、图纸的一致性，发现问题及时洽商解决；作好暂定项目、暂定金额的记录，保存好一切单据（含发票、收据、报价单等），作好计日工、零星机械台班记录，及时交由建筑师/工程师确认；做好各种记录，及时向业主及保险公司索赔。

（六）合同变更管理

施工合同一经订立，就具有了法律效力，双方当事人应信守合同条款，任何一方不得擅自变更或解除合同。所谓合同变更，就是对原来合同的内容进行修改和补充。工程施工中导致合同变更，通常有以下一些原因：

（1）施工图与现场状况不符；施工图和施工说明书不符；图纸有错误或遗漏，或发现未预料到的变化。

（2）由于建设单位的原因，变更工程的内容或暂时中止整个工程或部分工程的施工。

（3）不是由于承包企业的原因，而由承包一方提出合理延长工期要求。

（4）建设单位需要缩短工期。

（5）物价波动或工资变动而需要对承包金额作出变更。

（6）天灾及其他人力不可抗拒原因造成的损害等。

为了减少因变更造成双方的损失，避免因变更产生纠纷，一般应在合同中明确规定各种不同原因造成的变更的处置程序、手续、提出答复及审理的期限、书面文件提交的对象、责任承担的范围、损失赔偿或补偿的上下界限等等。

（七）合同风险管理

1. 目的

国际工程界的合同管理中一个逐渐在形成的领域就是合同的风险管理，特别是施工合同的风险管理。越来越多的业主已开始习惯于将自己的部分风险转嫁到承包商的身上，甚至承包商如果不想承担这些风险，就拿不到施工合同。

合同风险管理的目的，就是将施工合同中的各种风险因素分析出来，定量估计可量化风险的大小，定性分析不可量化的风险因素，根据分析的结果提出风险对策，采取相应措施，从而降低工程进程中的各种风险损失。

合同风险是相对的。如果在合同条文中将不确定因素的风险承担办法确定下来，或将风险转嫁给分包商或保险机构等，则承包商的风险则随之减少。

2. 合同风险的种类

（1）工程技术、经济和法律类风险。例如工程规模大、技术要求高而产生的风险；现场条件复杂、难度大带来的风险；承包商的力量与要求有差距、资金供应有问题所产生的风险；对当地法律及风俗理解不够、价格变动大产生的风险等。

（2）业主的资信风险。例如：业主的财务状况欠佳，对设计方案和施工方案的变更要求，业主的信誉等，都可能产生风险。

（3）外界环境风险。包括：政治、军事变化；贸易制裁；货币、汇率、工资和物价变动；合同所依据的法律、税率的改变；洪水、地震、台风等。

（4）合同条款风险。虽然合同中有有关风险的约定，但还有在合同中没有包括的、隐含的风险。

3. 合同管理风险对策

（1）报价时的风险对策：提高报价中的不可预见费；采用多方案报价、开口升级报价等报价策略。

（2）合同谈判与签订时的风险对策：充分考虑可能发生的各种情况，在合同中详细注明；使风险型条款合理化；在法律和招标文件允许的前提下在投标书中使用保留条款或补充说明。

（3）投保（险）。

（4）采取其他技术、经济、管理上的措施。

（5）加强索赔管理，以索赔和反索赔减小风险损失。

（6）将风险大的分项工程分包出去。

（八）合同监督

（1）公证监督，即公证机关对合同进行的法律监督，审查合同的合法性，防止违法合同产生。

（2）行政监督，即由上级机关检查合同的执行，督促所属单位切实履行合同。

（3）相互监督，即签约者之间相互督促严格执行合同。

五、施工索赔

（一）施工索赔的概念

施工索赔，是在施工过程中，由于甲方或非本企业的原因使本企业付出了额外的费用，通过合法的程序要求甲方偿还他的损失。索赔是一项涉及面广，需要具备各种知识和经验的工作，参与索赔工作的人员必须具有丰富的施工管理经验，熟悉施工中的各个环节，通晓各种建筑合同和建筑法规，并掌握一定的财会知识。由于工程施工复杂多变，现场条件、气候和环境的变化，所以，索赔在施工过程中是不可避免的。索赔必须以书面形式。在国外，承包企业的盈亏在很大程度上取决于是否善于索赔。

当然，不仅承包商可以对业主进行索赔，业主也可以对承包商反索赔，故索赔是双向性的。

（二）索赔的分类

（1）按涉及的当事双方分类。包括：承包商与业主之间的索赔；承包商与分包商之间的索赔；承包商与供应商之间的索赔。

（2）按索赔的依据分类。包括：合同规定内的索赔，即可以在合同条款内找到索赔依据；非合同规定的索赔，即在合同条款中难以找到依据，但可以找到法律依据，如违反担保规定造成的损失等；道义索赔，即承包商对标价估计不足蒙受重大损失，但找不出索赔依据，业主应从道义上给承包商相应的经济补偿。

（三）索赔的依据

工程项目的各种资料是索赔的主要依据。承包商应指定专人负责收集保管索赔资料。这些资料包括：所有的合同文件；与业主代表谈话的资料；施工备忘录、会议记录、来往信件、工程照片；业主工程负责人填写的施工记录表；工资薪金单据和各项付款单据；工程检查和验收报告；各种施工进度表；施工人员填写的计划表、人工报表、材料报表和机械使用表；施工任务单等。

（四）引起索赔的原因

引起施工索赔的原因如下：地质条件变化；施工中人为障碍；工程变更命令；合同条

款模糊和错误；工期延长；加速施工；图纸错误；供图进度拖延；增减工程量；业主拖延付款；货币贬值；价格调整；特殊风险因素；不可抗力；暂停施工；中止合同；拖延支付；法律、法规变化；等等。

（五）索赔的内容

1. 索赔的一般内容

施工索赔的内容有两类，一类是经济索赔，即要求对方偿付一定的费用；另一类是工期索赔，即要求业主允许延长原合同期限，作为非承包者原因造成工期延误的补偿。在具体操作时，往往同一索赔事项中，既有经济索赔，又有工期索赔，则两者要分别计算清楚。

2. FIDIC《土木工程施工合同条件》中有关索赔的条款。

FIDIC 中有大量条款涉及索赔问题，见表 8-15 所示。

（六）索赔程序

按 FIDIC《土木工程施工合同条件》中的要求，索赔的程序可用图 8-9 表示。从图中可以看出，在索赔过程中，工程师发挥着重要作用。

FIDIC《土木工程施工合同条件》中关于索赔的条款 表 8-15

编　号	条　款	条款主题内容	可调整的事项
1	5.2	合同论述含糊	工期调整 T＋成本调整 C
2	6.3 & 6.4	施工图纸拖期交付	$T+C$
3	12.2	不利的自然条件	$T+C$
4	17.1	因工程师数据差错、放线错误	C＋利润调整 P
5	18.1	工程师指令钻孔勘探	$C+P$
6	20.2	业主的风险及修复	$C+P$
7	27.1	发现化石、古迹等构筑物	$T+C$
8	31.2	为其他承包人服务	$C+P$
9	36.5	进行试验	$T+C$
10	38.2	指示剥露和凿开	C
11	40.2	中途暂停施工	$T+C$
12	42.2	业主未能提供现场	$T+C$
13	49.3	要求进行修理	$C+P$
14	50.1	要求检查缺陷	C
15	51.1	工程变更	$C+P$
16	52.1 & 52.2	变更指令付款	$C+P$
17	52.3	合同额增减超过 15%	C
18	65.3	特殊风险引起的工程破坏	$C+P$
19	65.5	特殊风险引起的其他开支	C
20	65.8	终止合同	$C+P$
21	69	业主违约	$T+C$

编号	条款	条款主题内容	可调整的事项
22	70.1	成本的增减	按调价方式
23	70.2	法规变化	C
24	71	货币及汇率变化	$C+P$

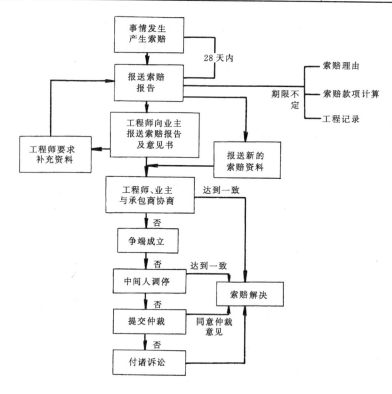

图 8-9　索赔程序图

（七）索赔报告的编制

1. 内容

所有索赔要求，必须以文字形式提出，故索赔方要编写索赔报告，索赔报告的内容是：

第一部分，承包商或他的授权人致业主或监理工程师的信。在信中要介绍索赔要求、干扰事件经过及理由。

第二部分，索赔报告正文。应设计统一的索赔报告表（见表 8-16），表中包括的内容是：（1）题目：简洁地说明针对什么提出索赔；（2）索赔事件陈述，陈述事件的起因、经过，事件过程中双方的活动，重点陈述我方按合同采取的行动（推卸自己的合同责任），对方不符合合同的行为或没有履行合同的责任的情况，写清事件时间、地点、结果，并引用报告后面的证据作证明；（3）理由，即总结上述事件，同时引用合同条文或合同的变更和补充协议条文，证明对方行为违反合同或对方的要求超过合同规定，造成了该干扰事件，有责任对此造成的损失作出补（赔）偿。（4）影响，即简要说明事件对承包商施工过程的影响，这些影响与上述事件有直接的因果关系。重点说清上述事件造成的成本增加和工期延长，与后面的分项费用计算又应有对应关系；（5）结论，即由于上述干扰事件，造成承包商的工期延长和费用增加，通过详细的索赔值计算，提出索赔要求：索赔费××元，工期××天。

第三部分，附件。即报告列举事实、理由，影响的证明文件，计算基础、依据的证明文件。

表 8-16

索赔报告的一般格式

××索赔报告

题目
事件
理由
影响
结论
成本增加
工期拖延

2. 要求

由于索赔报告在索赔中的关键作用，故对索赔报告的编写有以下要求：

（1）索赔事件应是真实的；

（2）责任应分析清楚、准确；

（3）在索赔报告中应特别强调：干扰事件的不可预见性和突然性；在干扰事件发生后承包商立即将情况通知了工程师；由于干扰事件的影响，使承包商在工程中受到严重干扰，既拖了工期，又增加了费用；

（4）文字简洁，条理清楚，各种结论、定义准确，有逻辑性；

（5）索赔值的计算和证据应很精确和详细，尽量避免用词不当、语法错误、用词错误、计算错误、打字错误等；

（6）用词要婉转，避免用不友好的抗议式语言。

（八）索赔值计算简介

1. 费用计算

投标报价为了争标，往往取费较低。但索赔可以是业主可以接受的略高价格。索赔费用包括以下费用。

（1）人工费。不仅包括直接增加的工资，还应包括业主干扰引起的工效降低，以及与工资有关的税费。

（2）材料费。由于增加工程量或损耗量而增加的材料费。

（3）设备费。包括增加的设备运转费，新设备采购费，运输费，维修费。

（4）分包费。由业主原因造成的分包费增加。

（5）保证金。由于业主决定取消了部分工程导致保证金折减；由于工期延长，保证期限延长引起的保证金利息的增加的损失。

（6）保险费。新增工程的保险和已购保险的延期手续费。

（7）利息。新增工程的施工延期增加的利息。

（8）利润。由于索赔的原因造成了索赔者利润受到影响。

（9）现场管理费。包括：占地、水电、通讯、办公、现场员工工资，保险费。可用综合费率乘以索赔的直接费。

（10）公司管理费。包括房租、固定资产折旧、通讯、采暖、管理人员工资、福利费、税金、保险费等。可用索赔直接费加现场管理费，然后乘以公司管理费率。

2. 工期索赔

可以提出工期索赔的干扰事件通常有三类：

一是业主失误，违反合同；二是工程变更，增加了工程量及附加工程；三是其他不可预见事件和不可抗力因素影响等。

工期拖长对双方都会造成损失。承包商进行工期索赔的目的通常有两个：一是免去或推卸自己对已经产生的工期延长的合同责任，使自己不支付或尽可能少支付工期拖长罚款。二是进行因工期延长而造成的费用损失的索赔，这个索赔值通常较大。

对已经产生的工期拖长，业主通常采用两种解决办法：一是不采取加速措施，将合同工期顺延，施工仍按原定方案和计划实施；二是指令承包商采取加速措施，以全部或部分地弥补已经损失的工期，业主还可提出因采取加速措施而增加的费用的索赔（工期延长责任不在承包商时）。

工期索赔分析的依据有：（1）合同规定的总工期计划；（2）合同双方共同认可的详细进度计划；（3）合同双方共同认可的对工期的修改文件；（4）业主、工程师和承包商共同商定的月进度计划；（5）受干扰后的实际进度。

分析的步骤分三步：第一，确定干扰事件对工程活动的影响；第二，由于工程活动持续时间的变化，对总工期产生影响；第三，由于工期的拖延产生的经济损失。

需要指出的是、由于工程量变更、设计改变及业主的原因造成的干扰和工期延误，既可延长工期，又可提出经济索赔；但是由于不利的自然因素造成的，只能延长工期，不能提出经济索赔；如果由承包商的原因造成，便得不到任何索赔。

第九章 建筑企业计划管理

第一节 建筑企业计划管理的意义和任务

计划是重要的管理职能之一。它以经营决策作为依据，把决策所确定的目标，进行量化，并把它具体化为文件和表格，用以指导未来，达到有效地使用各种资源的目的，成为取得最佳经营成果的行动纲领。

计划管理是为了使企业生产经营活动能够达到预期目的的综合性管理。要用计划对企业的各项生产经营活动进行安排和协调，充分利用人、财、物，调节好产、供、销，使企业生产经营有秩序、有步骤地进行，以提高社会效益、经济效益和生产效率。计划管理是作为指导企业生产经营活动而产生和存在的。

一、建筑企业计划管理的意义

（1）计划是管理的开端，是管理循环的起始，任何管理都不能与计划相脱节。没有计划就失去了对行动的引导，就谈不上管理。

（2）计划管理能使全局和局部相联系。国民经济计划是全局的、整体的、宏观的计划，而每个企业的计划是局部的、个别的、微观的计划。整体的计划要通过个别的计划来体现。没有企业计划，企业生产就搞不好，国民经济计划就要落空。正是由于有了计划管理，才能使企业计划与国家计划沟通，各部门间互相配合，从而在国家计划指导下，企业生产经营活动才能获得成功，国民经济计划才能实现。

（3）建筑企业的生产经营涉及面广，影响因素多。为了提供最终建筑产品，必须在生产经营过程中进行综合性的平衡和协调、统筹地分析和安排，使生产经营在计划指导下进行。

（4）唯有计划执行过程中的及时反馈与优化，才有可能取得最好的成果。若无计划管理就不能优化各项活动，就不能使供、产、销、劳力、材料、机械、资金、工期、质量、成本等各方面之间的关系得到科学、合理的处理。

二、建筑企业计划管理的特点

由于建筑产品的特点，使建筑企业的计划管理工作有许多不同于其他工业企业的特点。建筑企业计划管理的特点如下：

（1）计划的被动性。建筑企业的生产任务来源受到固定资产投资数量的影响，使建筑企业计划具有被动性。

（2）计划的多变性。建筑施工中变化因素太多，施工对象、现场环境、气候和协作条件等经常变化，而且这些变化往往难以预见。因此，劳动生产率不稳定，影响开竣工，影响计划的稳定性，而带来了多变性。

（3）计划的不均衡性。由于施工的季节性与任务得到的时间与数量不同，造成计划期内的施工内容与比例不同，使年、季、月之间做到计划均衡性的难度很大，呈现明显的季节性特点。

三、建筑企业计划管理的任务

（1）正确贯彻国家的有关方针政策，在国家计划指导下，以市场为导向，使国家利益和经济效益统一起来，并在全局合理的前提下努力谋求企业成长，增强企业活力。

（2）充分地调查分析企业所处的社会、经济和资源环境，特别要分析建筑市场、业主的需求和自身的能力，从而做出科学的经营决策。

（3）使企业长期、中期发展规划与企业短期计划相衔接，使企业整体目标与企业内部的分级目标相联系。计划有总体的、也有分阶段的；有整体的，也有分级的。没有计划的作用，企业远期、近期目标都不能明确，企业管理也就无从谈起。

（4）做好计划的综合平衡和优化。使企业外部（业主、设计、安装、分包等）的需要和服务与企业自身的能力和生产经营需要平衡，履行合同，保证国家重点工程，统筹安排，最优地使用人力、物力、财力，提高综合效益。

（5）在组织计划的实施过程中，通过控制和调节手段，消除执行中的薄弱环节及不协调因素，保证生产有节奏有秩序地进行。

（6）做好执行情况的检查、统计和分析，总结经验及教训，及时反馈，及时调整和改进计划，不断提高计划管理水平。

第二节　建筑企业计划的构成和内容

一、建筑企业计划的构成

（一）计划的分类

指导建筑企业生产经营活动的计划基本上分两大类，一类是按时期划分的计划，另一类是按生产对象划分的计划。

（1）按时期划分的计划有：企业经营计划，或称发展规划或中长期计划；企业年度、季度计划，或称施工技术财务计划；企业月、旬（周）作业计划。

（2）按生产对象划分的计划。按生产对象划分的计划归纳起来有三种：第一种是以群体的建设项目为对象，带有全局性的施工总进度计划；第二种是以单位工程为对象制定的单位工程施工进度计划。第三种是分部分项工程作业计划。

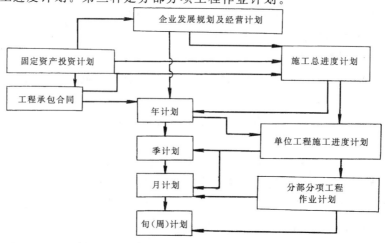

图 9-1　计划之间关系

（二）计划间的关系

计划之间的关系见图9-1所示。箭尾的计划先编制，箭头的计划后编制；先编制的计划控制后编制的计划；后编制的计划以先编制的计划为依据，并实施先编制的计划。

（三）建筑生产计划的来源构成

建筑企业生产计划的来源，构成性质及其所占的比重，如图9-2所示。

固定资产投资形成的建筑生产计划有三种情况：一种是指令性的，多指国家的大中型重点工程，特点是必须如期、如质，如量完成；另一种是虽然纳入国家计划，但不是通过指令实现，只是规定指标或划出一定额度，划块交给地方管理，国家不直接管，如住宅、地方公用性工程是指导性的；还有一种是虽纳入国家计划，但它的每项投资很少，项目繁多，但它应有一个控制的幅度，即在国家计划的指导下，而形成的市场性计划。

图9-2 建筑生产计划的来源构成

更新改造投资同样有三种情况：第一种是指令性的，象长春第一汽车制造厂那样的企业，更新改造项目国家很重视，用指令性下达，限时间、限投资把技术改造完成；另一种是指导性的，由地方控制；再一种是小型的技术改造，属于市场性计划。

自有资金投资计划基本是两大类，一类是指导性的，原因是自有资金国家不直接管；另一类形成市场性计划。

房修计划必然是市场性的，或企业内自己的队伍干，或找维修队。

这样，由不同的投资渠道，按产品的重要性的不同分为指令性计划、指导性计划和市场性的计划。然而，建筑施工企业的施工项目，却完全靠市场竞争取得。所以企业的计划应是自主编制的，既要适应市场的要求，又要接受指令性计划和指导性计划的要求并融进企业计划之中。

二、建筑企业的经营计划

（一）经营计划的概念

经营计划，又称经营战略计划。它是较长时期的计划，可以是一年、二年、三年的。它具有预见性、纲领性和战略性。它要体现出企业的战略、方向和目标。经营计划要实现企业的经营目标。建筑企业的经营目标有四类：贡献性目标（是企业为国家、社会和用户所作的贡献）；利益性目标（是企业为自身谋利益的目标）；发展目标（是企业增强实力和规模的目标）；信誉目标（是企业为了竞争而提出的目标）。经营目标实现企业的经营目的。企业的经营目的有三个：一是为社会提供适宜的产品和服务；二是获得经济效益，使企业资产保值增值；三是作好经济分配，提高职工的福利水平。因此，经营计划可表述为：企业根据过去和现在，对未来进行科学预测，制定发展蓝图，用以动员和鼓舞广大职工，进行改革、开发和发展，搞好各项经营和生产活动，提高企业的科学管理水平，从而实现企业的经营目标和经营目的。

（二）企业经营计划的基本内容

企业经营计划的基本内容有三个：

1. 战略目标

提出企业经营发展的总水平、总要求，阶段目标和阶段要求。

2．战略重点

即在计划中，对实现战略目标具有关键作用的内容，包括关键项目、关键环节和关键部门。战略重点是战略目标的重点、战略指导的重点、资源配置的重点。

3．战略对策

是实现战略目标和战略重点所采取的重要措施和手段。对策应有针对性，针对战略目标和重点；应具有多重性，即应是系列、配套、可分解实施的对策；应具有灵活性，即根据不同条件和情况需要可采取替代或补充对策。

在三项基本内容框架下，企业应编制为实现四类经营目标的经营计划，即贡献性计划、利益性计划、发展性计划、竞争性计划，而以前两类计划为重点。

（三）经营计划的具体内容

1．企业贡献性目标计划

这些目标包括：重点项目计划、总产值计划、净产值计划、产量计划、质量计划、工期计划、开竣工面积计划、劳动生产率发展计划。

2．利益性目标计划

包括：企业盈利计划，企业固定资产投资计划，企业职工生活、福利、文化水平提高计划等。

3．发展性计划

包括：新产品、新技术开发计划、开拓国际市场计划、技术引进计划、技术改造计划、人才开发计划、企业成长计划、多种经营计划等。

（1）新产品、新技术开发计划。要制定出企业新的经营方向，产品结构，经营规模，服务区域，研究开发的高新技术，经费投入量，合作者的选择，鼓励员工创新措施，向生产的深度及广度发展的措施。

（2）技术引进与改造计划，包括软件与硬件的引进，仿造、革新、更新计划，引进配套技术、高新技术、自控系统的计划，运用ISO9000建立质量体系以提高工程质量的计划。

（3）人才开发计划。进行包括工人、技术人员、外语、法律、财会等业务人员的培训，定出其量与质的提高目标和培训方法，定出培训费用计划，对人才的使用、考核、晋级计划。开发人才要注意其能力的培养，起点要高，知识结构、年龄结构要合理。要用行为科学管理人事，让员工有职务充实、环境满意的感觉。要培育出能适应国内、国外两个市场需要的高素质人才。

（4）多种经营计划。建筑企业发展多种经营，既为了发展经营规模，又为了合理安排劳动力并预防施工任务紧缺时具有对策。如开拓房地产开发业务、承揽设计、机械租赁与维修、建材生产、销售与运输、第三产业等，多种经营项目要尽量与建筑有联系，并以实现社会效益和经济效益为前提。

（5）企业成长计划。定出提高企业素质的规划，包括职工素质、技术素质、管理素质及领导素质的提高；定出生产基地与生活基地的建设规划。

4．竞争计划

主要指国内市场与国际市场开拓计划、体制改革计划、资产经营计划等。

（1）国内、国际市场开拓计划。包括对国内、国际市场的研究，掌握其信息的规划，培养、引进人才为开拓市场服务的计划，出口劳务、进行分包及总承包计划；建立合作伙伴（国内、外）计划，市场占有率计划等。既要有目标，又要有对策和措施。

（2）体制改革计划。这项计划的实施结果，应是使企业增强竞争实力。该计划应围绕以下方面确定目标和措施：建立科学的领导体制，建立精简高效的生产经营组织，建立现代企业制度、实行股份制，强化项目管理及配套改革，实行事业部制，综合化和专业化管理相结合，充实科研和教育机制，强化约束机制，加强横向联合，加强思想政治工作，适应信息时代要求进行企业改造或重组等。

（3）资产经营计划。为了使企业不仅是产供销一体化的生产经营型企业，而且应当是资产筹措、运营、增值、投资回收、再投入的资产经营企业，积极参与国内和国际的经济合作，把资金投向实现产品和装备现代化方面。增大自有资金的比例，促进长期发展。因此，企业应编制资产经营计划，发展资产经营，实现上述的良性循环目标。

经营计划是非规范性文件，没有固定的格式，没有规定的计划期，只能根据企业的需要而编制，是企业领导决策编制的以自我为中心的计划。在市场经济下，一个企业不再是生产型的，而是生产经营型的，故不可只编生产型计划而不编经营型计划。恰恰相反，企业必须大力强化经营计划，并将生产型计划纳入经营型计划轨道。

三、建筑企业的年、季、月度计划

建筑企业的年（季）度计划，又称施工技术财务计划，是指导该计划期生产经营活动的纲领性文件。季度计划由于计划期短于年计划，故更具体，更详细。年（季）度计划的内容包括三个方面，即施工类计划、技术类计划和财务类计划。根据市场经济的要求，还应增加发展计划。

（一）施工计划

施工计划是年（季）度计划的核心，是编制技术类计划和财务类计划的依据。施工计划应对工程项目、施工进度、产值、产量等作出安排。它包括：建筑企业施工计划一览表、年产值计划、年产量计划、重点工程项目形象进度计划，见表 9-1～表 9-4。

（1）建筑企业生产计划一览表，见表 9-1。项目栏按指令性、指导性、市场性分别填列。

（2）年产值计划。年产值计划包括多种经营计划，见表 9-2。

（3）年产量计划。按表 9-3 填列年产量计划。"产量"指实物工程量。

（4）重点工程项目形象进度计划。重点工程项目形象进度计划。按国家重点、大中型项目和省（市）重点分别填列（表 9-4）。

建筑企业施工计划一览表 表 9-1

编制单位：

编制年度：19　年

项目名称	建设性质	规模	总投资	产　值　（万元）			产　　量					开工日期	计划竣工日期	上年计划/上年实际完成	本年计划与上年度比 计划与计划比 计划与实际比	建设地址
				截止去年底累计完成	本年计划	明年计划	全部	单位	截止去年底累计完成	本年计划	明年计划					

年 产 值 计 划

表 9-2

负责单位	总产值（万元）					建安总产值（万元）					净 产 值				
	合计	一季	二季	三季	四季	合计	一季	二季	三季	四季	合计	一季	二季	三季	四季
公 司															
一分公司															
⋮															

年 产 量 计 划

表 9-3

负责单位	产品名称	计量单位	产 量					销 售 量					重点工程形象进度完成率				
			合计	一季	二季	三季	四季	合计	一季	二季	三季	四季	平均	一季	二季	三季	四季
公 司																	
一分公司 ⋯																	

重点工程项目形象进度计划表

表 9-4

工程名称	工程地点	总投资额（万元）	工程量（m²）	总建安产值（万元）	开工日期	计划竣工日期	上年度累计完成		本年度计划		总承包施工单位
							建安产值（万元）	形象部位进度	建安产值（万元）	形象部位进度	

（二）技术类计划

技术类计划是支持性或保证性材料，是为施工计划创造条件的计划。它包括：劳动工资计划，主要材料需要量计划，主要机械设备平衡计划，附属企业生产计划，技术组织措施计划等。见表 9-5～表 9-9。

（1）劳动、工资计划。它包括主要工种劳动力平衡计划，按表 9-5 填列；工资总额与年度平均工资的工资计划；安全生产措施和安全生产的安全计划。

主要工种劳动力平衡计划

表 9-5

编制单位：

单 位	项 目	木工	瓦工	抹灰工	钢筋工	混凝土工	架子工	油工	防水工	机械工	机修工	起重工	焊工	水暖工	电工	普工	备注
公司合计	计划需用																
	现有人数																
	平衡结果±																

单位	项目	木工	瓦工	抹灰工	钢筋工	混凝土工	架子工	油工	防水工	机械工	机修工	起重工	焊工	水暖工	电工	普工	备注
分公司	计划需用																
	现有人数																
	平衡结果±																

（2）主要材料计划。按表 9-6 填列主要材料需要计划。

主要材料需要量计划　　　　　　　　表 9-6

主要物资名称	单位	规程	计划用量	计划用量计算依据（即产值、产量的消耗标准）	分季计划用量			
					一季	二季	三季	四季
公司钢材								
一分公司								

（3）机械计划。按机械化施工方法所需的机械，以自有、租赁机械均发挥生产效率的原则，作出主要机械设备平衡计划，如表 9-7 填列。

主要机械设备平衡计划　　　　　　　　表 9-7

机械名称型号	现有台数				本期计划				平衡结果		备注
	合计	其中			日历台班数	需用量			台班数±	折算台数	
		完好	封存	待报废		台班数	其中重点工程				
							××工程	××工程			
公司合计											
一分公司											

（4）附属企业生产计划。附属企业生产计划是实现建筑工业化、使工程顺利进行的重要保证（表 9-8）。

（5）技术组织措施计划。技术组织措施计划是为实现目标服务的，按表 9-9 填列。

附属企业生产计划　　　　　　　　表 9-8

项目	工业产值（万元）	主要产品产量				劳动生产率（元/人）	平均人数（人）	成本			实现利润（万元）
		混凝土构件（m³）	木构件（m³/件）	××	××			上年实际成本	本年计划成本	降低成本（％）	
总计 ××厂											

技术组织措施计划   表 9-9

序 号	措施项目名称	措施内容	涉 及 的		经 济 效 果		执行者
			对 象	数 量	单位数量的节约额	该项节约额	

（三）财务性计划

（1）降低成本计划。降低成本计划按表 9-10 填列。

年 降 低 成 本 计 划   表 9-10

负责单位	工程成本降低额（万元）					工程成本降低率（%）				
	合 计	一 季	二 季	三 季	四 季	平 均	一 季	二 季	三 季	四 季
公 司										
一分公司 ⋮										

（2）利润计划。利润计划按表 9-11 填列。

年 利 润 计 划   表 9-11

负责单位	实现利润总额（万元）					资金利润率（%）				
	合 计	一 季	二 季	三 季	四 季	平 均	一 季	二 季	三 季	四 季
公 司										
一分公司 ⋮										

（四）发展计划

它是为企业未来的发展，创造条件的计划。

（1）技术改造、开发计划。技术改造、开发计划按表 9-12 填列。

（2）智力开发、培训计划。按表 9-13 填列智力开发和培训计划。

（3）生产、生活基地建设计划。生产、生活基地建设计划按表 9-14 填列。

年技术改造、开发计划   表 9-12

项目名称	单位	数量	单价	总价	费用来源	起止期限	负责部门、人	经济效果预计	说 明

年智力开发、培训计划　　　　　　　　　　　表 9-13

| 项目名称 | 派往单位 | 数 量 | 费 用 | | | 起止期限 | 负责部门（人） | 说 明 |
			人次费用	合 计	来 源			

年生产、生活基地建设计划　　　　　　　　　表 9-14

| 项目名称 | 单 位 | 数 量 | 费 用 | | | 起止期限 | 负责部门（人） | 说 明 |
			单 价	合 计	来 源			

在制订上述计划之后，按考核要求，做出计划指标的汇总表。

（五）企业月、旬作业计划

它是实施性计划，是年季计划的具体化，是企业各项经营目标的具体落实。是组织日常生产活动的计划。其内容主要是生产综合进度计划。同时通过工艺卡、任务单、限额领料单、队组承包书、班组经济活动分析，以及民主管理等方式使企业月、旬作业计划得以实现。其具体内容如下：

（1）单项工程形象进度要求，生产综合进度计划。

（2）实物工程量与建安工作量计划。

（3）劳动力需求平衡计划。

（4）材料、预制构件及混凝土需要计划。

（5）大型机械和运输平衡计划。

（6）技术组织措施计划。

所用表格，各企业不尽相同，由企业根据需要，自行制订。

这样，由长期到近期，从企业到班组，构成了整个按时间划分的计划体系。

四、建筑企业计划指标体系

（一）计划指标的概念

1. 计划指标的含义

计划指标是用以反映一定计划期内企业的经济活动（包括企业生产、经营、管理）的主要方面和主要过程应达到的目标（或水平）的衡量尺度。指标包括名称、单位和数值三个部分。计划指标体系要全面、具体、明确、简便，各自独立并具有自己特征，互相联系，互相制约。

2. 计划指标的作用

（1）计划指标可用以认识企业的经济活动，用量来描述企业的计划活动并认识企业，从而达到改造企业的目的。

（2）计划指标是企业生产经营管理的一个重要工具，是计划管理中不可缺少的。通过计划、统计指标，促进企业的正常运转。借助于指标，可进行计划的制定、执行情况的检查、监督和分析；依此可对职工进行鼓励，开展创优竞赛，考查创优活动。

3. 计划指标的分类

计划指标建立在生产经营活动的基础上。其分类可按表现形式分为两类：一类是实物状态的，量度单位用面积、长度等来表达；一类是价值状态的，以货币、价格来表达。按其性质又分为量和质两个方面，以量表达的是用绝对数值，如产值、工程量。以质表达的则是用相对数值，如优良品率、利润率、资金利润率等等。

（二）计划指标的设置原则

（1）既要与国家考核指标保持联系，又要体现出企业的经济利益。

（2）必须反映出在具体经济条件下生产经营活动所要达到的预期目标和水平，促进企业全面改善和提高生产经营管理水平。

（3）要从劳动、价值、实物（即人、财、物）等方面反映出由投入到产出全过程的生产经营管理效果。

（4）应以反映社会、经济的综合效益为主。宏观上应能反映多快好省建设方针和经济效益。微观上应能体现提高企业素质和经济利益，应能体现建筑产品的数量、质量、效率和效益的综合成果。

（5）指标的含义要科学严密，计算简便，口径一致，具有可比性。

（6）要能满足进行历史的和国际的对比的需要。

（7）能与企业和职工的权、责、利挂钩。

（三）计划指标分解

企业在编制生产经营计划时，除了根据经营目标具体确定计划指标外，还要按企业的组织层次进行分解，分解到各个组织单位，明确它们在完成总指标中的具体责任。还要按照各个组织单位完成分解指标成果的好坏，通过经济责任制与奖惩办法，使各部门与职工的贡献和物质利益紧密挂钩，以促进他们发挥积极性与创造性。

（四）计划指标体系

建筑企业应根据计划指标的设置原则建立计划指标体系，以全面满足计划管理的需要。表 9-15 是由计划经济向市场经济转变后，建筑企业应当建立的计划指标体系。

建 筑 企 业 指 标 体 系   表 9-15

序　号	指　标　名　称			公　司	分公司	项　目	班　组
①	②			③	④	⑤	⑥
1　工　程　量	建筑面积		施工面积	＋	＋	＋	
			竣工面积	＋	＋	＋	
			交工面积	＋	＋	＋	
	其他实物工程量			＋	＋	＋	
	交（竣）工率		按面积的交（竣）工率	＋	＋	＋	
			按实物工程量交（竣）工率	＋	＋	＋	
2	工程质量	工程优良率		＋	＋	＋	＋
		工程合格率		＋	＋	＋	

序　号	指　标　名　称			公　司	分公司	项　目	班　组
①	②			③	④	⑤	⑥
3	利　　润	利润额	利润总额	+	+	+	
			营业利润	+	+	+	
			工程结算利润	+	+	+	
		利润率	资金利润率	+	+		
			成本利润率	+	+		
			产值利润率	+	+		
			工资利润率	+	+	+	
4	工作量		自行完成建安工作量	+	+	+	
5	劳动生产率	产值	全员劳动生产率	+	+		
			建安工人劳动生产率	+	+	+	
		效率	全员人均交（竣）工面积	+	+	+	
			平均定额达到程度	+	+	+	+
			出勤率	+	+	+	+
6	工　　期		合同工期完成率（个数）	+	+		
			工期提前奖数（个数）	+	+		
			竣工工程平均工期	+	+	+	
			工期缩短情况	+	+	+	
7	合同完成情况	工程履约率	按交工面计算	+	+	+	
			按交工工作量计算	+	+	+	
			按交工工程个数计算	+	+	+	
8	安全生产		工伤事故	+	+	+	+
			工伤事故频率（‰）	+	+	+	+
9	成　　本		成本降低额	+	+	+	+
			成本降低率	+	+	+	
10	工　　资		百元产值工资基金	+	+		
			人均工资（含奖金）	+	+	+	+
11	机械设备		完好率	+	+		
			利用率	+	+	+	
			装备产值率	+	+	+	+
12	节　　约		三材节约（钢、木、水泥）	+	+	+	+
13	财　　务		流动比率				
			速动比率				
			资产负债率				
			存货周转率				

（五）国外计划指标简介

1. 美国

美国政府没有计划指标规定，但从建筑业联合会及政府对建筑业的税收政策可以看出他们对以下几方面更为重视。

（1）承包额、销售额。资本家讲究合同签定的多少，无合同企业就处在困难和危急之中了。

（2）利润。利润是政府税收的根据之一，企业要发展就要有利润，所以国家和企业都十分重视。

（3）综合能力，即企业经营能力。讲究能否成套地提供建筑产品。

2. 日本

政府限制凡持有百万元以上资本的企业必须向政府提交报表。报表中包括：

（1）生产性指标（劳动生产率指标）。日本战后成立的生产性本部十分重视效率，组织流动讲学团，搞企业诊断，为提高企业效率提供支持。

（2）收益性（利益）指标。着重于资金利润率，自有资金利润率和销售利润率。他们重视销售，这无疑是正确的，因为没有销售出的建筑产品等于库存产品，只有销售出去才是生产的最终目的。

（3）安全性（稳定）指标。这里的安全性指企业经营的可靠和稳定的意思，如偿债能力如何，自有资金占总资金数的比例（在建筑业一般占16%，其他自银行、信贷和预付款而来）。

（4）流动性（周转率）指标。流动性主要反映在资金的周转率上，资金的加速周转才能带来企业的活力。在日本，总资金周转率平均为1.4；自有资金周转率平均是9.2，周转得较快。

（5）成长性（增长率）指标。即承包额、销售额、净产值、利润、人工消耗等方面的增长。要求人员增长低于其他方面的增长，这样，才能保证劳动生产率和利润增长。人员增长率若高，其结果必然是劳动生产率下降。

（六）我国新的企业评价指标

国家财政部规定，自1995年起采用新的企业经济效益评价指标体系，该体系共有10项指标。该指标体系主要从企业投资者、债权人和企业对社会的贡献三个方面进行评价。

（1）从投资者的角度来看，侧重于企业盈利能力和资本保值增值情况。指标包括销售利润率、总资产报酬率、资本收益率、资本保值增值率。

$$销售利润率 = \frac{利润总额}{产品销售净收入} \times 100\% \tag{9-1}$$

式中　销售收入指扣除销售折让、销售折扣和销售退回之后的销售净额。

$$总资产报酬率 = \frac{利润总额 + 利息支出}{平均资产总额} \times 100\% \tag{9-2}$$

式中　平均资产总额 =（期初资产总额 + 期末资产总额）÷2

$$资本收益率 = \frac{净利润}{实收资本} \times 100\% \tag{9-3}$$

$$资本保值增值率 = \frac{期末所有者权益总额}{期初所有者权益总额} \times 100\% \qquad (9-4)$$

（2）从债权人角度看，侧重关心企业财务状况，即企业资产负债率水平和偿债能力，其指标包括资产负债率、流动比率（或速动比率）、应收帐款周转率、存款周转率。

$$资产负债率 = \frac{负债总额}{资产总额} \times 100\% \qquad (9-5)$$

$$流动比率 = \frac{流动资产}{流动负债} \times 100\% \qquad (9-6)$$

$$速动比率 = \frac{速动资产}{流动负债} \times 100\% \qquad (9-7)$$

式中 $$速动资产 = 流动资产 - 存货 \qquad (9-8)$$

$$应收帐款周转率 = \frac{赊销净额}{平均应收帐款余额} \times 100\% \qquad (9-9)$$

式中 $$平均应收帐款余额 = \left(\begin{array}{c}期初应收\\帐款余额\end{array} + \begin{array}{c}期末应收\\帐款余额\end{array}\right) \div 2 \qquad (9-10)$$

$$赊销净额 = 销售收入 - 现销收入 - 销售退回、折让、折扣 \qquad (9-11)$$

$$存货周转率 = \frac{产品销售成本}{平均存货成本} \times 100\% \qquad (9-12)$$

式中 平均存货成本 = （期初存货成本＋期末存货成本）÷2

（3）从国家或社会的角度来看，主要是衡量企业对国家或社会的贡献水平。其指标包括社会贡献率、社会积累率。

$$社会贡献率 = \frac{企业社会贡献总额}{平均资产总额} \times 100\% \qquad (9-13)$$

式中的社会贡献总额是企业为国家或社会创造或支付的价值总额，包括工资（含奖金、津贴等工资性收入）、劳保退休统筹及其他社会福利支出、利息支出净额、应交增值税、应交产品销售税金及附加、应交所得税、其他税收、净利润等。

$$社会积累率 = \frac{上交国家财政总额}{企业社会贡献总额} \times 100\% \qquad (9-14)$$

式中：上缴国家财政总额包括：应缴增值税、应交产品销售税金及附加、应交所得税、其他税收等。

第三节　计划前的预测和决策

一、计划信息

计划的编制，必须掌握与计划有关的信息，把"一切让数据说话"作为计划管理的基础。在制定计划时应掌握以下几方面的信息。

1. 建筑市场信息

包括用户（含新老用户）的建设计划；政府中计委、经委、建委可提供的信息；银行信贷信息；设计、开发单位的工程信息；同行企业的信息；省（市）外的信息；国外市场信息；新的开发建设信息，建设用资源、交通运输、水电供应、机械租赁维修信息；自然条件信息。

2. 企业能力的信息

应包括：人员的，如各类人员的数目比例、学历、专业、技术等级、年龄、性别等；机械设备的，如各类机械编号、名称、型号、规格、能力、重量、数量、已用年限、完好情况等；加工企业的，如各类加工企业的规模、生产能力、产品规格、实际完成、主要设备、职工总数等；技术成就的，如科研、技术革新成果、企业的技术标准等，以及各种固定资产的原值、现值、已用年限、流动资金、负债等等信息。

3. 企业管理效果的信息

应包括历年的产值、产量、质量、工期、成本、利润、材料消耗、能源消耗、劳动生产率、职工收入、机械装备、资金周转等信息。

4. 各项计划所用定额的信息

从国家规定到企业内部使用的各类工程工期、人员编制、质量标准、各种耗工、耗料、机具、劳保用品消耗、生活福利、出差、办公用品定额标准，以及奖惩标准等信息。

二、计划预测

计划预测指企业对未来生产经营上能达到的目标事先进行预计，为编制计划提供依据的活动。计划预测包括市场预测、生产预测、原材料预测、技术发展预测等。计划预测是市场经济的要求，是企业发展的要求。企业的经营计划、年度计划是以预测所提供的信息为依据编制的。季计划和月计划同样有预测，不过都是短期预测罢了。

本节只介绍预测技术在计划管理中的应用。

（一）主观概率法（即专家法）的应用

在计划预测中，我们一直在采用主观概率法。它适用于短、中、长期计划的预测。

【例1】 由10名专家预测下年度的产值利润率，其中两人预测为8%、三人预测为8.5%、一人预测为7%、还各有两人预测为9.5%和9%，求预测的产值利润率是多少？

【解】 采用加权平均计算，预测的产值利润率为：

$$\frac{8\% \times 2 + 8.5\% \times 3 + 7\% \times 1 + 9.5 \times 2 + 9\% \times 2}{10} = 8.55\%$$

（二）时间序列法的应用

简单算术平均法误差大，不适宜于计划的预测。简单的移动平均法具有趋势性，适用于短期（月、旬、日）作业计划的预测。

【例2】 已知某构件厂1～7月份销售构件的数据见表9-16，请预测8月份的销售量。

表 9-16

月	1	2	3	4	5	6	7
售量	119	125	133	125	125	128	122

【解】 取 $n=5$

$$x_8 = \frac{x_7 + x_6 + x_5 + x_4 + x_3}{5} = \frac{122 + 128 + 125 + 125 + 133}{5} = 126.6 \approx 127$$

加权平均数法重视近期数据，给以较大的权数，故它更适用于短期的计划预测。

指数平滑方法既具有趋势的优点，又有加权的含意，适用于中期（1～5 年）的计划预测。

（三）因果分析法的应用

直线回归法是利用已知的各个时间已完成的计划指标值，用 $y=a+bx$ 的方程，求出今后的趋势，它更有适用价值。一般用于中、长期（1～5 或 5 年以上）计划的预测。

曲线回归法是当趋势不呈直线。而呈曲线时进行预测的方法。它也适用于中、长期计划的预测。

（四）季节性变动预测

在建筑企业的生产经营管理活动中，经常会出现季节性变动的现象。这种现象的产生，多是由生产的大量露天性作业，受自然气候条件影响大等特点所致。为了适应生产的要求，搞好均衡生产，就有必要掌握这种季节性变动的规律。季节性变动预测的一般步骤说明如下：

1. 绘制数据分布图，确定变动状况

【例 3】 某建筑工程公司 1994～1996 年三年中各月实际完成的产值如表 9-17 所列。据此来估计 1998 年各月预计完成的产值。

根据表 9-17 给出的数据，可绘出图 9-3。可以看出，实际完成的产值基本上是呈递增趋势，而且是以年为周期作季节性变动的。

季节性变动系数计算表

表 9-17

产值（万元）月份 年份	1	2	3	4	5	6	7
1994	200	166	231	348	394	419	335
1995	175	222	350	419	456	426	400
1996	263	241	459	504	517	538	429
合 计	638	629	1040	1271	1367	1383	1164
月平均	212.67	209.67	346.67	423.67	455.67	461	388
季节系数（%）	55.0	54.2	89.7	109.6	117.8	119.2	100.3

产值（万元）月份 年份	8	9	10	11	12	合计
1994	367	388	408	400	387	4043
1995	420	452	408	469	395	4592
1996	460	484	443	497	450	5285
合 计	1247	1324	1259	1366	1232	13920
月平均	415.67	441.33	419.67	455.33	410.67	386.67
季节系数（%）	107.5	114.1	108.5	117.8	106.2	100

2. 计算季节系数

为确定季节系数，应分别求出月平均值与总平均值，则季节系数可由下式确定。

$$季节系数 = \frac{月平均值}{总平均值}$$

计算结果如表 9-17 下部所列。

3. 确定长期趋势变动

本例中的长期趋势变动为线性趋势，可应用线性回归方程 $Y=a+bt$ 作为趋势模型。

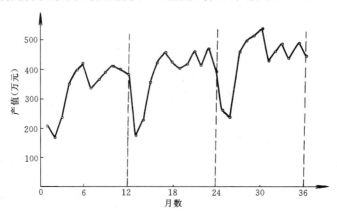

图 9-3 某企业 1994~1996 年的产值季节变动图

若以年为周期，确定趋势模型的计算过程如表 9-18 所列：

由于

$$a = \frac{\Sigma Y_i}{n}, b = \frac{\Sigma X_i Y_i}{\Sigma X_i^2}$$

则

$$a = \frac{13920}{3} = 4640 \qquad b = \frac{1242}{2} = 621$$

$$Y = 4640 + 621t$$

1998 年相应的 t 值为 2，故 1998 年预计完成的产值为：

$$Y = 4640 + 621 \times 2 = 5882(万元)$$

趋 势 模 型 计 算 　　　　　　　　　　表 9-18

年　　份	Y_i	X_i	$Y_i X_i$	X_i^2
1994	4043	-1	-4043	1
1995	4592	0	0	0
1996	5285	1	5285	1
合　　计	13920	0	1242	2

4. 计算各月预测值

$$月预测值 = \frac{年预测值}{12} \times 季节系数$$

计算结果列于表 9-19。

某企业 1998 年各月产值预测 表 9-19

月　　份	1	2	3	4	5	6	7	8	9	10	11	12
季节系数（%）	55.0	54.2	89.7	109.6	117.8	119.2	100.3	107.5	114.1	108.5	117.8	106.2
预　测　值	269.59	265.67	439.68	537.22	577.42	584.28	491.64	526.93	559.28	531.83	577.42	520.5

（五）投入产出分析法应用

投入产出分析在国内的应用还处在探索阶段。可以说生产计划本身就是个投入产出的数学模式。它可以应用于国家的或部门的宏观计划，也可以应用于企业的微观计划，这里仅介绍其基本概念。

图 9-4 是任何经济活动都必须遵从的过程，Ⅰ区表示生产和消费，Ⅱ区表示最终产品（一部分积累、一部分消费），Ⅲ区表示创造新价值，Ⅳ区表示再分配。四个区构成了生产的投入、最终产品、创造新价值和再分配的经济过程。根据这个过程可以建立数学模型。这个数学模型能较实际地反映出建筑企业的经营活动。

生产消费	最终产品
Ⅰ	Ⅱ
Ⅲ	Ⅳ
创造价值	再分配

图 9-4　投入产出关系

研究"投入产出"，必须研究经济发展的速度，须考虑的因素见图 9-5。

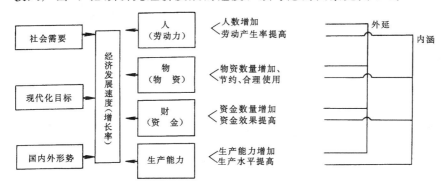

图 9-5　经济增长的内涵与外延

可见，经济增长的相关因素很多，相互制约关系也很复杂。在运用投入产出法时要注意以下几点：

（1）不能忽高忽低，要持续稳步增长；

（2）不能只考虑某一部门的发展而忽视其它部门的发展，必须综合平衡地发展；

（3）生产能力和生产任务应相适应，不能脱节。只有这样，才能达到数量、质量和效益的统一。

人数的增加，物资的增加，资金的增加，生产能力（即资源）数量的增加都是外延的，是追求量的增加。而劳动生产率的提高，合理使用物资和资金效果的增加及生产水平的提高都是内涵的，投入少效果大。我们希望通过提高效益的途径达到发展的目的。我们在内涵增长上还存在着众多的问题，因此更要强调内涵增长。

三、计划决策

（一）计划决策的意义

决策对于企业来说，主要指的是战略决策，但也有属于战术决策的。企业的近期、中、长期的发展目标、产品开发、技术改造、设备更新、人员培养、体制改革、产品质量改善等企业的重大问题的决策，都需要企业领导层来作出。决策是行动的前提，有了决策才可以行动，而且带来相应的结果（无论你的愿望如何，它可能是好的结果也可能是坏的结果）。决策又是计划的前提，有决策才能有计划，它决定计划的质量。

（二）影响"决策"的因素

（1）信息工作。有了科学数据，有了对各方面情况的了解，才能作正确的决策。

（2）预测工作。有了科学的预测，对将要发生的事情才能做到心中有数，才可作出决策。

（3）决策者的素质。任何决策都受领导者的素质所左右。决策者的素质决定着企业的兴衰成败。

（4）民主决策。企业投资者（即股东）通过股东大会参与决策。企业里的职工通过职代会参与决策。他们的有益意见有利于正确决策方案。

（三）计划决策程序

计划决策程序可用图 9-6 表示。

图 9-6　计划决策程序

（1）建立决策目标。比如说要扩大经营，企业投资；提高生产率，或改善资金利用，都可以作为目标。

（2）对目标进行分类。有多目标的、单目标的、全员的、某个单位的、某个部门的。

（3）建立可行的几个方案。比如提高产品质量，是从改革工艺、还是提高技术水平、还是改变原材料，形成了不同方案。

（4）方案的评价。建立起来的几个方案，哪个好些，哪个差些，须采用技术经济评价方法进行选择。

（5）初步决策。初定某方案作为初步决策方案。

（6）对可能产生的后果进行估计。并使可能产生的不良后果降到最低限度。

（7）最后决策。在做最后决策时，要注意确保选中的方案能够实施，这样才有实际意义。一旦方案确定了，领导者要想方设法使目标得以实现。

第四节　建筑企业计划的管理

一、编制计划的指导原则

（一）长远发展规划编制的原则

（1）认真贯彻国家发展国民经济的方针政策，坚持社会主义经营方向，符合国家长远发展规划对企业提出的要求。

（2）贯彻建筑业长远发展规划，并适应本地区长远发展规划的要求。

（3）充分发挥企业生产经营特色，使企业具有竞争能力。

（4）在优先考虑国家利益的前提下，做到兼顾国家、集体、职工三者利益。

（5）坚持企业的发展速度和提高经济效益相统一的原则。

（二）短期计划编制的原则

1. 以按期完成最终建筑产品为目标

这是社会效益的要求。只有交工验收才能形成用户使用的产品，才能发挥投资效果。这就需要我们做好总包、分包和生产条件间的综合协调。

2. 坚持建设程序和施工程序

没有扩大初步设计及施工组织总设计就不能列入年度计划；没有施工图就不能列入季度计划；没做施工准备（如图纸不全，没编好施工组织设计，物质条件不具备等），就不能列入月计划。同时要做到先地下、后地上，先公用、后单体、符合施工工艺顺序的要求。

3. 要以施工组织设计为基础

这是多年来的经验总结。施工组织设计是经过经济技术论证与分析而制定的，并经过企业法定程序的核定。它提供了完成某一最终建筑产品的合乎科学规律的安排。

4. 做好综合平衡

列宁说："经常地自觉地保持平衡实际上就是计划性。"平衡就是要处理好各种主要的比例关系。比如开竣工，要有开有竣、比例适当；分部位的比例，北京的基础、结构、装修比例的提法是 3：4：3；每年开竣工比例，在国外当年竣工的面积与当年开工的面积，两个数值大体相等；竣工率我国南方应为 55%～65%，北方应为 50%～60%，大了第二年不能均衡，小了会拖长工期；工程任务要与企业生产能力相平衡，如工种间人力的平衡；材料的需供平衡；机械、运输的需供平衡；各季、月产值的比例关系适当。理想的是每季完成全年的 25%，但由于季节影响，一般应如表 9-20 所列。此外，也要在质量、成本、工期和效率之间保持协调。

季节影响的分季完成率（%）   表 9-20

季　　度	I	II	III	IV
北　　方	10～15	25～30	30～35	25～30
南　　方	15～20	20～25	25～30	30～25

5. 注重施工的连续性、紧凑性、均衡性和灵活性

（1）连续性是指时间的有效利用，要求各施工作业队伍连续作业，每项工程的上下工序连续，施工区段连续利用，尽量克服各种间歇以提高连续性。

（2）紧凑性是指空间的有效利用，也要求上下工序紧凑。

（3）均衡性是指在一定期间里，人力物力的均衡使用，不是忽多忽少。要求不均衡系数（高峰与平均的比值）愈小愈好。

（4）灵活性是指关键线路中时差的利用要灵活，求得资源均衡。

这四点不是孤立的，是相互联系、相互依存、相互影响和相互制约的，处理得好，可

以提高生产效率和经济效益。

二、计划的编制

（一）企业经营计划的编制

企业的经营计划应由企业经理、总工程师、总经济师负责，以计划部门为主，有关部门参加制定。

编制依据应是对计划期任务的数量和来源的预测；企业的经济技术发展方向及要达到的目标，制定的技术和管理方面的措施纲要，定出的主要技术经济指标（这些指标包括人员、机械设备、附属企业的增长及素质的提高，生产效率的增长，资金和利润的增长），进行的战略决策结果，对任务和企业的生产能力作出的综合平衡。形成计划草案后要报送决策层审核，经反复调整后，报党委和职工代表大会审议，并报给上级主管部门审查或备案，其编制程序如图9-7所示。

（二）滚动计划方法

长远规划综合性较强，随机性因素多，受到内外环境的制约。所以，对当前的、近期的计划要详细编，远期计划可以适当粗些，采用远粗近细、远近结合、逐年修订、体现出计划的滚动性和连续性的办法。如编制五年计划，每完成一年，就补充一年，每年都制定一个新的五年计划，如图9-8所示。这就是滚动计划原理。滚动计划具有预测性、连续性、应变性，适用于编制经营计划。当然，滚动计划也可应用于季、月计划的编制。

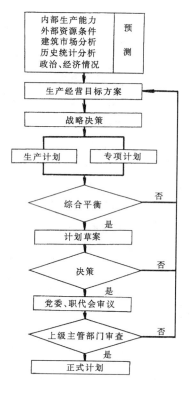

图 9-7 企业经营计划编制程序

（三）年（季）度计划的编制

年（季）度计划的编制由企业主管经理负责，计划部门为主，有关部门的领导和专业人员参加。编制的依据是：长远规划所规定的年度经营目标，已签工程合同协议，主要资源供应计划落实情况，任务摸底，上一年度计划执行情况的差异分析，施工组织总设计、施

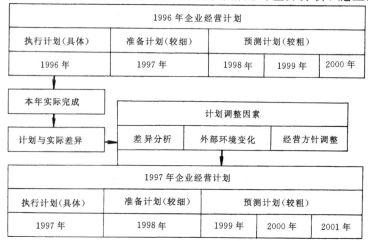

图 9-8 企业经营计划滚动示意

工组织设计和有关技术经济定额等。

一般是采用上下结合，分级编制。公司按上级主管部门要求、经营计划的分阶段内容和自行承揽的任务，由公司计划部门组织各有关职能部门参加，编制整个公司的年度和季度计划，并提出分配方案，下达给所属各分公司与职能部门。各分公司编制自己的计划草案，并上报公司。公司综合汇总平衡后，提出企业的正式计划。报主管上级审查或备案，正式下达到分公司，分公司修改原计划草案，下达给项目部。

（四）月、旬作业计划的编制

1. 月计划的编制

月计划由分公司负责，吸收项目经理部的有关人员参加共同编制，经公司审定。

依据：年季计划；经过会审过了的图纸；施工组织设计；各项资源落实情况；上月完成计划情况。

2. 旬（周）计划的编制

旬（周）计划由项目经理部负责编制，经分公司审定。

依据：月计划；各项资源落实情况；上一旬（周）计划完成情况。

（五）计划的编制分工

目前，建筑企业一般都采用公司、分公司和项目经理部三级管理体制。按不同时间阶段分工编制，一般如表 9-21 所列。

建筑企业各阶段计划的编制分工 表 9-21

	长期规划	年计划	季计划	月计划	旬（周）计划
公　　　司	编　制	编　制	编　制	平衡、审批	
分　公　司		编　制	编　制	编　制	平衡、审批
项目经理部				编　制	编　制

至于各专业计划，则由各级的相应专业部门编制，并由计划部门汇总。

三、计划的实施和控制

编制计划仅仅是计划管理的开始，更为重要的是组织计划的实施和对计划实施的有效控制。

（一）计划的实施

（1）把各项计划指标逐级分解下达给作业队或班组，由各职能部门归口管理，成为他们的行动准则。

（2）采取层层定"包"，全面交底，讨论落实的办法进行贯彻。

（3）建立经济责任制，让成果与利益挂钩，保证计划得以实施。

（4）做好动态的平衡调度工作，协调生产活动，使计划顺利实施。

（5）发动群众，依靠群众的积极性，超额完成计划。

（二）计划的控制

（1）控制的内容。包括工程项目的及企业综合进度、产量、质量、消耗、利润、成本和安全。

（2）控制的标准。计划指标、合同、规范、定额、制度等。

（3）控制的手段。利用反馈原理；各级领导深入实际检查；统计报表（日、旬、月、季、年报）检查；生产会议检查；利用计算机进行网络计划控制；利用合同。

（4）对比分析（找出对计划的偏离及其原因，采取措施进行调整）；旬保月、月保季、季保年，年保合同，形成计划保证与控制体系，如图 9-9 所示。

保　证　关　系	→	→	→	→	
计　划　种　类	旬日计划	月计划	季计划	年计划	合同或经营计划
控　制　关　系	←	←	←	←	

图 9-9　各种计划间保证与控制体系

四、建筑统计简介

（一）统计概述

1. 统计的含义

统计一词有三个含义：统计工作、统计资料、统计学。建筑企业管理中的统计主要指前两者，即统计工作实践和发生于具体时间、空间、具有数量的统计资料。就统计一词作解释，"它是从大量数据中寻找规律"。

2. 统计的特点

一是它的数量性，即统计是事物总体特征的数量表现，该数量反映其质的内涵；二是它的综合性，即统计反映客观现象综合的数量特征和客观的变化规律；三是它的差异性，即虽然总体上有规律性，但个体数量上却存在着差异，统计数字随时间和条件的变化而变化。

3. 统计工作的目的

统计工作的目的在于得出实现了的工作的数量，求出其规律，并与同期计划进行对比，判断计划的完成水平，并可与其他可比标准相比较求出差异，作为继续工作的管理依据。

4. 总体统计数据的基本特征

总体统计数据有三个基本特征：一是它的同质性，即只有同一本质的事物才能集合在一起进行统计，否则不可以进行统计；二是它的变异性，即统计数据个体之间表现出差异，且与总体平均数有差异；三是它的大量性，只有大量的数据才能找出规律。

5. 建筑企业统计工作的程序。为了取得可靠的数据，建筑统计工作应在组织上采取自下而上的程序，逐级汇总；在时间上应先短后长，按时间累计。

（二）建筑企业各层次的统计内容

1. 作业队和班组的统计内容

这是最基层的统计，主要统计对象是各种直接消耗、完成的实物工程量等，故应设置的指标是：已完工程量，人工消耗工日数，消耗材料量，机械台班使用量，工程质量，安全等。

2. 项目经理部的统计内容

项目经理部以承担的工程项目为统计对象，从总体上或分部分项上进行统计，可设置以下指标：各部分项工程完成量，形象进度，质量，安全，消耗人工、材料、机械台班数量，已完工程造价，履约情况，现场管理费，成本节约等。

3. 总公司与分公司的统计内容

以所承担的工程项目和经营的业务项目为对象进行统计，可设置的工程施工统计指标如下：

（1）产值：总产值、建筑业增加值；

（2）建筑面积：施工面积、开（复）工面积、竣工面积、交工面积；

（3）从业人数；

（4）劳动生产率：全员劳动生产率，生产工人劳动生产率，人均竣工面积；

（5）质量：工程质量优良率，工程合格率；

（6）安全：工伤事故次数，工伤事故频率（‰）；

（7）工期：实际工期，工期节约天数；

（8）成本：降低成本额，降低成本率；

（9）机械设备：机械设备利用率，机械设备完好率，装备产值率等；

（10）财务指标：按财政部颁发的10项企业评价指标进行统计。

总之，公司的统计内容，应按计划指标及企业评价指标全面进行统计和计算，以便对计划完成情况进行分析，对企业进行考核和评价。

第十章 建筑企业质量管理

第一节 质 量 管 理 概 述

一、质量管理的概念

质量管理是指确定质量方针、目标和职责，并在质量体系中通过诸如质量策划、质量控制、质量保证和质量改进使其实施的全部管理职能的所有活动。从上面的关于质量管理的含义中我们可以知道：

第一，质量管理是一个企业全部管理的一个重要组成部分，它的职能是制定并实施质量方针、质量目标和质量职责。

所谓质量方针是指企业的最高管理者正式发布的该企业总的质量宗旨和质量方向。它是开展质量管理工作的指导思想和行为准则，并不是具体的质量目标，而只是反映了企业在质量方面的追求和对顾客的承诺。

一个企业的质量目标和质量责任，则应该是根据质量要求，达到、保持并寻求不断改进产品质量；改善其自身的工作质量满足产品使用者的需要；使顾客切实感受到他们对产品质量要求将会在交付的产品中得到满足；使企业内部管理者和其他职工深深体会到质量要求正在得到实现和保持，质量改进正在实施中。

第二，质量管理是以质量体系为依托，通过质量策划、质量控制、质量保证和质量改进等活动发挥其职能。这四项活动是质量管理的四大支柱。为了实施质量管理，需要建立质量体系。

所谓质量体系是指为实施质量管理所需的组织结构、程序、过程和资源。这里所说的"资源"包括：人才资源和专业技能；制造设备；检验和试验设备；仪器、仪表和计算机软件等。质量体系的内容要以满足质量目标的需要为准。质量体系的建立和运行要以质量方针和质量目标的展开和实施为依据，当然也应当是经济和有效的，并且应当按着一定的标准来建立。对我国来说即是按 GB/T19000 族某一标准来规范其质量体系。

质量策划是指确定质量以及采用质量体系要素的目标和要求的活动。即质量策划的内容是在对质量特性识别的基础上，确定适宜的质量特性并制定质量目标、质量要求和约束条件等一项活动或一个过程。因此，质量策划不是质量计划，而且也不应简单理解为制定质量计划的过程。质量计划只是质量策划的一项结果，当然，质量策划也包括了编制质量计划和作出质量改进规定的内容。

质量控制是指为达到质量要求所采取的作业技术和活动。质量控制的对象是产品形成全过程的"过程"，对整个质量环中所有阶段进行控制，发现并消除导致不满意的原因。

质量保证是指为了提供足够的信任表明实体能够满足质量要求，而在质量体系中实施并根据需要进行证实的全部有计划和有系统的活动。根据目的不同，质量保证分为内部质量保证和外部质量保证。内部质量保证是质量管理职能的一个组成部分，它向组织内各层管理者提供信任，使其相信本组织提供的产品能满足质量要求。外部质量保证是向外部顾客或认证机构等提供信任，使其相信本组织提供的产品有能力持续地保证其全部质量要求。

质量改进是指为向本组织及其顾客提供更多的收益，在整个组织内所采取的旨在提高活动和过程的效率和效益的各种措施。质量改进的具体措施主要是预防措施和纠正措施，前者的作用远远大于后者，而且采用后者正表明前者措施的不足。

第三，质量管理必须由最高管理者领导，质量目标和职责按级分解，各级管理者对目标的实现负有责任，质量管理的实施涉及到组织中的所有成员。

二、质量管理的发展概况

在人类生产领域里，数量和质量的概念几乎是同时存在的。在古代，自从有了货币形式，就有了按质论价的说法，给质量以一个客观的衡量标准。但是，质量管理作为一个科学的概念，则是近代的事，是随着科学技术的发展而逐渐形成的。我们现在所说的质量管理，是指廿世纪初开始的科学管理体系而言的。质量管理的发展变革，从工业发达国家的质量管理实践来看，大体上经历了三个阶段。

第一阶段是质量检验阶段。

自1911年泰勒发表了《科学管理原理》一书以来，企业管理进入了科学管理的新阶段，管理职能从作业职能中分割出来，形成了专门的管理职能部门，其中也包括了专职的质量检查部门。这个阶段，仅限于单纯对产品进行检验，从成品中把废品剔除，以保证产品合格，是一种事后检验。

第二阶段是统计质量管理阶段。

1924年，美国人休哈特运用数理统计的原理，创造了质量管理控制图，使质量管理迈进了统计质量管理阶段。它是把数理统计方法用来控制生产过程和作为产品质量的管理方法。其目的在于用最少费用搜集少量必要的抽样数据，进行分析研究，以发现并消除异常性原因对质量的影响，使产品质量经常处在正常状态之下。1931年休哈特发表了《工业产品质量管理经济学》，提出了系统的理论与方法，为统计质量管理（SQC）创造了条件，奠定了基础。从事后把关发展到预防为主。

40年代，第二次世界大战爆发，美国国内大批企业转为军需生产企业，当时面临着严重的问题就是产品的废品率高，满足不了军需用品的严格交货日期，于是美国政府采纳了专家建议，于1941～1942年先后制定了美国战时质量管理标准，用行政干预的手段，要求生产军需用品的各公司必须实行统计质量管理，并在全国各地广泛宣传讲解，使得统计质量管理得到了大面积的推广。

实践证明：这种方法是预防废品的有效工具，从事后把关，发展到预防为主，这是一个很大的进步，它为各公司带来了巨大的经济利益。战后，各公司转入民用产品生产，仍然沿用这种方法，给各公司的产品带来了很大的竞争力。于是欧美其他公司亦相继推广应用，50年代成了统计质量管理大发展的年代。

第三阶段是全面质量管理和质量保证阶段。

50年代后期，随着生产迅速发展，对质量要求日益提高，产品质量又引进了交货期、技术服务等概念，人们开始认识到单纯依靠统计方法来控制生产过程是很不够的，还需要做一系列的组织管理工作，从分析产品形成的客观规律和研究质量分布与波动的规律着手，并引进行为科学，从工人的思想动机，到以提高工作质量保证产品质量的科学管理方法，对产品实行总体的综合的全面的控制。美国人朱兰等人，提出了全面质量管理（TQC）的新概念。在此期间，我国也提出了"两参一改三结合"的管理思想。这些东西被日本人融汇贯通，加以吸收，在60年代初就创造出了日本式的"全面质量管理"。日本人对全面质量管理的新概念是，"全面质量管理，是把企业中人的质量意识、经营管理、专业技术和数理统计方法有机地结合起来，形成完整的质量保证体系，用逐级负责制，从研究设计，制造工艺到销售服务，最终使用户得到满意的产品。"在60年代和70年代时期，TQC的发展是以日本为中心，日本依靠它，实现了经济飞跃，并使TQC向更广泛的内容开展，把开发新产品、节约能源的消耗、降低成本、销售服务等包括在质量管理之内，它使日本产品畅销于世，同时也使TQC产生了巨大吸引力。

TQC已经形成了一个国际性的活动，1966年欧洲质量管理机构（EOQC）在日本专门设立了QC小组活动特别协会、在瑞典成立了国际质量管理协会（IAQ），1972年在美国召开了国际QC大会，1981年在菲律宾召开了第一届亚洲及太平洋地区工业质量管理会议，1983年在墨西哥召开了第二次会议，第三次会议于1985年在中国召开，世界各国对我国的质量管理活动十分注意。

目前是在宣贯GB/T19000系列标准（等同ISO9000系列标准）基础上深入开展全面质量管理的新时期。ISO9000系列标准是在全面质量管理发展的基础上，由国际标准化组织的质量管理和质量保证技术委员会（TC176）编制的质量管理和质量保证标准。

当今世界，由于地区化、集团化经济的发展，贸易竞争日益激烈，使各国都深刻感到，不提高产品质量就没有出路，将有被淘汰的危机感。产品质量竞争已成为贸易竞争的重要因素。为了适应国际贸易往来与经济合作的需要，国际标准化组织质量管理和质量保证技术委员会（ISO/TC176），在多年协调努力的基础上，总结了各国质量管理和质量保证经验，经过各国质量管理专家近10年的努力，于1986年6月15日正式颁布了ISO8402《质量——术语》标准。该标准为在世界范围内统一质量术语，澄清模糊概念起着重要作用。1987年3月，ISO正式公布了ISO9000～9004五个标准，也就是通常所称谓的"ISO9000系列标准"。这个系列标准的发布，使世界主要工业发达国家的质量管理和质量保证的原则、方法和程序，统一在国际标准的基础上，它标志着质量管理和质量保证走向规范化、程序化的新高度。

ISO9000系列标准自颁布以来至今，已有75个国家和地区直接采用。我国在1988年等效采用了ISO9000系列标准，其国家标准编号为GB/T10300，并确定了100家企业为实施标准的试点单位。1992年，我国又等同采用了ISO9000系列标准，并依据此标准开展了质量体系的认证工作。1994年，我国及时等同转化了修改后的ISO9000系列标准（94版），国家标准编号为GB/T19000～1994系列标准。目前已转化为国家标准的质量管理和质量保证标准有15个，这些标准的颁布，使得借鉴国外质量管理和质量保证标准化的成功经验用以指导我国的质量管理工作成为现实。

第二节　ISO9000系列标准和全面质量管理

一、ISO9000系列标准概述

ISO9000系列标准共有五大类标准，即：ISO9000-1《质量管理和质量保证标准　第一部分：选择和使用指南》；ISO9000-2《质量管理和质量保证标准　第二部分：ISO9001-ISO9003 的实施指南》；ISO9001《质量体系　设计、开发、生产、安装和服务的质量保证模式》；ISO9002《质量体系　生产、安装和服务的质量保证模式》；ISO9003《质量体系　最终检验和试验的质量保证模式》；ISO9004-1《质量管理和质量体系要素第一部分：指南》；ISO9004-2《质量管理和质量体系要素　第二部分：服务指南》；ISO9004-3《质量管理和质量体系要素　第三部分：《流程性材料指南》；ISO9004-4《质量管理和质量体系要素第四部分：质量改进指南》。

这些标准均为通用标准，不受任何具体的工业或经济行业的制约。总起来说，这些标准提供了质量管理指南和质量保证模式。它们描述了质量体系应该包括什么要素，但没有描述具体的组织应该如何实施这些要素。因为质量体系的设计和实施要受到组织的具体目标、产品、过程及其实践的影响。

ISO9000-1 标准的基本内容是：阐明与质量有关的基本概念以及这些概念之间的区别和相互联系；为 ISO9000 系列标准质量管理和质量保证标准的选择和使用提供指南。

ISO9001 至 ISO9003 是外部质量保证所使用的有关质量体系要求的三个标准，三个标准中规定的质量保证模式，分别代表三种不同的质量体系要求，用于供方证明其能力以及外部对其能力进行的评定。

ISO9004 目前已扩展为系列标准，总题目是《质量管理和质量体系要素》，其中包括 8 个部分，其中 ISO9004-1：1994《质量管理和质量体系要素——第一部分：指南》，其主要内容是管理职责、质量体系要素和质量体系的财务考虑。这三大部分，是有关质量管理及质量体系的建立、文件化、评价和质量改进的总体指南，然后是质量体系要素展开的具体指南。

二、全面质量管理的基本概念与观点

（一）全面质量管理的概念

全面质量管理是指一个组织以质量为中心，以全员参与为基础，目的在于通过让顾客满意和本组织所有成员及社会受益而达到长期成功的管理途径。

全面质量管理并不等同于质量管理，它是质量管理的更高境界。质量管理只是作为组织所有管理职能之一，与其他管理职能（如财务管理、劳动管理等）并存。而全面质量管理则是将组织的所有管理职能纳入质量管理的范畴。

全面质量管理包含着三个基本思想：

1. 对全面质量的管理

产品质量是指产品适用于规定的用途，满足社会和用户一定需要的特性。它是在使用或消费它的过程中实现的东西。以往认为产品质量主要是所说的产品性能，如物理性能，化学性能和技术性能等以及使用功能，如可靠性，安全性，寿命等。对于建筑物来讲，就是指工程实物的质量，这是狭义的质量概念。"全面质量"的质量概念是广义的综合的，已大大超过通常所指的上述质量概念。广义的质量一般包括三部分：（1）产品质量、成本质量、工程进度质量；（2）工作质量、工艺质量、操作质量；（3）人的质量。它是强调系统管理、综合管理，要求全面提高管理工作的质量。

所以，全面质量管理中的质量，是指满足用户使用要求的全面质量，是综合性的质量。全面质量的管理是指对全面质量的每一个内容进行管理。

2. 对全部过程的管理

产品生产的全过程，应当包括：从市场调查开始，经过计划、设计、外协、准备、制造、装配、检查、试验、销售，直到技术服务为止的全过程的每个阶段。

因此，全部过程的管理，是对上述影响产品质量的全部过程的每个阶段都要进行管理。对于建筑安装企业来说就是指从合同签订开始，经过施工准备、具体施工、竣工验收、定期回访等各个阶段都要进行管理。

3. 全体人员参与的管理

由于实行全过程的质量管理，企业中的每个人都直接或间接的与生产质量有关系。每个人都要在自己的工作中去发现与产品质量有关的因素或特点，进而在同其他人的工作中把与产品质量有关的部分协调起来，各负其责，这样就会使产品质量改进或提高。因此，全体人员的管理，是指全体人员在各自有关工作中进行管理。

（二）工程质量、工序质量和工作质量

产品在生产过程中，都要遇到人、原材料、设备、方法、环境这五个方面的因素，这五个方面的每个方面又包括着许许多多的因素，这些许许多多的因素，在生产当中同时对产品质量起着影响作用。显然，产品质量的好坏，取决于这许许多多影响因素作用过程的质量的好坏。这些同时起着影响作用的过程我们称其为"工序"。所以，工序质量就是指"工序"好坏。自然，工程质量取决于工序质量。

这五个方面各种因素的管理，都需要人去做工作。当然，工序质量的好坏就取决于这些工作质量的好坏，即工作质量。因此，工程质量、工序质量和工作质量之间的关系，可以表示为：工作质量→工序质量→工程质量。工程质量就是建筑企业的产品质量。

因此，要保证工程质量，必须保证工序质量，要保证工序质量，必须保证工作质量。也就是说，要抓工程质量，必须要首先抓工作质量，这是基础和保证。

（三）全面质量管理的思想基础

行动是受思想支配的，全面质量管理也要有一个思想基础，这就是：

（1）"质量第一"是根本出发点。在质量数量和成本的关系中，要认真贯彻保证质量的方针。

（2）贯彻"以预防为主"的方针。好的质量是生产出来的，而不是检查出来的。好的检查，虽然能对生产起反馈作用，但是，毕竟还是需要通过生产改进它的质量，因此，产品质量的大部分责任是在生产，而不是在检查。所以，管理应当从事后把关转到事前控制方面来。

从这个意义上来认识检查工作，那么检查就不只是对产品质量进行检查，而更应该对工序质量和工作质量进行检查了，这样才能做到预防为主。

（3）一切用数据说话。广泛的运用数理统计方法。评价工程的优劣要有一个客观的评定标准和明确的概念。要用数据来判断事物，数据是进行全面质量管理的基础。

（4）全面质量管理是每个职工的本职工作。

（5）下道工序是上一道工序的用户，质量管理要建立为用户服务的思想。

施工企业生产连续性很强，工序之间依存性很大，不进行全过程的管理，要实现平行流水立体交叉作业是根本不可能的。只有上道工序真正做到对下道工序负责，才能保证整个施工过程中的各方面的组织与协调。这就要求每道工序和每个岗位要立足于本职工作的质量管理，凡是本工序和本岗位的质量问题，一定要消灭在本工序和本岗位之中，不给下道工序留麻烦。工程最终要交给用户，因此全面质量管理要建立为工程最终用户服务的思想。

三、GB/T19000系列标准与全面质量管理的关系

全面质量管理是以质量为中心的现代企业管理的一种方式，是指企业为了保证提高产品质量、综合运用一整套质量管理思想、体系、手段和方法进行的系统管理活动。所谓"全面质量管理"是通过改善和提高工作质量来不断改进产品质量，预防和鉴别不合格品，同时要达到降低成本、按期交货、服务周到，以全面质量满足顾客要求。全面质量管理要求对产品生产的全过程实施管理、加强预防和工序控制，把质量管理工作扩展到产品流通、消费领域，服务到顾客。全企业所有部门和所有人员必须参加。

GB/T19000—ISO9000系列标准阐述的是为了实施企业质量方针必须建立有效运行的质量体系，通过对产品的"寿命周期"找出影响产品和服务质量的技术、管理及人的因素，并使之在建立的质量体系中永远处于受控状态，以减少、消除，特别是预防质量缺陷，保证满足顾客的需要和期望，并保护企业的利益。质量体系能被全体人员所理解并执行，保证实现企业规定的质量方针和目标。

现将全面质量管理与GB/T19000系列标准进行具体比较：

（一）理论基础一致

都认为产品质量形成于产品生产的全过程，而质量体系贯穿于产品质量形成的全过程。完善的质量体系是在考虑风险、成本和利益的基础上使质量最佳化，并对质量加以控制的重要管理手段。

（二）强调领导的作用

全面质量管理强调必须从领导开始，GB/T 19000系列标准首先规定了组织管理者的职责，都要求企业领导必须亲自组织实施。

（三）明确质量管理是有组织的系统的活动

全面质量管理要求人、机、料、法、环形成一个有机整体；GB/T19000系列标准要求质量体系由组织结构、职责、程序过程和资源构成，均是为了实施质量管理所进行的有组织的系统的活动。

（四）强调控制

都要求影响质量的全部因素都处于受控状态。

（五）全员参加

都要求质量管理要全员参加，被全体职工所理解，并进行全员培训。

（六）使用现代科学技术

都使用了统计技术和现代管理技术。

（七）重视评审

全面质量管理重视考核与评价，GB/T19000系列标准重视质量体系的审核、评审。

（八）质量改进

都强调任何一个过程都是可以不断改进和完善的，因此不断改进产品质量和过程质量，可以不断地满足用户和市场的要求。

通过上述比较可以看出：全面质量管理与GB/T19000系列标准的理论和指导原则基

本一致，方法可相互兼容。因此用一者替代另一者或互相排斥都是不对的。因为推行GB/T19000系列标准可以促进全面质量管理的发展并使之规范化。此外在质量体系认证方面还可以与国际有关组织取得互认或多边认可；另一方面，GB/T19000系列标准也可以从全面质量管理中吸取先进的管理思想和技术，不断完善GB/T19000系列标准。日本在等同采用ISO9000标准以后，并没有放弃全面质量管理，而是使它们互相促进，这是值得我们借鉴的。

第三节　质　量　体　系

一、质量体系建立的原则

质量体系是为质量管理服务的，它是搞好质量管理的依托。

质量体系的建立和运行要以质量方针和质量目标的展开和实施为依据，同时，一个好的质量体系也应当是经济和有效的。

企业应根据市场情况、产品类型、生产特点、顾客和消费者的需要，以标准为依据，选择适用的要素并确定采用的程度，建立企业的质量体系。企业内部的质量体系的建立应以GB/T19004标准为指南，外部的质量体系应以GB/T19001、GB/T19002、GB/T19003标准的要求来建立，这样建立起的质量体系才能够满足质量管理和为顾客及消费者提供信任的要求。

二、质量体系建立和实施的程序

不同的企业在建立质量体系时，可依实际情况，采用不同的步骤和方法。一般程序，包括质量体系的确立、质量体系文件编制和质量体系实施运行3个阶段，16个步骤（见图10-1）。

1. 领导决策，统一思想

建立和实施质量体系的关键是企业领导的高度重视、正确决策、亲自参与。

2. 组织落实，成立贯标小组

企业领导层决定贯标后，接着就要制定政策，选择人员组成贯标小组。如果原来质量体系的组织系统比较健全，贯标小组可以质量管理综合部门为主组成，吸收少量技术、生产部门的骨干参加。

3. 学习培训，制定工作计划

贯标必须自上而下进行分层次培训。学习研究标准，明确认识，领会实质，使企业的全体职工都了解建立和实施质量体系的重要意义。

关于制定工作计划，应考虑的内容是：明确目标、控制进度、突出重点。这里所说的重点是系统中的薄弱环节及关键少数。

4. 制定质量方针，确立质量目标

质量方针是企业领导质量意识的体现，也是企业文化的体现。质量方针不宜只是一种口号，应该体现企业的特色，并有深刻内涵。

5. 调查现状，找出薄弱环节

只有充分地了解企业的现状，认识到存在的问题，才能建立适合企业需要的有效的质量体系。当前存在的主要问题就是今后建立质量体系时要重点解决的内容。

6. 与系列标准对比分析，合理剪裁

要将上面调查的结果与系列标准进行逐条、逐项的对比分析，从而确定企业所需的质量体系要素。

7. 确定组织机构、职责、权限和资源配置

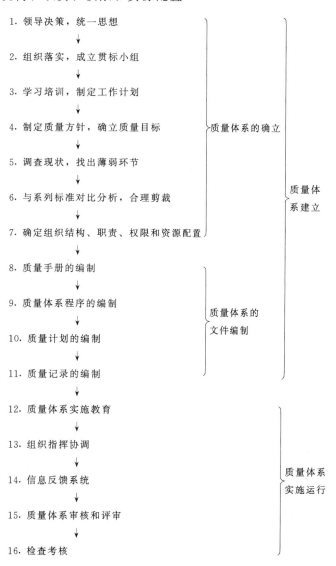

图 10-1　建立健全质量体系工作流程图

要落实质量体系要素展开以后对应的质量活动，就必须将各项质量活动相应的工作职责和权限分配到各职能部门。一般地讲，一个职能部门可以负责或参与多个质量活动，但决不应让多个职能部门共同负责一项质量活动，以免出现问题，相互推脱责任。

资源是质量体系的重要组成部分。企业应根据各项活动的需要，引进技术设备和软件以及人员进行适当的调配和充实。

8. 质量手册的编制

见本章第四节。

9. 质量体系程序的编制

质量体系程序是指为进行某项质量活动所规定的途径。编制质量体系程序就是要明确各体系要素和各项质量活动由谁干，干什么，干到什么程度，怎么干，如何控制，要达到什么要求，需要形成何种记录和报告，相应的签发手续等。必要时，可辅以流程图。

10. 质量计划的编制

质量计划是指针对特定产品、项目或合同，规定专门的质量措施、资源和活动顺序的文件。

质量计划的格式和详细程度应与顾客的要求、企业的生产特点和将要完成活动的复杂性相适应。

11. 质量记录的编制

质量记录是指为已完成的活动或达到的结果提供客观证据的文件。它是产品质量水平和企业质量体系中各项质量活动的客观反映，因此，应如实加以记录。

12. 质量体系实施教育

人是质量体系资源中最重要的要素，要通过人员培训使企业全体职工在思想认识、技术、管理业务上都有所提高，使质量体系有效地运行。

13. 组织指挥协调

组织协调工作主要是在企业最高管理者领导下，先由各职能部门分别就质量体系设计不周、计划项目不全、体系情况因素的变化和运行中发生的问题进行协调，即设法取得共识。

14. 信息反馈系统

要提高管理的科学性、有效性、及时性，就应建立一个现代化的信息管理系统。应当说运行中每一步都有质量信息。对这些信息应分层次、分等级进行收集、整理、存储、分析、处理和输出，反馈到各级执行或决策部门，提供作出正确判断的依据。

15. 质量体系的审核和评审

质量体系审核是质量审核的一种形式，是实现质量方针中所规定目标的一种管理手段，以确定质量体系各要素是否有效实施并与实现规定目标相适应，同时还提供了减少、消除、特别是预防不合格所需的客观证据。

质量体系评审是指由最高管理者就质量方针和因情况变化而制定的新目标对质量体系的现状与适应性所作的正式评价。

16. 检查考核

指质量体系运行中的检查与考核，以便为完善质量体系提供信息。

三、PDCA 循环

推行全面质量管理，应当按一定的步骤与方法进行工作，即按一定程序办事。其顺序是按计划、实施、检查、处理四个阶段循环推进，简称为 PDCA 循环。P（Plan）是计划、D（Do）是实施，C（Check）是检查，A（Action）是处理。每一个循环都要经过这四个阶段，其中共有八个步骤。

1. 计划阶段

所谓计划就是要明确这样几个问题：干什么、谁去干、什么时候干、在什么地方干，怎样干，即一般所说的 5W1H 法，再对这每一个问题问一个为什么。它包括调查分析、选题、定目标、研究对策、确定实施计划。其步骤是：

第一步：调查分析现状，找出存在的质量问题。

第二步：分析原因和影响因素。

第三步：找出影响质量的主要因素。

第四步：制定改善质量的措施，提出行动计划，预计效率，并具体落实到执行者、时间、地点、完成方法等方面。

2. 实施阶段

有了计划，按它去干，就是实施。即

第五步：组织对质量计划或措施的认真贯彻执行。

3. 检查阶段

实施过了，干得怎么样，是否达到预期的效果，是对实际工作结果与预期目标的对比，看执行的情况如何。这阶段亦只有一步骤，即

第六步：检查采取措施的效果。

4. 处理阶段

干得有效果，成功的，就要想办法巩固它并确定为标准；干得没效果，失败的，就要采取措施加以纠正，防止以后再发生。这些措施又都要反映到下一个计划中去，这就是处理。所以这个环节包括两个步骤：

第七步：总结经验、巩固成绩，进行标准化。

第八步：提出尚未解决的问题并找出原因，转到下一个 PDCA 循环中去。

经过这四个阶段、八个步骤，一个循环就完成了。再计划、实施、检查、处理、这样一个循环接着一个循环进行下去，产品质量水平自然会随之提高了。

这种工作方式有四个要点：

（1）完整性。这四个阶段一个也不能少。这四个阶段都走下来,才算做完了一件工作。

（2）程序性。这四个阶段的先后顺序一定是:计划、实施、检查、处理,这样一个顺序。

（3）连续性与渐进性。这四个阶段按顺序做下来,就是一个循环,做好了一件工作,但质量管理工作到此并不能结束,要一个循环接一个循环的做下去,使循环不断转动起来,使产品质量逐步有所提高（渐进性）。

（4）系统性。PDCA 循环,作为科学管理方法,可运用于企业各方面工作。它是大环套小环,整个企业是一个大环,企业的各部门都有自己的 PDCA,是中环,依次又有更小的环,直到个人的最小的环。当然环大,也就难推动。但是,质量管理的真正效果是在大循环转动起来之后,才能取得。这个循环转动的好、差、快、慢,就是各级管理水平高低的重要标志。PDCA 循环不停地转动,就是管理,如图 10-2 所示。

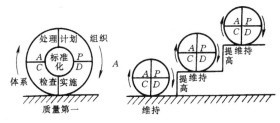

图 10-2 PDCA 循环

PDCA 循环,大大加快了积累经验的过程,推动了质的提高,管理的改善,技术的发展,人才的成长。因此,把 PDCA 这几个环节,用科学的语言形成一套方法,是一大贡献,首先运用在质量管理上的是美国人戴明,因此,日本人把它叫做"戴明环"或戴明管理循环。

第四节　质量管理的基础工作

一、编制质量体系文件

质量体系文件是企业开展质量管理和质量保证的基础，是质量体系审核和质量体系认证的主要依据。建立、完善质量体系文件可以进一步理顺关系，明确职责、权限和协调好各部门之间的关系。

通常将质量体系文件划分为三个层次（见图10-3）。图中任何层次的文件既可分开，又可合并。

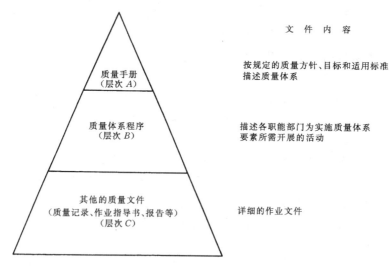

图 10-3　典型的质量体系文件划分层次

此外，在上述质量体系文件的基础上，针对某项特定产品、项目或合同可能需要编制专门的质量计划。

质量手册，一般可分为质量管理手册和质量保证手册两类。质量管理手册是指企业为实现其质量方针和质量目标的需要，建立和实施质量体系而编制的手册。质量保证手册是指企业为了向顾客或其他外部单位介绍本企业的质量体系，以证明企业具有某种质量保证能力所用的手册。

质量体系程序是质量手册的支持性文件，是企业的各个职能部门为落实质量手册的要求而规定的实施细则。

其他的质量文件是详细的作业文件，如质量记录、作业指导书等。

二、做好质量管理的计量工作

通过计量工作，可以提供各方面的数据，以实现质量管理的定量化。没有计量，或计量不准，就根本谈不上正确贯彻执行质量标准。质量管理要求一切用数据说话，若计量不准，误差大，就会出现虚假现象，危及到质量。

做好计量工作，起码应做到：施工生产中所需的量具、器具及仪表配齐配全，完整无缺，能正确、合理的使用，达到使用灵活可靠。为了提高计量的准确性，还要改革计量器具和计量方法，实现检测手段的现代化。

三、做好质量信息工作

质量信息是反映产品质量的有关信息。质量信息从来源方面分，可以分为三类：

（1）企业外部的质量反馈，这是属于外部信息。它是从产品使用过程中，通过对工程使用情况的回访调查或收集用户的意见得到的产品质量信息。

（2）企业内部的质量反馈，这是属于内部信息。它是通过各种原材料、半成品验收记录、试验记录、工时利用、材料、资金消耗的原始记录、施工操作记录、隐蔽工程记录、分部分项工程验收记录等等，所收集到的有关工程质量的信息。

（3）从国内外同行业搜集的有关质量信息，反映出质量发展的新水平、新技术和发展趋势。

质量信息工作，必须要做到准确、及时、全面和系统，这样才能更好的为质量管理服务。

四、建立质量责任制

质量责任制，是把质量管理各方面的质量要求落实到每个部门、每个工作岗位，把与质量有关的各项工作都组织起来，形成一个严密的质量管理工作体系。

完整的质量管理工作体系，必须组织上要合理，规章制度上要健全，责任制度上要严密，三者缺一不可。

质量责任制有企业各级人员的质量责任制和企业各部门的质量责任制。

五、开展质量教育，加强技术培训

统计质量管理的中心是数据，而全面质量管理的中心是人，TQC认为人的质量观念比什么都重要。

要培养人的质量意识，确立质量第一的概念，就要对员工进行质量教育，质量教育是全面质量管理的基础。

质量教育的内容：第一是培养质量意识，第二是学习质量管理方法。

质量教育的对象：首先是各级带"长"字的领导，其次是全体职工。

质量教育的步骤：由初级到高级，长期地、反复地进行。随着不同时期的产品、任务和客观变化情况而变化教育内容。

一个企业的质量教育，要有一个长期规划和短期安排，应和企业推行全面质量管理的长期规划相协调，并要制定教育与考核制度。

企业要提供高产品质量，必须有一支生产技术好，管理好的职工队伍，没有这样一支队伍，即使有了新装备、新技术也不会造出质量好的产品。因此，在加强全面质量管理教育的同时，还必须加强业务技术培训工作。

第五节　数据整理的基本知识

进行质量管理就要掌握大量的数据，这是进行质量管理的必须条件。通过数据的整理和分析来帮助我们发现问题，认识事物的规律，因此，数据是进行产品质量管理的依据。

质量指标可以用数值来表示。数值可分为"定量的和定性的"两大类：一类是用连续的值表示的定量数值，即计量值数据。譬如，混凝土的强度；一类是用非连续的数值即离散型的数值表示的定性值，即计数值数据。譬如，一块预制空心板上的缺陷数。

数据总是在一定范围内波动的，从波动的数据中找出其规律，这就叫做数据整理。

一、数据的取得

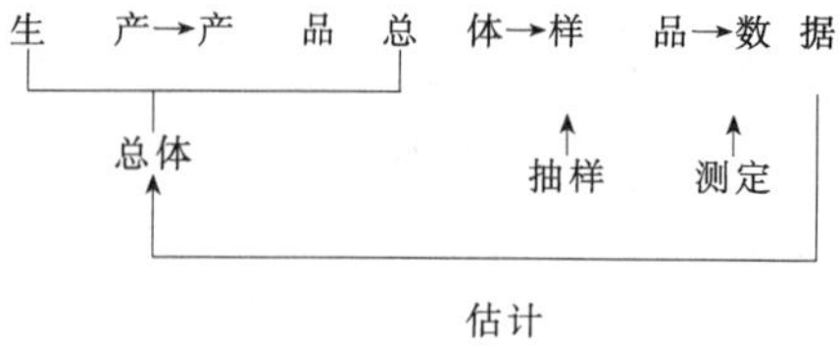

图 10-4

质量管理中，往往是通过样品来获得有关总体的情况，用图示表示这个过程，如图 10-4。所取得的样品按性质分，可分为两类：有意样品和随机取样。

有意样品，是根据理论或经验，对总体性相当清楚时，从总体中取出认为有代表性的样品，可以取得较好的分析结果。但缺点是很容易因为加进调查者的主观意识,而使样品不能代表整个总体。

随机取样，是指在取样时，从总体中任意选取的样品。总体中的任何一个个体，都有相同的机会被取到。

随机取样的方法如表 10-1 所列。

随 机 取 样 方 法　　表 10-1

种　　类	特　　性
单纯的随机取样 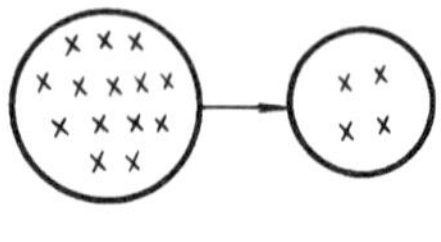	随机取样
系统抽样 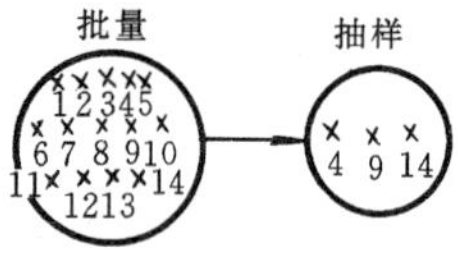	周期性取样。这种方法只有当产品品质的变化不规则，无周期可言，或周期很短时才采用，否则有偏差
系统抽样 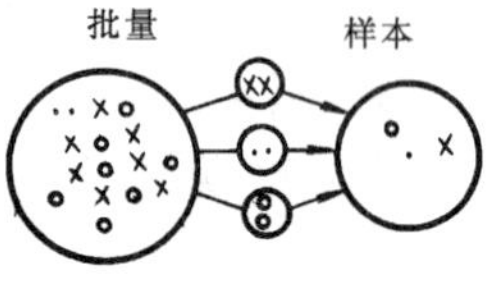	当随机取样受地点和货物形状的限制，或要花很多费用时，可采用本法取样，其精度较低
分层抽样 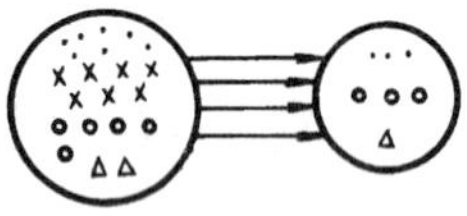	如果总体能根据个体性质的差异分出层来，则可选用本法
等分抽样 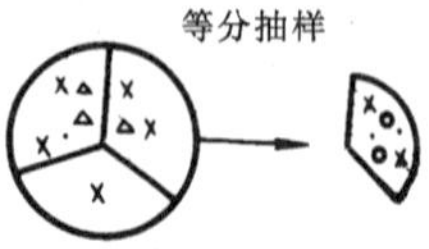 每批各等分之,选取一个,等分间无太大差别	如果性质差异的个体均匀地散布在整个总体范围内，可用本法取样

取样的原则，都是要求抽取的子样对于总体具有尽可能大的代表性，代表性愈大，由子样的特征来推断总体的性质就愈准确可靠。

二、数据的波动

抽取样品，对其质量特性进行测定，所得到的数据不会是固定不变的相同数值，总是有波动的，这是由于生产中大量的变动因素所造成的。例如原材料、机械设备、工作条件，操作者水平、环境条件等因素，都难免不同，这是形成波动的基本原因。

按各类变动因素对生产过程影响的程度和消除的可能性考虑，可以分成两类：

一类是经常作用因素亦叫正常因素，这类因素数目较多，不易识别和避免，但对质量波动影响不大。

另一类是异常因素，对质量波动影响较大，易于识别，可以避免，实行质量管理也正是要对付和防止这一类因素对质量的影响。

表 10-3 及图 10-5 是实测的某构件厂混凝土强度的数据及波动曲线。

三、数据的特性值

一批数据是在上下波动的。一般情况下，它的多数量向着某一数值集中，而同时又在这个数值两旁散开。为了反映这一批数据的特性，找出内在规律，通常以平均数来表示集中的位置，以标准差表示相互分散的程度。

若一批被测得的数据为：X_1、X_2、X_3、……X_n，则这一批数据的平均数的计算是：

$$\overline{X} = \frac{\sum_{i=1}^{n} X_i}{n} \tag{10-1}$$

式中　X_i——表示各个被测得的数值（$i=1$，2，……，n）；

　　　n——表示数据个数；

　　　$\overline{X}$——一批被测得数据的平均数。

在简化计算时，用中位数（$\tilde{X}$）代替样本平均水平。

标准差的计算是：

$$S = \sqrt{\frac{\sum_{i=1}^{n}(X_i - \overline{X})^2}{n}} \tag{10-2}$$

标准差 S，是衡量数据波动大小的参数，S 愈小波动愈小，对于产品质量来说就愈稳定。

我们还可以用极差 R 来近似的估计 S 值

$$\hat{S} = \frac{1}{d_2} R \tag{10-3}$$

式中　　$\hat{S}$——是 S 的估计值；

　　　　R——是极差，$R = X_{max} - X_{min}$；

　　　d_2，$1/d_2$——可查表 10-2（是正态分布的情形）。

S 反映数据绝对波动的大小，一般来讲，测量较大数据时，绝对误差较大；测量较小数据时，绝对误差较小。照顾到这一点，我们还要考虑相对波动的大小，统计上用变异系数 C_v 来表达。

$$C_v = \frac{S}{\overline{X}} \tag{10-4}$$

系 数 d_2 表　　表 10-2

n	d_2	$1/d_2$
2	1.128	0.887
3	1.693	0.591
4	2.057	0.486
5	2.326	0.429
6	2.534	0.395
7	2.704	0.369
8	2.847	0.351
9	2.970	0.337
10	3.078	0.325

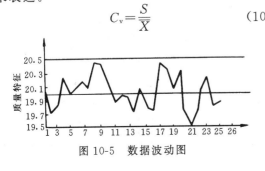

图 10-5　数据波动图

	1	2	3	4	5	6	7	8	9	10
数据 (X_i)	20.1	20.1	20.1	20.1	20.0	20.3	19.7	20.2	20.2	19.8
	19.7	20.2	19.9	19.8	20.2	19.8	19.8	19.8	20.2	19.9
	20.0	20.1	20.0	19.7	19.7	19.9	20.5	19.8	20.1	20.3
	20.2	20.5	20.0	19.8	19.5	19.8	19.8	20.3	20.1	20.0
	20.0	20.5	19.7	20.5	19.8	19.4	19.7	19.9	20.3	20.0
$\overline{X}$	20.0	20.3	19.9	19.9	20.1	19.8	19.9	20.0	20.2	20.0
R	5	4	4	8	7	9	8	5	2	5
	11	12	13	14	15	16	17	18	19	20
数据 (X_i)	20.5	19.8	20.1	19.8	20.0	20.4	19.6	20.1	20.0	20.0
	20.3	19.9	20.3	20.5	19.7	20.3	20.1	20.0	20.1	20.6
	20.6	20.2	19.9	20.4	20.0	19.9	19.8	20.6	19.7	20.1
	20.1	20.3	20.1	20.5	20.1	20.5	19.9	19.9	20.4	19.9
	20.1	20.7	19.8	20.0	19.9	19.9	20.6	20.1	20.2	20.4
$\overline{X}$	20.3	20.2	20.0	20.2	19.9	20.2	19.9	20.2	20.2	20.2
R	5	9	5	7	4	6	10	7	7	7

图 10-5 是表 10-3 所列数据的"数据波动图"。

第六节　质量管理中常用的数理统计方法

一、排列图法

排列图法又叫巴列特图法、主次因素图法。它是从影响产品质量的许多因素中找出主要影响因素的一种有效的简单方法。

意大利经济统计学家巴列特提出了"关键的少数和次要的多数"的关系的巴列特曲线（参见第五章），在质量管理中运用排列图可以找出这种"关键的少数和次要的多数"的关系，这就是排列图法的基本观点。美国质量管理经济学家朱兰博士首先把这一原理运用在质量管理中，作为寻找主次因素的一种工具。

排列图的作法：

排列图一般是由两个纵座标、一个横座标、几个直方图和一条曲线所组成，如图 10-6 所示，左边的纵座标表示频数，即不合格品件数或金额，右边的纵座标表示频率，即不合格件数或金额的累计百分率，横座标表示影响质量的各个因素或项目，按影响程度的大小，即按产生不合格频数或金额的多少，由大到小的从左往右顺序排列，每个影响因素都用一个矩形表示，矩形之间紧密相连，矩形底一样宽，矩形高度表示各影响因素的大小。曲线表示各影响大小的累计百分数，这条曲线就称为巴列特曲线。通常按累计百分数分为三类：0%～80%为 A 类因素，是累计百分数在80%以内的因素，显然这类因素是主要因素；累计百分数在 80%～90% 之间的为 B 类因素，是次要因素；累计百分数在 90%～100% 之间的为 C 类因素，是一般因素。绘图要求规范化，如图10-6所示。

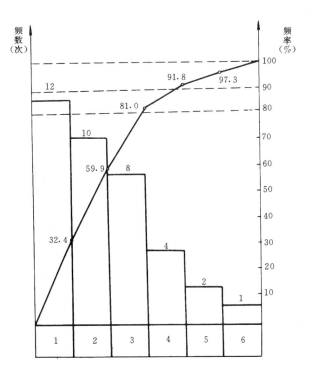

图 10-6　砌砖操作质量排列图

【例 1】　某瓦工小组对砌砖工程进行主次因素排列。

（1）搜集数据。按"建筑安装工程质量检验评定标准"规定，对小组砌砖的操作质量进行检测，结果如表10-4所列。

（2）整理数据。把表中的数据按不合格点多少依次排列，并计算出频率和累积频率。列入表10-5。

（3）画图。按表10-5的项目和数值画出排列图，如图10-6所示。

（4）排列图分析。从图10-6中可得到：

砌砖操作质量检测统计表　　　　　　　　　　　　　　表 10-4

项次	实测项目		允许偏差 (mm)	各　　点　　检　　测　　值　　　(mm)																			不合格点数
1	轴线位移		10	10	8	6	8	5	4	3	5	6	7	3	8	7	6	8	9	10	10	9	8	0
2	基础楼面标高		±15	10	10	20	21	4	5	20	25	23	20	15	14	12	6	5	7	21	22	17	19	10
3	垂直度	每　　层	5	5	5	0	6	2	4	3	4	5	4	3	2	1	5	3	2	1	2	3	2	1
4		全高 10m 以上	20	12	10	8	5	0	0	3	4	0	5	8	16	10	14	12	9	8	7	6	10	0
5	平整度	清水砖墙	5	3	2	6	2	4	6	5	4	2	1	5	4	8	2	3	4	5	5	9	2	4
6		混水砖墙	8	7	8	9	2	4	3	9	10	12	2	3	5	9	10	11	3	7	6	4	10	8
7	砂浆饱满度		<20%	4	16	15	14	22	7	6	5	9	12	14	20	6	7	9	11	12	1	5	7	1
8	门窗洞口宽度		±5	5	10	5	3	8	6	7	4	6	7	2	6	3	6	7	8	6	3	4	7	12
9	水平灰缝厚度		±8	6	5	4	3	2	1	0	7	6	5	4	3	1	2	0	7	9	5	4	6	1

序　号	影　响　因　素	频　数　（项）	频　率　（％）	累计频率（％）
1	门窗洞口宽度	12	32.4	32.4
2	基础楼面标高	10	27.0	59.4
3	混水墙平整度	8	21.6	81.0
4	清水墙平整度	4	10.8	91.8
5	垂直度（每层）	2	5.5	97.3
6	砂浆饱满度	1	2.7	100.0
合计		37	100.0	

砌砖操作不合格项目频率统计表　　　　　　　　表 10-5

① 影响砌砖操作质量的因素一目了然。而且哪个因素影响的大小亦能立刻看出来。

② 在 A 区域内的影响因素是 1、2，即门窗洞口宽度和基础楼面标高总数就占全部不合格点总数的 59.4％，它们是影响砌砖质量的主要因素；B 区域内的影响因素是 3 即混水墙平整度是次要因素，而 C 区域内影响因素 4、5、6，即清水墙平整度、垂直度（每层）、砂浆饱满度和水平灰缝厚度为一般因素。

二、因果分析图法

因果分析图亦叫特性因素图或特性要因图，因其形状象树枝或鱼刺，因而又称为树枝图或鱼刺图，如图 10-7 所示。

因果分析图是一种逐步深入研究和讨论影响质量问题原因的图示方法。

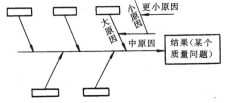

图 10-7　因果分析枝干联络关系图示

生产中，产生质量问题是由多种原因甚至多层原因造成的，如设备、材料、人、操作方法、环境等因素的变化。要保证质量，搞好质量管理，就必须找出这些原因，并且不能够满足于找出表面原因，要刨根问底，一直挖出根子，找出它的主要原因，然后对症采取措施。

因果分析图就是从产品质量问题这个结果出发，分析原因，顺藤摸瓜，步步深入，直到找出具体根源的一种有效方法。首先是找出原因，然后进一步找出原因背后的原因，即中原因，再从中原因找出小原因和更小原因，并逐步查明与确定主要原因。因果分析图的作用就在于此。

因果分析图的作图方法：

第一，明确要分析的对象，即要解决的质量特性是什么。所谓特性，就是结果的意思，譬如，施工过程中出现的尺寸、强度，管理中的设备完好率等。

第二，广泛征求意见，把原因进行分类，确定产生质量问题的大的方面原因。

第三，进一步找出大原因背后的原因，即中原因，进而找出中原因背后的原因，即小原因，及更小原因。

第四，从中找出主要原因，并用显著记号标记出来。

第五，制定对策，逐项落实到人，限期改正。做出对策计划表。

在分析时，要找出各种大小原因都是通过什么途径并在多大程度下影响结果？各种原因之间有没有关系，是什么关系；各种原因有没有测定的可能，准确程度如何。

绘制因果分析图时，需要注意的是：因为许多质量问题并不是凭直观就能发现的，对工程没有全面了解、较深入的认识和掌握是画不好的，要画好这个图，就要求参加分析的成员有一定的解决技术问题的能力，并对工程有全面的考虑和认识。对于有不同看法的问题，不要急于拍板，要经过实践验证后再做定论。但在整理各方面意见时一定要分清现象和原因，对原因要分清主次。

实践证明，大原因往往不是主要原因。定出主要原因后，一定要到现场进行必要的实验与情况调查，真正找出切中要害的原因，然后再制定改进措施，实施措施后，还应该用排列图等检查实际效果。

【例2】 混凝土强度为什么不足？现在我们用因果分析图来查找这道工序产生废品的主要原因是什么。经过分析查找后，可以列出一张因果分析图，如图10-8所示。

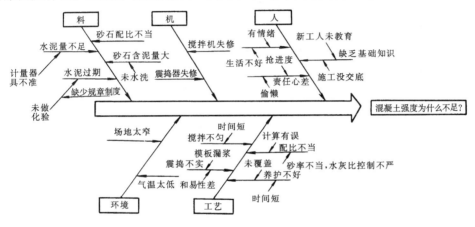

图 10-8　因果分析示意图

三、频数分布直方图法

同一批产品的质量特征数据，是上下波动的。频数直方图是把收集到的产品质量特征数据，按大小顺序加以整理，并将其划分为若干区间，统计各区间内的数据个数（频数），以数据个数为高度画成若干直方图形，用来分析和判断生产过程是否稳定。它是质量管理中常用的一种统计图表。它所使用的数据应是计量值（连续取值），而非计数值（不连续取值）。

（一）频数分布直方图的画法

（1）收集数据。象前面混凝土强度的例子，按设计要求强度是C20，其强度实测数据，如表10-3所列。

（2）找出数据的最大值和最小值。由表10-3中可知，最大值为20.7，最小值为19.4，则包括最大值和最小值的区间为19.35～20.75。

（3）决定组数和组距。经验证明，组数太少会掩盖数据的变动情况，组数太多又会使各组高度参差不齐，从而看不出规律来，因此，当样本容量在100～250时，通常分成7～12组，样本容量在50～100时，通常分成6～10组。组与组之间的间隔，即为组距。

$$h = R/K \qquad (10-5)$$

式中　h——组距；

R——极差, $\qquad R=X_{\max}-X_{\min};$ $\qquad\qquad$ (10-6)

K——组数。

本例若取 $K=7$，则

$$h = \frac{20.75 - 19.35}{7} = 0.2(\text{MPa})$$

（4）决定分点，即确定各组边界值。为了避免数据正好落在边界值上，通常要使各组的边值比原值测定精度高半个最小测量单位。计算各组上下界限值，是按计算出的组距 h，从最小端开始。第一组下界限值，就是 $X_{\min}-0.5$；第一组上界限值，为 $X_{\min}+h$。本例的第一组下界限值为 19.35 第一组上界限值为 $19.35+0.2=19.55$。

第一组的上界限值，就是第二组的下界限值，第二组的下界限值再加上组距，就是第二组的上界限值。本例，第二组上界限值为：$19.55+0.2=19.75$，其余类推。

（5）计算频数。落在每个组内的数据个数，即是频数。频数与数据总数之比即为频率。这样就可以得出频数分布表，如表 10-6 所列。

频 数 分 布 表 表 10-6

组　号	边　界　值	频　数　记　录	频　数	频率（％）
	19.35～19.55	丁	2	2
	19.55～19.75	正正	9	9
	19.75～19.95	正正正正正	25	25
	19.95～20.15	正正正正正正	29	29
	20.15～20.35	正正正下	18	18
	20.35～20.55	正正丁	12	12
	20.55～20.75	正	5	5

（6）从表 10-6 可以清楚看出数据的波动规律。为更加直观，把它画成频数直方图。在横座标上标出各组的边界值，纵座标上标出对应的频数，以组距为底边，画出高度为频数的矩形，便得到频数直方图，如图 10-9 所示。

（7）计算质量特征值。为了便于对频数直方图进行分析，使直方图所表现的质量状况能用数据表示出来，画出直方图后，还要计算如下的质量特征值。

1）平均数，记为 $\overline{X}$

$$\overline{X} = \frac{\sum_{i=1}^{n} X_i}{n} = 20.054(\text{MPa})$$

式中 $\qquad n$——样本个数。

2）标准差，记为 S

$$S = \sqrt{\frac{\sum_{i=1}^{n} X_i^2}{n} - \left(\sum_{i=1}^{n} X_i\right)^2} = \sqrt{\frac{\sum_{i=1}^{n} X_i^2}{n} - (\overline{X})^2} = 0.284(\text{MPa})$$

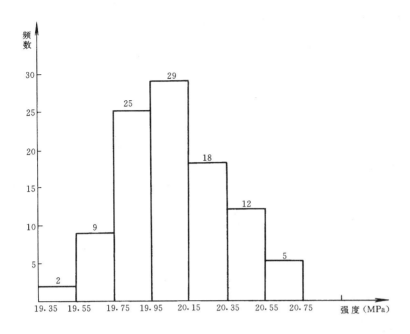

图 10-9　频数分布直方图

3）变异系数，表示相对波动的大小，记为 C_v

$$C_v = \frac{S}{\overline{X}} = \frac{0.284}{20.054} = 1.42\%$$

（二）正态分布

在画频数直方图时，是用横坐标表示质量特性值，纵坐标表示频数，如果将横坐标不变，纵坐标用相对频率表示，则就可得到频率直方图。这种直方图所围成的面积之和等于1（因为表示频率之和），而且当数据取得愈多，组距分得愈窄，频率直方图的顶点相连接，就会成为一条光滑的曲线。这时，频率分布直方图，就变成了一张频率分布曲线图。

在数理统计方法中的概率分布有很多种，如正态分布，二项式分布，普畦松分布等等。其中以正态分布最为常见，最有代表性。一般说来，如果影响某个特征值的因素很多，而每一个别因素对这个特征值的影响又只起微小的变化时，就可认为这个特征值实际上是服从正态分布的。譬如混凝土的强度、钢材的抗拉强度极限值等都是服从正态分布的。正态分布曲线的形状如图 10-10 所示，曲线有一最高点 p，以这 p 点的横坐标为中心，对称的向两边快速单调下降。

正态分布曲线是由正态概率密度函数确定的。其计算公式为：

$$f(X) = \frac{1}{\sqrt{2\pi} \cdot \sigma} e^{-\frac{(x-\mu)^2}{2\sigma^2}} \tag{10-7}$$

式中　X——是随机抽样样本值即特征值；

　　　μ——是正态分布的均值即特性的平均值；

　　　σ——是标准差。

均值 μ 就是曲线最高点的横坐标，标准差 σ 是表达曲线的胖瘦程度的，σ 愈大，曲线愈胖，数据愈分散；σ 愈小，曲线愈瘦，数据愈集中。

数据落在某一区间 $[a，b]$ 的概率，也就是此区间曲线下的面积，可以通过积分求得：

$$P(a \leqslant x \leqslant b) = \int_a^b \frac{1}{\sqrt{2\pi} \cdot \sigma} e^{-\frac{(x-\mu)^2}{2\sigma^2}} dx \tag{10-8}$$

通过计算，可以得到：

（1）样本落在 $(\mu-\sigma，\mu+\sigma)$ 区间内的概率是 68.27%；

（2）样本落在 $(\mu-1.96\sigma，\mu+1.96\sigma)$ 区间内的概率是 95%；

（3）样本落在 $(\mu-2\sigma，\mu+2\sigma)$ 区间内的概率是 95.45%；

（4）样本落在 $(\mu-3\sigma，\mu+3\sigma)$ 区间内的概率是 99.73%；

（5）样本落在 $(\mu-4\sigma，\mu+4\sigma)$ 区间内的概率是 99.994%。

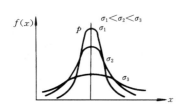

图 10-10　当 μ 不变，σ 变化时正态分布
曲线的位置与形状

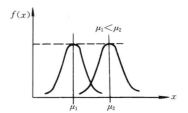

图 10-11　当 σ 不变，μ 变化时正态分布
曲线的位置与形状

正态分布曲线的形状和位置，是随正态分布密度函数中 μ 及 σ 变化的，如图 10-10、10-11 所示。图 10-12 为不同区间内，正态分布时分布数的概率图。

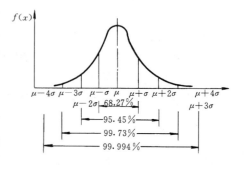

图 10-12　在不同区间内，正态分布时
分布数的概率图

（三）工程能力指数

工程的质量总是形成一定分布的，而且，分布也有集中的倾向和分散的趋势。只要是工程稳定，质量分布的范围总是 6σ。超出这个范围的质量数据是很少的，一般小于 1%。这个 6σ，就称为工程能力。它表示出了加工的精度，因此，有时称为加工精度的也是这个 6σ。

将公差 T 除以 6σ 所得到的数值，就称为工程能力指数，以 C_p 表示。即

$$C_p = \frac{T}{6\sigma} = \frac{T_v - T_L}{6\sigma} \tag{10-9}$$

式中　T——表示公差；

　　　　6σ——表示工程能力。

实质上，C_p 是表示了工程能力能够满足公差要求的程度的大小。对 C_p 值如何进行判断呢？从 C_p 的定义我们可知：

若 $C_p=1$，意味着工程能力恰巧满足公差的要求，但有发生不合格产品的可能性，须加

强管理，如图 10-13 所示。

若 $C_P>1$，意味着工程能力充分满足公差的要求。一般的讲，当 $C_P=1.33$ 时，工程能力较为理想；过高则应对公差要求和工艺条件加以分析，避免设备精度的浪费。如图 10-14 所示。

若 $C_P<1$，意味着工程能力不能满足公差要求，当 $C_P<0.76$ 时，说明工程能力非常不够，已经产生大量废品，必须立即停止生产，采取全数检查，并彻底查清异常原因，如图 10-15 所示。

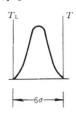  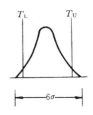

图 10-13　$C_P=1$ 时的　　　　图 10-14　$C_P>1$ 时的　　　　图 10-15　$C_P<1$ 时的
　　　正态分布曲线　　　　　　　　正态分布曲线　　　　　　　　正态分布曲线

（四）频数直方图的应用

1. 观察整个图形，可判断质量分布状态

在工艺条件正常情况下，直方图应该是"中间高，两侧低，接近对称"。对于直方图的参差不齐可不必过份注意，一般可以看到下列几种形状的直方图，如图 10-16 所示。

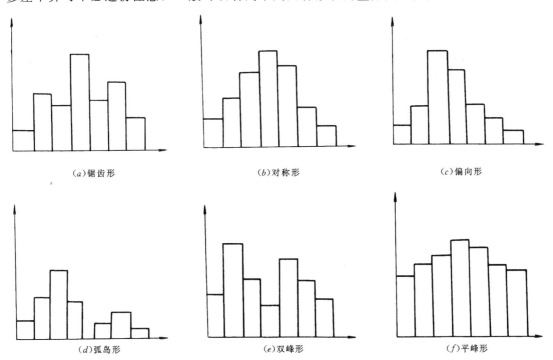

（a）锯齿形　　　　　　　（b）对称形　　　　　　　（c）偏向形

（d）弧岛形　　　　　　　（e）双峰形　　　　　　　（f）平峰形

图 10-16　常见的直方图图形

（1）锯齿形。这多数是由于作频数表时，分组不当引起的，也可能是由于测量方法或读数有问题而引起的。

（2）对称形。直方图的中间为峰，大体上是向左右两方对称分散，属于正常形状，说明工艺正常。

（3）偏向型。直方图的高峰偏向于一端分布，这是由于操作习惯或对某一方向控制太严而造成的，或是加工者有意想在某一方向留有余量而造成的。

（4）孤岛型。在直方图旁边有孤立的小直方图。这表示生产中出现了条件变动，如材料发生变化，或由低级工临时代替顶班作业。

（5）双峰型。这往往是由于两种工艺或两种设备、或两组工人进行施工，然后把数据混在一起进行整理时发生的。

（6）平峰型。直方图的峰不突出，形成一条宽平的峰带，这多半是由于某种缓慢倾向在起作用而引起的。如，设备均匀的磨损，或操作者的疲劳等。

根据直方图的形状，可判断生产过程是否有异常原因，并且考虑采取相应措施。

2. 将直方图与质量标准进行比较

正常形状的直方图，也要分析它是否都在公差界限范围之内，并留有相当的余地。若以 B 代表实际的质量特性分布的宽度，即 $B = X_{max} - X_{min}$，T 表示标准规格的界限。一般可能有下列几种情况，见图 10-17 所示。

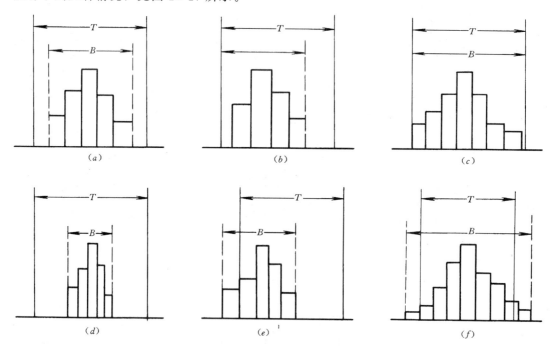

图 10-17　实际分布与标准规格的比较

（1）直方图全都落在标准规格界限正当中，并且有相当的余地，这样的生产过程是不会出现问题的，如图 a。

（2）直方图落在标准规格界限之中，但中心线没有和 T 的中心线相重合，太偏向于一方，这样就有产生超差的可能，要采取措施使直方图移到中间来，如图 b。

（3）直方图落在标准规格当中，但没有余地，生产过程稍不小心，就会超差，要采取措施，减少数据的分散，如图 c。

（4）直方图落在标准规格之中，而且有过大的余量，说明加工过于精确，不经济，这种情况并不好，要考虑如何更经济与充分利用公差进行加工，如图 d。

（5）直方图超出标准规格之外，这说明有废品，一定要进行调整，使分布都在标准规格之中，如图 e。

（6）直方图分散太大，产生了废品，要采取措施，减少分散，否则要对产品进行全数检查，挑出不合格产品，如图 f。

综上所述，频数直方图的用途可归纳为：

（1）作质量检查报告用。

（2）可供质量分析用。

（3）可调查工序与设备的能力。

（4）提高全体人员的管理意识和质量意识。

四、控制图法

控制图又叫管理图，这是一种利用统计图表展示生产过程中产品质量波动状态的有效管理方法，也是控制工程能力的主要手段，是美国人休哈特于 1924 年首先提出来的。

频数分布直方图所表示和反映出来的数据，基本上是用一种静态的数据来分析和预测产品质量，这种方法叫做质量管理静态分析法。但是单用静态分析法来进行质量管理还是远远不够的。质量管理中的一条重要原则，就是"预防为主"，这就要求随着生产工序对生产波动的情况及时了解和掌握住。这种及时反映生产实际状态的数据，叫做动态数据。用动态数据去研究和分析质量管理问题，叫做质量管理动态分析。

控制图是典型的动态分析方法，是用数理统计方法来确定工程和产品质量的控制界限，来分析和反映质量波动情况及其数据的图表。在质量管理中它能够判别质量的稳定性，评定工艺状态，发现并及时消除工艺过程中的失调现象，对预防废品和次品发生起着监视作用。因此，控制图法在质量管理中是常用的统计工具，而且是核心工具。

我们用一个例子来说明控制图的基本格式。例如：某混凝土构件厂，为了掌握混凝土强度的波动情况，每天都测定五个数据，先后测定了 11 天，如表 10-7 所列。

单位：MPa　　　　　　　　　　　　　　　　　　　　　　表 10-7

①	②	③	④	⑤	⑥	⑦	⑧	⑨	⑩	⑪
32.3	31.9	32.8	31.1	33.5	29.8	30.0	30.9	30.9	31.6	31.4
31.6	31.7	33.2	31.7	30.1	30.9	30.8	32.3	30.8	31.4	31.5
31.4	31.7	31.4	30.9	32.0	32.3	31.5	32.6	31.3	31.8	31.3
32.0	31.6	30.8	32.6	31.5	32.0	31.8	32.1	30.5	31.3	32.5
32.7	31.9	30.5	32.5	30.5	31.5	32.1	31.9	32.9	31.0	31.4
最大值 32.7	31.9	33.2	32.6	33.5	32.3	32.1	32.6	32.9	31.8	32.5
最小值 31.4	31.6	30.5	30.9	30.1	29.8	30.0	30.9	30.5	31.0	31.3

根据表 10-7 所列的数据，我们可以做出频数直方图，如图 10-18 所示。

如果将每天测试的五个数据，及时地算出平均值 $\overline{X}$ 和极差值 R，然后按照座标打点的方法，作出一张曲线图，如图 10-19 所示，也可以反映出质量状态。

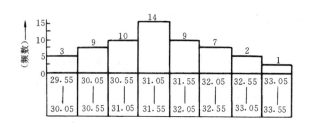

图 10-18

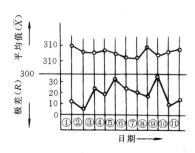

图 10-19

从图 10-19 可以看出，$\overline{X}$、R 是随着日期不同而波动的，这就反映出了质量状态变化趋势，随时可以了解产品的动态变化，这是频数直方图所看不到的。但是，生产是否处于正常状态？这是我们所关心的。为此，我们在曲线图中引进三条判定线；一条是表示控制下限的要求界限，一条是表示控制上限的要求界限、再一条是表示中心位置的平均数值。这样，我们就可以判断出那些点是处于正常生产状态，那些是处于非正常生产状态，而要调整控制了。

这种能反映出质量发展状态，并附有上下控制界限的质量管理图就是控制图。

（一）控制图的基本原理

前面我们已经谈过影响工序和产品质量的因素有两大类；一类是偶然因素，亦叫正常因素，一般是不可预料的，亦是不可掌握的。另一类是异常因素，它和偶然因素恰恰相反，总是带有一定方向和趋势，是可以预防和掌握的。这两种因素都可以使质量存在着散差。

如果在整个生产中，不存在着异常因素，只有偶然因素时，这种生产状态称为稳定生产状态或管理状态，这种情况下，产品质量特征为连续性数值时，其质量分布是服从正态分布的。

根据正态分布，实际上几乎所有的观察值都落在 $\mu \pm 3\sigma$ 范围内了。这亦证明，在 $\mu \pm 3\sigma$ 之外出现的数据可能性为 0.27%。而超过一侧的可能性大小为；

$$\frac{0.27\%}{2} = 0.135\% \approx 0.1\%。$$

这个结论很重要，因为控制图就是根据这一结论而创造出来的，这就表明，偶然因素产生的正常波动的界限是可以计算的，而且波动范围在 $\mu \pm 3\sigma$ 之内。如果观测值不在这个范围内，就是异常因素所造成的波动了。

控制图是什么样子？控制图是从如图 10-20 的正态分布图演变而来的，是把图 10-20 以顺时针转过来得到图 10-21（a），为了照顾上大下小的习惯上的要求，再进行一次上下翻身，即得到图 10-21（b），这就是一张控制图，是一张 X（单值）控制图。

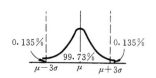

图 10-20　正态分布在
$\mu \pm 3\sigma$ 间的概率

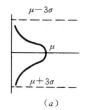
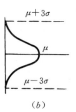

图 10-21　控制图的形成

我们把 $\mu\pm3\sigma$ 叫做控制上限，记为 UCL；μ 叫做中心线，记为 CL；$\mu-3\sigma$ 叫做控制下限，记为 LCL。

注意：不要把上下控制界限同标准公差上下界限相混淆起来。在一般情况下，当观察工序是否有异常时，应当用上下控制界限来判断，当判断产品是否合格时，应当用标准公差界限线来控制。

控制图的实质是将质量数据以时间序列方式进行比较，来发现产品质量是否偏离典型分布状态，从而判断异常因素是否存在的一种工具。

（二）管理图的判断（即如何看管理图）

（1）对于画入管理图上的点，我们不要只看做是一个点，要当做为一种分布来看。这表示着它所代表的总体是处于怎样分布的状态。

（2）对于落在管理界限内的点，我们不要计较其位置的变化，因为这种变化是由于偶然因素引起的，原则上我们都认为生产处于正常状态，即处于管理状态。

（3）当点落于管理控制上下界限外或其上时，就表示存在着异常因素，使生产处于非控制状态。

判断是否处于控制状态还有六条准则；

（1）在点子基本上随机排列的情况，符合下列各点就可以认为生产处于控制状态：

连续 25 点全都在界限内；连续 35 点，在界限外的点不超过 1 点；连续 100 点，在界限外不超过 2 点。

（2）在中心线一侧连续出现的点叫做链。其点数叫链长。链长不小于 7 时判断为有异常。见图 10-22 所示。

（3）点子逐渐上升或下降的状态称为倾向。当有连续不少于 7 点的上升或下降的倾向时判断有异常见图 10-23。

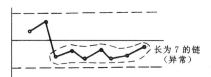

图 10-22　控制图中出现的链

（4）中心线一侧点子连续出现，属于下列情况的判断有异常，见图 10-24：连续 11 点中，至少有 10 点；连续 14 点中，至少有 12 点；连续 17 点中，至少有 14 点；连续 20 点中，至少有 16 点。

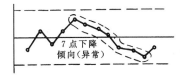

图 10-23　控制图中出现的倾向

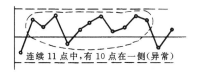

图 10-24　中心线一侧点连续出现

（5）点子屡屡接近控制界限（存在于 $\mu\pm2\sigma$ 外的范围），属于以下情况的判断为有异常。如图 10-25 所示，连续 3 点中，至少有 2 点；连续 7 点中，至少有 3 点；连续 10 点中，至少有 4 点。

（6）所有点都集中在中心线附近，判断有异常，如图 10-26 所示。

所有这些准则的制定也都是根据小概率事件实际上不发生的原理。

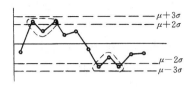 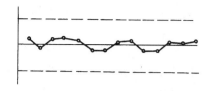

图 10-25　点屡屡接近控制界限　　　　　　图 10-26　点集中在中心线附近

五、相关图法

产品的质量特性是受多种因素影响而变化的。这些影响因素亦随时变化，因此，两者都是变量。

前面讲的频数直方图、排列图和控制图都是处理和分析一种数据的方法。而相关分析则是用相关图（亦叫散布图）来分析和判断两种测定的数据之间的相关关系，亦就是判定结果与原因之时（或目的和手段）有无相关关系。

变量之间的关系可以分为两种类型，一种是存在着完全确定性的关系，这种关系叫做函数关系。还有一种虽然不存在着确定性的关系，但有着相关关系。

研究变量之间相关关系方法称为相关分析，其目的是确定两个变量之间是否存在着相关，并且确定这种关系的密切程度。在质量管理中，通过相关分析常常能帮助我们判断各种因素对产品质量有无影响，以及影响程度的大小，进而判断可否通过利用这种关系进行质量控制。一般有如下三种类型的相关分析：

1）质量特性和影响因素之间的相关分析。

2）质量特性和质量特性之间的相关分析。

3）影响因素和影响因素之间的相关分析。

通过相关分析，可以对相关程度密切的两个变量，用对其中一个变量的观测来代替对另一变量观测；也可以确定变量之间的定量关系，达到从一个变量的数值来估计或控制另一个变量的数值。

（一）散布图与相关系数。

假定有两个变量，一个变量的数值为 X，另一个变量的数值为 Y，这两个变量之间可能有因果关系，亦可能没有直接因果关系，但通过实验或生产记录我们总可以得到关于 X、Y 两个变量的若干组数据。我们一般是把原因或手段记为 X，做为横坐标，把结果或目的记为 Y，作为纵坐标，把这若干组数据绘于这个坐标系中，得到许多对应的点，这样的图就称为相关图，亦叫散布图。图 10-27 就是散布图的几种形式。从散布图可以大致直观地看出两个变量之间的关系。为了表达两个变量相关关系的密切程度，这里我们需要引进一个指标来表示，这个指标就叫做相关系数，通常记为 r。其数值为：

$$-1 \leqslant r \leqslant 1$$

当散布图不相同时，相关系数也不同；同样，相关系数不同时，散布图形式也不相同。

下面是几种典型的散布图，并且我们给出它们对应的相关系数的数值，用以说明相关分析问题。

图 10-27 (a) 表示 $r>0$ 的情形，从散布图可以看出，当 $X \rightarrow$ 大时，$Y \rightarrow$ 大，这称为正相关。

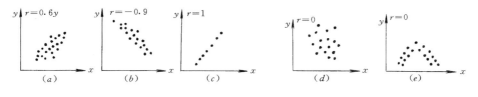

图 10-27　几种典型的散布图

图 10-27（b）表示 $r<0$ 的情形，从散布图可以看出，当 $X \to$ 大时，$Y \to$ 小，这称为负相关。

由图 10-27（a）、（b）还可以看出，r 的绝对值越大（最大为 1）则 X 与 Y 的相关程度越密切，就是说它们之间的线性关系越密切。当 $|r|=1$ 时是一种极端情形，这时 X 与 Y 之间的相关程度最大，实际上是一种线性关系，这称为完全相关，如图 10-26（c）所示。$r=0$ 时，表示另一种极端，X 与 Y 之间完全无相关关系，也就是说 Y 的数值并不随 X 的数值变化而有任何规律的变化，如图 10-27（d）所示。但要特别指出，上边相关系数是表示两变量之间的相关是线性相关，而当 X 与 Y 之间是曲线关系时，若干计算出的相关系数 $r=0$ 或很小时，并不一定表示是不相关，如图 10-27（e）所示。

（二）分析散布图时要注意几种情况：

（1）看有否离群点或称为异常点出现，如图 10-28 中的 A 和 B，就是两个异常点。对于这样的点要查明原因，如果是因为测量上的错误，则应剔除，如点 A。对于原因不明显的异常点要认真对待，不能轻易剔除，它很可能是我们还没有认识到由其他规律所产生的，如点 B，很可能是说明当 X 较大时，Y 与 X 的关系就不是线性的了。

（2）要注意 X 轴的数值的范围，当取值范围太小时，所做的散布图可能会造成假象，如图 11-29 所示，如果我们只采取到中间那一段数值时，则从散布图直观来看，很可能认为 Y 与 X 关系不大，属于无相关。但我们在较大范围取值时，从整个图来看，Y 与 X 是具有密切相关关系的。

（3）当数据组过少时（一般是低于 20 个左右），因而七零八散，常常对本来有相关的误认为无相关，这时一定要计算相关系数来加以证明。

（4）亦可能从所做散布图来看，X 与 Y 是具有相关关系的，如图 10-30 所示，但仔细分析一下数据后，我们发现这些数据来自三种不同实验或生产条件，则对于每一种条件来说，它们就是不相关的了。对于这种情形，我们应当按不同条件，分别绘制散布图来分析它们的相关关系。

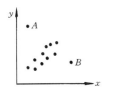

图 10-28　有异常点的散布图

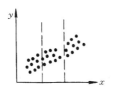

图 10-29　局部与整体散布图

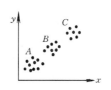

图 10-30　分层处理的散布图

相关系数如何计算？可按下式：

$$r = \frac{\Sigma(X - \overline{X}) \cdot \Sigma(Y - \overline{Y})}{\sqrt{\Sigma(X - \overline{X})^2 \Sigma(Y - \overline{Y})^2}} \qquad (10\text{-}10)$$

其中 $\qquad \overline{X} = \dfrac{\Sigma X}{N}$，$\overline{Y} = \dfrac{\Sigma Y}{N}$，$N$——数据的组数。

或 $$r = \frac{\Sigma XY - \dfrac{(\Sigma X) \cdot (\Sigma Y)}{N}}{\sqrt{\left(\Sigma X^2 - \dfrac{(\Sigma X)^2}{N}\right)\left(\Sigma Y^2 - \dfrac{(\Sigma Y)^2}{N}\right)}} \qquad (10\text{-}11)$$

（三）相关系数的检验

相关系数 r 可以作为 X 与 Y 相关关系的密切程度的表示，但实际上，即使理论上 X 与 Y 不相关，但计算得到的相关系数并不等于零。这可以举一个极端的例子，若只取两组数据，并且它们实际上并不相关，但由于散布图只有两点，肯定这两点在一直线上，从计算得到的 r 就等于 1。虽然 $r=1$，显然并不能说明 X 与 Y 是完全相关的。正是由于这种抽样误差的存在，必须对计算所得的相关系数进行恰当的检验，才能最后判断所考虑的两个变量之间是否确实相关。检查方法可以按表 10-8 进行。当通过计算求得的相关系数 $r \geqslant r(n)$ 时，表示在两种显著性水平 a（0.05 及 0.01）下，它们确实有相关关系。$r < r(n)$ 时，说明无相关。

相 关 系 数 检 验 表　　　　　　　　　表 10-8

$N-2$	α		$N-2$	α		$N-2$	α	
	0.05	0.01		0.05	0.01		0.05	0.01
1	0.097	1	15	0.482	0.606	29	0.355	0.465
2	0.950	0.99	16	0.468	0.590	30	0.349	0.449
3	0.878	0.959	17	0.458	0.575	35	0.325	0.418
4	0.811	0.917	18	0.444	0.561	40	0.304	0.393
5	0.754	0.847	19	0.433	0.549	45	0.288	0.372
6	0.707	0.834	20	0.423	0.537	50	0.273	0.354
7	0.666	0.798	21	0.413	0.526	60	0.250	0.325
8	0.632	0.765	22	0.404	0.515	70	0.232	0.302
9	0.602	0.735	23	0.396	0.505	80	0.217	0.283
10	0.576	0.708	24	0.388	0.496	90	0.205	0.267
11	0.553	0.684	25	0.381	0.487	100	0.195	0.254
12	0.532	0.661	26	0.374	0.478	200	0.138	0.181
13	0.514	0.641	27	0.367	0.470			
14	0.497	0.623	28	0.361	0.463			

例如，若 $N=17$ 组数据，即 $N-2=15$，若计算所得 $|r| \geqslant 0.482$，就说明在 $\alpha=0.05$ 的水平上显著有相关，若 $|r| \geqslant 0.606$，则说明在 $\alpha=0.01$ 的水平上显著有相关，α 越小，显著程度愈高。若 $|r| < 0.482$，则不显著，变量之间就可能无相关。

六、分层法

分层法也叫分组法或分类法。是把收集到的数据，按统计的目的和要求进行分类，通过对数据的整理能够把数据和质量问题系统化、条理化，从而便于区分问题，从中找出规律，发现影响质量因素的一种方法。

分层或分类的原则是：

（1）按不同的工艺和操作方法分。

（2）按操作人员或班组分。

（3）按分部分项工程分。

（4）按不同时间分：如不同班次，不同日期。

（5）按其它因素来分：如工程性质，检查项目……。

总之，根据不同的目的和要求，可以采用多种多样的分类方法。而且多是采取逐次分层、逐层分解的分析数据的方法。因此，作为分类方法来讲，并不单纯是对数据的分类，而是在广义上的一种分析和处理质量问题的分层方法。其目的是通过进一步的分析，使质量管理工作层层深入，层层解剖，层层解决问题。

用一事例说明：假定有一种产品是按不同操作方法和不同单位所供材料进行生产的，其质量统计分层分析如表10-9和10-10所列。

按 操 作 法 分 层 分 析　　　　　　　　　　　　　　　表 10-9

操 作 法	不 合 格	合 格	不合格率％
A	6	13	32
B	3	9	25
C	10	9	53
合　计	19	31	38

按供料单位分层分析　　　　　　　　　　　　　　　表 10-10

单　　位	不 合 格	合 格	不合格率％
甲　单　位	9	14	39
乙　单　位	10	17	37
合　　计	19	31	38

根据表10-9和10-10的分析结果，可以得出这样的结论：采用乙单位供应的原料，B类操作法，合格率会进一步提高。但是，实践结果证明，按这个结论去做，不仅合格率没有提高反而下降了。这是为什么呢？经研究，上述分层方法，是一种单纯的而且分别考虑操作法和供料单位各自造成不合格率的情况，没有统一考虑不同操作法是用的哪个单位供的原料造成的不合格，或者说是没有考虑不同单位供的料对不同操作法产生不合格情况有什么不同。这是没有进行深入细致分析的分层。

如果我们把数据按表10-11的要求进行分层分析，则可以再次提出降低不合格率的措施是：如果使用甲单位供的原料，就要采用 B 操作法；如果使用乙单位供的料，就要采用

A 操作法。通过实践证明，所定措施是有效的。

按供料单位和操作法综合因素分层分析 表 10-11

供　料　单　位			甲　单　位	乙　单　位	合　　计
操 作 法	A	不　合　格	6	0	6
		合　　格	2	11	13
	B	不　合　格	0	3	3
		合　　格	5	4	9
	C	不　合　格	3	7	10
		合　　格	7	2	9
合　　计		不　合　格	9	10	19
		合　　格	14	17	31
合　　计			23	27	50

因此，在分层时，一定要克服"怕麻烦，图省事"的思想，要深入进行分析。

七、统计调查分析法

这种方法是利用统计调查表来进行数据整理和进行质量分析，使质量信息能够及时而准确地反馈给生产部门。此法灵活简便。调查表格多种多样，可按要求进行设计，建筑企业常用的有：统计分项工程质量分布状态调查表，统计影响产品质量主要原因的调查表，统计产品缺陷部位的调查表等。

统计调查分析法和分层法联合起来使用，效果会更好，它可以使产生工程质量的原因调查得更加清楚。

第七节　建筑安装工程质量检验和评定

为了统一建筑安装工程质量检验评定方法，促进企业加强管理，确保工程质量，建设部建设监理司于 1988 年 10 月发布了修改后的《建筑安装工程质量检验评定统一标准》GBJ300—88，它是建筑安装工程质量检验评定的大纲和实施的细则。

一、建筑安装工程的质量检查

（一）建筑安装工程质量检查的依据

（1）国家颁发的建筑安装工程施工及验收规范、施工技术操作规程和质量检验评定标准；

（2）原材料、半成品、构配件的质量检验标准；

（3）设计图纸及施工说明书等有关设计文件。

（二）质量检查的内容

质量检查的内容，是由施工准备、施工过程和交工验收三部分所组成。

1. 施工准备的检验内容

（1）对原材料、半成品、成品和构配件等进场的质量检查，新产品的试制和新技术、新工艺的推广等的预先试验检查。

（2）对工程地质、测量定位、标高等资料进行复核检查。

（3）对构配件放样图纸有无差错的复核检查。

2. 施工过程的检查内容

要对分部分项工程的各道工序进行检查工作，应坚持上道工序不合格不能转入下道工序的原则。隐蔽工程项目要做好隐蔽工程检查记录，并归档保存。施工现场所用的砂浆和混凝土都必须按规定取样，进行强度试验。

3. 交工验收的检查内容

交工验收的检查范围，包括分项工程、分部工程和单位工程的检验。其检查内容有：

（1）检查施工过程的自检原始记录；

（2）检查施工过程的技术档案资料；

（3）对竣工项目的外观检查；

（4）对使用功能的检查等。

（三）质量检查的数量

1. 全数检查

它是对产品进行逐件的全部检查。它花费的工作量大，只用于关键性的或质量要求特别严格的分部分项工程和非破坏性的检查。

2. 抽样检查

对要检查的内容，从总体中按一定比例，抽出部分子样进行检查，并进而判断总体的质量情况。在工程检查中，多采用抽样检查。而目前又多采用随机抽样的方法，使总体中的每一单位或位置，都有同等的机会能被抽到，避免抽样的片面性和倾向性。

二、建筑安装工程的质量评定

（一）建筑产品质量评定的划分与评定等级的划分

1. 建筑安装工程的质量评定的划分

按国家现行建筑安装工程质量检验评定标准的规定，工程产品质量检验评定应按分项工程、分部工程和单位工程分别进行评定。

2. 建筑安装工程的质量评定等级的划分

国家对建筑安装工程质量等级，目前划分为"合格"和"优良"两级。

合格，是指工程质量符合建筑安装工程质量检验评定标准的基本规定的。

优良，是指在合格基础上，工程质量达到标准中的优良要求的。

建筑安装工程质量不合格的不能验收交工，必须返工、修理。

（二）建筑安装工程质量评定的程序和方法

1. 工程质量评定的程序

工程质量评定程序是按先分项工程、再分部工程、后单位工程的步骤进行评定。

2. 工程质量评定的方法

工程质量评定要严格按着国家标准和有关部颁发的标准进行。从基础到竣工收尾，每一项工程均应坚持实测实量。对评定的部位、项目、计量单位、允许偏差、检测的数量、方法以及检测所用的工具等都要按照评定标准中的规定执行，保持评定的统一标准。

分项工程的质量评定，是工程质量评定的基础。其检验的内容及填报格式见表10-12。分项工程的质量符合下列标准者评定为合格：

工程名称：　　　　　　部位

保证项目	项目	质量情况										
	1											
	2											
	3											

基本项目	项目	质量情况										等级
		1	2	3	4	5	6	7	8	9	10	
	1											
	2											
	3											

允许偏差项目	项目	允许偏差 (mm)	实测值（mm）									
			1	2	3	4	5	6	7	8	9	10
	1											
	2											
	3											
	4											

检查结果	保证项目	
	基本项目	检查　　项，其中优良　　项，优良率　　％
	允许偏差项目	实测　　点，其中合格　　点，合格率　　％

评定等级	工程负责人： 工　　人： 班　组　长：	核定等级	质量检查员

年　　月　　日

（1）保证项目（即质量标准中采用"必须"、"严禁"用词的条文）均必须全部符合标准的规定；

（2）基本项目抽检的处（件）应符合标准的合格规定；

（3）允许偏差的项目，其抽检的点数中，建筑工程有 70％及其以上，建筑设备安装工程有 80％及其以上，应达到标准的允许偏差范围内。

符合下列标准者评定为优良：

（1）保证项目必须符合相应质量检验评定标准的规定；

（2）基本项目每项抽检的处（件）应符合标准的合格规定，其中有 50％及其以上的处（件）符合优良的规定，该项即为优良；优良项数应占检验项数 50％及其以上；

（3）允许偏差项目抽检的点数中，有90%及其以上的实测值应在相应标准的允许偏差范围内。

分项工程质量检验评定表见表10-12。

分部工程的质量等级应符合以下规定：

合格：所含分项工程的质量全部合格；

优良：所含分项工程的质量全部合格，其中有50%及其以上为优良（建筑安装工程中，必须含指定的主要分项工程）。

分部工程质量检验评定表，应采用表10-13格式。

分部工程质量评定表

表 10-13

工程名称：

序　号	分项工程名称	项　数	其中优良项数	备　注
1				
2				
3				
4				
5				
6				
7				
……				
合　计				优良率　％
评定等级	技术负责人： 工程负责人：		核定等级	核定人：

年　月　日

单位工程的质量应符合下列规定方可为合格：

（1）分部工程的质量应全部合格；

（2）质量保证资料应基本齐全；

（3）观感质量的评定得分率应达到70%及其以上。

单位工程的质量符合下列规定者可以评定为优良：

（1）分部工程的质量合格，其中有50%及其以上优良，建筑工程必须含主体和装饰工程；以建筑设备安装工程为主的单位工程，其指定的分部工程必须优良；

（2）质量保证资料应基本齐全；

（3）观感质量的评定得分率应达到85%及其以上。

单位工程质量保证资料核查表、观感质量评定表、质量综合评定表的格式见表10-14，10-15，10-16。

工程名称：

序号	项 目 名 称		份 数	核查情况
1	建	钢材出厂合格证、试验报告		
2		焊接试（检）验报告，焊条（剂）合格证		
3		水泥出厂合格证或试验报告		
4	筑	砖出厂合格证或试验报告		
5		防水材料合格证、试验报告		
6		构件合格证		
7	工	混凝土试块试验报告		
8		砂浆试块试验报告		
9	程	土壤试验、打（试）桩记录		
10		地基验槽记录		
11		结构吊装、结构验收记录		
12	建筑采暖卫生与煤气工程	材料、设备出厂合格证		
13		管道、设备强度、焊口检查和严密性试验记录		
14		系统清洗记录		
15		排水管灌水、通水试验记录		
16		锅炉烘、煮炉、设备试运转记录		
17	建筑电气安装工程	主要电气设备、材料合格证		
18		电气设备试验、调整记录		
19		绝缘、接地电阻测试记录		
20	通风与空调工程	材料、设备出厂合格证		
21		空调调试报告		
22		制冷管道试验记录		
23	电梯安装工程	绝缘、接地电阻测试记录		
24		空、满、超载运行记录		
25		调整、试验报告		
核查结果		企业技术部门 或监督部门　章 负 责 人　　　　年　月　日		

注：1. 本表适用于工业与民用建筑的建筑工程和建筑设备安装工程，有特殊要求的工程，可据实增加检查项目；

2. 合格证、试（检）验单或记录单内容应齐全、准确、真实；抄件应注明原件存放单位，并有抄件人、抄件单位的签字和盖章。

工程名称：

序 号	项 目 名 称		标准分	评 定 等 级					备 注
				一级 100%	二级 90%	三级 80%	四级 70%	五级 0	
1	建	室外墙面	10						
2		室外大角	2						
3		外墙面横竖线角	3						
4		散水、台阶、明沟	2						
5		滴水槽（线）	1						
6	筑	变形缝、水落管	2						
7		屋面坡向	2						
8		屋面防水层	3						
9		屋面细部	3						
10		屋面保护层	1						
11	工	室内顶棚	4（5）						
12		室内墙面	10						
13		地面与楼面	10						
14		楼梯、踏步	2						
15		厕浴、阳台泛水	2						
16	程	抽气、垃圾道	2						
17		细木、护栏	2（4）						
18		门安装	4						
19		窗安装	4						
20		玻璃	2						
21		油漆	4（6）						
22	室内给排水	管道坡度、接口、支架、管件	3						
23		卫生器具、支架、阀门、配件	3						
24		检查口、扫除口、地漏	2						
25	室内采暖	管道坡度、接口、支架、弯管	3						
26		散热器及支架	2						
27		伸缩器、膨胀水箱	2						

序 号	项 目 名 称		标准分	评 定 等 级					备 注
				一级 100%	二级 90%	三级 80%	四级 70%	五级 0	
28	室内煤气	管道坡度、接口、支架	2						
29		煤气管与其他管距离	1						
30		煤气表、阀门	1						
31	室内电气安装	线路敷设	2						
32		配电箱（盘、板）	2						
33		照明器具	2						
34		开关、插座	2						
35		防雷、动力	2						
36	通风	风管、支架	2						
37		风口、风阀、罩	2						
38		风 机	1						
39	空调	风管、支架	2						
40		风口、风阀	2						
41		空气处理室、机组	1						
42	电梯	运行、平层、开关门	3						
43		层门、信号系统	1						
44		机 房	1						
合　　计	应得　　　分　　实得　　′　　分，得分率　　　　　%								

检查人员：　　　　　　　　　　　　　　　　　　　　　　　　　　　　　　年　　月　　日

注：1. 表中某项目含有若干分项时，其标准分值可根据比重大小先行分配，然后分别评定等级；

　2. 检查数量：室外和屋面全数检查（分为若干个检查点）；室内按有代表性的自然间抽查10%，应包括附属房间及厅道等；

　3. 评定等级标准：抽查或全数检查的点（房间）均符合相应质量检验评定标准合格规定的，评为四级；其中，有20%～49%的点（房间）达到标准优良规定者，评为三级；有50%～79%的点（房间）达到标准优良规定者，评为二级；有80%及其以上的点（房间）达到标准优良规定者，评为一级。有不符合标准合格规定的点（房间）者，评为五级，并应处理；

　4. 表中带括号的标准分，表示工作量大时的标准分；

　5. 表中电梯的标准，是按一台列的分，当为两台时，总分为10分；三台及三台以上时总分为15分；

　6. 由于观感评分受评定人的技术水平、经验等的主观影响，所以评定时应由三人以上共同评定。

单位工程质量综合评定表　　　表 10-16

工程名称：　　　　施工单位：　　　　开工日期：　　　　年　　月　　日
建筑面积：　　　　结构类型：　　　　竣工日期：　　　　年　　月　　日

项　次	项　　　目	评　定　情　况	核　定　情　况
1	分部工程质量评定汇总	共　　分部，其中优良　　分部，优良率％ 主体分部质量等级装饰分部质量等级安 装主要分部质量等级	
2	质量保证资料评定	共核查　　项，其中符合要求　　项，经 鉴定符合要求　　项	
3	观感质量评定	应　得　　分 实　得　　分 得分率　　％	
4	企业评定等级 企 业 经 理 企业技术负责人　　公章 　　　　　　年　　月　　日		工程质量监督 或主管部门　　核定 负责人：　　　公章 　　　年　　月　　日

当分项工程质量不符合相应质量检验评定标准合格的规定时，必须及时处理，并应按以下规定确定其质量等级：

（1）返工重做的可重新评定质量等级；

（2）经加固补强或经法定检验单位鉴定能够达到设计要求的，其质量仅应评为合格；

（3）经法定检测单位鉴定达不到原设计要求，但经设计单位认可能满足结构安全和使用要求可不加固补强的；或经加固补强改变外形尺寸或造成永久性缺陷的，其质量可定为合格，但所在分部工程不应评为优良。

三、建筑企业工程质量的综合评价

建筑企业或其所属的某个生产部门，在一定的时期（季或年）内一般总是有若干个单位工程竣工交工，每个单位工程的质量等级多不一样，其价值的大小一般也是不一样的。为了便于对企业或生产部门所完成的工程质量进行考核与评定，应当进行工程质量的综合评价。其方法是，我们可以规定优良品的质量评价分数为 80 分，合格品的质量评价分数为 60 分，考虑到工程价值大小的不同，综合评价值的计算公式则为：

$$P = \frac{\sum_{1}^{n} N_i P_i}{\sum_{1}^{n} N_i} \tag{10-12}$$

式中　N_i——一定时期内竣工交工的第 i 个单位工程的价值大小；

　　　P_i——一定时期内竣工交工第 i 个工程的质量评定分数；

　　　n——一定时期内竣工交工的单位工程的个数。

【例 3】 某施工处在一季度中完成的单位工程共有五个，其质量评定等级与价值如表
10-17。则其综合评分为 P。

表 10-17

	质 量 评 定 等 级	工程价值（万元）
甲单位工程	优 良	300
乙单位工程	合 格	150
丙单位工程	合 格	100
丁单位工程	优 良	90
戊单位工程	优 良	50

$$P = \frac{300 \times 80 + 150 \times 60 + 100 \times 60 + 90 \times 80 + 50 \times 80}{300 + 150 + 100 + 90 + 50} = 72.8 \text{分}$$

第十一章 建筑企业成本管理

第一节 成本管理的基本概念

一、成本及其分类

建筑产品的成本，是指该产品在施工中所发生的一切费用的总和，是施工中所消耗的生产资料价值 C 与劳动者活劳动价值 V 两部分之和，是建筑产品价格的主要组成部分。

建筑产品的成本可以分为下列几种：

（一）承包成本

系指建筑企业与建设单位在施工合同中所确定的工程造价减去计划利润后的成本。在目前，多数工程造价是按预算确定的，这样的承包成本又称为预算成本；也有按概算包干方式承包的工程，由包干金额计算出的成本；实行招标承包制时，由建设单位和建筑企业双方在中标建筑企业标价基础上议定的合同造价的成本，通常与预算成本有些出入，这也是一种承包成本。承包成本是建筑企业组织施工、进行经济核算的基础。

（二）计划成本

是建筑企业考虑降低成本措施后的成本计划数。主要是根据企业计划中的技术组织措施计划、降低成本指标及费用开支标准等资料确定的成本。反映建筑企业在计划期内应达到的成本水平，是建筑企业成本控制的基础。

（三）实际成本

指在建筑安装工程施工中实际发生的费用总和。是反映企业经营活动效果的综合性指标。用它与承包成本和计划成本作对比，可通过费用的超支或节约来考核企业经营效果、施工技术水平及技术组织措施计划的贯彻执行情况，为改进工作提供数据上的依据。

二、成本与利润的关系

各类成本与利润的关系见图 11-1。图中表明，承包成本是建筑企业成本核算的基础。企业的计划成本与承包成本的差额，是计划成本降低额。图中的 C、D 分别表示企业经营管理水平对成本和盈、亏的影响。C 是当实际成本低于承包成本时，企业的实际成本降低额与计划利润共同形成企业的盈利。D 是当实际成本超过了工程造价，其超过的部分就是企业的亏损额。

三、成本管理的意义及任务

成本管理是为降低建筑产品（即工程项目或劳务）、作业等的成本，而进行的各项管理工作的总称。它主要包括：制定各项消耗和费用定额，编制成本计划；拟定并执行有关降低成本的各项措施；进行成本预测预控、检查分析和改善；编制成本报表；建立健全有关规章制度，从而提高企业的经营管理水平，挖掘内部潜力，节约人力、物力和财力，降低成本，增加利润。

成本管理在建筑企业管理中占有重要的地位，成本管理的好坏，直接影响企业所创利

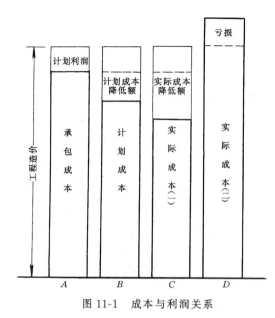

图 11-1　成本与利润关系

润的多少。在一定的意义上说,企业的一切管理,都要导致一定的经济效益。这个经济效益必然反映着成本管理的好坏,我们必须重视和健全成本管理工作, 成本管理是企业管理工作的焦点。

成本管理的基本任务,是保证降低成本,实现利润,为国家提供更多的积累,为企业获得更大的经济效益,使职工得到适当的利益。

从广义上说,成本管理是对企业整体而言;从狭义上说,成本管理是对一项工程而言。工程成本管理是企业成本管理的主体内容。

为了实现成本管理的任务,有两方面的工作,一是成本管理的基础工作,所需的定额、记录,并健全成本管理责任制和其他基本制度;二是做好成本计划工作,加强预算管理。做好"两算"(施工图预算和施工预算)对比,并在施工中进行成本的核算和分析,为保证一切支出控制在预算成本之内而实行成本控制。

四、成本管理的基础工作和总费用

(一)成本管理的基础工作

(1)划清工程成本的界限。由于建筑产品的成本构成比较复杂,因此,须划清成本的各项费用范围。如企业的建设费用、技术改造资金、大型临时设施费、缴纳罚款和社会摊派等;非本工程的各项开支,如串工、串料;不同时间的待摊费用、预提费用等,都不属于成本范围,均不能进入成本。

(2)做好施工定额及施工预算的管理。指的是企业内部用的施工定额和施工预算的管理,并要和施工图预算(承包价格)进行对比,以便分析成本的变化。

(3)建立并做好各项成本信息工作。如各项有关原始资料、凭证的全面、及时和准确地掌握。

(4)建立与健全各项制度,如考勤、考核、领退料、机具使用、原始记录、消耗统计、成本报表、分析等制度。

(5)做好各级成本管理工作人员的培训。

(二)总费用

总费用是指建筑物生命周期的总费用,如一项工程从征地开始到建筑物报废为止所耗费的总成本即总费用。

总费用是由初始建设费和经常维修费所构成,如图 11-2 所示。

总费用是系统地、全面考核建设费用,不是只强调某一费用的降低。在成本管理中是以总费用为最低作为管理目标的。

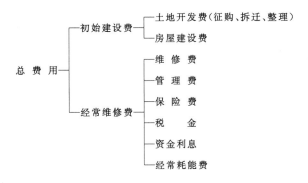

图 11-2 总费用构成

五、工程成本管理的程序

工程成本管理的程序是从工程成本的估算开始，经采取改善成本的对策，直到贯彻为止的一系列成本管理工作。图 11-3 是它的一般程序。

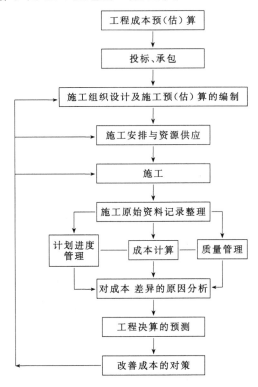

图 11-3 工程成本管理程序

第二节 成本管理的一般方法

一、成本管理的基本工作及管理范围

成本管理大体上可分为三个阶段：计划成本的编制阶段；计划成本的实施阶段；计划成本的调整阶段，如图 11-4 所示。

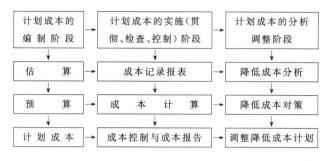

图 11-4 成本管理的系列阶段

成管管理的基本工作是：（1）收集和整理有关资料，正确地编好工程成本计划；（2）及时而准确地掌握施工阶段的工程完成量、费用、支出等工程成本资料；（3）与计划成本相比较，作出细致的成本分析；（4）在总结原因的基础上确定降低成本目标，采取降低工程成本的积极对策。

成本管理的范围：随着工程的进展，由于各种原因使工程的实际成本与计划成本发生差异。因此在成本管理中必须对工程成本的构成加以分析。在成本构成中，有的成本费用项目与工程量有关（如直接费），有的与工程的持续时间有关（如间接费），成本管理工作应在工程成本可能变动的范围，也就是可控制范围内去进行。

二、成本计划

成本计划是事先审查支出是否合理和控制开支的依据。

（一）成本计划编制的准则

（1）制定合理的降低成本目标，即按企业工程任务的实际情况制定出企业的、工程的降低成本目标。

（2）挖掘企业内部潜力，降低成本。不得偷工减料，不得降低质量，不可不顾机械的维修和忽视必须的劳动安全保护。要做到积极可靠地降低成本。

（3）针对工程任务，采用先进可行的技术组织措施以达到降低成本的目的。

（4）从改善生产经营管理着手，降低各项管理费用。

（5）参照上期实际完成的情况编制本期成本计划，使计划具有连续性。

（二）降低成本的措施及其效果计算

（1）由于采用技术组织措施而降低成本。

用 P_1 表示其降低率：

$$P_1 = \left(\begin{array}{c}\text{该项目原成本占}\\\text{工程成本的比重}\end{array}\right) \times \frac{\text{措施涉及的工程量} \times \text{单位量的节约额}}{\text{工} \quad \text{程} \quad \text{成} \quad \text{本}} \tag{11-1}$$

P_1 在整个降低成本中应占很大的比重，是我们降低成本的主要方面，应按预算的单位工程量编制。

（2）由于减少资源、能源损耗（主要指购、运、管中的能源损耗）而降低成本。用 P_2 表示其降低率：

$$P_2 = \begin{array}{c}\text{所耗资源、能源费}\\\text{占工程成本的比重}\end{array} \times \begin{array}{c}\text{资源、能源}\\\text{损耗降低率}\end{array} \tag{11-2}$$

（3）由于提高劳动生产率而降低成本。用 P_3 表示其降低率：

$$P_3 = \frac{\text{工资占工程}}{\text{成本的比重}} \times \left(1 - \frac{1 + \text{工资增长 \%}}{1 + \text{劳动生产率增长 \%}}\right) \qquad (11\text{-}3)$$

目前工资增长大于劳动生产率的增长，只有改变这一状况，才能达到提高劳动生产率而降低成本这一目的。以上 2、3 两项系与预算定额比较降低的部分。

（4）由于多完成工程任务，使固定费用相对节约而降低成本。用 P_4 来表示其降低率：

$$P_4 = \frac{\text{固定费用占工}}{\text{程成本比重}} \times \left(1 - \frac{1}{1 + \text{完成任务增长 \%}}\right) \qquad (11\text{-}4)$$

在建筑企业成本中，固定费用包括人工费中的标准工资、机械使用费中的折旧、机修及操作人员的工资、绝大部分施工管理费等。

（5）由于减少废品、返工损失而降低成本。用 P_5 来表示其降低率：

$$P_5 = \frac{\text{废品、返工损失}}{\text{占工程成本比重}} \times \frac{\text{废品、返工损}}{\text{失降低率 \%}} \qquad (11\text{-}5)$$

（6）由于节约管理费而降低成本。用 P_6 来表示其降低率：

$$P_6 = \frac{\text{管理费用占}}{\text{工程成本比重}} \times \text{费用节约的 \%} \qquad (11\text{-}6)$$

以上六项成本降低率累加，即构成了整个工程的降低成本率 P。如达不到降低成本率的目标要求时，则还须再分析、选择和采用另外的降低成本的措施或扩大涉及的范围，有时要进行反复的试算比较才能达到预定的降低成本的目标。

三、成本控制

成本控制就是在工程形成的整个过程中，对工程成本形成可能发生的偏差进行经常的预防、监督和及时的纠正，使工程成本费用被限制在成本计划范围内，以实现降低成本的目标。

（一）分级、分口成本控制

分级分口成本控制是以公司为主体，把公司、分公司，项目部承包队、班组的成本控制结合起来；以财务部门为主、把生产、技术、劳动、物资、机械设备、质量等部门的成本控制结合起来。

分级控制是从纵的方面把成本计划指标按所属范围逐级分解到班组乃至个人。

分口控制是从横的方面把成本计划指标按性质分解到各职能科室（组），每个科室（组）又将指标分解到职能人员。分级分口控制可形成成本控制网络，从而落实成本控制责任。

（二）成本预测预控

是指企业在一定的生产经营条件下，运用成本预测预控方法进行科学计算，挖掘企业潜力，从而为确定成本控制目标、编制成本计划提供依据。

成本预测预控是以上一年度的实际成本资料作为测算的主要依据，根据客观存在的成本与产量之间的依存关系，找出成本升降变动的规律，为成本控制提供前提。量本利方法是理想的成本预测预控方法，利用量本利方法进行成本预测预控，必须正确划分固定成本与变动成本，划分的思路如下：

（1）材料费。材料费与产量直接有关，属于变动成本。

（2）人工费。计时工资部分，不管生产任务完成如何，工资照发，属于固定成本。计件超额工资，超额部分属于变动成本。奖金分两部分，按工资总额提取的属于固定成本，按降低成本发超额提成奖的属于变动成本。

（3）机械使用费。其中有些费用，随产量的增减而变动。动力、燃料费属变动成本，有些费用不随产量而变动：机械提存折旧、机修工及操作工工资等属于固定成本。

（4）其他直接费。水、电、风、气等的费用以及现场发生的材料二次搬运费，多数与产量发生联系，属于变动成本。

（5）施工管理费。施工管理费中大部分与产量的增减没有直接联系，在一定的产量范围内，费用基本不变，如工作人员工资、生产工人辅助工资、工资附加费、办公费、差旅交通费、固定资产使用费、职工教育经费、劳保支出费用等基本上都属于固定成本。有一部分介于固定成本和变动成本之间，如劳动保护费、工具用具使用费中，一部分属于固定成本，一部分属于变动成本。

这样分类，便于掌握产量变动对成本及利润影响的规律，应用数学分析方法，开展成本预测预控。举列说明如下：

【例】 某建筑公司上年度成本报表，预算成本 3700 万元，实际成本 3480 万元，施工利润（即降低成本额）220 万元，按变动成本法分类，实际成本 3480 万元，其中固定成本为 955 万元，变动成本为 2525，根据下列公式求出变动成本率为：

$$变动成本率 = \frac{变动成本}{预算成本} \times 100\% = \frac{2525}{3700} \times 100\% = 68.2\%$$

预算成本减变动成本后的"余额"，是用来补偿固定成本并为企业带来施工利润的。如果"余额"与固定成本相等，则企业不盈不亏；如果大于固定成本，则为盈利；反之，则为亏损。这个"余额"叫做边际利润。计算公式如下：

$$边际利润 = 预算成本 - 变动成本 \qquad (11-7)$$

$$边际利润率(\%) = \frac{边际利润}{预算成本} \times 100 \qquad (11-8)$$

按上述公式，某建筑公司上年度边际利润和边际利润率是：

$$边际利润 = 3700 - 2525 = 1175（万元）$$

$$边际利润率 = \frac{1175}{3700} \times 100\% = 31.8\%$$

假设某建筑公司本年度"固定成本"不变，需要完成多少任务才能"保本"？其计算公式如下：

$$保本点 = \frac{固定成本}{边际利润率} \qquad (11-9)$$

按上述公式，可以求出某建筑公司本年度的盈亏平衡点。

$$本年度保本点成本 = \frac{955}{0.318} = 3003（万元）$$

这就预测出某建筑公司本年度必须完成预算成本 3003 万元，才能保本不亏损。如果超过 3003 万元，就能盈利，每超过 100 万元，盈利 31.8 万元。在固定成本不变的前提下，完成任务超过保本点越多则盈利越多，其计算公式如下：

$$盈利水平 ＝（预算成本 － 保本点成本）× 31.8\%$$

企业开展成本预测预控，找出本企业的保本点，就可以事先制订本企业的成本、利润的最优计划，发动全体职工从增产节约、增收节支方面，深挖降低成本的潜力，努力降低工程成本。

（三）成本报表

成本报表及其分析是控制成本的重要环节，对此，应系统地建立较完整的工作制度。它包括成本记录报表、成本分析表、成本报告（成本完成情况报告），形成由日、周、月和完工工程组成的报告系统。

1. 成本记录报表

它是实际成本形成过程中有关费用的记录报表，例如人工时间卡、设备时间卡、工资、材料分包费用支付帐等，按日、周（或旬）、月和完工时间进行积累。成本管理要求有准确及时的数据，除采取手工处理的格式化和传票化方式外，还须广泛采用计算机处理系统。

2. 成本报告书

成本报告书即成本完成情况报告书，一般有日、周（或旬）、月和完工报告之分。

日、周（或旬）报告是由班组长做出的，以快为目的，它报告成本中重要的紧急事项，简洁而不失时机；有时采用劳动力和机械使用情况报告。日、周（或旬）报表是最为敏感的，从中往往可以发现成本管理的某些问题的萌芽，因而可及早准备并采取措施克服不利事态的继续发展。

月报告，又可称之为月结算成本报告，由项目核算员做出，它有各分部分项工程的已完成量、工程概况和月成本。由于建筑产品生产周期长，与建设单位间实行月结算付款，所以月报告是掌握成本最为重要的也是最为适当的方法。

在报告中须进行成本分析，这一分析，可借助于分项成本分析表（表 11-1）和执行中最终费用的盈亏预测表（表 11-2）。

分 项 成 本 分 析 表　　　　　　　　　表 11-1

工程项目	分部或分项工程	计划（预算）成本			实际工程成本			成本分析				显著的成本差异原因
								增		减		
		数量	单价	金额	数量	单价	金额	金额	单价	金额	单价	

这时，可做最终工程费盈亏预测图，如图 11-4（即管理图的一种）所示。工程管理人员根据其变化规律，就能够采取现场管理的措施。图中有上下两条管理界限线。当实际成本处在中间的预算成本线与上界限线之间的范围内时表示盈利，实际成本处在预算成本线与下界限线之间的范围内时表示亏损。两条界限线的数值是企业所固有的，一般从实际的

平均差异中取得，即从实际完工的类似的若干个工程取得。

最终（工程）费用的盈亏预测表 表 11-2

工程项目	分部或分项工程	修改		修改后完成量累计			未完工程费预测			最终工程费预测			修改的预算成本			盈亏预测
		增	减	数量	单价	金额	数量	单价	金额	数量	单价	金额	数量	单价	金额	盈　亏

图 11-5 中曲线上升时则表示实际成本比预算成本下降，下降时则表示实际成本的增大。在 B 和 D 点所采取的对策导致了实际成本的减少，而在 A 和 C 点所采取的对策导致了实际成本的增加。

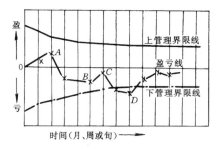

图 11-5　最终工程费的盈亏预测图

完工报告是由项目负责人作出的，应区别于财务部门的工程决算报告。工程的完工报告除了具有详细的金额外，必须把与施工条件有关的成本是如何产生的作为重点阐述。

在完工报告中要分析成本差异的原因，诸如（1）设计变更；（2）自然灾害；（3）价格变动；（4）人力不足或效率低；（5）施工失误；（6）定额差错等。

在降低成本措施方面的重点施工对象一般应是：（1）工作量大者，（2）数量大者，（3）重复作业者；（4）危险性大者；（5）开始与收尾的项目。在成本构成上采取措施一般应着眼于：（1）材料价格及其信息，供应情况；（2）对劳动力与分包的合理安排，专业化措施，均衡施工，减少停、返工与现场搬运；（3）进度均衡以减少暂设工程费用；（4）机械选用适当，以提高效率等。

四、现代成本管理

（一）成本管理与综合管理系统

从发展上看，建立工程综合的时间——成本——施工管理系统是十分必要的，但它的建立需要一定的人力、资金、设备和技术，也需要时间。在这方面国外作了不少工作，并取得了一定的成就。

作为施工管理控制用的综合管理系统，正在不断研究和发展中。1977 年美国教授 Vagiy Roushoulas 和工程专家 Mark Grazioli 所著《建筑工程的综合管理系统》一书中，把概预算、成本和进度控制等过程统一为一个整体。由于它只包括工程进度控制、成本概算和预算，所以这个系统在内容上并不复杂，可以容易地掌握。因此，它的使用是方便的，它提供的信息是有效的。它的工作流程如图 11-6 所示。

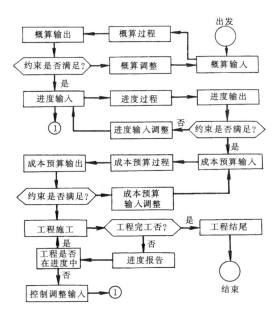

图 11-6　工程施工综合管理系统工作流程图

（二）降低成本的新管理技术

在近代，在降低成本方面出现了许多新的技术。系统工程（SE）、运筹学（OR）、工业工程（IE）和全面质量管理（TQC）、价值工程（VE）等管理技术均可用于成本管理。这些新技术分别应用于解决管理不善、作业效率低、返工修理、市场情况不清、多余的设计等等问题（表 11-3）。尤其是价值工程（VE）的应用，效果尤为显著。

（三）质量成本管理

质量成本。是指为了保证和提高产品质量发生的一切费用和未达到质量标准而产生的一切损失费用。前者又称为控制成本，后者又称为故障成本。

控制成本包括预防成本和鉴定成本。预防成本主要是为保证产品质量达标，而事先采取的各项措施费，如宣传教育、培训、各项质量奖励等。鉴定成本主要是各类现场质量管理人员工资和对原材料、半成品等进行质量检测的费用。控制成本支出越多，产品质量越高。

故障成本包括内部故障成本和外部故障成本。内部故障成本主要是由于内部人员施工指导、施工操作、成品保护和保养中的错误造成的返工损失费。外部故障成本是在产品售出后因质量问题而产生的一切损失，如退货费、保修费、赔偿费、折价损失等。提高产品质量可降低故障成本。

在施工项目中，控制成本、故障成本，质量成本与质量的关系，如图 11-7 所示。即控制成本付出的越多，质量越好。施工质量好，返工少，故障成本就低。质量和成本二者之间存在着可优化关系。从成本角度考虑以成本最低点的质量为最佳质量（Q_{opt}）。若业主要求再提高质量，就应付出补偿费，即优质优价。

在质量成本管理中，必须成立各级领导主持下的成本和质量管理网络，建立预防成本、鉴定成本、内部故障成本、外部故障成本的详细会计科目，健全原始凭证，进行核算分析，切实把质量成本控制好。

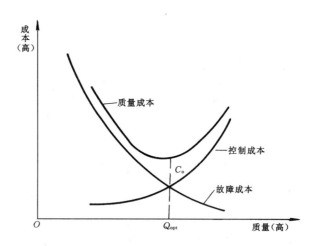

图 11-7　质量成本关系图

（四）计算机应用于成本管理

（1）计算机应用到成本管理中可大大提高成本控制功能。进行工期成本的优化，选定最优工期（就是 CPM 中工期——成本的优化方法），必须使用计算机，否则手工难以胜任。时间—成本的关系见图 11-8，用计算机可以找出 A 点所对应的工期。

降低成本的新管理技术表　　　　　　　　　　　　　　　　表 11-3

可解决的问题	新管理技术
管理不善	SE，OR，PERT
作业效率低	IE
返工修理	QC
市场情况不清	
多余的设计、构造	VE
多余的暂设、运输	

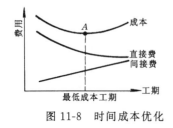

图 11-8　时间成本优化

（2）进行日常的工程成本核算、记录、整理信息、分析成本计划与实际成本的差异、进行成本统计等，都可使用计算机。国外成本管理普遍使用计算机。我国随着计算机技术的发展和普及，正在迅速以计算机管理取代手工操作。成本管理计算机化是整个企业管理现代化的重要组成部分。

第三节　成本费用的核算与分析

一、成本费用的核算

成本核算贯穿于成本管理的全过程。在企业管理中，它是财务管理和会计核算的重要内容，只有核算成本和费用，才能确知企业的盈利。在工程项目管理中，成本核算被称作工程项目管理的两大关键之一（另一个关键是项目经理责任制）。

（一）工程项目成本核算的信息关系

工程项目成本核算信息关系如图 11-9 所示。该图说明，成本核算是在各项生产核算的基础上进行的。

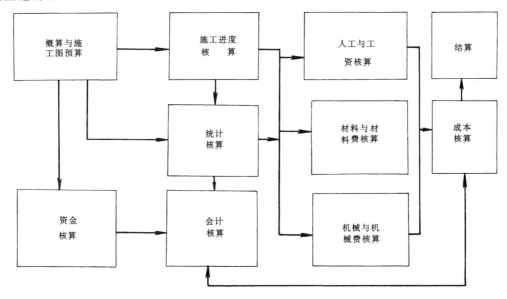

图 11-9　工程项目成本核算信息关系图

（二）工程项目成本核算的对象

原则说来，一个单位工程是一个完整的成本核算对象，因为它是施工单位的完整产品。如果一个单位工程由几个施工单位共同施工，则各施工单位都以同一单位工程为成本核算对象，各自核算自行完成的部分。规模大、工期长的单位工程，可以将工程划分为若干部位，以分部位的工程作为成本核算对象。同一个建设项目，由同一个施工单位施工，并在同一地点，属同一结构类型，开竣工时间相近的若干单位工程，可以合并作为一个成本核算对象。改建、扩建的零星工程，可以将开竣工时间相接近，同属于一个建设项目的各个单位工程合并为一个成本核算对象。

（三）成本核算的要求

（1）执行国家有关成本开支范围的规定和费用开支标准，节约使用人力、物力和财力。

（2）正确、及时地记录和计算各项开支和实际成本。

（3）划清成本、费用支出和非成本、费用的界限。

（4）正确划分各种成本、费用的界限。

（5）加强成本核算的基础工作，包括：建立各种财务、物资的收发、领退、转移、报废、清点、盘点、索赔制度，健全原始记录和工程量统计制度，建立各种内部消耗定额及内部指导价格，完善计量、检测设施与制度等。

（6）有帐有据。资料要真实、可靠、准确、完整、及时、审核无误、手续齐全、建立台帐。

（7）创造好成本核算的内部条件和外部条件。内部条件有：两层分开、建立企业内部市场、健全各项责任制等；外部条件有建筑市场、计价方式、承包方式、经济法规等。

二、成本费用分析的概念与内容

（一）成本费用分析的概念

成本费用分析是成本核算的继续，它根据成本费用的核算资料，全面分析成本费用的变动情况，找出影响成本费用升降的因素及其形成的原因，挖掘降低成本费用的潜力，以便采取措施，降低成本和费用。

（二）成本费用分析的内容

1. 企业成本费用分析

（1）成本费用计划完成情况分析。在这一分析中，一般要相关联地进行施工产值完成情况分析、竣工面积和竣工率分析、工程质量分析、劳动力和工资分析、施工机械使用情况分析、材料供应分析。这是因为成本计划完成情况与以上各要素相关。

（2）量本利分析。即进行计划成本、实际成本和成本降低额之间的相关分析，求出盈亏平衡点、进行经营安全分析。

（3）实物工程量结构变动对成本的影响分析。

（4）降低成本计划完成情况分析。与此相关联地，要进行降低成本措施计划实施效果分析。

2. 工程项目成本分析

（1）随着项目的施工进展而进行的成本分析，包括：分部分项工程成本分析；月（季）度成本分析；年度成本分析；竣工工程成本分析。

（2）按成本项目进行成本分析，包括：人工费分析、材料费分析、机械使用费分析、其他直接费分析、间接成本分析。

（3）针对特定问题及与成本有关事项分析，包括：成本盈亏异常分析；工期成本分析；资金成本分析；技术组织措施节约效果分析；其他有利因素和不利因素对成本的影响分析。

三、成本费用分析的依据和方法

（一）成本费用分析的依据

成本费用分析的依据有：各种经济核算资料，企业的各种成本会计帐表，各种成本、费用核算、"管理会计"台帐、各种费用开支凭证、施工图预算、施工预算及成本费用计划等。要根据分析内容的不同，有针对性地选择成本费用分析的依据资料。

（二）成本费用分析的基本方法

凡是经济活动分析适用的方法，均可用于企业的成本费用分析。但是具体采用哪种方法为宜，还要根据分析的目的、企业的特点、所掌握的资料以及分析的内容等进行选择。成本费用分析的基本方法是比较分析法、相对数分析法、连环替代法及差额计算法等。现分述如下。

1. 比较分析法成本费用分析

用比较分析法对成本费用进行分析，是将报告期的成本费用，与计划值相比，与去年同期相比，与先进水平相比，等等。通过对比分析，找出差距、矛盾、产生的原因，以便研究解决问题、改进工作和管理的办法，达到挖掘潜力、降低成本的目的。表11-4是一个比较分析法的实例。

指标	计划成本费用总额	计划成本费用降低率（%）	实际成本费用总额	实际成本费用降低率（%）	比较升（＋）降（一）	
					总额	降低率（%）
数据	628	5	605	3.6	—23	—1.4

表中数字说明，虽然成本费用总额有所降低，但并没有完成降低率指标。

2. 相对数分析法

相对数分析法也称比率法，是把分析对比的数值变成相对数，以观察其相互之间的关系、构成或变化动态的方法。常用的比率法有：

（1）相关比率。它是将两个性质不同，但又相关的指标加以对比，求出比率，得出一个新的指标，用以反映和考察它们之间的关系，以便作出相应的判断。成本利润率就是一个相关比率。

$$成本利润率 = \frac{利润总额}{成本费用总额} \times 100\% \qquad (11\text{-}10)$$

这个指标可用来考察成本费用与利润的关系。

（2）构成比率。该指标反映经济活动各构成部分占总量比重，可从中找出构成总体的重点，如在总成本中材料费、机械使用费和人工费等各占的比重就是构成比率。

（3）动态比率。动态比率是将不同时期的数值进行对比，求出比率，以反映该指标的发展方向和速度，观察其变化趋势。动态比率又分基期指数（定比）和环比指数（环比）两种。表 11-5 就是一个动态比率分析法的实例。

指标动态比较表　　　　表 11-5

指　标	第一季度	第二季度	第三季度	第四季度
降低成本（万元）	85	93	98	108
基期指数（%）	100	109.4	115.3	127.1
环比指数（%）	100	109.4	105.3	110.2

相对数分析法以经济指标的数值为计算比率的基数，基数不同相对数也不一样。所以应将相对数分析法和经济指标绝对数比较分析法结合起来使用，以准确地反映经济指标的动态。

3. 连环替代法

连环替代法是因素分析法的一种，是经济活动分析的核心方法。它的主要作用是分析差异总值形成的因素，为更加深入地分析问题指出方向。

【例】　某企业某月的红机砖消耗成本统计资料见表 11-6，试用连环替代法进行因素分析。

红机砖消耗情况　　　　表 11-6

	单位	计划	实际	差异绝对值	差异率（%）
工　程　量	m³	1240	1360	＋120.00	＋9.68

	单位	计划	实际	差异绝对值	差异率（%）
单方耗砖量	块	526	520	-6.00	-1.14
红机砖单价	元	0.30	0.28	-0.02	-6.67
红机砖总成本	元	195672	198016	+2344	+0.01

【解】　影响红机砖消耗成本因素分析见表 11-7。

影响红机砖消耗成本因素分析表　　　　　　表 11-7

计算顺序	计　算　公　式	差　异	因　素　分　析
计划数	$1240 \times 526 \times 0.30 = 195672$		
第一次替代	$1360 \times 526 \times 0.30 = 214608$	+18936	由于工程量增加 120m³ 成本增加
第二次替代	$1360 \times 520 \times 0.30 = 212160$	-2448	由于单方耗砖量减少而节约成本
第三次替代	$1360 \times 520 \times 0.28 = 198016$	-14144	由于单价降低而节约成本
合　　　计	$18936 + (-2448) + (-14144) = 2344$	+2344	

在利用连环替代法进行成本费用分析时，应注意以下几点：

第一，计算公式中各因素的顺序是不能颠倒的。公式中各因素先后顺序的确定原则是：先实物量，后价值量；先绝对数，后相对数。

第二，自左而右，每次替换一个数，用替换后的结果减替换前的结果，所得之差就是替换因素产生的影响。

第三，分析影响值的大小和是否是积极现象不能只看正负号，还应作具体分析。例如，本题中多完成工程量的影响是正值，当然是积极的；而单方耗砖量减少的影响值是负值，当然也是积极的。至于红机砖单价降低要作具体分析，可能是市场降价；也可能是采购人员经营有方。

第四，两表的差异总值（2344）应进行对比核验，必须相等才证明计算正确。

4. 差额计算法

差额计算法也是因素分析法的一种，而且是连环替代法的简化计算法。

如前例用差额计算法计算，只用表 11-6。

（1）由于工程量增加对总成本的影响：
$$(+120) \times 526 \times 0.30 = +18936（元）$$

（2）由于单方耗砖量减少对总成本的影响：
$$(-6) \times 1360 \times 0.30 = -2448（元）$$

（3）由于红机砖单价降低对总成本的影响：
$$(-0.02) \times 1360 \times 520 = -14144（元）$$

（4）以上三项影响总值为
$$18936 - 2448 - 14144 = 2344（元）$$

以上计算结果与连环替代法的计算结果完全相符。

四、工程成本分析

(一) 企业工程成本费用综合分析

企业工程成本费用综合分析是企业对各项工程的成本和期间费用进行综合分析，以便了解企业的工程成本费用总状况。

表11-8是某企业的一个季度的工程成本和费用综合分析表。所用方法是比较分析法和相对数分析法。

某建筑施工企业某季度的工程成本费用分析表　　　　表 11-8

成本及费用项目	计　划	实　际	降低额	降低率（%）
（一）　直接成本	53333332	51072804	2260528	4.05
（1）人工费	6123612	615324	108288	1.77
（2）材料费	43786668	41627708	2158960	4.93
（3）机械使用费	299828	3034812	−34984	−1.16
（4）其他直接费	423224	394960	28264	6.68
（含临时设施费）				
（二）　间接成本	7613333	7214256	399077	5.24
（5）施工间接费	7613333	7214256	399077	5.24
（三）　项目总成本	60946665	58287060	2659605	4.36
（四）　期间费用	9141959	8730223	411736	4.50
（6）管理费用	7313560	7002957	310603	4.25
（7）财务费用	1828399	1727266	101133	5.53

从表中可见，其他直接费降低水平最高，材料费次之，机械费最差；间接成本降低水平高于直接成本；期间费用降低水平高于工程成本。应进一步分析原因，提出措施，挖掘降低成本的潜力。

(二) 竣工工程成本分析

设某企业三季度竣工工程有三个，其工程成本分析见表11-9所示。

竣工单位工程成本分析表　　　　表 11-9

金额：万元

成本项目	装配车间			试验楼			宿舍楼			工程总成本		
	计划成本	实际成本	降低额	计划成本	实际成本	降低额	计划成本	实际成本	降低额	计划成本	实际成本	降低额
人工费	90.25	103.50	−13.25	200.40	202.38	−1.98	278.47	302.47	−24.00	569.12	608.35	−39.23
材料费	520.83	524.44	−3.61	1300.72	1198.68	102.04	1287.73	1003.30	284.43	3109.28	2726.42	382.86
机械使用费	40.88	37.24	3.64	65.55	53.73	11.82	52.55	60.38	−7.83	158.98	151.35	7.63
其他直接费	29.24	27.32	1.92	57.91	54.49	3.42	61.12	50.44	10.68	148.27	132.25	16.02
直接成本小计	681.20	692.50	−11.30	1624.58	1509.28	115.30	1679.87	1416.59	263.28	3985.65	3618.37	367.28
间接成本	103.39	105.64	−2.25	245.68	210.77	34.91	253.10	220.50	32.60	602.17	536.91	65.26
总成本	784.59	798.14	−13.55	1870.26	1720.05	150.21	1932.97	1637.09	295.88	4587.82	4155.28	432.54
降低率（%）			−1.72			8.03			13.44			9.43

从表 11-9 中可以看出该企业三季度竣工工程的总成本降低了 9.43%，情况最好的是宿舍楼工程，其次是试验楼。装配车间反而没完成计划。宿舍楼虽然最好，但机械使用费未完成计划。装配车间的人工费、材料费、间接成本均未完成计划。从费用项目上看，人工费全面亏损，材料费节余相当可观。找出了上面的问题和经验后，便可更进一步作原因分析，并寻求改进成本管理的对策。

（三）工程成本项目分析

1. 人工成本分析

工程成本人工费分析，首先应将实际成本与计划成本进行比较，确定差异，然后再按影响人工费变动的基本因素进行概括分析，确定其变动对人工费节约或超支的影响程度。人工费是由消耗工日与日平均工资计算的，因此可用连环替代法分析各因素的影响程度。表 11-10 是人工费成本分析表，用连环替代法作进一步分析见表 11-11，该表对表 11-9 中的人工费总成本作进一步分析。

人工费成本分析表　　　　　　　　　　　　　　　　表 11-10

项　　目	单　　位	计　　划	实　　际	差　　异
工程耗用工日	万工日	24.74	25.35	−0.61
每平均日工资	元	23	24	−1
人工费	万元	569.12	608.35	−39.23

人工费成本影响因素分析　　　　　　　　　　　　　表 11-11

计算顺序	计　算　公　式	差　异	因　素　分　析
计　划　值	24.74×23＝569.12		
第一次替代	25.35×23＝583.05	13.93	由于用工增加
第二次替代	25.35×24＝608.35	25.30	由于日工资增加
合　　计	13.93＋25.30＝39.23	39.23	

2. 材料成本分析

材料成本是工程耗用材料的货币表现。材料成本是由耗用量乘单价算得的。所以分析材料成本节超的原因，应着重分析影响材料成本变动的量差与价差。进行材料成本分析应抓住构成材料成本的主要材料，即 A 类材料。

表 11-12
金额：元

材料名称	规格	单位	材料用量			材料单价			材料费			降低率（%）	其　　中			
			计划	实际	差异	计划	实际	差异	计划	实际	降低额		量差		价差	
													金额	%	金额	%
钢材	φ10	t	180	170	10	2800	2750	50	504000	467500	36500	7.24	28000	5.55	8500	1.69
水泥	427号	t	1000	800	200	800	750	50	800000	600000	200000	25.00	160000	20.00	40000	5.00

如表 11-12 中的钢材，其量差和价差计算如下：

（1）由于钢材实耗量低于计划耗量，故材料费节约数为：

（钢材计划用量－钢材实际用量）×钢材计划单价

即 $(180-170)\times2800=28000$（元）

（2）由于钢材的实际单价低于计划单价，使材料费节约数为：

（钢材计划单价－钢材实际单价）×钢材实际耗用量

即 $(2800-2750)\times170=8500$（元）

3. 机械使用费分析

表 11-13 列出两种施工机械使用费成本分析。表 11-14 单对推土机使用费进行费用分析。

机械使用费成本分析表 表 11-13

机械名称	计划成本			实际成本			差异$\left(\begin{array}{c}+节约\\-超支\end{array}\right)$		
	台班	单价	金额	台班	台班成本	金额	台班	金额	占计划成本%
推土机	120	300	36000	125	250	31250	5	4750	13.19
起重机	30	500	15000	38	510	19380	8	−4380	−29.20

推土机使用费分析表 表 11-14

项 目	单 位	计 划	实 际	差额$\left(\begin{array}{c}-减少\\+增加\end{array}\right)$
工程量	m³	7200	6875	325
台班产量	m³	60	55	5
台班量	台班	120	125	−5
台班成本	元	300	250	50
推土机使用费	元	36000	31250	4750

根据表 11-13 可作因素分析。推土机使用费节约 4750 元，具体分析如下：

（1）由于台班产量未完成计划，使台班量增加，机械使用费多用 1500 元。

$(120-125)\times300=-1500$ 元

（2）由于实际台班成本降低了 50 元，使机械使用费节约 $50\times125=6250$ 元。

可见，推土机使用费节约，是由于实际使用台班较计划使用台班增加和台班成本降低两个因素形成的。对于这两项差异，应深入分析原因。在一般情况下，机械使用台班数量的变动，可从机械台班的有效作业时间和机械能力的发挥程度两个方面去分析；机械台班成本的变动，与机械的完好率的高低及机械的效率有关。

五、成本效益分析

1. 成本与其他经济指标的关系

成本是一项综合性的消耗指标，它与产值、收入、利润等经济指标有密切关系。成本支出水平是企业管理水平的体现。进行劳动力、材料、机械、资金、技术等项生产要素的管理均对成本水平产生影响，因而成本水平是生产要素管理的效益体现。成本降低，利润增加；收入增加，成本相对降低；产值提高降低成本的基数增大。通过成本效益分析，可以有效揭示成本与其他经济指标的关系。

2. 成本效益分析指标

成本效益分析指标，反映取得经济效益的成本支出。经济效益可用产值、收入、利润等表示，所以成本效益可用下式计算：

$$成本效益 = \frac{产品总成本（工、料、费）}{产值、收入、利润等} \tag{11-11}$$

也可以使用上式的反指标：

$$成本效益 = \frac{产值、收入、利润等}{产品总成本（工、料、费）} \tag{11-12}$$

3. 成本与产值的关系分析

成本与产值的关系可用"产值成本率"或"成本产值率"进行分析：

$$产值成本率 = \frac{产品总成本}{产品产值} \times 100\% \tag{11-13}$$

$$成本产值率 = \frac{产品产值}{产品总成本} \times 100\% \tag{11-14}$$

产值与产量和质量有关。如其他因素不变，总成本也不变，则产量增加产值随之增加，将使单位成本降低；产量减少，产值随之减少，导致单位成本升高。质量提高，废品减少，意味着有效总产量增加，使单位成本降低。

有效利用原材料、提高劳动生产率、节约费用开支、减少或消除废品损失，可使单位产品各种耗费降低，如生产同样多的产品，就可使总成本降低。用表11-15进行产值成本效益分析可知，由于成本增加幅度（4.44%）小于产值增长的幅度（8.33%），因而使产值成本率下降3.59%，成本产值率上升3.73%，故成本效益较好。

成本产值效益分析表 表 11-15

指　标	单　位	上 年 度	本 年 度	比 较 %	差　异	
					差　额	%
产　值	万元	600	650	108.33	50	8.33
总成本	万元	450	470	104.44	20	4.44
产值成本率	%	75.00	72.31	96.41	−2.69	−3.59
成本产值率	%	133.33	138.30	103.73	4.97	3.73

4. 成本与收入的关系分析

成本与收入的关系可用收入成本率或成本收入率表示，公式如下：

$$收入成本率 = \frac{营业成本}{营业收入} \times 100\% \tag{11-15}$$

$$成本收入率 = \frac{营业收入}{营业成本} \times 100\% \tag{11-16}$$

表 11-16 是成本与收入的关系分析表。

成本收入效益分析表　　　　　　　　　　　　　　表 11-16

指　　标	单　　位	上　年　度	本　年　度	比　较　%	差　异	
					差　　额	%
工程收入	万元	3000	3600	120.00	600	20
工程成本	万元	2800	3300	117.86	500	17.86
收入成本率	%	93.33	91.67	98.22	−1.66	−1.78
成本收入率	%	107.14	109.10	101.83	1.96	1.83

表 11-16 表明，本年与上年比较，工程收入增加 20%，工程成本增加 17.86%，成本增加小于收入增加，因而收入成本率下降 1.66%，成本收入率上升 1.96%，成本效益较好，可进一步对收入与成本的变动原因进行分析。

5. 成本与利润关系分析

成本与利润的关系反映所费与所得的关系，可用成本利润率表示：

$$成本利润率 = \frac{营业利润}{营业成本} \times 100\% \qquad (11-17)$$

表 11-17 是成本利润效益分析实例。

成本利润效益分析表　　　　　　　　　　　　　　表 11-17

指　　标	单　　位	上　年　度	本　年　度	比　较　%	差　异	
					差　　额	%
工程收入	万元	1500	1500	100	—	—
工程成本	万元	1275	1200	94.12	−75	−5.88
工程结算利润	万元	180	255	141.67	75	41.67
成本利润率	%	14.12	21.25	150.50	7.13	50.50

表中数字说明，本年工程收入与上年持平，成本降低 5.88%，利润增长 41.67%，成本利润率增长 50.5%。成本利润率的增长既大于成本降低的幅度，又大于利润增的幅度，说明利润的取得是建立在降低成本基础上的。成本利润率是一个灵敏度很高的成本效益指标。

第十二章　建筑企业生产要素管理

第一节　建筑企业技术管理

建筑生产活动中，离不开人力、设备、材料、资金和技术，这些构成为生产中的要素（5M）。所谓建筑企业的生产要素管理，就是劳动管理、机械设备管理、材料管理、财务管理和技术管理。本节介绍技术管理。

一、技术管理的概念

（一）技术

技术，是指操作技能、劳动手段、生产工艺、管理程序和方法，其中技术装备、生产工具等是硬件，施工工艺、管理技术等是软件。技术是第一生产力，它融汇于其他生产要素之中。

从生产到再生产的过程，是通过一定变换才能实现的（即生产→变换→再生产）。而这种变换，是通过具有一定的技术能力的劳动者（体力与脑力）来完成的。

（二）技术管理

技术管理是对企业的各项技术活动过程和技术工作要素进行的计划、组织、控制和激励的总称，是企业管理的重要组成部分。

1. 技术管理的任务

技术管理担负着贯彻国家和部门的技术政策，发挥技术作用，采用先进技术，进行技术开发与研究，培训技术人才，运用技术保证质量、降低成本、提高效率，实现技术进步、经济与社会繁荣等任务，具有十分重要意义。

2. 技术管理的内容

技术管理的主要内容包括两大类：一是例行性的即经常性的规范化、标准化的技术管理工作，如：产品设计、图纸会审、施工组织设计、技术交底、技术规范规程的贯彻、技术检验、计量和鉴定、技术信息、技术档案、技术培训、以及建立与健全技术责任制等；二是针对面临与发展的问题进行研究和开发，如开展新产品、新技术、新结构、新工艺、新材料、新设备的研究、开发和实验，从而制定新的技术标准和规定，以及制定科学技术发展、挖潜、革新和改革规划。

3. 技术管理应贯彻的原则

技术管理工作要坚决贯彻执行党和国家的有关方针和政策，遵守客观规律和科学技术原理，严格执行各项技术管理制度，努力实现科研与生产相结合、引进与独创相结合、革命精神与科学态度相结合、专业管理与群众管理相结合等原则。

二、标准化

（一）标准化的概念

标准。标准是衡量事物的准则，包括衡量事物的大小、长短、轻重、优劣等。标准是制定技术规范、产品质量和管理章程的依据。建筑标准分为强制性标准和推荐性标准两类，前者包括有关安全、卫生、环境、基本功能要求、计量单位、质量验测标准等，具有法律性；后者包括勘察设计、施工工艺，产品，技术经济和管理标准等，具有权威性。

标准化。标准化又称规范化，是针对生产技术和组织管理等例行性工作，规定出统一的标准，并予以实施的整个过程，是实现现代化的重要手段，是一项重要的技术政策。

1. 标准化的作用

（1）标准化是现代化大生产的必要条件。它能使广泛的生产经营活动按标准有秩序地进行。

（2）标准化能够促使管理工作高效化、计划化和现代化。标准可供反复使用，可以大大减少随机地处理问题的数量。

（3）标准化规定了工艺、原料、管理的标准，是提高质量、合理利用原材料的主要措施，能为企业提高信誉和经济效益。

（4）标准化能够提供价格适宜、使用合理、环境良好的条件，为用户、社会带来效益。

（5）标准化了的事物在推广和应用中，随着技术、管理水平的提高，又提出新的科研课题，再出新成果。故它成为推动技术进步的桥梁。

2. 标准化的行动原理

标准化的行动原理是从技术管理工作的实践过程中总结出来的，是对标准化活动过程的规律性认识。其行动原理如图 12-1 所示。

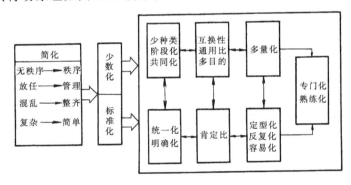

图 12-1　标准化的行动原理

这一原理体现以下思想：

（1）简化。多品种是社会需求的发展趋势，但需限制过多的种类，淘汰陈旧，剔除多余，合并重复，增加互换性；要为新技术的出现创造条件。

（2）统一。在社会化大生产中，功能类同或可以包容的事物应予统一，如名词、编码、代号、符号、标志，各种参数，计量单位，标准系列，零配件等，均应予以统一。

（3）协调。先进的标准能使工期、质量与成本得到最佳的协调。

（4）优化。在标准化的过程中，对标准的简化、统一、协调，都会有多个可行方案，应从中选择一个功能最佳的方案，这就是优化。

（二）标准的体系及其内容

所有标准（包括国家、部门、企业），都存在着内在联系，具有相互依存、相互衔接、相互补充、相互制约的关系，构成一个有机整体，这就是标准的体系。

标准体系有纵向与横向结构，所谓纵向就是层次，横向就是领域（内容）。

（1）层次结构。按管理的职权和适用范畴层次分，标准有国际、国家、专业、地方和企业等层次（或分级），形成以国家标准为主体的标准体系，反映着各层次的需要与其水平。企业的标准体系如表 12-1 所列。

企 业 标 准 体 系　　　　　　　　　　　表 12-1

标　准　分　类			标　准　名　称　举　例
大　　类	中　　类	小　　类	
标　　准	管理标准	业务管理标准 生产经营管理标准	章程、规程、制度 工务规则
	产品、零件标准	产品标准 材料、零件标准	产品规格、生产图、包装规格、存贮标准、产品检查规格 采购规格、接收检查规格、材料规格、中间产品规格、中间检查规格
	技术标准	设计技术标准 制作技术标准 设备技术标准 管理技术标准	标准总览、设计标准、图示标准 施工组织设计、制作规格书、工程分析表 设备维修规格、建筑设计标准 工程计划标准
	作业标准	作业标准 职务标准	作业指示书 时间标准、职务标准
准标准	准标准	要览 便览、手册	设计要览、管理要览、工作要览 施工手册、材料、机械手册、质量管理便览
	其　他	数据	技术笔记、数据、图表、样式

（2）领域即内容。标准的领域一般分为技术标准和管理标准。按企业管理标准化的对象来分，如建筑材料和半成品的技术标准及其相应的检验标准、建筑工程设计规程、建筑安装工程施工及验收规范、建筑安装工程质量评定标准、建筑施工技术规程、操作规程、安全技术规程等。

标准是一定历史阶段的技术成果的总结，不是一成不变的。随着科学技术的进步，生产的发展，需要在一定时间对技术标准予以修订和完善。

（三）企业标准化的推进和管理

首要的问题是建立一个适于本企业职能部门活动的组织，例如：企业标准化推进委员会、标准化科室或标准化小组等，以有效地推进和管理标准化工作。这个职能部门是以推进和管理标准化为主要活动的，诸如汇总标准进行管理、协调各部门之间的工作、教育与激励、研究与引进等活动。

在推进标准化时，还必须阐明企业的标准化方针，选择标准，完善资料数据，并在各部门中贯彻执行。

在推进标准化时，还必须积极推进采用国际先进标准。国际标准化组织（ISO）及其所承认的其他国际组织和国际电工委员会（IEC）已制订了 7000 多个标准。1984 年 4 月我国国务院批准了采用国际标准，并由国家标准局颁布了"采用国际标准管理办法"，1985 年筹建了信息技术标准研究机构，为我国现代化管理提供了技术基础。1986 年我国又颁发了建筑标准化技术政策,为进一步正确的开展标准化工作指明了方向。1988 年颁布 GB/T10300—88,等效采用 ISO9000 系列标准。1992 年开始颁布 GB/T19000—92 系列标准,等同采用 ISO9000—92。1994 年颁布 GB/T19000—94 系列标准,等同采用 ISO9000—94 标准族。

三、研究与开发

研究与开发工作,是企业赖以发展的重要内容,对企业的前途具有重大影响,是企业投资中问题最多的领域,是技术管理中的重点。

只有通过研究与开发,才能推进技术进步,才能增强生产力,故它是企业管理的一项战略性的重要任务。

（一）有关概念

（1）研究。是指基础研究、应用研究和技术开发而言。

基础研究,是以发现新知识或某一自然法则为目的的研究。一般由大学理工科来进行。

应用研究,是将已发现的新知识或法则应用到产业、企业的研究。一般应由大学的工科、研究机构和企业来进行。

技术开发,是根据应用研究所阐明的技术可能性,以用于最终产品为目的,确定其实用性（功能、质量、成本）后,应用于企业的生产经营活动,主要由企业来进行。

研究与开发的性质,从企业的角度看,有企业外部的理论的研究与开发;有企业内部的生产的研究与开发,其性质不同。这里主要叙述企业内部的研究与开发。

企业内部的研究与开发,又分为两个方面,一是工程技术（新产品、新工艺、新机械、新材料等）方面的;二是生产经营管理（市场、管理、经济）方面的。

（2）基础研究、应用研究和开发的关系。在商品生产还不太发达的时候,一直是按古典的理想形式（即按基础、应用、开发的顺序）去考虑问题的。近年来,由于商品生产的迅速发展,而把这个顺序颠倒过来,即先考虑需要（社会、用户）,再决定开发目标,再进行研究。它们之间是相互联系、互为因果的关系。

（3）研究与开发的特点。它与生产、经济活动有所不同,其主要特点是:

1）在基础研究中,个人的独创性起作用;在应用研究中,技术与社会需要相结合非常重要;技术开发要保持市场的领先地位,故开拓与创造很重要。

2）研究开发人员不是短期内能够培养出来的,其领导人才更是得之不易。领导者要给研究开发人员提供钻研的课题和方向,还要提供良好的工作环境。

3）研究与开发的费用不能平均分配。一般在企业里用于基础研究约为 1,应用研究约为 10,技术开发约为 100。但是,要看技术市场和同行的变化情况来确定费用分配。

4）预期成果较大的技术开发项目,包括应用研究在内,最短需要 3 年,一般需要 5～10 年。预期成果愈大,风险愈大。因此,企业领导者必须敢担风险,抓住时机,坚持研究与开发,才能获得成果。

5）研究与开发活动没有固定的模式可循,应根据课题、人员和条件的不同,有所区别地选择。

6）研究与开发的成果必须与生产经营活动结合起来,使之成为生产经营的动力。

（4）研究与开发的作用。通过它建立起科学技术与企业生产经营的联系,是科学技术转化为生产力的桥梁,例如建筑机械人的研究开发,能使建筑生产难度大的工艺实现自动化;通过研究到开发的反馈作用,既能为研究提出新的课题,又能提供新的研究手段;研究与开发的作用，已渗透到各个方面，计算机应用于企业的各管理系统，能大大地提高效率，而且对质量的提高，成本的降低，均产生巨大影响。

（二）原则和程序

改革以来，建筑企业的技术水平有了巨大变化，但是与发达国家比较，还有很大差距，主要表现在技术装备、施工工艺和建筑产品上。故必须通过研究与开发改变这种状况。

（1）基本方针和原则。一是以现有企业技术改造为主的方针，要有长、中、短期的安排，以人力、物力、财力的可能，有重点、有步骤地进行设备更新和工艺改善，提高社会经济效益。二是经济建设必须依靠科学技术，科学技术必须面向经济发展，摆正基础研究、应用研究、技术开发和推广应用的关系，认真解决科研成果迅速形成为生产力的问题。三是坚持独立自主，积极扩大对外技术交流与合作，避免低水平的或重复性的研究与开发。

（2）正确的政策和措施。在政策上建立以适用先进技术为主的、多层次的、由低级到高级的技术发展体系。在结构上正确选择初级、中间或先进技术，对劳动、资金或密集技术、产品、工艺、材料或管理技术做到统筹兼顾。解决研究与开发资金，采用由国家拨款、银行低息、贴息贷款、定期免征产品税、开发与培训费摊入成本、优质优价等政策。在措施上加速培养技术、管理人才，开放科技市场，推行商品化，加强横向联系，加快技术扩散与协作，开展合理化建议和技术革新活动，实行研究与开发的合同制、经济责任制，打入国际市场。

（3）研究与开发程序。是指从研究与开发的开始，直到企业化的全过程，如图 12-2 所示。

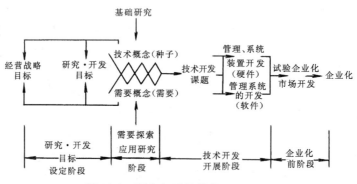

图 12-2 研究与开发程序

经营战略目标，即企业满足社会、用户需要和经济利益的目标，应是长期的、持续的。

研究与开发目标是为了实现企业经营战略目标而建立的。例如为了招揽工程，须作出对市场迅速而正确的反应，需要进行投标承包计算机辅助管理系统研究与应用。

种子与需要相结合的应用研究。"种子"即技术，如计算机的软件技术、信息技术，"需要"即企业生产经营的需要，如改善产品功能的需要、投标报价的需要。需进行两者相结合的应用研究。

技术开发课题，是根据应用研究的成果，确定在什么项目上、什么时候，开发出什么样的功能、质量、价值的产品（或项目、服务）。应明确目标，有计划、有组织地进行。

企业化阶段分为企业化前，即试点实验、开拓市场、考察效果；企业化中，即正式投入使用或运行。

（三）选题与计划管理

选题的主要根据是需要、资金和人力，而且要考虑各项研究的合理比例关系。诸如：基础、应用、开发的比例；长、中、短期的比例；自力与委托的比例；产品、工艺、材料、设备、管理的比例等。

企业的研究应以新技术研究和新管理研究为主。新技术研究应是企业过去没有的技术，或是性能优于、成本低于过去的技术，以及与之相连系的新工艺、新材料、新设备的研究。新管理的研究，包括信息流、物流、资金流的研究，各项管理及管理系统优化的研究，它们是今后企业大量发展的领域，愈来愈重要。当前，对建筑企业来说，应以此作为重要方面。

研究与开发课题的选定：主要是研究方向的定向和课题的评价。

定向：一是技术科学的定向，一要有划时代性的技术科学；二是需要的定向，即社会上将来究竟需要什么（例如省力、节能、质量等），就研究什么。

评价：应组成课题评价委员会。评价的内容包括：技术评价，即根据过去和趋向作技术预测，看它是否符合技术进步的方向，可行性、先进性、经济性，社会用户的需要量、利润/费用的效益指数、投资回收率等。事业上的评价，即该课题是否与企业经营方针、目标相一致，对增加企业素质和企业发展的影响。

评价还要按照时间的展开来进行，主要分为事前评价和事后评价。事前评价包括：对生产经营的贡献大小，产值、利润的影响大小，研究费用、研究人员和能力，新颖性、紧迫性和时间性等。事后评价包括：达到的社会经济效益，委托者或用户的满意程度，技术档案、资料的完善性，完成的时间、费用和目标、与计划的比较、投入使用后的跟踪反馈。最终评价是在课题结束后的 3～5 年或 10 年内进行的。

研究与开发的计划管理：即进度的管理，应制定课题的进度计划，每月、季作出进度报告。为了有效地推进计划的实现，还须建立有关信息、图书、所需物资和资金的管理。

（四）研究与开发的实施

研究与开发是项特殊工作，人的因素关系甚大。研究与开发的质量，是由从事研究人员的质量决定的。为此，必须提高研究人员的素质，国外的方法是：（1）引起动机（了解研究的背景、目的和重要性）；（2）教育（继续教育、进修、参加讨论会）；（3）成果、论文发表（口头、期刊、单行本、录制、模型等）作为激励；（4）国内外考察；（5）成果评定与提高工资、奖励和晋升相联系；（6）创造性的训练和比赛；（7）休假年的建立，如美国每七年给予大学教授半年或一年的学术休假，使之巡回于有关大学与研究所而开扩思维；（8）轮换工作，增加经验与知识，给予转折的机会。

人力、资金的分配比例，根据国外的作法，一般用于短期的即技术改造的为 6，中、长期研究与开发的为 4。研究人员与助手的比例，目前为 1：4。研究与开发的资金，一般制造业约为销售额的 1%～4%，或占利润额的 10%～20%。

四、技术管理的经常工作

标准化工作，研究与开发工作，虽是企业技术工作的主要内容，但是，它的开展，还必须与技术管理的经常工作相结合。经常工作如下：

（一）建立技术管理工作系统

我国的建筑企业的垂直技术管理系统，一般由公司的总工程师、分公司主任工程师、项目工程师、单位工程（栋号）技术员组成，即建立以总工程师为首的企业技术管理系统，如图 12-3 所示。图中说明了总工程师、主任工程师、项目工程师分别在公司经理、分公司经理和项目经理的直接领导下进行工作。

（二）建立技术责任制

建立技术责任制，使各级技术人员有一定的责任和权限，使他们充分发挥积极性和创造性，完成各自担负的技术任务，把企业的技术管理工作和其他各项管理工作有机地结合起来，既完成生产任务，又不断提高技术水平。

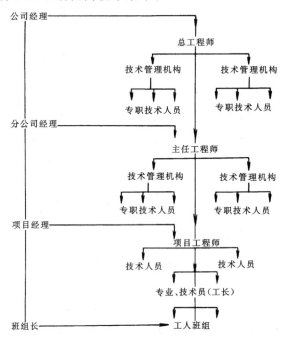

图 12-3　企业技术管理工作系统

1. 各级技术领导人的责任制

即企业总工程师、主任工程师、项目工程师、栋号技术员的责任制，规定他们对贯彻技术政策、标准，开展研究和开发，确定和执行技术组织措施方案、计划，施工组织设计工作，设计图纸审查，技术交底，质量安全，技术培训，技术人员使用、考核，技术档案，实验检验等项工作的责任和权限。

2. 图纸会审制度

图纸会审制度对减少施工图中差错，提高质量，保证顺利施工具有重要作用。它包括各专业的学习与初审，各专业之间的会审，总分包间的综合会审。审查的重点应是设计与实际情况是否相符，施工中的稳定性，地基处理得当与否，各专业间有无矛盾，设计与说明是否齐全，以及对审查提出问题的处理规定等。

3. 技术交底制度

其目的是使职工对技术要求作到心中有数，科学地进行生产活动。其内容包括：图纸、施工组织设计、技术组织措施、设计变更、分项工程、新技术等的交底，并须有相应的交底记录。

4. 材料、构件试验检验制度

这是合理使用资源、确保工程质量的重要措施。一切用于工程上的原材料、成品、半成品和设备，必须由供应部门提出合格证明文件，没有证明的或认为有必要的，必须在使用前检验或复验，合格后才能使用。常用的主要建筑材料的验检内容如表12-2所列。预制构件、加工品、混凝土、砂浆、涂料、防水、防腐、绝缘、保温、润滑等材料，均须按实验规定的配合比、操作方法进行施工，并抽样检查。新材料、新构件必须作出技术鉴定、制定质量标准和操作规程后才能使用。设备、仪表、按规定进行检验。

常 用 材 料 的 检 验 内 容　　　　表 12-2

序　号	检验项目	必　检　内　容	必要时检验内容
1	水　泥	标　号	安定性、凝结时间
2	钢　筋	屈服强度、延伸、冷弯	耐冲击韧性、化学成分、疲劳强度
3	结构用型钢	屈服强度、延伸、冷弯	冲击韧性、化学成分
4	焊　件	极限强度、延伸率、冲击韧性	化学成分
5	砖	标　号	外观规格、吸水率
6	瓦	标　号	渗透性
7	砂	颗粒级配、含泥量	
8	石	颗粒级配、含泥量	
9	沥　青	针入度、软化点、耐热度、韧性	

5. 技术档案制度

建立技术档案制度是为了建筑产品（工程项目）交工后，给用户在使用、维护、改建、扩建时及给本企业再有类似工程施工时作参考。按建设项目和单位工程建立的工程技术档案，不同于设计图纸等技术资料，是企业在生产过程中直接产生和自然形成的。其内容包括两部分，一部分是交由用户（建设单位）保管的，如竣工项目一览表和竣工图，图纸会审记录，设计变更、技术核定单，材料、构件、设备的合格证明、检验记录，隐蔽工程验收记录，试运转记录，测量记录，有关技术规定，使用上的注意事项等。另一部分是由建筑企业保管的，如施工组织设计文件，研究与开发的资料、报告和成果等文献，质量安全事故的分析、补救记录，有关技术管理的经验总结，重大技术决定，施工日志，大型临时设施档案，以及为交工验收准备的资料（设计变更、技术核定、洽商记录、测量记录，材料、成品、半成品的出厂证明和检验记录，设备检验试运转的记录等）。这些档案的形成，须建立责任制度，并经各级技术负责人审定，保证其准确性，工程交工后，进行系统整理，编目归档，妥为保管，以便检索。

（三）技术工作计划

制定并贯彻技术工作计划是企业技术管理工作的首要环节，它能使技术工作有的放失，有效地促进生产，提高效益。技术工作计划应按年、季编制，在认真总结前期技术工作的基础上，结合本期的工程特点和技术工作要求进行。其内容包括：施工组织设计及其应贯彻的重点内容；工程设计及其应控制的重点内容；核定、颁发和贯彻新标准；研究开发和技术革新、推广项目；技术交底及其重点内容；技术样板（试点）工程；质量安全管理；技术组织措施计划等。

（四）技术组织措施计划

技术组织措施计划是为了实现企业的计划目标并侧重于效益，同时也为了提高企业的技术和管理水平。从生产技术和组织管理两个方面采取措施，并纳入计划使之付诸实施。这些措施是经过实践或实验，是行之有效的措施。其内容主要有：保证工程质量、施工安全；节约原材料、能源，充分利用地方材料，综合利用"三废"；改进施工工艺，发挥机械效能，改善劳动条件和组织、提高劳动生产率；推广新产品、新技术、新工艺、新机具、新材料；发挥 QC 小组作用和群众的合理化建议等。

编制技术组织措施计划应坚持分级编制，即公司编制年度技术组织措施纲要；分公司按年度分季度编制技术组织措施计划；项目经理部编制月度技术组织措施计划；单位工程的技术措施计划内容应列入施工组织设计，由编制施工组织设计的单位进行编制。其编制程序如下：

（1）公司根据全年的生产任务、上年度技术组织措施的经验、现有的技术条件等，经过充分地综合研究和讨论，于年初制定年度技术组织措施纲要。

（2）分公司根据公司颁发的年度技术组织措施纲要，结合分公司的具体条件，如年度生产计划、施工组织设计、施工图纸、降低成本指标等，编制年度技术组织措施计划。并按年度技术组织措施计划的要求和季度生产计划，按季编制季度技术组织措施计划。

（3）项目部根据分公司下达的季度技术组织措施计划，结合月份作业计划、施工组织设计、施工图纸等，编制月份技术组织措施实施计划。

第二节　建筑企业机械设备管理

一、机械设备管理概述

（一）机械设备管理的意义

建筑企业拥有的机械设备中，生产性机械设备是生产力的重要组成要素，是建筑企业从事生产的物质技术基础。机械设备管理是企业经营管理的重要组成部分，所以搞好机械设备管理，对企业全面完成生产任务，减轻工人劳动强度，提高劳动生产率，保证工程质量，降低工程成本，缩短工期都有意义。

加强机械设备管理，提高管理水平，能够为企业建立正常的生产秩序，保证生产均衡进行创造有利条件。

在现代的建筑生产中，主要的生产活动如土石方工程、起重吊装、混凝土工程、装修工程、运输装卸等都是靠机械设备来完成的。有的工程不用机械设备是不能完成的，有的工程不用机械设备是保证不了工程质量的。所以必须加强机械设备管理、正确使用设备，精心保养修理，使机械设备经常处于良好的技术状态，才能保证生产的正常进行。如果放松了设备的管理，该保养的不保养，该修理的不修理，机械设备时好时坏，甚至带病作业，正常的生产秩序就不能保证，均衡生产也是一句空话。

加强机械设备管理，有利于企业获得良好的经济效果。机械设备是固定资产的重要组成部分，在固定资产中占有很大的比例，而且随着建筑机械化的发展，比例会愈来愈大。这样，与其有关的费用，如折旧费、维修费用、以及固定资产占用费等等，在工程成本中的比重也会不断提高，通常一般机械费占土建工程造价的 4%～8%。如果机械设备管理不好，设备的故障和事故会给生产经营带来严重的损失。因此管好、用好、维修好机械设备，及时地对老设备进行革新改造是改善企业经济效果的重要途径之一。

加强机械设备管理，逐步摸索研究总结建筑机械技术系列，可以促进建筑生产的机械化，有利于建筑工业化的发展。机械化是建筑工业化的核心。

（二）机械设备管理的内容和任务

机械设备管理的内容，包括机械设备运动的全过程。即从选择机械设备开始，经生产领域的使用、磨损、补偿，直至报废退出生产领域为止的全过程。机械设备运动的全过程包括两种运动形态：一是机械设备的物质运动形态，包括设备选择、进场验收、安装调试、合理使用、维护修理、革新改造、封存保管、调拨报废和设备的事故处理等。二是设备的价值运动形态，即资金运动形态，包括机械设备的购置投资、折旧、维修支出、更新改造资金的来源和支出等。

机械设备的管理应包括这两种运动形态的管理。在实际工作中，前者一般叫机械设备的使用业务管理（或叫设备的技术管理），由机械设备管理部门承担；后者是机械设备的经济管理，构成企业的固定资金管理，由企业的财务部门承担。

因此，机械设备管理的主要任务就是：正确选择施工机械，保证机械设备经常处于良好状态，并提高机械设备的效率，适时地改造和更新机械设备，提高企业的技术装备程度，以达到机械设备的寿命周期费用最低，设备综合效能最高的目标。

二、机械设备的合理装备

"建筑机械设备的装备"有以下两个范畴，一是一个建筑企业如何装备机械设备；一是一项建筑工程如何选择和配备机械设备。本课程仅讨论建筑企业如何装备机械设备问题。后一种配备问题属于合理选用机械的问题，在制定施工方案中详细研究和解决，是"项目管理"课程的任务。

（一）建筑企业如何装备机械设备的原则

企业的机械设备装备是企业机械管理的重要问题。由于建筑生产的特点，产品的多样性，多变性，这就决定了机械配备和确定机械的品种、规格、数量是个很复杂的问题，至今这一问题还有待进一步探索和解决。

企业机械设备的合理装备总体上的原则，应当是技术上先进，经济上合理，生产上适用。也就是说，应该是既满足企业生产技术的需要，又要使每台机械都能发挥最大的效率，满足经济上的要求，达到适用的目的。

结合建筑生产的特点和我国建筑机械设备的生产供应等条件，建筑企业机械的装备应该考虑以下原则：

（1）贯彻机械化、半机械化和改良工具相结合的方针。

（2）坚持土洋结合，中小为主，国产机械为主。

（3）建筑企业的机械装备，应有重点，一般顺序是：①不用机械不能完成的作业；②不用机械就不能保证和提高质量的作业；③劳动强度大的工种。符合这一要求的有五大工种，即土石方开挖、混凝土作业、运输装卸、起重吊装、装修等。

（4）一定要讲求经济效益，充分体现机械化的优越性。机械化的优越性不仅是机械的先进性，还要表现经济上的合理性。

（二）机械设备的选择和评价

当企业需要自身装备并购置机械时，必须从技术、经济以及使用维修等多方面综合进行考虑，认真进行选择和评价。要对比各种方案，从中选出最优方案，使有限的机械设备投资发挥最大的效益。

1. 机械设备的选择

机械设备的选择一般应考虑以下一些因素：

（1）生产性。指机械设备的生产率，它是以单位时间内完成的产量来表示的。原则上，设备的生产率越高越好。但具体选择某一种机械设备时，必须使机械的生产率与企业的生产任务相适应。如果选择的机械生产率很高，但企业的任务量很小，则必然使设备的负荷过低，利用率不高，反而造成浪费。

（2）可靠性。指对工程质量（产品质量）的保证程度。就是要求机械完成高质量的工程和生产高质量的产品。

（3）节能性。指机械设备要节省能源消耗，一般以机械设备单位开动时间的能源消耗量表示，如小时耗电量等，也有以单位产品能源消耗量来评价设备的。而汽车以吨百公里耗油量表示。与节能性相近似的，还要考虑到设备对原材料资源的利用性能，如木材加工的出材率等。

（4）安全性。指生产时对安全的保证程度，显然是越安全越好。

（5）成套性。指机械设备要配套。如果设备数量很多，但设备之间不配套，不仅机械性能不能充分发挥，而且经济上可能造成很大浪费。不能认为设备的数量越多，机械化水平越高，就一定会带来好的经济效果，而应使设备在性能、能力等方面相互配套。

（6）环保性。即对环境的影响。是指机械设备的噪声或排放的有害物质对环境的污染程度。在选择设备时，要将噪声控制在能保护人体健康的卫生指标范围内。对于某些设备要求附带消声、隔声等技术装置。

（7）灵活性。根据建筑生产的特点，对建筑机械的要求是轻便、灵活、多功能、适用性强，以及要求结构紧凑、重量轻、体积小、拼装性强等。

（8）耐用性。即机械设备的使用寿命要长，这里所说的寿命指的是由于设备在使用过程中的物质磨损所造成的自然寿命期，或叫物质寿命期。使用寿命愈长，每年分摊的折旧费就愈少。

（9）维修性。指维修的难易性。一般说来，设备越高级越精密，维修的难度愈大，保养修理的专门知识技术也越高。在选择设备时应尽量选择比较容易维修的设备，如结构简单，零部件组合合理，易拆卸，易检查，零部件通用化、标准化、有互换性等。

（10）机械设备的购置价格，同时还要考虑使用费用、维修费用的多少，要求做到在整个寿命周期中费用最小。

（11）机械设备的利用率和工作效率高。

以上是影响选择机械设备的重要因素。但是必须指出，实际上并没有能兼顾以上各点的十全十美的设备。各方面的因素有时是相互矛盾的，相互制约的。因此，在选择设备时，凡是可以用数量表示的，如生产率、能源、原材料节约等，应进行定量分析；不能用数量表示的，如安全性、成套性等，则进行定性分析。最简便的方法是按每个因素的情况给不同设备评分，最后以累计得分最高的为最优设备。

2. 机械设备的评价

这里主要是指机械设备选购时，要做购买方案的分析比较，选择最优方案，正如本书第二章所述，可以使用以下方法：

（1）投资回收期法。

（2）费用换算法：年费用法和现值法等。

（三）机械的装备形式和相应的管理体制

由于不同的机械装备形式（自有、租赁、承包）有不同的经济效果，因而建筑机械按不同的形式进行装备也就具有客观的必然性。

（1）自有机械的装备形式。建筑企业应根据工程任务和施工技术的预测，对于常年大量使用的机械设备宜于自己装备。自有机械的经济界限，应是保证机械的利用率和效率都应在 60% 以上，或更高一些。

装备机械型号、类型的选择，还要根据工程量构成的预测分析，通过技术经济比较来确定。装备的重点，相当长的时期内应以上述的五大工种为主，对于其他工种主要是工具改革。

（2）租赁与承包形式。企业自行拥有机械在经济上不合理时，这些机械设备就应由专门的租赁站和专业机械化施工公司装备。属于这种情况的机械主要是大型机械、操作复杂、专用、特殊的机械；或对本企业来说，利用率不高的设备。

（3）机械的管理体制。机械的管理体制由不同的装备形式决定，一般应与施工管理体制相适应，但最主要的是取决于经济效益。哪些机械宜于分散管理，哪些机械宜于集中管理，总是有一定的经济界限的。这要从机械本身来看，分散和集中管理，哪一种体制的三率（完好率、利用率、效率）高；从企业来看，哪一种体制能给企业带来经济上的效益更大。一般对于中小型、常用和通用的机械，由一般土建企业分散使用，分级进行管理。大型、专用、特殊的机械设备，宜于集中使用，集中管理。

三、机械设备的合理使用

机械设备的合理使用，是机械设备管理中的重要环节，关键的问题是要在合理地使用机械基础上，处理好使用同维修与保养之间的关系。为此必须做好以下几个方面的工作。

（1）要根据施工任务的特点，施工方法及施工进度的要求，正确地配备各种类型的机械设备，使所选择的机械设备技术性能，既能满足施工生产活动的要求，并能以最小的代价换取最大的经济效果。

（2）要根据机械设备的性能及保修制度的规定，恰当地安排工作负荷及做好使用的检查保养，及时排除故障，不带故障作业。

（3）要贯彻"人机固定"的原则。实行定人、定机、定岗位责任制的"三定"制度，是合理地使用机械设备的基础。实行"三定"制度，能够调动机械操作者的积极性，增强责任心，有利于熟悉机械特性，提高操作熟练程度，精心维护保养机械设备，从而提高机械设备的利用率、完好率和设备产出率，并有利于考核操作人员使用机械的效果。

（4）要严格贯彻机械设备使用中的有关技术规定。机械设备购置、制造、改造之后，要按规定进行技术试验，鉴定是否合格；在正式使用初期，要按规定进行走合运行，使零件磨合良好，增强耐用性；机械设备冬季使用时，应采取相应的技术措施，以保证设备正常运转等等。

（5）要在使用过程中为机械设备制造良好的工作条件，要安装必要的防护，保安等装置。

（6）要加强对机械管理和使用人员的技术业务培训。通过举办培训班、岗位练兵等形式，有计划有步骤地开展培训工作，以提高实际操作能力和技术管理业务水平。

（7）建立机械设备技术档案，为合理使用、维修、分析研究机械设备使用情况提供全面历史记录。

四、机械设备的保养与修理

（一）机械设备的保养

保养，是指每日和定期的有计划有目的地给机械设备进行清理、紧固、调整、检查、排出故障、更换已磨损和失效的零件，使机械设备保持良好状态的一系列活动。

保养的目的。是为了使机械设备保持良好的技术状态，提高运转的可靠性、安全性，减少零件磨损，从而达到有利于生产、减少故障、延长使用寿命和节约消耗的目的。

保养。包括例行保养和定期保养两种，亦叫日常保养和强制保养。

例行保养。是由操作人员在机械运转前、后和中间进行的，不占有机械设备的运转时间。

强制保养。是到规定的时间（保养周期），不管机械设备技术状态好坏，都要按时进行的，它是需要占用机械设备运转时间而停工进行的保养。保养周期规定的长短，要视各类机械设备的磨损规律、作业条件、操作水平以及经济性等四个因素来确定。

根据机械设备构造复杂程度和特性，保养级别划分为四级。级别数愈高，工作量愈大。各级保养的基本内容都是：清洁、检查、润滑、紧固、调整、防腐等六个方面，但不同级别保养的范围和内容也有所不同。

（二）机械设备的修理

修理，是对机械设备由于自然损耗造成的损坏进行修复，排除运行故障，对损坏的零部件进行更换、修复，恢复机械设备原有性能，达到延长使用寿命，保证机械使用效率的目的。

机械设备修理的类别，一般分为小修、中修和大修三种。

小修，是临时安排的无计划的修理。是消除操作人员无力排除的故障、个别零件的损坏，或一般事故性损坏等问题。由于保养是预防机械故障和损坏，而小修是排除机械故障和修理损坏的零件，所以，一般都是把小修和保养结合进行，不列入修理计划之中。

中修，是两次大修之间为了解决主要总成的不平衡磨损所采取的修理措施。中修必须保证机械设备能恢复和达到应有的标准和技术要求，并保证使用到下一次计划修理期间。

大修，是对机械设备进行全面修理。它的工作量大，需要进行全部拆卸、修复可修的零件和总成，更换不可修的零件和总成，使机械设备达到或接近原厂技术标准和性能。同时，还可以进行某些技术改造。

为了做好修理工作，必须做好的一些具体工作，应参考有关机械维修手册。

五、机械设备的更新和改造

（一）机械设备的更新

1. 机械设备的磨损及其补偿

机械设备在使用（或闲置）过程中，会发生逐渐的损耗。这种磨损有两种形式，一种是有形损耗，一种是无形损耗。有形损耗是使用过程中的使用磨损和闲置过程中的自然磨损所造成的磨损。对有形损耗，有一部分可以通过修理得到修复和补偿。还有一部分是不可能通过修理得到补偿，而需要通过部分更新来补偿。无形损耗又称精神损耗，它是由于科学技术进步不断出现更完善、生产效率更高的机械设备，使原有机械设备价值下降，或是由于生产同样机械设备的价值不断下降，而使原有机械设备价值贬值。对于无形磨损的补偿办法是技术更新。

机械设备技术更新，就是指用结构更先进、技术更完善、生产效率更高、耗费原材料和能源更少、外形更新颖的新设备更换那些技术陈旧的老设备。

2. 经济寿命

机械设备使用期限愈长，摊入到产品中的设备投资费用就愈少。但是，随着机器的老化，机械设备的有形损耗和无形损耗都在不断增加，其使用费用（即燃料动力费、保养修理费等）也在不断增加，这种随设备使用时间的增长而增加的使用费用称为使用费用的劣化。因此，平均每年总成本是时间的函数，总成本为最低的使用年数就称其为经济寿命。

若使用费用劣化值的增长是随时间按等差级数递增的，每年递增值为 λ，则有

$$C = \frac{P}{T} + \frac{1}{2}\lambda T \tag{12-1}$$

式中　C——设备使用 T 年时其年度平均费用（元）；

　　　T——设备的使用年限（年）；

　　　P——设备的原始价值（元）；

　　　λ——设备年使用费用劣化值（元/年）。

若要使 C 为最小，可对上式求导，并令

$\frac{\mathrm{d}C}{\mathrm{d}T} = 0$，整理后可得：

$$T_{\text{opt}} = \sqrt{\frac{2P}{\lambda}} \tag{12-2}$$

式中　T_{opt}——设备的经济寿命。

用图形来表示，设备的经济寿命（即最佳更换期）应为 C 曲线最低点所对应的 T_{opt}，如图12-4所示。

3. 设备投资方案的选择

设备投资方案的选择是指在技术上等价的情况下考虑的。

设：设备一生的输出为 Y_2

$$Y_2 = (AF) \cdot t \tag{12-3}$$

式中　A——设备的利用系数；

　　　F——最大输出（$A=1$ 的输出）；

　　　t——使用年限。

设备的一生输入为 Y_1

$$Y_1 = V \times t + C \tag{12-4}$$

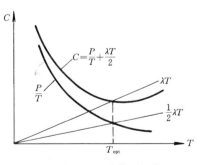

图 12-4　最佳更新期

式中　V——设备年运转费；

　　　　t——设备使用年限；

　　　　C——设备购置价值。

选择设备时应该使输出≥输入，即 $Y=Y_2-Y_1\geqslant0$

若 Y——盈利，即采用设备所获得的利润。则

$$Y=AFt-（Vt+C）$$

令　$AF=F_1$

$$\therefore Y=F_1t-Vt-C=（F_1-V）t-C \tag{12-5}$$

【例1】　有两个方案，见表12-3。

表 12-3

方　　案	A	B
设备价值 C	10万元	18万元
年运转费 V	8万元/年	6万元/年
平均每年输出 F	20万元	26万元

问选择哪个方案合理？

【解】　　$Y_A=（20-8）t-10=12t-10$

　　　　　　$Y_B=（20-6）t-18=20t-18$

令　$Y_A=Y_B$ 则 $t=1$。当 $t=3$ 时，

　　　　$Y_B-Y_A=42-26=16$（万元）

因为过一年后 B 方案要比 A 方案好，所以应该选择 B 方案。因既考虑设备寿命周期费用，又考虑了设备的输出。

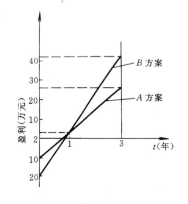

图 12-5　设备投资的简化直线法

若简化为直线的关系，如图12-5。若把时间因素考虑进去，则为曲线关系。但实际上常用的是上述简化的直线方法。

（二）机械设备的改造

为了尽快改变机械设备老旧杂的落后面貌，提高机械化施工水平，对现有的机械设备，既要采取"以新换旧"，还要"改旧变新"，对于老旧杂的机械设备就需要进行技术改造。

机械设备的技术改造具有投资少、时间短、收效快、经济效果好的优点。但在进行中应注意以下各点：

（1）要同整个企业的技术改造相结合，提高企业生产能力。

（2）要以降低消耗、提高效率，达到最大经济效益为目的。

（3）在调查研究的基础上，做好全面规划，根据需要和资金、技术、物质的可能，有重点地进行。

机械设备改造的具体方法很多，如：改造设备的动力装置，提高设备的功率；改变设备的结构，满足新工艺的要求；改善零件的材料质量和加工质量，提高设备的可靠性和精度；安装辅助装置，提高设备的机械化、自动化程度；另外，还有为改善劳动条件、降低能源和原材料消耗等对设备进行的改造。

六、机械设备的考核指标

机械设备的考核指标，是反映机械设备的技术、经济工作状况和机械设备管理工作效

果的一种尺度。常用的主要考核指标如下。

1. 完好率

完好率是反映机械设备完好程度的指标。完好率的高低，说明该单位报告机械设备的技术状况，也反映了机械设备维修、保养的状况。完好率的提高，给机械设备充分利用提供了有利条件。建筑施工企业采用的是台日完好率。它是指机械完好台日数与制度台日数的比值。其计算公式是：

$$台日完好率 = \frac{制度台日数 - 在修台日数 + 例假节日加班台日数}{制度台日数 + 例假节日加班台日数} \times 100\% \quad (12\text{-}6)$$

式中　台日数＝台数×天数。

制度台日数：日历台日数减例假节日台日数。

在修台日数：机械设备在修时的台日数之和。在修机械包括在修、待修、送修在途的机械，但不包括修理不满一天的机械。

2. 利用率

利用率是反映机械设备利用程度的指标。它是指机械实作台日数与机械制度台日数的比值。考虑到例假节日加班的情况，建筑企业机械利用率通常采用台日利用率，其计算公式是：

$$机械台日利用率 = \frac{实作台日数（包括例假节日加班台日数）}{制度台日数 + 例假节日加班台日数} \times 100\% \quad (12\text{-}7)$$

3. 效率

效率是反映企业机械设备生产能力发挥程度的指标。其计算公式是：

$$效率 = \frac{实际完成总实物产量}{平均总能力} \times 100\% \quad (12\text{-}8)$$

4. 装备生产率

装备生产率是反映企业机械装备在施工生产中创造价值大小的指标。它是指企业完成年度工作量与机械设备净值之比。其计算公式一般如下：

$$装备生产率 = \frac{年度完成的总工作量（用货币表示的）}{机械设备的净值} \quad (12\text{-}9)$$

年度完成的总工作量一般是按企业全年完成的建安工作量计算，机械设备净值是按年末自有机械设备净值计算。值得指出的是，随着机械设备租赁业务的开展，这一指标原来要表达的含义将会受到影响，即这一指标值的提高并不一定表示企业设备管理和利用水平等的真正提高。

5. 万元产值维修费用

万元产值维修费用是从总工作量角度反映企业机械设备耐用、质量、保养水平的指标（一般按年度计算）。当然，这个指标越低表示管理水平越好。其计算公式是：

$$万元产值维修费用 = \frac{维修费用总和（元）}{完成总工作量（万元）} \quad (12\text{-}10)$$

6. 维修费率

维修费率是指企业年维修费用总和与企业机械设备原值总和之比。它是从机械设备总投资角度反映企业机械设备耐用、质量、保养水平的一个指标。其计算公式是：

$$维修费率 = \frac{维修费用总和}{机械设备原值之和} \times 100\% \qquad (12\text{-}11)$$

以上六个指标都是从机械设备的技术、经济和管理水平来考核机械设备情况的。而反映企业机械设备装备水平的高低，则应是技术装备率、动力装备率等指标。

技术装备率是反映企业机械设备装备程度的指标。其计算公式是：

$$技术装备率 = \frac{机械设备净值总和}{企业人员总和}(元／人) \qquad (12\text{-}12)$$

动力装备率是反映企业机械设备动力装备程度的指标。其计算公式是：

$$动力装备率 = \frac{机械设备功率总和}{企业人员总和}(kW／人) \qquad (12\text{-}13)$$

第三节　建筑企业材料管理

一、材料管理的意义与任务

（一）材料管理的内容

建筑企业的材料管理工作，主要是指在做好材料计划的基础上，搞好材料的供应；保管和使用的组织与管理工作。具体的讲，材料管理工作包括：材料定额的制定与管理、材料计划的编制、材料的库存管理、材料的订货、采购、组织运输、材料的仓库管理和现场管理、材料的成本管理等。

（二）材料管理的意义

施工生产的过程，同时也是材料消耗的过程，材料是生产要素中价值量最大的组成要素。因此，加强材料的管理是生产的客观要求。由于建筑生产的技术经济特点，使得建筑企业的材料供应管理工作具有一定的特殊性和复杂性，这表现为：供应的多样性、多变性，消耗的不均匀性，带来季节性储备和供应问题，并且要受运输方式和运输环节的影响与牵制。

加强材料管理是改善企业各项技术经济指标和提高经济效益的重要环节。材料管理水平的高低，会通过工作量、劳动生产率、工程质量、成本、流动资金占用的多少和周转速度等各项指标直接影响到企业的经济效果。因此，材料管理工作直接影响到企业的生产、技术、财务、劳动、运输等方面的活动。对企业完成生产任务，满足社会需要和增加利润起着重要作用。

（三）材料管理的任务

材料管理工作的任务，一方面既要保证生产的需要，另一方面又要采取有效措施降低材料的消耗，加速资金的周转，提高经济效果，其目的就是要用少量的资金取得最大的效果。具体要做到：

（1）按期、按质、按量、适价、配套地供应施工生产所需的各种材料，保证生产正常进行。

（2）经济合理地组织材料供应，减少储备，改进保管，降低消耗。

（3）监督与促进材料的合理使用和节约使用。

二、材料定额

材料定额是编制材料计划的基础。按其使用的作用，可分为两大类：一是材料消耗定额，一是材料储备定额。

1. 材料消耗定额

材料消耗定额，已在本书第四章做了介绍，这里不再赘述。

2. 材料储备定额。

材料储备定额是指在一定生产条件下，为保证生产正常进行而储备的材料标准量。按其定额的计算单位分，有以实物量为计算的绝对定额和以储备时间为计算单位的相对定额；按其定额的综合程度，又可分为单项定额和综合定额。一般来讲，材料储备定额是由相对定额的经常储备和保险储备两部分组成。

经常储备，亦称为周转储备，是指在正常情况下，在前后两批材料到达的供应期内，企业为满足施工生产连续进行而建立的材料储备量。其计算公式为：

$$经常储备量＝每日平均消耗量×供应间隔日数$$

保险储备是为预防材料运输抵达误期，或品种规格不符合需要等原因影响企业正常生产而建立的材料储备。其计算公式为：

$$保险储备量＝平均日消耗量×材料保险日数$$

保险日数既可根据过去的经验资料，也可以按重新取得材料的日数来确定，对于随时能取得补充或已建立季节性储备的材料，可以不建立保险储备。一般情况下，保险储备是不动用的，是一种固定不变的库存，如果在特殊情况下动用后，应尽快补足，因此，它经常占用着一笔资金。

三、材料供应计划的编制与实施

材料供应计划是企业生产技术、财务计划的重要组成部分，是材料管理的首要环节，是进行订货、采购、储存、使用材料的依据。

材料计划的编制大致可分为三个程序：即计算材料需用量，确定材料的期末储存量，经过综合平衡后编制材料的申请供应计划。实质上，就是确定需用量、储备量和申请供应量这三项指标。其计算方法是：

材料需用量按直接计算法：

$$材料需用量＝计划工程量×材料消耗定额$$

材料需用量按间接计算法：

$$材料需用量 = \frac{上期实际消耗量}{上期完成工程量} × 本期计划工程量 × \begin{matrix}材料消耗\\增减系数\end{matrix} \qquad (12-14)$$

或　材料需用量＝类似工程材料消耗定额（指标）×计划工程量×调整系数　(12-15)

材料储备量＝以天数表示的储备量×平均日消耗量　(12-16)

最高储备量＝经常储备＋保险储备　(12-17)

最小储备量＝保险储备量　(12-18)

材料申请量＝材料需要量＋计划期末储备量－计划期可利用量－代用及技措降低量 (12-19)

计划期可利用量＝上期末库存量－计划期中不合用数量　(12-20)

计划类型可分为：

（1）年度材料计划。年度材料计划是材料的控制性计划，是对上申请、对外订货的依据。

（2）季度材料计划。它是根据季度施工计划编制的，它的实施性较强。

（3）月度材料计划。它是直接供应材料的依据，因计划期短，要求计划全面、及时、准确。

（4）旬材料计划。这是月度材料计划的补充与调整性计划，是直接送料的依据，对基层施工单位的作用更大。

（5）单位工程材料预算。它是单位工程一次性申请计划，是编制季、月、旬材料计划的依据。

材料供应计划编制好以后，要通过订货采购、组织运输、仓库保管、现场供应等工作来保证计划的实现。

订货采购实质上是组织货源问题。应考虑供货单位，在质量、价格、运费、数量、交货期、供应方式等方面是否对企业最为有利。

组织运输首先要选择合理运输方式，并要提高包装质量，讲求装卸方法。

四、库存管理技术

库存管理技术是用科学的方法对库存量大小进行控制，又叫库存控制。

（一）库存的必要性

（1）满足需求量的变化。企业的生产受到季节与任务来源等方面的影响，往往不能够均衡的进行；材料需要量的预测亦难以做到十分准确，所以有必要保存一定的库存量以满足生产的需要。

（2）降低采购价格。一般情况下，购买材料的单价是不随购买量的多少而变动的，但是在有些情况下，材料的单价往往有数量折扣优待方法，以鼓励多买，这时购买单价是随购买数量增加而下降。另外，也有时间上的机会。

（3）避免缺货损失。多数情况，材料供应并不能随订即到。为了避免因为缺货而造成停工、窝工等损失。

（二）库存费的构成

对于材料进行一定数量的库存，就要有一定的库存费用。其成本构成是：

（1）订购成本。订购成本是指为了采购货物而发生的成本。这种费用是每订购一次就要发生一次，和订购数量关系不大，譬如旅差费、管理费等。

（2）存货成本。它是指在库中存放一定期间，所发生的成本。例如仓库折旧、维修、照明、管理费等；存货所占用资金的利息，货品损耗、变质等所发生的损失（包括有形的与无形的）。

（3）缺货成本。这是指由于影响生产上的需要而产生的成本。其内涵包括两个方面：一是由于缺货而造成停工、窝工损失；二是由于工期拖长造成生产成本的增加，甚至因拖延工期，按合同规定产生了罚款。

因此，企业要保持生产的正常进行，必须建立一定的库存。但是，库存量必须经济合理，不宜多，也不宜少，这样才能使企业获得良好的经济效果，因此必须对库存进行严格的控制和管理。

（三）平均库存量

它是指库存量的平均数，有如下类型：

（1）若一定时间内进货一次，而且每日使用量相等时，库存量与时间呈线性关系，平均库存量等于初期库存量的一半，如图 12-6 所示。

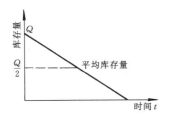

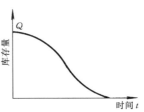

图 12-6　日用量相等一次进货时的
库存量与时间的关系

图 12-7　季节不均衡时库
存量与时间的关系

（2）若一定时间内进货一次，而且使用量受季节与生产不均衡性影响，其库存量与时间呈一曲线关系，如图 12-7 所示，平均库存量等于曲线下面积除以时间 T。

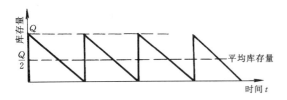

图 12-8　多次进货日用量相等时库
存量与时间的关系

（3）若一定时间内进货不只一次，但各批进货数量相等，且每日等量使用时，则平均库存量等于每批进量的一半，如图 12-8 所示。

但是，在库存量问题的研究中，有许多不定因素，给问题的研究带来了麻烦。这就是：

（1）什么时候需要，需要的数量为多少；

（2）当库存出现短缺时，所造成损失的大小；

（3）订购货物的到货时间，能否如数到货，都是难以准确确定的。

（四）定量定购法

库存量研究，要回答两个问题：即什么时候开始订购；订购数量为多少。

定量订购法是指当库存货物由最高库存降到最低库存水平之前的某一预定库存水平时而进行一次定量的采购，以实现库存控制的方法。

如图 12-9 所示，随着生产的进行，库存逐渐消耗，当库存量下降到一定的库存水平（K）相交点 A 时，则立即提出订货，采购一定量 Q^*。其采购物品在 B 点时得到，这时库存水提高到 C 点；以后继续出库，库存又逐渐减少，又到一定的库存水平 K，相交于 D 点时，再进行采购一定量 Q^*，这样依次重复进行。

这种方法的特点是：订购点 K 是一定

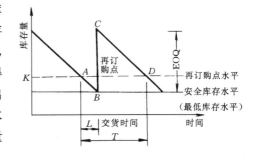

图 12-9　定量订购示意图

339

的，每次订购量 Q^* 是相同的。如果材料的需求率是变化的，则订购间隔期 T 和订货提前期 L 也是变化的。因此，对于定量订购法就是要确定订购点和经济订购量（EOQ）。

1. 订购点 K 的确定

（1）理想情况：即材料平均需要量和供应情况不发生任何意外，订购点水平为 $K=L\cdot\overline{D}$

式中　L——为一批材料的订购时间，即从提出订货到材料验收入库为止的时间；

　　　$\overline{D}$——材料平均需要量（或需要率），是指平均每月、每日的消耗量；

　　$L\cdot\overline{D}$——根据经验统计资料以及材料供应情况来确定，见图 12-10。

（2）一般情况：若实际需要量超过理想平均需要量，或当采购到货时间超过预定时间时，材料供应则会出现中断，也就是发生缺货，一般这是不允许的。为了解决这一矛盾，必须建立保险储备量（安全储备量）B，这时的订购点 $K=L\cdot\overline{D}+B$。B 的求法，我们留在后面来研究。

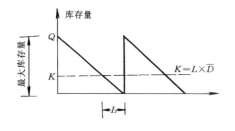

图 12-10　订购点　　　　　　　　图 12-11　经济订货次数

2. 经济订购批量的确定

（1）列表法

【例2】　某公司全年耗用某项材料的总金额为 10,000 元，这项材料每次订货费为 25 元，存货保管成本为平均存货价值的 12.5%，订购情况如表 12-4 所列。

表 12-4

（Ⅰ）全年订货次数	1	2	3	4	5	10	20
（Ⅱ）每批订货金额 10000/（Ⅰ）	10000	5000	3333	2500	2000	1000	500
（Ⅲ）平均存货价值（Ⅱ）/2	5000	2500	1666	1250	1000	500	250
（Ⅳ）保管成本（Ⅲ）×12.5%	652	313	208	156	125	63	31
（Ⅴ）订购成本（Ⅰ）×25 元	25	50	75	100	125	250	500
总成本（Ⅳ）+（Ⅴ）	650	363	283	256	250	313	531

从表中可知，以全年订购 5 次为最好（库存总成本最低为 250 元），亦就是说每批应采购 $\dfrac{10000}{5}=2000$（元）某货品为最佳订购批量。将表列数据画成图象，如图 12-11 所示。

从表与图上可看出，当平均存货量下降时，保管成本下降，则必定使订货次数增多，订货成本上升。并可看到，当保管成本与订购成本相等时，总成本最低。

从这里我们可以看出，经济批量的意义，就是在于如何平衡这两种相反方向变化的成本，当两者相等时的采购数量就是经济批量。

（2）公式法。上述最佳订购次数、最佳订购数量和每次订购可供应的天数，也可用公式计算求出。

设：N＝每年订购次数；

A＝全年耗用该项货品的总金额；

P＝订购成本（每次订购成本）；

C＝保管成本百分数（以平均存货百分数表示）；

则：全年订购成本＝订购次数×每次订购成本＝$N \times P$ ① (12-21)

全年保管成本＝平均存货成本×保管成本百分数

$$= \left(\frac{1}{2} \times \frac{A}{N} \right) \times C = \frac{AC}{2N} \quad ② \tag{12-22}$$

令：①式＝②式，得：$N \times P = \dfrac{AC}{2N}$，整理得：

$$N = \sqrt{\frac{AC}{2P}} \tag{12-23}$$

最佳订购批量 $Q = \dfrac{A}{N}$，

$N = \dfrac{A}{Q} = \sqrt{\dfrac{AC}{2P}}$，整理后得：

$$Q = \sqrt{\frac{2AP}{C}} \tag{12-24}$$

将前述列表法示例资料，代入（12-23）式，得最佳订购次数，也是 5 次。

$$N = \sqrt{\frac{10000 \times 0.125}{2 \times 25}} = 5（次 / 年）$$

∴每次最佳订购数量：$\dfrac{10000}{5} = 2000$（元）

每次订购可以供应：$\dfrac{365}{5} = 73$（天）

（五）安全储存量（B）

前边已经介绍了，当耗用数量不变时（即等量使用），并且交货时间也是固定不变，即是一种比较确定状态的经济批量计算情况，用图示如图 12-12。

但是，实际情形还较此为复杂，很可能因为某些原因使交货时间推迟，如图 12-13。或因为需要量突然提高未等到订货送达已出现

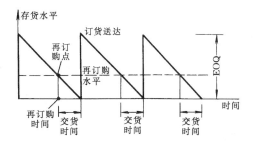

图 12-12　安全储存的经济批量

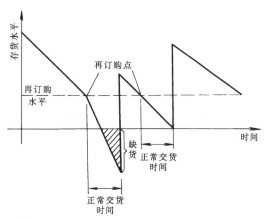

图 12-13　过量使用到货正常

缺货现象，如图 12-14。

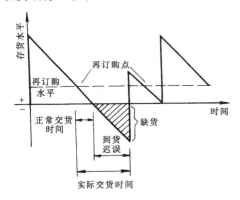

图 12-14　过量使用到货迟缓

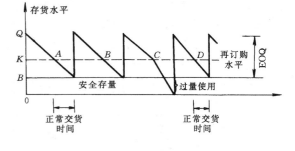

图 12-15　安全存量

　　为了解决上述现象，所以有必要用安全存量来解决这类问题。这是一项额外存货，若在正常情况下，当然是不需要这项安全存量的。由图 12-15，可知在正常交货时间及无过量使用情形（A、B）下，安全存量是多余的存量，并没有动用。但是，如果出现过量使用情形 C 时，就要动用安全存量来应付这种额外需要了，由于安全存量的维持是处于经常性质的，所以平均库存量应当把这部分存量加上去，做为实际的平均存货量。即

$$平均存货量 = \frac{最高存货量 + 最低存货量}{2} = \frac{Q + B}{2} \tag{12-25}$$

由于平均存货量的增加，当然也就使保管成本增加（自然也减少了缺货造成的损失）。

　　【例 3】　某公司使用某种材料，每日平均耗用量为 50 件（每年为 18250 件），并且按经济批量公式计算得经济批量为 3650 件/批，全年分五次采购。依经验，正常交货时间为 6 天，但在 6 天中发生使用量时多时少的概率如表 12-5 所列。

　　从表 12-5 中可知，若预留量为 300 件（安全存量为 0）、350 件（安全存量为 50）、400 件（安全存量为 100）时，发生缺货数量及概率分别如表 12-6、12-7、12-8 所列。若预留量为 450 件（安全存量为 150 件）时，无发生缺货之可能，即缺货概率为 0。

用　量　时　多　时　少　的　概　率　　　　　　　　　表 12-5

全　期　耗　用　件　数	观　察　次　数	概　　率
150～300	81	0.81
350	9	0.09
400	7	0.07
450	3	0.03

表 12-6

缺　货　件　数	概　率
50	0.09
100	0.07
150	0.03

表 12-7

缺　货　件　数	概　率
50	0.07
100	0.03

表 12-8

缺　货　件　数	概　率
50	0.03

若这项材料的缺货成本（B）估计为每件 50 元，保管成本为一年一件 10 元，每次订购成本为 75 元，则交货期间缺货成本期望值如表 12-9 所列。

缺 货 成 本 期 望 值

表 12-9

安全存量	缺货量	缺货概率	交货期间预期缺货成本期望值（M）	期间缺货成本期望值（B）
0	50	0.09	$50 \times 50 \times 0.09 = 225$	800 元
	100	0.07	$100 \times 50 \times 0.07 = 350$	
	150	0.03	$150 \times 50 \times 0.03 = \underline{225}$	
50	50	0.07	$50 \times 50 \times 0.07 = 175$	325 元
	100	0.03	$100 \times 50 \times 0.03 = \underline{150}$	
100	50	0.03	$50 \times 50 \times 0.03 = \underline{75}$	75
150	0	0		0

由于缺货成本是在每次订货期间才可能发生，所以缺货成本（M）类似于订购成本（P），是按订购次数而发生的，因此，经济批量计算公式可改写为

$$Q = \sqrt{\frac{2A(P+M)}{C}} \tag{12-26}$$

依上式可以在考虑缺货成本情况下，计算对应于一定安全存量的经济批量。并且按计算得的经济批量，计算其年存货总成本（TC）。

TC＝各批采购之全年订购成本＋各批采购之全年缺货成本期望值
＋保管总成本＋安全存货的保管成本

$$TC = \frac{A}{Q}P + \frac{A}{Q}M + \frac{Q}{2}C + BC \tag{12-27}$$

计算结果汇总如表 12-10 所列。

从表中可知，以准备安全存量 150 件时，可获得全年使用材料之总成本为最低。这时每批购量为 523 件，再订购水准为 $6 \times 50 + 150 = 450$（件），最大存货量为 $523 + 150 = 673$（件）。用图表示如图 12-16 所示。

年 存 货 总 成 本

表 12-10

安 全 存 量（件）	经 济 批 量（件）	年存货总成本（元）
0	1787	17871
50	1209	12583
100	740	8400
150	523	6732

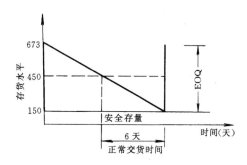

图 12-16　最低成本安全存量

五、仓库管理与现场管理

（一）仓库管理

仓库管理是在面向生产第一线的前提下，保管好材料，并积极处理和利用库存中的呆

滞材料和废旧材料。其基本工作是材料的验收入库、保管维护、材料发放，清仓查点、加强原始记录和统计分析工作等。

1. 材料入库验收

入库验收主要是以合同为依据，检验到货的品种、规格、数量和质量是否符合合同的内容。当单据和检验结果无误时，方可办理入库、登帐、立卡等手续，并将入库通知单连同发票、运单等一同交送财会部门。如发现与合同内容不符的情况，应查明原因，报告主管部门及时处理。

2. 材料保管维护

材料验收入库后，到发出使用前，应妥善保管。要做到合理存放，达到节省库存空间，入库和领用方便，减少库存损耗，加强帐、卡、物管理。

为了保证仓库安全和材料不变质，要建立必要的安全管理制度，并由专职人员负责执行。要做好防锈、防潮、防水、防爆、防老化等工作。

3. 材料的发放

要做到按质、按量、齐备、及时、有计划地发放材料，按凭证发放，以凭证结算，确保生产一线的需要。严格出库手续，防止不合理领用，促进材料的节约和合理使用。

一般可以根据工程材料计划，采取配套送料和限额送料方法，实行现场送料。

4. 清仓盘点和多余材料处理

为了及时掌握材料的变动情况，避免材料的短缺丢失和超储积压，保持帐、卡、物相符，必须认真做好清仓盘点。

清仓盘点分为经常盘点和定期盘点。在清点中发现盘盈、盘亏必须分析原因，说明情况，以改善仓库管理。

通过清仓盘点发现超储呆滞的多余材料时，必须及时处理，减少仓库费用、腾出库容、加速资金周转。

5. 加强原始记录的统计和分析

加强这项工作对于提高材料管理水平、减少材料消耗、减少储备资金占用、降低采购、存储费用、降低成本、增加盈利，有着十分密切的关系。

（二）现场管理

现场管理是指对一个工程对象，一个施工现场的材料供应管理工作的全过程。所以，现场材料管理和企业材料管理是点和面，局部和整体的关系。现场管理的内容包括：施工前的材料准备工作，现场仓库管理，原材料的集中加工，材料领发使用，工完场清和退料回收等工作。它是衡量建筑企业管理水平和实现文明施工的重要标志。

六、改善材料管理工作，降低材料成本

在建筑产品的成本构成中，根据统计资料的分析，一般材料成本约占生产总成本的 $60\% \sim 70\%$。加强和改善材料管理工作，提高材料供应和管理水平，对于增加企业经济效益关系甚大。

材料成本的超支或节约等于材料预算成本与材料消耗的实际成本之差。因此，材料成本降低额，应等于：

$$\begin{array}{c}\text{材料成本}\\\text{降低额}\end{array}=\left(\begin{array}{c}\text{材料计划}\\\text{用\quad量}\end{array}-\begin{array}{c}\text{材料实际}\\\text{用\quad量}\end{array}\right)\times\begin{array}{c}\text{预算}\\\text{价格}\end{array}+\left(\begin{array}{c}\text{预算}\\\text{价格}\end{array}-\begin{array}{c}\text{实际}\\\text{价格}\end{array}\right)\times\begin{array}{c}\text{材料实际}\\\text{用\quad量}\end{array} \quad (12\text{-}28)$$

前者是反映由于材料消耗上的量差所造成的材料费用的节约或超支，后者是反映由于价差所产生的节约或超支。因此，降低材料成本的主要措施应从量差与价差两方面着手。亦就是说要从材料管理的每一个环节，如订货采购、运输业务的组织、仓库管理、原料集中加工、现场管理等都要做好管理工作，才能真正降低材料成本。

第四节　建筑企业劳动管理

一、劳动管理的含义、内容和任务

劳动管理是指对劳动方面的一切管理。它可分为三个方面的内容：劳动力、劳动组织和劳动工资管理。完整的劳动管理体系，应当解决：人员的规划、人员的激励与教育、人力资源的有效利用和工资奖励等问题。这里所说的劳动力是广义的，包括工人（含合同工和临时工）、技术人员、管理人员在内。企业对劳动力的管理是把人视作为生产要素来管理的，这不同于对人的思想政治工作。

建筑业是劳动密集型的部门。因此，劳动力在建筑企业中占有举足轻重的重要地位；建筑产品的固定性，决定了生产者必须围绕着工程而移动，因此，队伍流动性较大，建筑企业用工中合同工和临时工比重较大，室外作业及高空作业多，这给建筑企业的劳动管理带来了复杂性。从这些意义上来讲，都要求建筑企业应当特别重视劳动管理。因此，劳动管理是建筑企业管理的重要内容之一。

建筑企业劳动管理的内容，一般包括：劳动定额和定员的确定、劳动过程的组织、劳动保护、劳动竞赛、劳动纪律等的实施或组织、劳动工资计划的编制、贯彻执行和检查分析、职工的招收和人员培训等。

劳动管理的中心任务是在于如何提高劳动者的劳动生产率，从而充分有效地发挥和利用企业的人力资源的问题。具体来讲，劳动管理的任务一般可概括为四大方面：

（1）充分发掘劳动资源，合理配备与使用劳动力，不断调整劳动组织和生产中的分工协作关系，提高劳动生产率。

（2）不断提高职工技术和业务水平，提高企业素质，增强企业竞争能力。

（3）正确贯彻社会主义物质利益原则和按劳分配原则，恰当处理国家、企业和个人的利益关系，充分调动职工的积极性和创造性。

（4）搞好劳动条件的管理，诸如，安全生产、改善作业环境、卫生保健、劳动时间管理，以提高劳动生产质量等。

二、劳动生产率

劳动生产率是指劳动者在生产中的效果或效率。它可以用劳动者在单位时间内所生产的产品数量或产值来表示，也可以用劳动者生产单位产品所消耗的劳动时间来表示。在统计上，前者称为劳动生产率的"正指标"，是用来反映企业的劳动生产率水平的；后者称为劳动生产率的"逆指标"，是在企业内部使用的，主要用来制定劳动定额，安排生产作业计划以及编制定员和劳动计划等。企业劳动生产率又可分为生产工人劳动生产率和全员劳动生产率。

劳动生产率的增长，意味着活劳动和物化劳动的节约。在单位产品中，活劳动所占比重减少，物化劳动所占比重增加，而且所包含的劳动总量的减少，是劳动生产率提高的重要标志。

（一）影响劳动生产率的因素

（1）劳动者的技术装备程度，如工厂化、机械化水平、设备效率和利用的程度。

（2）劳动者的技术水平、熟练程度和劳动态度。

（3）劳动分工及协作方式，即生产组织形式。

（4）计划的合理安排与企业的管理水平。

（5）劳动的自然条件。

（6）领导水平和人群关系。

（7）工资分配政策的合理性。

（8）当时企业的经营情况等等因素。

以上是从建筑企业内部找到的影响因素，实际上，其它部门的一些因素也影响到企业的劳动生产率，譬如建筑材料供应体制与生产水平，科学技术发展水平等等。

（二）提高劳动生产率的主要途径

（1）提高全体职工的政治思想、技术业务文化水平，充分开发职工的能力。

（2）提高生产技术和装备水平，采用先进生产工艺和操作方法，提高施工机械化水平。

（3）不断改进生产劳动组织，实行先进合理的定员和劳动定额。

（4）加强劳动纪律，改善劳动条件。

（5）认真贯彻按劳分配和物质利益的原则。

（6）进行适当的激励，满足职工最迫切的需要。

（三）人体工程学的概念

人体工程学是对作业系统中人的因素问题的研究。在这个系统中，由于实现了机械化，实际上形成了人与机械所组成的系统，即人机系统。

人体工程要研究机械安放在什么位置最为合理，以及人的动作如何配合才能发挥最高效率。其最佳条件是：舒适、高效率、易操作、安全。所以，人体工程学实际上是进行动作研究，它分析工人在生产劳动中的各种动作，消除其无效部分，并对其有效部分进行最佳设计，在于使各项动作符合经济有效原则，节省时间，提高劳动生产率。每一个动作，一般涉及三个问题：动作与时间的关系，动作与人体的关系，动作与产品的关系。即速度问题、疲劳问题与质量问题。动作研究的程序，一般分四个步骤：

（1）准备工作。如选择研究对象，了解机器、工具的情况，确定研究的方法等。

（2）动作分析。可用观察法及摄影法对工人的动作进行观察和记录。

（3）分析资料。要根据动作节约原则，进行动作分析取舍。

（4）确定最有效的标准动作，并且制定出工作指导书。

人体工程学引入到建筑企业的作用，可以从以下几点进行考虑：

（1）从作业心理学去探讨，研究周围环境对人由于劳动而产生的不舒适感、疲劳等的影响。

（2）人如何适应作业条件，以及人与机器的最佳配置。

（3）人如何适应作业环境，以及人与环境的合理结合。

（4）设备的设计要考虑人的因素，使之有利于工作。

（5）从劳动心理方面探讨，就是从医学角度去研究解决人的负担与疲劳。

（6）劳动卫生问题，是从卫生角度研究劳动问题。

三、劳动定额和劳动组织

（一）劳动定额

劳动定额是指在一定生产组织条件下，为了完成一定量的产品（或工作）所规定的劳动消耗标准量。它是劳动管理的基础性工作，建筑企业劳动定额是以平均先进水平确定的。

（二）劳动组织

1. 定员

定员是指企业确定各类人员配备的标准。定员是按生产任务、组织机构、劳动特点等具体情况，按各类人员分别制定的。定员的方法有：

（1）效率定员法。它是根据生产任务和效率来确定人数。

（2）设备定员法。它是根据机器设备的数量、工人看管定额和准备开动的班次来确定人数。

（3）岗位定员法。它是根据岗位数来确定人数。

（4）比例定员法。它是按职工总数或某一类人员的一定比例来确定另一类人员的数量。

（5）业务分工定员法。这是根据组织机构的业务范围、工作量多少。来确定人数的一种方法。

定员中要注意各类人员的比例关系。即使在生产工人中也有个合理的比例问题。定员后，必须对各类人员的结构比例，进行仔细平衡，以保证正常生产和工作。在市场经济条件下，定员可为编制劳动计划和组织劳动力供应提供条件，并不意味着招收固定工或合同工。

2. 劳动组织

劳动组织是在劳动分工的基础上，根据定员的要求，把为完成劳动作业而相互协作的有关工人组织在一起的劳动集体，一般是指企业的最基层的班组。

合理的劳动组织应该是，适合于施工的需要，有利于劳动力的合理使用，提高劳动生产率，并适宜企业管理的加强。以劳务承包为主的企业必须建立可提高效率，有利于承包的劳动组织。

劳动组织有两种形式：

（1）专业队。它是按施工工艺需要，由同一工种的工人所组成的劳动组织。其特点是，任务比较单一，利于技术和效率的提高，对工种协作要求较高，适宜于技术要求较高或者专业工作量较为集中的情况。

（2）混合队。它是由完成一个分部工程或单位工程所需要的互相联系较密切的不同工种的工人所组成的劳动组织。其特点是，它具有一定的综合施工能力，工种协作配合好，有自身调节能力，便于统一指挥，流水交叉作业。混合队可分为小型的及大型的两种，小型的适宜于完成分部分项工程，大型的适合于完成中小型单位工程。

四、劳动保护

建筑企业高空和地下作业多、现场环境复杂，露天作业多、劳动条件差，构成的不安全因素多，工伤事故发生率比较高。因此，应当特别注意安全问题，在组织上、技术上必须采取措施，保证安全生产，保护职工健康。

劳动保护工作内容，一般有下列几个方面：

1. 建立劳动保护制度，健全劳动保护组织

要根据国家劳动法规和制度，结合企业具体情况，规定相应的规章制度来加以贯彻执行。为了搞好劳动保护工作，企业要设有专门的机构和人员进行经常性工作来加以处理。同时，要建立基层安全组织。

2. 做好安全技术工作

这是防止在施工生产过程中发生伤亡事故，保障职工安全和减轻体力劳动而采取的措施。如施工现场合理布局；高空、地下作业设防护措施；机械设备的防护装置；对电气设备注意防火和触电措施等。还要做好施工前的安全交底工作。

3. 改善职工劳动条件

做好夏季防暑，冬季防寒的劳动保护用品的发放，对职工进行定期的体检，并要严格控制加班加点，注意劳逸结合。

4. 做好经常性的安全生产的检查

必须树立"安全第一"、"生产必须安全"的观点，有领导的通过各级安全检查组织（员），进行经常性的安全生产检查，杜绝不安全事故。还需开展群众性的"安全月""安全周"活动，消灭一切不安全因素。

五、职工教育

职工教育的对象，是指包括企业经理在内的全体职工。通过适当的途径与方法进行思想政治、文化科学知识、生产技术和经营管理知识的再教育，以开发职工的智力，提高职工的素质。不同对象，教育内容要有所不同。

职工教育的基本任务，是通过全员培训，培养一支领导能力强、思想作风好、技术水平高、劳动纪律严明的职工队伍，以担负起企业对国家和社会的各项任务。

职工教育不同于全日制学校教育，它应当直接为生产服务，所以在培训目标与具体内容方面都应当紧密结合企业生产经营需要来考虑。同时还要考虑到建筑生产流动性的特点，要在教学形式、时间、学习制度上适应这个特点。

职工教育的形式要因地制宜，广开学路。根据工作的需要和职工的要求，采取多种形式办学。职工培训工作，一定要有专门的机构负责，搞好培训，提高规划，加强教学管理，建立职工培训的考核制度，做好经常性的督促检查。

六、行为科学

管理经济学、管理会计、管理信息系统、行为科学，在西方被称为管理科学的四大支柱，行为科学受到很大的重视。行为科学，是一门研究人类行为规律，以便理解这种行为，并进行预测，进而影响与控制这种行为的科学。

在企业管理中，主要是研究职工的行为对管理工作的影响，从人的工作动机、情绪、行为与工作环境之间的关系，来探索影响生产效率的因素。

（一）霍桑实验

1927~1932年，梅奥教授在美国芝加哥西方电气公司的霍桑工厂进行了著名的霍桑实验。实验证明：改善对职工的态度，增加工作报酬，使工人对工作感到满足，促进情感的交流，对生产效率的影响要大于改变工作条件的影响。

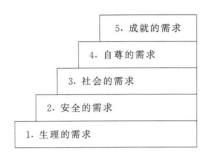

图 12-17 需求的层次和次序

| 5. 成就的需求 |
| 4. 自尊的需求 |
| 3. 社会的需求 |
| 2. 安全的需求 |
| 1. 生理的需求 |

（二）人的层次需要论

在 1943 年，美国人马斯洛发表的"人的激励理论"一文中认为：调动人的积极性要有两个基本前提。（1）人的需求取决于他已经占有了什么和占有了多少，只有在需求尚未满足时，需求才能影响行为。（2）人的需求可按其重要性分级，排列成顺序等级。当一种需求得到满足后，另一种较高需求就会冒出来，再要求得到满足。他认为人的需求可分为五个等级，如图 12-17 所示。

（三）双因素理论

双因素理论是由美国心理学家赫茨柏格提出。他认为有两类因素会影响一个人的工作，一类是激励因素，包括工作表现机会和工作带来的愉快、成就、成绩的奖励、职务上的责任感、对未来的期望，从而达到调动积极性的目的。另一类是保健因素，包括公司的政策、管理、监督、工资、环境等，这些只能消除或减少不满情绪，而不能起激励作用。所以主张充分发挥激励因素的积极作用，克服保健因素的消极作用，来提高职工的工作热情。

（四）X 理论

这种理论认为：人生来就是厌恶工作的，需要指挥、控制和惩罚；一般乐于按指示行动，应给每个人规定明确的任务；大部分人没有抱负，要求安逸和安全。

（五）Y 理论

是 X 理论的对称，它认为：人并非天生厌恶工作，他的好恶取决于所处的环境，既可以把工作看成是一种满足，也可以视做为一种痛苦；强制和处罚不是唯一手段，人愿意实行自我管理；促使人完成组织目标的是自我满足与自我实现；怕负责任、缺乏抱负、强调安全感不是人的本性；大多数人在解决困难问题时，都能发挥出高度想象力、智力和创造力；在现代生活环境中，一般人所具有的潜力仅能得到部分的发挥。

此外，还有日本人大内的 Z 理论、亚当的公平理论、杜邦拉的自我强化理论等等。

行为科学，不仅仅研究个人行为，它还研究群体行为，研究领导方式与风格，权力与影响；人事管理和组织结构与设计等。

我们在劳动管理中，可以汲取行为科学的有益部分，使管理工作做得更好。

七、劳动工资和奖励

（一）建筑企业的工资制度

建筑企业现行的工资制度是：对工人实行等级工资制，对技术和管理人员实行职务等级工资制。建筑工人等级工资制是根据建筑工人的行业性质、工作繁重程度、技术复杂程度和地区条件，分别规定出技术等级和相应的工资标准。职务等级工资制是根据各种职务的重要作用、责任大小、业务繁简、技术复杂程度等多方面因素划分等级并根据等级具体规定各种不同职务的工资标准。我国的工资制度正在改革，探索适宜的工资制度。

（二）建筑企业工人的工资形式

建筑企业工资形式基本上有三种：计时工资、计件工资和浮动工资。

计时工资是按实际劳动时间和其技术等级而来支付的劳动报酬。工人所得工资多少，并不直接同他的劳动成果多少发生关系。

计件工资是计时工资的一种转化形式。它是按着劳动者所生产合格产品的数量和事先规定的计件单价来支付劳动报酬的一种形式。由于计件工资将工人的工资收入同劳动成果紧密联系起来，因此，它能很好地体现按劳分配的原则。对于实行计件工资的企业，必须具备下列几个条件，这就是：产品比较稳定，生产任务比较稳定，产品质量明确，有先进的合理的劳动定额和材料消耗定额，并要保证材料及时供应，要有严格的质量检查与验收制度等。包工工资实际上是扩大的计件工资。

浮动工资是指职工的工资多少，以企业经营的好坏和职工劳动的好坏而上下浮动的工资形式。其特点是把职工物质利益同他的经济责任的经济效果挂钩，把国家、企业和个人三者利益结合起来。目前，实行浮动工资的形式，有联产的、有联利的、有联系各级经济指标的、有劳动报酬全部浮动的、有劳动报酬部分浮动的等等。

（三）奖金和津贴

对广大职工除了发放工资外，还建立奖金和津贴制度，它是劳动报酬的一种辅助形式。

奖金是指支付给职工的超额劳动报酬和增收节支的劳动报酬。

建筑企业生产性奖金可分为综合奖和单项奖两类。单项奖是对综合奖的补充，是针对企业经营中的某一特定目标而设置的奖励制度。如对于提前竣工，其工程质量、消耗、安全等均符合规定的，可以适当发给提前竣工奖，奖金由建设单位收益中开支。对于节约三大材料也可发给材料节约奖，其奖金由节约价值中开支，合理化建议奖等都属于单项奖。单项奖应根据具体情况设置，目的是通过奖励促使进一步降低成本，生产率不断上升。综合奖是规定的各综合项目指标完成后发给奖金。如优质产品（工程）、优秀企业、部门、队、组奖等。

建筑企业奖金发放办法和标准，不论采取哪种形式，都应同企业经济责任制的落实联系起来，要体现奖勤罚懒，鼓励先进，奖励超额劳动和优质劳动。

津贴和补贴是指为了补偿特殊或额外劳动消耗和因其他特殊原因支付给职工的报酬，以及为了保证职工工资水平不受物价影响支付给职工的物价补贴。建筑企业中发给职工的津贴，主要是岗位津贴和野外津贴。如凡进行高温、严寒、高空、井下、夜班、野外等作业，以及在粉尘、有毒或有害气体环境下工作的职工，都可以领取津贴。补贴有副食补贴、房租公积金、交通通勤费等。

第十三章　建筑施工企业财务管理与经济核算

第一节　建筑施工企业财务管理概述

一、建筑施工企业财务的本质

建筑施工企业财务，是建筑施工企业在生产经营中客观存在的资金运动，以及通过资金运动所体现的企业与多方面的经济关系。

1. 建筑施工企业的资金运动

建筑施工企业的资金运动是一个不断循环的过程，每一循环的过程是：货币资金形态→储备资金形态→生产资金形态→商品资金形态→货币资金形态。这个过程说明，资金从流通过程进入生产过程，进而又回到流通过程。在流通过程中，通过商品出售取得货币收入，其中一部分用来补偿生产费用，回到货币资金形态，加入到下一个资金循环过程中去，另一部分是生产工人为社会创造的剩余价值，在国家和企业中进行分配。

资金的运动过程可分为三个阶段，即资金筹集、资金运用和资金分配。

资金筹集就是企业为进行生产经营活动通过确定资金需要量和选择资金来源渠道并取得所需的资金。取得资金的途径不外乎两种，一种是接受投资者投入的资金，形成资本金；另一种是向债权人借入资金，是企业的负债。根据投资主体的不同，资本金包括国家资本金、法人资本金、个人资本金和外商资本金。企业筹资的方式有国家投资、各方集资或发行股票等。企业负债包括长期负债（如长期借款、应付长期债券、长期应付款等）和短期负债（如短期贷款、应付短期债券、预提费用、应付及预收款项等）。

资金的运用就是把筹集到的资金投放在生产经营活动过程，这个过程既是资金形态变化的过程，又是资金耗费和资金增值的过程。

资金的分配是企业将取得的营业收入用来补偿成本和费用、缴纳税金和企业利润。企业的税后利润又按下列顺序进行分配：缴纳被没收的财物损失，支付滞纳金和罚款，弥补企业以前年度的亏损，提取法定公积金，提取公益金，向投资者分配利润。

2. 建筑施工企业的资金运动所体现的经济关系

建筑施工企业的资金运动是在各有关单位的经济往来中进行的。在资金的筹集、使用和分配之中，产生了广泛的社会联系，形成了复杂的经济关系，即企业的财务关系。建筑施工企业的财务关系如下：

（1）建筑施工企业与国家财政之间的财务关系。国家通过投资、入股和其他方式将资金投入企业，形成企业的国家资本金；相应地，企业应合理有效地使用国家资本金，并实现保值和增值。国家以生产资料所有者的身份，参与企业税后利润的分配；企业应维护国家投资者的权益，上缴资金占用费、租金、股息等。国家行使财政职能，向企业征收营业税、所得税等税收；企业应依法足额缴纳各项税收。

（2）建筑施工企业与国家银行之间的财务关系。这主要是存贷关系。企业向银行存款，形成银行的信贷资金；银行向企业贷款，是企业负债的主要方面；企业可通过银行发行债券或通过其他集资方式吸收社会资金，按期归还借款并支付利息。企业与银行存在着债权债务关系，也存在着结算关系，即银行代企业与其他经济组织之间进行贷款结算。

（3）建筑施工企业与其他经济组织之间的财务关系。企业由于进行生产经营活动，与其他经济组织之间发生资金结算关系、债权债务关系和其他经济关系（如通过参股、认股进行相互投资关系，形成企业的法人资本金）。

（4）企业内部的财务关系。内部财务关系主要是内部产供销各部门和各生产单位之间的核算关系及内部结算关系。

（5）企业与职工之间的财务关系。这主要是指企业要用自身取得的销售收入，按照职工付出的劳动数量和质量，支付职工工资、津贴、奖金而发生的结算关系。

二、建筑施工企业财务管理的本质

建筑施工企业的财务管理，是企业在组织、指挥和监督资金运动的同时，正确处理同各方面的财务关系，不断提高企业生产经营活动的经济效益，促进企业生产和经营的发展。

（一）建筑施工企业财务管理的任务

建筑施工企业的财务管理为企业的根本任务服务。建筑施工企业财务管理的基本任务是努力提高企业生产经营活动的经济效益。其具体任务如下：

（1）合理筹措资金，满足企业生产经营的需要。在筹措资金时必须认真考虑企业资金结构的合理性、所承担的风险和资金成本大小等因素，从中选择满意的筹资方案。

（2）合理使用资金，提高资金运用效果。要做好资金使用计划、控制、核算、调配、分析工作，增收节支，少花钱，多办事，办好事。要根据企业的财务状况，及时组织资金偿债及把握投资机会，保护和利用资产，考核、检查、分析各种资产利用情况，不断提高资金利用效果。

（3）降低成本和费用，增加企业盈利。降低成本的根本途径是降低消耗，降低费用的根本途径是减少支出。降低成本和费用是企业盈利的主要来源。增加企业盈利的途径很多，但必须利用财务管理手段才能见效。

（4）正确分配盈利。企业的营业收入扣除成本费用的余额，就是盈利，它是企业职工创造的剩余产品的货币表现。如何分配盈利，关系到国家、企业和职工、投资者的经济利益，因此，必须按有关国家规定和财务制度进行合理分配。

（5）实行财务监督，维护财经纪律。财务监督的手段是利用国家的财经制度、有关政策、法令，利用价值形式，对企业的生产经营活动进行约束、控制和调节。财务监督的目的是通过发挥财务管理的职能，执行国家财经纪律，发现问题，总结经验，加强经济核算，促进改善生产经营管理，提高经济效益。

（二）建筑施工企业财务管理的基本原则

（1）严格执行国家规定的各种财务开支范围和标准，如实反映企业财务状况和经营成果，以国家的财经纪律制止违反国家经济政策和财经制度的行为。

（2）建立健全企业内部财务制度，做好财务管理基本工作。

（3）依法计算和缴纳税收，保证国家财政收入。

（4）保证投资者权益不受侵犯。设立企业必须有法定资本金，资本金来源于投资者的投资。投入企业的资本金只能依法转让，不得抽回。企业资金统一管理，自主支配，确保投资者的权益。

（三）我国现行的建筑施工企业财务管理制度体系

我国建筑施工企业的财务制度体系有《企业财务通则》、《施工、房地产开发企业财务制度》和企业内部财务管理制度三个层次。

1. 《企业财务通则》

由我国财政部颁布的《企业财务通则》自 1993 年 7 月 1 日起施行，是企业最高层次，也是最基本的财务法规，是企业的财务活动和财务管理的基本原则和规范。

《企业财务通则》共十二章，包括：总则，资金筹集，流动资产，固定资产，无形资产、递延资产和其他资产，对外投资，成本和费用，营业收入、利润及其分配，外币业务，企业清算，财务报告与财务评价，附则。《企业财务通则》对我国传统的企业财务制度作了以下改革：

（1）建立资本金制度。资本金是企业在工商行政管理部门登记的注册资金。从其构成看，资本金包括国家资本金、法人资本金、个人资本金和外商资本金。

（2）取消资金专户存储办法。企业资金不再划分为固定基金、流动基金和专用基金，实行企业资金统一管理，统筹使用，赋予企业充分的资金运用权。

（3）改革折旧制度。企业固定资产折旧年限平均缩短 20％～30％，提高企业折旧水平。调整、简化了固定资产折旧分类，制定各类固定资产折旧年限的弹性区间。允许企业采用加速折旧法及选择具体的折旧办法。取消大修理基金，企业发生的修理费用直接计入成本费用。

（4）改革成本管理制度。实行制造成本法。产品成本包括直接工资、直接材料、商品进价、其他直接支出等直接费用，以及分配计入的为生产经营商品和提供劳务而发生的各种间接费用。企业发生的销售费用、管理费用和财务费用，不再计成本，而直接计入当期损益。建立坏帐准备金制度，强化企业风险意识，促进企业及时处理坏帐损失。规范企业低值易耗品摊销办法，取消"五五"摊销办法，简化核算手续。调整了部分成本费用开支项目。

（5）建立新的企业财务指标体系。改现行的国家考核企业财务状况的方法为企业进行财务评价的方法，设计了能够反映企业偿债能力、运营能力、获利能力等全面情况的财务指标体系，包括：流动比率、速动比率、应收帐款周转率、存货周转率、资产负债率、资本收益率、销售利润率、成本费用利润率等。

2. 《施工、房地产开发企业财务制度》

该制度属行业财务制度，是财政部和中国人民建设银行 1993 年 1 月联合颁布的。该制度根据《企业财务通则》，结合施工、房地产开发企业的特点及其管理要求制定，自 1993 年 7 月 1 日起施行。该制度的章名与《企业财务通则》完全相同，但结合施工与房地产开发企业的经营业务特点作了具体化规定，形成整个财务制度体系中一项基础法规，也是具体法规，对传统的施工企业财务制度亦作了若干重大改革。

3. 企业内部财务管理制度

这是在赋予企业充分理财自主权的前提下，企业制定的贯彻《企业财务通则》和行业财务制度的具体管理办法，以加强企业内部的财务管理工作。

第二节　建筑施工企业的资金筹集

一、企业资本金

（一）企业资本金制度

企业资本金就是企业在工商行政管理部门的注册资金，是企业进行生产经营的资金基础。《施工、房地产开发企业财务制度》规定，"企业应按照法律、法规和合同、章程的规定，及时筹集资本金"。建立资本金制度，有利于健全企业自主经营、自负盈亏、自我发展和自我约束的经营机制，有利于正确计量企业的盈亏，有利于保障企业所有者权益，有利于保护债权人的利益，有利于正确反映企业资产、负债状况，为投资者提供准确的投资信息。

（二）资本金的分类

企业筹集的资本金，按投资主体区分，有国家资本金，法人资本金、个人资本金和外商资本金。国家资本金是有权代表国家投资的政府部门或者机构以国有资产投入企业形成的资本金。法人资本金是企业法人、社团法人以其可支配的资产投入企业形成的资本金。个人资本金是社会个人或本企业内部职工以个人合法财产投入企业形成的资本金。外商资本金是外国投资者及我国香港、台湾地区投资者投入企业形成的资本金。

（三）资本金的筹集

资本金的筹集方式可以是多种多样的，既可以吸收货币资金的投资，也可以吸收实物形式和无形资产等形式的投资，企业还可以发行股票筹集资本金，但必须符合国家法律、法规的有关规定。

资本金的出资期限在《施工、房地产开发企业财务制度》中有规定，即资本金可以一次或者分期筹集。一次筹集的，从营业执照签发之日起6个月内筹足；分期筹集的，最后一期出资，应当在营业执照签发之日起3年内缴清，其中第一次筹集的投资者出资不得低于15％，并且在营业执照签发之日起3个月内缴清。投资者未按投资合同、协议章程的约定履行出资义务的，企业或其他投资者可以依法追究其违约责任。

企业在筹集资本金过程中有下列限制：吸收的投资者的无形资产（不包括土地使用权，下同）的出资，不得超过企业注册资金的20％；如果吸收的无形资产中含有高新技术的，应当经有关部门审查批准，但是最高不得超过30％；其中按国家有关法律、法规规定、合资、合作经营企业吸收的投资者的无形资产的出资没有比例限制，外商投资企业吸收的无形资产的出资一律不得超过企业注册资金的20％。企业不得吸收投资者的已设立有担保物权及租赁资产的出资。投资者以实物、无形资产对外投资，须出具拥有资产所有权和处置权的证明。

验资及出资证明：企业筹集的资本金是否符合国家有关法律、法规规定，资本金折价是否合理等，必须聘请中国注册会计师进行验资并出具验资报告。企业根据注册会计师出具的验资报告发给投资者出资证明书。

如果出资者未按投资合同、协议、章程的约定履行出资义务，企业或其他投资者可以依法追究其违约责任。如果是投资者各方同时违约，由工商行政管理部门进行处罚，吊销其营业执照；如果出资者第一次出资已经缴清，第二次出资没按期缴纳限期缴清但在规定期限内仍未缴清的，同样吊销其营业执照。如果是投资者一方违约，企业或其他投资者可以追究其违约责任，违约方必须赔偿迟延出资的利息，并赔偿延迟出资造成的一切经济损失。追究违约责任应按法律程序，一般是向人民法院起诉。

（四）资本金管理

（1）资本金保全。企业筹集的资本金，在生产经营期间，投资者除依法转让外，不得以任何方式抽走。但中外合作经营企业按照规定，在合同中约定合作期满时，合作企业的全部固定资产归中国合作者所有的。投资者可以在合作企业合同中约定，外国合作者在合作期限内先行回收投资。

（2）企业增加或减少注册资本金数额，必须办理变更登记。企业的公积金可以依照法律手续转增资本金。

（3）投资者按照出资比例或者合同、章程的规定，分享企业利润，分担风险及亏损。

（五）资本公积金

企业在筹集资本金活动中，投资者实际缴付的出资额超出其资本金的差额（包括股份有限公司发行股票的溢价收入），接受损赠的财产，资产的评估确认价值，或者合同、协议约定价值与原帐面净值的差额，以及资本汇率折算差额等，计入资本公积金。资本公积金按照法定程序，可以转增资本金。

二、企业负债

（一）企业负债的概念

企业负债是指企业承担的能够以货币计量，需要以资产或者劳务偿付的债务。它一般包括企业借入资金和应付的款项等。在市场经济条件下，负债是企业筹集资金的重要方式。与其他筹资方式相比，它有以下优点：

（1）负债是现在存在的，由过去经济业务所产生的经济负担。

（2）负债是确实存在的负担，将来要用债权人所接受的资产来偿还，偿还方式可能是现金、劳务、非现金资产，或用债权人欠企业的款项抵销，还可用举借新债抵付等等。

（3）负债都表现为一个确切的到期要偿还的金额。

（4）负债有确切的债权人与应还债日。

（二）负债的分类

负债可按其偿还期限的长短分为流动负债和长期负债。

流动负债是指可以在一年内或者超过一年的一个营业周期内偿还的债务，主要用于维持企业正常的生产经营活动。它主要包括：短期借款，应付及预收货款，应付票据，应付内部单位借款，应付税金，应付股利和其他应付款，应付短期债务，预提费用等。

长期负债是企业借入的偿还期在一年或超过一年的一个营业周期以上的各种借款，主要用于基本建设、技术改造及生产经营等方面。长期负债包括：长期借款、应付长期债券、应付引进设备款、融资租赁应付款等。

（三）负债的利息处理与偿还

企业负债要支付一定的利息。流动负债的应计利息支出计入财务费用；长期负债的应计利息支出，在筹建期间计入开办费，在生产期间计入财务费用，在清算期间计入清算损益，其中与购建固定资产或者无形资产有关的，在资产尚未交付使用或者虽已交付使用但尚未办理竣工决算以前，计入购建资产的价值。

企业对债权人的负债，必须到期归还本和利。如果因债权人的原因而使企业无法归还债务，该债务计入营业外收入。

（四）银行贷款

贷款是银行或其他信用机构按一定利率贷出的货币资金，以及由此引起的信用活动。按贷款条件，可分为信用贷款、抵押贷款和保证贷款等；按贷款时间的长短，可分为短期贷款和长期贷款；按用途可分为流动资金贷款、固定资金贷款和个人消费贷款。

1. 银行贷款原则

第一是计划原则，即应根据国家批准的信贷计划发放和使用，贷款时间应按合同、按市场需要，择优发放。第二是物资保证性原则，即贷款应有适销对路的商品物资作保证。第三是有偿性原则，即贷款要按期如数归还，并取得利息。第四是区别对待、择优扶植原则，即对条件优越的优先贷款（执行合同好、经营管理好、信用好的企业为优，国家重点发展、优先支持的行业为优）。第五是以销定贷原则，即银行根据工商企业的产品或商品销售状况来确定掌握贷款的发放。

2. 流动资金贷款

企业的流动资金借款分为定额借款、超定额借款、结算借款和积压物资借款等。

（1）定额借款。是指企业按国家核定的流动资金向银行取得的借款。

（2）超定额借款。是企业为解决由于季节性和临时性原因造成的超过定额的流动资金需要而从银行取得的借款。

（3）结算借款。是指以托收承付结算凭证为保证从银行取得的借款。

（4）积压物资借款。指企业为解决从库存物资中划出的超出积压物资所需资金而从银行取得的借款。此项借款通常由超定额借款转入。

（5）临时贷款。是由于临时合理资金需要，企业向银行申请的贷款，最长不超过6个月；卖方信贷，是银行对批准购销的销货单位（卖方）发放的以赊销商品为对象的贷款，期限一般为一年，最长不超过2年；票据贴现贷款，即持有银行承兑汇票或商业承兑汇票的企业在流动资金周转困难时，凭承兑汇票向银行申请取得的贷款，期限最长不超过6个月。

3. 长期贷款

我国银行对工业企业的长期贷款主要有固定资产投资贷款（基建贷款和基建储备贷款），技术改造贷款，科技开发贷款（包括科委系统归口的科技贷款、国家计委系统归口的技术开发贷款和国家电子振兴领导小组归口的计算机技术开发贷款）。

4. 其他形式的贷款

在西方，有以下形式的贷款：

第一种是信用贷款，即单凭借款人的信用而无需提供抵押品的贷款。

第二种是抵押贷款，即银行要求借款人提供一定的抵押品作为保证的贷款。

第三种是循环贷款协议，即借款人与银行之间协商确定贷款的最高限额，在限额内借款人无需提供抵押品，可自由地使用这些贷款，即可借、还、再借、再还……不停地循环，周转使用。

第四是补偿余额贷款，即贷款时在银行中保留一定的补偿余额。补偿余额是银行要求贷款的企业在其存款帐户中所具有的最小存款数额，一般为贷款的 $10\% \sim 20\%$。

（五）发行债券

1. 债券的概念

债券是企业为取得资金而发行的借款凭证。企业在发行债券时承诺在规定日期、按规定的利率归还债券利息和本金。债券的持有人是企业的债权人，优先于股东分红，公司破产清理时可优先收回本金。债券的利息率较低且稳定，债券利息支出可列入费用，可以减少企业缴纳所得税额。

2. 债券的种类

按债券利息的支付方式与债券的形态划分，有附息票债券和贴现债券。前者的息票到期时，可凭票领取本期的利息；后者是按低于债券面额的价格发行的，到期时按债券面额兑付。

按有无担保分，债券分为信用债券和担保债券。前者不用抵押品担保，只凭债券发行人的信誉；后者以抵押财产作为担保而发行债券。

另外还有记名债券和不记名债券；公募债券（公开发行）和私募债券；固定利率债券、浮动利率债券、分红的公司债券。

3. 债券的发行顺序

公募发行债券按以下程序进行：

第一，向主管机关（我国为中国人民银行或其分支机构）申请批准发行债券；

第二，公开刊登发行章程；

第三，发行债券的企业与金融机构签订委托发行合同；

第四，应募人应募。

（六）应付款

应付款是企业应付而未付的费用，故形成债务，相当于接受供应厂家提供的一笔无息贷款，是企业短期筹资的重要方式，是一种无筹资成本的自然性融资。应付款有应付帐款和应付票据之分。

1. 应付帐款

应付帐款是企业因购买材料、物资或接受劳务等应付而未付给供应单位，所取得的信用形式。它有免费信用、有代价信用和展延信用三种情况。免费信用是企业无须任何代价而取得的信用，如银行允许的三天付款期限；有代价信用是企业有条件享受销售者提供的信用，如买方提前付款，买方给予一定的现金折扣；展延信用是企业在信用销售者提供的信用期满后，以拖延付款的方式强制取得信用。

2. 应付票据

是指企业对外发生债务时所开出、承兑的商业汇票，包括银行承兑汇票和商业承兑汇票。银行承兑汇票是由收款人或承兑申请人签发、并由承兑申请人向开户银行申请，经银行审查同意承兑的票据；商业承兑汇票是由收款人签发，经付款人承兑，或由付款人签发并承兑的票据。

除上述两种应付款外，企业还可能有长期应付款，如应付引进设备款等。应付款中还包括应付工资、应付福利费、应付投资者利润、应付股利、应缴税金及其他应付款。

（七）预收款

预收款指企业在销售产品或提供劳务以前向客户预先收取的款项，一般要在一年或一个营业周期内交付产品或提供劳务，以资抵偿。当卖方已知买方信用欠佳或销售周期长而产品售价高时，往往运用预收款方式。

预收款项主要包括：预收工程款，预收备料款，预收销贷款，预收购房定金，预收代建工程款，预提费用（预先提取但尚未实际支出的各项费用）。

（八）设备租赁

租赁是出资人和承租人通过签订契约，由出租人应承租人的要求，租赁其所需设备，在一定时期内供其使用并按期收取租金。这种方式下，用户既不一次大量投入，又可及时利用先进设备加速企业技术进步，是一种灵活的筹资方式。设备租赁有融资租赁、经营租赁及服务出租等几类。

1. 融资租赁

即由租赁公司融资，买进设备，租给企业使用，企业交租金。这种形式将贷款、贸易、出租有机结合在一起，是设备租赁的重要形式。其优点是：第一，将融资与融物结合在一起，企业在融资时便能获得长期资本使用权；第二，有利于及时引进设备，加速技术改造；加速折旧；第三，企业可根据经营和财务环境变化选定其策略，有很大灵活性。其缺点是资金成本率相对较高。

2. 经营租赁

即出租人将自己经营的出租设备进行反复出租，直至设备报废或淘汰。

3. 服务出租

即租赁公司向用户出租设备，同时还提供保养、维修、验车、事故处理等。主要用于车辆租赁。

设备租赁租金由设备价款（原价、运费、运输保险费）、融资利息、手续费、税金、利润及其他费用（根据双方承担的义务而定）组成。

（九）借用国外资金

借用国外资金包括：外国政府贷款、国际金融组织贷款、国外商业银行贷款、发行国际债券、出口信贷、国际租赁、补偿贸易等。

1. 外国政府贷款

是外国政府通过财政预算每年拨出一定款项，直接向我国政府提供的贷款，利率较低（2%～3%），期限较长（20～30 年），数额有限，限定用途。

2. 国际金融组织贷款

国际金融组织包括国际货币基金组织、世界银行、国际开发协会、国际金融公司、国际农业发展基金会、亚洲开发银行等组织。其中我国的世界银行贷款项目较多，由财政部负责谈判并签订协定，从开始到结束须经过选定、准备、评估、谈判、实施监督和评价等步骤。在选定阶段，世行对借款国提出的项目进行筛选，将合格的项目纳入贷款规划；在准备阶段，借款国或借款机构对选定的项目进行技术、组织机构、经济和财务等方面的审查，编制可行性研究报告，世行在资金和技术上提供援助；在评估阶段，由世行对项目的技术、产品市场、组织机构、经济和财务等作全面系统审查，提出贷款额度、条件等建议；在谈判阶段，借款者与世行就贷款协定进行磋商，提出贷款协定草案和评估报告，交世界银行执行董事会及借款国政府审批，批准后正式签订贷款协定；在实施和监督阶段，世行通过借款者的项目执行报告和定期现场考察对项目实施监督；在评价阶段，由世行编写项目完成报告，查核贷款目标是否达到，总结经验教训。

3. 国外商业银行贷款

包括国外开发银行、投资银行、长期信用银行、开发金融公司等向我国提供贷款。国内通过中国银行、国际信托投资公司和中国投资银行办理。其优点是可以较快筹集大额资金；其缺点是利率高，费用负担重，且利率浮动。

4. 发行国际债券

是指我国金融机构、政府、企业等在国外金融市场上发行的以某种货币为面值的债券。国际债券偿付期限较长（一般在 7 年以上），筹得的款项可以自由运用，可连续发行。其缺点是手续繁杂。

5. 出口信贷

是西方国家政府设置的专门信贷，目的是鼓励资本和商品输出。其利息率较低，期限10～15 年，但借款方只能用于购买出口信贷国设备。

6. 补偿贸易

又叫往返贸易，即在信贷的基础上，国外企业向我国企业提供机器设备、专有技术、专利、各种服务及培训人员等，待项目竣工投产后，企业以产品或双方商定的其他办法清偿所提供设备等折合的资金。

7. 国际租赁

由租赁公司垫资购入设备，或直接向制造商租入设备，再租给生产厂使用，期满后租用人可退租、可续租、或交完租金后设备转归承租人使用。其优点是便于租用更新设备或使用新技术，对降低产品成本和提高出口产品竞争力有利。

三、资金成本与筹资决策

（一）资金成本

1. 资金成本的概念

资金成本就是企业付出的筹集资金的代价。企业在筹资时，一要付出筹资费，二是付出使用费。筹资费是筹资过程发生的费用，如金融机构代理发行股票的代理费和注册费，向银行借款支付的手续费等。使用费是企业向资金提供者支付的报酬，如向股东支付利息、红利，使用租入资产支付的租金等。资金成本通常以相对数表示：

$$K = \frac{D}{P-F} \tag{13-1}$$

或

$$K = \frac{D}{P(1-f)} \tag{13-2}$$

式中　K——资金成本率（通称为"资金成本"）；

P——筹集资金总额；

D——使用费；

F——筹资费；

f——筹资费费率（筹资费占筹集资金总额的比率）。

计算资金成本可作为选择资金来源拟订筹资方案的主要依据；可作为评价投资项目可行性的主要经济标准；也可作为评价企业财务经营成果的依据。所以资金成本是市场经济条件下企业财务管理的一个重要概念。

2. 资金成本的计算

各种资金来源的资金成本计算有所差别，简述如下。

（1）优先股成本。公司发行优先股票，应支付注册费、代理费等筹资费，用税后利润支付，其资金成本率计算公式是：

$$K_p = \frac{D_p}{P_0(1-f)} \tag{13-3}$$

或

$$K_p = \frac{P_0 \cdot i}{P_0(1-f)} = \frac{i}{1-f} \tag{13-4}$$

式中　K_p——优先股成本率；

D_p——优先股每年股息；

P_0——优先股票面值；

i——股息率；

f——筹资费率。

【例1】　某公司发行票面额按正常市价为 1000 万元的优先股股票，筹资费率 5％，股息年率为 13％，求其资金成本率。

【解】

$$K_p = \frac{1000 \times 13\%}{1000\,(1-5\%)} = 13.68\%$$

（2）普通股的资金成本。如果普通股利固定不变，其成本率计算与优先股相同。但普通股股利通常有逐年上升的趋势。假定每年股利增长率平均为 g，第一年的股利为 D_1，则第二年为 $D_1(1+g)$，第三年为 $D_1(1+g)^2 \cdots\cdots$，第 n 年为 $D_1(1+g)^{n-1}$，故普通股的资金成本率为：

$$K_e = \frac{D_1}{P_0(1-f)} + g = \frac{i}{1-f} + g \tag{13-5}$$

式中　K_e——普通股成本率；

P_0——普通股股票面值；

D_1——第一年的股利额；

g——股利年增长率平均值；

f——筹资费率。

【例2】　某公司发行普通股票正常市价为 1000 万元，筹资费率为 5％，第一年的股利率为 11％，以后每年增长 5％，求其资金成本率。

【解】

$$K_e = \frac{1000 \times 11\%}{1000\,(1-5\%)} + 5\% = 16.58\%$$

（3）债券的成本。债券的成本计算公式是：

$$K_B = \frac{I(1-T)}{B_0(1-f)} \tag{13-6}$$

或

$$K_B = i \cdot \frac{(1-T)}{(1-f)} \tag{13-7}$$

式中　K_B——债券成本率；

B_0——债券发行总额；

I——债券年利息总额；

f——筹资费率；

T——所得税税率；

i——债券年利息率。

如果债券是溢价发行或折价发行，则应将发行差额按年摊销，这时计算公式为

$$K_B = \frac{\left[1 + (B_0 - B_1) \times \frac{1}{n}\right](1 - T)}{B_1 - F} \tag{13-8}$$

式中　B_0——债券的票面价值；

B_1——发行价；

n——债券的偿还年限；

F——发行债券的筹资费。

（4）借款的成本。当每年年末支付利息、贷款期末一次全部还本的借款，其借款成本率为：

$$K_g = \frac{I(1 - T)}{G - F} = \frac{i(1 - T)}{I - F} \tag{13-9}$$

式中　K_g——借款成本率；

G——贷款总额；

I——贷款年利息；

F——贷款费用。

如果利息的支付采取贴现的形式，在贷款中预先扣除，而不是在贷款期末支付，其贷款成本为：

$$K = \frac{I(1 - T)}{G - I - F} \tag{13-10}$$

式中　K——贷款成本率；

其余符号同上。

（5）租赁成本。租赁成本的计算公式是：

$$K_L = \frac{E}{P}(1 - T) \tag{13-11}$$

式中　K_L——租赁成本率；

P——租赁资产价值；

E——年租金额；

T——所得税税率。

（6）留用利润的成本。留用利润不需支付筹资费，其资金成本为：

$$K_n = \frac{D_1}{P_0} + g \tag{13-12}$$

式中 K_n——留用利润的成本率；

    D_1——第一年股利；

    P_0——留用利润总额；

    g——股利年平均增长率。

（7）平均资金成本。全部资金来源的平均（综合）资金成本率为：

$$K = \sum_{i=1}^{n} W_i K_i \tag{13-13}$$

式中 K——平均资金成本率；

    W_i——第 i 种资金来源占全部资金的比重；

    K_i——第 i 种资金来源的资金成本率。

降低平均资金成本有两条途径，一是降低各项资金成本；二是调整企业资金来源结构，尽量提高资金成本较低的资金在全部资金中的比重。

（二）筹资风险与筹资决策

企业的经营和筹资两方面都会产生财务风险。经营风险使企业的利润和利润率难以肯定因而产生财务风险；企业因借款还债而导致自有资金利润率的不确定，从而产生筹资风险。影响自有资金利润率的因素有企业息前、税前自有资金利润率的高低，借入资金利息率的高低，负债比例，所得税率。因此，利用借入资金提高自有资金的收益率，是一种有效的财务手段，称之为"财务杠杆"。财务杠杆用"财务杠杆系数"表示，其计算公式是：

$$\text{DFL} = \frac{\Delta \text{RCI}/\text{RCI}}{\Delta \text{EBIT}/\text{EBIT}} \text{ 或 DFL} = \frac{\text{EBIT}}{\text{EBIT} - I} \tag{13-14}$$

式中 DFL——财务杠杆系数；

    RCI——自有资金收益率；

    EBIT——息前税前盈余；

    I——借入资金的利息。

因此财务杠杆系数的大小取决于整体资金利润率水平（EBIT）、借入资金成本（利率）和企业负债水平（负债率）。在企业整体资金利润率大于利息率时，由于借入资金所实现的利润扣除支付利息和所得税后的差额归投资者所有，这时企业负债水平越高，其财务杠杆系数越大，企业自有资金收益率也越大，但财务风险也越大。

企业在筹集资金时，有多种渠道，各自的资金成本也不同，这就需要进行筹资决策，以使筹资效益最好。在进行投资决策时，通常是将各筹资方案的综合资金成本与其方案的投资收益率进行比较，如果投资收益率大于综合资金成本，则该筹资方案可行；否则，表明其筹资效益差。

【例3】 某企业年初资金结构见表13-1。普通股票每股面额250元，今年期望股息为30元，预计以后每年股息增加5％。该企业所得税假定为30％，发行各种证券均无筹资费。企业拟增资800万元，拟订了两个筹资方案，请进行分析选择：

甲方案：发行长期债券800万元，年利率11％。普通股股息增加到35元，以后每年增加5％。

乙方案：发行长期债券 400 万元，年利率 11%；发行普通债券 400 万元，普通股息增加到 35 元，以后每年增加 6%。

企业年初资金结构 表 13-1

各 种 资 金 来 源	金 额 （万 元）
M 长期债券，年利率 10%	800
N 优先股，年股息率 8%	400
P 普通股，40000 股 年股息增长率 10% 年增长率 5%	1000
合 计	2200

【解】

1. 如采用甲方案，其综合资金成本率 $K_甲$ 计算如下：

(1) 各种资金来源的比重（W）和资金成本率（K）分别为：

原有长期债券：

$$W_{M1}=\frac{800}{3000}=26.67\% \qquad K_{M1}=\frac{10\%（1-30\%）}{1-0}=7\%$$

新增长期债券：

$$W_{M2}=\frac{800}{3000}=26.67\% \qquad K_{M2}=\frac{11\%（1-30\%）}{1-0}=7.7\%$$

优先股：

$$W_{N}=\frac{400}{3000}=13.33\% \qquad K_{N}=\frac{8\%}{1-0}=8\%$$

普通股：

$$W_{P}=\frac{1000}{3000}=33.33\% \qquad K_{P}=\frac{35}{300}+5\%=16.67\%$$

(2) 综合资金成本率为：

$$K_甲=26.67\%×7\%+26.67\%×7.7\%+13.33\%×8\%+33.33\%×16.67\%$$
$$=1.87\%+2.05\%+1.07\%+5.56\%$$
$$=10.55\%$$

2. 如果采用乙方案，其综合资金成本率 K_Z 计算如下：

(1) 各种资金来源的比重（W）和资金成本率（K）分别为：

原有长期债券：

$$W_{M1}=\frac{800}{3000}=26.67\% \qquad K_{M1}=\frac{10\%（1-30\%）}{1-0}=7\%$$

新增长期债券：

$$W_{M2}=\frac{400}{3000}=13.33\% \qquad K_{M2}=\frac{11\%（1-30\%）}{1-0}=7.7\%$$

优先股：

$$W_{N}=\frac{400}{3000}=13.33\% \qquad K_{N}=\frac{8\%}{1-0}=8\%$$

普通股：

$$W_{P}=\frac{1000+400}{3000}=46.67\% \qquad K_{P}=\frac{35}{300}+6\%=17.67\%$$

(2) 综合资金成本率为：

$$K_Z = 26.67\% \times 7\% + 13.33\% \times 7.7\% + 13.33\% \times 8\% + 46.67\% \times 17.67\%$$
$$= 1.87\% + 1.03\% + 1.07\% + 8.24\%$$
$$= 12.21\%$$

从以上计算可见 $K_甲 = 10.55\%$，$K_Z = 12.21\%$

故应采用资金成本率低的甲方案筹资。

第三节　建筑施工企业资产管理

一、建筑施工企业流动资产管理

（一）建筑施工企业流动资产的概念与分类

建筑施工企业流动资产是指可以在一年内或超过一年的一个营业周期内变现或运用的资产，包括现金、各种存款、存货、应收款及预付款等。流动资产的货币表现称为流动资金。所以流动资金是企业用于购买、储存劳动对象以及在生产过程和流通过程中占用的那部分周转资金。流动资金处在不断地运动过程中，周而复始地从货币形态、储备资金形态、生产资金形态、成品资金形态，又回到货币形态，发挥其在再生产中的功能。建筑施工企业的流动资产分类如下：

1. 货币资金

货币资金包括：

（1）现金。即企业库存的各类币种的现金；

（2）各种存款。指企业在本埠的银行或其他金融机构中的存款；

（3）其他货币资金。如在途资金、企业在外埠的存款等。

2. 短期投资

指企业能够随时变现或者持有时间不超过一年的各种有价证券以及不超过一年的其他投资。

3. 应收款及预付款

是指企业在生产经营过程中，因销售或购买产品及劳务而预收或预付其他单位或个人的各种款项，如应收工程款，应收销货款，其他应收款，应收票据，待摊费用，预付分包工程款，预付分包备料款，预付工程款，预付备料款，预付购货款等等。

4. 存货

存货是指企业在生产经营中为销售或耗用而储备的物资。包括库存的、加工的、施工中的及在途的主要材料、其他材料、周转材料、设备、低值易耗品、机械配件、未完施工、在产品、产成品、半成品、结构件及商品等。

在流动资产中，现金、银行存款以及能够立即或在较短时间内变换为现金的资产总值，统称为速动资产。如短期内可收到的应收帐款、应收票据、有价证券等。全部流动资产扣除不能在市场上迅速脱手的那部分存货后的余额，就是速动资产。它可用以考察企业的偿债能力。

（二）流动资产的管理

管理流动资产的目的是合理运用流动资产，保证生产和流通的资金需要，加速流动资金周转，减少资金占用，以较少资金取得好的生产经营成果。对流动资金管理的总要求是：

合理配置，保持最优资产结构；加速流动资产周转，提高其使用效果；正确处理盈利和风险的关系。

1. 货币资金的管理

货币资金管理，目的是有效地保证企业随时有资金可以利用，并从闲置的资金中得到最大的利息收入。因此财务部门要编制现金预算和现金收支计划。

(1) 现金的使用范围。现金是专门用来预备支付企业日常零星开支的。现金只能用于支付职工工资和各种工资性津贴，支付个人劳务报酬，支付个人奖金，支付各种劳保、福利费用及符合国家规定的个人其他现金支出，收购单位向个人收购农副产品和其他物资支付的价款，出差人员携带差旅费，结算起点以下（1000 元）的零星支出，确实需要现金支付的其他支出。

(2) 库存现金限额。库存现金量大小，视企业一定时期实际支付的现金总额（不含工资及其他一次性支出），一般是 3～5 天的平均需要量，最高不得超过 15 天的日常开支。企业收入现金应于当日送存银行。企业应建立健全现金帐目，逐笔记载现金支付，日清月结，帐款相符。

(3) 银行存款管理。企业除了限额持有现金以外，应将款项存入银行。还要通过银行进行货币资金的转帐结算。货币资金存入银行利率很低，所以是一种非盈利性的资产，尽量减少货币资金，把货币资金维持在某一特定水平上。维持一定量的货币资金，目的是为了支付和预防，保证生产经营活动顺利进行。货币资金的合理持有量是企业保证生产经营的最低资金需要和银行存款额。图 13-1 是持有货币资金成本图。持有成本与货币资金持

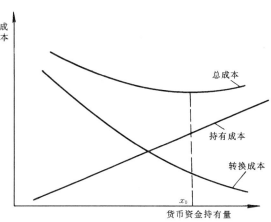

图 13-1 货币资金成本图

有量成正比；转换成本（货币资金与有价证券之间的转换成本）与货币资金持有量成反比。两者相加，有一个总成本最低点，它所对应的 x_0 点，就是合理的货币资金持有量。

设 M 为货币资金合理持有量，F 为每次出售有价证券的固定成本，T 为某一时期内货币资金的总需求量，K 为有价证券在此期间高于银行存款的利率，每天货币资金支出量不变，则求 M 的公式是：

$$M = \sqrt{\frac{2FT}{K}} \tag{13-15}$$

2. 应收工程款的管理

应收工程款会给企业带来一定经济损失，原因是：占压资金的利息，资金不能参加其他获利投资的机会成本，收款费用支出，可能的坏帐损失。故企业应加强对应收工程款的管理与控制。

(1) 根据自身情况，确定客户信用标准。信用标准定得过高，企业在赊销时遭受坏帐

损失的可能性就小，应收工程款的机会成本也小，但会限制企业通过赊销扩大营业额的规模。如果信用标准过低，虽可扩大营业额，但坏帐损失的可能性较大。故确定的信用标准要适当。

（2）规定适宜的信用期。信用期过短，会影响营业额扩大，放大信用期限虽对扩大营业额有利，但企业得到的利益可能被增长的费用抵销。故信用期要适当，且可规定用户提前偿还货款的折扣率和折扣期限。

（3）建立健全收款办法体系。企业对应收工程款应按期催收。可对逾期付款的客户规定一个允许拖欠的时间，逾期则催。收款政策要宽严适度。当客户超过允许拖欠期限后，应先发函通知对方；如果无效，则打电话或登门催交货款；如果确有困难，可商谈延期付款办法；如果以上措施均无效，可诉诸法律。要注意收帐费用与坏帐损失的关系，一般说来，收帐费支出愈大，坏帐损失越小，但并非直线。

（4）建立坏帐准备金。坏帐是收不回来的应收款。下列情况属于坏帐：因债务人死亡帐款确实无法收回；因债务人破产，清偿后仍无法收回的款项；债务人逾期 3 年仍不能履行偿债义务。坏帐会使企业减少盈利，影响投资者权益。因此，除在确认坏帐时应十分慎重外，还要建立坏帐准备金制度。

坏帐准备金的作用是：有利于提高企业承担风险和参与市场竞争的能力；有助于准确反映企业经济效益及正确评价企业经营成果；有助于企业及时处理债务，防止亏损和三角债连续发生。

坏帐准备金的提取应与潜在的坏帐损失相一致。施工与房地产财务管理制度规定，建立坏帐准备金的企业，于年度终了按年末应收款余额的 1% 提取坏帐准备金，计入管理费内，其计算公式是：

$$\begin{matrix}年末提取的坏\\帐准备金\end{matrix}=\begin{matrix}年末应收帐\\款余额\end{matrix}\times 1\%-\begin{matrix}坏帐准备金\\年末余额\end{matrix} \tag{13-16}$$

3. 存货的管理

（1）存货入帐价值的确定。国内市场存货的实际成本包括：买价（原价＋销货单位手续费）、运杂费（包装费＋运输费＋装卸费）、采购保管费（企业材料物资供应部门及仓库为采购、验收、保管、收发存货所发生的各类费用）。

国外购入存货的实际成本包括：进口存货装运港船上交货价（FOB），国外运杂费（从国外装运港到国内抵达港的国外运费、保险费、银行手续费等），税金（进口关税及产品税等），国内运费和装卸费，采购保管费。

建设单位委托施工企业自行采购的存货成本包括：双方签订的合同确定的存货价值，企业负担的运杂费。

企业自制存货的成本包括：直接材料费，直接工资，其他制造费用。

委托外单位加工的存货成本包括：耗用存货的实际成本，加工费，加工存货发生的往返运杂费。

投资者投入的存货成本：国有企业投入的属于国有资产的存货，是国有资产管理部门评估确认的价值，其他企业投入的存货，是双方合同或协议确定的价值。

接受捐赠的存货成本：有发票帐单的是发票帐单原价加企业负担的运杂费、保险费和税金等。对方无发票帐单的，为同类存货市价。

盘盈存货的实际成本为同类存货的实际成本或市价。

（2）存货发出的计价。采用实际成本作为入帐价值的存货，发出时可采用先进先出法、加权平均法、移动平均法、后进先出法等方法确定其实际成本。现对几种方法简述如下。

1）先进先出法：按先进库的货先发出确定发出的方法确定发出存货的实际成本。其优点是在发出存货时，就可以确定其实际成本，能把计价工作分配在平时进行。缺点是，发出存货时要辨别批次，工作繁琐。

2）加权平均法。该法以存货的月初结存数量加上本月各批收入数量加权数计算的平均单价，作为本期发出存货的实际单价，即

$$\text{发出某存货的平均单价} = \left(\text{月初结存金额} + \text{本月收入金额}\right) \div \left(\text{月初结存数量} + \text{本月收入数量}\right) \tag{13-17}$$

这种方法只能在月末用，平时不能用。

3）移动加权平均法。该法的计算公式是：

$$\text{某项存货平均单价} = \left(\text{本批收入前结存金额} + \text{本批收入金额}\right) \div \left(\text{本批收入前结存数量} + \text{本批收入数量}\right) \tag{13-18}$$

该法可在发货时立即算出发出存货的实际成本，但计算工作量大。

4）后进先出法。即以后进库的货先发出的方法确定发出存货的实际成本。

5）用计划成本核算存货，即先制定存货的计划成本，核算计划成本与实际成本的差异。发出存货时按成本计算期将其计划成本调整为实际成本。

（3）低值易耗品和周转材料摊销。单位价值较低、耐用期限较短的低值易耗品和周转材料，采用一次摊销法，即在领用时将其价值一次计入有关成本。

单位价值较大，耐用期限较长的低值易耗品和周转材料，采用分期摊销法，即其价值分期摊入有关成本。

（4）存货盘盈、盘亏、毁损、报废的处理。存货种类多、数量大、保管分散，容易造成盈、亏和毁损，故要盘点，发现问题、查明原因及时处理，保证年度财务报告真实、准确。对于盘盈、盘亏、毁损、报废的存货，在扣除过失人或保险公司赔款及残料后的净损失，按下列原则处理：企业材料部门和仓库在采购、保管过程中发生的，除由供货者、运输者负责赔偿外，计入采购保管费；属于企业生产、施工单位在生产施工过程中发生的，计入管理费用；存货毁损计入营业外支出。

（5）经济订购批量（经济库存量）和经济保险储备量。经济订购批量是采购费与仓库保管费之和最低的合理订购量。订购量与费用的关系见图13-2，其中费用最小时的订购量是经济订购批量（X_0）。其计算公式是：

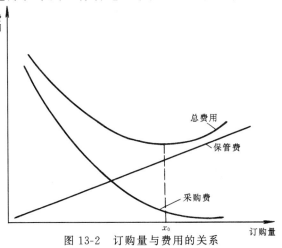

图 13-2 订购量与费用的关系

$$经济订购批量=\sqrt{\frac{2\times一次采购费\times年需用量}{单位价格\times年度保管费率}} \qquad (13-19)$$

按经济订购批量订购，亦应按此量进库保管，故又称为经济库存量。这个公式的推导是假定企业每天存货耗量是相同的。

经济保险储备量是指企业为预防材料供应出现异常而建立的储备。主要材料应有保险储备。在当地可随时取得补充或建立了季节性准备的材料，不建立保险储备。在需求不肯定的情况下，最佳保险储备量应使存货短缺造成的损失和保险储备的储存成本之和最小

$$年保险储备成本=年缺货损失+年保险储存成本 \qquad (13-20)$$

式中　年缺货损失＝年订货次数×缺货数×短缺概率×短缺单位材料的损失　　(13-21)

年保险储存成本＝保险储备量×单位材料年储存费用　　　　　　　(13-22)

二、建筑施工企业固定资产管理

（一）建筑施工企业固定资产的概念与分类

建筑施工企业固定资产，是指其使用期限超过一年，单位价值在规定标准以上，并且在使用过程中保持原有物质形态的劳动资料，包括房屋及建筑物，机器，运输设备，仪器，工具、器具等。不同时具备以上三个条件的称为低值易耗品。固定资产的财务特性是：第一，固定资金（固定资产的货币表现）的循环周期主要取决于固定资产的使用年限；第二，固定资产的价值补偿与实物更新在时间上是分离的，前者是渐次进行，后者一次实现；第三，固定资产投资是一次性的，投资回收分次进行。固定资产的分类如下。

1. 按经济用途分类

固定资产按经济用途分为生产经营用固定资产和非生产经营用固定资产。前者直接参加生产经营过程或直接服务于生产经营过程；后者指不直接服务于生产经营过程的固定资产。

2. 按使用情况分类

固定资产按使用情况分为使用中、未使用和不需用的固定资产。使用中的固定资产是指正在使用过程中的生产经营用或非生产用的固定资产。由于季节性原因和大修理等原因而停用的、在车间内替换使用的，也列作使用中的固定资产。未使用的固定资产是指尚未开始使用的新增固定资产、调入尚待安装的固定资产，正在进行改建、扩建的固定资产及长期停止使用的固定资产。不需用的固定资产指不适合本企业生产需要、目前和今后都不需用、准备处理的各种固定资产。

3. 按所属关系分类

按所属关系分类可分为自有固定资产和租入固定资产。

根据不同分类要求计算各类固定资产的比例关系、结合企业规模、生产特点，在本企业进行不同时期比较，在同类企业中进行对比分析，有利于揭示固定资产配置和投资使用方面的情况和存在的问题，有利于调整投资方向、合理使用固定资产，提高利用率。

（二）固定资产的计价

固定资产的计价方式有三种：

（1）原始价值。是企业获得单项全部固定资产时所发生的全部实际支出。固定资产的

来源渠道不同，原始价值的构成也不同。购入的固定资产其原始价值为买价加上支付的运杂费、装卸费、包装费、途中保险费、安装调试费、关税、投资方向调节税、耕地占用税。自行建造的固定资产，其原始价值是建造过程中实际发生的全部支出。在原有基础上改建、扩建的固定资产，其原始价值为改、扩建以前的原价加改扩建投入，减改扩建过程中发生的变价收入。投资者投入的固定资产，其原始价值为评估机构评估确认的价值或合同、协议约定的价值。融资租入的固定资产，其原始价值为租赁合同或协议确定的价款，加上企业支付的运杂费、途中保险费、安装调试费等支出。接受捐赠的固定资产，其原始价值为发票帐单所列金额加上企业负担的运杂费、途中保险费、安装调试费、关税等支出。盘盈的固定资产，以同类资产的重置完全价值作为盘盈固定资产的原始价值。

（2）重置价值。是按一定的标准重新评估确定的固定资产价值。当无法确定固定资产原价、固定资产转让或国家规定对固定资产重新评估时，可按重估价值计价。

（3）净值。是固定资产原始价值减去折旧价值后的余额，是固定资产的现存价值。净值与原值对比，可了解固定资产的磨损程度。

（三）固定资产折旧

1. 固定资产的损耗与补偿

固定资产在使用过程中逐渐发生两种损耗，一种是有形损耗，一种是无形损耗。有形损耗是由磨损和自然力引起的；无形损耗是由于技术进步而引起的贬值，原有的固定资产在新技术下能更便宜地生产出来或出现更好的固定资产使原有的价值相对降低。

固定资产的价值逐渐地转移到产品中去了。为了保证再生产继续进行，必须采用一定方式弥补固定资产损耗的价值。维修和更新两种形式可以实现损耗的补偿。固定资产的更新所需的资金是折旧费积累起来的。折旧费是把固定资产转移到产品中的价值从成本中提取出来形成的。

2. 固定资产折旧费提取范围及折旧年限

提取折旧的固定资产包括：

（1）房屋及建筑物。不论是否使用，从入帐的次月起计提折旧。

（2）在用固定资产。指已投入使用的施工机械、运输设备、生产设备、仪器及试验设备等生产性固定资产以及已投入使用的非生产性固定资产。

（3）季节性停用和维修停用的固定资产。

（4）以融资租赁方式租入的固定资产。

（5）以经营租赁方式租出的固定资产。

以下固定资产不计提折旧：除房屋、建筑物以外的未使用和不需用的固定资产；以经营租赁方式租入的固定资产；已提足折旧的但继续使用的固定资产，按照规定提取维简费的固定资产；破产、关停企业的固定资产（连续停工一个月以上和基本处于停产状态的企业，其设备不提折旧；生产任务不足、处于半停产状态的企业的设备，减半提取折旧）；提前报废的固定资产；以前已经估价单独入帐的土地，也不计提折旧。

固定资产的折旧年限国家有统一规定，见表13-2。但固定资产有最佳使用年限，是年均固定资产原值和维修费用之和最低时的使用年限，称"经济耐用年限"。其图形见图13-3，其计算公式是：

$$x_0 = \sqrt{\frac{2P}{a}}$$ （13-23）

式中　x——经济耐用年限；

　　　P——固定资产原始价值；

　　　a——维修费用按年递增数。

企业固定资产分类折旧年限　　　　表 13-2

类　别	折旧年限（年）	类　别	折旧年限（年）
一、房屋及建筑物		其中：电动空压机	8～10
1. 房屋	30～40	柴油空压机	8～10
其中：简易房	5～10	制氧机组	8～10
2. 建筑物	15～25	液化气循环压缩机	8～10
3. 传导设施	15～28	高压空压机	8～10
二、起重机械		轴流风机	8～10
1. 起重机械	10～14	7. 维修专用设备	8～10
其中：单转电动起重机	5～7	8. 其他加工设备	8～10
2. 挖掘机械	10～14	五、试验设备及仪器	
3. 土方铲运机械	10～14	1. 材料试验设备	7～10
4. 凿岩机械	10～14	其中：白金坩锅	50
其中：内燃凿岩机	4～5	2. 测量仪器	5～10
风动凿岩机	4～5	3. 计量仪器	7～10
电动凿岩机	4～5	4. 探伤仪器	7～10
5. 基础及凿井机械	10～14	5. 测绘仪器	7～10
6. 钢筋及混凝土机械	8～10	六、其他固定资产	
其中：混凝土输送岩	4～5	1. 行政管理用车	6～12
7. 皮带螺旋运输机	8～10	2. 办公用具	10～14
8. 泵类	8～10	其中：计算机	4～8
三、运输设备		电视机	5～8
1. 汽车及拖挂	6～12	复印机	5～8
2. 小型车辆	6～12	文字处理机	5～8
四、生产设备		3. 度量及消防用具	10～14
1. 机加工机械	8～10	4. 印刷机械	10～12
2. 金属切削机床	10～14	七、非生产用固定资产	
3. 锻压设备	10～14	1. 房屋	30～45
4. 焊接及切割设备	7～10	2. 文体宣教用具	10～15
其中：等离子切割机	4～5	3. 炊事用具	8～10
磁力氧气切割机	4～5	4. 医疗器械	8～10
5. 锻造及热处理设备	10～14	5. 其他	7～10
6. 动力设备	11～18	其中：电冰箱	5～7
		冷冻机	5～7

在确定设备的折旧年限时，还可以使用"技术寿命"，也称"有效生命"，是设备从投入使用到因无形损耗而被淘汰所经历的时间。一般技术寿命小于自然寿命。

3. 固定资产折旧计算方法

（1）平均年限法。该法按固定资产的预计使用年限平均分摊固定资产折旧额，其计算公式是：

固定资产年度折旧额＝

$$\frac{固定资产原值－（残值－清理费用）}{规定折旧年限}$$

(13-24)

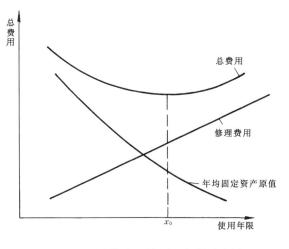

图 13-3　固定资产经济耐用年限示意图

可用年折旧率反映固定资产折旧的相对水平，其计算公式是：

$$年折旧率＝\frac{年折旧额}{固定资产原值}×100\%＝\frac{1－净残值率}{规定折旧年限}×100\%$$

(13-25)

净残值率按固定资产 3‰～5‰确定。现行财务制度规定采用分类折旧率，即按不同类别固定资产的平均损耗程度分别核定折旧率。

（2）工作量法。工作量法是按照固定资产在生产经营过程中所完成的工作量计提其折旧的一种方法。适用于各个时期使用程度不同的专业大型机械及设备。

1）按行驶里程计算折旧：

$$单位里程折旧额＝\frac{原值（1－预计净残值率）}{规定的长行驶里程}$$

(13-26)

2）按工作小时计算折旧：

$$每工作小时折旧额＝\frac{原值（1－预计净残值率）}{规定的总工作小时}$$

(13-27)

3）按台班计算折旧：

$$每台班折旧额＝\frac{原值（1－预计净残值率）}{规定的总工作台班数}$$

(13-28)

（3）双倍余额递减法。双倍余额递减法是按固定资产帐面净值和百分比计算折旧的方法，是一种快速折旧法。该法的计算公式是：

$$年折旧率＝\frac{2}{折旧年限}×100\%$$

(13-29)

$$年折旧额＝固定资产帐面净值×年折旧率$$

(13-30)

$$月折旧率＝年折旧率÷12$$

(13-31)

$$月折旧额＝固定资产帐面净值×月折旧率$$

(13-32)

【例4】　某项固定资产原值为 20 万元，规定折旧年限为 5 年，假定净残值为 1 万元，请用双倍余额递减法计算各年的折旧额。

【解】 计算结果见表13-3。

某项固定资产各年折旧额（双倍余额递减法）（单位：万元）　　　表 13-3

年　份	年初帐面净值	年折旧率	年折旧额	累计折旧额	年末帐面净值
第 1 年	20.00	40%	8.00	8.00	12.00
第 2 年	12.00	40%	4.80	12.80	7.20
第 3 年	7.20	40%	2.88	15.68	4.32
第 4 年	4.32	—	1.66	17.34	2.66
第 5 年	2.16	—	1.66	19.00	1.00

注：1. 前三年各年折旧率为 2/5＝40%；

2. 财务制度规定，采用双倍余额递减法的固定资产折旧，在其折旧到期前两年，将固定资产净值平均摊销。

（4）年数总额法。该法亦称年数总和法，是根据固定资产原值减去预计净残值后的余额，按照逐年递减的折旧率计提折旧的。折旧率按下式计算：

$$当年折旧率 = \frac{尚可使用年数}{逐年使用年数之和} \times 100\% \qquad (13-33)$$

$$年折旧额 = （原值 - 预计净残值） \times 当年折旧率$$

假设固定资产使用 n 年，其原值为 C，预计净残值为 S，逐年使用年数之和为 D，则 $D = \frac{n(n+1)}{2}$。

$$第一年折旧额 = (C - S) \cdot \frac{n}{D}$$

$$第二年折旧额 = (C - S) \cdot \frac{n-1}{D}$$

$$\cdots\cdots$$

$$第 n 年折旧额 = (C - S) \cdot \frac{1}{n}$$

【例 5】 某项固定资产预计可使用 5 年，则其 $D = \frac{5 \times (5+1)}{2} = 15$，则第 1 年至第 5 年的折旧率分别为 5/15，4/15，3/15，2/15，1/15。假设该项固定资产原值为 20 万元，其净残值为 1 万元，则该项固定资产各年计提的折旧额见表13-4。

用年数总额法计算某项固定资产各年折旧额（单位：万元）　　　表 13-4

年　份	尚可使用年限	折　旧　率	每年提取折旧额	年末资产净值
(1)	(2)	(3)	(4)＝(5)×(3)	(5)＝上年(5)－(4)
				20.00
1	5	5/15	6.33	13.67
2	4	4/15	5.07	8.60
3	3	3/15	3.80	4.80
4	2	2/15	2.53	2.27
5	1	1/15	1.27	1.00
合　　计	15		19.00	

（5）余额递减法。余额递减法以固定资产的净值作为计算折旧的基数，固定资产折余价值逐年递减，在折旧率固定的条件下，每年提取的折旧额逐年下降。计算公式如下：

$$固定资产年折旧额 = \frac{固定资产年}{初折余价值} \times 年折旧率 \qquad (13-34)$$

$$年折旧率 = 1 - \sqrt[n]{\frac{估计残值}{固定资产原值}} \qquad (13-35)$$

式中 n——预计使用年限。

设固定资产原值为 V，年折旧率为 R，则年折旧率公式推导如下：

第一年折余价值 $V_1 = V - VR = V(1-R)$

第二年折余价值 $V_2 = V_1 - V_1 R = V_1(1-R) = V_1(1-R)^2$

……

第 n 年的折余价值 $V_n = V(1-R)^n$

$$1 - R = \sqrt[n]{\frac{V_n}{V}}$$

$$R = 1 - \sqrt[n]{\frac{V_n}{V}} \qquad (13-36)$$

【例 6】 某项固定资产原值为 20 万元，估计残值为 1 万元，使用 5 年，则其折旧率为：

$$R = 1 - \sqrt[5]{\frac{10000}{200000}} = 1 - 0.5493 = 0.4507$$

按此折旧率计算各年折旧额见表 13-5。

用余额递减法计算固定资产各年折旧额 表 13-5

年　份	每年提取折旧额	累计折旧额	年末资产净值
（1）	（2）=上年（4）×45.07%	（3）=（2）+上年（3）	（4）=上年（4）-（2）
			200000
1	90140	90140	109860
2	49514	139654	60346
3	27198	166852	33148
4	14940	181792	18208
5	8208	190000	10000

（6）年金折旧法。年金折旧法考虑了固定资产净值的利息费用，在使用期内等额提取折旧。计算公式是：

$$每年提取的折旧额 = 固定资产原值 \times 年利率 + \frac{原值-估计残值}{\frac{(1+年利率)^n - 1}{年利率}} \qquad (13-37)$$

【例 7】 某项固定资产原值为 20 万元，预计净残值为 1 万元，年复利率 10%，规定使用年限为 5 年，则每年应提取的折旧额为：

$$200000 \times 10\% + \frac{200000 - 10000}{\frac{(1 + 10\%)^5 - 1}{10\%}} = 20000 + \frac{190000}{6.1051} = 51121.52(元)$$

每年应计提折旧额见表 13-6。

用年金折旧法计算某项固定资产年折旧额　　　　　表 13-6

年　份	年折旧额	净值利息	实提折旧	累计折旧	年末净值
(1)	(2)	(3)＝上年(6)×10%	(4)＝(2)-(3)	(5)＝上年(5)+(4)	(6)＝上年(6)-(4)
					200000
1	51121.52	20000	31121.52	31121.52	168878.48
2	51121.52	16887.85	34233.67	65355.19	134644.81
3	51121.52	13464.48	37657.04	103012.23	96987.77
4	51121.52	9698.78	41422.74	144434.97	55565.03
5	51121.52	5556.50	45565.03	190000	10000
合　计	255607.6	65607.6	190000		

上述 6 种折旧方法中，前两种方法是平均折旧法，三、四、五种方法是加速折旧法，其共同特点是前期计提折旧额多，后期计提折旧额少。采用加速折旧法是尊重一个事实，即固定资产的使用效能是递减的；实现一个目的，即尽快收回投资，避免投资风险；还可以使企业获得推迟缴纳所得税的财务收益，有利于企业生产经营规模的扩大。

（四）固定资产修理费用的处理方式

固定资产中小修理亦称"经常修理"，所发生的修理费，在费用发生时一次计入成本。

固定资产大修理，是指为恢复固定资产原有的生产效能和保持正常使用年限而对固定资产所作的全面、彻底的修理。发生的固定资产大修理费，可采用三种处理方法：

第一，类似于固定资产中小修理费，把发生的大修理费直接计入当期成本或有关费用。

第二，预提大修理费。由于大修理费支出多，如若按发生时的费用计入成本，就会引起利润和成本的波动。故可对固定资产在全部使用期间所必须进行的若干次大修理费进行预测，求得每年（月）的平均数，预提大修理费用。使固定资产投入使用的第一年（月），就担负整个寿命期间大修理支出的平均数。这样，实际发生的固定资产大修理支出应先冲减预提大修理费用，当实际支出数大于所预提大修理费用的差额，计入有关成本费用，如果实际支出数小于所预提大修理费用的差额，则冲减有关成本费用。

第三，待摊大修理费。这是解决大修理费发生不均衡的又一方法，即先据实支出发生的固定资产大修理费，然后再分摊到一年之内的有关成本费用中。预提大修理费是资金形成在先，支付在后，正好与待摊大修理费相反，待摊大修理费是支出在先，摊销在后。

（五）固定资产的清理和清查

1. 固定资产清理

对企业决定报废的固定资产进行拆除、搬运、清理现场、残体整理和变价处理等工作的总称，就是固定资产清理。固定资产清理应进行技术鉴定，按规定程序办理报废手续，经批准后才能清理，并在清理固定资产备查簿内作出记录。

（1）固定资产残值。固定资产报废清理时可以回收的残余价值就是固定资产残值。企业在取得固定资产时应预计固定资产残值，在计算折旧时予以考虑。

（2）固定资产清理费用。报废固定资产在清理过程中发生的各种支出就是清理费用。清理费用由该项固定资产残留的材料、零件等的变价收入开支。

（3）固定资产变价收入。指经批准报废的固定资产经清理后残体的变卖收入或利用的作价收入，扣除清理费后的净收入。该项收入如多于该项固定资产帐面净值（固定资产原值减累计折旧）额，计入企业营业外开支；少于该固定资产帐面净值额，计入企业营业外支出。

2. 固定资产清查

固定资产清查的目的是核实固定资产帐面数与实存数是否相符，是否完好无缺，固定资产的利用情况和管理情况，这是财务工作的需要，也是加强管理的需要。清查后盘盈的固定资产，按同类资产的重置完全价值减去估计累计折旧后的净额，计入营业外收入。盘亏、毁损、报废的固定资产，按其原值扣除累计折旧、变价收入、过失人或保险公司赔偿以及残值后的净损失，计入营业外支出。但是，企业在筹建期间发生的固定资产盘盈、盘亏和清理净损益，计入开办费。

三、建筑施工企业无形资产与递延资产管理

（一）建筑施工企业无形资产的管理

1. 无形资产的概念

无形资产是指企业长期使用但没有实物形态的固定资产。它是企业所具有的高于一般水平的获利能力，通常是企业拥有的一种法定权或优先权，如专利权、商标权、土地使用权、非专利技术、商誉等。无形资产的特点是：

（1）无实物形态。但往往又依托一定的实体，如商标权依托于商品，商誉依托于企业的资产组合等。

（2）长期发挥效益。它可以在多个生产或经营周期内发挥作用，且其价值随使用而逐渐转移。

（3）有排他性。如果不经占有者许可，其他人是不能使用的。如商标权是商标使用者享有的仅在特定产品上使用的权力，其他任何企业即使拥有同类产品，也不得侵占。

（4）经济效益不确定。即无形资产能给企业带来多大利益事先很难确定，且是变化的，如专利技术可能因新技术的出现而贬值或丧失价值。

2. 无形资产的分类

（1）按无形资产的来源分类，可分为自创无形资产和购入无形资产。

（2）按无形资产的期限划分，可分为有效期有限度的无形资产（其有效期由法律规定，包括专利权、商标权等）和有效期无限度的无形资产（法律没有对有效期作规定，如商誉等）。

（3）按无形资产是否可确指分类，可分为可确指无形资产和不可确指无形资产。前者具有专门名称，可个别取得或作为资产的一部分取得，如专利权与商标权；后者是指不可辨认、不能单独取得的无形资产，如商誉。

（4）按无形资产的性质分类，无形资产可分为知识产权、行为权力、对物产权、知识产权有专利权、商标权、商誉、著作权等；行为权力包括专营权、生产许可证等；对物产权包括土地使用权、矿业权等。

3．无形资产的内容简述

（1）专利权。专利权指对某一发明创造在一定期限内享有的专有权力。专利权受国家法律保护，不得侵犯。企业利用专利权便可产生一定的竞争优势，或可降低产品成本。专利有三种，包括发明专利（是先进、适用、能带来效益的创新）、实用新型专利（即革新的设计）及外观设计专利（即新设计）。专利权具有专有性、地域性、时间性及可转让性。企业获得专利有以下途径：一是由国家专利机关批准授予；二是投资者将专利权作为资本金或合作条件投入企业；三是企业与专利人签订技术转让合同取得；四是企业接受专利人捐赠获得。

（2）非专利技术。指专有技术、技术秘密和技术诀窍，它们应是先进的、未公开的、未申请专利的、可带来经济效益的专门知识和特有经验，分工业专有技术、商业专有技术、管理专有技术等。这种技术不是专利法的保护对象，靠自我保密维持独占权。非专利技术具有保密性、实用性、可传授性、可积累性和长期有效性。

（3）商标权。

所谓商标权，是指商标注册后，商标所有者依法享有的权益。它受法律保护。商标是用来辨认特定商品或劳务的标记，用以表示商品或劳务的来源，区别不同经营者的同种商品，代表或证明商品的特定质量、特点或技术标准，用来宣传商品、激发购买者的购买意图，从而达到促销的目的。因此商品一旦得到消费者的好感，商标就会成为该商品的标志和基本特征，该商标权就具有很大经济价值。商标权具有专有性，受法律保护；还具有可转让性，如经签订许可合同，许可他人使用自己的注册商标。

（4）土地使用权。是指企业依法对国有土地拥有的进行建筑、生产或其他活动的权力。在土地使用权存在期间，其他任何人，包括土地所有者，不得任意收回土地，不得非法干预使用人的经营活动，所以说土地使用权具有相对的独立性；还有使用内容的充分性，即使用人在法定范围内有对土地实行占有、使用、收益和处置的权力。

（5）商誉。商誉是指企业由于种种条件形成的超过一般企业的获利能力或水平。商誉具有三个特点：一是它不能单独存在，也不能与企业的可确认的各种资产分开来出售，即与企业整体性有关；二是它的价值只有从企业整体上看才能确定，其个别有助于商誉形成的因素不能单独定价；三是企业的商誉不能作价入帐，但当企业购买、兼并、合并另一个企业时，支付的价款超过对方净资产公允价值总额的差数，一般地才可认为是取得了商誉的价值，该商誉经过法定评估机构确认后，方可作为无形资产入帐。

4．无形资产的计价原则

无形资产的计价，原则上按取得时的实际成本计价，并遵循下列原则：

（1）投资者将无形资产作为资本金或者合同条件投入企业的，按照评估确认或者合同约定的金额计价。

（2）购入的无形资产，按照实际支付的金额计价。

（3）企业自创并依法申请取得的无形资产，按照开发过程中的实际支出计价。

（4）企业接受捐赠的无形资产，按照发票帐单所持金额或者同类无形资产市价作价。

按照上述原则计价后，无形资产从开始受益之日起，在有效使用期限内平均摊入管理费用。有效使用期限按法律和合同或者企业申请书分别规定的法定有效期限或受益年限之短者确定。如果法律没有规定有效期限，按照合同或者企业申请书规定的受益年限确定。如果法律和合同或者企业申请书均未规定法定有效期限或者受益年限的,按照不少于10年的期限确定。

企业转让无形资产取得的净收入,除国家法律、法规另有规定外,计入其他业务收入。

（二）递延资产

1. 递延资产的概念

递延资产是指不能全部计入当年损益,应当在以后年度内分期摊销的各项费用,包括开办费、以经营租赁方式租入的固定资产改良支出、摊销期在一年以上的固定资产修理支出等。

2. 开办费的管理

开办费是企业在筹建期间发生的费用,包括:筹建期间人员工资、办公费、培训费、差旅费、印刷费、注册登记费、不计入固定资产和无形资产购建成本的汇兑损益和利息等支出。

下列费用不应计入开办费:应当由投资者负担的费用支出;为取得各项固定资产、无形资产所发生的支出;筹建期间应当计入资产价值的汇兑损益、利息支出等。

除了筹建期间不计入资产价值的汇兑净损益外,从企业开始生产经营月份的次月起,按照不短于5年的期限将开办费平均摊入管理费用。

3. 以经营租赁方式租入的固定资产改良工程支出的管理

以经营租赁方式租入的固定资产改良工程支出,指的是能增加以经营租赁方式租入的固定资产的效用或延长其使用寿命的改装、翻修、改建等支出,它们不应作为当期的费用,而应作为递延资产管理,在经营有效期间内分期摊入制造费用或管理费用。

4. 超过一年的待摊费用管理

如果生产经营期间发生的待摊费用的摊销期不超过一年,则属于流动资产;超过一年的,属递延资产。例如固定资产的大修理支出,因为数额较大,为均衡费用负担,便在数年摊销,应按实际发生的支出正确计价,按其受益期平均摊销。

四、建筑施工企业的资产清查

（一）固定资产清查

建筑施工企业固定资产数量多,存放分散,流动大,经常会发生帐面数与实存数之间的差异,因此,企业必须对固定资产进行清查,至少应每年盘点一次。通过固定资产清查,可以核实固定资产帐面数与实存数是否相符,查明不符的原因,明确责任,并按一定的程序调整帐面记录,保证帐实相符,借以获得真实可靠的财务资料;可以查明固定资产是否完整无缺,有无短缺、毁损等现象发生,保护企业资产的完全完整,维护投资者权益;可以查明固定资产利用情况,有无超负荷运转或闲置等现象,以便合理配置,挖掘设备潜力,发挥设备的最大效能;可以查明固定资产管理情况,堵塞管理漏洞,提高管理水平。

固定资产清查过程中企业应组织各级财务人员、设备管理人员等深入现场逐项清点,并做好盘点的原始记录。对于盘盈、盘亏、毁损、报废的固定资产,应认真查明原因,填制"固定资产盘盈、盘亏、毁损、报废审批单",由有关人员签署意见,报企业经理审批后,属于生产经营期间发生的,按下列规定处理:

（1）盘盈的固定资产,按同类固定资产的重置完全价值减去估计累计折旧后的净额,计入营业外收入。

（2）盘亏、毁损、报废的固定资产，按其原值减去累计折旧、过失人赔偿、保险公司赔偿和残值后的净额，计入营业外支出。

企业在筹建期间发生的固定资产盘盈、盘亏、毁损、报废的净损益，以及由于非常原因造成的固定资产净损失，计入开办费，并按规定进行摊销。

（二）流动资产清查

流动资产清查包括对货币资金、短期投资、应收款项以及存货的清查。

1. 货币资金及短期投资的清查

货币资金和短期投资是货币形态或可在短期内变现为货币形态的流动资产，可直接用于支付费用，偿还债务或用于其它投资，因此清查时，着重进行数量上的核实。

2. 应收款的清查

企业采取的收款政策必须十分谨慎，不能过严，也不能过宽。当需要查实应收款是否能收回时，企业应首先发信通知对方，有礼貌地提醒对方；如果没有效果，可以打电话催收或派催收人员登门催交货款，如其确有困难可以商谈延期付款方法；如以上各项措施都没有作用，才可采取最后的手段——诉诸法律。

当最后查实应收款无法回收后，应将其列为坏帐损失。应当指出的是，尽管国家给予了企业处理坏帐的自主权，但坏帐所形成的损失，要减少企业的盈利，要影响投资者的权益。特别是施工企业应收工程款和房地产开发企业的应收销货款，数额巨大，一旦定为坏帐所形成的损失，无论于投资者、企业及职工来说，都是极为不利的。因此，企业在确认坏帐时，应格外慎重。

3. 存货的清查

保持存货价值的准确性，对于准确反映企业资产，正确计算损益，有着重要意义。由于企业存货种类多，数量大，存货分散，管理不当，极容易形成存货的盈、亏和毁损。因此，企业对存货应定期或不定期盘点，年度终了前必须进行一次全面的清查，发现问题应查明原因，及时处理，以保证年度财务报告的真实性和准确性。

对于盘盈、盘亏、毁损、报废的存货，在扣除过失人或保险公司赔款和残料价值后的企业净损失，按下列原则处理：

（1）属于企业材料物资供应部门和仓库在存货的采购、保管过程中发生的，除应由供货单位、运输单位负责赔偿的以外，计入采购保管费用。

（2）属于企业施工、生产单位在施工、生产过程中发生的以及企业行政管理部门发生的，计入管理费用。

（3）存货毁损，属于非常损失部分，计入营业外支出。

第四节　建筑施工企业对外投资

一、对外投资的形式

企业可以根据国家法律、法规规定，采用货币资金、实物、无形资产等方式向其他单位投资。但企业不得以国家专项储备的物资及国家规定不得用于对外投资的其他财产向其他单位投资。企业对外投资有短期投资和长期投资两种形式。

（一）短期投资

短期投资是投资可以随时变现,持有时间不超过一年的投资。用于短期投资的资金有很强的时间性,只有那些变现能力极强的有价证券才适合作为短期投资对象。短期投资证券出售时间的选择应使企业一旦需要能立即抽回,因为这些资金大多是暂时闲置的。短期投资有以下几种:

(1)表明债权的证券。如企业在市场上购买其他企业发行的重点建设债券、公债、国库券、金融债券等。该项投资只有定期获取本息的权力,而没有参与经营权。

(2)表明权益的债券。如普通股股票,是一种投资权益的证明。购入这种证券后,即相应获得了被投资企业剩余财产处理权、收益分配权和经营决策权。一旦业务需要这笔资金,只能在市场上转让,而不能退股。投资的目的是期望获取低进高出的资本利润和获得丰厚的股利。

(3)具有债权和权益双重性质的证券。如证券市场上可供买卖的优先股股票和可转换证券。这种证券通常在发行章程中有明确的权利与义务,以及两权转换的条件。

(二)长期投资

长期投资是指不能随时变现,持有时间在一年以上的有价证券,以及企业将所拥有的资产直接投放于其他企业的超过一年的其他投资。这种投资一般是在不影响本企业的生产经营所需资金及不影响企业正常资金周转时才能实施。投资的目的是获得债权人或权益人应有的利益。长期投资有以下几种:

(1)债券投资。是企业购买不能在短时间内变现的债券,以定期获取利息和收益的经济支出行为。国家公债、国库券、公司债券和金融债权等都可作为企业进行债券投资的对象。其目的是获得较高的利息收入。

(2)股票投资。即企业通过购买股票的形式以获得股票发行公司的经营决策控制权并分享股利的投资活动。企业购入的股票可依法转让,但不能抽回。

(3)其他投资。其主体部分是联营投资。企业可以以固定资产、材料、货币资金或无形资产等形式出资。该投资所获权利和承担的义务受国家法律保护和监督。联营合同未满期,一般不得抽回投资。

二、企业对外投资的目的和原则

1.企业对外投资的目的

企业对外投资的目的一是充分利用闲置资金增加企业权益;二是通过对外投资争取外部经济效益,即改善外部经营条件而增加收益;三是利用对外投资稳定与客户的关系;四是分散资金投向,降低投资风险;五是提高资金的流动性,增强企业的偿债能力;六是可用来达到兼并其他企业的目的。

2.企业对外投资的原则

为了保证对外投资和企业整体经营方向相一致,企业在进行对外投资时应遵循以下原则:

(1)效益性原则。即企业对外投资,必须能获得较高的利润。

(2)分散风险原则。企业应进行不同的投资对象组合,以分散投资风险,减少风险损失。

(3)安全性原则。企业在进行对外投资决策时,要对被投资企业进行深入分析,在确信投资可以完全收回的情况下才能投资。

（4）整体性原则。即企业投资不能偏离企业经营的总体目标，应为实现企业的总体目标服务。

（5）合理性原则。企业应根据环境和自身的财务实力，合理选择对外投资项目，避免盲目投资。

（6）综合效益原则。应根据投资项目的综合效益对是否进行该项目投资作决策。

三、企业对外投资的管理与核算

（一）短期投资的管理与核算

企业对外短期投资，可以提高闲置资金的利用效率，调整资金的间歇时间；如果企业在借债后由于一时不能用于特定目的，便可将这部分资金用作短期投资，以赢利降低借入资金的使用成本。

1. 对外短期投资的计价原则

以现金、存款等货币资金对外投资的，以实际支付的金额计价；以实物、无形资产方式向其他单位投资的，按估价确认或合同、协议约定的价值计价；企业认购的债券，按照实际支付的价款计价。实际支付价款中含有应计利息的，按照扣除应计利息后差额计价；企业认购的股票，按实际支付价款计价，实际支付的价款含有宣告发放但尚未支付股利的，按照实际支付价款扣除应缴股利后的差额计算。

2. 债券投资

（1）债券取得。企业可以有三种方式认购债券：一是等价购入，即实际支付的价款等于债券面值；二是溢价购入，即实际支付的价款大于债券面值；三是折价购入，即实际支付的价款小于债券面值。溢价或折价购入债券，实质上是实际利率与票面利率的差额。在票面利率大于市场利率的情况下，债券发行时的价格大于债券面值；当市场利率大于票面利率时，债券发行价格小于债券面值。溢价购入每年应计利息收入，等于按票面计算的利息，减去当年应摊的溢价。折价购入债券，每年应计利息等于按票面计算的利息加上当年应摊的折价。

（2）债券的出售。短期投资的债券一般要在一年内出售或转让。如果债券的售价与购入时的价格是一致的，这时收回的投资额与购入时的投资额是相等的，只需将应得利息作为收益处理；如果售价与购入价不一致，其差价部份可通过投资收益科目的贷方或借方进行财务处理。

3. 股票投资

（1）股票的取得。股票购入时实际支付的价款包括买价、经纪人佣金、手续费等。平时不需作股息收入核算，只在发行股票的企业公布股息和发放股息时，投资企业才作股息的财务处理。

（2）股票的出售。股票出售（或转让）金额与原购入成本之间的差额应作为投资收益或投资损失处理。

（二）长期投资的管理与核算

1. 股票投资

股票投资有两种方式，一种是直接投资，即以货币资金、实物、无形资产等直接投资；另一种是间接投资，即通过购买股票或债券取得股权或债权。企业投资付出时，一律按原始成本计价。

（1）股票投资的计价。如果企业以现金、存款等货币资金购买股票，应按实际支付的价款作为股票投资计价入帐的依据。当实际支付的价款中含有已宣告发放的股利时，则股票投资的入帐价值应以购买股票实际支付的价款扣除已宣告发放的股利。对于已宣告发放但尚未支取的股利，可作为企业的流动资产处置。

（2）股票投资的收益。由于企业投资占被投资单位的净资产的比重不同，最终产生的收益结果也可能不同，因此财务上有成本法和权益法两种方法计算股票投资的收益。

1）股票投资成本法。这种方法是企业投资占被投资企业投资额比重不大时采用。它以企业实际投出的金额作为核算的依据，反映在长期投资项目上的价值是长期投资的历史成本。除实际增减投资外，一般不再进行帐务调整。分得被投资单位的股利作为投资收益。这种方法的优点是核算简单。

2）股票投资的权益法。当投资企业的投资占被投资企业资金总额比重较大，形成对被投资单位的实际控制权时，一般采用权益法核算。使用该法时，企业投资按实际投资成本计价，之后，投资额随着被投资单位净资产的增加而增加，随其减少而减少。如企业分得被投资企业发放的股利，应冲减"长期投资"，因为这部分股利已包含在被投资企业的净资产中，企业已按其净资产的变化，增加或减少了对外投资和投资损益，所以再分得的股利应冲减对外投资。这种方法的优点是，在投资企业财务上能够充分反映投资企业与接受资企业的经济联系，并揭示企业间互相参股和控股的实际情况。

2．债券投资

债券票面必须具有以下基本内容：债券面值、债券利率、付息日期、年利息率。票面利率与市场利率有时会一致，这时可按面值购入债券。如果票面利率高于市场利率，以溢价购入。如果票面利率低于市场利率，折价购入。购入价不同，财务处理方法也不同。

（1）以面值购入债券的财务处理

1）债券购入。企业在发行日购买某企业的债券，要以实际购入成本处理，一方面增加企业的长期债券投资，另一方面减少企业的银行存款。不在发行日或付息日购买债券时，还要支付一定的应计利息。这是因为从发行日到企业购入债券的这段时间的利息收入归原债券持有人所有。帐务上增加"长期投资——应计利息"，减少银行存款。

2）利息收入。投资企业在休息日应得到利息收入，帐务上应作增加"投资收益"，和"长期投资——应计利息"项目处理。

3）债务到期。债券到期后，企业要按面值收回投资，财务处理上一方面增加"银行存款"，一方面减少"长期投资——债券投资"、"长期投资——应计利息"、"投资收益"等。

（2）以溢价购入债券的财务处理

1）债券购入。企业要按实际购入成本计价，增加企业的"长期投资——债券投资"，减少"银行存款"。

2）债券溢价的摊销。债券的溢价，实际上是债券投资人把以后按票面计算多得的利息事先偿付给债券发行人，故投资者在债券续存期内所得利息收入中包含了债券的利息和为各期应分摊的溢价额。债券的溢价额要在债券整个续存期内分摊。

（3）以折价购入债券的财务处理

1）债券购入。折价是债券发行人在发行债券时给投资人的额外利息，以弥补由于票面利率低于市场利率而使投资者少得的那部分利息。这部分折价要在债券的续存期内转为各期的利息收入。财务上分两步处理，第一步按债券的实际支付款计价；第二步摊销债券折价。

2）债券折价的摊销和溢价摊销一样，采用直线法和实际利息法计算摊销额。直线法摊销是把每期的摊销额作为一个不变的常量处理。实际利息法是用不变的市场利率乘以期初债券的帐面价值，得出每期的利息收入，每期的折价摊销额是该期实得利息收入和用票面利率计算的利息收入的差额。

【例8】 溢价额为12000元，债券持有时间为5年（续存期60个月），则按直线法每月摊销12000/60＝200元。假如按票面利率计算每月应得利息420元，则其中便包含了投资收益220元（即420－200）和"长期投资——债券投资"200元。

【例9】 某企业1995年1月1日以现金100000元购入一宗5年期债券，票面面值共120000元，票面利率为8％，市场利率为10％，每半年付息一次，付息日为7月1日和1月1日，则按实际利息法，计算其折价摊销额如下：

名义利息收入：$120000 \times 8\% \times \frac{1}{2} = 4800$（元）

实际利息收入：$100000 \times 10\% \times \frac{1}{2} = 5000$（元）

首期摊销额：5000－4800＝200（元）

实际利息法下折价摊销额在逐期递减，直至最后帐面价值和票面价值相等，摊销结束。

第五节　建筑施工企业的营业收入、利润及利润分配

一、建筑施工企业的营业收入

（一）企业的营业收入的概念和构成

企业的营业收入是企业因工程施工、提供劳务、作业、房地产开发，以及销售产品等所取得的收入，是企业经营成果的价值表现。

建筑施工企业营业收入包括：工程价款收入、劳务、作业收入、产品销售收入、材料销售收入、多种经营收入、设备租赁收入，以及其他业务收入。建筑施工企业的基本营业收入是工程价款收入，占有最大的比例。工程价款收入包括：工程价款结算收入、工程索赔收入、向发包单位收取的临时设施基金、劳动保险基金、施工机构调遣费等。工程价款结算收入包括：直接工程费、间接费、利润及税金，见表13-7所示。

（二）建筑施工企业营业收入的实现

1. 企业营业收入的确认

营业收入的确认即营业收入记帐时间的确认。营业收入的确认是以营业收入的实现或成立为依据。

（1）工程价款收入的确认方式。总的原则是，施工企业出具"工程价款结算帐单"，经发包单位签证后确认为销售收入的实现。第一，实行合同完成后一次结算工程价款办法的工程，在合同完成后，施工企业与发包单位进行工程价款结算时，确认为收入的实现。第二，实行旬末或月中预支、月终结算、竣工后清算办法的工程，应分期确认合同价款的实现，即月终承包与发包双方进行已完工程价款结算时，确认为承包合同已完部分的工程收入实现。第三，实行分阶段结算的工程，应按合同规定的形象进度分次确定已完阶段工程

费 用 项 目			计 算 方 法
直接工程费	人工费		Σ（人工工日×日工资单价×实物工程量）
	材料费		Σ（材料用量×材料单价×实物工程量）
	施工机械使用费		Σ（机械台班数×机械台班费×实物工程量
	其他直接费		土建工程：（人工费＋材料费＋机械使用费）×费率
	现场经费	临时设施费	安装工程：人工费×费率
		现场管理费	
间接费	企业管理费 财务费用 其他费用		土建工程：直接工程费×费率 安装工程：人工费×费率
计划利润			土建工程：（直接工程费＋间接费）×利润率 安装工程：人费率×利润率
税金	营业税，城市建设维护税， 教育经费附加		（直接工程费＋间接费＋利润）税率

收益的实现。第四，实行其他结算方式的工程，其合同收益应按合同规定的结算方式和结算时间，在与发包单位结算工程款时，确认收入是一次或分次实现，本期实现的收入额，是本期结算的已完工程价款或竣工一次结算的全部合同价款。

（2）其他营业收入的确认。其他营业收入确认，是施工企业销售产品或商品、租赁设备、销售材料、提供劳务时，以发出商品，开具发票或帐单，收到货款或取得了收取货款凭证后，确认为营业收入实现。代销商品、产品和以托收承付结算方式发出的商品和产品，以对方已经销售或者承认付款，确认为营业收入实现。

2. 施工企业工程价款的结算办法

（1）按月结算。即实行旬末或月中预支，月终结算，竣工后清算的办法。跨年工程，年终进行工程盘点，办理年度结算。结算对象是分部分项工程。

（2）分段结算。对于工期超过一年的工程，可按照工程形象进度，划分为不同阶段进行结算。分段结算可按月预支工程款。结算对象是工程阶段或形象进度。分段结算总额不超过总造价的90％，其余10％留待工程竣工后结算。

（3）竣工后一次结算。适用于建设项目或单项工程全部建筑安装工程建设期在一年以内，或工程承包合同在100万元以下的工程。可按月中预支工程款，竣工后一次结算。

3. 预付备料款的结算与扣还

按月结算的工程，一般都预收备料款。收取备料款的限额是：

$$预收备料款限额 = \frac{全年施工产值×主要材料所占比重}{年度施工天数} × 材料储备天数 \quad (13-38)$$

按一般规律，建筑工程按年计划施工产值的25％拨付（在材料费占工程造价75％的情况下，相当于四个月的材料用量。安装工程按年计划施工产值的10％拨付（材料所占比重较大的按15％左右拨付）。

预收备料款应在工程后期随着所需材料和结构件储备量的减少，以充抵工程价款的形式陆续归还，到工程完工时全部还清。起扣点时累计完成的工程造价余额是：

$$起扣点 = 承包工程价款总额 - \frac{预收备料款}{材料费所占比重} \tag{13-39}$$

第一次扣还的预收备料款是：

$$\begin{matrix} 第一次扣还 \\ 预收备料款 \end{matrix} = \left(\begin{matrix} 累计已完 \\ 工程价值 \end{matrix} - \begin{matrix} 开始归还预收备料 \\ 款时的工程价值 \end{matrix} \right) \times 材料费比重 \tag{13-40}$$

以后各次应扣还的预收备料款是：

$$\begin{matrix} 以后各次应扣还 \\ 预收备料款价值 \end{matrix} = \begin{matrix} 每次结算的 \\ 已完工程价值 \end{matrix} \times \begin{matrix} 材料费 \\ 比重 \end{matrix} \tag{13-41}$$

【例 10】 假如某工程合同总值为 1000 万元，材料费占工程造价比重为 70%，预收备料款按合同总值的 25% 拨付，问应如何收取与扣还预收备料款？

【解】

① 预收备料款 = 1000 × 25% = 250（万元）

② 起扣点 = 承包工程价款总额 - $\dfrac{预收备料款}{材料费所占比重}$

$$= 1000 - \frac{250}{70\%} = 643（万元）$$

③ 设到 6 月份累计已完工程价值 600 万元，7 月份完成工程价值为 110 万元，则

$$\begin{matrix} 7 月份应归还 \\ 预收备料款 \end{matrix} = (600 + 110 - 643) \times 70\% = 47（万元）$$

④ 如 8 月份完成工程价值为 90 万元，则 8 月份应归还预收备料款价值为

$$\begin{matrix} 8 月份应归还 \\ 预收备料款价值 \end{matrix} = 90 \times 70\% = 63（万元）$$

⑤ 以后各月应扣还的预收备料款价值为

$$(1000 - 600 - 110 - 90) \times 70\% = 140（万元）$$

⑥ 总计扣还的预收备料款是：

$$\begin{matrix} 总计扣还预收 \\ 备料款价值 \end{matrix} = 47 + 63 + 140 = 250（万元）$$

这样，恰好把开工前预收的工程备料款全部扣回。

4. 中间结算

建筑施工企业逐月按完成的分部分项工作量计算各项费用，向建设单位办理中间结算手续。在旬末或月中，建筑施工企业向建设单位提交预收工程款帐单（见表 13-8），建设单位审核无异议后，承认支付。办理月末结算时，先确定本月实际完成的工程量，再以此计算已完工程价值，据以填写"工程价款结帐单"（表 13-9）和已完工程月报表（表 13-10），通过银行结算。

建设单位名称：　　　　年　月　日

单项工程项目名称	合同预算价值	本旬（或半月）预计完成数	本旬（或半月）预支工程款	本月预支工程款	应扣预支款项	实支款项	说明
1	2	3	4	5	6	7	8

施工企业（签章）　　　　　　财务负责人（签章）

工程价款结算帐单　　　　　　　　　　　　　　表 13-9

建设单位名称：　　　　年　月　日

单位工程项目名称	工程造价	本期应收工程款	应抵扣款项					本期实收款	备料款余额	本期止已收工程款累计	说明
			预支工程款	备料款	直接供应材料价款	其他往来款	合计				
1	2	3	4	5	6	7	8	9	10	11	12

施工企业（签章）　　　　　　财务负责人（签章）

已 完 工 程 月 报 表　　　　　　　　　　　表 13-10

年　月　日

单位工程项目名称	施工图预算	建筑面积	开竣工日期		实际完成额		实际形象进度			
			开工日期	竣工日期	至上月止已完工程累计	本月已完工程	基础	结构	装修	其他

5. 竣工结算

竣工结算在工程竣工验收后进行。施工单位向建设单位提出附有"工程竣工验收书"的工程价款帐单，建设单位审核承认支付，银行结算。工程价款竣工结算公式如下：

$$\begin{matrix}\text{竣工结算}\\\text{工程价款}\end{matrix} = \begin{matrix}\text{合同}\\\text{价款}\end{matrix} + \begin{matrix}\text{施工过程中合同}\\\text{价款调整数额}\end{matrix} - \begin{matrix}\text{预付及已结}\\\text{算工程价款}\end{matrix} \tag{13-42}$$

二、建筑施工企业的利润

建筑施工企业的利润是建筑施工企业在一定时期内经营活动所取得的财务成果，它由营业利润、投资净收益、营业外收支净额组成，即：

$$\text{利润总额} = \text{营业利润} + \text{投资净收益} + \text{营业外收支净额} \tag{13-43}$$

（一）施工企业的营业利润和税收

施工企业的营业利润，由工程结算利润和其他业务利润组成，其计算公式是：

$$营业利润 = \frac{工程结}{算利润} + \frac{其他业}{务利润} - \frac{管理}{费用} - \frac{财务}{费用} \tag{13-44}$$

1. 工程结算利润

建筑施工企业的工程结算利润，是指建筑施工企业（含其内部独立核算的施工单位）已向工程发包单位（或总包单位）办理工程价款结算而形成的利润。其计算公式如下：

$$工程结算利润 = 工程价款收入 - 工程实际成本 - 工程结算税金及附加 \tag{13-45}$$

2. 其他业务利润

建筑施工企业的其他业务利润，是指除工程价款收入以外的其他业务收入扣除其他业务成本及应负担的费用、流转税金及附加后所得的利润。建筑施工企业主要有以下几种其他业务利润。

（1）产品销售利润。指企业内部独立核算的工业企业销售产品所形成的利润。

$$产品销售利润 = 产品销售净收入 - 产品制造成本 - \frac{产品销售税}{金及附加} \tag{13-46}$$

$$其中 \quad 产品销售净收入 = \frac{销售}{收入} - 销售退回、折让、折扣$$

产品销售税金及附加包括产品销售税、消费税、城市维护建设税、教育经费附加。企业收到出口产品退税及减免税退回的税金，作减少产品销售税金处理。

（2）材料销售利润。指企业及其内部独立核算的材料供应部门销售材料所实现的利润。

（3）其他销售利润。指除上述各销售利润以外的其他销售的利润。如企业内部非独立核算的辅助生产部门、对外单位或企业内部其他独立核算单位提供产品和劳务所实现的利润。

（4）多种经营利润。是企业举办一些与工程施工无直接联系的其他行业的经营业务，其营业收入减营业成本、营业税金等后形成的利润。

（5）机械设备租赁利润。指企业对外单位或企业内部其他独立核算单位出租工机具和生产设备的租金收入，减租赁成本和营业税金后形成的利润。

（6）其他利润。包括：无形资产转帐利润，联合承包节省投资分成收入，提前竣工投产利润分成收入等。

3. 管理费用和财务费用

由于这两部分属期间费用，按《企业财务通则》规定，应直接计入当期损益。

4. 流转税及附加税

流转税是对商品生产、流通和提供劳务的销售额或营业额征税的各个税种的统称。流转税的税源大，收入及时稳定，国家可以通过调整流转税调节生产和流通。

建筑施工企业应缴纳的流转税及附加税有：营业税、城市维护建设税及教育费附加。

（1）营业税。是以营利单位和个人的商品销售收入额，提供劳务取得的营业额为课税对象的一种流转税。应纳营业税＝营业额×税率。建筑施工企业缴纳的营业税率的确定是按工程项目的不同投资来源或工程类别，实行在计划利润基础上的差别利润率，大致是营业额的 3％。

（2）城市维护建设税。是为 　　　　 市公用事业和公共设施的维护建设而开征的税种，以附加的形式依附于营业税（产品税、增值税）。建筑施工企业以营业税为计税依据，税率 7％。

（3）教育费附加。是为了发展地方教育事业，扩大地方教育经费来源而征收的一种税。建筑施工企业以所缴纳的营业税为计税依据，附加率为3％。

（二）投资净收益

投资净收益是投资收益和投资损失的差值，是企业利润总额的构成部分。

1．企业对外投资收益

企业对外投资收益包括：

（1）对外投资分得的利润。指企业以现金、实物、无形资产等进行对外投资或联营合作分得的利润。

（2）股利。是企业以股票形式投资分得的股息和红利收入。

（3）债券利息。指企业以购买债券形式投资获得的利息收入。

（4）企业对外投资到期收回或中途转让取得的超帐面差额，以及按"权益法"核算股权投资在被投资单位增加的净资产中所拥有的数额。

2．企业对外投资损失

投资损失包括对外投资分摊的亏损，投资到期收回或中途转让取得的低于帐面价值的差额，按"权益法"核算的股权投资被投资单位减少的净资产中所分担的数额等。

（三）营业外收支净额

营业外收支净额是营业外收入与营业外支出的差额，是企业利润总额的组成部分。

1．营业外收入

营业外收入指企业生产经营活动虽无直接因果关系，但与企业有一定联系的收入，它包括以下内容：

（1）固定资产的盘盈和出售（报废清理）净收益。盘盈的固定资产净收益是按原价减估计折旧后的差额。出售固定资产净收益是指变卖固定资产所取得的价款减清理费后的数额与固定资产帐面净值的差额。

（2）罚款收入，包括罚款、索赔款、赔偿金、违约金等。

（3）因债权人单位变更或撤销等原因而无法支付的应付款项。

（4）教育费附加返还款：指教育部门返还教育经费附加给企业补贴办学经费款。

2．营业外支出

营业外支出是指与企业生产经营没有直接关系，但却是企业必须负担的各项支出，包括：

（1）固定资产毁损、盘亏、报废和出售的净损失。

（2）非季节性和非大修理期间的停工损失。

（3）职工子弟学校和技工学校经费支出与收入差额。

（4）非常损失。指自然灾害造成的企业全部损失扣除保险赔偿款及残值等的净损失，及由此造成的停工损失和善后清理费用。

（5）公益救济性捐赠。

（6）未履行经济合同支付的赔偿金、违约金、罚款等。

以下支出不得列入营业外支出，应从收益总额中扣除：第一，违法经营的罚款和被没收的财务损失；税收滞纳金、罚金和罚款；自然灾害或意外事故损失要赔偿的部分；超过国家规定允许扣除的公益、救济性捐赠以及非公益、救济性的捐赠；各种非广告性质的赞助支出；与取得收入无关的其他各项支出。

三、建筑施工企业的利润分配

（一）利润总额的调整

按财务制度规定，企业的利润总额按照国家规定作相应调整后，依法缴纳所得税，即在缴纳所得税前要扣除以下项目的款项：

（1）所得税前弥补亏损。企业的亏损有政策性亏损和经营性亏损。经营性亏损原则上由企业自行解决。财务制度规定，企业经营性亏损可以用下一年度的利润弥补；如不足，可在5年内用所得税前利润延续弥补。再不足，用缴纳所得税后的利润弥补。如在此5年内又发生了亏损，仍可自亏损发生的年份算起后延5年弥补，但应作到先亏损的先弥补，后亏损的后弥补。

（2）境外所得和投资收益的税务处理。境外所得，已在境外缴纳的所得税款，准予在汇总纳税时从其应纳税款中扣除，计算公式如下：

$$\frac{境外所得税税}{款扣除限额} = \frac{境内、境外所得依税法}{计算的应纳税总额} \times \frac{来源于某外国的所得额}{境内、境外所得额} \tag{13-47}$$

（3）按国家有关规定允许企业税前调整的其他项目。如规定留给企业治理"三废"产品盈利净额。

（二）缴纳所得税

所得税是法人或自然人在一定时期内以纯收入额为征税对象的各个税种所组成的总体。征税的目的是调节纳税人的收入，促进纳税人的经营管理，有利于国家对企业进行监督与管理，调整、规范国家与企业的分配关系，促进企业转换经营机制，实现公平竞争。

内资企业是企业所得税的纳税人。应纳税所得额是纳税人每一年度的收入总额减去准予扣除项目后的余额。收入总额包括：生产与经营收入、财产转让收入、利息收入、租赁收入、特许权使用费收入、股息收入及其他收入。收入的计算以实际发生数为准，而不论其是否真正实现。准予扣除的项目是指纳税人取得收入有关的成本费用和损失。内资企业所得税实行33%的比例税率。

【例11】 某企业某月份的产品销售收入为800万元，产品销售成本为320万元，销售费用60万元，流转税税金及附加为150万元，其他业务收入45万元，其他业务支出为40万元，管理费用6万元，财务费用3万元，投资收益15万元，营业外收入7万元，营业外支出10万元，问应缴纳多少所得税。

【解】

企业利润总额＝（800－320－60－150）＋（45－40）－6－3＋15＋7－10＝278（万元）

应纳所得税额＝278×33%＝91.74（万元）

（三）企业缴纳所得税后的利润分配顺序

1. 一般企业的税后利润分配顺序

分配的先后顺序依次是：

（1）支付被没收的各种财务损失，支付各项税收的滞纳金和罚款。

（2）弥补以前年度的亏损。

（3）提取法定盈余公积金。

（4）提取公益金。

（5）向投资者分配利润。

2. 股份有限公司税后利润的分配顺序

（1）支付被没收财产损失及各种税收的滞纳金和罚款。

（2）弥补以前年度亏损。

（3）提取法定盈余公积金。

（4）提取公益金。

（5）支付优先股股利。优先股是股份制企业发行的一种股票，其股东有优先权，主要是优先于普通股分得股利，公司解散时有优先分得剩余财产的权利，但不能参加企业管理。

（6）提取任意盈余公积金。

（7）支付普通股股利。普通股风险较大，但可望取得比优先股更为优厚的股利，可参与公司管理，有分得盈余的权利，有优先认股权，有分得剩余财产的权利。

第六节　建筑施工企业财务报告和财务评价

一、建筑施工企业财务报告

（一）财务报告的概念

财务报告是反映企业财务状况和经营成果的总结性书面文件。其内容包括：资产负债表、损益表、财务状况变动表（现金流量表）、有关附表及说明书。其作用是通过财务报告反映企业的经营成果和财务状况，定期向投资者、债权人、政府有关部门及报表使用者提供财务信息资料。上市股份有限公司向交易机构和证券监管机构提供财务信息资料。财务报告除包括财务报表外，还利用了财务报表以外的形式提供的其他财务信息，如企业的年度报告、预测资料、计划、企业的社会环境影响、管理方面认为对外界有用而主动提供的非财务信息和财务报表以外的财务信息。所以财务报告比财务报表的内容丰富得多。

财务报告可按图 13-4 进行分类：

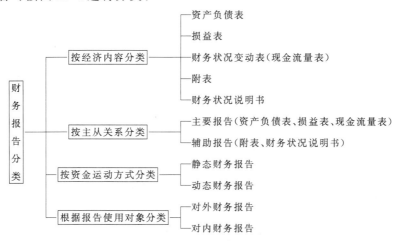

图 13-4　财务报告分类系统图

（二）编制财务报告的要求

（1）报表表首清晰明了。要清晰地标明企业名称、报表标题及日期（或报表所含日期）。

（2）项目分类明确。

（3）正确、及时、客观、统一和连贯。

（4）全面反映企业财务状况和经营成果。

（5）建立会计报告的社会公证制度。

（三）财务报表

一般企业的会计报表种类和格式见表 13-11。

一般企业的会计报表种类和格式　　　　　　表 13-11

编　号	会计报表名称	编报期	编　号	会计报表名称	编报期
会 01 表	资产负债表	月　报	会 03 表	财务状况变动表	年报
会 02 表	损益表	月　报	会 02 表附表 1	利润分配表	年报

1. 资产负债表

资产负债表是反映企业在某一特定日期财务状况的报表，它是静态报表。它根据"资产＝负债＋所有者权益"这一基本公式，把企业在某一特定日期的资产、负债、所有者权益按一定的分类标准和次序予以适当地排列。它可供领导制定决策使用。资产负债表提供的财务状况有：

企业所掌握的资源；企业偿还债务的能力；企业所担负的债务；股东在企业所持有的权益；企业将来的财务趋向。

资产负债表的格式和内容见表 13-12。

资产负债表　　　　　　表 13-12

编制单位　　　　　___年___月___日

会 01 表
单位：元

资　产	行次	年初数	期末数	负债及所有者权益	行次	年初数	期末数
流动资产：				流动负债：			
货币资金	1			短期借款	46		
短期投资	2			应付票据	47		
应收票据	3			应付帐款	48		
应收帐款	4			预收帐款	49		
减：坏帐准备	5			其他应付款	50		
应收帐款净额	6			应付工资	51		
预付帐款	7			应付福利费	52		
其他应收款	8			未交税金	53		
存　货	9			未付利润	54		
待摊费用	10			其他未交款	55		
待处理流动资产净损失	11			预提费用	56		
一年内到期的长期债券投资	12			待扣税金	57		
其他流动资产	13			一年内到期的长期负债	58		
流动资产合计	20			其他流动负债	59		

资　产	行次	年初数	期末数	负债及所有者权益	行次	年初数	期末数
长期投资：				流动负债合计	65		
长期投资	21						
固定资产：				长期负债：			
固定资产原值	24			长期借款	66		
减：累计折旧	25			应付债券	67		
固定资产净值	26			长期应付款	68		
固定资产清理	27			其他长期负债	75		
在建工程	28			长期负债合计	76		
待处理固定资产净损失	29			所有者权益：			
固定资产合计	35			实收资本	78		
无形及递延资产：				资本公积	79		
无形资产	36			盈余公积	80		
递延资产	37			未分配利润	81		
无形及递延资产合计	40			所有者权益合计	85		
其他资产：							
其他长期资产	41						
资产总计	45			负债及所有者权益总计	90		

补充资料：1. 已贴现的商业承兑汇票_____元；

　　　　　2. 融资租入固定资产原价_____元。

2. 损益表及其附表

损益表是包括反映企业在一定时间（年、季、月）内经营成果的财务报表，它是动态报表。利用该表所反映的财务信息，可以评价盈利企业在经营管理上的成功程度，了解资金是否保持原始投资金额数值，可以用来预测未来一定时期内企业的盈利趋势。施工企业损益表见表13-13所示。

损　益　表

表 13-13

会施02表
单位：元

编制单位：　　　　_____年度_____月份

项　目	行次	本月数	本年累计数
一、工程结算收入	1		
减：工程结算成本	2		
工程结算税金及附加	4		
二、工程结算利润	7		
加：其他业务利润	9		
减：管理费用	10		
财务费用	11		
三、营业利润	14		
加：投资收益	15		
营业外收入	16		
减：营业外支出	17		
四、利润总额	20		

利润分配表是损益表的附表，反映企业利润的分配或亏损弥补的过程与结果，是年度报表。其表式见表13-14所示。

编制单位：　　　　　　＿＿＿＿＿年度　　　　　　　　　　　　　　　会02表附表1
　　　　　　　　　　　　　　　　　　　　　　　　　　　　　　　　　　单位：元

项　目	行　次	本年实际	去年实际
一、利润总额	1		
减：应缴所得税	2		
二、税后利润	3		
减：应交特种基金	4		
加：年初未分配利润	6		
上年利润调整	7		
减：上年所得税调整	8		
三、可供分配的利润	12		
加：盈余公积补亏	13		
减：提取盈余公积	15		
应付利润	16		
四、未分配利润	20		

3. 财务状况变动表

财务状况变动表是指反映企业在一定时期内财务状况变动情况的报表。它从动态上反映资金的来源和流出。它依据资产负债表、损益表和利润分配表中的资料编制。该表的作用是：向会计信息的使用者提供报告期内企业财务状况变动的全貌，说明报告期内运营资金的增减变动情况及其变动的原因，起到联结资产负债表和损益表桥梁的作用。表 13-15 是财务状况变动表的形式。

编制单位：　　　　　　＿＿＿＿＿年度　　　　　　　　　　　　　　　　　会03表
　　　　　　　　　　　　　　　　　　　　　　　　　　　　　　　　　　　单位：元

流动资金来源和运用	行次	金额	流动资金各项目的变动	行次	金额
一、流动资金来源：			一、流动资产本年增加数		
1. 年末利润	1		1. 货币资金	41	
加：不减少流动资金的费用和损失：			2. 短期投资	42	
(1)固定资产折旧	2		3. 应收票据	43	
(2)无形资产、递延资产摊销	3		4. 应收帐款净额	44	
(3)固定资产盘亏(减盘盈)	4		5. 预付帐款	45	
(4)清理固定资产损失(减收益)	5		6. 其他应收款	46	
(5)其他不减少流动资金的费用和损失	6		7. 存货	47	
小　计	12		8. 待摊费用	48	
2. 其他来源：			9. 一年内到期的长期债券投资	49	
(1)固定资产清理收入(减清理费用)	13		10. 待处理流动资产净损失	50	
(2)增加长期负债	14		11. 其他流动资产	51	
(3)收回长期投资	15		流动资产增加净额	52	
(4)对外投资转出固定资产	16		二、流动负债本年增加数：		
(5)对外投资转出无形资产	17		1. 短期借款	53	
(6)资本净增加额(减少资本以"－"号表示)	19		2. 应付票据	54	
小　计	22		3. 应付帐款	55	
流动资金来源合计	23		4. 预收帐款	56	
二、流动资金运用：			5. 其他应付款	57	
1. 利润分配：			6. 应付工资	58	
(1)应交所得税	24		7. 应付福利费	60	
(2)提取盈余公积(用盈余公积补亏以"－"号表示)	25		8. 未交税金	61	
(3)应付利润	26		9. 未付利润	62	
(4)应交特种基金	27		10. 其他未交款	63	
(5)调减上年利润(调增上年利润以"－"号表示)			11. 预提费用	64	
小　计	32		12. 待扣税金	65	
2. 其他运用：			13. 一年内到期的长期负债	66	
(1)固定资产和在建工程净增加额	33		14. 其他流动负债	67	
(2)增加无形资产,递延资产及其他	34		流动负债增加净额	69	
(3)偿还长期负债	35		流动资金增加净额	70	
(4)增加长期投资	36				
小　计	38				
流动资金运用合计	39				
流动资金增加净额	40				

4.财务状况说明书

在报告期终了，应在对会计报表进行财务分析的基础上，运用会计数据，对财务活动情况进行文字叙述并提供报告，随年度财务报告报出。该说明书的内容主要包括：

企业生产经营状况；利润实现及分配情况，资金增减和周转及财务收支情况，主要税金的交纳情况，各项财产变动情况，对本期或者下期财务状况发生重大影响的事项，其他情况。

二、财务分析与评价

（一）财务分析与评价概述

1.财务分析和评价的概念

财务分析和评价是根据财务报表等对企业财务状况和经营成果，运用科学方法进行分析、比较、考核，借以评价企业的财务管理状况，为扩大经营成果服务的一项经营管理活动。

2.财务分析和评价的目的

（1）为财务报表的使用者提供信息。

（2）评价企业过去的经营业绩。

（3）判断企业在同行业中的财务地位及竞争力。

（4）分析企业在财务上存在的问题

（5）为预测企业的未来趋势提供科学依据。

3.财务分析与评价的指标与方法

（1）财务分析与评价指标见表 13-16 所示。

财务分析与评价指标一览表　　　　　　　　表 13-16

类　别	名　称		计　算　公　式
偿债能力指标	流动比率	※	流动资产/流动负债
	速动比率	※	速动资产/流动负债
	现金比率		（货币资金＋有价证券）/流动负债
	资产负债率	※	负债总额/总资产
	流动负债率		流动负债/有形净值
	总负债率		负债总额/有形净值
	所有者权益比率		所有者权益/资产总额
营运能力指标	存货周转	※	销货成本/平均存货
	应收帐款周转率	※	赊销收入净额/平均应收帐款余额
	应收帐款期		365 天/应收帐款周转率
	资金周转效率		年营业额/有形净值
	流动资产周转率		年营业额/流动资产平均额
	固定资产利用率		固定资产净额/有形净值
	总资产周转率		年营业额/资产总额
盈利能力指标	销售利润率	※	利润额/销售额
	销售利税率		利税总额/销售额
	成本费用利润率		利润额/成本费用
	资本金利润率	※	利润额/资本金额
	资产收益率		利润额/资产总额
	创利率		年纯利润/有形净值
	流动资产利润率		年纯利润/流动资产
	净资产报酬率		利润额/平均股东权益

注：在后几节中对表中指标将进行详细讨论，表中带有※的指标是施工、房地产开发企业财务通则里规定的常使用的指标。

（2）财务分析与评价方法主要有比较分析法、趋势分析法和综合分析法。比较分析法可分为横向比较和纵向比较。纵向比较是对财务指标进行前后两期的比较，目的是看发展与变化；横向比较是将实际指标与标准值或同行业水平进行比较，以衡量企业的财务管理效果。趋势分析法主要是在分析历史财务状况的基础上，对企业的未来作出预测，一般使用图形分析。综合分析法是对财务状况作多指标的综合分析，以全面地反映企业的财务状况。

（二）偿债能力指标

衡量企业短期偿债能力的指标有流动比率、速动比率；衡量企业长期偿债能力的指标有资产负债率、流动负债率、总负债率、所有者权益比率等，现举例说明。

【例 12】 有表 13-17、表 13-18 和表 13-19 的数据，则各项分析评价指标的计算如下。

资 产 负 债 表   表 13-17

编制单位：某建筑工程公司　　　1993 年 12 月 31 日

会施 01 表
单位：元

资　　　产	行次	年初数	期末数
流动资产：			
货币资金	1	5 591 172.13	4 668 514.58
短期投资	2		66 700.00
应收票据	3		
应收帐款	4	5 759 783 75	38 934 909.61
减：坏帐准备	5		378 284.85
应收帐款净额	6	5 759 783.75	38 556 624.76
预付帐款	7	862 558.08	1 576 445.78
应弥补亏损	8	631 847.70	
其他应收款	9	5 265 144.87	6 826 309.49
待摊费用	10	750 535.05	87 013.15
存货	11	6 716 641.49	12 290 897.25
其中：在建工程	12	5 651.52	
其他流动资产	13		
待处理流动资产损失	14		
一年内到期的长期债券投资	15		
流动资产合计	20	25 577 683.07	64 072 505.01
长期投资：			
长期投资	21	119 900.00	2 665 249.71
拨付所属资金	22		6 556 350.92
固定资产			
固定资产原价	24	6 400 386.50	7 331 735.31
减：累计折旧	25	2 245 719.72	2 035 859.90
固定资产净值	26	4 154 667.23	5 295 875.41
固定资产清理	27		2 451 200.00
待处理固定资产损失	28		
固定资产合计	30	4 154 667.23	2 844 675.41
专项工程：			
专项工程	31	910 439.62	2 989 202.33
无形资产及递延资产：			
无形资产	33		
递延资产	34		
无形及递延资产合计	35		
其他资产：			
临时设施	36	7 065.10	472 520.62
减：临时设施摊销	37		472 520.62
临时设施净值	38	7 065 50	
临时设施清理	39		
其他长期资产	40		
其他资产合计	41	7 065.10	
资产合计	45	30 769 755.02	79 127 983.38

负债及所有者权益	行次	年初数	期末数
流动负债			
短期借款	46	100 000.00	2 300 000.00
应付票据	47		
应付帐款	48		27 670 864.22
预收帐款	49	13 328 457.89	10 227 322.90
其他应付款	50	4 260 056.43	7 354 712.22
应付工资	51	1 224 780.63	7 397 054.04
应付福利费	52		
未交税金	53	903 881.02	1 168 272.53
未付利润	54		28 320.00
其他未交款	55	136 841.59	21 813.16
预提费用	56	777 993.44	3 776 999.29
其他流动负债	57		
一年内到期的长期负债	58		
流动负债合计	65	20 732 011.00	59 945 358.36
长期负债：			
长期借款	66	3 500 000.00	3 500 000.00
应付债券	67		
长期应付款	68	20 000.00	14 000.00
其他长期负债	75		
长期负债合计	76	3 520 000.00	3 514 000.00
所有者权益：			
实收资本	78	6 517 744.02	7 399 409.10
资本公积	79		6 556 350.92
盈余公积	80		1 709 150.31
未分配利润	81		3 714.69
所有者权益合计	85	6 517 744.02	15 668 625.02
负债及所有者权益合计	90	30 769 755.02	79 127 983.38

损 益 表

表 13-18

编制单位：某建筑工程公司　　　　1993 年 12 月 31 日

会施 02 表
单位：元

项　目	行　次	本 月 数	本年累计数
一、工程结算收入	1	45 057 738.89	150 908 500.13
减：工程结算成本	2	43 636 849.88	139 248 046.68
工程结算税金及附加	3	913 122.93	4 180 072.52
二、工程结算利润	4	507 766.08	7 480 380.93
加：其他业务利润	5	73 501.73	424 393.90
减：管理费用	15		3 312 866.20
财务费用	16		82 697.95
三、营业利润	17	508 867.81	4 509 210.68
加：投资收益	18		1 358 871.36
营业外收入	19	42 117.89	1 121 077.11
减：营业外支出	22	724 411.18	366 254.94
结转的含量工资包干节余	23		5 987 381.82
四、利润总额	25	−101 425.48	635 562.39

财务状况变动表 表 13-19

编制单位：某建筑工程公司　　　　1993 年

会施 03 表
单位：元

流动资金来源及运用	行次	金　额	流动资金各项目的变动	行次	金　额
一、流动资金来源			一、流动资产本年增加数		
1. 本年利润	1	635 562.39	1. 货币资金	41	−922 657.55
加：不减少流动资金的费用和损失			2. 短期投资	42	66 700.00
(1)固定资产折旧	2	65 769.25	3. 应收票据	43	
(2)临时设施摊销	3	472 520.62	4. 应收帐款	44	33 175 125.86
(3)无形资产、递延资产摊销	4		减：坏帐准备		378 284.85
(4)固定资产盘亏(减盘盈)	5		5. 预付帐款	45	713 887.70
(5)清理固定资产损失(减收益)	6	5 030.06	6. 其他应收款	46	0
(6)其他不减少流动资金的费用和损失	7		7. 待摊费用	47	−663 521.90
小　计	12	1 178 882.32	8. 存货	48	5 574 255.76
2. 其他来源			其中：在建工程	49	−5 651.52
(1)固定资产清理收入(减清理费用)	13	3 460 616.72	9. 其他流动资产	50	
(2)收回长期投资	14	2002832.11	10. 待处理流动资产损失(减溢余)	51	
(3)增加长期借款	15		11. 一年内到期的长期债券投资	52	
(4)发行债券	16		流动资金增加合计	55	37 943 789.87
(5)增加长期应付款	17		二、流动负债本年增加数		
(6)投资转出固定资产	18		1. 短期借款	56	2 200 000.00
(7)投资转出无形资产	19		2. 应付票据	57	
(8)资本净增加额 (减少资本以"−"号表示)	20	881 665.08	3. 应付帐款	58	27 670 864.22
小　计	22	6 345 113.91	4. 预收帐款	59	3 101 134 99
流动资金来源合计	23	7 523 996.23	5. 其他应付款	60	3 094 655.79
二、流动资金运用			6. 应付福利费	61	
1. 利润分配			7. 未交税金	62	264 391.51
(1)应交所得税	24		8. 未付利润	63	28 320.00
(2)应交财政特种基金	25		9. 其他未交款	64	−115 028.43
(3)提取盈余公积	26		10. 预提费用	65	2 999 005.85
(4)应付利润	27		11. 其他流动负债	66	
2. 其他运用			12. 一年内到期的长期负债	67	
(1)增加固定资产	31				
(2)增加专项工程	32	2 078 762.71			
(3)增加无形资产、递延资产及其他资产	33				
(4)增加长期投资	34	542 517.60			
(5)偿还长期借款	35				
(6)收回应付债券	37				
(7)支付长期应付款	37				
小　计	38				
流动资金运用合计	39	2 621 280.31	流动负债增加净额	69	33 041 073.95
流动资金增加净额	40	4 902 715.92	流动资金增加净额	70	4 902 715.92

1. 短期偿债能力

如果企业无法保持一定的短期偿债能力，则企业偿还长期债务也有困难，可能会导致破产。企业短期偿债能力指标包括流动比率和速动比率。

(1)流动比率：它代表企业用流动资产偿还到期债务的能力，即企业短期变现能力，其计算公式为：

$$流动比率 = \frac{流动资产}{流动负债} \qquad (13\text{-}48)$$

流动资产主要有货币资金、短期投资、应收帐款、存货和预付款；流动负债主要有应付帐款、应付票据、应付工资、应付税金、预收款。

如据表 13-17，该企业本年度流动负债为 59945358.36 元，流动资产 64072505.01 元（一般取年末值）。

$$流动比率 = \frac{64072505.01}{59945358.36} = 1.07$$

该比率小于 2，说明该企业短期偿债能力不强。

（2）速动比率：在流动比率中存货变现能力差，为了更足以反映企业短期偿债能力，引入速动比率，计算公式如下：

$$速动比率 = \frac{速动资产}{流动负债} \qquad (13\text{-}49)$$

速动资产为流动资产排除存货的部分。一般认为速动比率 1：1 为好，实际上仍需视企业的性质和其它因素判断。如上例，本年度存货为 12290897.25 元，计算出

$$速动比率 = \frac{64072505.01 - 12290.897.25}{59945358.36} = 0.86$$

根据施工企业特点，速动比率允许低于 1。

2. 长期偿债能力

企业长期偿债能力是指企业偿还到期长期债务的能力。

（1）资产负债率。

$$资产负债率 = \frac{负债总额}{总资产} \qquad (13\text{-}50)$$

其中负债包括流动负债和长期负债，资产指资产总额扣除备抵帐户后的净额。一般地，资产负债率越低越好，同时，在资产报酬率低于利息率时，股东却希望负债比率高点好。如在表 13-17 中，企业流动负债为 59945358.36 元，长期负债为 3514000 元，资产合计19127983.38 元，则

$$资产负债率 = \frac{59945358.36 + 3514000.00}{79127983.38} = 0.80$$

这表明企业举债经营程度较高。

（2）流动负债率。

$$流动负债率 = \frac{流动负债}{有形净值} \qquad (13\text{-}51)$$

其中有形净值是指所有者权益减无形资产，即报表上有形资产的价值。根据表 13-19 得该企业的流动负债率为：

$$流动负债率 = \frac{59945358.36}{15668625.02 - 0} = 3.83$$

国际上施工企业的流动负债率平均水平为1.33，故该施工企业偿债能力很差。

（3）总负债率。

$$总负债率 = \frac{负债总额}{有形净值} = \frac{负债总额}{所有者权益 - 无形资产} \tag{13-52}$$

该指标可用来衡量长期偿债能力及保护债权人利益的能力。这个比值越低越好。本例计算如下：

$$总负债率 = \frac{59945358.36 + 3514000}{15668625.02 - 0} = 4.05$$

国际平均水平是2.02，说明该企业偿债能力及保护债权人的利益的能力较低。

（三）施工企业营运能力指标分析

企业营运能力指标主要体现在企业资金周转状况上，其主要指标为存货周转率。其计算公式为：

$$存货周转率 = \frac{销货成本}{平均存货} \tag{13-53}$$

平均存货＝（年初存货余额＋年末存货余额）/2

用平均存货的目的是：如果企业生产经营带有较强的季节性，那么年度内各季销货额、销货成本、存货会有很大幅度的波动，采用平均存货计算，就减轻了季节性变动带来的不良影响。

存货周转率是衡量企业营运能力很重要的一个指标，它说明了一个企业销货能力的强弱和存货是否过量，反映了存货利用效率。这个指标越高，则存货周转越快，存货利用得越充分，这个指标低，则存货周转慢，可能表明企业产成品积压过多，销售不出去，在销售环节出现毛病，或者表明产成品中残次品增多，不适应生产需求，或者表明在生产环节出现障碍，或者表明有过多的库存材料，以至呆滞起来，不能更多地供生产经营之用，当然存货周转率也不能过高，否则，也可能说明企业经营管理出现一些问题，例如：库存材料量太低，致使生产经营出现中断，为了满足经营生产需要，只得增加采购次数，从而增加企业生产费用。

计算施工企业的存货周转率时，公式中的销货成本应见施工企业损益表（表13-18）中的工程结算成本。根据表13-17和表13-18，该施工企业本年度存货年初数为6716641.49元，期末数为12290890.25元，工程结算成本本年累计数为139248046.68元。则：

$$\begin{aligned}
存货周转率 &= \frac{工程结算成本}{平均存货} \\
&= \frac{139248046.68}{(6716641.49 + 127290897.25)/2} \\
&= 14.65（次）
\end{aligned}$$

14.65 次的存货周转率表明该企业存货周转天数为 365/14.65＝25 天。25 天存货周转一次，说明该企业存货利用效率高，企业销货能力较强。

（四）施工企业盈利能力指标分析

企业盈利能力是债权人、投资者、股东及管理者最关心的问题。企业经营的直接目的就是追求更多的利润，企业经营的好坏在于利润的多少。企业盈利能力分析是企业财务分析与评价的重要组成部分，也是评价企业经营管理水平的重要依据。由于盈利能力日益受重视，故评价企业盈利能力的指标很多，常用的主要有：销售利税率，资本金利润率，净资产报酬率等。

1. 销售利税率

销售利税率反映企业的销售收益和企业对国家的贡献程度，用公式表示为：

$$销售利税率 = \frac{利税总额}{销售额} \times 100\% \tag{13-54}$$

公式中的利税总额是利润总额和税金之和，利润是指企业在生产经营过程中实现的营业利润，税金是指按国家税法规定的、直接从销售收入（营业收入）中扣除的各种税，主要有增值税、营业税、土地增值税、城市建设维护税和教育费附加。指标有销售利税率，而没有销售利润率。

一般情况下，企业销售利税率越高，表明企业财务状况越好，企业盈利水平越高，但有时企业采取薄利多销的方法，销售利税率虽然会下降，但利税总额却增加了，因此，还要结合其他有关指标综合评价企业经济效益。

销售利税率公式中的利税总额对施工企业来说是利润总额和工程结算税金及附加（含营业税、城市建设税、教育费附加）。从表 13-18 中看出，该企业的工程结算税金及附加本年累计数为 4180072.52 元。则该企业

$$销售利税率 = \frac{635562.39 + 4180072.52}{150908500.13} \times 100\%$$

$$= 3.19\%$$

1993 年全国施工企业销售利税率平均水平是 4.7%，该企业销售利税率低于全国平均水平。

2. 资本金利润率

它是衡量投资者投入企业资本金的获利能力，并反映企业的经营效率，其公式为：

$$资本金利润率 = \frac{利润额}{资本金额} \times 100\% \tag{13-55}$$

公式中资本金是指在工商行政管理部门登记的注册资金，利润是指企业在生产经营过程中实现的营业利润。

对企业来说，资本金利润率越高越好，表明企业获利能力强，经营效果佳。资本金利润率是企业投资者最为关心的指标，该指标高于同期银行利率，则有利于投资者，若低于银行利率，则投资者的利益将受到损害，企业也吸引不了投资者，在资金筹措方面就会因

此而遇到麻烦。

公式中的资本金额对某施工企业来说是资产负债表中的"实收资本"。根据表 13-17 和表 13-18 该企业的实收资本的期末数为 7399409.10 元,利润总额为 635562.39 元,计算出:

$$资本金利润率 = \frac{635562.39}{7399409.10} \times 100\% = 8.59\%$$

这表明该企业投资者每投入 100 元资金将会有 8.59 元的利润。

3. 净资产报酬率

也称股东权益报酬率,是针对股份公司而言的,衡量股份企业的经营管理水平和获利能力,也反映每一单位货币资本的获利能力,计算公式是:

$$净资产报酬率 = \frac{利润额}{平均股东权益} \times 100\% \qquad (13-56)$$

其实净资产报酬率是以股东所投入的资本为计算基础的投资利润率,可以衡量企业运用股东投入的资本以产生利润的能力。

净资产报酬率是涉及一个企业的利润和权益来源的指标,如果企业发生未付款的短期或长期付息债务,那么企业必须在举债筹资总额上赚得一个超过实际债务成本的一定收益率,这样,超过债务成本的收益就会增加到净收益中去,从而提高净资产报酬率。相反,如果企业不能赢得举债筹资成本的收益,净资产报酬率就会降低。

第七节　建筑施工企业的经济核算

一、建筑施工企业经济核算的内容和方法

(一)什么是建筑施工企业的经济核算

建筑施工企业的经济核算,就是借助价值的货币形式对企业生产经营中的物化劳动和活劳动的消耗,以及生产成果进行记录、计算、分析、比较和考核。经济核算是组织社会化生产和管理现代企业的一项根本原则和基本形式,是运用经济手段管理企业的基本方法。它的主要任务是促进企业厉行节约,为企业和国家提供积累,提高企业生产经营活动的经济效益。

建筑施工企业的经济核算,有以下几个特点:

(1)建筑产品的价格是中标价格经合同商签后形成的合同价,这就是经济核算的基础。

(2)建筑施工企业的资金来源于股东投资、银行贷款、其他对外筹集资金和引进外资等多种渠道,对它们要分别进行核算。

(3)由于建筑产品之间的差异大,它们的可比性差,于是建筑产品之间的实际成本不便进行比较,只能进行合同(或计划)成本与实际成本的比较,所以合同或计划成本便成为衡量建筑产品成本的尺度。

(4)由于建筑产品的生产周期长,占用资金量大,因而不是在建筑产品全部竣工后才收取工程价款,而是按已完工程分期收取和结算工程价款,在竣工后结算。总包单位和分包单位同时参加建设,故还有总分包之间的结算。这种结算特点是其他工业企业所不具备的。

（5）企业获得的利润多少，取决于降低成本的幅度、完成工程量的数量和中标后商定的合同价格。

（6）建筑产品的地点分散，不固定，故分公司在企业内部有一定的独立性，有一定独立核算能力，可以独当一面地进行经营管理。项目经理部应把成本核算作为关键进行管理。

（7）在建筑产品的生产经营过程中，存在着甲、乙方，总分包、以及分包和分包单位之间的关系。建筑施工企业的经济核算必须正确处理这些关系，既要把企业之间的协作关系搞好，又使各单位的独立经营权利得到保证。

正确认识经济核算的这些特点，有助于搞好建筑施工企业的经济核算。同时，我们要不断提高建筑业的工业化水平，扩大它与工业生产的共性。这是把建筑产品作为商品生产，逐步加强建筑施工企业经济核算必须重视的一个问题。

（二）建筑施工企业为什么要进行经济核算

建筑施工企业进行经济核算，是客观的经济规律所决定的。节约是社会主义经济发展的客观要求，经济核算贯彻节约的原则，用货币来衡量企业经济活动的消耗和经营成果，达到节约资金、保证盈利的目的。在生产活动中，促进劳动消耗和劳动时间的节约，必须通过经济核算来实现。例如，人们为了比较哪一种施工机械或哪一种施工方法更有利于节约，就不能不进行经济核算。

建筑施工企业必须进行经济核算，还因为它是客观存在的经济范畴，又是一种经营管理方法。作为客观的经济范畴，它反映一定的生产关系，如所有制关系，计划关系，合同关系，国家、企业和个人的物质利益关系等；作为经营管理的方法，表现在计划管理、定额管理、资金管理等方面，必须用一定的核算方法，比较企业的经济活动消耗和经营成果，比较盈亏，以便用最小的劳动消耗，最少的资金占用，取得最大的经济效果。

通过经济核算，发挥反映、监督、促进和改善企业经营管理的积极作用。所谓"反映"的作用，就是通过记帐、算帐，记录企业人力、物力、财力的来源及其运用情况，核查经济活动的过程和结果，为搞好企业经营管理提供可靠的数据资料。所谓"监督"的作用，就是通过经营过程中的数据资料，监督、检查企业在经济活动中贯彻国家政策、执行经济合同、遵守财经纪律，保证企业经营合法，经济运转合理。所谓"促进"作用，就是通过经济核算进行分析、比较，从中总结正反两方面的经验，揭示经营管理中存在的矛盾和问题，从而进一步挖掘企业潜力，增加生产，厉行节约，搞好经济预测，控制企业各方面的工作。通过增产增收、节约各项费用、降低成本、消除浪费、增加利润等达到不断"改善"经营管理，提高经济效益的总目标。

近些年来，在建筑业中出现了"全面经济核算"的概念。建筑企业的全面经济核算，就是建筑企业在生产经营的全过程中，实行事前、事中和事后的经济核算；企业的各级和各职能部门都进行经济核算；从企业领导到职工都关心和参与经济核算。这是一项广泛、深入、群众性很强的工作。

（三）经济核算和经济核算制的区别

为了搞好经济核算，发挥它在企业经营管理中的重要作用，必须弄清经济核算和经济核算制的概念。

上面介绍了经济核算的概念，从原则上讲，经济核算反映一定的生产关系，是经济基础；而经济核算制则是为贯彻经济核算原则服务的，是上层建筑。

经济核算制是社会主义国家管理社会主义企业的一项重要制度，是处理国家和企业经济关系的一种管理制度。它的任务是把国家、企业主管部门和企业的经济关系，企业和企业，企业内部各单位间，企业和职工个人等的经济关系调节好，也即把国家、企业、职工三者之间的经济责任、经济权力和经济利益安排好，以调动各方面的积极性。企业承担经济责任是提高经济效益的保证；给予企业经济权力，是承担经济责任的条件；经济利益是承担经济责任和提高经济效益的主要动力之一；经济效益又是经济利益的根据。处理好这三方面的关系，也就实行了经济核算制。

可见，经济核算是由节约时间的规律决定的，而经济核算制却是所有制所决定的，两者产生的根据是不同的。

1. 实行经济核算制必须遵循的原则

（1）建筑企业必须有独立经营、独立核算的自主权。

（2）企业财务自理，自负盈亏。用自己的收入，补偿支出，并取得盈利。促使企业精打细算，保证国家和企业都有积累。

（3）国家和企业对职工实行精神鼓励与物质鼓励相结合的原则，使企业的每一个人都关心企业的经营成果。

（4）企业对自己的生产经营负有经济责任。经营得好和坏要有奖有惩，促使企业承担义务，完成计划，遵守合同与财经纪律。

2. 企业内部经济核算制的原则和内容

企业内部经济核算制的原则与上述的原则是一致的，可以概括为经济责任原则、责权结合原则和物质利益原则。所谓经济责任原则，是企业内部各单位对企业要承担经济责任，即各单位要对自己生产经营的经济效果好坏负责，并予以相应的奖罚。所谓责权结合的原则，是使企业内部各单位具有与承担责任相适应的经济权限，以保证各单位具有完成其承担的责任的必要物质条件。所谓物质利益原则，即企业内部各单位以及每个职工要建立一套同生产经营经济效果相适应的奖惩制度。

根据企业内部经济核算制的原则，企业内部经济核算制的基本内容是：

（1）指标分解。指标分解即公司把企业的总指标层层分解，落实到科室、——班组及个人，以明确经济责任和目标，并据以考核、计奖。

（2）核定资金。公司要对分公司（厂、经营单位）核定流动资产定额及固定资产需要量，据以拨给款项或实物，考核其资金占用情况。

（3）自计盈亏。企业内部各单位要核算本单位的成本和收入，计算内部利润，以收抵支并取得盈利。

（4）内部结算。企业内各单位相互间的经济往来要进行结算计价，办理手续。

（5）物质奖励。企业根据各单位生产经营经济效果的大小，给予适当的物质奖励，使经济利益和经济效果密切联系。

二、建筑施工企业经济核算的内容和方法

（一）经济核算的内容

建筑施工企业经济核算的基本内容是以提高社会经济效益为目标，实行责任、权力、利益和效果紧密结合，明确各级、各部门和各个职工对国家、对企业应负的责任，即全面完成国家任务，保证产品质量，不断降低成本，使企业上缴给国家的税利逐年增长。建筑施工企业经济核算的具体内容是：

1. 生产成果核算

生产成果的核算，旨在考核生产计划的完成情况，生产成果满足社会需要的程度。故它应当分阶段核算工程的进度、数量、质量和效率等等。

因为生产成果，既有施工过程中的中间性成果，又有产品的最终成果。故它应当包括的指标是：主要实物工程量、建筑安装工作量、竣工面积、工期、优良品率。

2. 生产消耗核算

生产消耗核算的目的，是节约建筑施工中物化劳动和活劳动的消耗，减少以至消灭浪费。生产消耗的核算包括材料核算、机械核算、人工核算和财力消耗核算，而综合反映生产消耗的是工程成本，所以成本核算是生产消耗核算的重要内容。

反映生产消耗的指标应包括活劳动消耗指标、物化劳动消耗指标及综合指标，主要有：劳动生产率（包括全员劳动生产率、建筑安装工人劳动生产率和劳动效率）、主要材料节约量、设备利用率、工程成本和降低成本率。这五项指标中以工程成本和工程成本降低率为主。它可以综合地反映建筑企业的生产消耗情况，便于进行比较。

3. 资产核算

资产的核算，是为了反映、监督和考核企业为完成生产任务所需资产的占用情况和利用情况。它是针对建筑工程施工周期长的特点，为加速资金周转，合理占用资金和资产而进行的。它包括流动资产的核算、固定资产的核算。

4. 财务成果核算

其主要表现是盈利水平。利润的多少关系到缴税多少和税后利润多少，直接涉及国家收入、企业的发展和职工的福利。通过财务成果的核算，可以合理分配国家、企业和个人所得利益水平，找出它们的比例。通过核算，分析利润的来源，查明哪些是由于企业自身努力得到的，哪些是与企业经营管理无关而得到的，从而发现经营和分配的不合理情况，改进工作。

（二）建筑施工企业经济核算的组织

建筑施工企业经济核算制的贯彻和经济核算的进行要有组织保证，要建立一个经济核算组织体系，把企业所有的经济活动都置于经济核算之中，这样才能实现全面的经济核算。建立经济核算组织体系应当做到以下几点：

1. 经济核算的组织领导

经济核算是在企业经理的领导下，由总会计师全面负责组织开展企业的经济活动分析。

2. 进行分级经济核算

分级经济核算就是企业的各级都有自己的经济核算职责，而又要互相联系，形成体系。企业是几级管理，就应有几级经济核算。

公司是独立的经济核算单位，是企业经济核算的核心，要全面核算各项指标。

分公司是企业的内部经济核算单位，核算公司规定的经济指标，主要是生产成果和工程成本。

项目经理部主要负责核算实物工程量、进度、安全、质量、直接成本及现场经费。

工人班组是直接的生产者，参加所分担的施工任务的核算。

分级经济核算构成了企业经济核算的纵向体系。

3. 进行分专业经济核算

各级的经济核算是由专业部门或专业人员具体完成的，这就是分专业经济核算。

企业的财务专业系统，负责企业经济核算工作的综合和业务指导，重点核算资金、成本和利润。

生产计划部门重点进行生产成果的核算。

其他各专业部门均对自身的专业进行经济核算，包括技术、质量、材料、劳资、机械、运输、行政等部门的经济核算。

分专业的经济核算构成了企业经济核算的横向体系。

4. 既进行综合的经济核算，又进行工程对象的经济核算

作为一个企业，需要对其全部的生产经营活动进行经济核算，求出综合的核算结果，包括企业的综合生产成果、综合劳动消耗、综合成本、综合资金占用和综合经营成果，它反映企业的综合生产经营水平。然而企业的生产经营活动主要是以具体工程为对象的，所以还要对工程对象分别进行核算，这样做有利于加快工程进度、提高工程质量、降低工程成本、增加职工收入和改善经营管理。例如按单位工程核算工程进度、工程质量、工程消耗、效率、成本等。

实行工程对象的经济核算，需要注意发挥项目经理的作用，注意将不同对象的劳动消耗区分开来，注意核算的准确性和及时性。它的主要依据是施工图预算和施工预算，较好的形式是进行单位工程的"两算"对比。

（三）经济核算的基础工作。

1. 原始记录

即在进行生产经营管理活动中所记录的最原始资料，包括施工进度记录、完成数量记录、用工记录、考勤记录、耗料记录、质量检验记录、安全记录、机械使用和维修记录、资金收入及支出记录等等，内容相当广泛，必须将其记录目的、内容、表格、指标、计算方法、责任记录者、时间等一一做出规定，订出传递及使用制度，做到准确、全面、及时。

2. 定额工作

要有先进、完整的技术经济定额体系，以作为经济核算的标准，包括各种消耗定额、状态定额和效率定额。

3. 计量工作

计量工作要强调一个"准"字，因此计量方法、量具、仪器等，都要符合要求。基层统计取量也要有明确的规定，不然统计核算将失去真实性。

4. 全面实行经济合同制

经济合同制是实行经济核算责任制的保证。无论是企业之间、企业与国家之间、企业内部各单位之间及企业与工人班组之间，都要实行不同种类的经济合同，以便明确各自的职责，分清经济责任，根据合同进行奖惩。

（四）建筑施工企业的经济核算方法

建筑施工企业的经济核算方法有会计核算、统计核算、业务核算和经济活动分析。这几种方法各有不同的特点、任务和作用，须相互补充、相互配合，组成完整的建筑企业核算体系。

1. 会计核算

会计核算是以原始会计凭证为基础，通过货币形式，连续、系统和全面地反映企业财产、物资的增减变化和经济活动情况。资金、利润和成本，是通过会计核算进行的。会计核算的任务是：监督和反映产销合同执行情况、降低成本计划执行情况，财务计划的完成情况、企业全体人员遵守财经纪律的情况，执行日常会计事务，编制各种会计报表，上报有关部门。会计核算的方法是：

（1）对资金运动过程中发生的各种经济业务按不同的内容分类设置帐户；

（2）把每次发生的经济业务都登记在互相联系的两个以上的帐卡中，显示资金运动的起点、终点和全部运动过程；

（3）对每项经济业务填制必须的凭证并对其内容、格式和数字进行严格审核，以保证会计记录真实可靠；

（4）按一定格式连续、全面和系统地记录企业发生的各项经济业务，按一定的对象归集生产经营过程中各项资金耗费，正确计算费用收支、竣工工程及在施工程的成本；

（5）检查各种营业资金的数额及其与账面数字是否一致，以保持账实相符；

（6）编制会计报表以反映企业经营活动的结果和财务状况。

2．统计核算

统计核算是运用综合数字指标来反映经济现象的一种核算。它定期地从大量观察中利用统计方法找出经济活动的规律性，制成各种图与统计表，显示生产经营的水平，与一定对象进行比较。其数字既可以是货币指标，也可是其他指标。它是建立在生产经营活动原始记录的基础上。统计数字可以做为编制计划的基础资料，可以用来检查计划的执行情况，可以用以进行经济活动分析。统计核算的方法很多，如指数法、平均数法、平衡法等，也可以用抽样调查法或典型调查法等。

3．业务核算

业务核算是各专业部门为业务工作的需要而进行的日常核算，只反映个别业务，记录单一事项，而不求提供综合指标，没有独特的方法。业务核算必须在业务发生时立即进行核算，以便迅速取得资料并对这些业务进行经常的管理与指导。其内容包括原始记录和各种计算登记表，如工程进度记录、测试记录、工程任务书核算、工时计算、工效计算、耗料计算、机械使用计算以及各专业的有关业务计算等。业务核算是经常的、大量的，它不但要满足企业经营管理的需要，而且要满足其他经济核算的需要。

以上三种经济核算方法的理论和具体内容，均有专门的学科去解决。企业各级及其各专业部门或专业人员在应用中各有侧重。财务部门以进行会计核算为主；生产、技术、质量、安全和劳动工资、机械部门以进行统计核算和业务核算为主；材料供应部门要进行三种方法的核算；队组各业务员则要分口进行业务核算。它们所用的核算指标，均与他们的专业相联系，按规定的核算指标选用。

三、班组经济核算

班组是企业进行生产活动的最基本单位。班组经济核算是企业经济核算的基础。企业各方面的工作，最终都与班组的活动有联系。班组各项技术经济指标完成的好坏，直接影响企业各项指标的完成。因此，班组的经济核算工作十分重要。

班组核算是工人参加管理的具体形式之一，是实行民主管理的体现。班组工人对生产情况最熟悉，他们掌握着质量、数量、速度、成本、节约的命运，因此班组经济核算不仅是重要的，而且是必须的。

班组经济核算的内容应本着"干什么、管什么、算什么"的原则来确定，与班组的生产活动有直接关系，班组生产任务的内容、特点、劳动组织、技术要求、质量要求、时间要求、消耗要求等都决定着队组经济核算内容。班组一般要核算实物工程量、工程质量、材料消耗、机具使用、工程进度、劳动效率、用工数量、出勤情况、安全生产等。

班组经济核算，其指标的计算应简单，计算的结果可作为企业管理和企业经济核算的原始基础资料。

班组经济核算应与班组经济承包责任制，与开展劳动竞赛、创优活动、按劳分配及职工的物质利益、信息收集与管理等相结合，应是逐日的或经常性的进行。

班组进行经济核算的最重要的依据是施工定额与施工预算。为了搞好班组经济核算，班组应在进行生产劳动的同时做好各种记录。各种记录必须认真、详细，实事求是，给核算提供客观依据。

四、建筑施工企业经济活动分析的内容

（一）建筑施工企业经济活动分析的概念

物质产品的再生产过程就是经济活动。建筑施工企业在进行建筑产品再生产的过程中所进行的经营管理，必须取得好的经济效果。这就要求全面、深入地掌握各项技术经济指标的完成情况，进行认真地分析，以便情况明了、方法对头。

通过经济核算，可以取得各项指标的完整数值和一系列原始资料。这些可以概括地反映企业经济活动的全貌。然而经济核算只反映了企业生产经营的一些现象问题，还不能说明本质，不能回答产生问题的原因，更无法指出未来怎么办。只有对经济核算的结果进行分析才能解决这些问题。

所谓经济活动分析，就是在会计核算、统计核算和业务核算的基础上，结合计划指标和企业管理情况，分析和研究企业经济活动的状况，寻找计划完成好坏的原因，总结经验，肯定成绩，揭露矛盾，找出差距，提出改进措施，使企业管理水平不断提高。它是经济核算的继续和提高，是经济核算的灵魂和方法。

（二）经济活动分析的任务和对象

1. 任务

（1）检查计划的完成情况，分析其完成水平，找出有利因素和不利因素、成绩和差距，评定企业的经济活动。

（2）发掘企业内部的潜力。即促进增产节约、提高工程质量、降低工程成本和增加资金积累等的一切可能性。

（3）使干部和工人了解企业的生产和经济活动情况，发现先进，改进工作，开展竞赛，积极参加企业管理，更好地贯彻节约制度。

2. 对象

经济活动分析的对象是企业的全部或企业某一内部单位或某个个别工程项目或专门问题。

（三）建筑施工企业经济活动分析的内容

建筑施工企业经济活动分析的内容见表13-20。

从表13-20可以看出，经济活动分析的范围相当广泛，涉及各个专业和各个专业部门。

建筑施工企业经济活动分析的内容 表 13-20

项 目	内 容	负责单位
施工生产计划完成情况分析	产值计划完成情况的分析；实物工程量计划完成情况的分析；工程项目进度情况的分析；工程质量的分析	生产计划部门、技术部门
劳动工资分析	劳动力保证情况分析；出勤率、工时利用率和劳动效率分析；劳动生产率分析；工资基金使用的分析	劳动工资部门
材料供应情况分析	材料收入计划执行情况分析；材料耗用计划执行情况分析；材料储备情况分析；材料消耗定额执行情况的分析	材料供应部门
施工机械使用情况分析	机械装备率分析；机械完好率、利用率和使用效率分析；机械维修工作分析	机械管理部门、生产部门
工程成本分析	工程成本综合分析；单位工程成本分析——材料费分析、人工费分析、施工机械使用费分析、施工管理分析	财务部门
企业财务状况分析	资金平衡分析；流动资金分析；固定资金分析；其他资金分析；利润分析	财务部门

（四）建筑施工企业经济活动分析的原则和依据。

1. 经济活动分析的原则

经济活动分析是企业经营管理中一项非常重要而且很复杂的工作，只有坚持不懈并且注重实效才能做好。在工作中应坚持下述原则：

（1）经济活动分析必须坚持实事求是的原则。只有切实掌握并坚决尊重实际情况，经济活动分析才得出正确的结论。因此在分析时要系统、全面、正确、真实地占有资料，从实际出发，切忌主观。

（2）经济活动分析必须坚持辩证唯物主义的观点。对各种复杂的情况，必须划清现象和本质、主观因素和客观因素、经济因素和技术因素；既要肯定成绩，又要发现前进中的问题；要抓主要矛盾和主要矛盾方面，切忌作形而上学的分析。

（3）经济活动分析要全面，切忌片面性。企业的各项经济活动是互相联系，互相制约的，只有全面的分析才能把握规律。要认真地、从全部事实出发，在各种事物的相互联系中进行分析。一项指标反映经济活动的某一方面情况；两项指标结合起来就能反映事物的一定现象；把多项指标执行情况结合起来分析研究，就能掌握企业经济活动的各方面情况，进而把握企业经济活动的规律。所以在进行经济活动分析时，不仅要分析每项指标的执行情况，而且必须把产量、质量、劳动生产率、材料消耗、工程成本、利润和资金占用等指标联系起来进行全面分析，不能孤立地分析一两项指标。当然，要做到在全面分析的基础上，根据实际情况，抓住重点（主要薄弱环节），深入分析，突破关键，掌握全局。

2. 经济活动分析的依据

建筑企业经济活动分析，一般地说，要根据以下资料：

（1）建筑企业本身的计划资料。它是经济活动分析的标准，如各项技术经济指标的计划资料。

（2）企业的经济核算资料。如企业的统计报表，会计报表和其他核算资料。

（3）企业的历史资料。它便于与历史情况相比，借以认识企业经济活动的规律。

（4）先进企业的资料。包括本地区、全国和国外先进企业的各项指标，作为对比，以便寻找学习的目标。

（5）调查研究的资料。通过调查研究，可以掌握大量生动、具体的经济活动情况，是第一手资料，是报表数字资料的补充。

五、建筑施工企业经济活动分析的方法

（一）经济活动分析的形式

经济活动分析的形式是根据需要选定，大致可按不同的划分标准而有不同的分析形式。

1. 根据分析进行的时间分为事前分析、日常分析和事后分析

事前分析是在编制计划时对各项经济指标进行预测分析，对能否完成计划作出正确判断。这种分析一般体现在计划说明书中。

日常分析是一种不定期分析。就是在计划的执行过程中，也即生产进行的过程中，对经济活动进行分析。这种分析简单、灵活、能及时发时问题，及时指导改进工作。

事后分析是在计划执行以后，按年度、季度、月度进行定期分析。这种分析的对象是已经发生了的经济活动。目的在于全面揭示分析期内一些经济活动的规律性情况和日常分析中不易暴露的问题，以便找出分析期内的经验和问题，改进下一期的工作。

2. 根据所包括的内容范围分为全面分析和专题分析

全面分析是对企业的全面的经济活动情况进行全面地、综合地分析研究。目的是揭露企业经济活动的不协调现象及各种因素的内在联系。这种分析不宜太频繁，一般按年度或季度进行分析。

专题分析是针对企业的经济活动中所发生的重大问题或关键性问题进行专门地、深入细致地分析研究。它的特点是分析范围小，不受时间限制，比较灵活，可利用的资料比较广泛。它是企业领导及时发现和解决生产经营及管理中的薄弱环节的一个重要手段。

（二）经济活动分析的基本程序

（1）制订提纲或计划。分析提纲要列出分析的主要问题、所需要的资料范围以及调查研究的内容和方法。

（2）收集资料，掌握情况。首先要收集上述的有关经济活动的资料，还要收集其他各种活资料，诸如会议记录、决议、报告等文字资料，活的情况等。

（3）揭露矛盾，发现问题。在掌握了大量的、必要的资料以后，就可以着手进行分析。在分析时注意用对比的办法揭露矛盾、发现问题。但是，只找出了数量上、现象上的差距还不够，还必须找出原因，尤其要找出主要原因，看到问题的本质。

（4）写出书面材料，提出措施。对分析的结果，要加以整理，写出书面材料。在材料中将内容系统化，最后要针对发现的问题提出措施，指导今后工作。

（三）经济活动的分析的一般方法

一般方法是各项经济活动分析可以共同采用的方法，其要点是：以党的方针政策和国

家计划任务作为研究评价企业经济活动的依据；在分析时从总的评价开始，按时间、地点由浅入深地进行分析研究；对计划执行结果的影响因素加以分类，据以查明各种因素对计划的影响程度；相互联系地研究各种因素，把经济、技术、政治三方面的因素结合起来分析；以会计核算、统计核算和业务核算资料为依据进行综合分析。

经济活动分析的一般方法可以说明企业经济活动的一般情况，但还不能深入说明影响企业经营活动的具体因素。因此，为了深入剖析企业的经济活动，还必须利用技术方法。

（四）经济活动分析的技术方法

经济活动分析的技术方法，是指在分析时采用的具体数学方法。技术方法较多，究竟应该采用哪一种，要根据企业的特点，分析的目的，以及所掌握的资料的性质、内容而定。下面结合实例介绍几种主要的经济活动分析技术方法。

1. 比较分析法

比较分析法简称比较法、又称对比法，是经济活动分析最主要的方法。它是利用指标数字进行对比分析，以便发现问题，找出差距。一般是把本期指标的实际完成情况同以下几方面指标进行对比：

实际数与计划数比较，用以说明完成计划的程度，并指出进一步分析的方向；

本期实际完成数与前期实际完成数比较，用以说明发展速度和企业管理的改进情况；

本期实际完成数与先进单位比较。所谓先进单位，包括本行业、本地区、外地或国外的先进单位。目的是找出差距，以便学习先进。

还可以进行工程项目之间的比较；将产品产量与资金占用情况进行比较；将工程成本与结算收入进行比较等等。也可以将几种对比同时结合运用。

在比较时，要特别注意指标的可比性。它只适用于单因素，对影响指标完成好坏的多因素分析要用其他方法。在比较分析中要善于使用相对数指标。

【例 13】 试对比较表 13-21 进行分析。

计 划 完 成 比 较　　　　　　　　　　表 13-21

项　　目	计划数 （万元）	实际完成数 （万元）	完成计划 （％）
承包工程总量	35.4	40.2	113.6
其中：自行完成	31.2	36.2	116.0
分包完成	4.2	3.8	90.5

【解】

从表 13-21 对承包工程总量计划数与实际数的比较，可以看出，企业超额完成了计划。但是分包单位并没有完成计划，因此还要进一步寻找分包单位没有完成计划的原因。

如果企业承包工程总量计划也没有完成，则要找出是自己本身的问题大，还是分包的问题大，并进一步分析原因。

2. 因素分析法

因素分析法在第十一章第三节曾有介绍，此处再举一例说明。

【例 14】 某单位对总产值计划完成情况进行的分析，见表 13-22。

指　　标	本期计划	本期实际	本期实际比计划增（＋）减（－）
总产值（元）	396500000	415400000	＋18900000
职工人数（人）	6500	6700	＋200
全员劳动生产率（元）	61000	62000	＋1000

从表 13-22 可见，总产值增加了 1890000 元。原因是什么呢？各因素的影响程度如何？

我们知道，总产值受职人人数及全员劳动生产率两项因素的影响，影响程度计算如下：

计划数　 6500×61000＝396500000（元）　　　　　　　　　　　①

第一次替换　 6700×61000＝408700000（元）　　　　　　　　②

第二次替换　 6700×6200＝415400000（元）　　　　　　　　③

（2）－（1）＝12200000（元）　　　　　　　　　　　　　④

（3）－（2）＝6700000（元）　　　　　　　　　　　　　⑤

④式计算的结果说明，由于人数的增加，使总产值增加了 12200000 元；⑤式说明，由于劳动生产率的提高，使总产值增加了 6700000 元。两项总计使总产值增加了 18900000 元。然而真正有价值的、能够反映成绩的是劳动生产率提高而增加的那 670000 元。

所以因素分析法的要点是：

根据某项指标各因素的相互关系，列出算式。各因素的排列应遵循正确的顺序；

将算式中的各项指标的计划数值（即变动前的数值）依次用实际数值（即变动后的数值）来代替；

将代替后的数值与代替前的数值进行比较，其差异数就是该项指标变动后对分析对象的影响程度。

3. 差额分析法

差额分析法是因素分析法的一种简化形式，是利用各个因素的实际数与计划数之间的差额来计算各因素对计划完成情况影响程度的一种分析法，仍用例 14 进行分析：

由于职工人数变动对总产值的影响：

（本期实际职工人数－本期计划职工人数）×本期计划劳动生产率

＝（6700－6500）×61000＝12200000 元；

由于全员劳动生产率变动对总产值的影响：

（本期实际劳动生产率－本期计划劳动生产率）×本期实际职工人数

＝（6200－6100）×67000＝6700000 元

总产值增加＝12200000000＋6700000＝18900000 元。

在经济活动中，实际与计划指标发生差异往往存在着量差和价差两项因素，可以用差额分析法进行计算，所以这种方法又叫量差价差分析法。

4. 平衡法

这种方法简而适用。它是利用平衡表的"四柱平衡"原理分析各个经济指标之间的关系的。"四柱平衡"的原理是：

期初余额＋本期增加＝本期减少＋期末余额

【例 15】　某单位的流动资金平衡表见表 13-23，试进行分析。

从表中可以看出，流动资金的期末余额比计划增加了 50 万元。这是因为"本期增加"超计划 150 万元，"本期减少"超计划 100 万元，两项相抵后净增 50 万元。于是我们就可以进一步分析"本期增加"超计划和"本期减少"也超计划的具体原因。

四　柱　平　衡（单位：万元）　　　　表 13-23

项　目	计　划	实　际	项　目	计　划	实　际
期初余额	1500	1500	本期减少	250	350
本期增加	300	450	期末余额	1550	1600
合　计	1800	1950	合　计	1800	1950

所以，利用"四柱平衡"表等式两边任何一项指标的变化都会影响其他指标的变化的这种关系，可以从数值上反映各项指标的变化程度，大体上指出问题所在，以便进一步分析。它适用于对材料储备资金定额、财务资金状况及物资存储等进行分析。

5. 综合法

这种分析方法是将各种分析资料加以综合比较，以确定先进指标和先进单位，适用于上级管理单位对所属企业或基层单位分析单位工程计划完成情况。使用时注意指标的可比性。

【例 16】　某分公司对各项目部的各工种施工效率的分析见表 13-24。

施工效率分析（单位：%）　　　　表 13-24

	一　部	二　部	三　部	平均效率
抹　灰　工	115	120	102	112.3
瓦　　工	105	90	95	96.7
灰　土　工	130	100	98	109.3
平　　均	116.7	103.3	98.3	106.1

某企业 1991～1995 生产经营效果　　　　表 13-25

指　标	1991	1992	1993	1994	1995
企业总产值（万元）	20500	25400	33500	45300	54800
利润总额（万元）	1780	2150	2680	2860	2580
占用资金总额（万元）	25000	26920	34620	51150	67300
实发工资总额（万元）	4450	4820	5450	6430	7200
企业职工人数（人）	3500	3700	4350	4700	4900
产值构成　施工产值（万元）	17400	22200	29600	41140	51420
产值构成　销售收入（万元）	3100	3200	3900	4160	3380
利润构成　成本降低额（万元）	1130	1400	1720	2010	1600
利润构成　计划利润（万元）	380	470	630	870	1070
利润构成　销售利润（万元）	370	350	480	180	140
利润构成　营业外收入（万元）	−100	−70	−150	−200	−230

表 13-24 的分析说明,该分公司的施工效率总的水平是较高的。最高的是抹灰工。但是瓦工却没有达到定额。如果将瓦工的效率提高到 100%,全分公司的效率可以再提高 1.1%,达到 107.2%;另一方面;在各项目部中三部没有达到定额,如果三部的效率再提高,达到二部的水平,分公司的效率可以提高到 107.8%。再进一步分析,二部虽然效率超过了定额,但瓦工效率却是最低的,是最薄弱环节。三部则有瓦工和灰土工两个薄弱环节。只要针对薄弱环节采取措施,二部的效率还可以提高,三部也可以达到定额,整个分公司的平均效率可以大幅度提高。二部、三部应采取的措施之一就是要向一部学习。还要注意到,二部的抹灰效率最高,各队的抹灰工都要学习二部的抹灰工,进一步提高抹灰效率。

【例 17】 某建筑企业 1991~1995 年的技术经济资料见表 13-25,试分析下列生产经营效果。

(1)分析总产值、实现利润、占用资金的增减变化,绘出变化曲线,并予以简要分析说明;

(2)分析企业利润总额、资金利润率的变化,绘出变化曲线,并予以简要分析说明;

(3)计算和分析企业人均产值、人均利润、人均工资的变化趋势,绘出变化曲线,并予以简要评价;

(4)对 1995 年该公司出现的状况的原因进行简要分析。

(5)为要增加企业利润,应着重从哪些方面去努力?

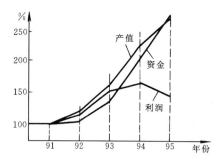

图 13-4 产值、利润、资金变化曲线

分析如下:

(1)根据给出的资料,计算总产值、实现利润、资金占用的增长变化率见表 13-26,其变化曲线见图 13-4。

总产值、利润、资金占用变化情况　　　　　　　　　　表 13-26

指　标	1991	1992	1993	1994	1995
总产值（%）	100	124	163	221	267
利　润（%）	100	121	151	161	145
资金占用（%）	100	108	138	205	269

从图 13-4 可见:

第一、该企业 1991、1992、1993 年的经营情况还是较好的,表现在产值和利润均协调增长,这三年资金占用也有所增长,但增长的幅度均少于同期产值、利润的增长幅度。

第二、该企业 1994 年经营情况即开始变坏,表现为产值、资金占用增长较大,其中资金占用增长幅度更大,但实现利润的增长幅度却较少。

第三、该企业 1995 年的经营情况更值得引起注意。产值和资金占用在 1994 年的基础上又大幅度增长,但该年的利润反而下降。表明该企业已出现经营

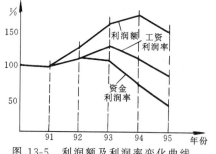

图 13-5 利润额及利润率变化曲线

上的恶性循环。

（2）根据给出的资料，计算利润额、资金利润率、工资利润率的变化率，见表13-27；其变化曲线，见图13-5。

从图13-5可见：该企业1991、1992、1993、1994四年的利润额均有所增长，但结合利润率指标的变化趋势来看，该企业从1993年以后，资金利润率、工资利润率即有所下降，而1994、1995年则大幅度下降。说明该企业从1993年后经济效益即出现下降趋势了。

（3）该企业人均产值、人均利润、人均工资的变化率计算于表13-28，变化曲线见图13-6。

利润额、利润率指标的变化情况　　　　　　　　　　　表 13-27

指　　标	1991		1992		1993		1994		1995	
	数　额	%	数　额	%	数　额	%	数　额	%	数　额	%
利　润　额（万元）	1780	100	2150	121	2680	151	2860	161	2580	145
资金利润率（%）	7.12	100	7.98	112	7.74	108	5.59	78	3.83	54
工资利润率（%）	40	100	44.6	112	49.2	123	44.5	111	35.8	90

人均产值、人均利润、人均工资的变化情况　　　　　　表 13-28

指　　标	1991		1992		1993		1994		1995	
	数　额（元）	%	数　额（元）	%	数　额（元）	%	数　额（元）	%	数　额（元）	%
人均产值	58570	100	68650	117	77010	131	96380	165	118370	191
人均利润	5090	100	5810	114	6160	121	6090	120	5270	103
人均工资	12710	100	13030	102	12530	99	13680	108	14690	116

从图13-6反映的曲线变化趋势来看：

第一，该企业的人均产值一直是增长的，人均工资（除1993年略有下降外）也是增长的，但人均工资的增长幅度较小，可认为两者的增长还是协调的。

第二，从人均工资和人均利润两方面比较来看，该企业在1993年前还比较好，表现为人均工资的增长低于人均利润的增长，这表明该企业对社会的贡献还是逐年增加的。但从1994、1995年来看，人均利润已呈下降趋势，但人均工资仍在上升，这也表明该企业对社会的贡献大大下降了。

（4）1995年该企业产值大幅度上升，而利润下降的主要原因是成本增高，现初步简略分析如下：

从企业外部原因来看，主要有：

1）原材料缺口大，主要材料不能保证供应，需市场采购，高价材料占的比重增大，因此，引起实际材料费用增加。

2）由于能源调价，引起运费升高。

3）有片面追求产值的倾向，但内部分配制度还不够健全，在人工费使用上出现漏洞。

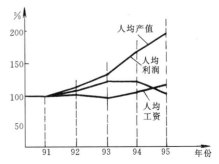

图 13-6　人均产值、利润、工资变化曲线

4）管理费还未节约下来。

5）由于片面追求产值，工程质量下降，增加了返工返修的费用。

6）企业内工人调资或增加补贴、外包工单价提高等原因增加工资性支出。

（5）为增加企业利润，应从以下方面着手：

1）在企业利润中，施工利润即成本降低额占极大比重，因此，降低工程成本应作为增加利润的主攻方向（至于降低成本的具体措施，应结合各企业及工程的具体情况确定）。

2）从1991到1993年来看，企业的销售收入占全企业总产值的11%～15%，而工业生产利润就占企业利润总额的18%～20%，见表13-29。这说明抓好工业生产对企业创利有着重大意义和潜力。

表13-29也表明，从1994年以后，该企业在工业生产方面没有经营好；从而减少了利润来源。

工业产值及利润所占比重的变化情况　　　　　　　　　　表 13-29

指　　标	1991	1992	1993	1994	1995
工业产值占总产值比重（%）	15.1	12.6	11.6	9.2	6.2
工业生产利润占总利润的比重（%）	20.8	16.3	17.9	6.3	5.4

3）减少营业外支出，并增加企业的营业外收入。给出的资料表明，该企业从1993年后，营业外亏损逐年增加。增加营业外收入，减少营业外支出的具体措施，应结合企业具体情况拟定。

第十四章　建　筑　工　业　化

第一节　建筑工业化的必要性和必然性

一、建筑工业化的必要性

为了适应现代化建设的需要，我国建筑业在量的方面有了较大发展，行业生产能力有了一定提高的基础上，更重要的是要全面提高行业素质，加速实现建筑工业化，使建筑业尽快走上质量效益型道路，发展成为国民经济的支柱产业。

早在50年代人们就认识到建筑工业化展示了我国建筑业发展的方向。但是建筑业为什么一定要工业化？建筑工业化的内容和含义究竟是什么？我国建筑工业化到底应当沿着怎样的道路发展？对这些问题的认识，并不是一开始就很深刻、全面、正确的。建筑工业化从第一个五年计划时期起步，已经取得了成绩，但经历了一条曲折的道路，总的说发展不快。人们对工业化的认识，也相应地有一个逐步深化过程。近几年来，对建筑工业化才逐步形成了比较完整的概念。建筑工业化也得到较大的发展。

我国建筑业为什么一定要向工业化方向发展？这要从以下两个方面来理解：

（1）建筑工业化是建筑业技术经济特点所决定的客观发展规律，是世界各国建筑生产力发展的共同趋势；

（2）建筑工业化是国民经济发展的客观需要。

二、建筑工业化的必然性

建筑产品固定、多样和体积庞大的特点，造成施工流动、单件生产、不利于工业化等先天缺陷。这些技术经济特点是建筑业长期停留在以手工操作为主的小生产方式、落后于其他工业部门的根本原因。我国伟大的长城和精美的殿堂，以其宏伟和精巧闻名于世界。但这是用千百万劳动人民的生命和血汗换来的。我国的采矿、冶金、纺织等行业和建筑业一样古老，它们都在近代开始了工业化进程，而建筑业却长期停留在秦砖汉瓦，肩挑人抬的状态。解放后大规模的经济建设推动了建筑业的发展。用机械代替了大型土方的开挖与回填、混凝土搅拌、水平运输和垂直运输等笨重劳动、装配式结构和工厂化生产在重点建设工程上和大城市里都有一定程度的发展。但总的来说，建筑业物质技术基础薄弱、科学技术发展相对迟缓、手工劳动比重大、仍以单件生产方式为主，因而劳动生产率低下，建设周期长，综合经济效果差的落后面貌没有根本改变。改革开放以来，随着建筑业体制改革的不断深化和建设规模的持续扩大，建筑业发展较快，物质技术基础显著增强，但从整体看，劳动生产率提高幅度不大，质量问题较多，整体技术进步缓慢，施工企业经营管理落后，经济效益差。这种状况，与四化建设对建筑业的要求极不相称；对建筑业支撑国民经济持续、稳定发展很不适应。因此，建筑业必须加速工业化和现代化的步伐，使勘察、设计、施工、材料与设备生产以及经营管理各方面协调发展，取得建筑技术的整体进步，迅速地提高生产水平，提高效益，最大限度地满足四化建设和人民生活的需要。

国外建筑业也曾长期处于工业化进程缓慢，工业化和社会化程度低于其他工业部门的状况。第二次世界大战后，为了克服战争破坏，解决特大房荒的需要，迫使欧洲国家把其它部门工业化的成果用于建筑业，加快它技术改造和工业化的进程。结果较快地满足了战后重建的要求，并成了国民经济进一步迅速发展的有力支柱，保证了西方国家建立新兴工业、改造传统工业的需要。这说明：建筑业受它本身技术经济特点的制约，一般均落后于其他部门的发展。但以其他部门的要求和支持为动力，向工业化方向进行改造，就能够迅速成为国民经济中一个强有力的部门，反过来支持和促进整个国民经济的进一步发展。这是世界各国社会生产力发展和建筑业发展的共同规律和历史趋势。我国从1955年后提出建筑工业化，初步建立了工厂化和机械化的物质技术基础，对完成以工业建设为中心的经济建设任务起了显著作用。这说明建筑工业化的历史趋势在我国也不例外。

然而西方国家的建筑工业化是自发地、孤立地发展起来的，受到生产资料私人占有性质的制约。建筑工业化是建筑生产力的社会化大发展，它要求冲破小生产的束缚，要求在一个地区将工程的设计、计划、生产、供应到施工、使用和维修各方面都按大规模社会化大生产的方式加以联合、统一，做到统筹兼顾，相互协调地发展。正是在这一方面，我国社会主义商品经济体制将成为建筑工业化的强大推动力。

第二节　建筑工业化的含义和内容

一、建筑工业化的含义

什么是建筑工业化？世界各国提法不同，国内的理解也是逐步变化发展的。

50年代，认为建筑工业化就是"设计标准化、生产工厂化和施工机械化"，采用了装配化程度、工厂化程度和机械化程度三个指标衡量建筑工业化水平，一度形成某些片面性，脱离国情，强调装配化，着重建设永久性预制厂。永久性预制厂建设周期长、供应范围有限、运费增加、产品昂贵，既提高了装配式结构造价，使人们误认为工业化代价高，花不起，又占用了有限的资金，阻碍了建筑工业化的发展。后来提出"工业化就是技术改造"、"工业化要以三化一改为重点"等说法，在工业化的含义中增添了技术进步的内容，认识前进了一步，但仍只看到技术一方面。

近几年来，通过国内外建筑工业化发展中正反两方面实践经验的总结，考虑我国建筑业技术、管理发展现状，地区间的差异和劳动力资源丰富等特点，对建筑工业化有了一个比较完整的认识：建筑工业化是指建筑业要从传统的以手工操作为主的小生产方式逐步向社会化大生产方式过渡，即采用先进、适用的技术和装备，在建筑标准化的基础上，发展建筑构配件、制品和设备的生产，培育技术服务体系和市场中介机构，使建筑生产、经营活动走上专业化、社会化道路。

这就是说，建筑工业化不只具有"三化一改"的生产力方面的含义。它还包含管理体制改革、发展建筑市场和加速企业组织和管理科学化、现代化等生产关系的变革的含义。因此是生产方式的全面变革。同时，考虑到我国的实际情况，建筑工业化也必须是一个量力而行，循序渐近，从低级到高级逐步提高的发展过程。

二、建筑工业化的内容

建设部在1995年批准印发的《建筑工业化发展纲要》中对建筑工业化的内容有明确的

界定："建筑工业化的基本内容是：采用先进、适用的技术、工艺和装备，科学合理地组织施工，发展施工专业化，提高机械化水平，减少繁重、复杂的手工劳动和湿作业；发展建筑构配件、制品、设备生产并形成适度的规模经营，为建筑市场提供各类建筑使用的系列化的通用建筑构配件和制品；制定统一的建筑模数和重要的基础标准，合理解决标准化和多样化的关系，建立和完善产品标准、工艺标准、企业管理标准、工法等，不断提高建筑标准化水平；采用现代管理方法和手段，优化资源配置，实行科学的组织和管理，培育和发展技术市场和信息管理系统，适应发展社会主义市场经济的需要。"

现分几个方面阐述如下：

（一）提高行业整体技术水平，促进建筑工业化发展和建筑业面貌改变

建筑业整体技术进步，包括采用新材料、新结构、新工艺、新技术，推进建筑机械化和提高技术装备水平，以及提高企业技术素质等几个方面。这几方面的发展，都应当遵循因地制宜，先进技术和适用技术相结合，发展多层次技术结构的方针。

1. 推广先进、适用技术和各类建筑体系成套技术

首先是新建筑材料和相关新施工工艺的采用。建筑材料是构成建筑实体的物质技术基础。材料的性质和质量决定着建筑产品的功能，材料的费用占建筑造价的 $60\%\sim70\%$。建筑材料工业决定着建筑工业发展的速度和规模。建筑材料还和施工工艺一起，决定着结构型式和建筑风格的发展变化。现代建筑，要求坚固、适用、美观，具备多种功能，而且造价低廉，适于用工业化方法大量建造。所以，要求建筑材料向高强、轻质、高效能发展，构配件向扩大尺寸、多功能发展。同时积极开发高分子材料和复合材料；综合利用工业废料和地方自然资源，以减小结构截面尺寸，增大建筑空间，降低材料用量，减轻建筑自重，降低工程造价，提高施工效率，加快施工速度，满足多种功能要求。同时，积极发展工具式模板、机械化现浇混凝土工艺、构配件与房屋设备扩大装配、装修工程干法作业技术，推进传统施工工艺的改革与合理化。这样，新材料、新工艺就能与建筑结构的改革结合起来，创造出功能好、造价低的新建筑体系成套技术，而成为建筑工业化的一个重要内容。

混凝土是最基本的建筑材料之一，混凝土技术的进步对建筑现代化的发展有极大意义。高强混凝土可以大大降低结构自重，节约钢材和水泥。轻骨料混凝土、纤维增强混凝土的实际应用，将引起混凝土性能和结构的重大变化。各种混凝土外加剂，能改造混凝土及其施工性能，满足不同建筑体系施工性能的多种需要。

建筑用钢材，要向高效、经济、多功能发展。低合金钢筋、钢丝、钢绞线，H型钢、闭合型钢、冷弯型钢、彩色涂层钢板和模板用冷轧钢板等，都具有重大的经济价值。

合理利用和节约木材，是我国建筑业的重大课题。为此要大力推行木材资源综合利用，开发刨花板、胶合板、纤维板和饰面板的使用，推行脚手架和模板的以钢代木，因地制宜地开发竹材、植物茎、籽壳等资源的利用。

改革墙体和屋面，以提高防水及热工性能，促进建筑节能，减轻自重，提高耐久性，方便施工为方向。利用粘土或工业废料制造高强度、高空心率的结构用空心砖或中小型砌块，推广保温复合墙体与墙板，开发隔声、装饰性能好的各种轻质隔墙。开发各种彩色粘土瓦、纤维水泥瓦和多功能的聚苯夹心保温板屋面，通过发展新型防水卷材及防水嵌缝材料，提高平屋面的防水、保温、隔热和耐久性能。

大力发展装饰、装修及配套材料。积极推广应用化学建材，如塑料管材、线材、地板、

墙纸、门窗等制品。发展各种粘结、密封、保温隔热和防火防毒材料。

其次是大力推广量大面广、能提高工业化水平、对改变建筑业面貌有重大影响的新技术来改造旧的施工技术。开发高层、大跨、高耸、深基础和大柱网、大开间、多功能建筑工程的成套施工技术。首先要提高混凝土、钢筋混凝土与预应力钢筋混凝土的生产和施工工艺技术水平，发展适于泵送的流态混凝土。模板及架设工具要实现钢制化、工具化、轻型化。如现浇混凝土施工中墙体与楼盖共用的折装式模板、"飞模"、"台模"，利用永久结构现浇模板的预应力或双钢筋薄板支模技术，利用大型塑料模壳施工大跨度肋形楼盖，以及工具式快拆模板体系等，都为简化现浇混凝土工艺，加快施工速度开辟了新途径。

深基础施工的问题，已提到日程上来。地下连续墙、护坡桩、插筋补强、锚杆等深基础开挖护坡技术、逆作法施工多层地下室、浅埋暗挖施工地下建筑物构筑物，以及相应的控制、检测技术以及配套用机械，都要得到发展。

装修中的湿作业和水、电、暖、卫以及厨、厕、浴室的设备安装工程，劳动量大，交叉作业多、占用工期长，是施工中的薄弱环节。结构的工业化愈发展，装修的落后状态愈益突出。推行装修干法作业和设备安装的扩大装配化施工是根本的出路。

为贯彻科技经济一体化方针，依靠科技进步促进建筑工业化发展、提高行业素质、振兴建筑业，建设部发出了1994、1995和"九五"期间重点推广应用10项新技术的通知。这10项新技术就是：

（1）商品混凝土和散装水泥应用技术。重点是采用散装水泥、机械上料、自动称量、计算机控制的集中搅拌厂；要有外加剂和掺合料的加入装置，搅拌站要普遍应用"双掺"技术；严格控制运输、浇筑质量，尽量采用搅拌运输车和泵送浇筑。

（2）粗直径钢筋连接技术。推广电渣压力焊、气压焊和水平钢筋窄间隙电弧焊等焊接连接和套筒挤压连接、锥螺纹连接、精轧螺纹钢筋套筒连接等机械连接，以逐步取代绑扎连接。

（3）新型模板与脚手架应用技术。推广钢框竹（木）胶合板覆面中型模板、竹（木）胶合板大模板、玻璃钢或塑料模壳以部分取代组合钢模板；推广楼盖模板早折支撑体系、新型模板支撑系统和小流水段施工法；按结构特点和使用部位，推广应用大模、爬模、台模、筒子模、隧道模等专用模板。

（4）高强混凝土技术。提高砂石材料质量，严格控制混凝土工艺，研制开发高性能外加剂和掺合料，逐步提高混凝土品质和平均强度。在结构工程中推广应用 C50、C60 高性能混凝土，研制开发高性能的 C70、C80 混凝土。

（5）高效钢筋和预应力混凝土技术。强度等级为 500、650、800N/mm^2 的冷轧带肋钢筋用于非预应力和预应力混凝土结构或构件；用中强度钢丝代替冷拔低碳钢丝；用普通松弛钢铰线代替冷拉Ⅱ级和Ⅳ级钢筋；重要建筑、桥梁结构上应用低松弛高强度钢铰线；楼面结构推广应用无粘结预应力混凝土结构；预应力混凝土工艺与 XM、QM 组合型锚具及联结器等应用设备。

（6）建筑节能技术。外墙内保温，夹芯保温和外保温技术；空心砖墙、砌块墙、保温砂浆和保温屋面；钢、塑门窗和密封技术；直埋保温供暖管道与流量控制、调节技术与设备；更新改造能耗高的施工机械设备、混凝土构件低温养护微机控制以及冬季施工采用综合蓄热法等。

（7）硬聚氯乙烯塑料管的应用技术。应用硬聚氯乙烯管于城镇供水管、室内外排水管、建筑雨水管和建筑电线套管等，部分取代钢制管道。

（8）粉煤灰综合利用技术。应用粉煤灰作工程材料，作混凝土和砂浆的掺合料；用粉煤灰制砖、生产砌块、陶粒等建筑材料和制品；用作高等级公路和路基和路堤；用作机场、港口、房心土等工程回填。

（9）建筑防水工程新技术。广泛应用SBS、APP等改性沥青油毡；档次较高的防水和某些工程部位使用聚氯乙烯、氯化聚乙烯橡胶共混、三元乙丙橡胶等高分子防水片材；有些地区和工程部位应用防水涂料和密封膏等新型防水材料；逐步提高掺无机防水剂（UEA）和有机型防水剂的刚性防水的比重；根据"因地制宜，按需选材，防排结合，综合治理"的原则，全面提高防水工程质量。按工程需要合理选用满粘（热、冷）、条粘、点粘、热熔、热焊、机械固定等新施工工艺方法。

（10）现代管理技术与计算机应用。普及现代管理与计算机知识，拓宽应用领域，提高应用水平。择优选用项目管理、材料管理、财务管理、人事档案管理和施工预算、招投标报价等管理软件。培育管理软件市场，发展信息产业，有条件的施工企业还应开发管理共用软件包，发展计算机管理网络。

在推广新技术的同时，要围绕提高建筑功能和质量，促进设计与施工的配合，不断改进和发展综合经济效益好的各类建筑体系。就是说，应当把"标准化"、"工厂化"和"机械化"这"三化"与技术进步有机地结合起来，标准设计应有利于工厂大量生产构配件，使高效率的生产专用设备和专用流水线得以发展，设计还应有利于施工工艺改革，促进施工专业化，并相应地进行机具配套和劳动组织的调整，形成以某些建筑产品改革为中心的新的工业化建筑体系成套技术。这样，围绕工业化建筑体系的发展，使勘察设计、科研教育、施工安装、材料供应、机械管理和制品生产互相适应，协调发展，才能达到行业综合生产能力的较大增长，行业综合经济效益的较大提高。

法国在70年代初提出发展"第二代建筑工业化"，日本称为"构配件化"。它主要是改变原来大板建筑体系型式呆板，各公司的专业用体系构件不通用，限制了预制工厂生产能力等状况，将建筑物按功能划分为构配件，形成规格化、系统化、通用化的产品系列，组织专业化、社会化生产和商品化供应。我国提出把标准化从过去立足于建筑物的标准定型变为构配件的标准定型，并发展到现浇模具的标准化，以及各专用体系的构配件在体系之间通用化、系列化。这与国外趋势是一致的。

国外在发展第二代装配式结构的同时，还注意发展多种建筑体系，使采用工具式模板和机械化现浇的体系、装配整体式体系也有相应发展。对传统建筑体系，则推行"合理化"，通过改进组织管理，有效利用材料和机具设备来加快工期、提高质量、降低成本。这与我国提倡因地制宜，发展多层次技术结构的方针也是一致的。

在我国，砖混结构在相当长时期内仍不可能完全淘汰，应当积极改革墙体材料，发展空心砖、非粘土砖、各类砌块、复合墙体，在多层住宅中应用"内浇外砌"体系，在高层住宅中改善和发展全现浇大模板、滑模以及"内浇外挂板"等各种应用标准构配件的预制与现浇相结合的建筑体系，同时积极开发节能、节地和灵活性大、适应性强的各类大开间住宅建筑体系，以适应现代生活方式多样化的需要。

在一个地区或大型建筑企业要逐步形成各具特色的主导建筑体系，不断完善其成套技术和工法体系。

2. 发展施工机械化、加速建筑企业机械设备的更新改造

施工机械化就是采用合适的机械，有效地逐步代替现场手工操作。用机械操作代替手工劳动，能够减轻劳动强度，提高劳动生产率，保证工程质量，而且还能扩大劳动领域，完成人力不能完成的任务。劳动手段的变革是生产力发展的标志，施工机械化为改变建筑业手工劳动为主的小生产方式提供了物质技术基础，所以它是建筑工业化的核心。

鉴于我国底子薄、劳力多、建筑机械只能有重点地逐步发展。逐步地实现现场施工机械化和手持机具相结合的多层次的技术装备结构。大中城市、重点工程和专业施工企业可以快些，小城镇和小企业则宜慢些。对于不用机械难以保证质量、安全和进度的工程必须采用机械化；对繁重体力劳动的工种应优先实现机械化。对那些操作工艺繁杂，难以用机械代替的工程，则宜充分发挥我国劳动力资源丰富、传统技术精湛的优势，根据情况决定，如装修、防水、保温、设备安装等工程，应研究开发推广应用小型和手持电动、气动机具，以确保工程质量，减轻体力劳动强度。而对于砌筑、抹灰等传统工艺，应在逐步发展新材料的同时，改进操作工艺和工具。

施工机械化要有实效，就不能只在少数环节孤立地应用机械，而应当使各工种（如土方、运输、吊装、混凝土等）、各工序（如混凝土的搅拌、运料、浇灌、震捣和砂石水泥的装料与称量等），特别是要使一个分项施工中相互有关的作业都用机械代替手工操作，并使它们衔接配套，方能使主要机械在辅助机械配合下发挥群机优势，以取得机械化最佳的综合效益。

为充分发挥机械化施工的作用，建筑企业必须加速机械设备的更新改造，逐步用先进机械取代性能差、能耗高、安全性能欠佳的老旧机械。应在缩短机械设备折旧年限和调整机械台班取费定额的基础上积极争取按经济规律取费，加速设备的折旧。使各类建筑企业的技术装备有不同程度的改善。

3. 大力提高建筑企业技术素质

首先要提高建筑企业的技术开发能力，以适应建设事业依靠科学技术进步、提高劳动者素质和提高效益的转轨要求。建筑企业科学技术要为量大面广的工程设计与施工提供先进手段，促进建筑技术进步；要为发展新技术、新材料、新设备、新机具和新工艺服务，为建筑业的技术更新创造条件；还要为企业决策与规划提供可靠的预测，指导企业发展和现代化进程，促进提高效率、提高质量和提高综合经济效益。为此，大型建筑企业和企业集团要建立科研机构或技术开发中心。应结合工程项目，联合高等院校、科研院（所）组织科技攻关，开展节能降耗、提高质量和效率的研究开发以及现代管理技术和方法的研究与推广工作。同时还要加快科技管理体制改革，加速科技成果的商品化、工程化、产业化、国际化进程，促进科技经济一体化。

其次要强化企业技术管理系统，健全企业质量保证体系。在建筑企业中要强化以总工程师为首的，各级技术负责人技术负责制，充分发挥他们在技术、质量管理方面的作用；要建立和健全各项现代企业技术管理制度、质量保证体系和企业标准化（技术标准、管理标准和工作标准）体系。积极贯彻 ISO 9000 系列标准，使建筑企业更好地适应我国社会主义市场经济发展和开拓国际承包市场的要求，有效地提高质量管理水平，以利于企业长期的生存和发展。

提高企业技术素质最根本的是要提高职工的技术素质。因此要开展多层次、多种形式的职工培训。要结合继续教育和执业资格认证制度，强化对建筑师、结构工程师、营造师、监理工程师和项目经理、工长等的培训，提高工程设计和现场管理人员的技术素质和项目管理能力。对在岗的工人班组长，主要结合岗位技术要求和特点，重点提高操作技能和组织管理能力。要坚持"先培训，后上岗"的原则，不断提高工人的技术素质。

（二）发展建筑构配件和制品生产，提高生产社会化、商品化水平

将建筑构配件从现场现制改为工厂预制，使作业空间从有限的工作面上扩大，减少了现场作业，使工厂预制和现场装配同时进行，改变了建筑产品固定、多样的特点，消除了建筑施工流动和单件生产的落后根源。它的效果表现在以下几方面：

（1）显著地加快工程进度，缩短工期。

（2）减少气候的不利影响，保证构配件制作稳定连续进行，降低现场恶劣条件下施工的成本。

（3）提高构配件制作的效率和质量。工厂生产构配件，由于专业分工，能形成批量生产，便于采用先进工艺和专用设备，使生产效率大大提高。由于采用标准模具和自动配料，构件的尺寸准确，强度有保证，能大大节约水泥、木材和其他用料。

（4）简化施工现场临时设施和场地管理，有利于文明施工和在狭窄场地施工。

因此，构配件生产工厂化是建筑工业化的重要手段。

然而，不能认为只有装配化和工厂预制才是工业化。采用高度机械化的现浇方法，或在现场制作某些构件，也是工业化，有时还更经济。事实上在国外也存在着建筑工业化的不同形式。如西欧国家在战后房荒初步解决以后，不满足于千篇一律的结构型式，要求建筑物类型多样，造型丰富，转而发展滑模、升板等现浇混凝土结构。用工具式模板和泵送混凝土等高度机械化方法施工，同样达到高度工业化水平。在我国，必须从本国和本地区的实际出发，因地制宜，坚持现场浇灌、现场预制与工厂预制相结合，以中小型工厂为主的方针。某些体形复杂的非标准建筑物，采用升板、滑模或定型组合钢模板现浇工艺较为有利；标准化的住宅，建造量大，重复率高，以大模板现浇结构为宜；在已有壁板工厂和吊装机械的地区，也可以采用装配式大板建筑。我国南方各地，温度高，日照时间长，有利于自然养护，可以考虑现场预制；大型构件，运输困难，也宜在现场预制。

除建筑构配件的工厂生产外，还要发展建筑制品和施工装备由工厂进行社会化和商品化生产或集中配套供应。在制品方面，要研究开发一批量大面广、能显著改善住宅使用功能的产品，如新型门窗、装修制品、厨房、卫生间成套设备、盒子卫生间、五金配件与电气制品等，使之形成成熟产品，并解决好其标准化、系列化、配套和应用技术问题，组织成套供应，加速住宅产业化进程。在施工装备方面，要发展定型施工装备的工具化（工具式定型组合钢模板、定型大模板、快拆模板系列产品、各种类型的通用钢脚手架等）。可以用社会市场开展社会化租赁或用企业内部市场的方式开展集中租赁。此外，还有施工半成品的工厂化，包括混凝土、砂浆、石灰膏、沥青混凝土拌合物等，在合理安排工厂的地区分布、解决运输问题的条件下，也应向商品化、社会化生产发展。

在发展建筑通用构配件和制品生产的同时，要改进其工厂生产工艺和装备，切实提高混凝土构配件、门窗与装修制品、建筑五金等的产品质量。要建立健全建筑产品，特别是住宅建筑产品的质量认证和质量保证制度。根据国家《产品质量认证管理条例》要求，尽

快建立"建筑产品认定、推荐管理制度",建立健全建筑产品质量检测中心。设计部门要优先采用经统一认定和推荐的建筑产品。

（三）加强和完善建筑行业的标准化体系

建筑产品单件性的特点，妨碍了构配件按大批量连续生产的方式进行。不实行标准化，就不可能有工业化。因此，建筑标准化是工业化的必要前提。

建筑标准化工作包含：（1）大量建造和多次重复建造的建筑群、单体建筑、构筑物或它们的单元或节间等采用标准设计、通用设计或定型设计。（2）建筑构配件的统一化。这是工业生产对建筑标准化的主要要求。而且应从预制件的统一化发展到现浇模具的统一化、节点和接缝构造的统一化，以及质量标准、工艺标准、建筑功能标准、机械设备标准的统一化。除某一类型建筑专用的构配件统一化外，还要注意构配件在各种建筑类型之间的通用化和系列化。（3）建筑物、构配件和制品参数的模数协调，如房屋开间、进深、柱网、层高和构件长度宽度按统一模数制形成通用系列，完善公差与配合、优选参数系列等重要基础标准。

要正确解决标准化与多样化的关系。从过去建立在个体设计和手工劳动基础上的多样化变成标准化，起初不免千篇一律、简单呆板。通过模数系列的变化，丰富构配件的规格品种以及材料、体型、色彩、平立面灵活组合的变化，可以达到在大工业生产基础上的多样化。但多样化也要按不同产品区别对待。无论哪个国家，大量的社会住宅基本上都是"千篇一律"的建筑造型，不可能更多地讲求多样。这是由社会经济条件所决定的。然而一些公共建筑、私人住宅和高级的商品化住宅则要更多地注意造型多样化，特别在建筑与环境的配合上创造优美的形体环境。总之，要做到标准化、定型化与多样化相结合，在多样化的前提下发展标准化、定型化，在标准化定型化的基础上实现多样化。

（四）调整产业结构，推进企业管理科学化与现代化

建筑工业化和建筑业生产力的发展，要求相应地变革生产关系，改革不适应社会化大生产方式的管理体制、管理组织和管理方法，使管理组织科学化。管理组织科学化是建筑工业化的重要内容和必不可少的条件。管理组织现代化是企业管理改革的方向。

提高建筑生产的社会化程度，是建筑管理组织科学化的重要方面。专业化和联合化是建筑生产社会化的组织形式。

发展专业化，就是要促进施工，构配件和制品生产分工，把无所不包的"大而全"、"小而全"的企业分为独立的专业机构，将分散在各处的少量专业工作集中起来，变成集中的、大批量的施工生产，成为向社会广泛提供专业施工或专门产品的机构。这样，产品或施工对象单一、任务饱满、批量很大，有利于采用专用设备和先进工艺，提高设备和工时利用率，有利于工人和技术人员的技术提高，在提高劳动生产率、提高施工和生产质量、降低成本方面有极突出的优越性。专业化的方式有多种多样。现场施工单位可以按对象专业化原则组成大模住宅、大板住宅、一般民用建筑、工业厂房等专业工程机构；或者按施工阶段或工艺专业化原则分为大型土石方工程、特殊地基基础或地下工程、机械吊装工程、大跨度结构制作安装工程、抹灰保温工程、模板脚手架工程、装修装饰工程、防水堵漏工程、机电设备、管道及各类工业设备安装工程、特殊构筑物工程等专业工程机构；构配件与制品的生产可以按产品类型专业化，如商品混凝土搅拌、钢筋混凝土构件、门窗制作、装饰制品生产等专业生产厂。这些专业化的施工、生产机构应成为面向社会、面向市场自主经

营的经济实体。国家和地区要积极扶持一批骨干专业企业，使之拥有较强的专业技术、技能和专门的装备，并具有在复杂条件下组织专业施工或生产的能力。发展专业化的同时，要结合建立现代企业制度，进行建筑企业产业组织结构的调整，逐步建立工程总承包企业与专业分包企业相结合，并适应工业化生产的建筑企业群体。

发展专业化的同时，还要调整产业内部结构，打破部门分割和地区封锁，发展多种形式的联合化。可以将建设过程中前后衔接的各阶段的专业机构加以联合，使之发展成为包括规划设计、科研开发、房地产经营、总承包、施工承包、物资采购、机械制造维修、运输等业务的综合性的资金密集型和智力密集型的企业或企业集团。在成片住宅建设中，实行各种形式的设计施工一体化总承包，强化科研、设计、施工之间的双向信息反馈，积极采用工业化施工手段和新型建筑体系，发挥企业或企业集团的总体技术优势。

从一个行业或一个地区的整体角度来看，建筑业是一个复杂的生产系统，它由内部若干分系统组成完整的有机体，又与社会大系统及其各部门密切相关。因此，把建筑工业化与社会经济活动结合起来，看成多层次、多行业、多环节的经济系统工程，用系统的观点和方法研究工业化发展的规律和内外条件，从组织上为它提供充分的物质技术支持，并提供广阔发展空间。这就是变革生产组织和管理体制，使管理组织科学化的实质。

在这方面，技术经济与管理科学理论的应用具有广阔前景。一个地区建筑工业化的目标、重点和发展步骤的拟定，要对有关方面（使用、设计、施工、供应等）和有关因素（投资、需求、物资、劳力、技术、装备、构件生产等）进行调查；要探索本地区在不同发展阶段达到目标的各种可能途径、发展步骤和适用技术方案，对它们进行技术经济分析，作出决策并估计与评价决策推行的效果，要规划预制工厂的最优布局和运输系统，研究技术装备发展方针和本地劳动力与资源的利用措施等等。总之，要用现代经济管理科学理论进行预测分析、规划、评价和决策，在科学基础上统筹安排、指导组织体制的改革，使建筑工业化既积极又稳妥、有计划、有步骤、各方面密切配合地协调发展，从而达到长期提高行业综合生产力和综合经济效果的目标。

国家通过宏观经济改革和治理建筑市场、搞好地区建筑行业合理结构与布局，建筑企业组织管理科学化和现代化就具备了必要而充分的外部环境条件，可以深化企业体制和管理组织改革。中心就是推行能适应市场经济体制的、产权清晰、权责明确、管理科学的现代企业制度，把国有大中型建筑企业改造成内部激励机制与约束机制有机结合，具有活力的质量效益型企业或企业集团，成为面向国内和国际市场的法人实体和市场竞争主体。

为此，建筑企业要广泛推行项目管理。要围绕项目管理这个中心，进行企业组织结构调整，把管理层与作业层分开，完善承担总承包的龙头企业的功能，同时发育小而专、专而精的专业性作业队伍；要建立和完善以项目管理为基础的企业综合配套的经营管理制度、即明确界定项目管理班子与企业责、权、利关系的项目经理责任制和以项目成本核算制为中心的一整套合同预算、计划、技术、质量、劳动工资、生产物资管理和现场施工管理等制度，形成激励和约束相结合的灵活而高效的企业经营管理运行机制；要建立和健全社会化经营的企业内部生产要素模拟市场体系，保证企业资源合理分布、有序流动、优化配置；要进行经营结构的调整，实行一业为主、多种经营的多元化经营战略并形成合理规模；还要采用现代管理技术，推广计算机应用。运用系统工程、预测、决策等技术进行方针目标管理，运用网络计划技术进行计划管理，运用盈亏平衡分析和价值分析方法控制和降低成本，运用全面质量管理方法控制施工与构配件及建筑制品生产质量；在计算机应用方面，要积极创造条件，从单机应用过渡到数据共享的计算机网络，逐步建立起建筑企业管理综合信息系统。

（五）培育技术服务体系和中介机构，为行业提供专业化、社会化服务

建筑企业组织管理改革，构筑有活力的质量效益型微观经济结构，必须宏观经济改革和政府职能转换与之配套才能有效实现。一方面要在宏观经济范畴建立社会经济保障体系和法律保障体系，企业才能摆脱企业办社会和包养职工的困境，企业在市场中的行为才能正常有序地进行；另一方面，政府行政管理执法职能与经济管理职能分离，以及政府的经济管理职能与国有企业所有者的职能分离，才能使企业作为独立经营的市场竞争主体，摆脱政府的直接干预和控制。但这样所形成的"真空"，就需要一套高素质的服务性的社会中介机构来填补，使它作为政府、市场和企业之间的桥梁和纽带，起服务、沟通、协调、周旋、监督、评价等政府行政管理所不能起的作用，既是企业走向市场的导向，又是企业权益和社会经济秩序的维护者。

各种学会、协会和协调机构是这种机构的一种类型。它们可以在发展建筑工业化和其他方面协助政府进行调查研究、宏观决策、广泛开展学术研讨、经验交流、应用推广、技术培训、宣传报道等多方面的工作；同时还可以通过由国家有关部门组成的协调组织，加强各有关行业围绕建筑产品的信息交流、产品开发、标准制定、推广应用以及企业资质评估、各种岗位资格考核、产品质量认证等协调、咨询等工作。

建筑行业各种咨询、监理、会计、审计、律师等中介机构，是上述这种机构的另一种类型。要培育和充分发挥它们的作用，加强现代化的信息采集、加工手段，为建筑工业化的发展提供各种工程、技术、经济、司法或管理诸方面的咨询和服务。

在社会化服务机构中，还包括一部分生产要素租赁服务机构。建筑企业的机械装备应采取企业自有、社会租赁和专业机械化施工相结合的办法。企业只配备施工生产中必不可少的常用机械和专用设备，对非常用设备和需要专门操作技术的特殊设备，以及部分通用设备，应通过社会租赁或专业分包的方式解决。这可以改变现有企业机械设备的原有结构，提高设备的利用率。还要开辟闲置设备调剂市场，鼓励买卖仍有使用价值的机械。此外，还要发展模板、脚手架的社会租赁，改善管理，提高质量，逐步实现专业化、工具化和社会化。

第三节　我国建筑工业化的发展

一、我国建筑工业化发展的道路

我国建筑业必须向工业化发展，这是无疑的。但工业化这条道路怎样走？这是建筑工业化能不能顺利发展、能不能取得预期效果的关键。吸取我国几十年来发展建筑工业化正反两方面的经验以及国外有益经验和作法；考虑到我国建筑业技术、管理水平的现状和各地区技术、经济发展不平衡的事实，以及劳动力丰富的特点，一般认为应注意以下几点：

1. 建筑工业化应以综合经济效果最佳为准则

我国建筑工业化多年来经济效果差。装配式结构比传统结构贵，机械化比人工贵，工业化程度愈高愈贵，是一个突出问题。如果建筑工业化只能提高工程质量和劳动生产率，只

能加快工期,但不能降低造价,却反而提高,这样的工业化代价太大,成效不佳,是没有生命力的。对我国工业化建筑的造价要作详细分析。

首先要剔除工业化建筑造价中的虚假因素。如某些重复计取的费用应予取消;某些材料订价不合理;工业化建筑用工少、进度快,应按较低费率计取施工管理费等。

其次,解决生产经营不善和技术方案不佳造成的造价增加的问题,是提高经济效果的主攻方向,如建筑机械完好率和利用率指标不佳,提高了机械使用费用标准;采用工业化施工方法节约了劳动量,人却没有减下来,实际劳动生产率未能提高或提高得不够,建筑标准、结构选型、材料选用、施工方案选择脱离实际需要,不顾现实条件,求洋求新,不讲实效;技术措施不协调,不配套,使工业化过程中某些局部措施的优越性不能发挥出来等等,以及我国建筑工业的技术、工艺和装备还较落后,专业化社会化程度还不高,也是经济效果不好的重要原因。

还要加强对各类工业化建筑体系的技术经济分析,用价值工程的方法对设计和施工方案进行功能分析和价值估量,研究提高综合经济效果的途径和措施。

2. 从国情出发,因时因地制宜、有的放矢地推广新技术和更新技术装备

我国的特点是人口多、底子薄、幅员辽阔、各地区之间的经济、社会和科技发展水平很不平衡,自然条件差异极大等。因此,发展建筑工业化必须从国情和本地区的具体条件出发,与建设规模和对象相适应,与设计、施工、生产的原有技术基础相适应。在确定建筑工业化的方针、步骤和具体途径时,在制定设计与施工方案和技术措施时,绝不能不问需要和可能,盲目照搬国外或外地现成模式,搞形式主义的工业化"橱窗"。而应当从取得良好的综合经济效果、促进行业综合生产能力长期稳步增长的目标出发,根据需要和可能,既在高级住宅、重点工业与公共建筑工程中积极采用经济发达国家相应的先进技术,而在量大面广的住宅和一般工程中采用先进的适用技术,即那些具备推广条件而又能收到好、快、省实效的技术。如在南方具有一定吊装能力而又没有永久性壁板厂的地区,不应当追求完全工厂化的大板建筑,现场预制墙板就是有效的适用技术。在不具备大型吊装机械的中小城市,砌块建筑就是适用技术。

在推行机械化方面也面临同样问题,应按机械化和手持机具相结合的多层次技术装备结构进行机构设备的更新改造。具体地已如前所述。但决不能理解为我们排斥最先进的现代技术装备。相反,在有条件的地方和企业,要结合工程建设的需要,研究开发和推广应用如机电一体化、多项作业一条龙的多功能机组、建筑机器人、自动检测和自动控制技术、施工与生产自动化技术等,解决在恶劣环境下和特殊工程的施工需要,以及保证质量、安全、大幅度提高劳动生产率、缩短工期和提高工程施工效益,促进工业化施工水平的提高。

这样,就能较好地逐步形成现代先进技术与适用技术有机结合、成套技术与局部革新相结合、机械化与手持工具相结合的多层次技术结构和多层次技术装备结构,再加上技术可行、经济合理、形式灵活多样的优化建筑体系,从而创造出一条具有我国特色的建筑工业化技术发展道路。

3. 以住宅建筑为重点

建筑工业化的对象,包括工业与民用建筑。但住宅建筑量大面广,可以按标准单元重复修建,易于标准化,适于大面积推广工业化成套技术,便于组织施工与预制生产的专业化与协作,促进社会化大生产的发展。这样先易后难地取得成效和经验,建立起物质技术

基础后，将有利于工业化在更大的深度和广度上进一步发展。而且住宅建筑与提高人民居住水平直接相关，更有必要作为建筑工业化的重点。

4. 相应地抓好建筑市场与行业管理、产业结构调整、体制改革、企业经营机制转换和管理组织科学化现代化等配套改革。使建筑工业化成为建筑业从小生产方式向社会化大生产方式过渡的全面发展过程。

二、我国建筑工业化发展的目标

按照建设部1995年制定的《建筑工业化发展纲要》，我国建筑工业化的发展目标，设想分两步走来达到。

第一步，力争到20世纪末，全行业人均竣工面积由现在的20m^{2}左右，提高到30m^2；竣工工程质量全部合格，住宅工程要消除质量通病，基本保证使用功能；行业动力装备率达到8kW/人；标准化、系列化构配件、制品和设备在建筑最终产品中的应用量有较大提高；技术进步对建筑业发展的贡献达到40%或超过资金及劳动力的贡献。我国东部沿海大城市、特大城市以及承担重点工程建设的综合性建筑企业应率先达到上述指标，并初步形成企业技术素质优良、组织结构优化、供应渠道畅通的大生产格局。

第二步，到2010年，全行业人均竣工面积达到40m^2；住宅工程质量和使用功能得到保证，室内声、光、热及卫生环境明显改善；标准化、系列化构配件、制品和设备的应用量显著提高；技术进步对建筑业发展的贡献达到45%，建筑现代化成分有较大提高。东部沿海大城市、特大城市以及承担重点建设任务的综合性建筑企业应基本实现建筑工业化，接近经济发达国家建筑现代化水平；形成企业技术素质优良、组织结构优化、供应渠道畅通的大生产格局。

这样，建筑业就能依靠技术进步和提高素质，走质量效益型道路，实现向社会化大生产的过渡，而成为专业化、社会化、工业化的国民经济支柱产业。